AutoCAD/AutoCAD LT 2019
2018/2017/2016/2015 対応

AutoCAD
逆引き大事典

阿部秀之 著

X-Knowledge

本書をご購入・ご利用になるまえに必ずお読みください

- 本書の内容は、執筆時点(2018年4月)の情報に基づいて制作されています。これ以降に製品、サービス、その他の情報の内容が変更されている可能性があります。また、ソフトウェアに関する記述も執筆時点の最新バージョンを基にしています。これ以降にソフトウェアがバージョンアップされ、本書の内容と異なる場合があります。
- 本書は、AutoCAD/AutoCAD LT 2015～2019を対象とした解説書です。本書の利用に当たっては、AutoCAD/AutoCAD LT 2015～2019がパソコンにインストールされている必要があります。
- 本書では、Windows 10がインストールされたパソコンで、AutoCAD/AutoCAD LT 2018を使用しており、掲載されている画面もAutoCAD/AutoCAD LT 2018のものとなります。そのため、ご使用のOSやアプリケーションのバージョンによっては、画面や操作方法が本書と異なる場合がございます。
- 本書の内容は、AutoCAD/AutoCAD LT 2019でも検証済みです。
- 本書は、パソコンやWindowsの基本操作ができる方を対象としています。
- 本書を利用したことによって起こるいかなる損害に対しても、データ提供者(開発元・販売元等)、著作権者、ならびに株式会社エクスナレッジでは、一切の責任を負いかねます。個人の責任においてご使用ください。
- 本書に直接関係のない「このようなことがしたい」「このようなときはどうすればよいか」など特定の操作方法や問題解決方法、パソコンやWindowsの基本的な使い方、ご使用の環境固有の設定や特定の機器向けの設定などのお問合せは受け付けておりません。本書の説明内容に関するご質問に限り、P.431のFAX質問シートにて受け付けております。

以上の注意事項をご承諾いただいたうえで、本書をご利用ください。ご承諾いただけずお問合せをいただいても、株式会社エクスナレッジおよび著作権者はご対応いたしかねます。予めご了承ください。

カバーデザイン……長 健司(kinds art associates)
編集協力……杉山 梢
印刷・製本……図書印刷株式会社

はじめに

本書はオートデスク社の汎用二次元CAD「AutoCAD ／ AutoCAD LT」の逆引き辞典です。

AutoCADは建築、土木、製造、造船などいろいろな業種に対応できるように数多くの機能が搭載され汎用性が高く、世界中にユーザーがいます。機能の豊富さゆえ、コマンドや設定の数も多く、すべての機能を使いこなすというのはなかなか難しいでしょう。

「今すぐ白黒で印刷したい」「明日までに少しだけ修正したい」など業務に迫られて早く作業を進めたいときや、「外部参照って?」「シートセットって?」などうろ覚えになってしまった機能を確認したいときなどに役立つ、辞書のような本があると便利なのではと思い、この逆引き辞典をつくりました。

本書では、知りたいことを素早く検索できるように、「カテゴリ別」「目的別」「キーワード別」の3種類のインデックスを用意しています。「カテゴリ別INDEX」では、ファイル操作や図形作図、文字、画層といったように操作のカテゴリごとに項目をまとめています。「目的別INDEX」では、本書で解説する項目を50音順に整理し、やりたいことを検索しやすいようにしています。「キーワード別INDEX」は、コマンド名やキーワードから操作を検索できるようにまとめています。

また、初歩的な操作の解説に限らず、「e-トランスミット」や「アーカイブ」といった頻繁には使用しないがポイントで使うと便利な機能や、「文字を図形に変換する」などの裏技的な使い方、「AutoCADが強制終了されてしまった」などトラブルを解決する方法などについても解説しているので、AutoCAD初心者から上級者まで幅広く使っていただける事典です。

本書が少しでも皆さんの作業や疑問の解決のお役に立てればと思います。

阿部 秀之

本書の使い方

本書には3つのインデックスがあります。

カテゴリ別INDEX(目次)……5ページ

「インタフェース」「図形作図」「文字」など、操作のカテゴリ別にまとめたインデックスです。「文字」について知りたい、「画層」について知りたいといった具合に操作の目的が大まかにわかっている場合や、関連する設定や機能を効率よく知りたい場合はこのインデックスを使います。本書の目次としても使用できます。

目的別INDEX……10ページ

「円弧をかく」「PDFファイルに出力する」など、具体的な操作を英数字順、50音順に整理したインデックスです。やりたいことがわかっているのに操作方法を思い出せないといったときに検索しやすくなっています。

キーワード別INDEX……15ページ

知りたい操作のコマンド名や関連するキーワードを抽出したインデックスです。具体的な言葉が思いつかない場合やほかの2つでは探せなかった場合に、関連しそうなキーワードから検索できます。関連キーワードは各項目のタイトルの下に記載されており、それらをまとめたインデックスがこの「キーワード別INDEX」です。

No.080

既存の線に対して垂直な線をかく

関連ワード▶▶ 線分 垂直 一時オブジェクトスナップ ― 関連キーワード

既存の直線に対して垂直な線をかく場合は、一時オブジェクトスナップ(No.060「一回の操作だけオブジェクトスナップを使う(一時オブジェクトスナップ)」参照)を

カテゴリ別（目次）Index

「図形作図」「寸法」「画層」「ブロック」など操作のカテゴリごとにまとめたインデックス。基本的な機能や関連する操作／設定をすばやく検索できる。

インタフェース(画面)の各部名称 ―― 020
本書で使用する画面の設定 ―― 022
バージョンについて／本文中の表記について ― 024

ファイル操作

DWGファイルを開く No.001 ―― 026
ファイルを閉じる No.002 ―― 027
ファイルの表示を切り替える No.003 ―― 028
ファイルを保存する No.004 ―― 029
ファイル名を変更して保存する No.005 ―― 030
自動保存を設定する No.006 ―― 031
バックアップファイルを自動的に作成する No.007 ― 032
DWGファイルのバージョンを調べる No.008 ―― 033
バージョンを変えてファイルを保存する No.009 ― 034
保存時のバージョンをあらかじめ指定する No.010 ― 035
新しく図面を作成する No.011 ―― 036
テンプレートファイルを作成する No.012 ―― 037
既定のテンプレートファイルを設定する No.013 ―― 038
DXFファイルを開く／保存する No.014 ―― 039
図面に使用しているファイルをひとまとめにする No.015 ―― 040
複数ファイルのバージョンを一括で変更する No.016 ―― 042

インタフェース

リボンを使う No.017 ―― 044
リボンタブの種類を知る No.018 ―― 045
アプリケーションメニューを使う No.019 ――047
クイックアクセスツールバーにコマンドを追加する No.020 ―― 048
リボンの表示を小さく／大きくする No.021―― 049
ツールバーを表示する No.022 ―― 050
リボンタブやリボンパネルを表示／非表示にする No.023 ―― 052
ワークスペースの状態を保存する No.024 ―― 053
ステータスバーのボタンを表示／非表示にする No.025 ―― 054
ウィンドウ／ツールバー／パネルの位置を固定する No.026 ―― 055
ファイルタブ／レイアウトタブを表示／非表示にする No.027 ―― 056
インタフェースの色を変更する No.028 ―― 057
カーソルの形状を十字（クロスヘアカーソル）にする No.029 ――058
カーソルの座標値を表示する No.030 ―― 059
コマンドを実行する No.031 ―― 060
コマンドを途中でキャンセルする No.032 ―― 061
コマンドを元に戻す／やり直す No.033 ―― 062
コマンドを使用した履歴を見る No.034 ―― 063
コマンド名を予測して入力する No.035 ―― 064
ダイナミック入力を使用する／不使用にする No.036 ―― 065
パレットをショートカットキーですばやく表示する No.037 ―― 066
ファンクションキーを使う No.038 ―― 067
短縮コマンド（エイリアス）を使う No.039 ―― 067
ヘルプを活用する No.040 ―― 068

画面操作

画面表示を拡大／縮小する No.041 ―― 070
表示範囲を移動する No.042 ―― 071
作図領域にあるすべての図形を表示する No.043 ― 072
ナビゲーションバーで画面操作を行う No.044 ―― 073
SteeringWheels（2Dナビゲーションホイール）で画面操作を行う No.045 ―― 074
範囲を指定して拡大する（窓ズーム） No.046 ―― 075
画面の表示状態（ビュー）を保存する No.047 ―― 076
アイソメ表示にする No.048 ―― 077
アイソメ表示から平面図表示に戻す No.049 ―― 077
複数のビューを同時に表示する No.050 ―― 078
フルスクリーン表示にする No.051 ―― 079
レイアウトのビューを最大化する No.052 ―― 080

作図補助機能

グリッドを表示する／非表示にする No.053 ―― 082
拡大時でもグリッドが表示されるように
設定する No.054 ―― 083
スナップを使う No.055 ―― 084
アイソメグリッドを表示する
／非表示にする No.056 ―― 085
カーソルの動きを水平／垂直に固定する
(直交モード) No.057 ―― 086
点を正確に指示する
(定常オブジェクトスナップ) No.058 ―― 087
オブジェクトスナップの種類を知る No.059 ―― 088
一回の操作だけオブジェクトスナップを使う
(一時オブジェクトスナップ) No.060 ―― 091
重なった図形でオブジェクトスナップする No.061 ―― 091
点からの方向を示す
(オブジェクトスナップトラッキング) No.062 ―― 092
2本の線の延長線が交わる位置を示す No.063 ―― 093
点からの角度を示す(極トラッキング) No.064 ―― 094
絶対座標を使って点を指示する No.065 ―― 095
相対座標を使って点を指示する No.066 ―― 096
距離と角度を指定して点を指示する No.067 ―― 097
正確な座標を調べる No.068 ―― 097
2点間の距離を測る No.069 ―― 098
面積を測る No.070 ―― 099
オブジェクトの情報を調べる No.071 ―― 100
計算機能を利用する(クイック計算) No.072 ―― 101
単位を変更する No.073 ―― 102
小数点以下の桁数を変更する No.074 ―― 103
角度の単位を「度／分／秒」で表示する No.075 ―― 104
座標系(UCS)を図形に合わせて変更する No.076 ―― 105
座標系(UCS)に合わせてビューを回転する No.077 ―― 107

図形作図

直線をかく No.078 ―― 110
長さと角度を指定して直線をかく No.079 ―― 111
既存の線に対して垂直な線をかく No.080 ―― 112
構築線をかく No.081 ―― 113
二重線をかく No.082 ―― 114
中心線をかく No.083 ―― 116
点をかく No.084 ―― 117
中心と半径を指定して円をかく No.085 ―― 118
3点を指定して円をかく No.086 ―― 119
円弧をかく No.087 ―― 121
円／円弧の中心マークをかく No.088 ―― 122
楕円をかく No.089 ―― 123
楕円弧をかく No.090 ―― 124
ポリライン(連続線)をかく No.091 ―― 126
円弧を含むポリライン(連続線)をかく No.092 ―― 127
太さを指定してポリライン(連続線)をかく No.093 ―― 128
ポリラインに頂点を追加する No.094 ―― 129
連続した線を1本のポリラインにする No.095 ―― 130
長方形をかく No.096 ―― 132
角を丸めた／面取りした長方形をかく No.097 ―― 133
ポリゴン(正多角形)をかく No.098 ―― 134
ドーナツ型をかく No.099 ―― 135
スプライン(曲線)をかく No.100 ―― 137
ポリライン(直線)をスプライン(曲線)に
変換する No.101 ―― 138
ハッチングをかける No.102 ―― 140
ハッチングが黒くつぶれてしまうとき No.103 ―― 141
既存のものと同じハッチングに変更する No.104 ―― 142
ハッチングの境界線をかく No.105 ―― 143
文字部分にもハッチングをかける No.106 ―― 144
塗りつぶしを行う No.107 ―― 145
グラデーションで塗りつぶしを行う No.108 ―― 146
ハッチングやグラデーションを透過させる No.109 ―― 147
ハッチングやグラデーションを
背面／前面に移動する No.110 ―― 148
部分的に白抜き(マスク)する No.111 ―― 149
雲マークをかく No.112 ―― 150

選択／編集

クリックして図形を選択する No.113 ―― 152
窓選択で図形を一括選択する No.114 ―― 153
交差選択で図形を一括選択する No.115 ―― 154
図形を追加選択する No.116 ―― 155
図形を選択セットから除外する No.117 ―― 156
選択オプションで効率よく選択を行う No.118 ―― 157
重なった図形を選択する No.119 ―― 158
同じ画層／色／太さの図形を選択する No.120 ―― 160
指定した画層／色／太さの図形を選択する No.121 ―― 162
指定したプロパティ値の図形を選択する No.122 ―― 163
図形を削除する No.123 ―― 165
図形を移動する No.124 ―― 166
図形をコピーする No.125 ―― 167

別の図面ファイルから図形をコピーする No.126 — 168
列と行を指定して配列コピーする No.127 — 170
円形状に配列コピーする No.128 — 172
線に沿ってコピーする No.129 — 174
線上に等間隔で点を配置する No.130 — 176
図形を回転する No.131 — 177
既存の図形の角度で図形を回転する No.132 — 178
図形を反転させて鏡像にする No.133 — 180
グリップを使って図形を編集する No.134 — 182
線を平行にコピーする(オフセット) No.135 — 184
図形を部分的に伸ばす/縮める(ストレッチ) No.136 — 185
図形を拡大/縮小する No.137 — 186
線を切り取る(トリム) No.138 — 188
線を延長する No.139 — 190
線や円弧の長さを変更する No.140 — 191
角(コーナー)を丸める No.141 — 192
角(コーナー)を面取りする No.142 — 193
既存の図形と同じ画層/色/線種に変更する No.143 — 194
図形の画層/色/線種を素早く確認/変更する No.144 — 195
図形の画層/色/線種の詳細を確認/変更する No.145 — 196
重なりの順序を変更する No.146 — 197
複数の図形をグループ化する No.147 — 198
グループを解除する No.148 — 199
ファイル内にあるグループを見つけ出す No.149 — 200

文字

文字を記入する No.150 — 202
文章を記入する No.151 — 203
文字や文章を変更する No.152 — 205
現在の文字スタイルを変更する No.153 — 205
文字スタイルを新規に作成する No.154 — 206
文字のフォントを一括で変更する No.155 — 208
文字のフォントを個別に変更する No.156 — 210
文字の大きさ(高さ)を変更する No.157 — 212
文字の幅を縮める(広げる) No.158 — 213
文字の基点を変更する No.159 — 214
文字の先頭を揃える No.160 — 215
均等割り付け文字を記入する No.161 — 216
文字枠をつける No.162 — 217
文字を長方形の中央に記入する No.163 — 218
印刷時にフチ文字になるのを修正する No.164 — 220
文字を長方形で簡易表示して描画を速くする No.165 — 221
分数を上下表記で記入する No.166 — 222
特殊文字を記入する No.167 — 223
自動更新される日付やファイル名を記入する No.168 — 224
フィールドを編集する No.169 — 225
文字を図形に変換する No.170 — 226

寸法/引出線

寸法を記入する No.171 — 230
寸法を複数個所に一括で記入する(クイック寸法記入) No.172 — 231
図形の変形に合わせて寸法値が変更されるようにする No.173 — 232
自動調整寸法に設定されているか確認する No.174 — 233
寸法スタイルを新規に作成する No.175 — 235
既存の寸法線から寸法スタイルを作成する No.176 — 238
寸法スタイルを変更する No.177 — 239
直列寸法を記入する No.178 — 240
並列寸法を記入する No.179 — 241
並列寸法の間隔を変更する No.180 — 242
寸法線の矢印形状を変更する No.181 — 243
寸法値に文字を追加する No.182 — 244
寸法値の小数点以下の桁数を変更する No.183 — 245
寸法補助線と線が重なる部分を白抜きにする No.184 — 246
寸法線に折れ線を追加する No.185 — 247
寸法補助線を斜めにする No.186 — 248
2つの単位で寸法値を記入する No.187 — 249
寸法値に許容差を追加する No.188 — 251
手動で記入されたかき込み寸法を見つける No.189 — 252
寸法スタイルを比較して違いを調べる No.190 — 254
寸法値のみを移動する No.191 — 255
寸法値を元の位置に戻す No.192 — 256
角度寸法を記入する No.193 — 257
3点を指示して角度寸法を記入する No.194 — 258
半径寸法を記入する No.195 — 259
円弧の長さ寸法を記入する No.196 — 260
寸法の種類によって寸法スタイルを変更する No.197 — 261
引出線を記入する No.198 — 263
引出線スタイルを新規に作成する No.199 — 264
引出線の角度を揃えて記入する No.200 — 267
引出線を追加する No.201 — 268

表

表を作成する No.202 ―― 270
表に計算式を入力する No.203 ―― 272
表スタイルを作成する No.204 ―― 273
表の文字の大きさを個別に変更する No.205 ―― 275
表の文字の大きさを一括で変更する No.206 ―― 276
表の数値の小数点以下の桁数を変更する No.207 ―― 278
タイトルと見出しのない表を作成する No.208 ―― 279
Excelの表を貼り付ける No.209 ―― 280
Excelから貼り付けた表を修正する No.210 ―― 282

画層

画層を知る No.211 ―― 284
画層を作成する No.212 ―― 285
現在の画層を変更する No.213 ―― 286
画層を削除する No.214 ―― 287
画層の表示／非表示を切り替える No.215 ―― 288
画層をフリーズする No.216 ―― 289
すべての画層を表示する No.217 ―― 290
画層をロックして編集不可にする No.218 ―― 291
ロックした画層をわかりやすく表示する No.219 ―― 292
画層の線の色／種類／太さを変更する No.220 ―― 293
選択したオブジェクトの画層のみを表示する No.221 ―― 294
選択したオブジェクトの画層を非表示にする No.222 ―― 295
オブジェクトの画層を確認する No.223 ―― 296
オブジェクトの画層を変更する No.224 ―― 297
画層を合成する No.225 ―― 298
画層フィルタで目的の画層を見つける No.226 ―― 300
画層の表示やフリーズなどの状態を保存する No.227 ―― 302
保存した画層状態をほかのファイルでも使う No.228 ―― 304
ほかのファイルから画層の設定を読み込む No.229 ―― 306
新しい画層が作成されたとき通知させる No.230 ―― 308
ビューポートごとに画層の表示プロパティを設定する No.231 ―― 310

ブロック

複数のオブジェクトをひとまとまりにする（ブロック） No.232 ―― 312
ブロックを挿入する No.233 ―― 314
位置／尺度／回転角度を指定してブロックを挿入する No.234 ―― 315
基点を変更してブロックを挿入する No.235 ―― 316
ブロックを分解する No.236 ―― 317
ブロックエディタでブロックを編集する No.237 ―― 318
通常の作図画面でブロックを編集する No.238 ―― 319
ほかのファイルのブロックを挿入する No.239 ―― 321
ブロックを図面ファイルとして書き出す No.240 ―― 322
ツールパレットによく使用するブロックを登録する No.241 ―― 323
ファイル内のすべてのブロックをツールパレットに登録する No.242 ―― 324
属性（文字情報）付きのブロックを作成する No.243 ―― 325
属性付きブロックを挿入する No.244 ―― 327
ブロックの属性を編集する No.245 ―― 328
ブロックの属性データを書き出す No.246 ―― 329
ダイナミックブロックを使う No.247 ―― 330
ダイナミックブロックを作成する No.248 ―― 331

外部参照

外部の図面を参照表示する（外部参照） No.249 ―― 336
外部参照を解除／再ロードする No.250 ―― 338
PDFや画像ファイルを外部参照する No.251 ―― 339
外部参照する範囲を指定する（クリップ） No.252 ―― 340
外部参照のフレーム（枠）を非表示にする No.253 ―― 342
外部参照を薄く表示する No.254 ―― 343
外部参照の図面を修正する No.255 ―― 344
外部参照をブロックとして埋め込む（バインド） No.256 ―― 345

異尺度対応

異尺度対応を知る No.257 ―― 348
オブジェクトを異尺度対応にする No.258 ―― 351
オブジェクトに注釈尺度を設定する No.259 ―― 353
ビューポートの注釈尺度を変更する No.260 ―― 355
ビューポートの尺度を注釈尺度に揃える No.261 ―― 356
常に異尺度対応オブジェクトを表示する No.262 ―― 357
注釈尺度リストに尺度を追加する No.263 ―― 358

拘束

パラメトリック(拘束)を表示する No.264 ―― 360
幾何拘束の特性を知る No.265 ―― 361
寸法拘束の特性を知る No.266 ―― 362
寸法拘束の値や計算式を変更する No.267 ―― 363
パラメトリック(拘束)を解除する No.268 ―― 364

レイアウト／印刷

AutoCADの印刷までの流れ No.269 ―― 366
[レイアウト]タブを作成する No.270 ―― 368
[レイアウト]タブを移動／コピーする No.271 ―― 369
ほかのファイルから[レイアウト]タブをコピーする No.272 ―― 370
レイアウトの用紙の大きさを設定(ページ設定)する No.273 ―― 371
ほかのファイルのページ設定を読み込む No.274 ―― 373
ビューポートを作成する No.275 ―― 375
印刷範囲に合ったサイズのビューポートを作成する No.276 ―― 376
自由な形のビューポートを作成する No.277 ―― 377
ビューポートの尺度を変更する No.278 ―― 378
ビューポートの表示範囲を変更する No.279 ―― 379
ビューポートをロックする No.280 ―― 380
ビューポートを切り替える No.281 ―― 380
ビューポートを回転する No.282 ―― 381
ビューポートを作図領域いっぱいにする No.283 ―― 382
[レイアウト]タブの内容を[モデル]タブに書き出す No.284 ―― 383
[レイアウト]タブのオブジェクトを[モデル]タブにコピーする No.285 ―― 385
印刷スタイルの種類を選択する No.286 ―― 386
印刷スタイルテーブルを変更する No.287 ―― 388
印刷スタイルテーブルを編集する No.288 ―― 390
印刷する([印刷]ダイアログ) No.289 ―― 392
線の太さを変更して印刷する No.290 ―― 393
印刷範囲を指定して印刷する No.291 ―― 394
すべてのオブジェクトを印刷する No.292 ―― 394
日付や図面名などを自動入力して印刷する No.293 ―― 395
モノクロ(白黒)で印刷する No.294 ―― 396
PDFファイルに出力する No.295 ―― 397
複数のレイアウトを一括で印刷する(バッチ印刷) No.296 ―― 398

シートセット

シートセットを作成する No.297 ―― 400
シートセットからファイルを開く No.298 ―― 403
シートセットのシートの順番を変更する No.299 ―― 404
シートセットにレイアウトを追加する No.300 ―― 405
シートの番号と名前を変更する No.301 ―― 407
シートセットからシートを削除する No.302 ―― 408
シートをサブセットで分別する No.303 ―― 409
シートセットの名前や改定日付を図面に挿入する No.304 ―― 410
シートの一覧表を図面に挿入する No.305 ―― 412
シートセットに登録されているシートを一括印刷する No.306 ―― 413
シートセットのファイルをまとめて圧縮する No.307 ―― 415
ほかの人に渡すためのデータをまとめて圧縮する No.308 ―― 416

トラブル解決

リボンやツールバーが消えてしまった No.309 ―― 418
インストール直後の状態に戻したい No.310 ―― 420
オブジェクトが正しく表示されない No.311 ―― 421
AutoCADが強制終了されてしまった No.312 ―― 422
図面に使用されているフォントが見つからない No.313 ―― 423
ファイルの容量を少しでも減らしたい No.314 ―― 424
ロックしていないのに画層を削除できない No.315 ―― 424
オブジェクトを思うようにストレッチできない No.316 ―― 425
ブロックが分解できない No.317 ―― 426
外部参照がアタッチ解除できない No.318 ―― 427
文字や寸法が消えてしまった No.319 ―― 428
破線の間隔をレイアウトとビューポートで揃えたい No.320 ―― 429
オブジェクトが印刷されない No.321 ―― 430

FAX質問シート ―― 431

目的別 Index

具体的な操作方法を英数字順、50音順に整理したインデックス。やりたいことはわかっているのにコマンド名を思い出せないときなどに、すばやく検索できる。

英数字

AutoCADが強制終了されてしまった No.312 ―― 422
AutoCADの印刷までの流れ No.269 ―― 366
DWGファイルのバージョンを調べる No.008 ―― 033
DWGファイルを開く No.001 ―― 026
DXFファイルを開く/保存する No.014 ―― 039
Excelから貼り付けた表を修正する No.210 ―― 282
Excelの表を貼り付ける No.209 ―― 280
PDFファイルに出力する No.295 ―― 397
PDFや画像ファイルを外部参照する No.251 ―― 339
SteeringWheels (2Dナビゲーションホイール)で
画面操作を行う No.045 ―― 074
2つの単位で寸法値を記入する No.187 ―― 249
2点間の距離を測る No.069 ―― 098
2本の線の延長線が交わる位置を示す No.063 ―― 093
3点を指示して角度寸法を記入する No.194 ―― 258
3点を指定して円をかく No.086 ―― 119

あ

アイソメグリッドを表示する/非表示にする No.056 ―― 085
アイソメ表示にする No.048 ―― 077
アイソメ表示から平面図表示に戻す No.049 ―― 077
新しい画層が作成されたとき通知させる No.230 ―― 308
新しく図面を作成する No.011 ―― 036
アプリケーションメニューを使う No.019 ―― 047
異尺度対応を知る No.257 ―― 348
位置/尺度/回転角度を指定して
ブロックを挿入する No.234 ―― 315
一回の操作だけオブジェクトスナップを使う
(一時オブジェクトスナップ) No.060 ―― 091
印刷時にフチ文字になるのを修正する No.164 ―― 220
印刷スタイルテーブルを変更する No.287 ―― 388
印刷スタイルテーブルを編集する No.288 ―― 390
印刷スタイルの種類を選択する No.286 ―― 386
印刷する([印刷] ダイアログ) No.289 ―― 392
印刷範囲に合ったサイズの
ビューポートを作成する No.276 ―― 376
印刷範囲を指定して印刷する No.291 ―― 394
インストール直後の状態に戻したい No.310 ―― 420
インタフェースの色を変更する No.028 ―― 057
ウィンドウ/ツールバー/パネルの
位置を固定する No.026 ―― 055
円/円弧の中心マークをかく No.088 ―― 122
円形状に配列コピーする No.128 ―― 172
円弧の長さ寸法を記入する No.196 ―― 260
円弧をかく No.087 ―― 121
円弧を含むポリライン(連続線)をかく No.092 ―― 127
同じ画層/色/太さの図形を選択する No.120 ―― 160
オブジェクトが印刷されない No.321 ―― 430
オブジェクトが正しく表示されない No.311 ―― 421
オブジェクトスナップの種類を知る No.059 ―― 088
オブジェクトに注釈尺度を設定する No.259 ―― 353
オブジェクトの画層を確認する No.223 ―― 296
オブジェクトの画層を変更する No.224 ―― 297
オブジェクトの情報を調べる No.071 ―― 100
オブジェクトを異尺度対応にする No.258 ―― 351
オブジェクトを思うように
ストレッチできない No.316 ―― 425

か

カーソルの動きを水平/垂直に固定する
(直交モード) No.057 ―― 086
カーソルの形状を十字
(クロスヘアカーソル)にする No.029 ―― 058
カーソルの座標値を表示する No.030 ―― 059
外部参照がアタッチ解除できない No.318 ―― 427
外部参照する範囲を指定する(クリップ) No.252 ―― 340
外部参照の図面を修正する No.255 ―― 344
外部参照のフレーム(枠)を非表示にする No.253 ―― 342
外部参照を薄く表示する No.254 ―― 343
外部参照を解除/再ロードする No.250 ―― 338
外部参照をブロックとして埋め込む(バインド) No.256 ―― 345

外部の図面を参照表示する(外部参照) No.249 ── 336
拡大時でもグリッドが表示されるように
設定する No.054 ── 083
角度の単位を「度/分/秒」で表示する No.075 ── 104
重なった図形でオブジェクトスナップする No.061 ── 091
重なった図形を選択する No.119 ── 158
重なりの順序を変更する No.146 ── 197
角度寸法を記入する No.193 ── 257
画層の線の色/種類/太さを変更する No.220 ── 293
画層の表示/非表示を切り替える No.215 ── 288
画層の表示やフリーズなどの状態を保存する No.227 ── 302
画層フィルタで目的の画層を見つける No.226 ── 300
画層を合成する No.225 ── 298
画層を作成する No.212 ── 285
画層を削除する No.214 ── 287
画層を知る No.211 ── 284
画層をフリーズする No.216 ── 289
画層をロックして編集不可にする No.218 ── 291
角(コーナー)を丸める No.141 ── 192
角(コーナー)を面取りする No.142 ── 193
角を丸めた/面取りした長方形をかく No.097 ── 133
画面の表示状態(ビュー)を保存する No.047 ── 076
画面表示を拡大/縮小する No.041 ── 070
幾何拘束の特性を知る No.265 ── 361
既存の図形と同じ画層/色
/線種に変更する No.143 ── 194
既存の図形の角度で図形を回転する No.132 ── 178
既存の寸法線から寸法スタイルを作成する No.176 ── 238
既存の線に対して垂直な線をかく No.080 ── 112
既存のものと同じハッチングに変更する No.104 ── 142
既定のテンプレートファイルを設定する No.013 ── 038
基点を変更してブロックを挿入する No.235 ── 316
距離と角度を指定して点を指示する No.067 ── 097
均等割り付け文字を記入する No.161 ── 216
クイックアクセスツールバーに
コマンドを追加する No.020 ── 048
雲マークをかく No.112 ── 150
グラデーションで塗りつぶしを行う No.108 ── 146
クリックして図形を選択する No.113 ── 152
グリップを使って図形を編集する No.134 ── 182
グリッドを表示する/非表示にする No.053 ── 082
グループを解除する No.148 ── 199
計算機能を利用する(クイック計算) No.072 ── 101
現在の画層を変更する No.213 ── 286
現在の文字スタイルを変更する No.153 ── 205
交差選択で図形を一括選択する No.115 ── 154
構築線をかく No.081 ── 113
コマンドを実行する No.031 ── 060
コマンドを使用した履歴を見る No.034 ── 063
コマンドを途中でキャンセルする No.032 ── 061
コマンドを元に戻す/やり直す No.033 ── 062
コマンド名を予測して入力する No.035 ── 064

さ

作図領域にあるすべての図形を表示する No.043 ── 072
座標系(UCS)に合わせてビューを回転する No.077 ── 107
座標系(UCS)を図形に合わせて変更する No.076 ── 105
シートセットからシートを削除する No.302 ── 408
シートセットからファイルを開く No.298 ── 403
シートセットに登録されているシートを
一括印刷する No.306 ── 413
シートセットにレイアウトを追加する No.300 ── 405
シートセットのシートの順番を変更する No.299 ── 404
シートセットの名前や改定日付を
図面に挿入する No.304 ── 410
シートセットのファイルをまとめて圧縮する No.307 ── 415
シートセットを作成する No.297 ── 400
シートの一覧表を図面に挿入する No.305 ── 412
シートの番号と名前を変更する No.301 ── 407
シートをサブセットで分別する No.303 ── 409
指定した画層/色/太さの図形を選択する No.121 ── 162
指定したプロパティ値の図形を選択する No.122 ── 163
自動更新される日付や
ファイル名を記入する No.168 ── 224
自動調整寸法に設定されているか
確認する No.174 ── 233
自動保存を設定する No.006 ── 031
自由な形のビューポートを作成する No.277 ── 377
小数点以下の桁数を変更する No.074 ── 103
図形の画層/色/線種の詳細を
確認/変更する No.145 ── 196
図形の画層/色/線種を
素早く確認/変更する No.144 ── 195
図形の変形に合わせて寸法値が
変更されるようにする No.173 ── 232
図形を移動する No.124 ── 166
図形を回転する No.131 ── 177
図形を拡大/縮小する No.137 ── 186
図形をコピーする No.125 ── 167
図形を削除する No.123 ── 165

図形を選択セットから除外する No.117 ――― 156
図形を追加選択する No.116 ――― 155
図形を反転させて鏡像にする No.133 ――― 180
図形を部分的に伸ばす／縮める（ストレッチ） No.136 ― 185
ステータスバーのボタンを
表示／非表示にする No.025 ――― 054
スナップを使う No.055 ――― 084
スプライン（曲線）をかく No.100 ――― 137
図面に使用されているフォントが見つからない No.313 ― 423
図面に使用しているファイルを
ひとまとめにする No.015 ――― 040
手動で記入されたかき込み寸法を見つける No.189 ― 252
すべてのオブジェクトを印刷する No.292 ――― 394
すべての画層を表示する No.217 ――― 290
寸法拘束の値や計算式を変更する No.267 ――― 363
寸法拘束の特性を知る No.266 ――― 362
寸法スタイルを新規に作成する No.175 ――― 235
寸法スタイルを比較して違いを調べる No.190 ――― 254
寸法スタイルを変更する No.177 ――― 239
寸法線に折れ線を追加する No.185 ――― 247
寸法線の矢印形状を変更する No.181 ――― 243
寸法値に許容差を追加する No.188 ――― 251
寸法値に文字を追加する No.182 ――― 244
寸法値の小数点以下の桁数を変更する No.183 ――― 245
寸法値のみを移動する No.191 ――― 255
寸法値を元の位置に戻す No.192 ――― 256
寸法の種類によって
寸法スタイルを変更する No.197 ――― 261
寸法補助線と線が重なる部分を
白抜きにする No.184 ――― 246
寸法補助線を斜めにする No.186 ――― 248
寸法を記入する No.171 ――― 230
寸法を複数個所に一括で記入する
（クイック寸法記入） No.172 ――― 231
絶対座標を使って点を指示する No.065 ――― 095
正確な座標を調べる No.068 ――― 097
線上に等間隔で点を配置する No.130 ――― 176
選択したオブジェクトの
画層のみを表示する No.221 ――― 294
選択したオブジェクトの
画層を非表示にする No.222 ――― 295
線に沿ってコピーする No.129 ――― 174
線の太さを変更して印刷する No.290 ――― 393
線や円弧の長さを変更する No.140 ――― 191
線を延長する No.139 ――― 190
線を切り取る（トリム） No.138 ――― 188
線を平行にコピーする（オフセット） No.135 ――― 184
選択オプションで効率よく選択を行う No.118 ――― 157
属性（文字情報）付きのブロックを作成する No.243 ― 325
属性付きブロックを挿入する No.244 ――― 327
相対座標を使って点を指示する No.066 ――― 096

た

タイトルと見出しのない表を作成する No.208 ――― 279
ダイナミック入力を使用する／不使用にする No.036 ― 065
ダイナミックブロックを作成する No.248 ――― 331
ダイナミックブロックを使う No.247 ――― 330
楕円弧をかく No.090 ――― 124
楕円をかく No.089 ――― 123
単位を変更する No.073 ――― 102
短縮コマンド（エイリアス）を使う No.039 ――― 067
注釈尺度リストに尺度を追加する No.263 ――― 358
中心線をかく No.083 ――― 116
中心と半径を指定して円をかく No.085 ――― 118
長方形をかく No.096 ――― 132
直線をかく No.078 ――― 110
直列寸法を記入する No.178 ――― 240
点からの角度を示す（極トラッキング） No.064 ――― 094
点からの方向を示す
（オブジェクトスナップトラッキング） No.062 ――― 092
テンプレートファイルを作成する No.012 ――― 037
点をかく No.084 ――― 117
点を正確に指示する
（定常オブジェクトスナップ） No.058 ――― 087
ツールバーを表示する No.022 ――― 050
ツールパレットによく使用する
ブロックを登録する No.241 ――― 323
通常の作図画面でブロックを編集する No.238 ――― 319
常に異尺度対応オブジェクトを表示する No.262 ― 357
ドーナツ型をかく No.099 ――― 135
特殊文字を記入する No.167 ――― 223

な

長さと角度を指定して直線をかく No.079 ――― 111
ナビゲーションバーで画面操作を行う No.044 ――― 073
二重線をかく No.082 ――― 114
塗りつぶしを行う No.107 ――― 145

は

バージョンを変えてファイルを保存する No.009 — 034
破線の間隔をレイアウトと
ビューポートで揃えたい No.320 — 429
バックアップファイルを自動的に作成する No.007 — 032
ハッチングが黒くつぶれてしまうとき No.103 — 141
ハッチングの境界線をかく No.105 — 143
ハッチングやグラデーションを透過させる No.109 — 147
ハッチングやグラデーションを
背面／前面に移動する No.110 — 148
ハッチングをかける No.102 — 140
パラメトリック(拘束)を解除する No.268 — 364
パラメトリック(拘束)を表示する No.264 — 360
パレットをショートカットキーで
すばやく表示する No.037 — 066
範囲を指定して拡大する(窓ズーム) No.046 — 075
半径寸法を記入する No.195 — 259
引出線スタイルを新規に作成する No.199 — 264
引出線の角度を揃えて記入する No.200 — 267
引出線を記入する No.198 — 263
引出線を追加する No.201 — 268
日付や図面名などを自動入力して印刷する No.293 — 395
ビューポートごとに画層の表示プロパティを
設定する No.231 — 310
ビューポートの尺度を注釈尺度に揃える No.261 — 356
ビューポートの尺度を変更する No.278 — 378
ビューポートの注釈尺度を変更する No.260 — 355
ビューポートの表示範囲を変更する No.279 — 379
ビューポートを回転する No.282 — 381
ビューポートを切り替える No.281 — 380
ビューポートを作図領域いっぱいにする No.283 — 382
ビューポートを作成する No.275 — 375
ビューポートをロックする No.280 — 380
表示範囲を移動する No.042 — 071
表スタイルを作成する No.204 — 273
表の数値の小数点以下の桁数を変更する No.207 — 278
表の文字の大きさを一括で変更する No.206 — 276
表の文字の大きさを個別に変更する No.205 — 275
表に計算式を入力する No.203 — 272
表を作成する No.202 — 270
ファイルタブ／レイアウトタブを
表示／非表示にする No.027 — 056
ファイル内にあるグループを見つけ出す No.149 — 200
ファイル内のすべてのブロックを
ツールパレットに登録する No.242 — 324
ファイルの表示を切り替える No.003 — 028
ファイルの容量を少しでも減らしたい No.314 — 424
ファイル名を変更して保存する No.005 — 030
ファイルを閉じる No.002 — 027
ファイルを保存する No.004 — 029
ファンクションキーを使う No.038 — 067
フィールドを編集する No.169 — 225
複数のオブジェクトをひとまとまりにする
(ブロック) No.232 — 312
複数の図形をグループ化する No.147 — 198
複数のビューを同時に表示する No.050 — 078
複数のレイアウトを一括で印刷する
(バッチ印刷) No.296 — 398
複数ファイルのバージョンを一括で変更する No.016 — 042
太さを指定してポリライン(連続線)をかく No.093 — 128
部分的に白抜き(マスク)する No.111 — 149
フルスクリーン表示にする No.051 — 079
ブロックエディタでブロックを編集する No.237 — 318
ブロックが分解できない No.317 — 426
ブロックの属性データを書き出す No.246 — 329
ブロックの属性を編集する No.245 — 328
ブロックを図面ファイルとして書き出す No.240 — 322
ブロックを挿入する No.233 — 314
ブロックを分解する No.236 — 317
文章を記入する No.151 — 203
分数を上下表記で記入する No.166 — 222
別の図面ファイルから図形をコピーする No.126 — 168
並列寸法の間隔を変更する No.180 — 242
ヘルプを活用する No.040 — 068
並列寸法を記入する No.179 — 241
ほかの人に渡すためのデータを
まとめて圧縮する No.308 — 416
ほかのファイルから画層の設定を読み込む No.229 — 306
ほかのファイルから
[レイアウト]タブをコピーする No.272 — 370
ほかのファイルのブロックを挿入する No.239 — 321
ほかのファイルのページ設定を読み込む No.274 — 373
保存した画層状態をほかのファイルでも使う No.228 — 304
保存時のバージョンをあらかじめ指定する No.010 — 035
ポリゴン(正多角形)をかく No.098 — 134
ポリラインに頂点を追加する No.094 — 129
ポリライン(連続線)をかく No.091 — 126
ポリライン(直線)をスプライン(曲線)に
変換する No.101 — 138

ま

窓選択で図形を一括選択する No.114 ―― 153
面積を測る No.070 ―― 099
文字スタイルを新規に作成する No.154 ―― 206
文字の大きさ(高さ)を変更する No.157 ―― 212
文字の基点を変更する No.159 ―― 214
文字の先頭を揃える No.160 ―― 215
文字の幅を縮める(広げる) No.158 ―― 213
文字のフォントを一括で変更する No.155 ―― 208
文字のフォントを個別に変更する No.156 ―― 210
文字部分にもハッチングをかける No.106 ―― 144
文字や寸法が消えてしまった No.319 ―― 428
文字や文章を変更する No.152 ―― 205
文字枠をつける No.162 ―― 217
文字を記入する No.150 ―― 202
文字を図形に変換する No.170 ―― 226
文字を長方形で簡易表示して
　描画を速くする No.165 ―― 221
文字を長方形の中央に記入する No.163 ―― 218
モノクロ(白黒)で印刷する No.294 ―― 396

ら

リボンの表示を小さく／大きくする No.021 ―― 049
リボンタブの種類を知る No.018 ―― 045
リボンタブやリボンパネルを
　表示／非表示にする No.023 ―― 052
リボンやツールバーが消えてしまった No.309 ―― 418
リボンを使う No.017 ―― 044
[レイアウト]タブのオブジェクトを
　[モデル]タブにコピーする No.285 ―― 385
[レイアウト]タブの内容を
　[モデル]タブに書き出す No.284 ―― 383
[レイアウト]タブを移動／コピーする No.271 ―― 369
[レイアウト]タブを作成する No.270 ―― 368
レイアウトの用紙の大きさを
　設定(ページ設定)する No.273 ―― 371
レイアウトのビューを最大化する No.052 ―― 080
列と行を指定して配列コピーする No.127 ―― 170
連続した線を1本のポリラインにする No.095 ―― 130
ロックした画層をわかりやすく表示する No.219 ―― 292
ロックしていないのに画層を削除できない No.315 ―― 424

わ

ワークスペースの状態を保存する No.024 ―― 053

キーワード別 Index

コマンド名や操作に関する単語から検索するためのインデックス。

英数字

AutoComplete — 64
AutoCorrect — 64
BAK — 32
DesignCenter — 321,324
DWG — 26,33
DWG変換 — 42
DXF — 39
e-トランスミット — 40,416
Excel — 280,282
mm — 102
PDF — 397
SHXファイル — 423
SteeringWheels — 74
SV$ — 31
TEXTFILL — 220
UCS — 105,107
UIをロック — 55
WMFファイル — 226
2点間中点 — 218
3点 — 119,121,123

あ

アーカイブ — 415
アイソメ — 77,85
アタッチ — 336,338,339
アタッチ解除 — 427
圧縮 — 415,416
アプリケーションメニュー — 47
一括印刷 — 413
一括選択 — 153,154
異尺度対応 — 348,351,353,355,356,357,358,428,429
一時オブジェクトスナップ — 91,112
位置合わせ — 214
位置表示 — 97
移動 — 71,74,166
色 — 57,160,162
印刷 — 366,386,388,390,392,393,394,395,396,397,398,413,430
印刷スタイルテーブル — 386,388,390,393,396
印刷スタンプ — 395
印刷範囲 — 375,394
印刷領域 — 394
隠線 — 226
インタフェース — 44,45,47,48,49,50,52,53,54,55,56,57,58,59,60,61,62,63,65,66,67,68,418,420
インプレイス参照編集 — 319,344
上書き保存 — 29
エイリアス — 67
円 — 118,119,122,123,135,259,260
円形状配列複写 — 172
円弧 — 121,122,124,127,259,260
延長 — 190
オートコレクト — 64
オートコンプリート — 64
オブジェクト情報 — 100
オブジェクトスナップ — 87,88,91,92,93,94,97,98,99
オブジェクトスナップトラッキング — 92,93
オブジェクト範囲ズーム — 72
オブジェクトプロパティ管理 — 196
オフセット — 184
折れ線 — 247

か

カーソル — 58,59,65,86,87,88,91,92,93,94,95,96
回転 — 177,178
外部参照 — 336,338,339,340,342,343,344,345,427
拡大 — 70,74,75,186
拡張子 — 31,32
角度 — 97,104,111
角度寸法記入 — 257,258
重なり — 197

カスタマイズ —— 54,55
画層 — 160,162,284,285,286,287,288,289,290,291,292,293,294,295,296,297,298,300,302,304,306,308,310,424
画層閲覧 —— 296
画層合成 —— 298
画層状態管理 —— 302,304
画層フィルタ —— 300
画層プロパティ管理 —— 285,287,288,289,291,293,300,302,304,308
画面操作 —— 421
簡易表示 —— 221
幾何拘束 —— 360,361,364
記号 —— 223
既定のテンプレート —— 38
基点コピー —— 168,214
鏡像 —— 180
境界を再作成 —— 143
曲線 —— 137,138
極トラッキング —— 94,267
許容差 —— 251
距離 —— 97,98,100
均等割り付け —— 216
クイックアクセスツールバー —— 48
クイック計算 —— 101
クイック新規作成 —— 36
クイック寸法記入 —— 231
クイック選択 —— 162
クイックプロパティ —— 195,212,213
矩形状雲マーク —— 150
矩形状配列複写 —— 170
雲マーク —— 150
グラデーション —— 146,147,148
グリッド —— 82,83,84,85
クリップ —— 340,343
グリップ —— 182
グループ —— 198,199,200
グループ解除 —— 199
グループ管理 —— 200
クロスヘアカーソル —— 58
計算式 —— 272
計測値 —— 103,104
桁数 —— 245
現在の画層 —— 286
交差 —— 180,190
交差選択 —— 154
構築線 —— 113
コピー —— 167,168,174,306
コマンド —— 60,61,62,63,67
コマンドライン —— 60,61,95,96,97

さ

最近使用したコマンド —— 63
削除 —— 165
座標 —— 95,96,97,100
座標系 —— 105,107
座標情報 —— 103
座標値 —— 59
サブセット —— 409
参照 —— 178
シートセット —— 400,403,404,405,407,408,409,410,412,413,415,416
シート一覧表 —— 412
尺度 —— 378
尺度変更 —— 186
縮小 —— 70,74,186
自動調整 —— 232,233
自動保存 —— 31,422
島検出 —— 144
ショートカットキー —— 66
除外 —— 156
白抜き —— 149,246
新規作成 —— 36
垂直 —— 112
図形 —— 72
図形に変換 —— 226
図面修復管理 —— 422
図面名 —— 395
スナップ —— 82,83,84,87,88,91
ステータスバー —— 54
ストレッチ —— 185,425
スプライン —— 137,138
隅切り —— 133
図面タブ —— 28,78
図面リスト —— 412
スライド寸法 —— 240
寸法 —— 230,231,232,233,235,238,239,240,241,242,243,244,245,246,247,248,249,251,252,254,255,256,257,258,259,260,261,351
寸法折り曲げ —— 247

寸法記入 ―― 230
寸法拘束 ―― 360,362,363,364
寸法サブスタイル ―― 261
寸法スタイル ―― 235,238,239,249,251,252,254,261
寸法線間隔 ―― 242
寸法値 ―― 221,255,256
寸法補助線 ―― 246,248
寸法マスク ―― 246
精度 ―― 103
全画層表示 ―― 290
全画層フリーズ解除 ―― 290
全再作図 ―― 421
線種尺度 ―― 429
選択 ―― 152,153,154,155,156,157,158,160,162,163
選択オプション ―― 157
選択の種類 ―― 158
選択表示 ―― 294
線分 ―― 110,111,112,130
絶対座標 ―― 95
相対座標 ―― 96
属性 ―― 325,327,328,329

た

ダイナミック入力 ―― 65,95,96,97,111
ダイナミックブロック ―― 330,331
楕円 ―― 123
楕円弧 ―― 124
高さ変更 ―― 121
縦横比変更 ―― 213
タブ ―― 52
ダブルライン ―― 114
単位 ―― 102,104,249
段組寸法 ―― 241,242
短縮コマンド ―― 67
注釈尺度 ―― 353,355,356,357,428,429
注釈モニター ―― 233
中心 ―― 118
中心マーク ―― 122
中心線 ―― 116
頂点を追加 ―― 129
長方形 ―― 132,133
直列寸法記入 ―― 240
直交モード ―― 86
ツールバー ―― 50,53,55,60,418
ツールパレット ―― 323,324
通知 ―― 308
データ形式 ―― 278
追加選択 ―― 155
ディバイダ ―― 176
点 ―― 117,176
テンプレート ―― 37,38
ドーナツ ―― 135
透過 ―― 147,148
特殊文字 ―― 223
閉じる ―― 27
トリム ―― 180

な

内接円 ―― 119
長さ ―― 111
長さ変更 ―― 191
ナビゲーションバー ―― 73,74,75
名前削除 ―― 424
名前を付けて保存 ―― 30,34,35
二重線 ―― 114
塗り潰し ―― 145

は

バージョン ―― 33,34,35,42
配列コピー ―― 170,172
バインド ―― 345
パス配列複写 ―― 174
破線 ―― 429
バックアップ ―― 32
バッチ印刷 ―― 398
ハッチング ―― 140,141,142,143,144,145,147,148,351
ハッチングエディタ ―― 141,142,143,147,148
パネル ―― 52
パラメトリック ―― 360,361,362,363,364,425
パレット ―― 53,66
半径 ―― 118
半径寸法記入 ―― 259,260
引出線 ―― 263,264,267,268,351
引出線スタイル ―― 264
引出線を追加 ―― 268
日付 ―― 224,395

非表示 ―― 295
ビュー ―― 76,77,78,80,107
ビュー管理 ―― 76
ビューポート ― 310,355,356,358,375,376,377,378,379,380,381,382,429
ビューポートを最大化 ―― 80
表 ―― 270,272,273,275,276,278,279,280,282
表スタイル ―― 273,276
描画速度 ―― 221
表示 ―― 28,78,79
表示順序 ―― 197
開く ―― 26,39
ファイル ―― 26,27,28,29,30,31,32,33,34,35,36,37,38,39,40,42
ファイルタブ ―― 56
ファイル名 ―― 224
ファイル容量 ―― 424
ファイルを開く ―― 26
ファンクションキー ―― 67
フィールド ―― 224,225
フィルタ ―― 163
フィレット ―― 133,192
フェイタルエラー ―― 422
フォント ―― 423
フォント変更 ―― 208,210
複写 ―― 167
複線 ―― 114
複数点 ―― 117
フチ文字 ―― 220
太さ ―― 128,160,162,393
フリーズ ―― 289
フリーハンド雲マーク ―― 150
フルスクリーン ―― 79
フレーム ―― 342
ブロック ―― 312,314,315,316,317,318,319,321,322,32,324,325,327,328,329,330,331,351,425,426
ブロックエディタ ―― 318,331
ブロック書き出し ―― 322
ブロック作成 ―― 312
ブロック挿入 ―― 314,315,316,327
プロパティ ―― 196,208,210,212,213,410
プロパティコピー ―― 142,194
分解 ―― 317,426
分数 ―― 222
ページ設定 ―― 371,373
平行コピー ―― 184
平面図 ―― 77
並列寸法記入 ―― 241,242
ヘルプ ―― 68
編集 ―― 182
保存 ―― 29,30,31,39
ポリゴン ―― 134
ポリゴン状雲マーク ―― 150
ポリライン ―― 126,127,128,129,130,138,377
ポリライン編 集 ―― 130

ま

マウ ス ―― 70,71,72
マスク ―― 149
窓ズーム ―― 75
窓選択 ―― 153
マルチテキスト ―― 203,205,206,216,217,222
メニューバー ―― 50,53,60
面積 ―― 99,100
面取り ―― 133,193
文字 ―― 202,203,205,206,208,210,212,213,214,215,216,217,218,220,221,222,223,224,225,226,244,275,276,351,423
文字位置合わせ ―― 215
文字記入 ―― 202,205,206,218,223,224,225
文字スタイル ―― 205,206,208,210,212,213
文字枠 ―― 217
モデル ―― 366,382,385
モノクロ(白黒) ―― 395
元に戻す ―― 62
戻る ―― 74

や

矢印 ―― 243
やり直し ―― 62
優先スタイル ―― 252

ら

リボン ―― 44,45,49,50,52,53,60,418
レイアウト ―― 80,366,368,369,370,371,373,375,376,377,378,379,380,381,382,383,385,400,403,404,405,429
レイアウトタブ ―― 56
ロック ―― 291,292,380

わ

ワークスペース ―― 53
ワイプアウト ―― 149

インタフェース(画面)の各部名称

AutoCAD/AutoCAD LTのインタフェース(画面)の各部名称について解説します。ここに掲載されている画面は、Windows 10がインストールされたパソコンで、AutoCAD 2018を使用している状態のものです。

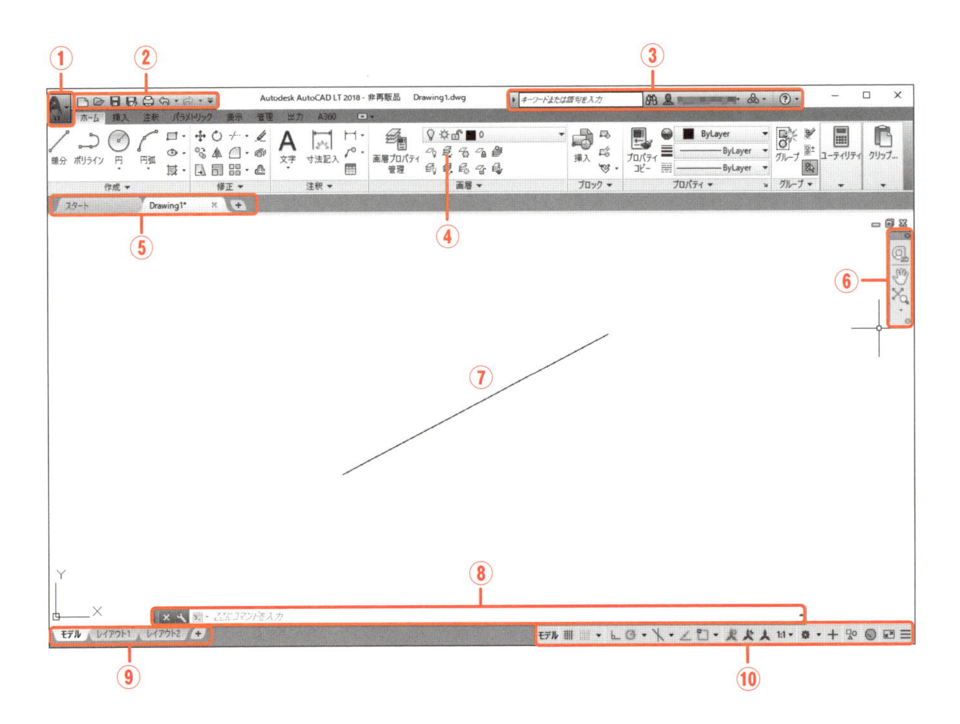

①アプリケーションボタン

クリックすると、ファイル操作や印刷などのアプリケーションメニューが表示される。[オプション] ボタンをクリックして表示される [オプション] ダイアログでは、インタフェースや保存形式などに関する設定が行える。

②クイックアクセスツールバー

[開く] [上書き保存] [印刷] など、よく使うコマンドが格納されているツールバー。

③情報センター

製品に関する情報にアクセスできる。検索窓にキーワードを入力すると [ヘルプ] ウィンドウが開き、そのキーワードに関する情報が表示される。

④リボン

リボンには、図面の作成や修正に必要なすべてのツールが格納されている。一連のタブで構成され、各タブには関連するコマンドがパネルとしてまとめられている。

⑤図面タブ

現在開いているファイル名が表示され、タブをクリックすることでそのファイルの内容を作図領域に表示できる。

⑥ナビゲーションバー

画面の表示の移動や拡大／縮小などを行うコマンドが格納されている。

⑦作図領域

作図を行う範囲。カーソルや色などの設定は [オプション] ダイアログで行うことができる。

⑧コマンドライン(コマンドウィンドウ)

コマンドを入力する場所で、コマンド実行後には次に行う操作内容を表示する。

⑨レイアウトタブ

クリックすることで、モデルとレイアウトの表示を切り替えることができる。

⑩ステータスバー

カーソルの位置や作図ツール、作図環境に影響を与えるツールが格納されている。

本書で使用する画面の設定

本書では、紙面での操作手順を見やすくするため、 AutoCAD ／ AutoCAD LTのリボンの表示を明るくして作業領域の背景色を黒から白に変更したり、グリッドをオフにしたりしています。ここでは、本書で使用している設定に変更する方法を解説します。

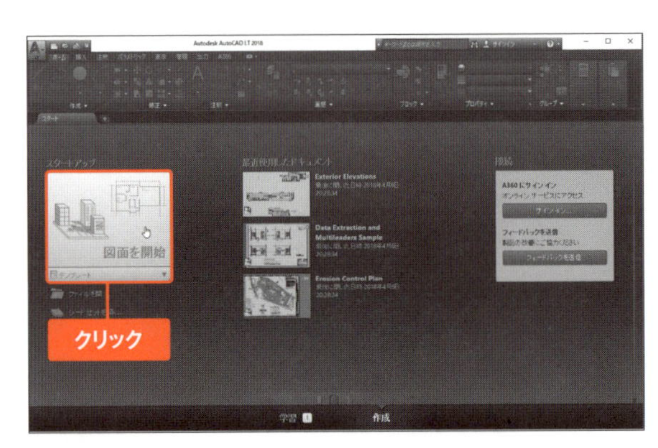

1 AutoCAD ／ AutoCAD LTを起動し、[図面を開始]をクリックする。

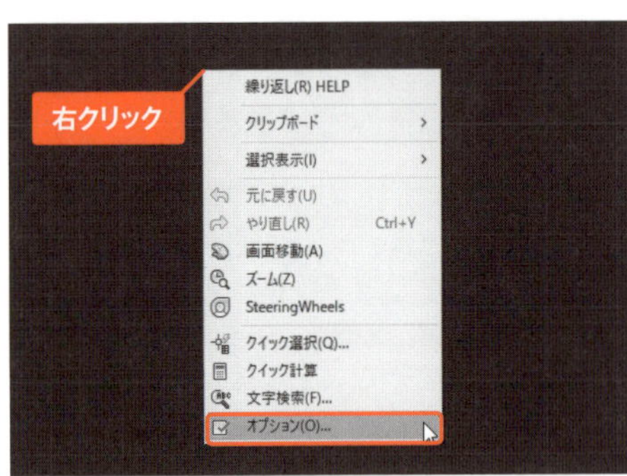

2 新規ファイルが作成されるので、作図領域を右クリックして表示されるコンテキストメニューから[オプション]を選択する。

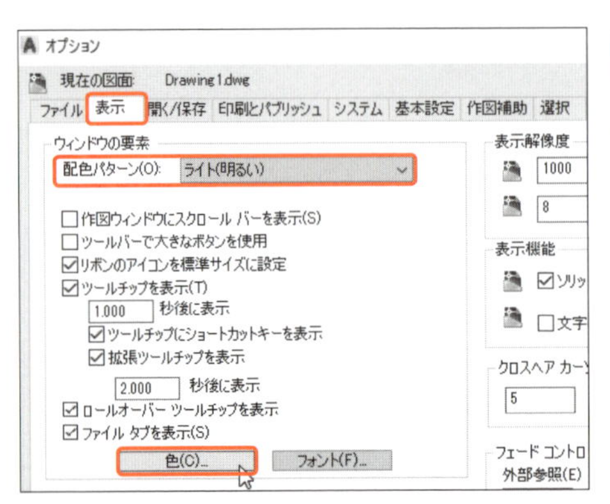

3 表示される[オプション]ダイアログの[表示]タブをクリックする。[ウィンドウの要素]項目の[配色パターン]に[ライト(明るい)]を選択する。続けて[色]ボタンをクリックする。

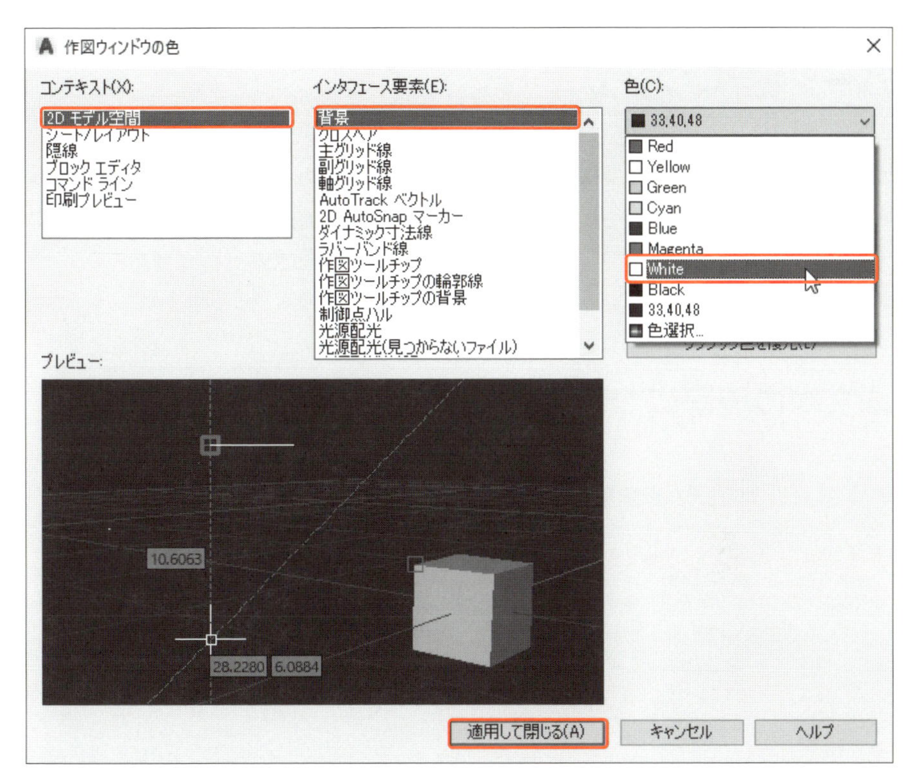

4 表示される[作図ウィンドウの色]ダイアログで[コンテキスト]に[2Dモデル空間]、[インターフェース要素]に[背景][色]に[White]を選択し、[適用して閉じる]ボタンをクリックする。[オプション]ダイアログに戻るので、[OK]ボタンをクリックしてダイアログを閉じる。

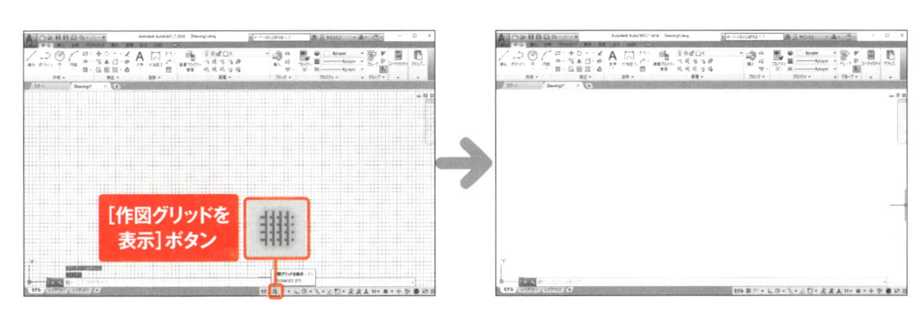

5 ステータスバーの[作図グリッドを表示]ボタンをクリックしてオフにする。リボンの背景が明るくなって作図領域の背景が白色になり、グリッドが非表示になった。

バージョンについて

本書は、AutoCAD/AutoCAD LT 2015 ～ 2019を対象とした解説書です。本書ではWindows 10がインストールされたパソコンで、AutoCAD/AutoCAD LT 2018を使用していますが、内容はAutoCAD/AutoCAD LT 2019でも検証済みです。ご使用のOSやアプリケーションのバージョンによっては、画面や操作方法が本書と異なる場合がございます。

本文中の表記について

本書では、以下のような表記原則を使用しています。

●インタフェースに表示されるタブやダイアログ、コマンド

AutoCAD のインタフェースに表示される、タブやダイアログ、コマンド、パネル、ボタンなどの名称は［ ］で囲んで表記している。また、階層になっている場合は、「—」で接続している。

例１：［修正］タブ、［オプション］ダイアログ、［分解］コマンド、［作成］パネル、［円］ボタン

例２：［ホーム］タブ—［作成］パネル—［線分］ボタンをクリックする。

●マウス操作

マウスを使用した操作は、以下のような表現で表している。

操作名	操作方法
クリック	マウスの左ボタンを押し、すばやく放す
ダブルクリック	クリック操作をすばやく2回行う
右クリック	マウスの右ボタンを押し、すばやく放す
ドラッグ（&ドロップ）	マウスの左ボタンを押したままマウスを動かし、動かした場所でボタンを放す

●キー操作

本書では、キーボードのキー操作を行う個所がある。キーの名前はグレーの長方形で囲んで表記している。また、２つのキーを組み合わせて押す場合は、「＋」で接続している。

例１：Enter キー、Esc キー、F7 キー、

例２：Ctrl ＋ 7 キー

また、本書では、Windows のキー表記を使用しているため Mac版のAutoCADを使用して本書の操作を行う場合は、以下のように適宜読み替えていただきたい。

Windows のキー	→	Mac のキー
Ctrl	→	command
Alt	→	option

ファイル操作

新規作成や保存などの基本操作から、
自動保存の設定やほかのファイル形式に書き出す方法まで、
ファイルに関する操作について解説する。

DWGファイルを開く

関連ワード▶▶ ファイル　開く　ファイルを開く　DWG

DWGファイルを開くには、まずAutoCADを起動し、クイックアクセスツールバーの［開く］ボタンをクリックして開きたいファイルを選択する。DWGファイルのアイコンをダブルクリックして開くこともできるが、アプリケーションとDWGファイルが関連付けされていないと違うアプリケーションで開いてしまう。

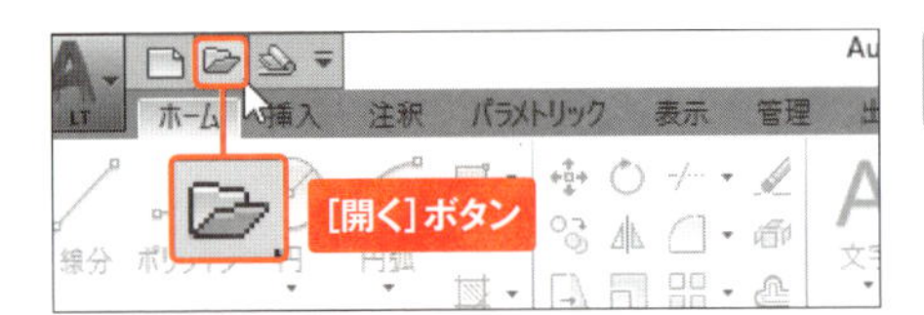

1 クイックアクセスツールバーの[開く]ボタンをクリックする。

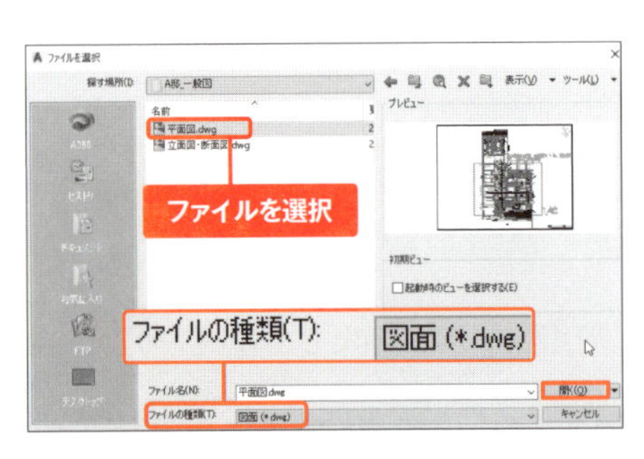

2 表示される[ファイルを開く]ダイアログで[ファイルの種類]に[図面(*.dwg)]を選択する。開きたいファイルを選択して、[開く]ボタンをクリックする。

［ファイルの種類］では、DWGファイルのほかにも、DXFファイル(No.014「DXFファイルを開く／保存する」参照)とDWTファイルを選択して開くことができる。

Ctrl キーや Shift キーを押しながら複数ファイルをクリックして選択すると、それらのファイルを一度に開くことができる。

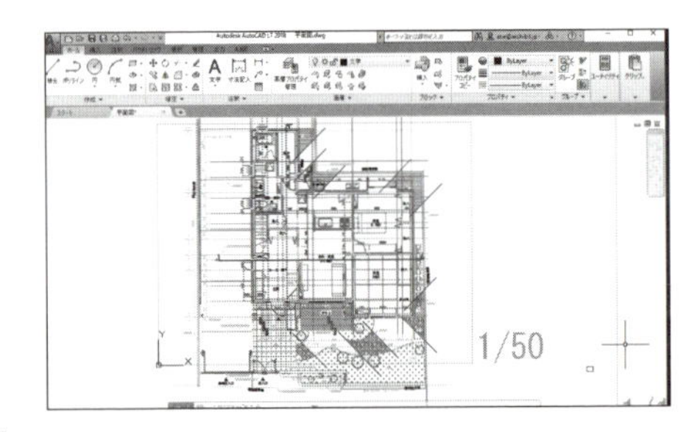

3 選択したファイルが開く。

ファイルを閉じる

関連ワード▶▶ ファイル 閉じる

ファイルを閉じるには、[×]ボタンをクリックする。

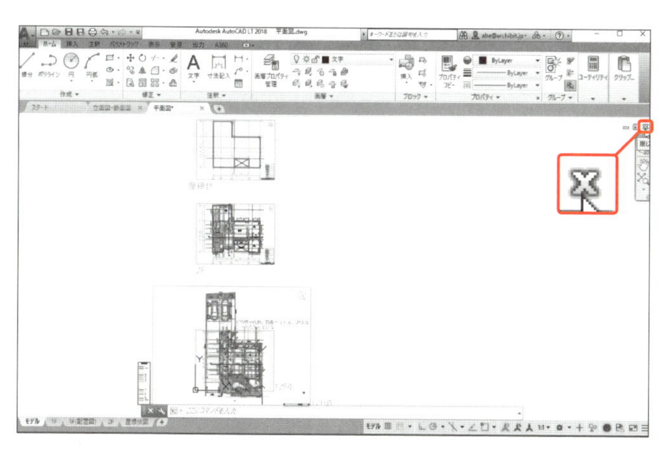

1 作図領域の右上にある[×]ボタンをクリックする。

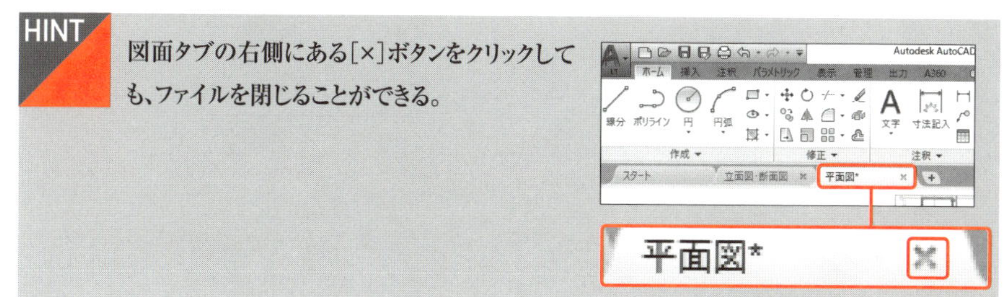

HINT
図面タブの右側にある[×]ボタンをクリックしても、ファイルを閉じることができる。

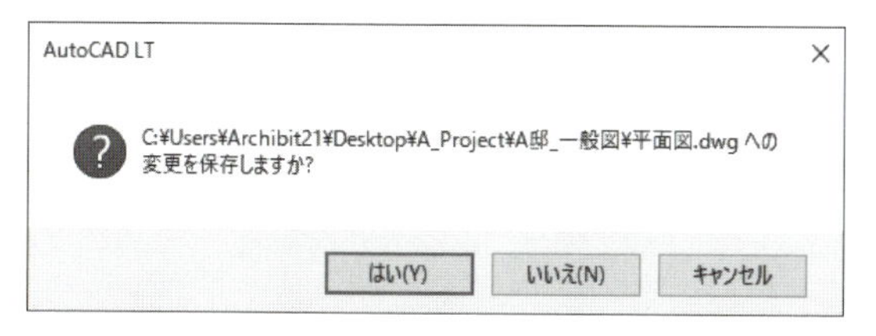

2 ファイル内に変更個所がある場合は、変更を保存するかを選択するメッセージが表示される。
[はい]を選択すると変更が保存されてファイルが閉じる。
[いいえ]を選択すると保存されずに閉じる。
[キャンセル]を選択すると、ファイルを閉じること自体がキャンセルされる。

ファイルの表示を切り替える

関連ワード▶▶ ファイル 表示 図面タブ

複数のファイルが開いている際に表示を切り替えるには、表示したいファイルの図面タブをクリックする。

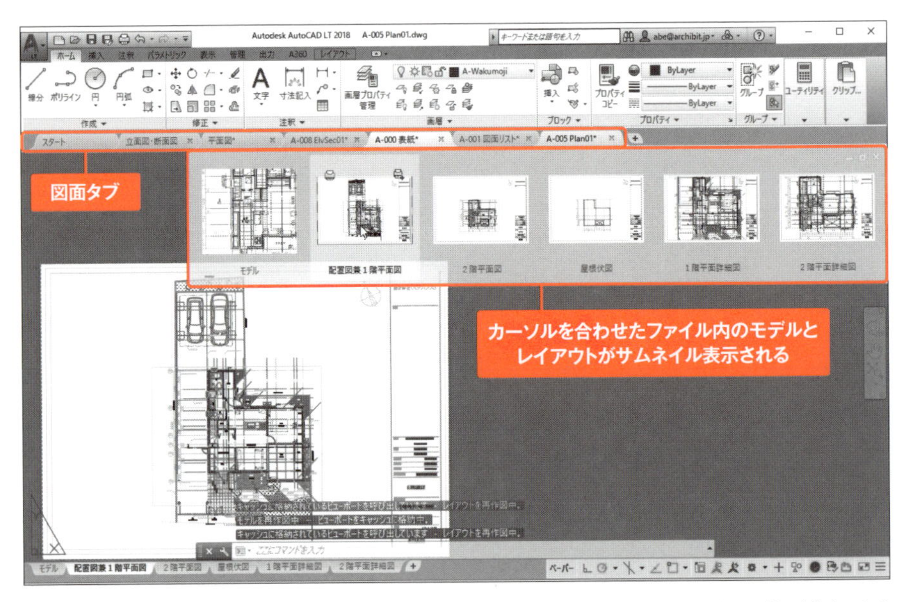
図面タブ
カーソルを合わせたファイル内のモデルとレイアウトがサムネイル表示される

図面タブをクリックすると、そのファイルが表示される。図面タブにカーソルをしばらく合わせると、そのファイル内にあるモデルとレイアウトがサムネイル表示される。目的のサムネイルをクリックすると、作図領域に表示される図面が切り替わる。

Ctrl キーを押しながら Tab キーを押すごとに、ファイルが順番に切り替え表示される。

ファイルを保存する

関連ワード▶▶ ファイル　保存　上書き保存

ファイルに名前を付けて保存する場合や、変更を加えたファイルを上書き保存する場合は、クイックアクセスツールバーの［上書き保存］ボタンをクリックする。

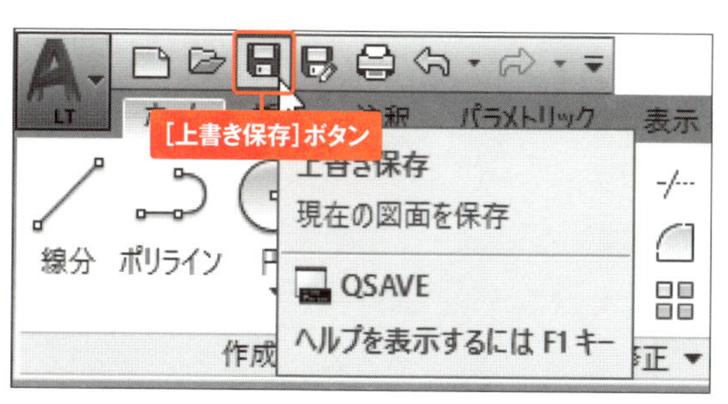

1 クイックアクセスツールバーの［上書き保存］ボタンをクリックする。

HINT

Ctrl + S キーを押しても、ファイルを上書き保存できる。

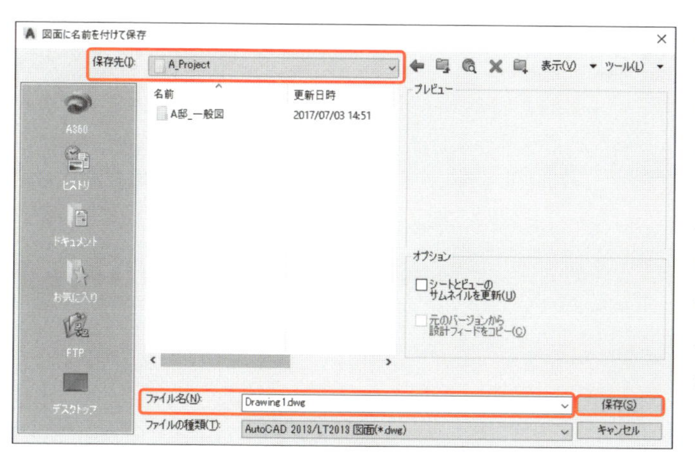

2 初めて保存するファイルの場合は、［図面に名前を付けて保存］ダイアログが表示される。［保存先］を指定し、［ファイル名］に任意のファイル名を入力して［保存］ボタンをクリックする。

No.005 ファイル名を変更して保存する

関連ワード▶▶ ファイル　保存　名前を付けて保存

現在のファイル名を変更して保存する場合は、クイックアクセスツールバーの［名前を付けて保存］ボタンをクリックする。

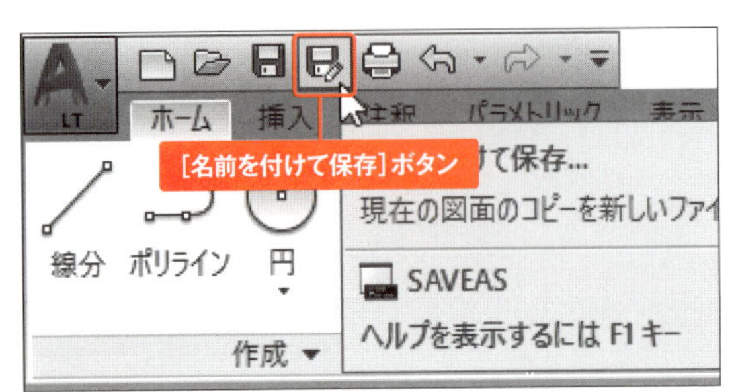

1 クイックアクセスツールバーの［名前を付けて保存］ボタンをクリックする。

HINT

Shift ＋ Ctrl ＋ S キーを押しても、［名前を付けて保存］を実行できる。

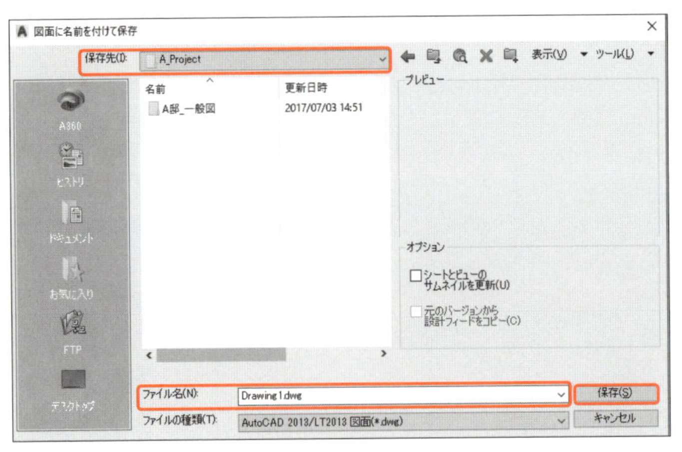

2 ［図面に名前を付けて保存］ダイアログが表示される。［保存先］を指定し、［ファイル名］に変更後のファイル名を入力して［保存］ボタンをクリックする。

自動保存を設定する

関連ワード▶▶ ファイル　保存　自動保存　拡張子　SV$

「自動保存」はファイルに変更が加えられると、一定の間隔でバックアップとなる自動保存ファイル（sv$ファイル、*.sv$）をつくる機能。作業途中でアプリケーションが異常終了しても、自動保存ファイルを利用すれば作業内容を取り戻せる可能性がある。

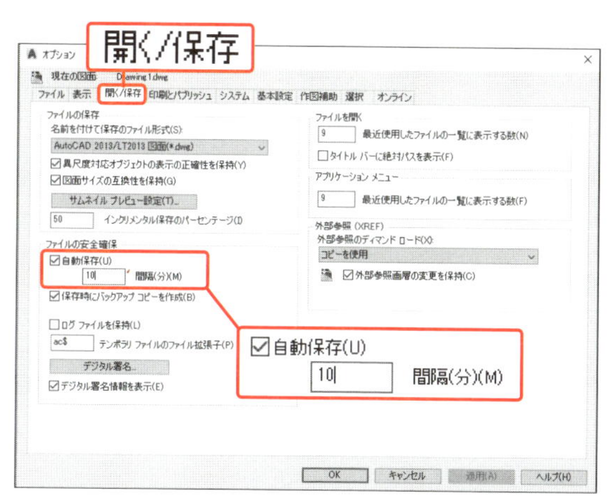

1 アプリケーションメニューの［オプション］ボタンをクリックする。表示される［オプション］ダイアログの［開く/保存］タブをクリックする。［ファイルの安全確保］項目の［自動保存］にチェックが入っていると、自動保存機能が有効になっている。自動保存する時間の間隔は［間隔］で指定できる。

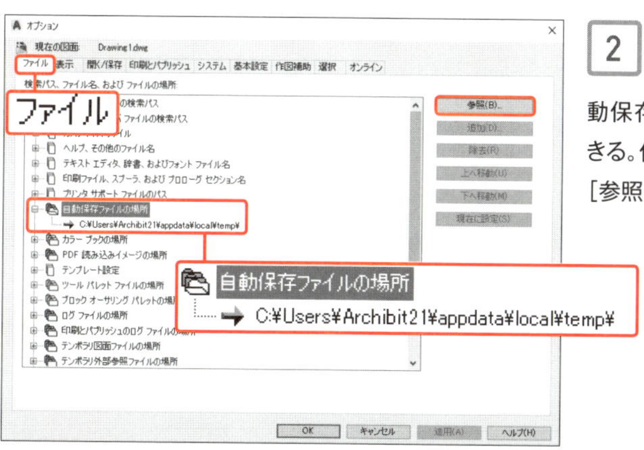

2 自動保存ファイルの保存場所は、［ファイル］タブの［自動保存ファイルの場所］で確認できる。保存場所を変更したい場合は［参照］ボタンをクリックする。

HINT

自動保存ファイルの拡張子「.sv$」を「.dwg」に変更すると、その時点までの作業内容が反映された図面ファイルとして開けるようになる。

バックアップファイルを自動的に作成する

関連ワード▶▶ バックアップ ファイル 拡張子 BAK

AutoCADにはファイルを保存したときに、ひとつ前の保存の状態をBAKファイルとして残すバックアップ機能がある。拡張子の「.bak」を「.dwg」に変更すると、DWGファイルとして使用できる。

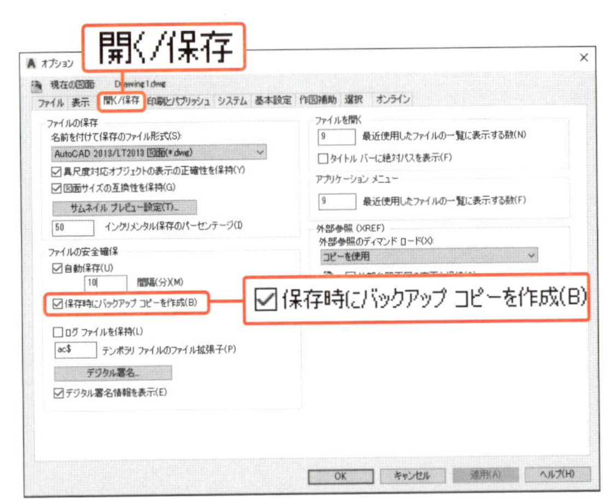

1 アプリケーションメニューの[オプション]ボタンをクリックする。表示される[オプション]ダイアログの[開く/保存]タブをクリックする。[ファイルの安全確保]項目の[保存時にバックアップコピーを作成]にチェックが入っていると、バックアップ機能が有効になっている。

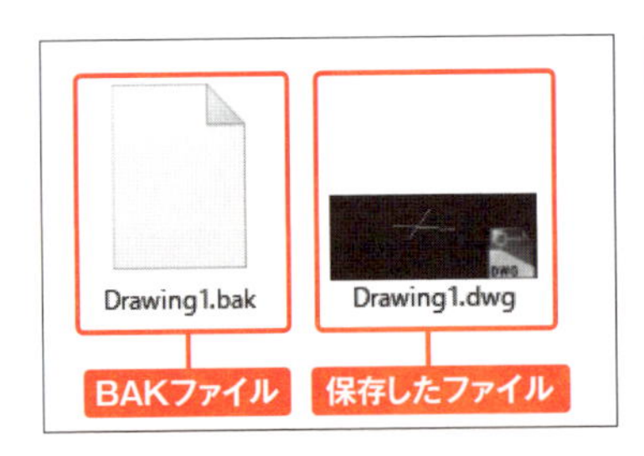

2 作成されたBAKファイルは、保存フォルダーと同じフォルダーに作成される。同じ名前のファイルがあると拡張子を変更できないので、どちらかのファイル名を変更する必要がある。

HINT

ファイルの拡張子が表示されていない場合は、Windowsエクスプローラーの[表示]タブをクリックし、[表示/非表示]パネルの[ファイル名拡張子]にチェックを入れるとファイルの拡張子が表示される。

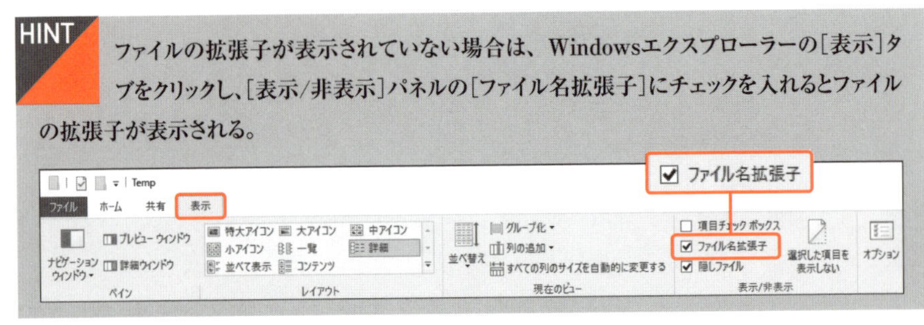

DWGファイルのバージョンを調べる

関連ワード▶▶ ファイル　バージョン　DWG

AutoCADで作成されたDWGファイルのバージョンは、「メモ帳」などのテキストエディタでファイルを開くと確認できる。

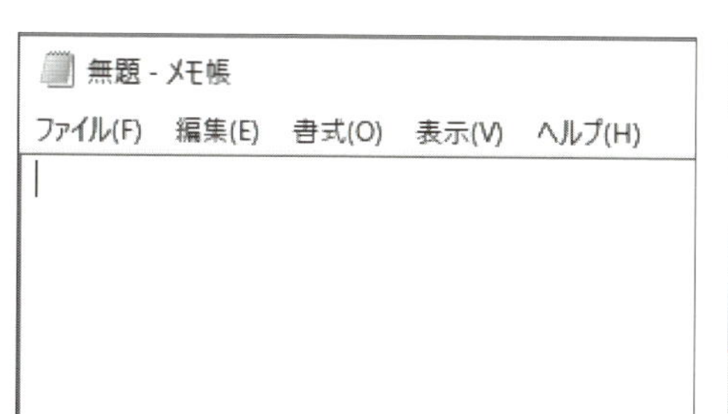

1 テキストエディタ(ここでは、「メモ帳」)を起動し、バージョンを調べたいDWGファイルを開く。

［開く］ダイアログでDWGファイルが表示されない場合は、［ファイルの種類］に［すべてのファイル］を選択すると表示される。

Drawing1.dwg - メモ帳
ファイル(F)　編集(E)　書式(O)　表示(V)　ヘルプ(H)
AC1032
saved by an Autodesk

2 ファイルの先頭6文字がバージョンを表す文字列である。

「AC1032」：AutoCAD2018形式
「AC1027」：AutoCAD2013形式
「AC1024」：AutoCAD2010形式
「AC1021」：AutoCAD2007形式
「AC1018」：AutoCAD2004形式
「AC1015」：AutoCAD2000形式
「AC1014」：AutoCAD R14形式
「AC1012」：AutoCAD R13形式
「AC1009」：AutoCAD R12形式
「AC1006」：AutoCAD GX-Ⅲ形式

ここでは、「AC1032」となっているので、AutoCAD2018形式であることがわかる。

バージョンを変えてファイルを保存する

関連ワード▶▶ ファイル 名前を付けて保存 バージョン

バージョンを変えてファイルを保存するには、[名前を付けて保存]時に[ファイルの種類]でバージョンを指定する。

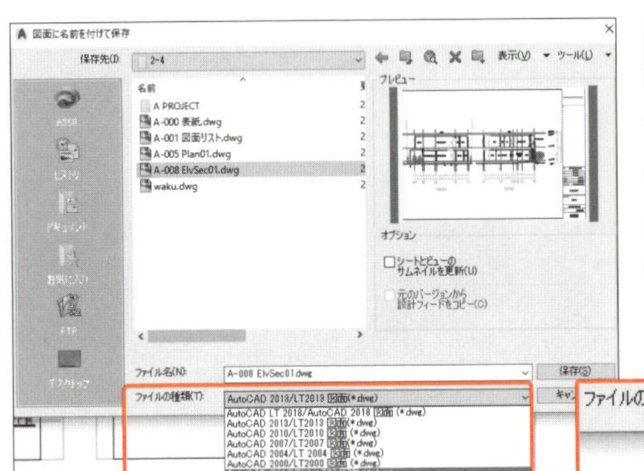

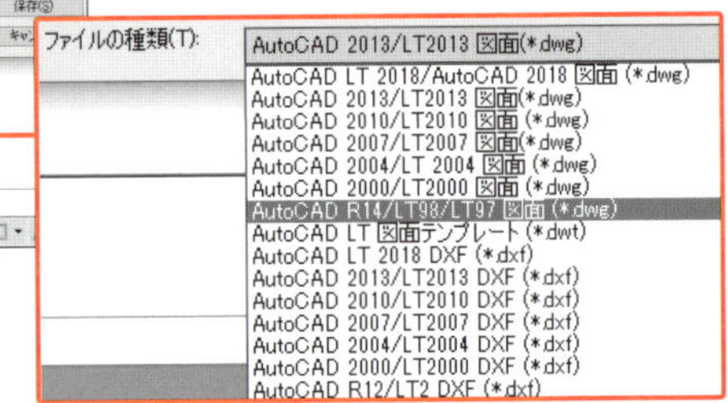

1 クイックアクセスツールバーの[名前を付けて保存]ボタンをクリックする。表示される[図面に名前を付けて保存]ダイアログの[ファイルの種類]で保存したいバージョンの形式を選択し、[保存]ボタンをクリックする。

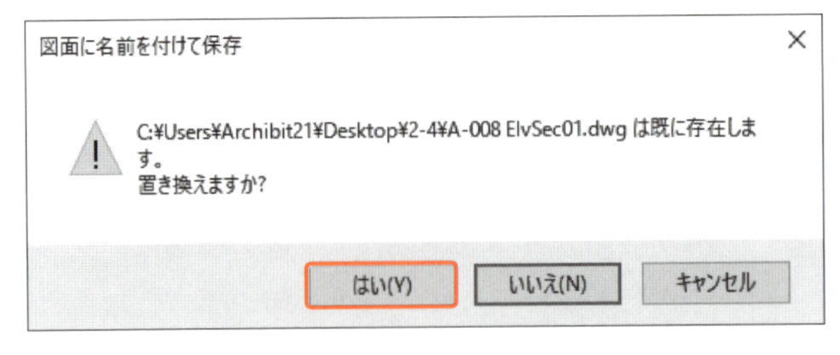

2 手順 1 でファイル名を変更しなかった場合に、置き換えを確認する警告が表示されるので、問題なければ[はい]をクリックして上書きする。

保存時のバージョンをあらかじめ指定する

関連ワード▶▶ ファイル　名前を付けて保存　バージョン

クイックアクセスツールバーの［上書き保存］ボタンをクリックして保存されるファイルのバージョンは、あらかじめ指定できる。

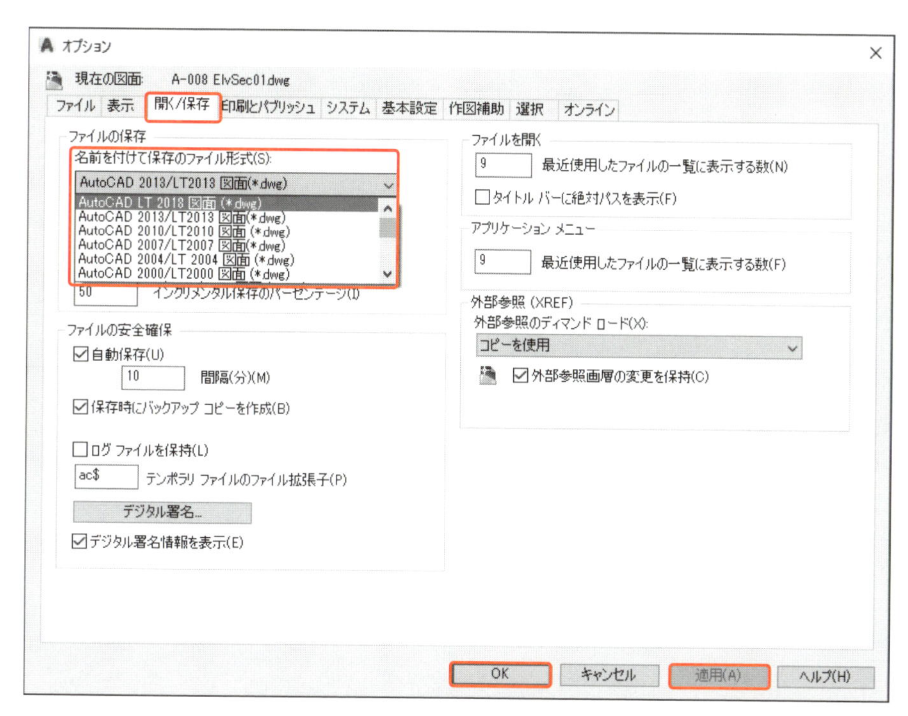

アプリケーションメニューの［オプション］ボタンをクリックする。表示される［オプション］ダイアログの［開く/保存］タブをクリックする。［ファイルの保存］項目の［名前を付けて保存のファイル形式］のプルダウンメニューから保存したいバージョンを指定する。［適用］ボタンをクリックして確定し、［OK］ボタンをクリックしてダイアログを閉じる。

これにより、次回から［上書き保存］を実行すると、ここで指定したバージョンで保存されるようになる。

新しく図面を作成する

関連ワード▶▶ ファイル 新規作成 クイック新規作成

新しい図面を作成するには、図面タブの右側の［＋］マークをクリックするか、クイックアクセスツールバーの［クイック新規作成］ボタンを使用する。

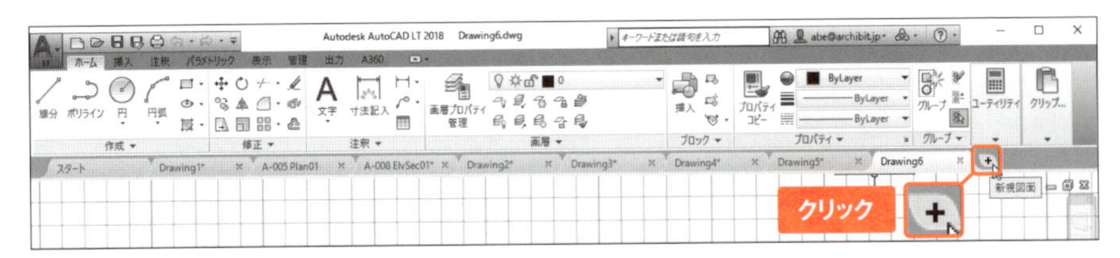

1 図面タブの一番右側にある［＋］マークをクリックすると、新規図面が開く。このとき、デフォルトのテンプレートが設定されていれば、そのテンプレートが表示される。設定されていないときには、直前に指定されたテンプレートが表示される。

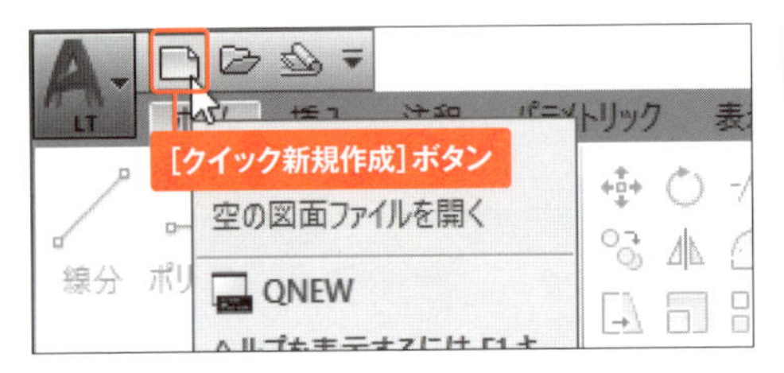

2 図面タブを使わない場合、クイックアクセスツールバーの［クイック新規作成］ボタンをクリックする。

3 既定のテンプレートファイル（No.013「既定のテンプレートファイルを設定する」参照）を設定していないときは、［テンプレートを選択］ダイアログが表示される。テンプレートを選択して［開く］ボタンをクリックすると、新規図面が開く。

HINT

［開く］ボタンの横にある［▼］をクリックして表示されるメニューから［テンプレートなしで開く］を選択すると、テンプレートを使用しないで新規図面が開く。

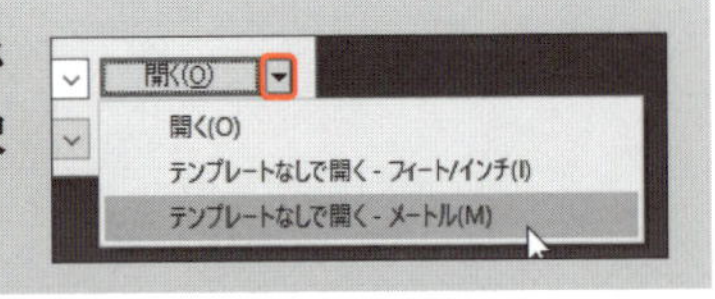

テンプレートファイルを作成する

関連ワード▶▶ ファイル テンプレート

よく使う画層やスタイルを設定し、テンプレートファイル（*.dwt）として保存しておけば、毎回それらの設定を行う必要がなくなるので便利だ。

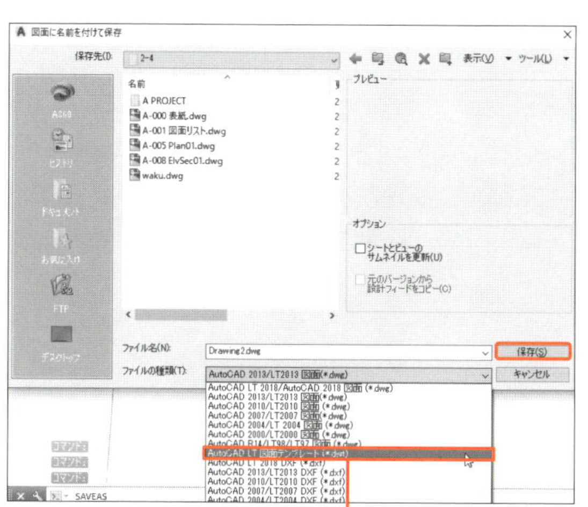

1 画層やスタイルなどを、テンプレートファイルとして保存しておきたい設定にし、クイックアクセスツールバーの［名前を付けて保存］ボタンをクリックする。表示される［図面に名前を付けて保存］ダイアログの［ファイルの種類］に［AutoCAD LT図面テンプレート(*.dwt)］を選択する。任意の名前を入力して［保存］ボタンをクリックする。

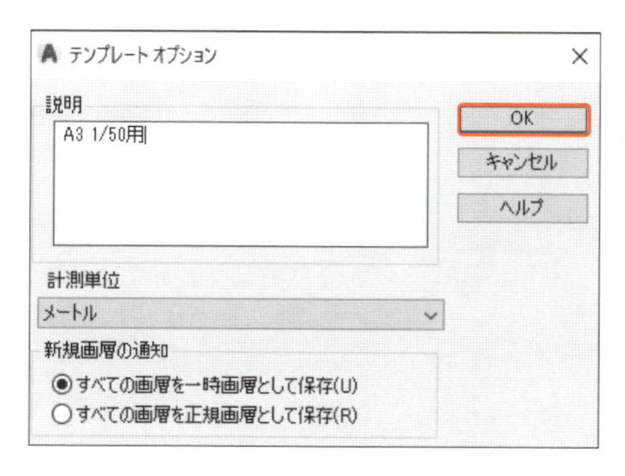

2 ［テンプレートオプション］ダイアログが表示されるので、［説明］［計測単位］［新規画層の通知］の各項目を設定して［OK］ボタンをクリックする。自動的にテンプレートフォルダーに保存される。

既定のテンプレートファイルを設定する

関連ワード▶▶ ファイル テンプレート 既定のテンプレート

既定のテンプレートを設定しておくと、[クイック新規作成]を実行したとき自動的にそのテンプレートが新規ファイルに適用される。

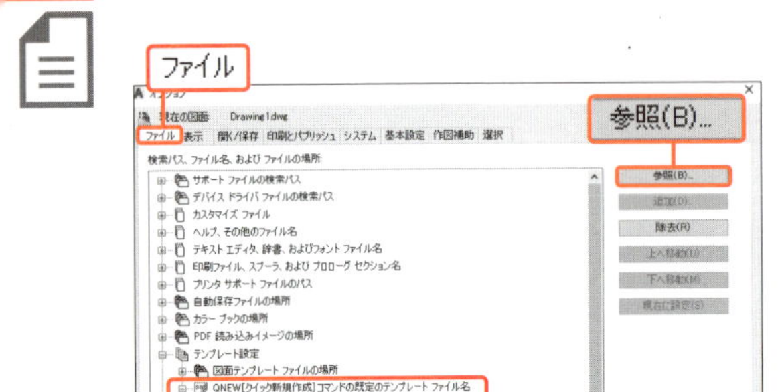

1 アプリケーションメニューの[オプション]ボタンをクリックする。表示される[オプション]ダイアログの[ファイル]タブをクリックする。ツリー表示の[テンプレート設定]―[QNEW [クイック新規作成]コマンドの既定のテンプレートファイル名]を表示し、テンプレートファイル名(ここでは「なし」)を選択して[参照]ボタンをクリックする。

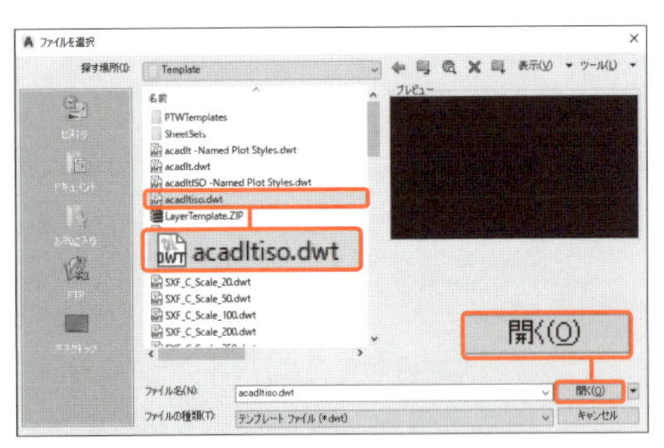

2 表示される[ファイルを選択]ダイアログで、既定のテンプレートに設定するファイル(ここでは、「acadltiso.dwt」)を選択して[開く]ボタンをクリックする。

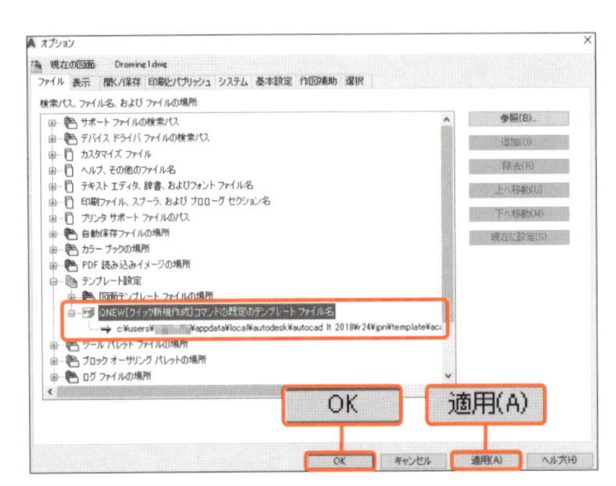

3 [オプション]ダイアログに戻り、[QNEW [クイック新規作成]コマンドの既定のテンプレートファイル名]に手順2で選択したテンプレートファイルが選択されていることを確認する。[適用]ボタンをクリックして確定し、[OK]ボタンをクリックしてダイアログを閉じる。

DXFファイルを開く／保存する

関連ワード▶▶ ファイル　DXF　開く　保存

DXFファイルはDWGファイルと同じように開くことができる。また、作成したファイルをDXF形式で保存できる。

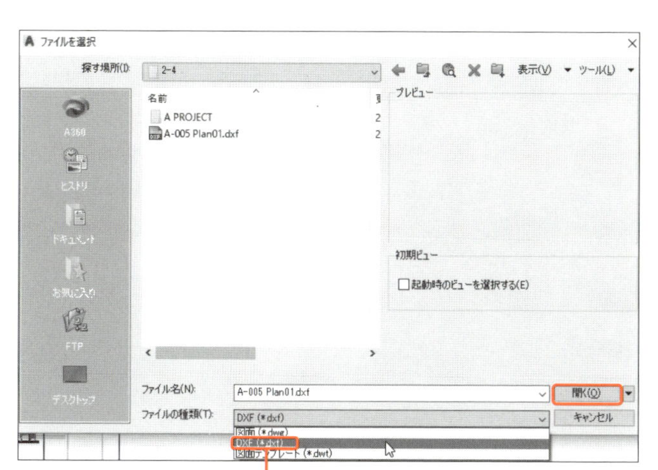

DXFファイルを開くには、クイックアクセスツールバーの[開く]ボタンをクリックする。表示される[ファイルを選択]ダイアログの[ファイルの種類]で[DXF(*dxf)]を選択する。ファイルを選択して[開く]ボタンをクリックする。

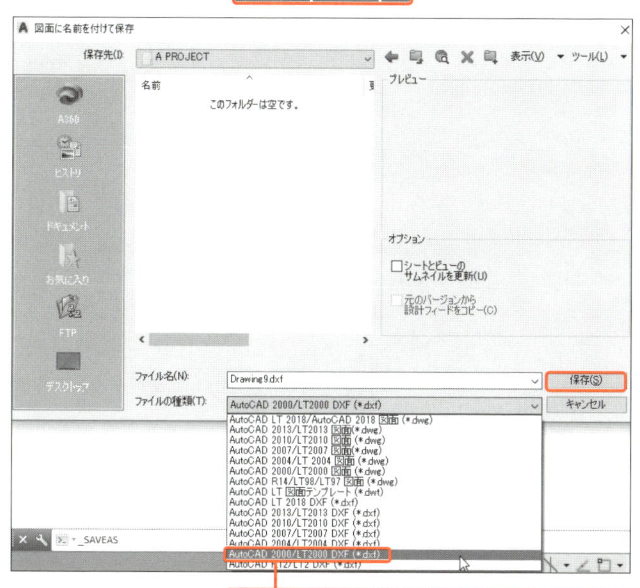

ファイルをDXF形式で保存するには、クイックアクセスツールバーの[名前を付けて保存]ボタンをクリックする。表示される[図面に名前を付けて保存]ダイアログの[ファイルの種類]に保存するDXFのバージョン(ここでは、[AutoCAD 2000/LT2000 DXF(*dxf)])を選択し、ファイル名を入力して[保存]ボタンをクリックする。

図面に使用しているファイルをひとまとめにする

関連ワード▶▶ ファイル e-トランスミット

「e-トランスミット」機能を使うと、図面に使用されている印刷設定ファイルや外部参照ファイルなどを1つのフォルダーにまとめ、ZIP形式の圧縮ファイルとして書き出すことができる。ファイルの受け渡しの際に便利な機能だ。

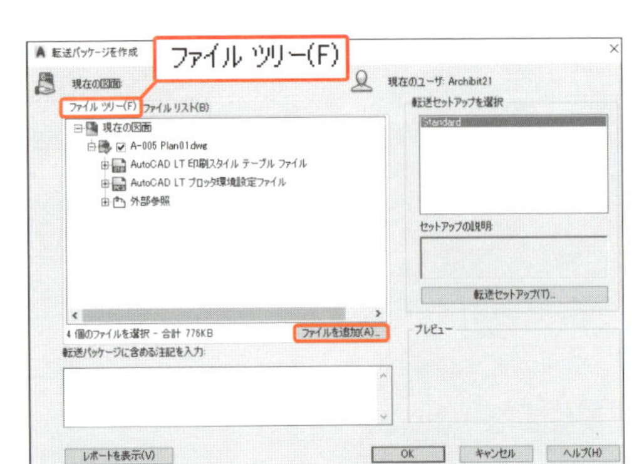

1 アプリケーションメニューの[パブリッシュ]─[e-トランスミット]を選択する。表示される[転送パッケージを作成]ダイアログの[ファイルツリー]タブでは、まとめられるファイルがツリー表示されている。

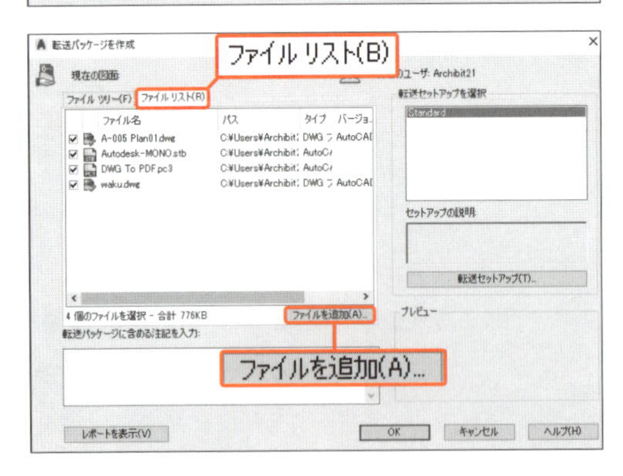

[ファイルリスト]タブでは、まとめられるファイルがリスト表示されている。ファイルを除外する場合はチェックを外し、ファイルを追加する場合は[ファイルを追加]ボタンをクリックして該当ファイルを選択する。

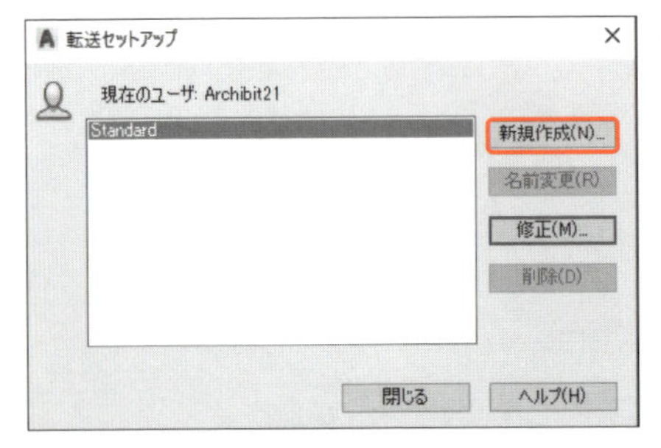

2 [転送パッケージを作成]ダイアログの[転送セットアップ]ボタンをクリックすると、[転送セットアップ]ダイアログが表示され、圧縮ファイルの種類などの細かい設定が行える。あらかじめ標準の「Standard」が用意されているが、独自に設定を行いたい場合は[新規作成]ボタンをクリックする。

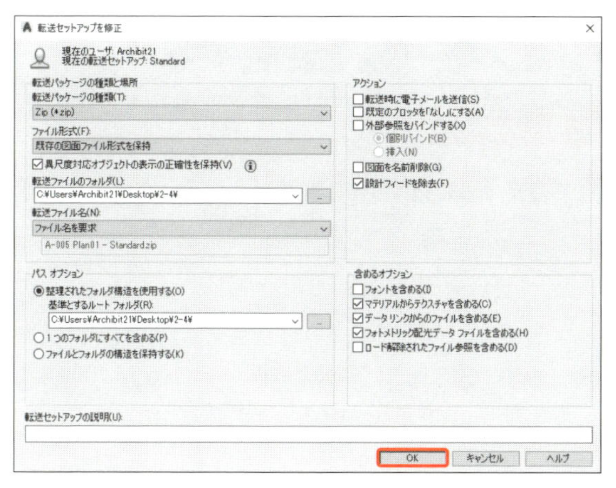

3 [転送セットアップを新規作成]ダイアログが表示されるので、任意の名前を入力し、[続ける]ボタンをクリックする。表示される[転送セットアップを修正]ダイアログ(図)で各種設定を行ったら、[OK]ボタンをクリックする。[転送セットアップ]ダイアログに戻り、新しいセットアップが作成されていることを確認して[閉じる]ボタンをクリックする。

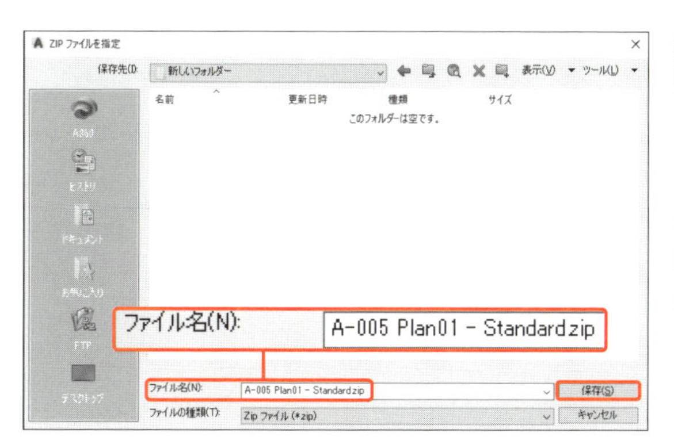

4 [転送パッケージ作成]ダイアログに戻るので、[OK]ボタンをクリックする。[ZIPファイルを指定]ダイアログが表示されるので、保存先を指定し、ファイル名を入力して[保存]ボタンをクリックする。

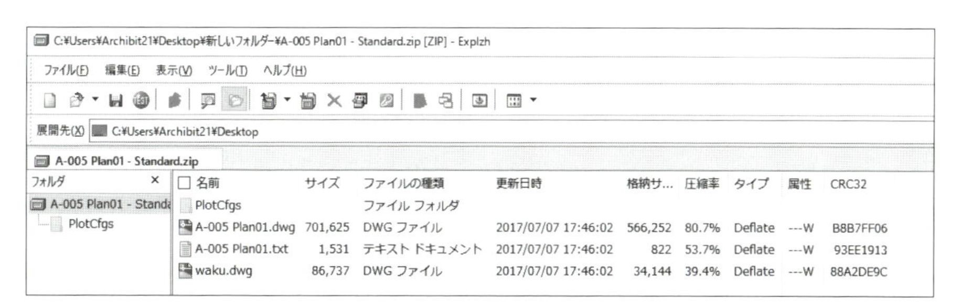

名前	サイズ	ファイルの種類	更新日時	格納サ…	圧縮率	タイプ	属性	CRC32
PlotCfgs		ファイル フォルダ						
A-005 Plan01.dwg	701,625	DWG ファイル	2017/07/07 17:46:02	566,252	80.7%	Deflate	---W	B8B7FF06
A-005 Plan01.txt	1,531	テキスト ドキュメント	2017/07/07 17:46:02	822	53.7%	Deflate	---W	93EE1913
waku.dwg	86,737	DWG ファイル	2017/07/07 17:46:02	34,144	39.4%	Deflate	---W	88A2DE9C

5 指定した場所にZIPファイルが保存される。解凍すると、1つのフォルダーに複数のファイルがまとめられていることが確認できる。

複数ファイルのバージョンを一括で変更する

関連ワード▶▶ ファイル DWG変換 バージョン

複数のファイルのバージョンを一括で変更するには［DWG変換］を使う。

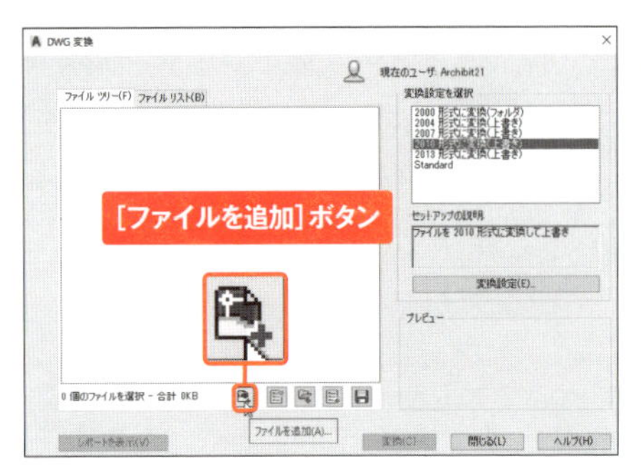

1 アプリケーションメニューの［名前を付けて保存］―［DWG変換］を選択する。表示される［DWG変換］ダイアログの［ファイルを追加］ボタンをクリックする。

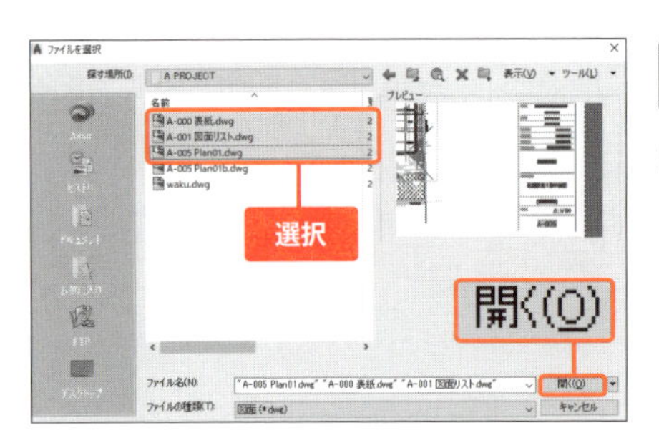

2 表示される［ファイル選択］ダイアログで、バージョンを変更するファイルを選択して［開く］ボタンをクリックする。

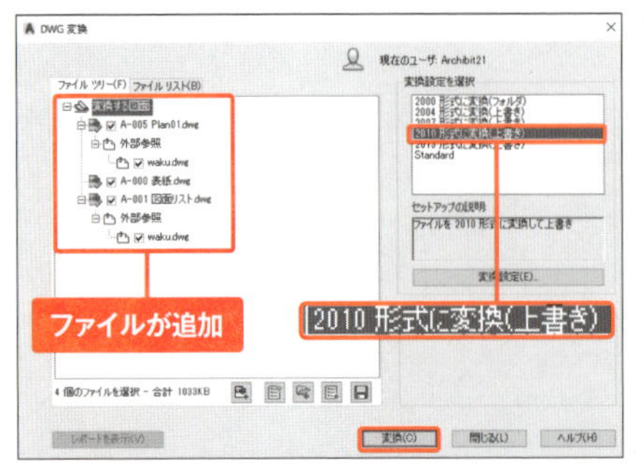

3 ［DWG変換］ダイアログに戻ると、［変換する図面］に手順2で選択したファイルが追加されている。［変換設定を選択］で変換するバージョン（ここでは、［2010形式に変換（上書き）］）を選択して［変換］ボタンをクリックすると、ファイルのバージョンが変換されて保存される。

選択したファイルが外部参照（No.249「外部の図面を参照表示する（外部参照）」参照）を含むときは、外部参照ファイルも自動的に追加される。

インタフェース

リボンやアプリケーションメニュー、
ツールバーの使い方やカスタマイズの方法、
コマンドの実行方法、キー操作などについて解説する。

No.017 リボンを使う

関連ワード▶▶ インタフェース　リボン

AutoCADのリボンインタフェースは、効率的にコマンドが実行できるようにタブごとに分類されている。

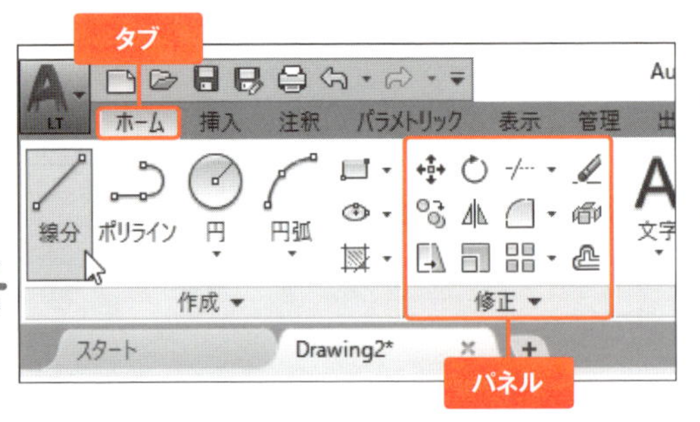

1 「リボン」は一連の「タブ」で構成され、各タブには、関連するコマンドが「パネル」としてひとまとめに収められている。

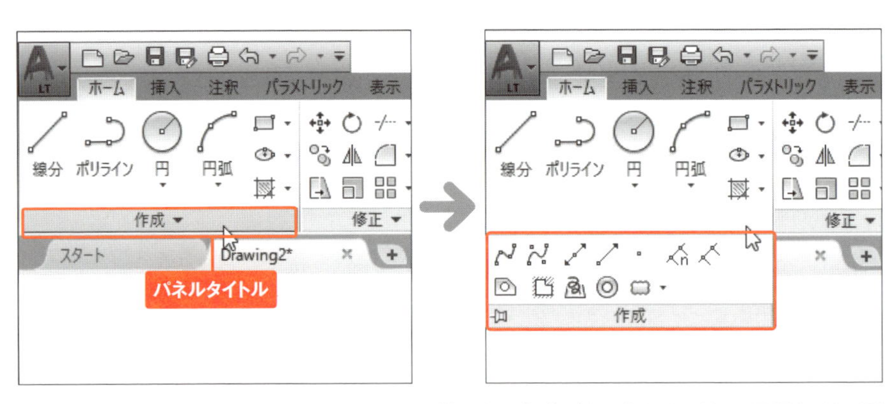

2 パネルタイトルや、コマンドボタンの下や横にある[▼]ボタンをクリックして展開すると、隠れているコマンドが表示される。

HINT

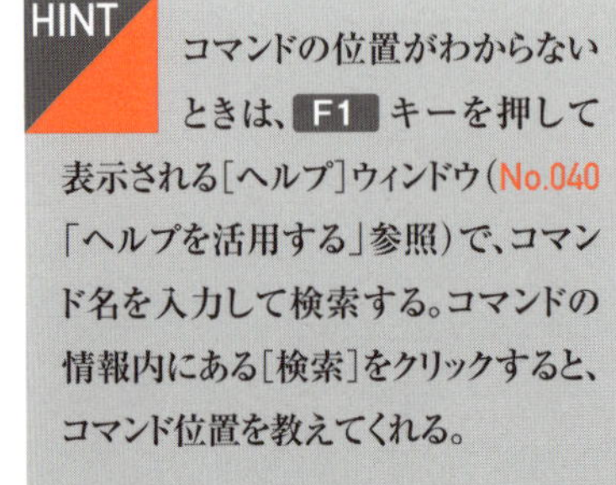

コマンドの位置がわからないときは、F1 キーを押して表示される[ヘルプ]ウィンドウ(No.040「ヘルプを活用する」参照)で、コマンド名を入力して検索する。コマンドの情報内にある[検索]をクリックすると、コマンド位置を教えてくれる。

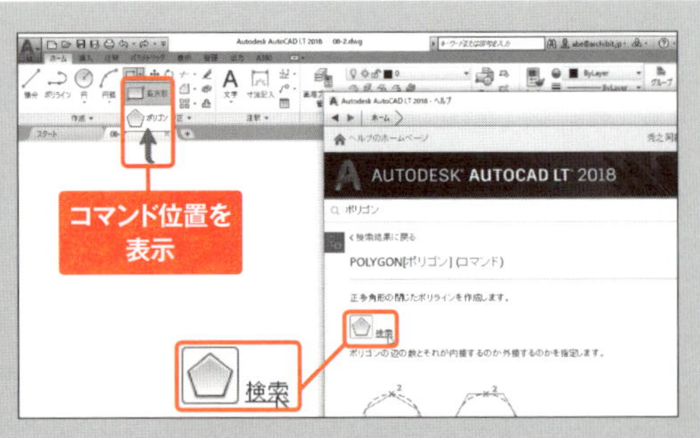

リボンタブの種類を知る

関連ワード▶▶ インタフェース リボン

リボンは８種類のタブで構成され、それぞれ関連するパネルにコマンドボタンが格納されている。どのような内容になっているかを紹介する。

[ホーム]タブ

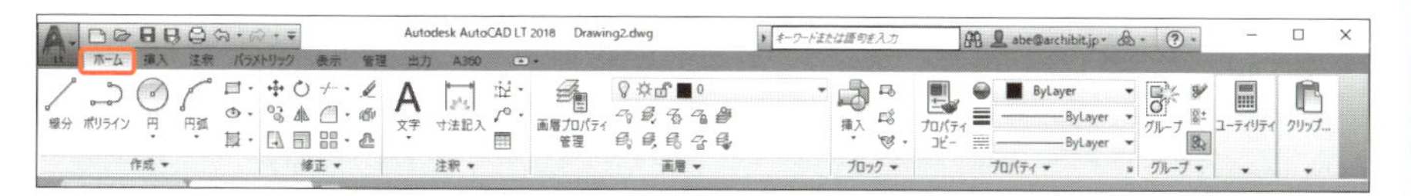

[線分]や[円]コマンドなど作図に関するコマンドをまとめた[作成]パネル、図形の編集を行うコマンドをまとめた[修正]パネル、文字などを記入するコマンドをまとめた[注釈]パネルをはじめとし、使用頻度の高いコマンドが格納されている。

[挿入]タブ

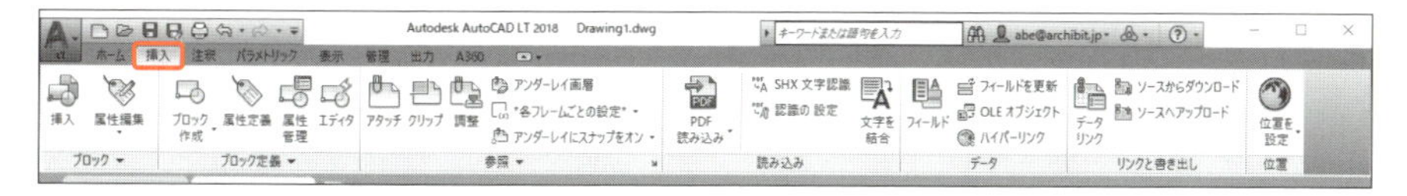

[ブロック][ブロック定義][参照][読み込み][データ][リンクと書き出し][位置]などのブロックに関連するパネルが用意されている。

[注釈]タブ

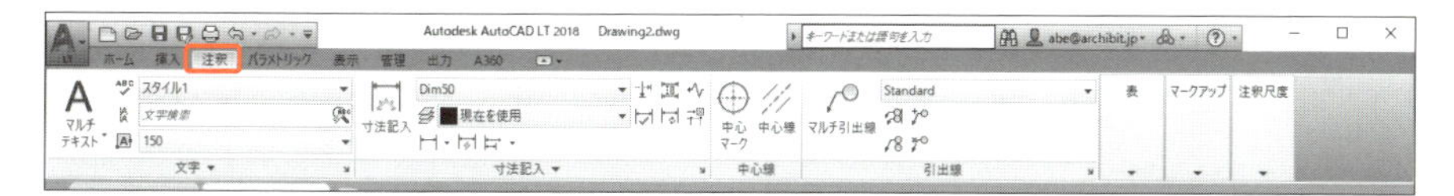

[文字][寸法記入][中心線][引出線][表][マークアップ][注釈尺度]などの文字や寸法に関連するパネルが用意されている。

[パラメトリック]タブ

[幾何拘束][寸法拘束][管理]などの拘束に関連するパネルが用意されている。

[表示]タブ

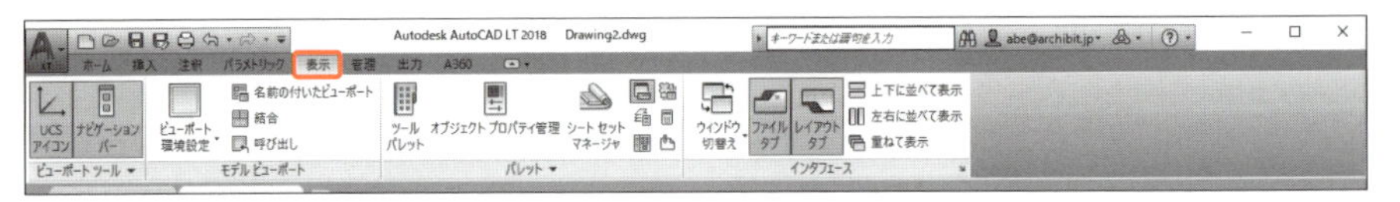

[ビューポートツール][モデルビューポート][パレット][インタフェース]などのビューポートやインタフェースの設定に関連するパネルが用意されている。

[管理]タブ

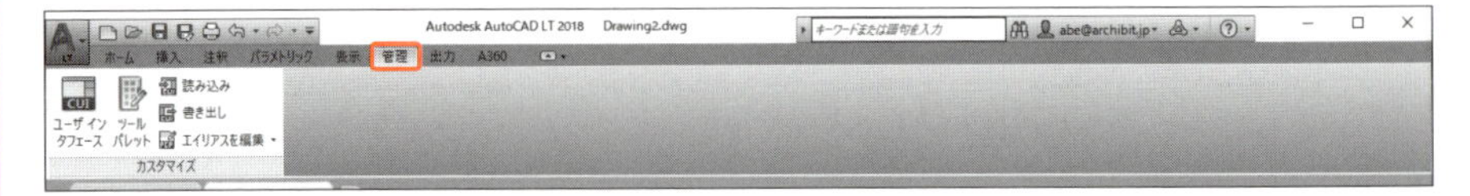

カスタマイズ関連のパネルが用意されている。

[出力]タブ

[印刷][DWF/PDFに書き出し]などの印刷／ファイルの書き出しに関連するパネルが用意されている。

[コラボレート]タブ(2019のみ)

[共有][比較]などのオンラインで図面を共有できる機能に関するパネルが用意されている。

アプリケーションメニューを使う

関連ワード▶▶ インタフェース　アプリケーションメニュー

アプリケーションメニューには、ファイルを開く、保存、印刷などの作図以外のファイルを操作するコマンドが用意されている。

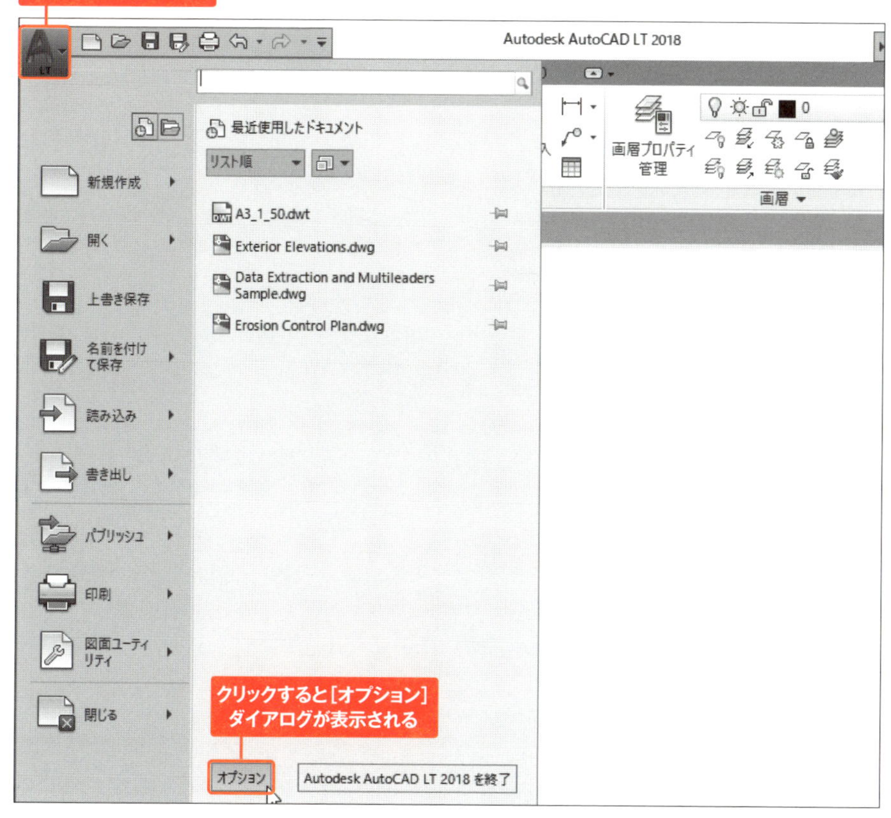

アプリケーションボタンをクリックすると、アプリケーションメニューが展開される。下にある[オプション]ボタンをクリックすると[オプション]ダイアログが表示され、インタフェースや保存形式などの設定変更が行える。

クイックアクセスツールバーにコマンドを追加する

関連ワード▶▶ インタフェース　クイックアクセスツールバー

よく使うコマンドのボタンをクイックアクセスツールバーに追加しておくと、効率的に作業が行える。おすすめしたいのは、よく使う［画層］や［印刷プレビュー］だ。

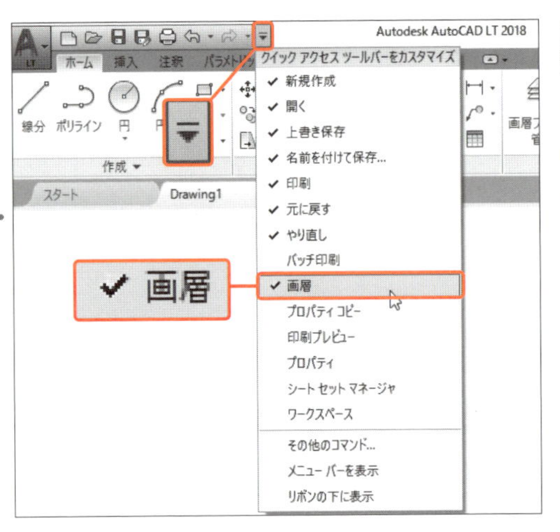

1 クイックアクセスツールバーの右端にあるプルダウンボタンをクリックし、表示されるメニューから追加したいコマンド（ここでは、［画層］）にチェックを入れる。

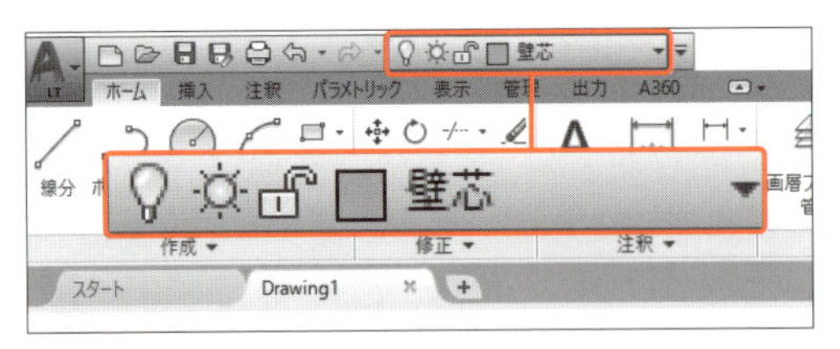

2 クイックアクセスツールバーに［画層］の項目が追加される。

HINT

手順 1 で追加したいコマンドがプルダウンメニューにない場合は、［その他のコマンド］を選択する。表示される［ユーザインタフェースをカスタマイズ］ダイアログからコマンドを直接クイックアクセスツールバーにドラッグ&ドロップする。

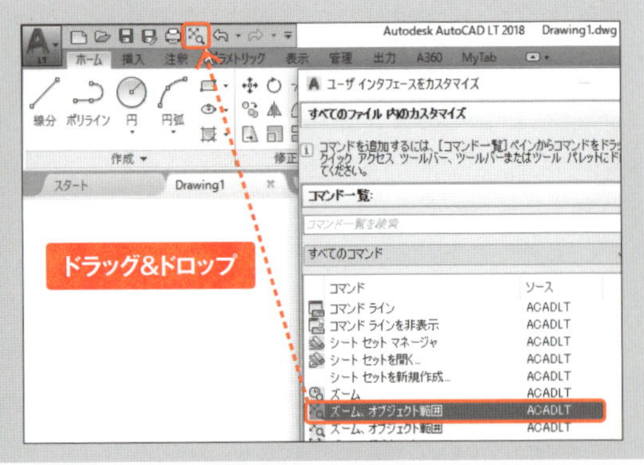

リボンの表示を小さく／大きくする

関連ワード▶▶ インタフェース リボン

リボンには4段階の表示方法があるので、作図領域を広く使いたいときには表示を小さくできる。リボンタブの右端にある▲ボタンをクリックすると、表示が切り替わる。

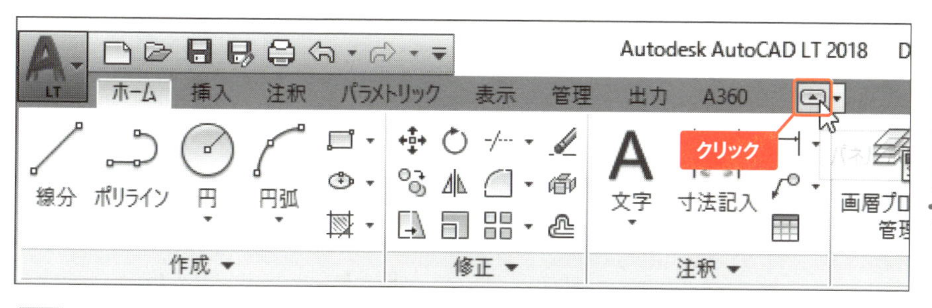

1 リボンタブの右端にある▲ボタンをクリックすると、表示が切り替わる。

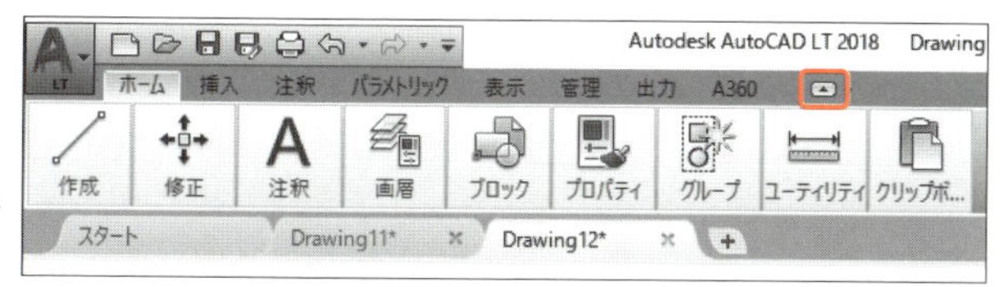

2 ▲ボタンを1回クリックすると、[パネルボタンのみを表示]になる。

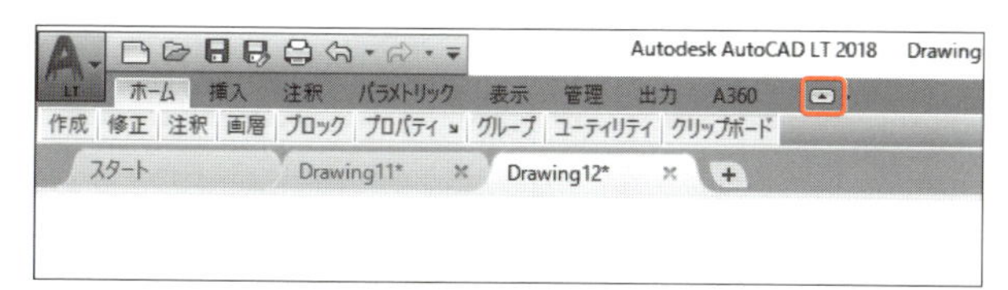

3 続けて▲ボタンを1回クリックすると、[パネルタイトルのみを表示]になる。

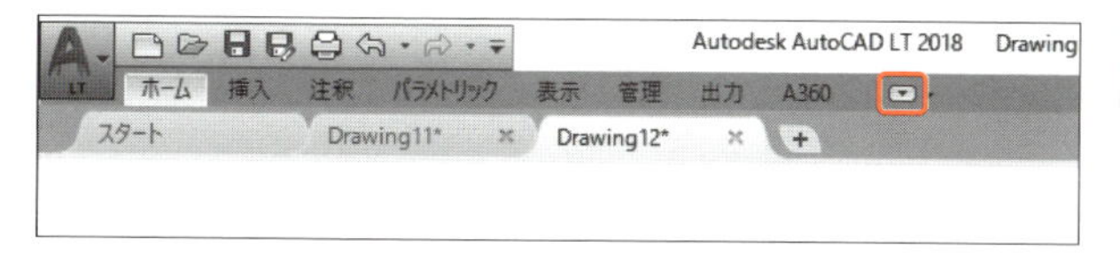

4 続けて▲ボタンを1回クリックすると、[タブのみを表示]になる。ボタンの表示が▼になるので、これをクリックすると初期設定(手順1)のリボンの表示に戻る。

ツールバーを表示する

関連ワード▶▶ インタフェース ツールバー メニューバー リボン

AutoCAD 2009以降のバージョンでは、リボンをメインとしたインタフェースになっているが、メニューバーとツールバーを使った操作に慣れている人は、表示を変更することも可能だ。

インタフェース

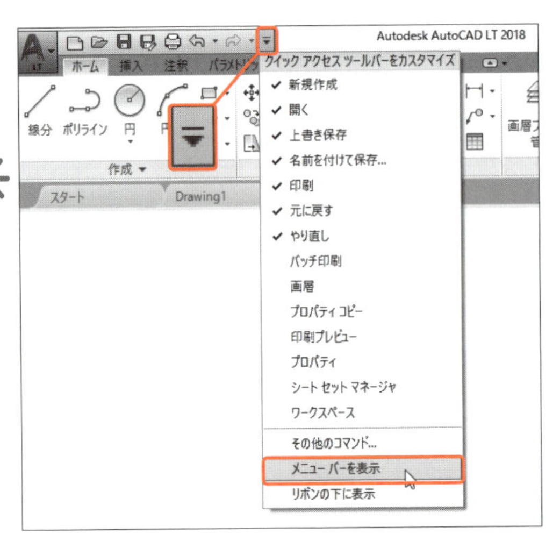

1 クイックアクセスツールバーの右端にあるプルダウンボタン をクリックし、表示されるメニューから[メニューバーを表示]を選択する。

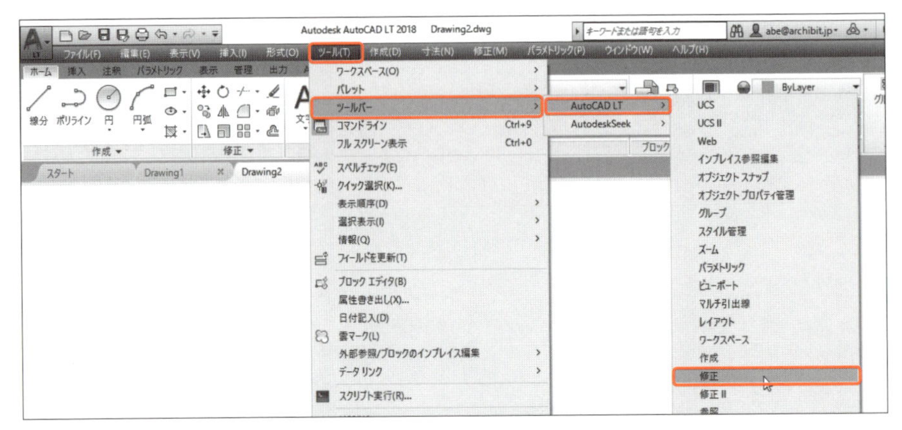

2 メニューバーが表示されるので、[ツール]―[ツールバー]―[AutoCAD LT]を選択して表示されるメニューから、表示したいツールバーの名称(ここでは、[修正])にチェックを入れる。

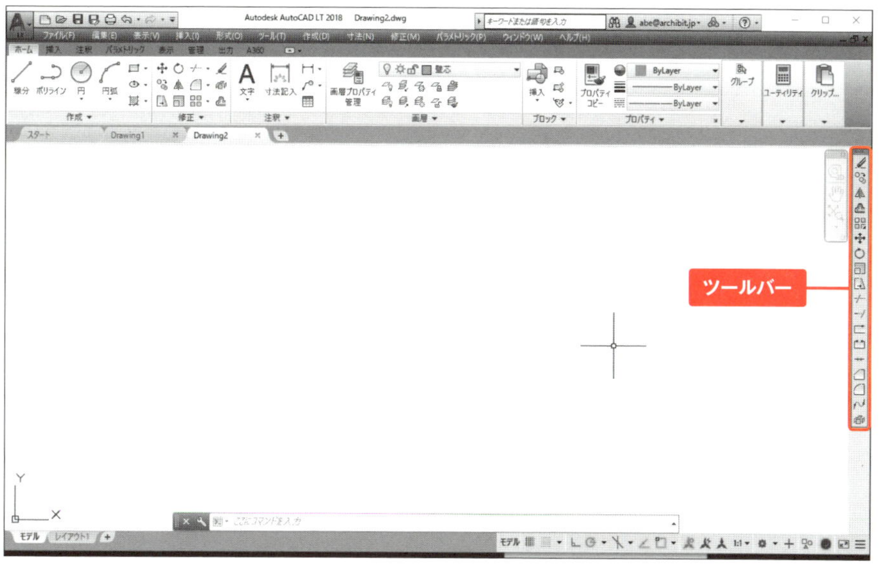

3 指定したツールバーが表示される。

HINT

AutoCAD 2009 ～ 2014では、ワークスペースを[AutoCAD クラッシック](AutoCAD LT クラッシック)に変更することで、メニューとツールバーが表示されたインタフェースになる。ただし、AutoCAD 2015以降のバージョンにこの機能はない。

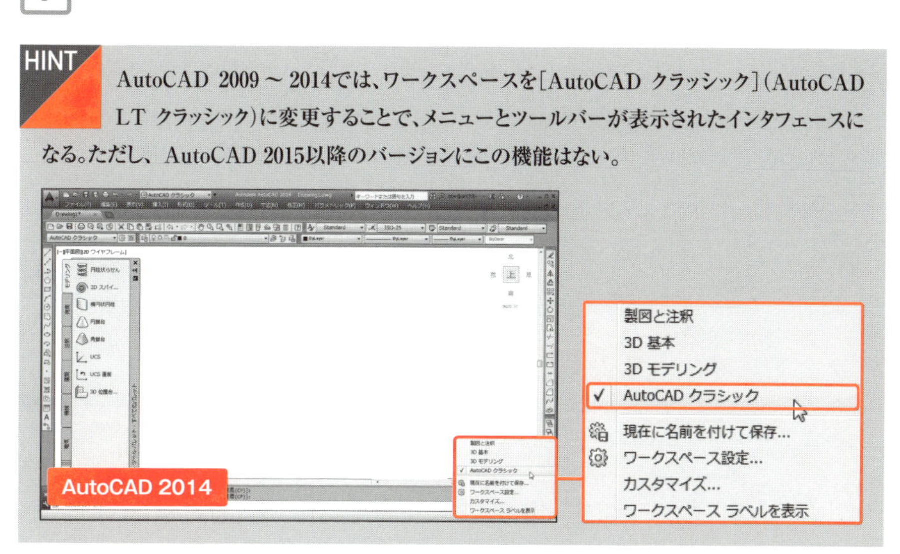

リボンタブやリボンパネルを表示／非表示にする

関連ワード▶▶ インタフェース　リボン　タブ　パネル

表示されていないリボンタブやリボンパネルを表示するには、リボンのない部分を右クリックし、表示されるコンテキストメニューで追加したい項目にチェックを入れる。逆に削除する場合は、チェックを外せばよい。

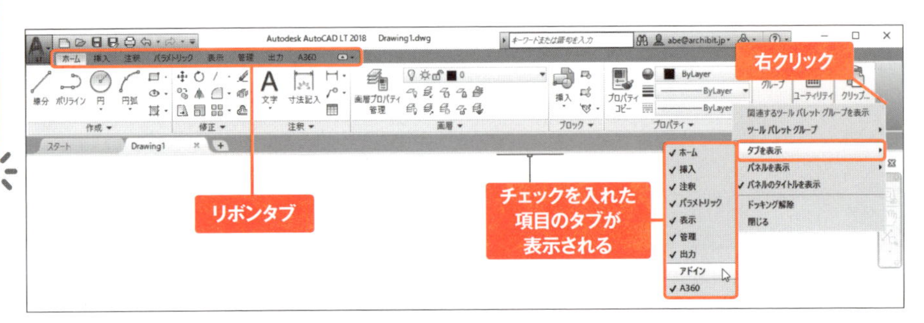

リボンタブを追加表示するには、リボンの右端の何も表示されていない部分を右クリックする。表示されるコンテキストメニューから［タブを表示］を選択し、サブメニューの項目から追加したいものにチェックを入れる。チェックを入れたリボンタブが追加表示される。

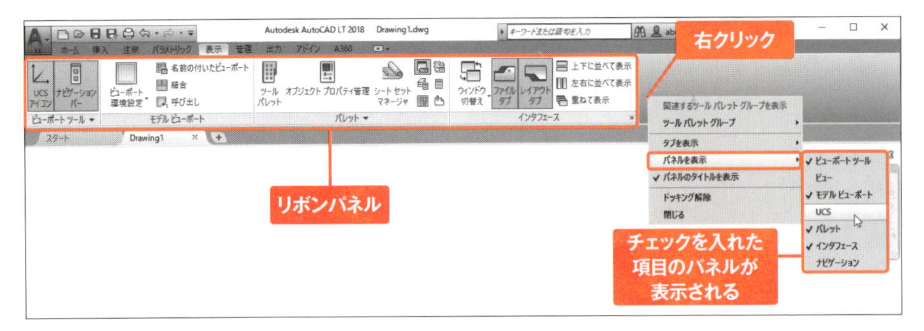

リボンパネルを追加表示するには、リボンの右端の何も表示されていない部分を右クリックする。表示されるコンテキストメニューから［パネルを表示］を選択し、サブメニューの項目から追加したいものにチェックを入れる。チェックを入れたリボンパネルが追加表示される。

HINT

独自のリボンタブやリボンパネルを作成するときは、［管理］タブ―［カスタマイズ］パネル―［ユーザインタフェース］ボタンをクリックする。表示される［ユーザインタフェースをカスタマイズ］ダイアログで設定できる。

No.024

ワークスペースの状態を保存する

関連ワード▶▶ インタフェース ワークスペース リボン ツールバー メニューバー パレット

リボンやツールバー、メニューバー、パレットの位置や状態を「ワークスペース」として保存しておくと、誤って移動させてしまったときにすぐ戻すことができる。

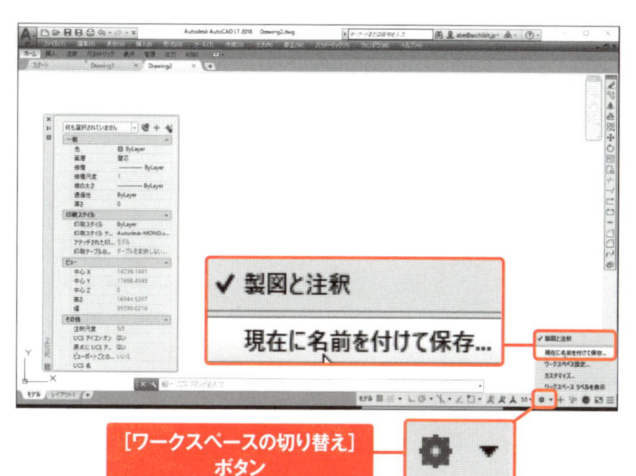

1 リボンやパレットなどを使いやすいように配置し、ステータスバーの[ワークスペースの切り替え]ボタンをクリックする。表示されるメニューを見ると、ワークスペースは[製図と注釈]に設定されている。新しいワークスペースを作成するため、[現在に名前を付けて保存]を選択する。

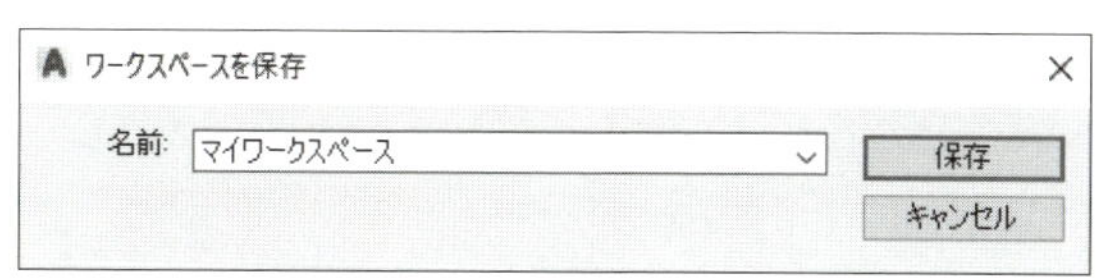

2 表示される[ワークスペースを保存]ダイアログで、任意の名前(ここでは、「マイワークスペース」)を入力して[保存]ボタンをクリックする。

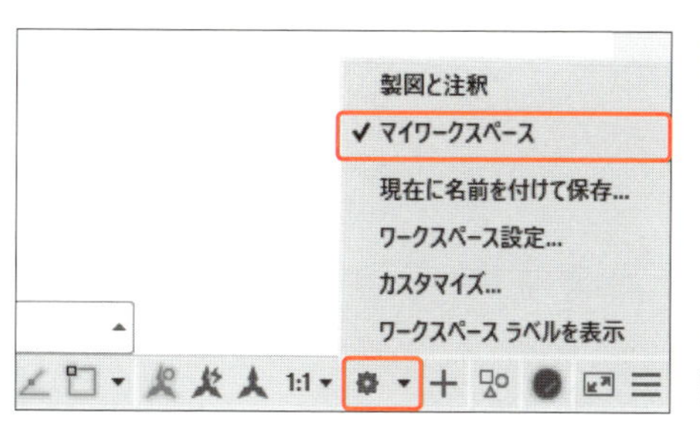

3 ステータスバーの[ワークスペースの切り替え]ボタンをクリックすると、メニューに手順2で入力した名前(ここでは、「マイワークスペース」)が追加されていることがわかる。リボンなどの状態を変更しても、チェックを一度外して再度入れると、手順1で配置したワークスペースの状態になる。

ステータスバーのボタンを表示／非表示にする

関連ワード▶▶ インタフェース ステータスバー カスタマイズ

ステータスバーには、初期状態では表示されていないボタンがいくつかある。そのような非表示のボタンを表示させる手順を解説する。

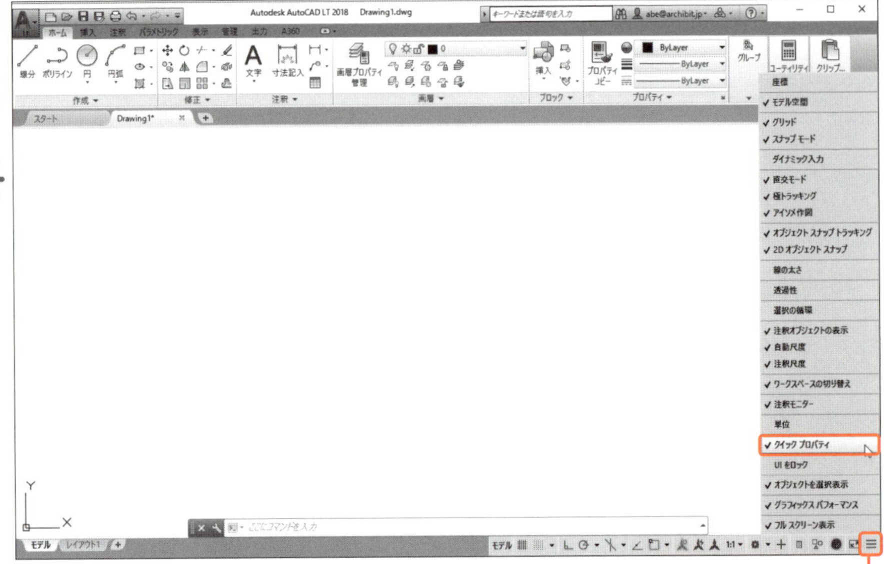

[カスタマイズ]ボタン

1 ステータスバーの右端にある[カスタマイズ]ボタンをクリックする。表示されるメニューから追加表示したい項目(ここでは、[クイックプロパティ])を選択してチェックを入れる。ボタンを非表示にする場合はチェックを外す。

2 ステータスバーにチェックを入れたボタン(ここでは、[クイックプロパティ]ボタン)が追加される。

ウィンドウ／ツールバー／パネルの位置を固定する

関連ワード▶▶ インタフェース ツールバー カスタマイズ UIをロック

ウィンドウやツールバー、パネルを誤って動かしてしまわないように固定できる。

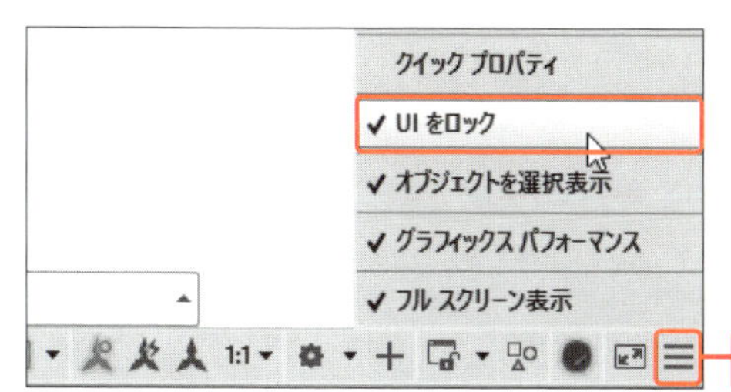

1 ステータスバーの［カスタマイズ］ボタンをクリックする。表示されるメニューから［UIをロック］にチェックを入れる。

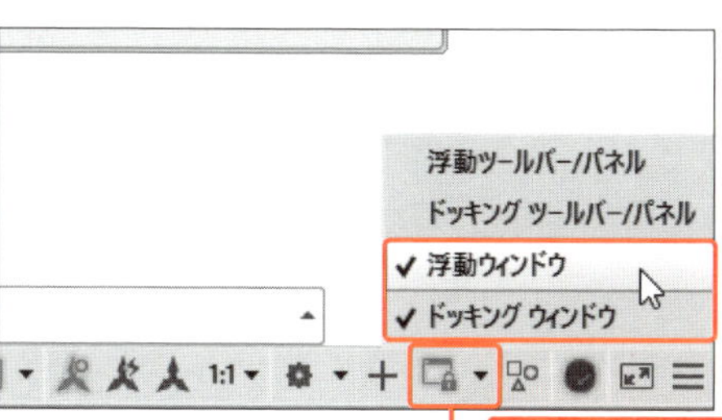

2 ステータスバーに［ユーザインタフェースをロック］ボタンが追加されるので、クリックする。表示されるメニューから、ロックするウィンドウまたはツールバー／パネル（ここでは、［浮動ウィンドウ］と［ドッキングウィンドウ］）にチェックを入れる。

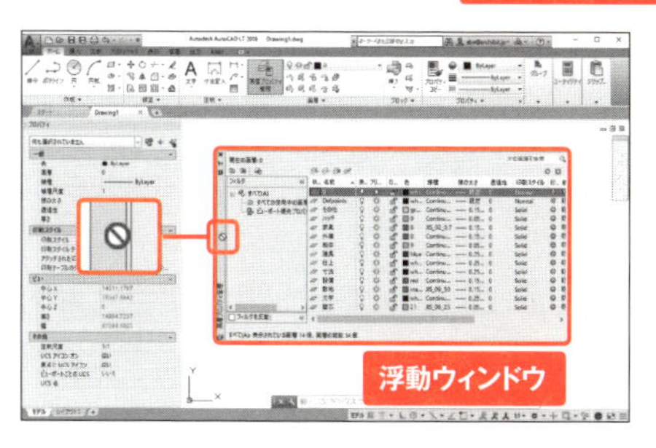

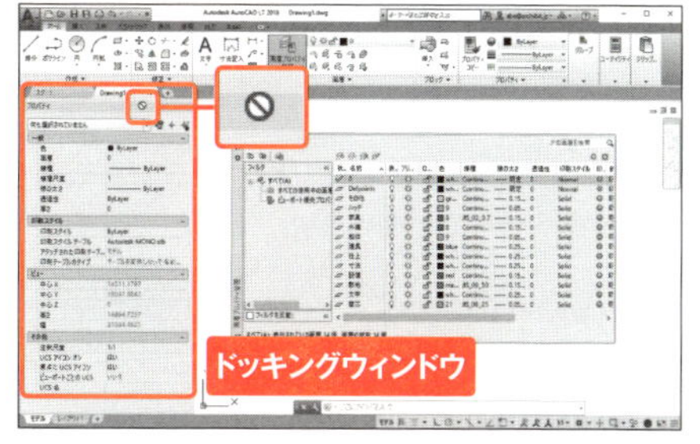

3 浮動ウィンドウとドッキングウィンドウを動かそうとすると、図のような禁止マーク⊘が表示され動かすことができない。ただし、ロック中でも、Ctrlキーを押しながらドラッグすると移動できる。

ファイルタブ／レイアウトタブを表示／非表示にする

関連ワード▶▶ インタフェース　ファイルタブ　レイアウトタブ

ファイルタブを非表示にして、作図領域を広くとることができる。また、画面左下にあるレイアウトタブも非表示にできる。

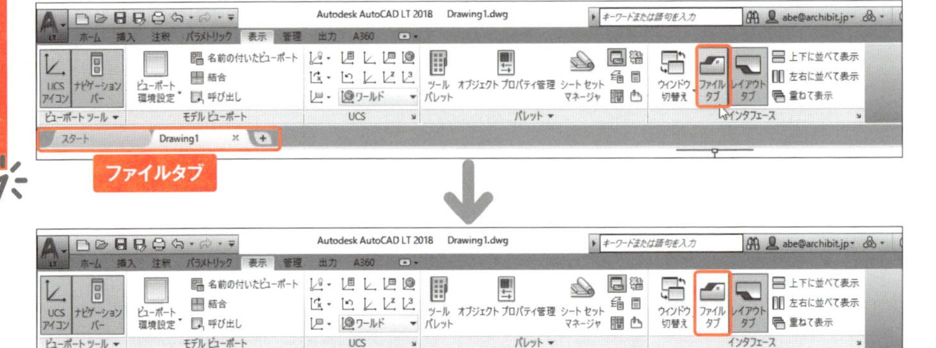

［表示］タブ―［インタフェース］パネルの［ファイルタブ］ボタンをクリックしてオフにすると、ファイルタブが非表示になる。

HINT
ファイルタブを非表示にしたときのファイルの表示切り替えは、［表示］タブ―［インタフェース］パネルの［ウィンドウ切り替え］ボタンをクリックするか、Ctrl＋Tabキーを押すことでファイルの表示が切り替わる。

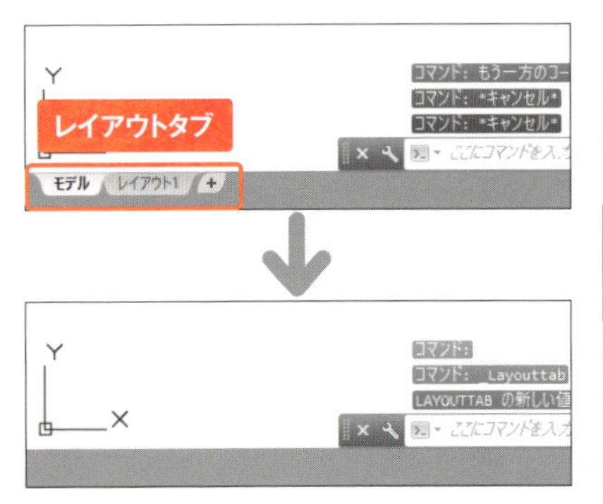

［表示］タブ―［インタフェース］パネルの［レイアウトタブ］ボタンをクリックしてオフにすると、レイアウトタブが非表示になる。

HINT
レイアウトタブを非表示にしたときのモデル／レイアウトの表示切り替えは、ファイルタブにカーソルをしばらく合わせて表示されるサムネイルをクリックするか、Ctrl＋PageUp（またはPageDownキー）を押すことで行える。

インタフェースの色を変更する

関連ワード▶▶ インタフェース 色

リボンの配色や、背景やカーソルなど作図領域内の要素の色は、[オプション] ダイアログの [表示] タブで変更できる。

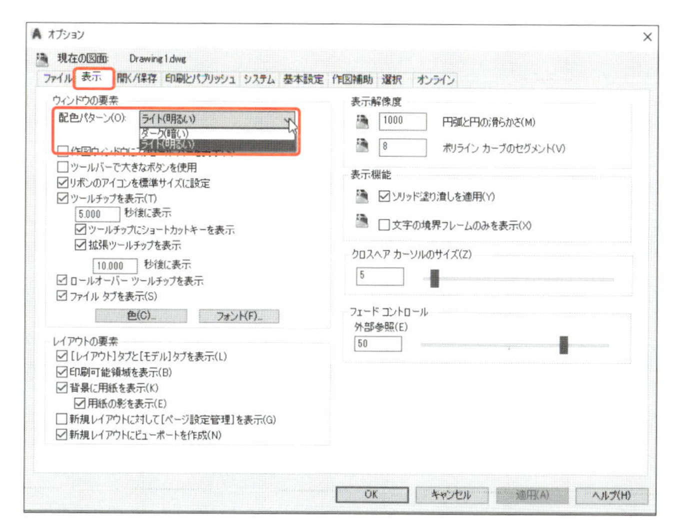

1 アプリケーションメニューの[オプション]ボタンをクリックする。表示される[オプション]ダイアログの[表示]タブをクリックする。[ウィンドウの要素]項目—[配色パターン]で作図領域以外のスペースの配色の明暗を選択できる。

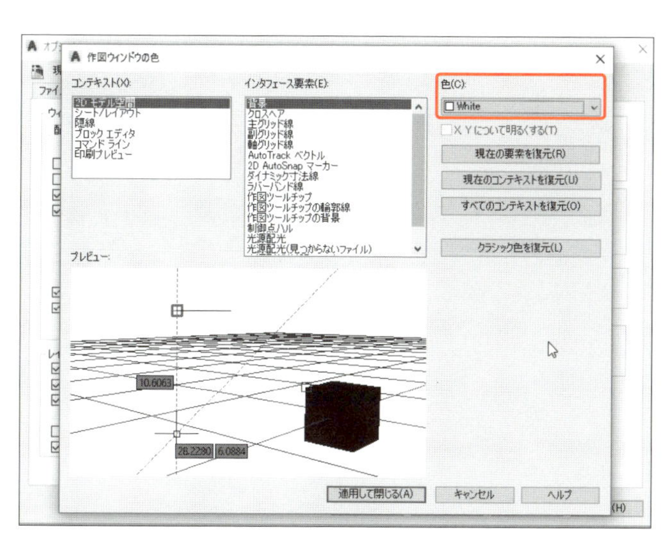

2 作図領域内の背景色などを個別に設定するには、[ウィンドウの要素]項目—[色]ボタンをクリックする。表示される[作図ウィンドウの色]ダイアログの[インタフェース要素]で変更する要素を選択し、[色]で設定する。[すべてのコンテキストを復元]ボタンをクリックすると、すべての要素が初期設定の状態に戻る。

カーソルの形状を十字(クロスヘアカーソル)にする

関連ワード▶▶ インタフェース　カーソル　クロスヘアカーソル

カーソルを十字 (クロスヘアカーソル)に変更すると、作図領域いっぱいに表示され、図面が入り組んでいてもよく目立つ。

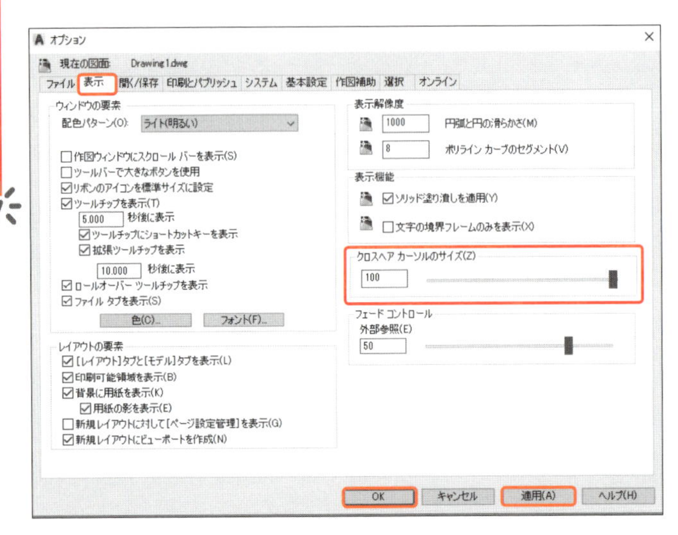

1 アプリケーションメニューの[オプション]ボタンをクリックする。表示される[オプション]ダイアログの[表示]タブをクリックする。[クロスヘアカーソルのサイズ]の値を「100」に設定し、[適用]ボタンをクリックして、[OK]ボタンをクリックしてダイアログを閉じる。

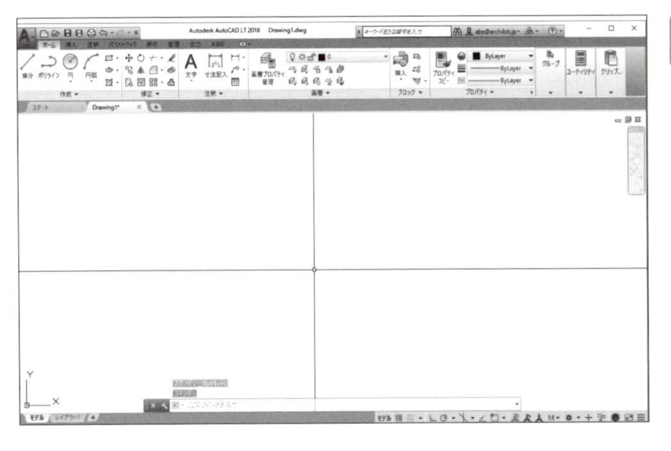

2 カーソルが十字に変更される。

カーソルの座標値を表示する

関連ワード▶▶ インタフェース カーソル 座標値

カーソルの座標値は、ステータスバーをカスタマイズすると表示できる。

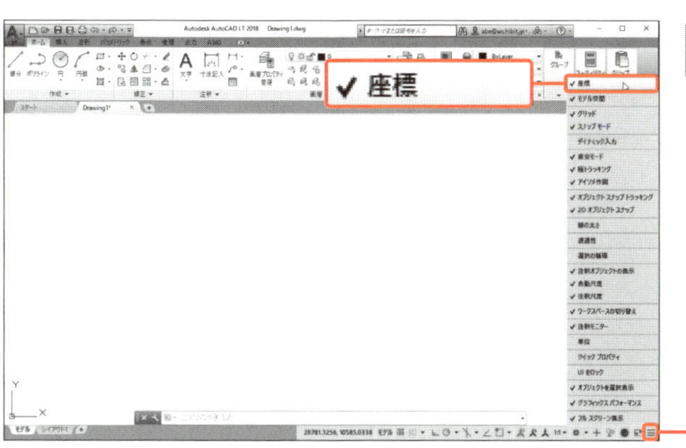

1 ステータスバーの[カスタマイズ]ボタンをクリックする。表示されるメニューから[座標]にチェックを入れる。

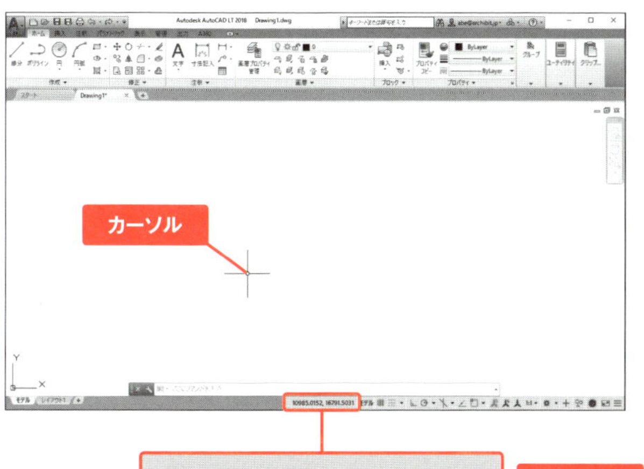

2 ステータスバーの左端にカーソルの座標値が表示される。

コマンドを実行する

関連ワード▶▶ インタフェース コマンド リボン ツールバー メニューバー コマンドライン

AutoCADのコマンドは、①リボンやツールバーのボタンをクリックする ②メニューバーからコマンドを選択する ③コマンドラインにコマンドを入力する のいずれかの方法で実行できる。コマンドを実行すると、対話形式でコマンドラインに次の指示を表示してくれる。

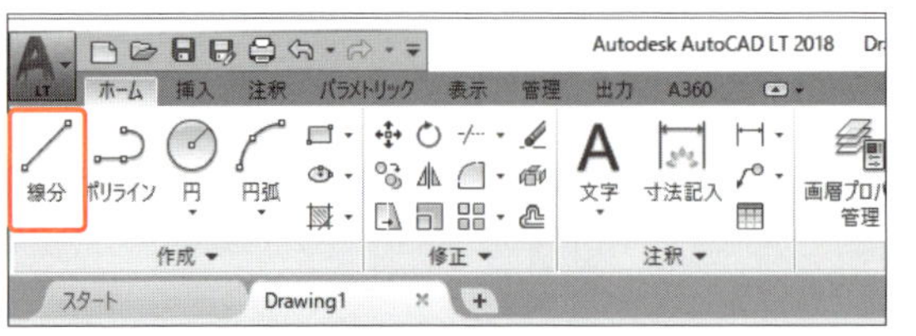

1 ここでは、リボンのボタンから[線分]コマンドを実行する。[ホーム]タブ—[作成]パネルの[線分]ボタンをクリックする。

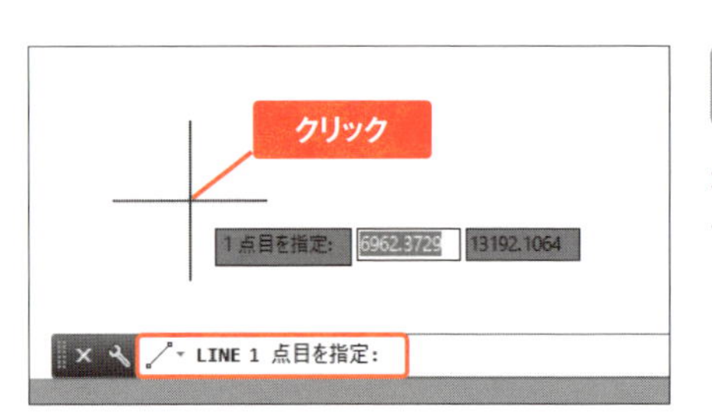

2 コマンドが実行され、コマンドラインに次に何を指示するかのメッセージが表示される。ここでは[1点目を指定]と表示されるので、線分の1点目(始点)をクリックする。

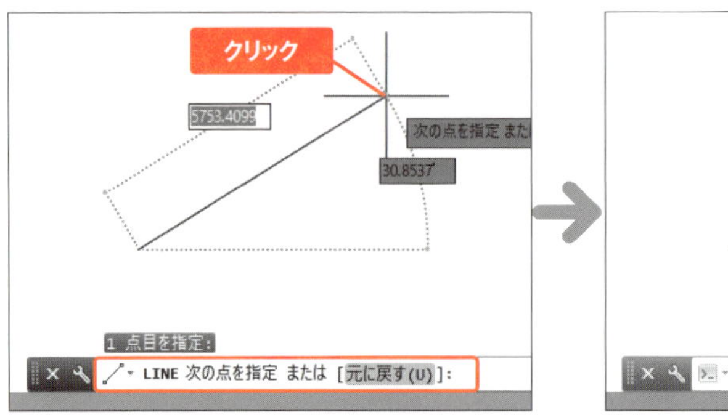

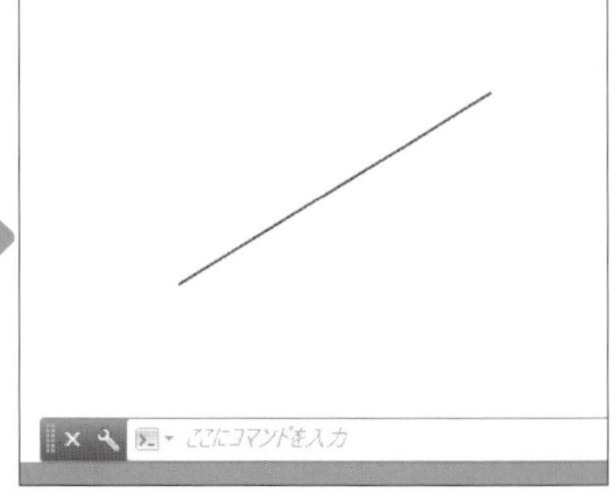

3 [次の点を指定]と表示されるので、線分の2点目(終点)をクリックする。続けて、[次の点を指定]と表示されるが、コマンドを終了するので Enter キーを押す。コマンドが終了し、線分が作図される。

コマンドを途中でキャンセルする

関連ワード▶▶ インタフェース　コマンド　コマンドライン

コマンドの実行途中でキャンセルするには、Escキーを押す。

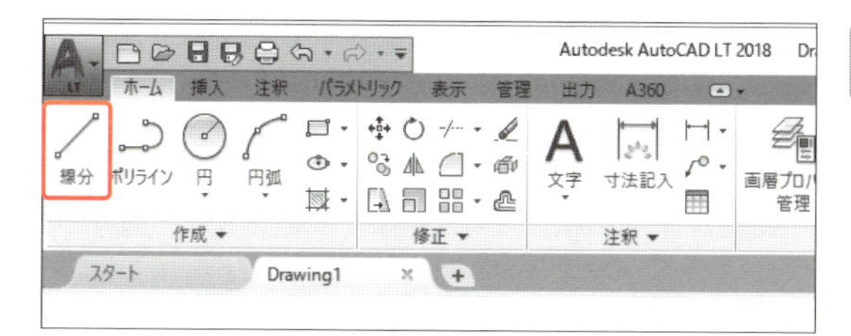

1 ここでは、リボンのボタンから線分コマンドを実行する。[ホーム]タブ―[作成]パネルの[線分]ボタンをクリックする。

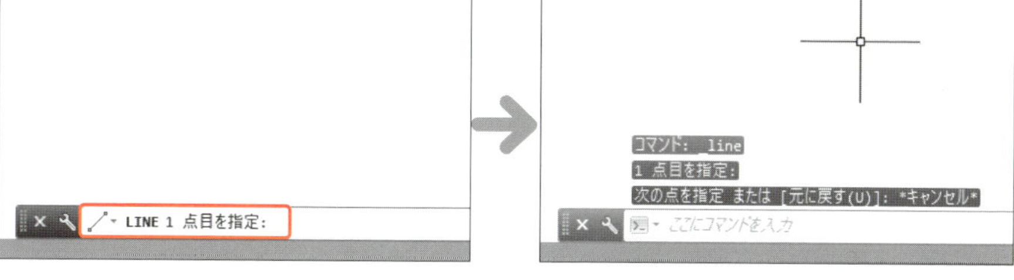

2 コマンドが実行され、コマンドラインに[1点目を指定]と表示されるが、Escキーを押すとコマンドがキャンセルされる。

コマンドを元に戻す／やり直す

関連ワード▶▶ インタフェース　コマンド　元に戻す　やり直し

一度実行したコマンドを実行前の状態に戻すには［元に戻す］を、元に戻したコマンドをコマンド実行後の状態に戻すには［やり直し］を実行する。

インタフェース

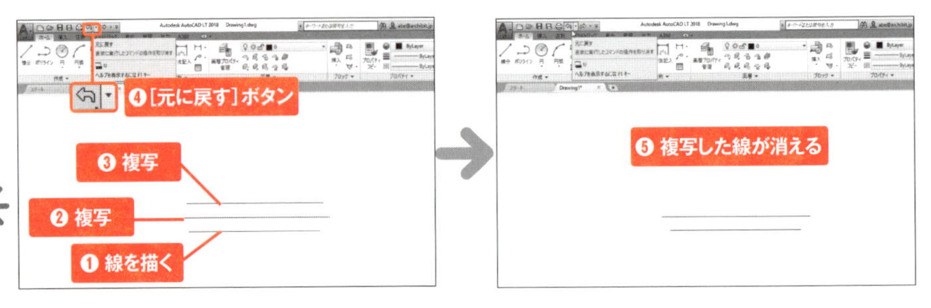

1 クイックアクセスツールバーの［元に戻す］ボタンをクリックすると、1つ前に実行したコマンドを実行前の状態に戻す。ここでは、3番目に実行した［複写］コマンドが実行前の状態に戻り、線が消える。もう一度［元に戻す］ボタンをクリックすると、2番目に複写した線も消える。

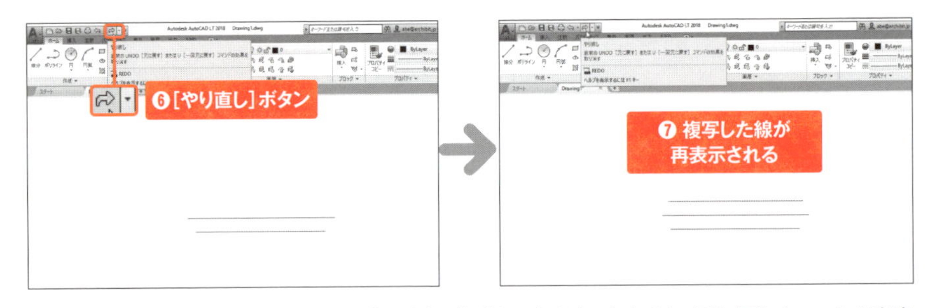

2 クイックアクセスツールバーの［やり直し］ボタンをクリックすると、元に戻したコマンドを実行後の状態に戻す。ここでは、手順 1 で元に戻した3番目の［複写］コマンドが実行後の状態に戻り、線が再表示される。

HINT

［元に戻す］［やり直し］ボタンの横にある［▼］をクリックすると、コマンドの履歴が表示され、複数工程を一度で元に戻したり、やり直したりできる。

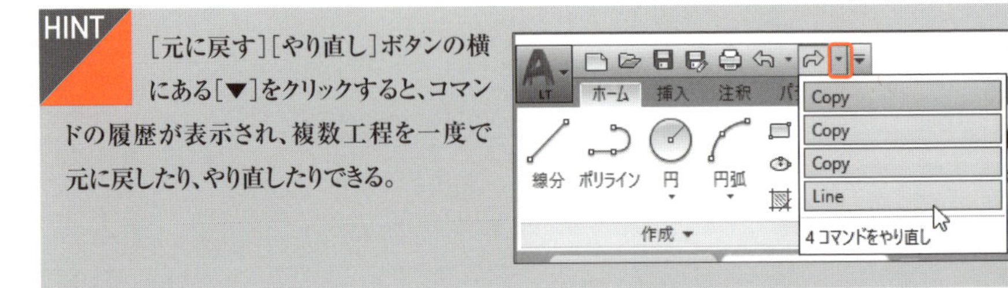

コマンドを使用した履歴を見る

関連ワード▶▶ インタフェース　コマンド　最近使用したコマンド

実行したコマンドの履歴は、コマンドラインの［最近使用したコマンド］ボタンや右クリックによるコンテキストメニューの［最近の入力］、↑ ↓キーで表示できる。

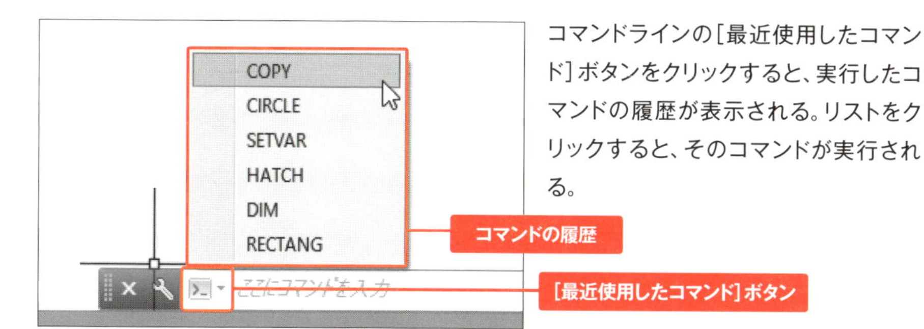

コマンドラインの［最近使用したコマンド］ボタンをクリックすると、実行したコマンドの履歴が表示される。リストをクリックすると、そのコマンドが実行される。

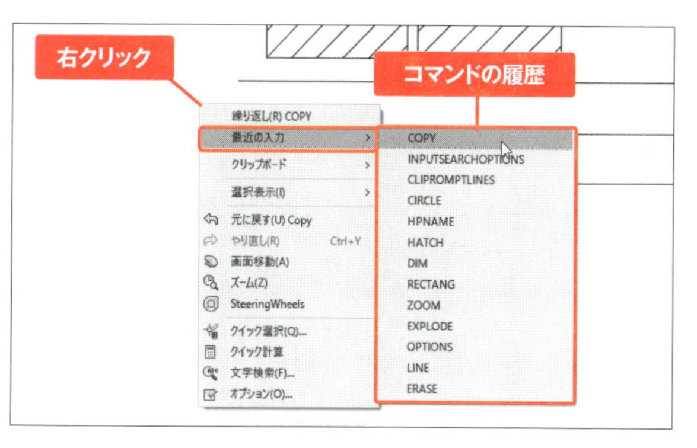

作図領域を右クリックして表示されるコンテキストメニューから［最近の入力］を選択すると、コマンドの履歴が表示される。

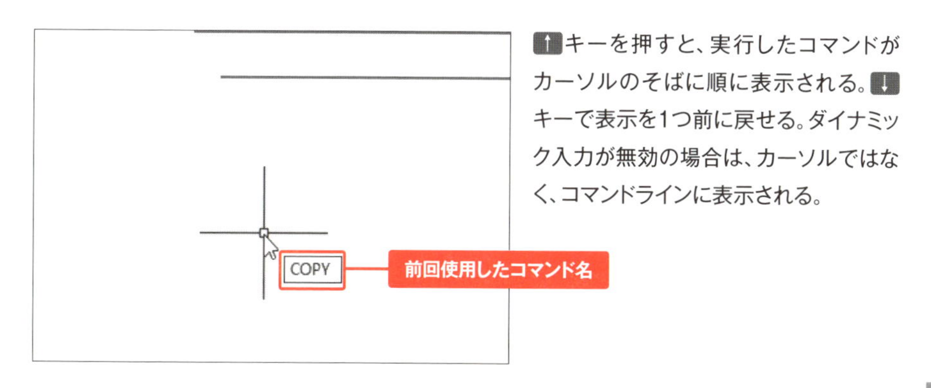

↑キーを押すと、実行したコマンドがカーソルのそばに順に表示される。↓キーで表示を1つ前に戻せる。ダイナミック入力が無効の場合は、カーソルではなく、コマンドラインに表示される。

コマンド名を予測して入力する

関連ワード▶▶ AutoComplete AutoCorrect オートコンプリート オートコレクト

「オートコンプリート」は、入力した文字からコマンドやシステム変数などを検索して、入力候補を表示する機能。うろ覚えのコマンドやブロック名などを検索表示してくれるので便利だ。

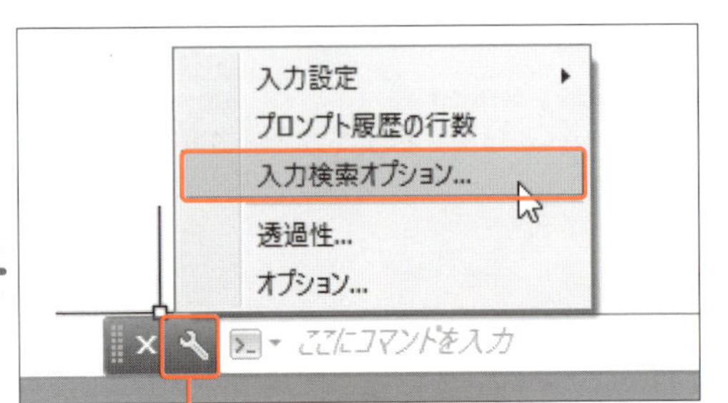

1 コマンドラインの[カスタマイズ]ボタンをクリックし、表示されるメニューから[入力検索オプション]を選択する。

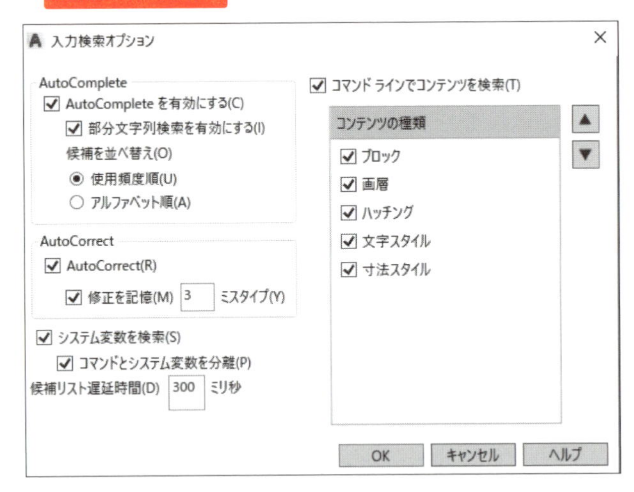

2 [入力検索オプション]ダイアログが表示され、下記のような設定が行える。[コンテンツの種類]のリストでチェックが入っていると、その要素の名前を検索対象にする。

[AutoComplete]：入力した文字から自動的にコマンドやシステム変数名を検索して未入力部分を予測してくれる機能

[AutoCorrect]：入力したスペルの間違いを補正してくれる機能。指定した回数以上スペルを間違えながらコマンドを実行するとリストに追加され、間違えたスペルでもコマンドが実行されるようになる。リストは[管理]タブ─[カスタマイズ]パネル─[AutoCorrectリストを編集]で閲覧できる。

No.036 ダイナミック入力を使用する／不使用にする

関連ワード▶▶ インタフェース ダイナミック入力 カーソル

「ダイナミック入力」が有効になっていると、カーソル付近にコマンドラインのメッセージや選択項目が表示される。目線をコマンドラインに移動させずにコマンドを実行できる。初期設定ではダイナミック入力が有効になっている。

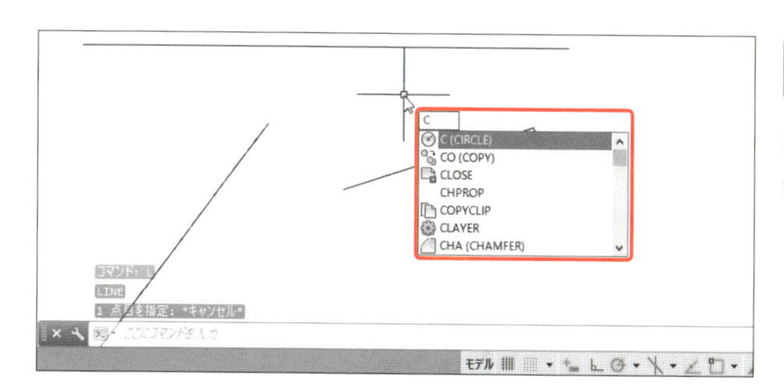

1 ダイナミック入力が有効になっている状態。カーソルに選択項目が表示されている。

2 ダイナミック入力を無効にするには、ステータスバーの[カスタマイズ]ボタンをクリックし、表示されるメニューから[ダイナミック入力]にチェックを入れる。ステータスバーに追加される[ダイナミック入力]ボタンをクリックすると、オフになる。**F12** キーを押してもオン／オフを切り替えることができる。

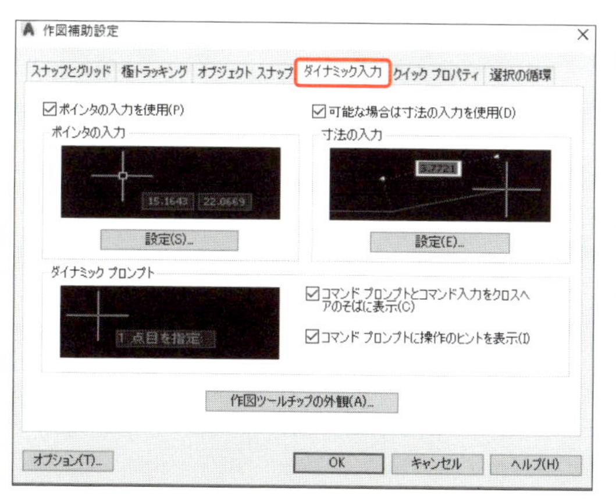

3 ダイナミック入力の詳細設定を行うには、ステータスバーの[ダイナミック入力]ボタンを右クリックして表示されるメニューの[ダイナミック入力の設定]を選択する。表示される[作図補助設定]ダイアログの[ダイナミック入力]タブで各種設定を行える。

パレットをショートカットキーですばやく表示する

関連ワード▶▶ インタフェース　パレット　ショートカットキー

各種パレットはリボンの［表示］タブ―［パレット］パネルにあるボタンをクリックして表示するが、ショートカットキーを使うとすばやく表示できる。

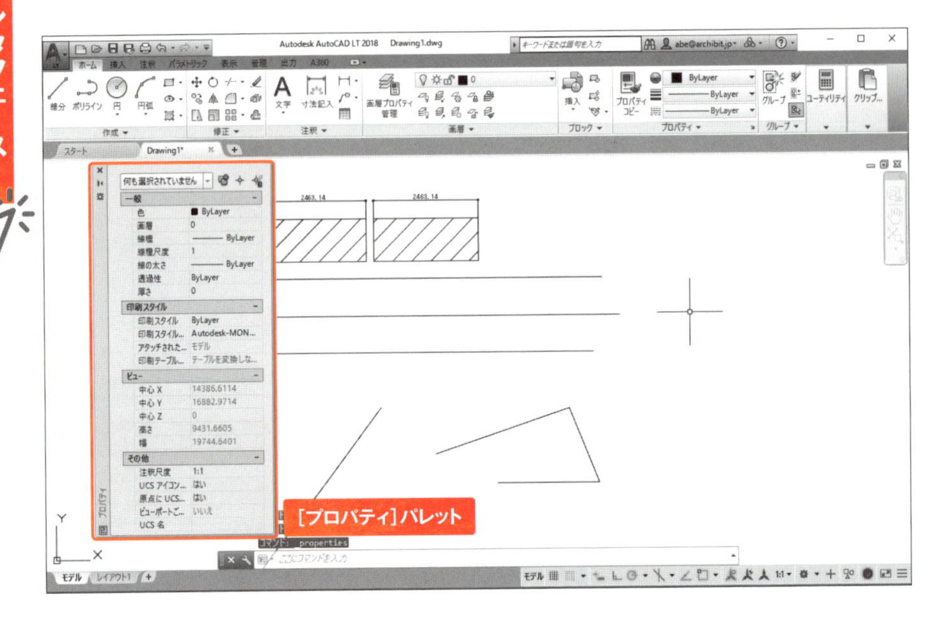

Ctrl キーを押しながら数字のキー（テンキーではない数字のキー）を押すと、下記の組み合わせで各種パレットの表示／非表示が切り替えられる。

Ctrl ＋ 1 キー：［プロパティ］パレット

Ctrl ＋ 2 キー：［DesignCenter］

Ctrl ＋ 3 キー：［ツールパレット］

Ctrl ＋ 4 キー：［シートセットマネージャ］

Ctrl ＋ 7 キー：［マークアップセット管理］パレット

Ctrl ＋ 8 キー：［クイック計算］パレット

Ctrl ＋ 9 キー：コマンドライン

No.038 ファンクションキーを使う

関連ワード▶▶ インタフェース ファンクションキー

キーボードのファンクションキー（F1～F12キー）には、いろいろな機能のオン／オフなどが割り当てられている。

ファンクションキーを押すと、下記の機能のオン／オフを切り替えることができる。

F1：ヘルプ　F2：コマンドウィンドウ　F3：オブジェクトスナップ
F4：タブレット（ディジタイザ）モード　F5：アイソメ表示
F6：ダイナミックUCS（AutoCADのみ）　F7：グリッド表示　F8：直交モード
F9：グリッドスナップ　F10：極トラッキング　F11：オブジェクトスナップトラッキング
F12：ダイナミック入力

No.039 短縮コマンド（エイリアス）を使う

関連ワード▶▶ インタフェース コマンド 短縮コマンド エイリアス

短縮コマンド（エイリアス）を使うと、キーボードからコマンドの略称を入力してEnterキーを押すだけでコマンドを実行できる。

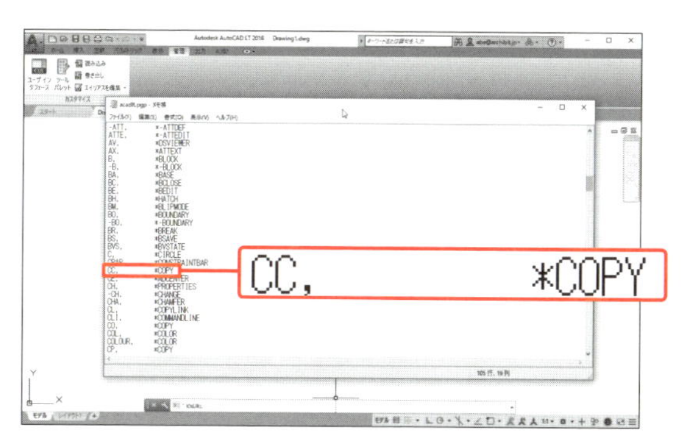

短縮コマンドは「エイリアス」とも呼ばれ、たとえば［線分］コマンドはキーボードから「l」（小文字のエル）と入力してEnterキーを押すだけで実行できる。エイリアスは独自に設定でき、［管理］タブ—［カスタマイズ］パネル—［エイリアスを編集］ボタンをクリックして表示されるテキストファイルの「acadlt.pgp」に「短縮コマンド文字,*コマンド名」と記述すれば登録できる。たとえば、［複写］コマンドのエイリアスを「CC」として登録する場合は、「CC,*COPY」と記述して上書き保存する。 AutoCADを再起動すると、「acadlt.pgp」ファイルが読み込まれ、設定が反映される。

ヘルプを活用する

関連ワード▶▶ インタフェース　ヘルプ

コマンド操作などでわからないことがあるときは、ヘルプを活用するとよい。ヘルプには、コマンドリファレンスやチュートリアル動画なども用意されている。

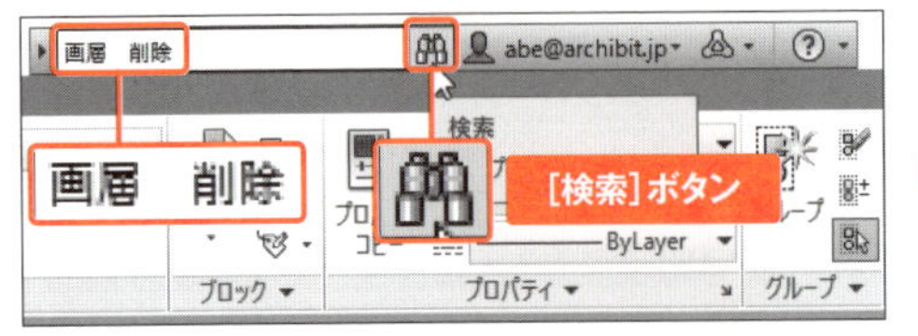

1 情報センターの検索ボックスに検索するワード（ここでは、「画層　削除」）を入力し、[検索]ボタンをクリックする。

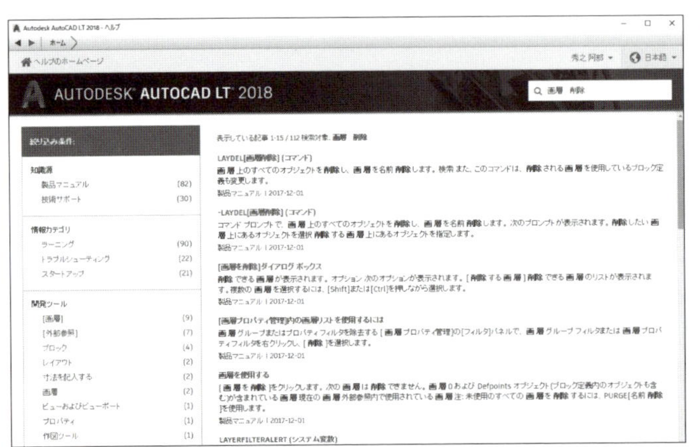

2 [ヘルプ]ウインドウが表示され、検索結果が表示される。

HINT

[ヘルプ]ウィンドウは、情報センターの[ヘルプを参照するにはここをクリック]ボタンをクリックして表示されるメニューから[ヘルプ]を選択するか、F1 キーを押すと表示される。

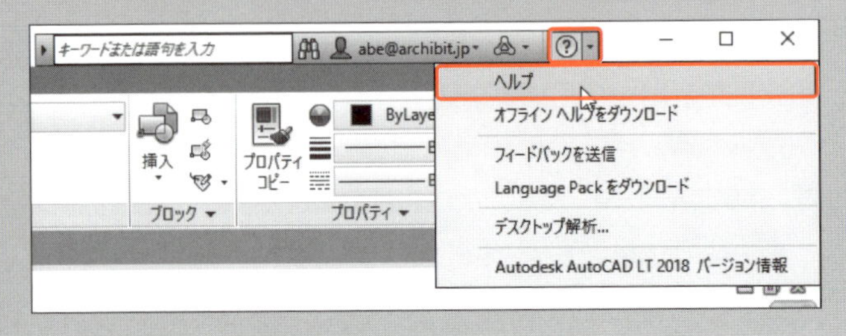

画面操作

拡大／縮小、移動など

画面の表示に関する操作について解説する。

画面表示を拡大／縮小する

関連ワード▶▶ マウス 拡大 縮小

マウスホイールを使って表示を拡大／縮小する。

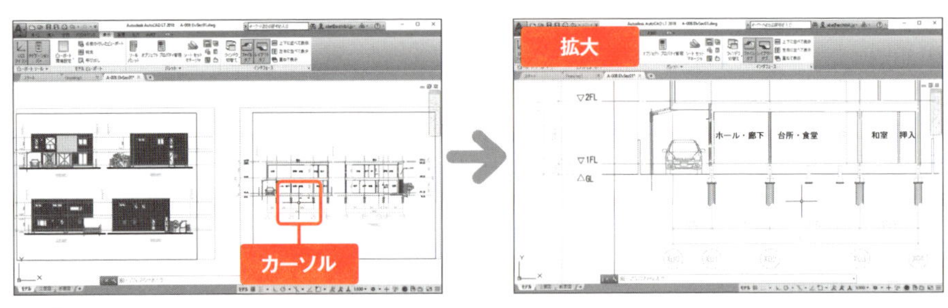

1 マウスホイールを前方に回転するとカーソルの位置を拡大表示する。

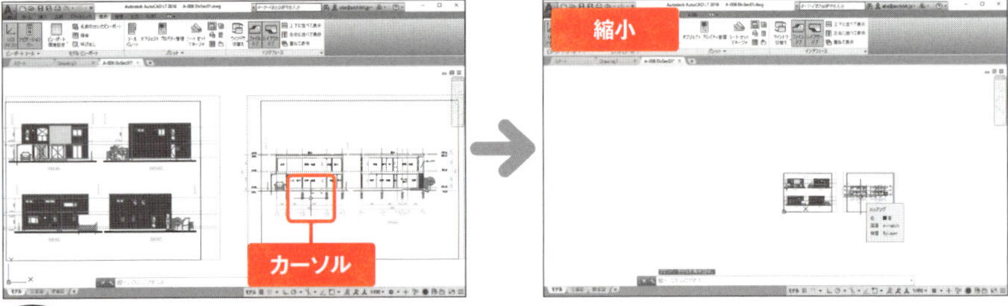

2 マウスホイールを後方に回転するとカーソルの位置を縮小表示する。

HINT

回転による表示倍率の設定は、システム変数「ZOOMFACTOR」で設定されている。コマンドラインに「zoomfactor」と入力して Enter キーを押し、「3」～「100」（初期値は「60」）の数値を指定する。数値が大きいほどひと回転あたりの倍率が大きくなる。
また、マウスホイールの回転方向の設定は、システム変数「ZOOMWHEEL」で変更できる。「0」（初期値）のときは前方に回転すると拡大、「1」のときは前方に回転すると縮小となる。

表示範囲を移動する

関連ワード▶▶ マウス 移動

マウスホイールのボタンを操作して、ズーム倍率はそのままで、画面に表示されている範囲を移動する。

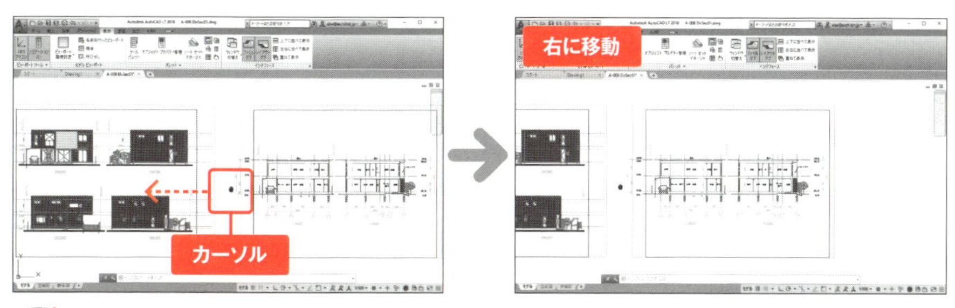

1 マウスホイールのボタンを押したまま、左方向にカーソルを移動すると、画面の表示範囲が右に移動する。

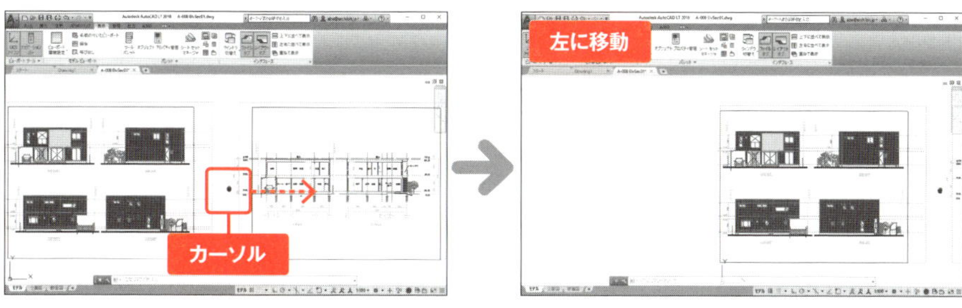

2 マウスホイールのボタンを押したまま、右方向にカーソルを移動すると、画面の表示範囲が左に移動する。同様にして上方向に動かせば下に、下方向に動かせば上に表示範囲が移動する。

作図領域にあるすべての図形を表示する

関連ワード▶▶ マウス 図形 オブジェクト範囲ズーム

誤って離れた場所に図形を移動してしまっていないか、作図領域の端に余計な図形をかいていないかなどを確認するには、画面上にあるすべての図形を表示する［オブジェクト範囲ズーム］を使う。

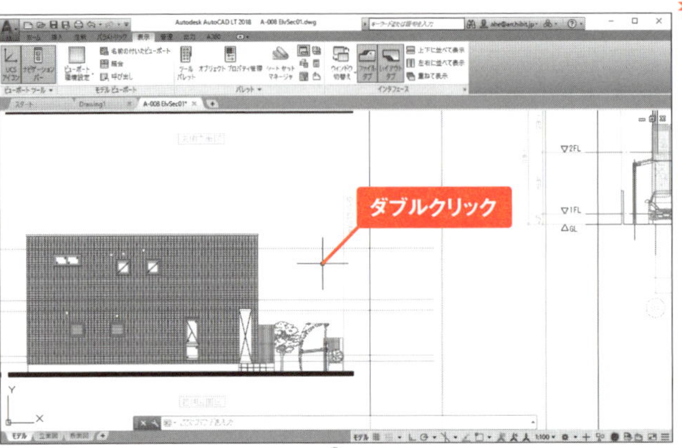

マウスホイールのボタンをダブルクリックすると［オブジェクト範囲ズーム］コマンドが実行され、作図領域にあるすべての図形が表示される。

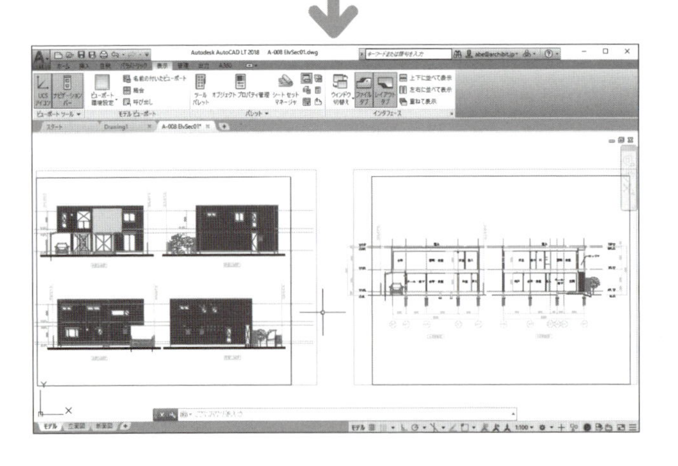

画面操作

ナビゲーションバーで画面操作を行う

関連ワード▶▶ ナビゲーションバー

ナビゲーションバーでは、［ズーム］コマンドのオプション操作のほとんどが実行できる。

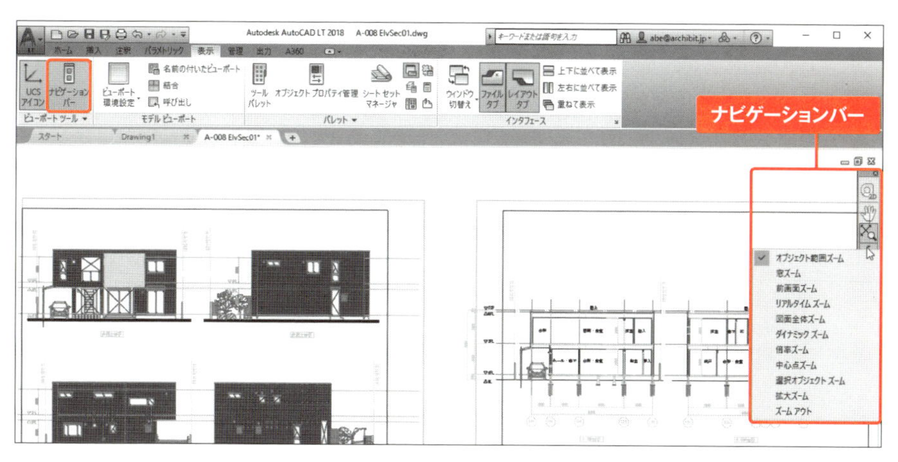

ナビゲーションバーが表示されていないときは、［表示］タブ—［ビューポートツール］パネル—［ナビゲーションバー］ボタンをクリックする。ナビゲーションバーに配置されているコマンドは、上から［SteeringWheels］（No.045「SteeringWheels（2Dナビゲーションホイール）で画面操作を行う」参照）［画面移動］［ズーム］となっている。［ズーム］ボタンの下にある［▼］をクリックすると、ズームオプションが表示される。メニューを選択すると、各種ズームを実行できる。

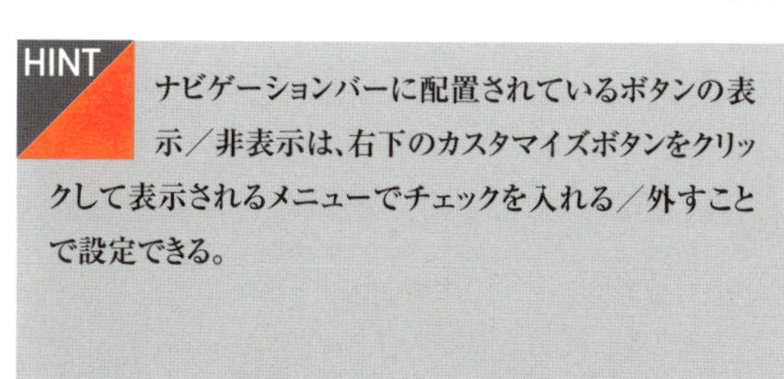

HINT

ナビゲーションバーに配置されているボタンの表示／非表示は、右下のカスタマイズボタンをクリックして表示されるメニューでチェックを入れる／外すことで設定できる。

画面操作

SteeringWheels(2Dナビゲーションホイール)で画面操作を行う

関連ワード▶▶ ナビゲーションバー SteeringWheels 拡大 縮小 移動 戻る

[SteeringWheels (2Dナビゲーションホイール)] は、拡大／縮小や画面移動などが実行できるコマンドで、[ズーム (ZOOM)] コマンドを連続して使いたいときや、マウスホイールのボタンがないときなどに便利な機能だ。

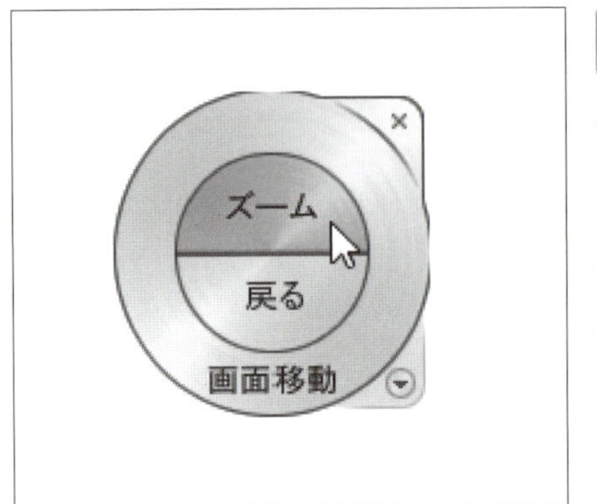

1 ナビゲーションバーの[Steering Wheels] ボタンをクリックする。カーソルにホイールが表示される。ホイールの[ズーム]をクリックすると表示が拡大され、Shift キーを押しながら[ズーム]をクリックすると表示が縮小される。[画面移動]にカーソルを合わせてドラッグすると、画面を移動できる。

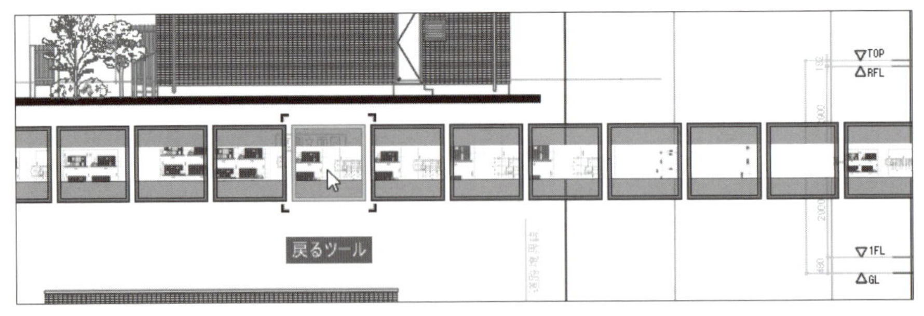

2 ホイールの[戻る]をクリックすると、今までの画面表示変更の履歴がサムネイル表示される。ドラッグするようにカーソルを移動して、目的の画面表示サムネイルでボタンを放すと、そのときの表示に戻る。

画面操作

範囲を指定して拡大する(窓ズーム)

関連ワード▶▶ ナビゲーションバー 窓ズーム 拡大

範囲を指定して画面表示を拡大したいときは、窓ズームが便利だ。

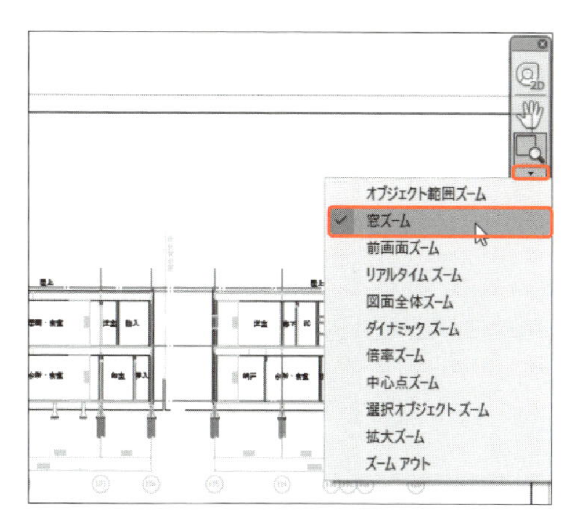

1 ナビゲーションバーの[ズーム]の下にある[▼]をクリックし、表示されるメニューの[窓ズーム]にチェックを入れる。

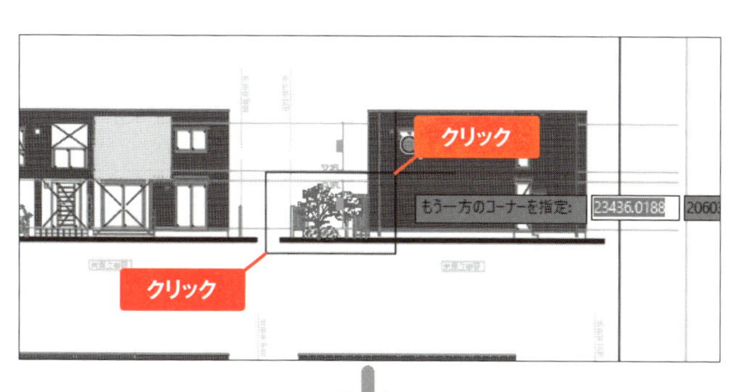

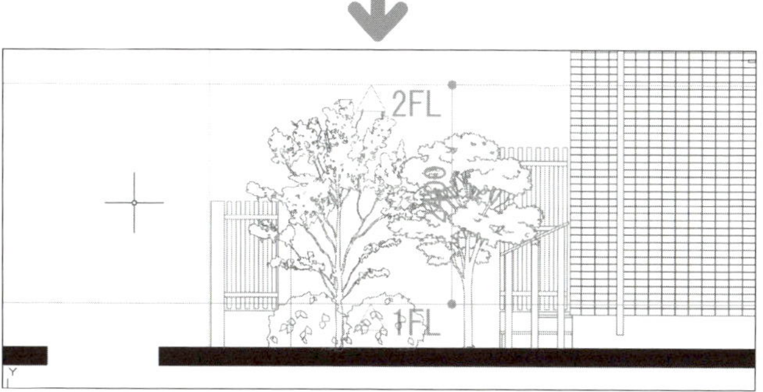

2 拡大したい範囲の対角線となる2点をクリックすると、その範囲が作図領域いっぱいに表示される。

画面操作

画面の表示状態（ビュー）を保存する

関連ワード▶▶ ビュー　ビュー管理

拡大／縮小などを行った画面の表示状態は「ビュー」として保存しておくことができる。

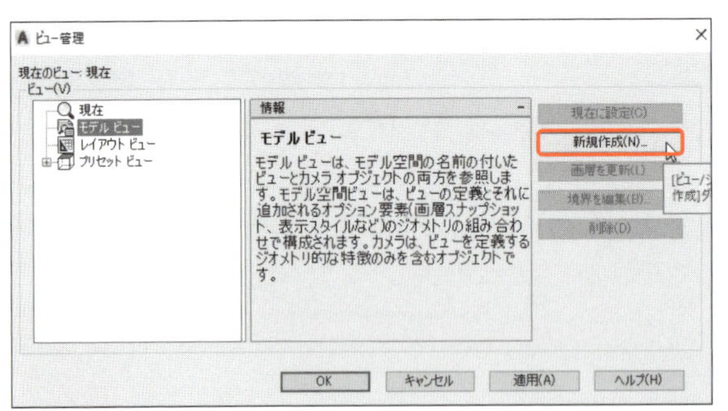

1 保存したい画面状態にし、[表示]タブ―[ビュー]パネル―[ビュー管理]ボタンをクリックする。表示される[ビュー管理]ダイアログで[新規作成]ボタンをクリックする。

画面操作

HINT [ビュー]パネルがリボンにないときは、リボンを右クリックして表示されるコンテキストメニューから[パネルを表示]―[ビュー]にチェックを入れると表示される。

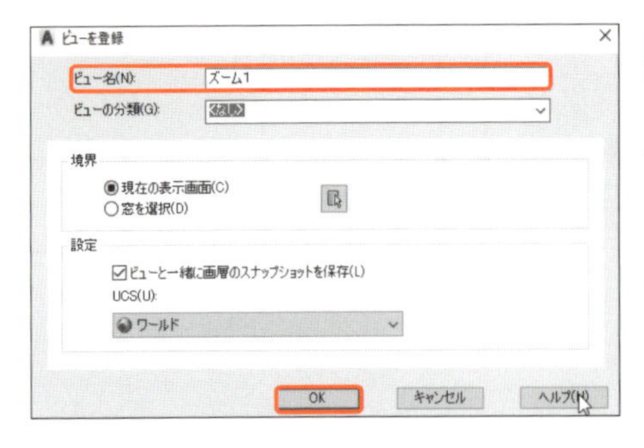

2 表示される[ビューを登録]ダイアログで任意のビュー名（ここでは、「**ズーム1**」）を入力し、[OK]ボタンをクリックする。[ビュー管理]ダイアログに戻るので、[ビュー]リストを「ズーム1」が追加されていることを確認して[OK]ボタンをクリックしてダイアログを閉じる。

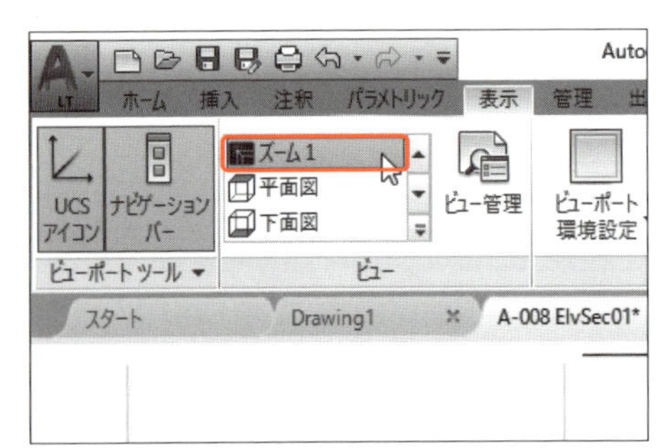

3 [ビュー]パネルのリストに「ズーム1」が追加されている。画面の表示状態を変更しても、リストの「ズーム1」をクリックすると、保存した表示状態を呼び出すことができる。

アイソメ表示にする

関連ワード▶▶ ビュー アイソメ

AutoCADでも、3D作成機能を持っていないAutoCAD LTでもアイソメ表示が行え、データが3Dで入力されているか確認できる。

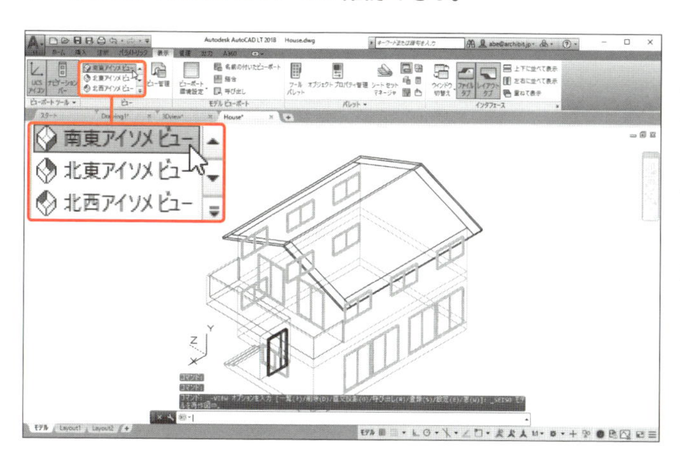

［表示］タブ─［ビュー］パネルのリストから「アイソメ」と書かれた項目（ここでは、［南東アイソメビュー］）をクリックすると、アイソメ表示になる。

アイソメ表示から平面図表示に戻す

関連ワード▶▶ ビュー 平面図 アイソメ

アイソメなどの3D表示から平面図の表示に戻すには、［平面図］ビューを選択する。

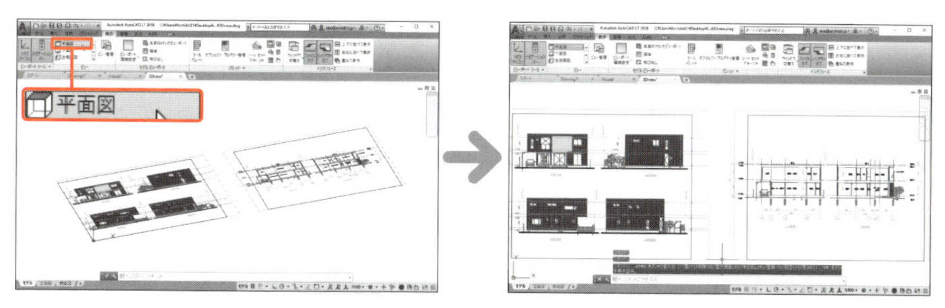

［表示］タブ─［ビュー］パネルのリストから［平面図］をクリックすると、平面図の表示になる。

複数のビューを同時に表示する

関連ワード▶▶ ビュー 表示 図面タブ

AutoCADでは、画面を分割して複数のモデルのビューを同時に表示できる。さまざまな角度から確認しながら作業ができるので、3Dデータを修正する際などに便利な機能だ。

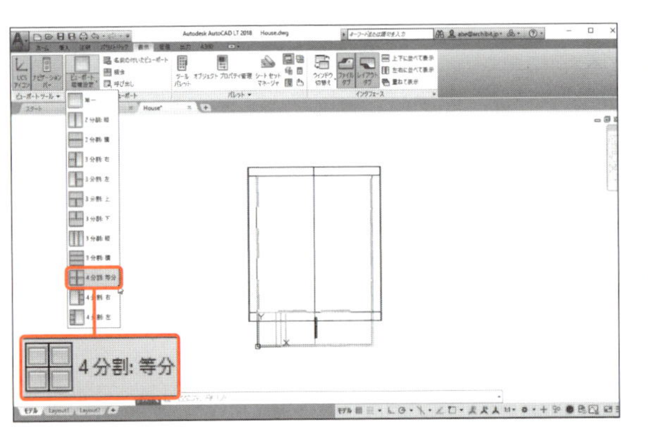

1 [表示]タブ—[モデルビューポート]パネル—[ビューポート環境設定]ボタンの下にある[▼]をクリックして表示されるメニューから、任意の分割状態(ここでは、[4分割:等分])をクリックする。

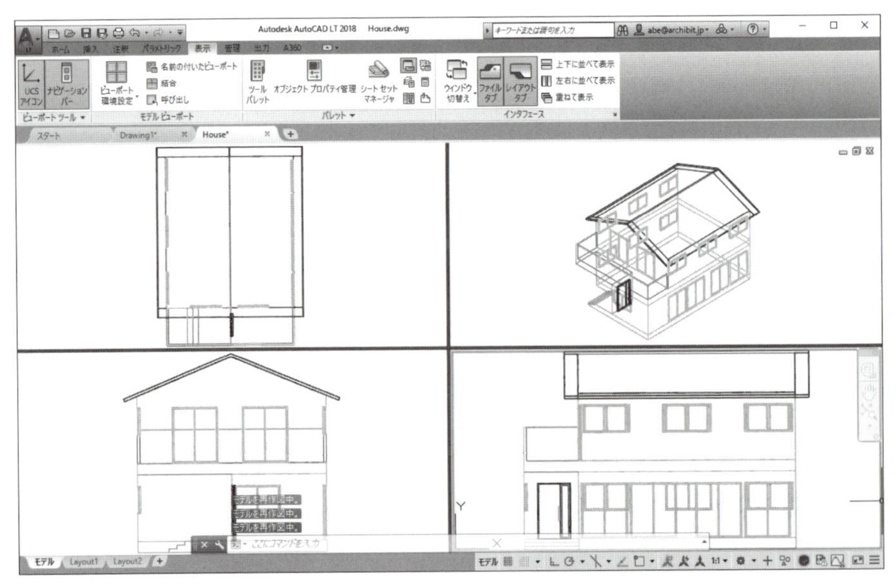

2 画面が4等分され、違うビューが表示される。ビューを変更したい場合は、画面を選択して、[表示]タブ—[ビュー]パネル(No.047「画面の表示状態(ビュー)を保存する」参照)のリストから表示したいビューを指定する。1画面に戻すには、手順1のメニューで[単一]をクリックする。

画面操作

フルスクリーン表示にする

関連ワード▶▶ フルスクリーン　表示

作図領域をなるべく広く使いたいときは、フルスクリーン表示にするとよい。フルスクリーン表示では、リボン、ツールバー、パレットが非表示になり、クイックアクセスツールバー、コマンドウィンドウ、ステータスバーは非表示にならない。

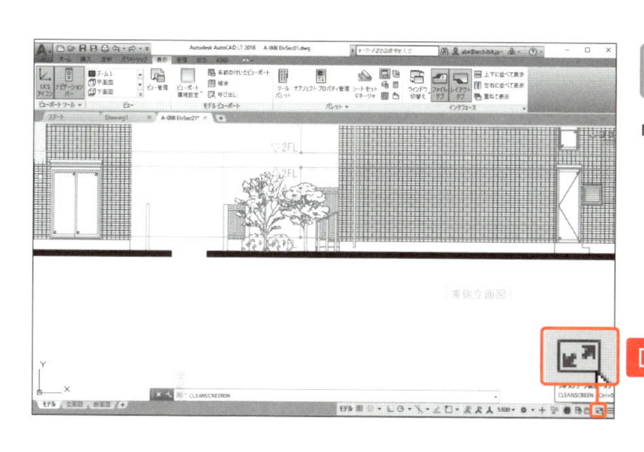

1 ステータスバーの[フルスクリーン表示]ボタンをクリックする。

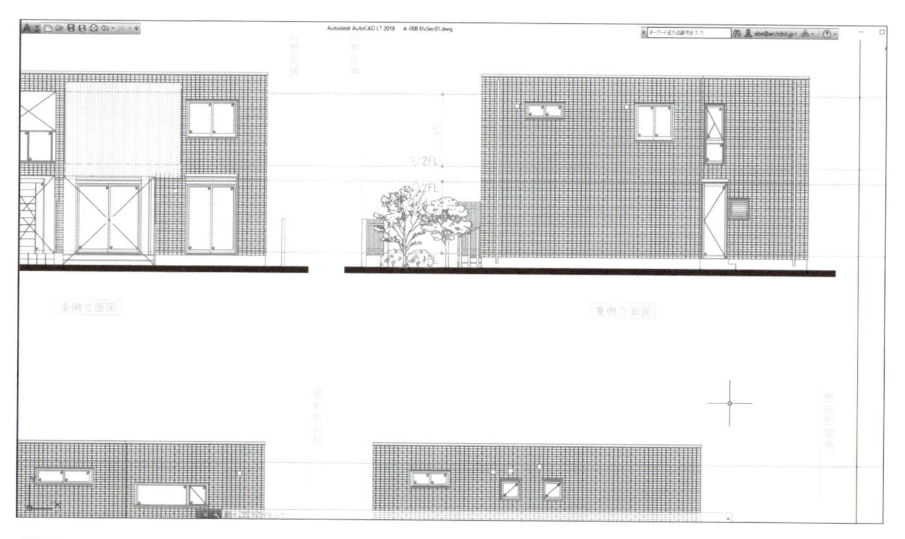

2 作図領域が画面いっぱいに広がる。元の表示に戻すときは、再度[フルスクリーン表示]ボタンをクリックするか、Ctrl + 0 (ゼロ)キーを押す。

画面操作

レイアウトのビューを最大化する

関連ワード▶▶ レイアウト ビュー ビューポートを最大化

レイアウトでビューに入って作図作業を行う際には、ビューポートを最大化して作図範囲を広く使うとよい。

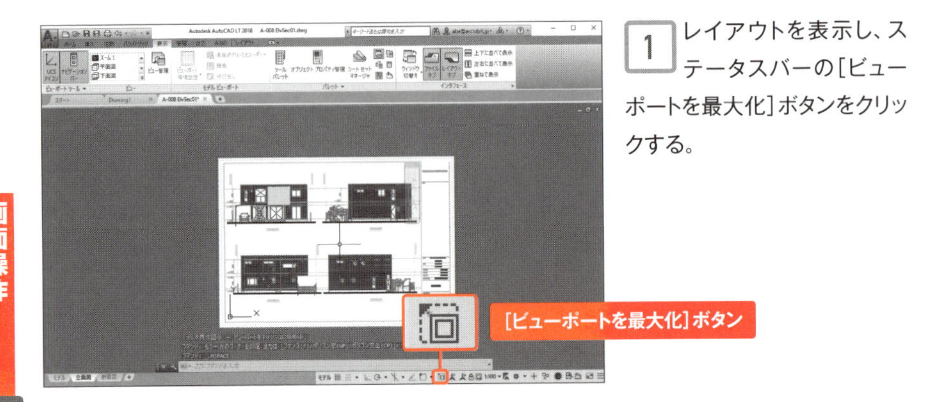

1 レイアウトを表示し、ステータスバーの[ビューポートを最大化]ボタンをクリックする。

画面操作

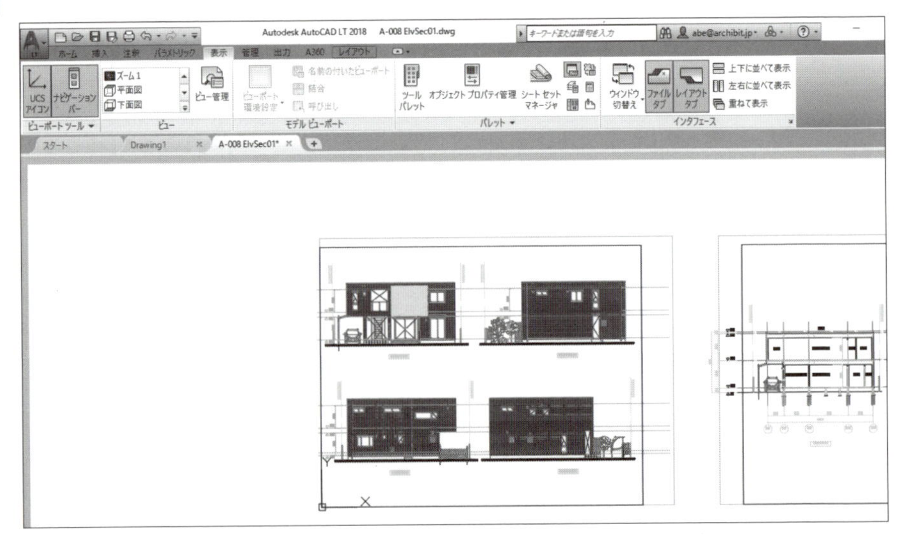

2 ビューの表示が広がる。元の表示に戻すときは、[ビューポートを最小化]ボタンをクリックする。

作図補助機能

画面にグリッドを表示したり、カーソルの動きを制御したり、
特定の点を指示しやすいようにしたりするなど、
作図をスムーズに行うための機能について解説する。

グリッドを表示する／非表示にする

関連ワード▶▶ グリッド　スナップ

グリッドを表示するとサイズ感がつかみやすくなり、作図作業の助けになる。初期設定では表示されているが、非表示にすることも可能だ。グリッドのサイズや、主線の間隔などは設定変更できる。

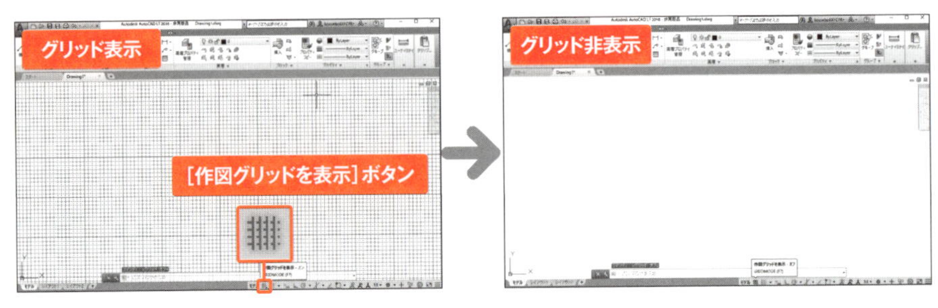

1　ステータスバーの[作図グリッドを表示]ボタンをクリックすると、表示／非表示が切り替わる。F7 キーを押すことでも、表示の切り替えが行える。

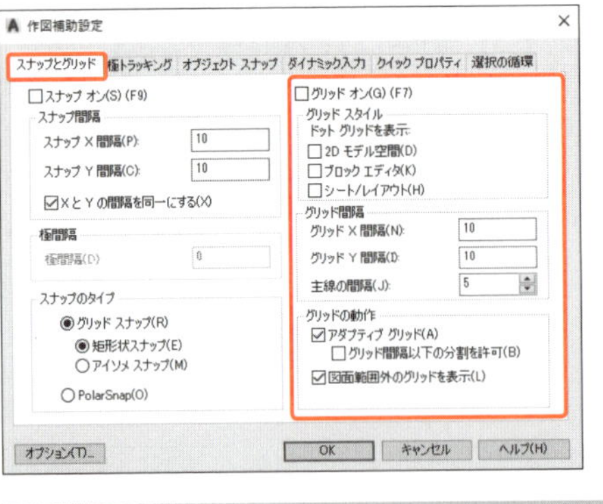

2　グリッドの設定は、ステータスバーの[作図グリッドを表示]ボタンを右クリックし、[グリッドの設定]を選択すると表示される[作図補助設定]ダイアログの[スナップとグリッド]タブで行える。

HINT

グリッドの線色は、[作図ウィンドウの色]ダイアログで変更できる。[作図ウインドウの色]ダイアログは、アプリケーションメニューの[オプション]ボタンをクリックして表示される[オプション]ダイアログの[表示]タブ—[ウィンドウの要素]—[色]ボタンをクリックすると表示される。

拡大時でもグリッドが表示されるように設定する

関連ワード▶▶ グリッド　スナップ

初期設定では、設定したグリッド間隔以上に表示を拡大すると、グリッド線が表示されなくなる。[作図補助設定] ダイアログの [グリッド間隔以下の分割を許可] にチェックを入れると、表示倍率に合わせて自動的にグリッド間隔が調整されるようになる。

作図補助設定
スナップとグリッド　極トラッキング　オブジェクト スナップ　ダイナミック入力　クイック プロパティ　選択の循環
☑スナップ オン(S) (F9)
スナップ間隔
スナップ X 間隔(P): 10
スナップ Y 間隔(C): 10
☑X と Y の間隔を同一にする(X)
極間隔
極間隔(D): 0
スナップのタイプ
◉グリッド スナップ(R)
◉矩形状スナップ(E)
○アイソメ スナップ(M)
○PolarSnap(O)
☑グリッド オン(G) (F7)
グリッド スタイル
ドット グリッドを表示:
☐2D モデル空間(D)
☐ブロック エディタ(K)
☐シート/レイアウト(H)
グリッド間隔
グリッド X 間隔(N): 0
グリッド Y 間隔(I): 0
主線の間隔(J): 5
グリッドの動作
☑アダプティブ グリッド(A)
☑グリッド間隔以下の分割を許可(B)
☐図面範囲外のグリッドを表示(L)
オプション(T)...　OK　キャンセル　ヘルプ(H)

ステータスバーの[作図グリッドを表示]ボタンを右クリックし、[グリッドの設定]を選択する。表示される[作図補助設定]ダイアログの[スナップとグリッド]タブで[グリッド間隔以下の分割を許可]にチェックを入れ、[OK]ボタンをクリックすると、表示倍率に合わせてグリッド間隔が調整されるようになる。

HINT

表示を縮小したときにグリッドが表示されない場合は、[作図補助設定]ダイアログの[アダプティブグリッド]にチェックを入れると、表示倍率に合わせてグリッド間隔が調整されるようになる。初期設定では、チェックが入っている。

スナップを使う

関連ワード▶▶ グリッド スナップ

スナップを使うと、設定した間隔でカーソルの移動距離を制御できる。スナップの間隔をグリッドの間隔と同じ値に設定すると、グリッド線にスナップする。

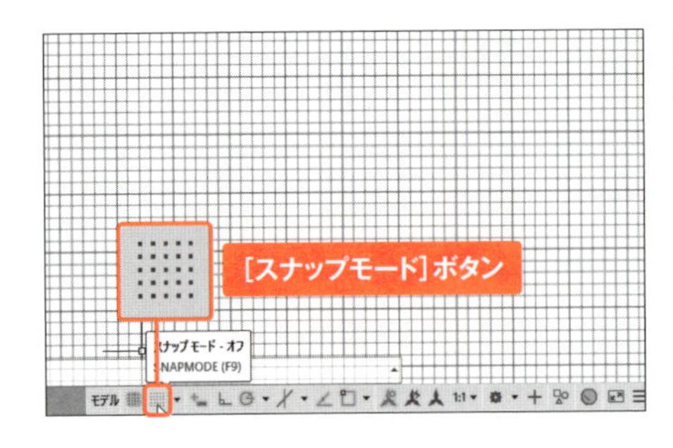

1 ステータスバーの[スナップモード]([作図グリッドにスナップ])ボタンをクリックすると、スナップが有効(無効)になる。F9 キーを押すことでも、スナップを有効(無効)にできる。

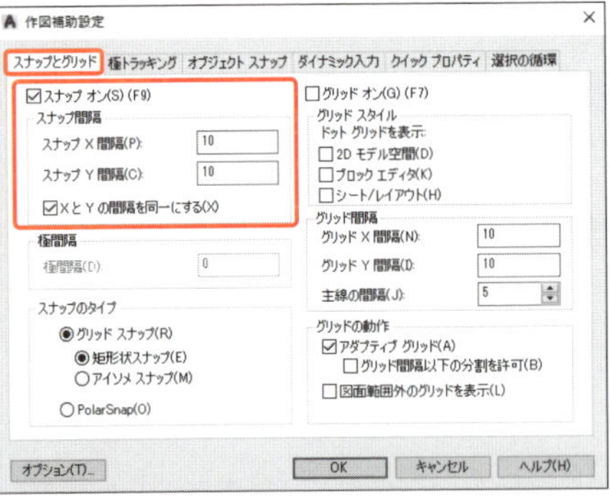

2 グリッドスナップの設定は、ステータスバーの[スナップモード]([作図グリッドにスナップ])ボタンを右クリックし、[スナップ設定]を選択すると表示される[作図補助設定]ダイアログの[スナップとグリッド]タブで行える。

HINT

スナップ間隔とグリッド間隔を同じ値にすると、カーソルがグリッド線にスナップするように設定できる。
また、グリッド間隔を「0」に設定する(図)と、グリッド間隔がスナップ間隔の変更に追従するようになるので、スナップ間隔だけを変更するだけでカーソルがグリッド線にスナップする。

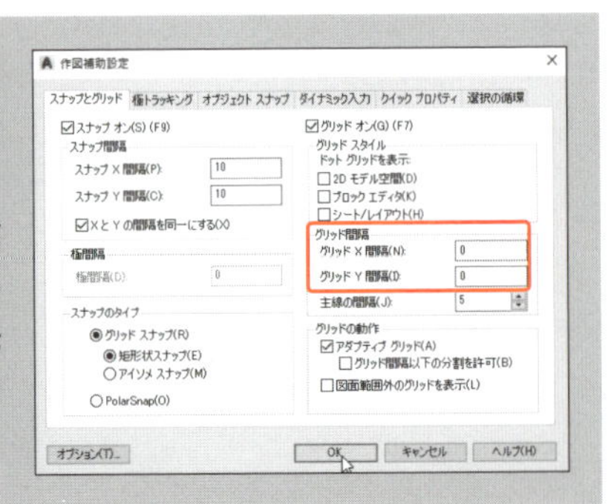

アイソメグリッドを表示する／非表示にする

関連ワード▶▶ グリッド アイソメ

アイソメ図をかきたいときには、グリッドをアイソメ表示にすると便利だ。

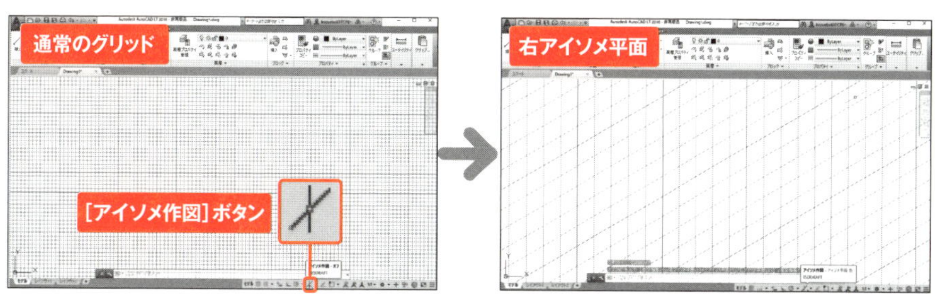

1 ステータスバーの[アイソメ作図]ボタンをクリックすると、グリッドがアイソメ表示になる。

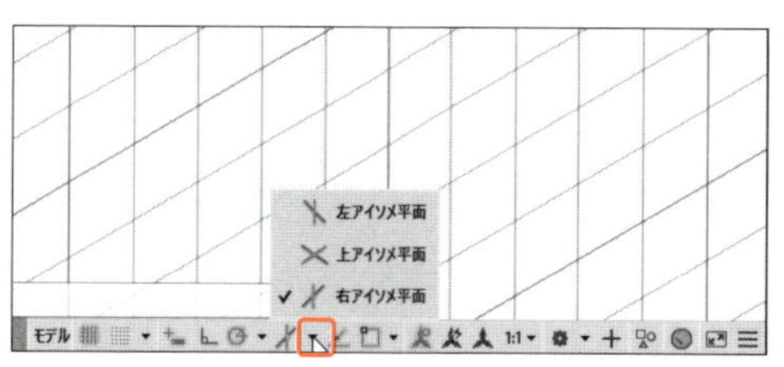

2 [アイソメ作図]ボタンの右にある[▼]をクリックし、表示されるメニューにチェックを入れることでアイソメグリッドの方向を変更できる。また、F5 キーを押すことでも、アイソメグリッドの方向が変更される。

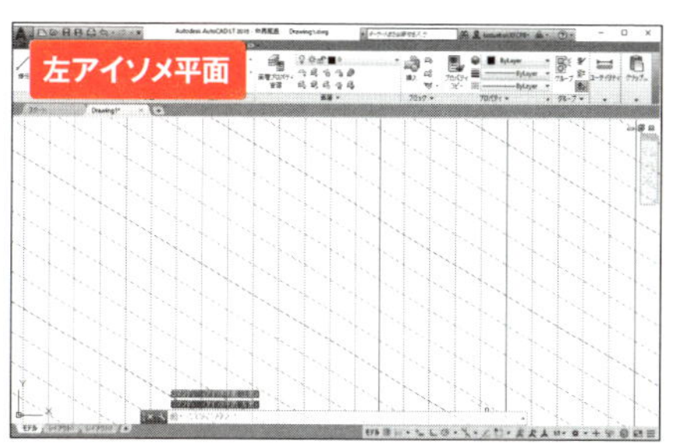

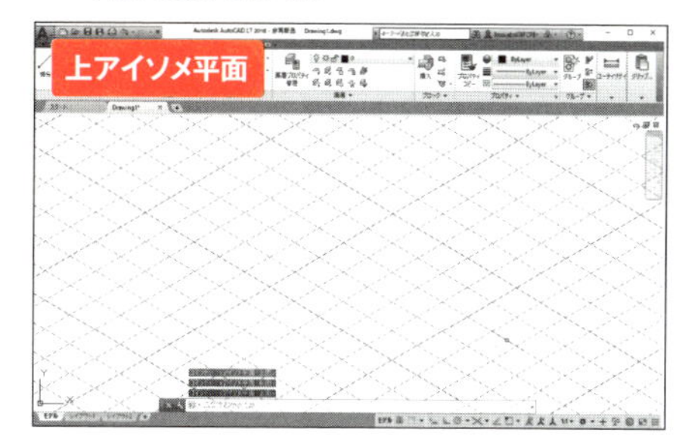

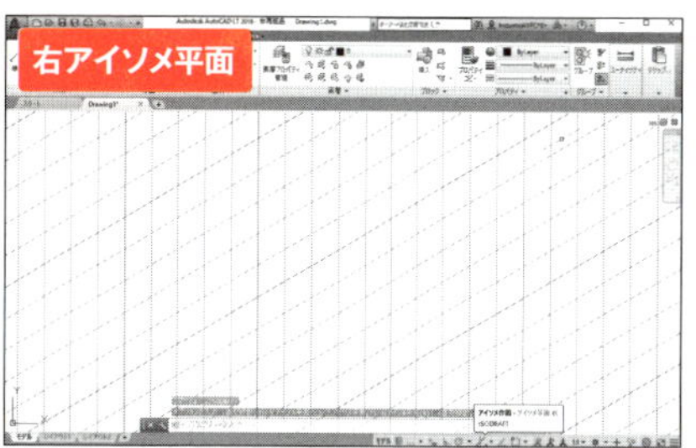

カーソルの動きを水平／垂直に固定する（直交モード）

関連ワード▶▶ カーソル 直交モード

直行モードにすると、カーソルの移動が垂直／水平に固定される。垂直／水平線をかく際に活用できる機能だ。

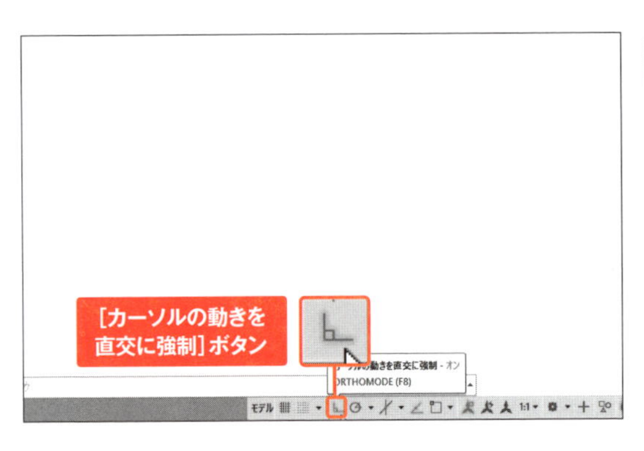

1 ステータスバーの[カーソルの動きを直交に強制]ボタンをクリックすると、直交モードが有効（無効）になる。F8 キーを押すことでも、直交モードを有効（無効）にできる。

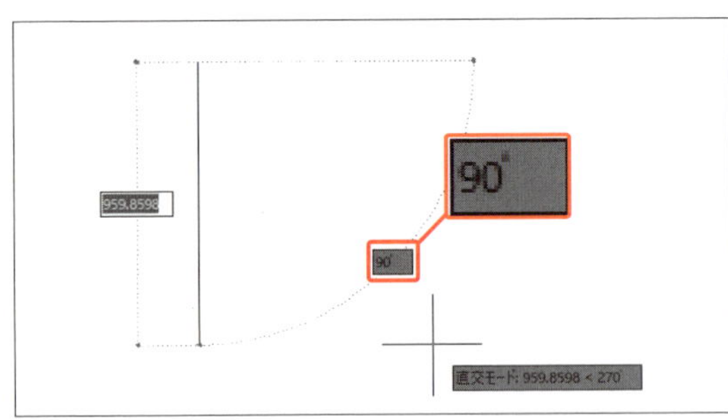

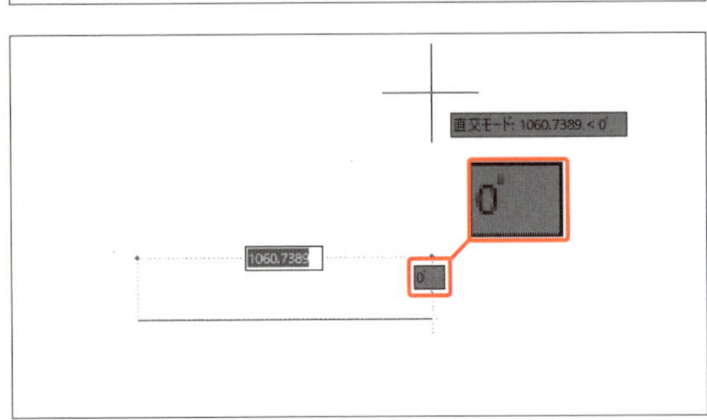

2 直交モードがオンになっているときは、カーソルの移動が垂直／水平方向に固定される。

点を正確に指示する（定常オブジェクトスナップ）

関連ワード▶▶ カーソル　オブジェクトスナップ　スナップ

オブジェクトスナップを設定しておくと、オブジェクトにカーソルを近づけたときに［端点］や［交点］などのツールチップが表示され、その位置を正確に指示できる。

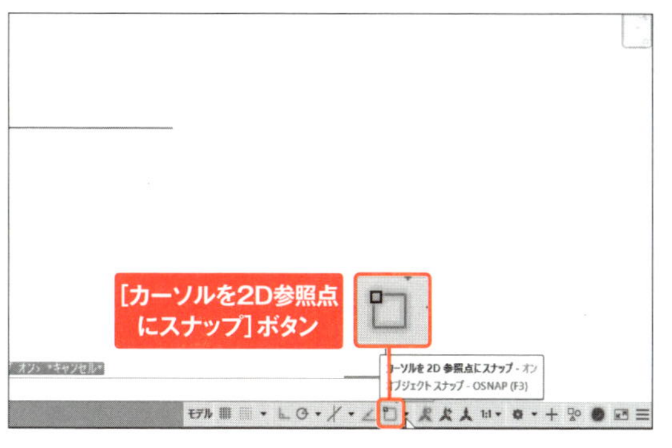

1 ステータスバーの［カーソルを2D参照点にスナップ］ボタンをクリックすると、オブジェクトスナップが有効（無効）になる。F3 キーを押すことでも、オブジェクトスナップを有効（無効）にできる。

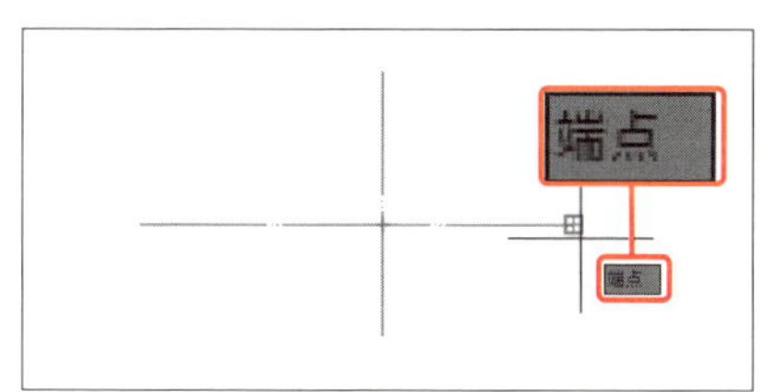

2 オブジェクトスナップがオンになっているときに、カーソルをオブジェクトに近づけると、指示できるオブジェクトスナップを表すツールチップ（ここでは、［端点］）が表示される。この状態でクリックすると、端点や交点などを正確に指示できる。

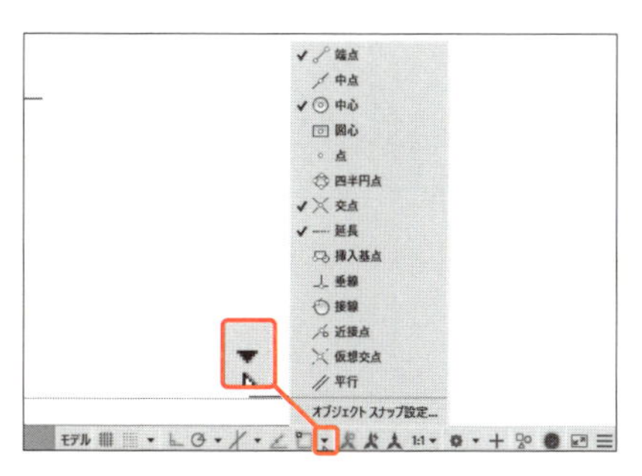

3 ［カーソルを2D参照点にスナップ］ボタンの右にある［▼］をクリックし、表示されるメニューから使用するオブジェクトスナップにチェックを入れて選択できる。

HINT オブジェクトスナップの種類の設定は、［カーソルを2D参照点にスナップ］ボタンを右クリックして［オブジェクトスナップ設定］を選択し、表示される［作図補助設定］ダイアログの［オブジェクトスナップ］タブでも行える。

オブジェクトスナップの種類を知る

関連ワード▶▶ カーソル オブジェクトスナップ スナップ

オブジェクトスナップを有効にすると、[端点]や[交点]をはじめとするさまざまな点を正確に指示できる。ここでは、オブジェクトスナップの種類を紹介する。使用できるオブジェクトスナップは、No.058「点を正確に指示する（定常オブジェクトスナップ）」の手順3のメニューでチェックが入っているもののみになる。

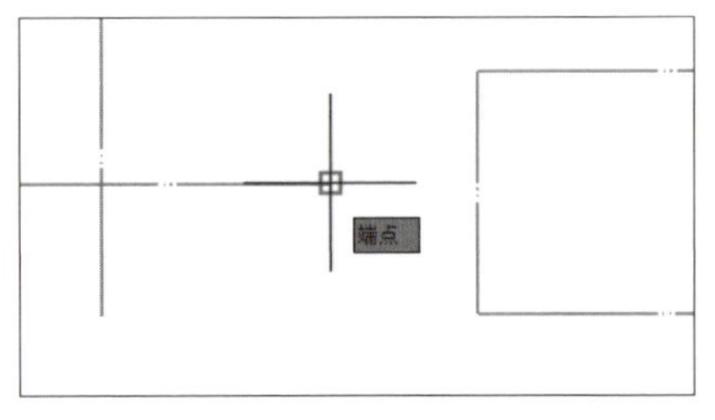

端点 線や円弧の端点、ポリラインの頂点にスナップする。

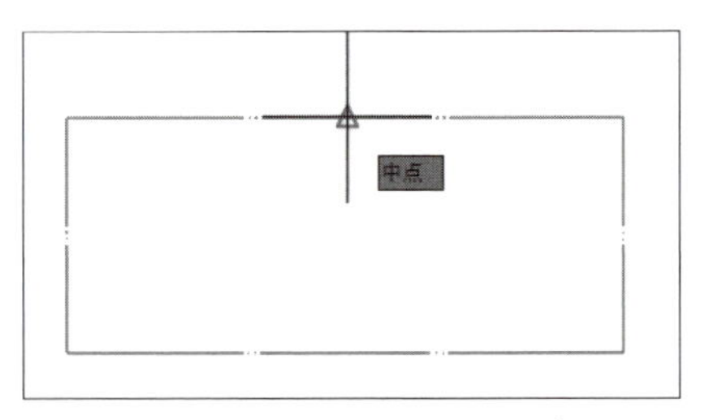

中点 線や円弧の中間点にスナップする。

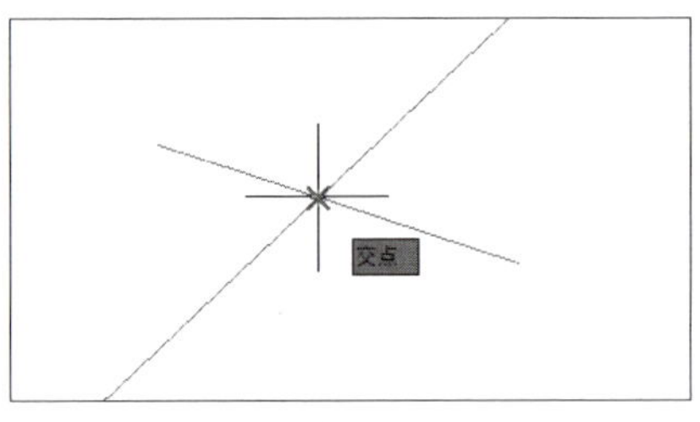

交点 2つのオブジェクトが交差する点にスナップする。

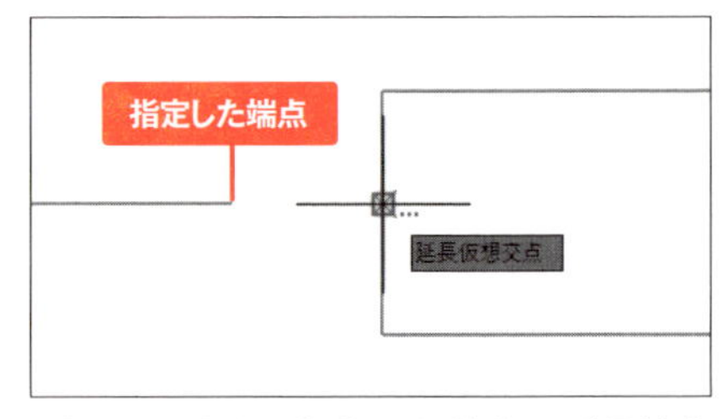

延長仮想交点 指定した端点の延長線上の交点にスナップする。

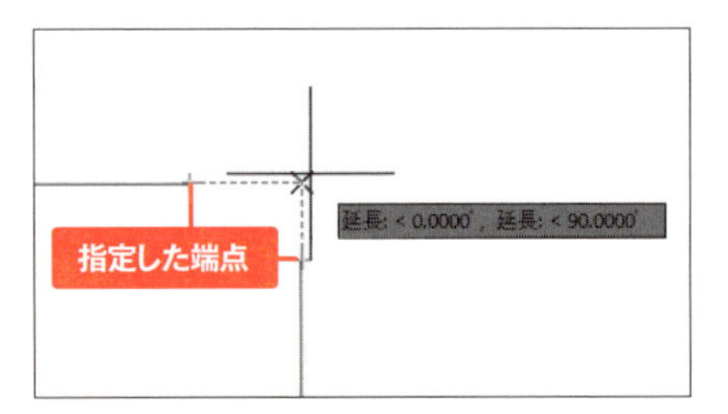

延長 指定した端点の延長線上の点にスナップする。図のように、2つの端点の延長線上の交点にスナップすることもできる。

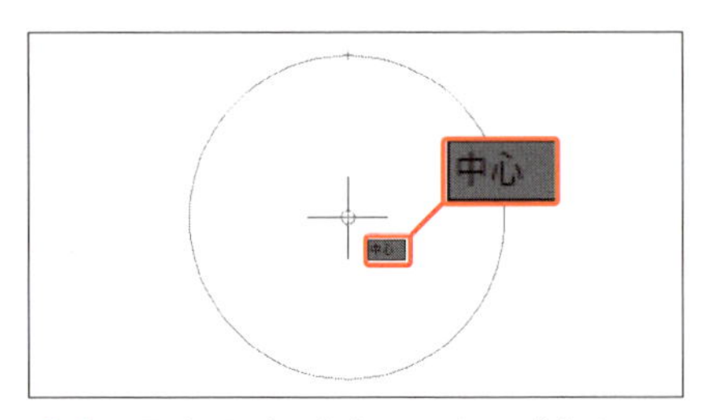

中心 円や円弧の中心にスナップする。

作図補助機能

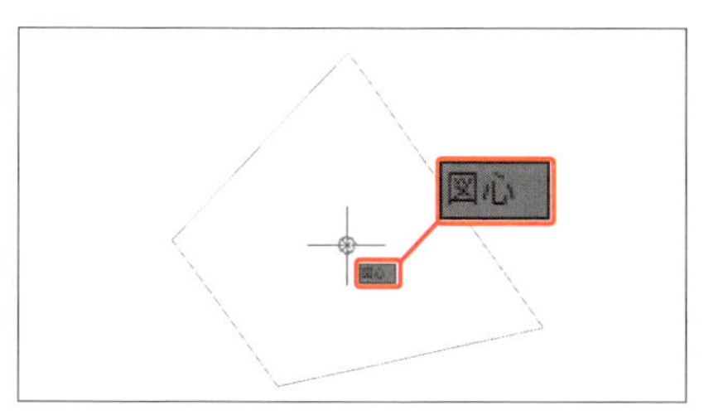

図心　閉じたポリラインやスプラインの図心にスナップする。

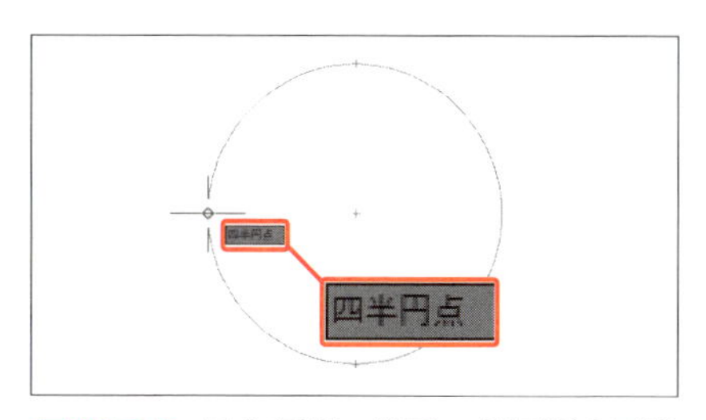

四半円点　円や円弧、楕円、楕円弧の四半円点にスナップする。

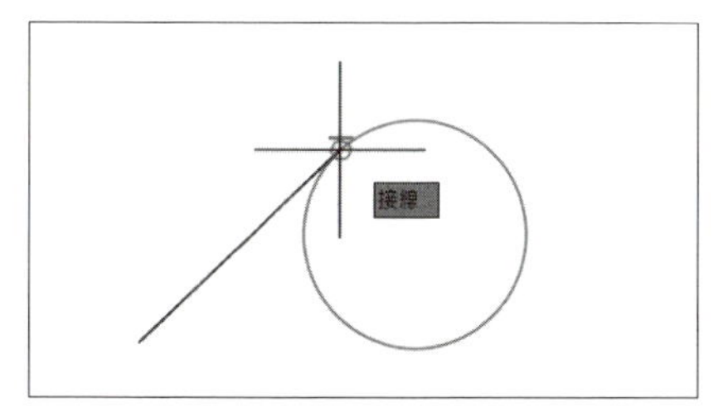

接線　前に指定した点から、円や円弧の接線になる点にスナップする

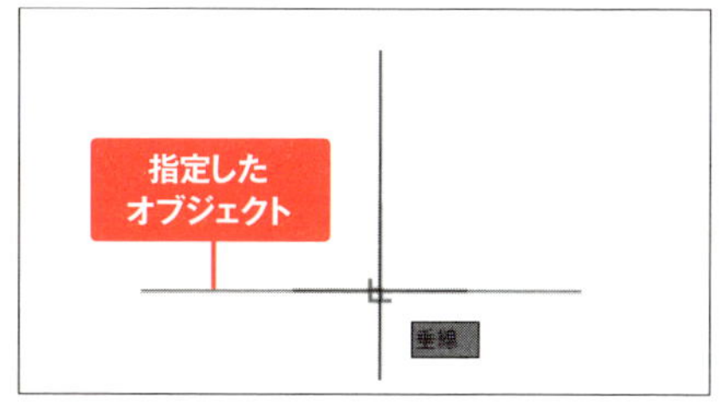

垂線　指定したオブジェクトと垂直な点にスナップする。

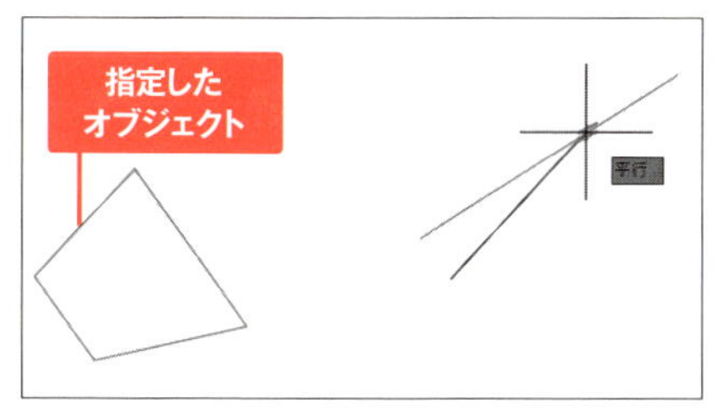

平行　指定したオブジェクトに対して平行になる点でスナップする。

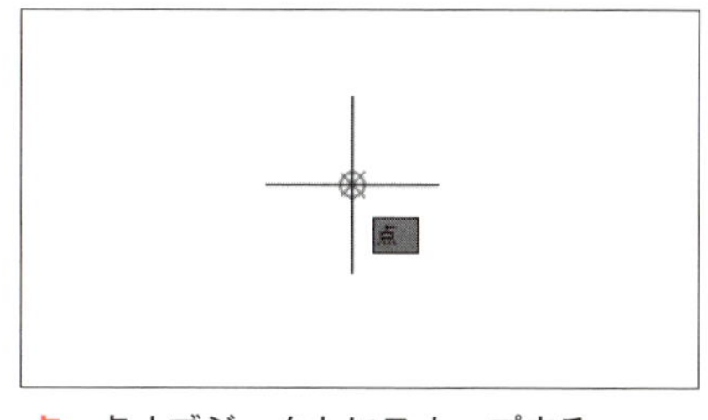

点　点オブジェクトにスナップする。

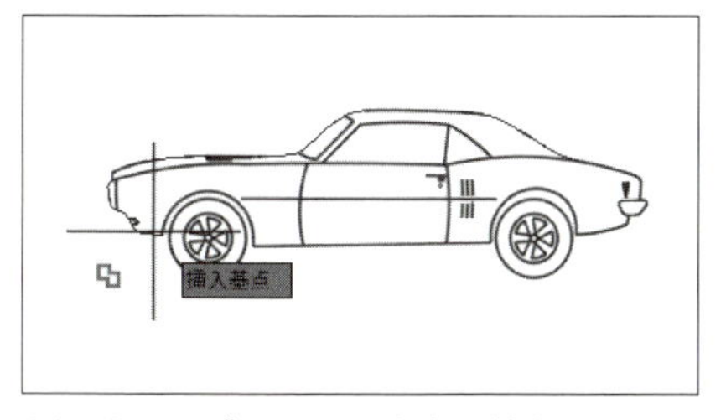

挿入基点　ブロックや文字の基点にスナップする。

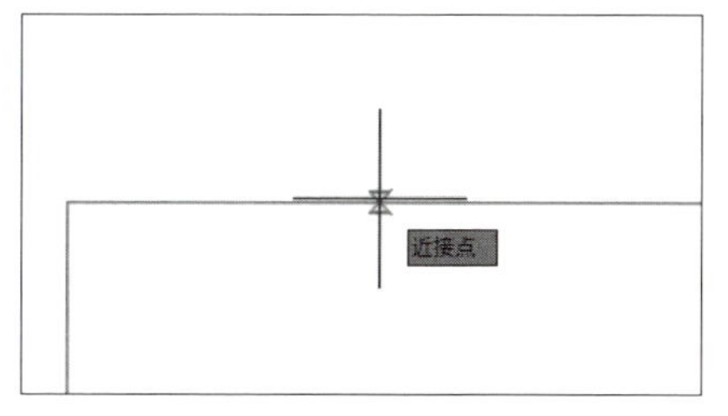

近接点　円弧、円、楕円、楕円弧、線分、点、ポリライン、放射線、スプライン、構築線などのオブジェクト上の近接点にスナップする。

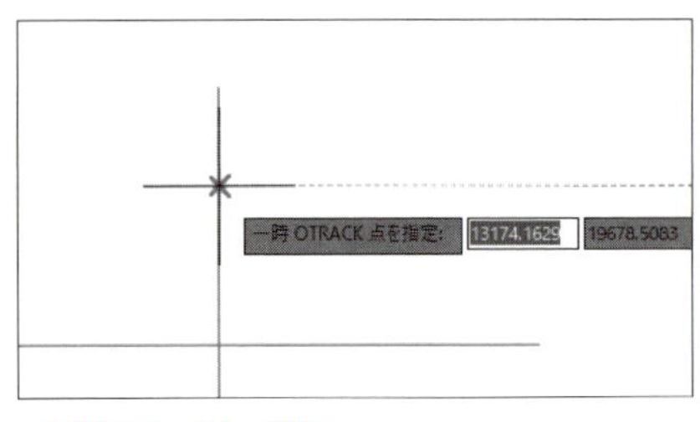

一時トラッキング点

一時オブジェクトスナップのひとつで、一時的にオブジェクトスナップトラッキングを使ってスナップする。

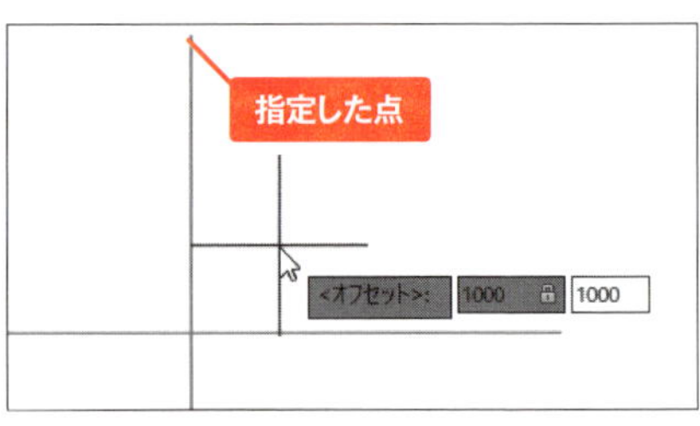

基点設定

一時オブジェクトスナップのひとつで、指定した点を基点として、オフセットした点にスナップする。

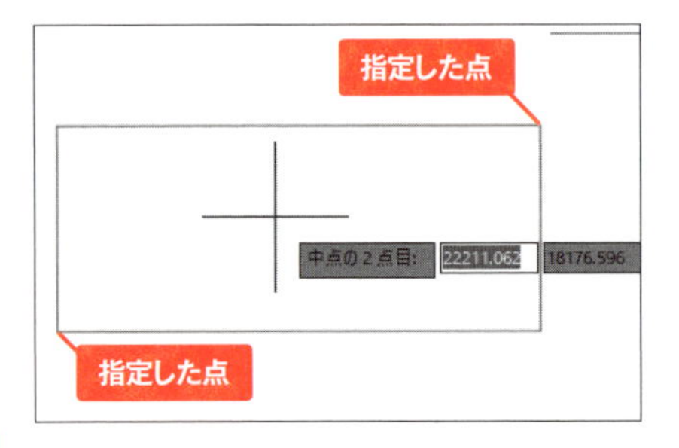

2点間中点

一時オブジェクトスナップのひとつで、指定した2点間の中点にスナップする。

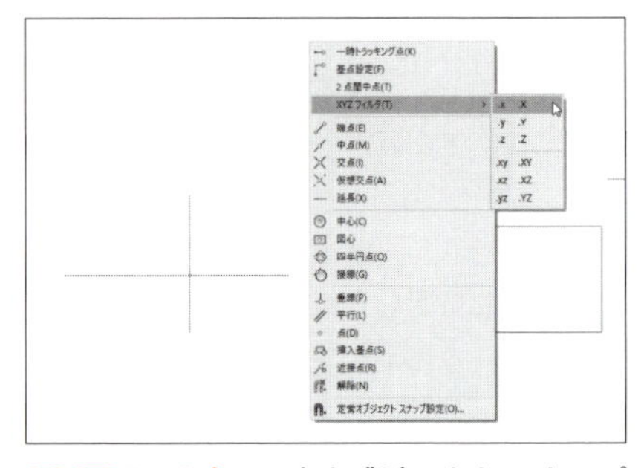

XYZフィルタ

一時オブジェクトスナップのひとつで、X軸の点、Y軸の点、Z軸の点をそれぞれ指定してスナップする。

HINT

ツールチップや、スナップの対象にする領域を表すターゲットボックスの大きさは、アプリケーションメニューの[オプション]ボタンをクリックし、表示される[オプション]ダイアログの[作図補助]タブで変更できる。

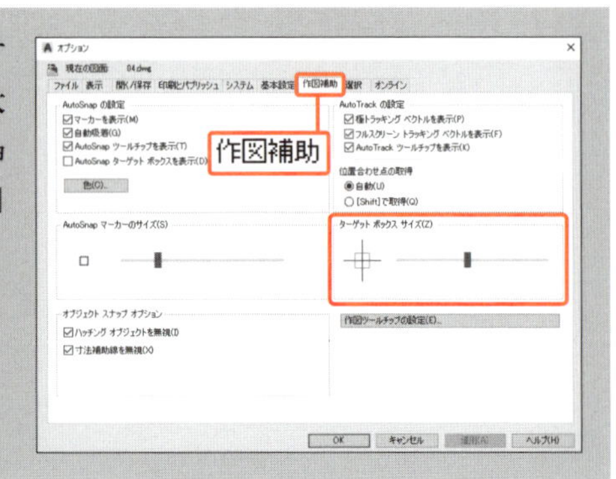

No.060 一回の操作だけオブジェクトスナップを使う（一時オブジェクトスナップ）

関連ワード▶▶ カーソル　オブジェクトスナップ　一時オブジェクトスナップ　スナップ

常に使用する定常オブジェクトスナップに設定しないで一回の操作だけオブジェクトスナップを使いたいときは、「一時オブジェクトスナップ」を使う。

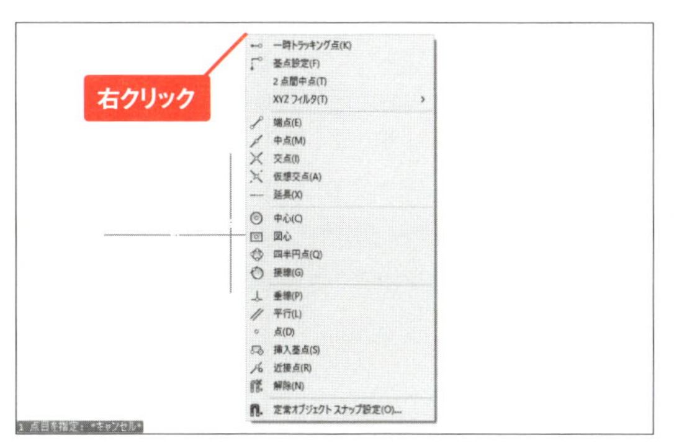

点を指示する際に、Shift キーを押しながら作図領域を右クリックをし、表示されるコンテキストメニューから使いたい一時オブジェクトスナップを選択する。一度点を指示するとオブジェクトスナップは無効になる。

No.061 重なった図形でオブジェクトスナップする

関連ワード▶▶ カーソル　オブジェクトスナップ　スナップ

図形が重なっていて、オブジェクトスナップの指示がしづらいときは、カーソルを図形に近づけて Tab キーを押すごとにオブジェクトスナップの種類が循環して切り替わる。

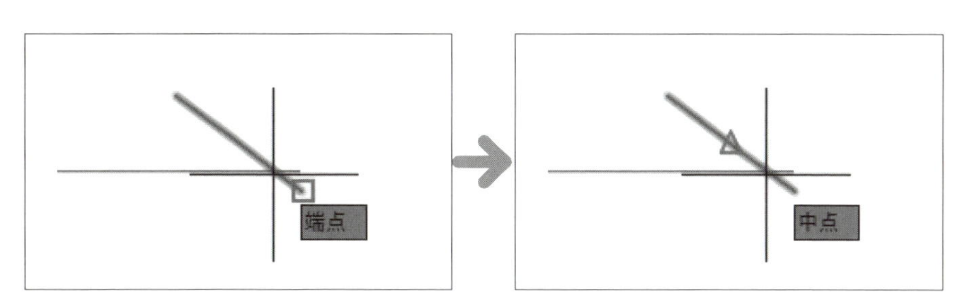

Tab キーを押すごとに、オブジェクトスナップの種類が循環して切り替わる。

点からの方向を示す（オブジェクトスナップトラッキング）

関連ワード▶▶ カーソル　オブジェクトスナップ　オブジェクトスナップトラッキング

オブジェクトスナップトラッキング機能を使うと、点からの垂直／水平方向、延長方向のパス（位置合わせパス）を仮表示でき、パスを基にした作図が行える。

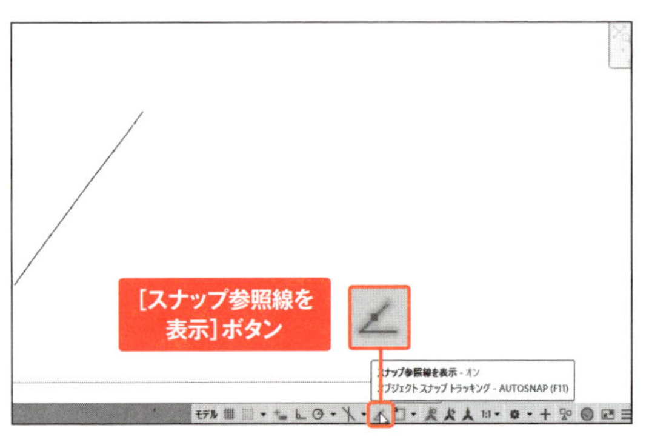

1 ステータスバーの[スナップ参照線を表示]ボタンをクリックすると、オブジェクトスナップトラッキングが有効（無効）になる。F11キーを押すことでも、オブジェクトスナップトラッキングを有効（無効）にできる。

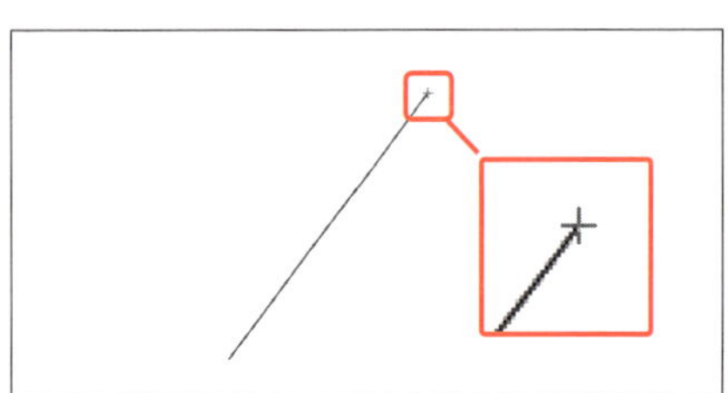

2 オブジェクトスナップトラッキングがオンのときは、スナップできる点にカーソルをしばらく合わせると、緑色の+マークが表示される。

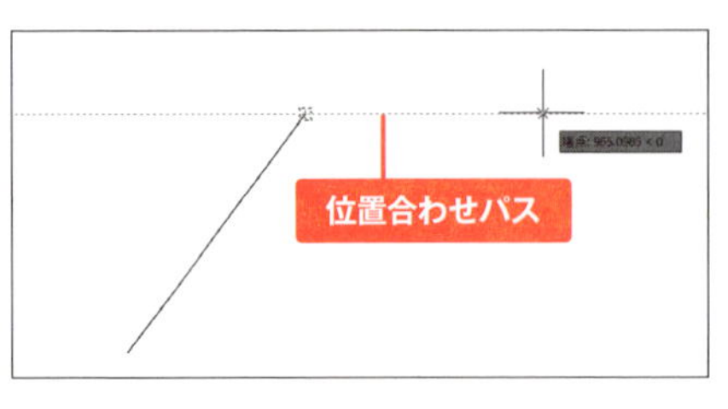

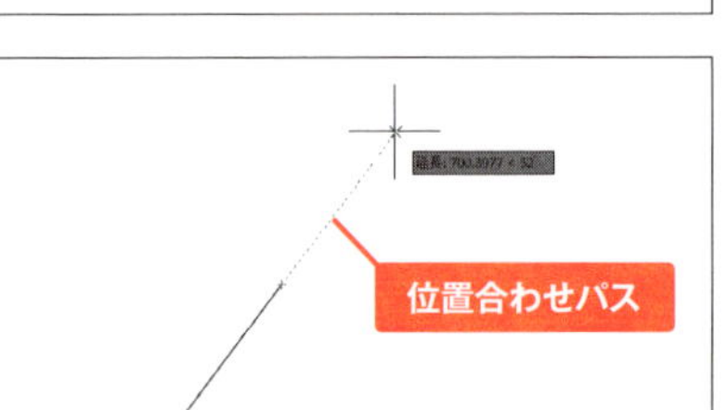

3 カーソルを移動すると、+マークが表示された点から水平方向、垂直方向、延長方向に位置合わせパスの点線が表示される。その位置合わせパスの線を基にスナップできるようになる。
再度カーソルを点に合わせると、位置合わせパスとカーソルの+マークが非表示になる。

作図補助機能

2本の線の延長線が交わる位置を示す

関連ワード▶▶ カーソル　オブジェクトスナップ　オブジェクトスナップトラッキング

オブジェクトスナップトラッキングを利用して、2本の線の延長線が交わる位置を示す。

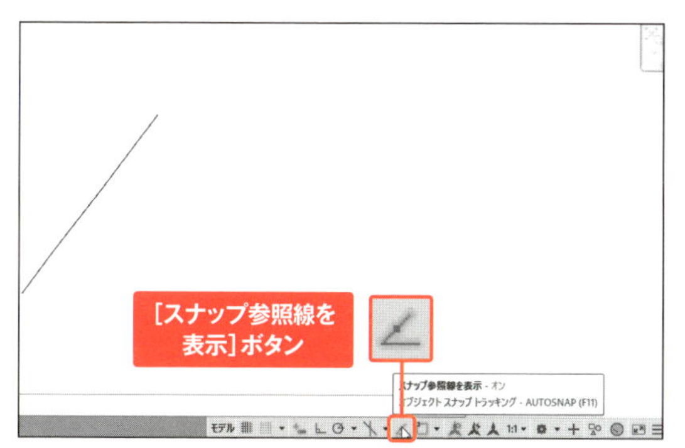

1 ステータスバーの[スナップ参照線を表示]ボタンをクリックして、オブジェクトスナップトラッキングをオンにする。

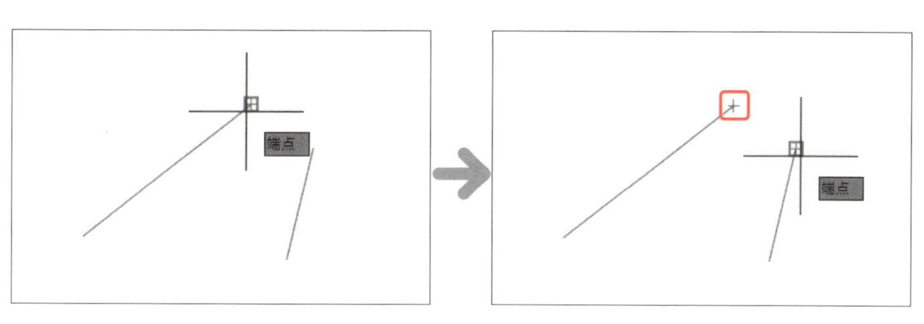

2 2本の線の端点にカーソルを合わせ、緑の+マークをそれぞれ表示させる。

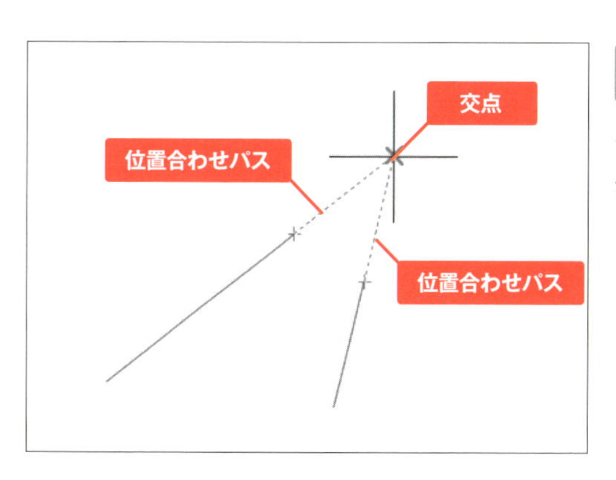

3 2本の延長線が交わるあたりにカーソルを移動すると、位置合わせパスが表示され、交点が×マークで示される。

点からの角度を示す(極トラッキング)

関連ワード▶▶ カーソル オブジェクトスナップ 極トラッキング

極トラッキングを使うと、設定している角度で位置合わせパスが表示され、カーソルが合わせやすくなる。

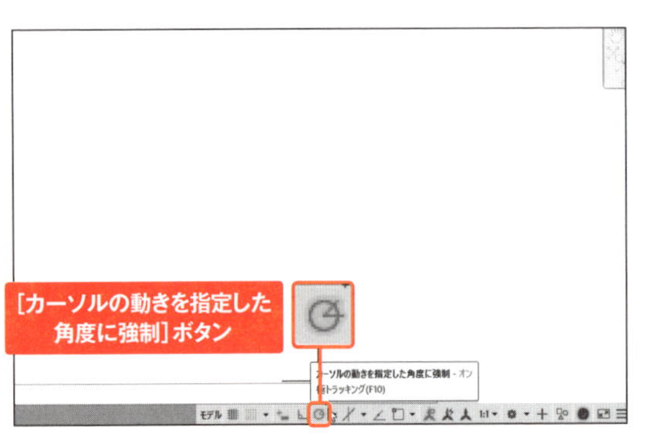

1 ステータスバーの[カーソルの動きを指定した角度に強制]ボタンをクリックすると、極トラッキングが有効(無効)になる。F10キーを押すことでも、極トラッキングを有効(無効)にできる。

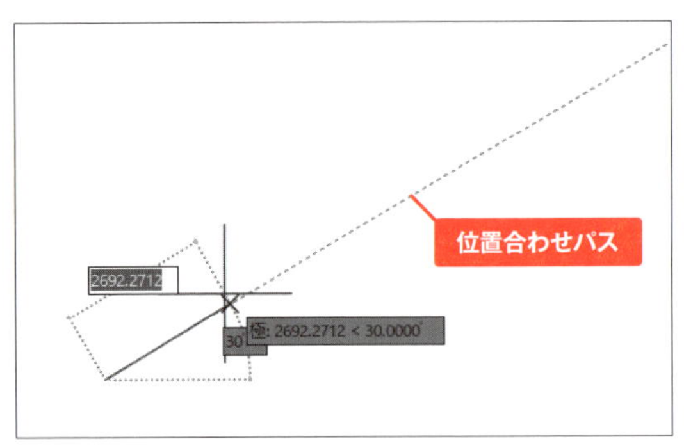

2 極トラッキングがオンになっているとき、設定した角度付近にカーソルが近づくと位置合わせパスが表示され、設定した角度で指示できる。

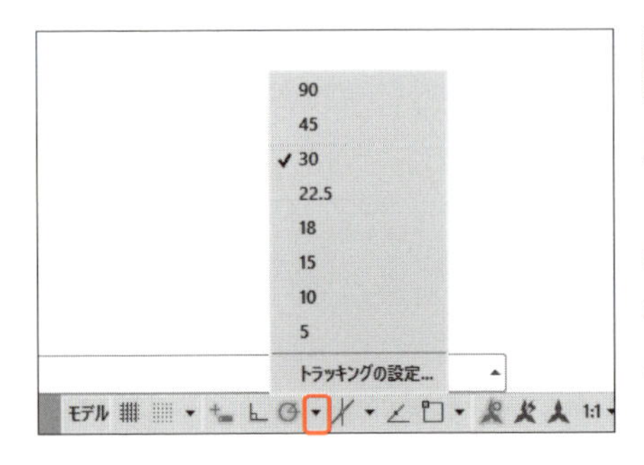

3 角度の設定を行うには、ステータスバーの[カーソルの動きを指定した角度に強制]ボタンの右にある[▼]をクリックし、表示されるメニューから選択する。角度は増分の指定で、例えば[30]を選択すると、0/30/60/90/120…と30°刻みで位置合わせパスが表示される。

絶対座標を使って点を指示する

関連ワード▶▶ カーソル 絶対座標 座標 コマンドライン ダイナミック入力

絶対座標は、X軸とY軸が交差するUCSの原点（0,0）を基準にした場合の点の位置を指す。点の正確なX座標値とY座標値がわかっている場合に使用する。コマンドラインを使って点を指示する場合は、「X座標値,Y座標値」と入力する。ダイナミック入力のときには、頭に「#」を付けて、「#X座標値,Y座標値」と入力する。

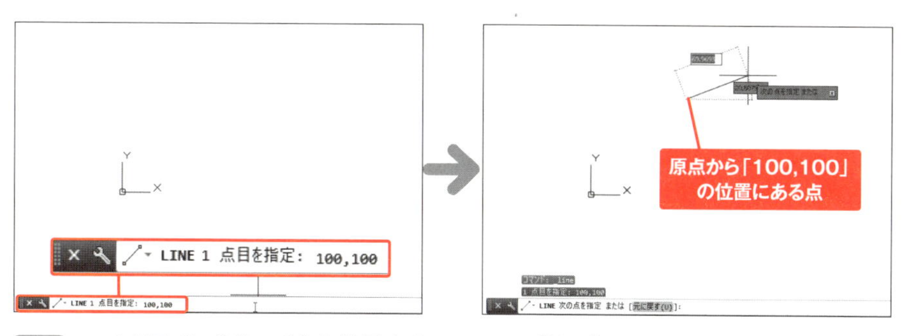

1 コマンドラインを使って点を指示する。ここでは、［線分］コマンドを実行し、1点目の位置としてキーボードから「**100,100**」と入力すると、コマンドラインに表示されるので Enter キーを押す。線分の始点（1点目）が「100,100」の位置に指定される。

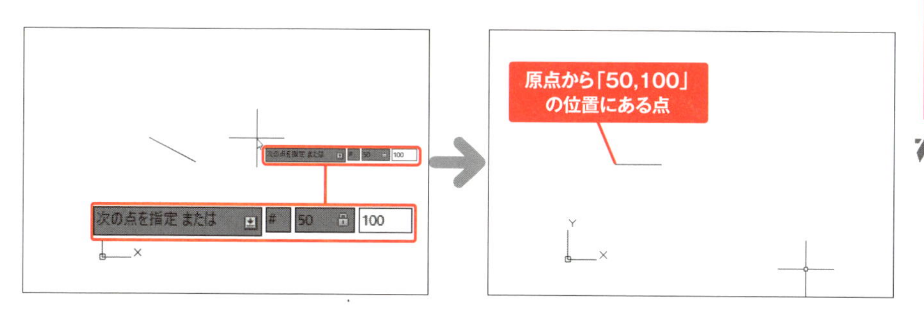

2 2点目はダイナミック入力を使って点を指示する。キーボードから「**#50,100**」と入力し Enter キーを押す。線分の終点（2点目）が「50,100」の位置に指定され、線分が作図される。

No.066 相対座標を使って点を指示する

関連ワード▶▶ カーソル　相対座標　座標　コマンドライン　ダイナミック入力

相対座標は、直前に指示した点を原点としたときの位置を指す。線分などの2点目や次の点を指示するときに使う。コマンドラインとダイナミック入力のどちらを使う場合も、頭に「@」を付けて、「@X座標値,Y座標値」と入力する。

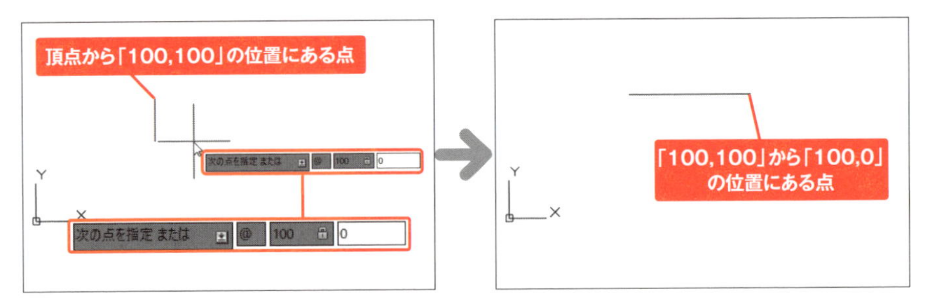

まず[線分]コマンドを実行し、始点として「100,100」を指定する。左図のように2点目にダイナミック入力で相対座標の「@100,0」を入力して Enter キーを押す。線分の終点(2点目)が始点から「100,0」の位置に指定され、線分が作図される。

HINT

ダイナミック入力での座標の入力は、システム変数「DYNPICOORDS」で設定されている。「0」のときは相対座標(初期値)、「1」のときは絶対座標となる。

HINT

ダイナミック入力で「#」や「@」を付けずに入力した場合に、絶対座標と相対座標のどちらとして扱うかをあらかじめ設定しておける。
ステータスバーの[ダイナミック入力]ボタンを右クリックし、[ダイナミック入力の設定]を選択する。表示される[作図補助設定]ダイアログの[ダイナミック入力]タブで、[ポインタの入力]の項目の[設定]ボタンをクリックする。表示される[ポインタの入力設定]ダイアログの[形式]項目でチェックが入っている座標になる。

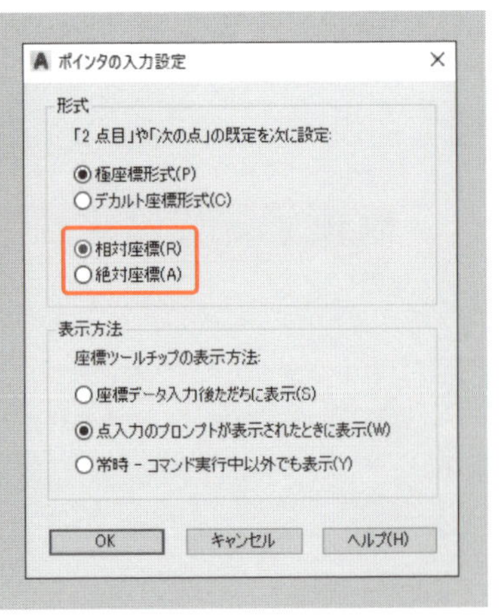

距離と角度を指定して点を指示する

関連ワード▶▶ 距離 角度 コマンドライン ダイナミック入力

線分などの2点目や次の点を指示するとき、直前に指示した点からの距離と角度を指定できる。コマンドラインとダイナミック入力のどちらを使う場合も、「@距離<角度」と入力する。

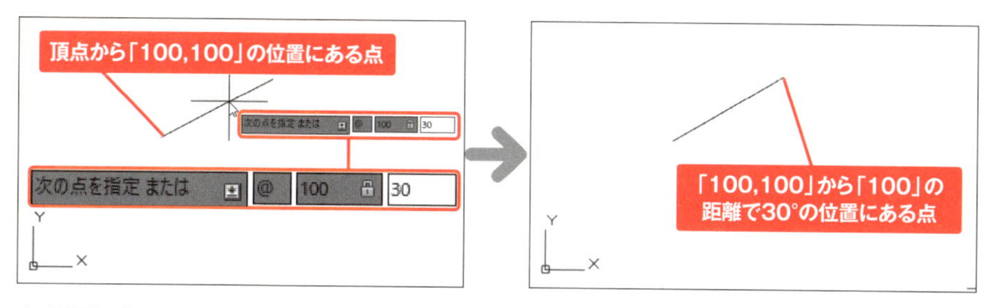

まず[線分]コマンドを実行し、始点として「100,100」を指定する。左図のように2点目にダイナミック入力で「@100<30」を入力して Enter キーを押す。線分の終点(2点目)が始点から「100」の距離で30°傾いた位置に指定され、線分が作図される。

No.068

正確な座標を調べる

関連ワード▶▶ オブジェクトスナップ 位置表示 座標

正確な座標を知りたいときは、[位置表示(ID)]コマンドとオブジェクトスナップを使う。

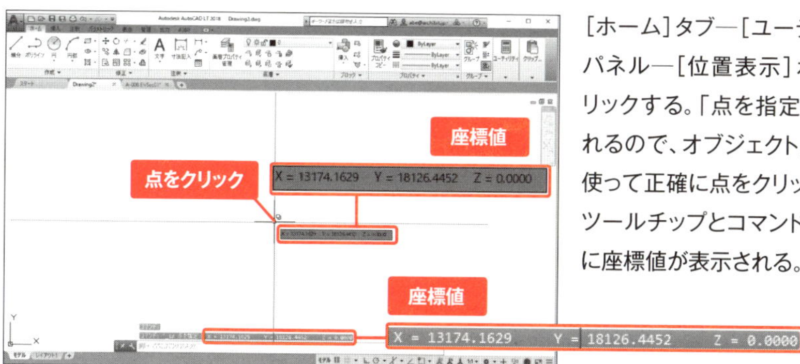

[ホーム]タブ—[ユーティリティ]パネル—[位置表示]ボタンをクリックする。「点を指定」と表示されるので、オブジェクトスナップを使って正確に点をクリックすると、ツールチップとコマンドウィンドウに座標値が表示される。

2点間の距離を測る

関連ワード▶▶ オブジェクトスナップ 距離

2点間の距離を計測するときは、[距離(DIST)]コマンドとオブジェクトスナップを使う。

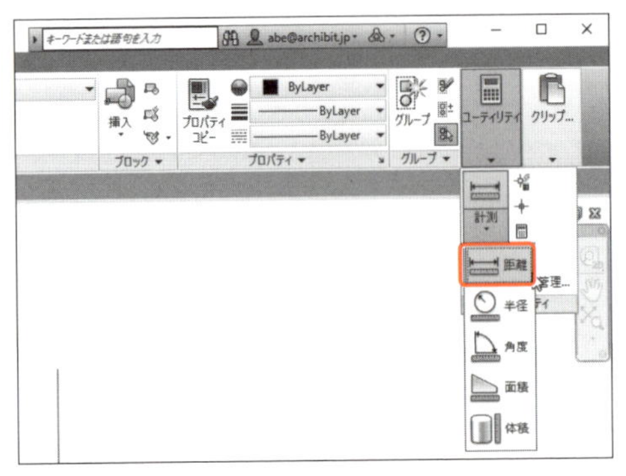

1 [ホーム]タブ―[ユーティリティ]パネル―[計測]―[距離]ボタンをクリックする。

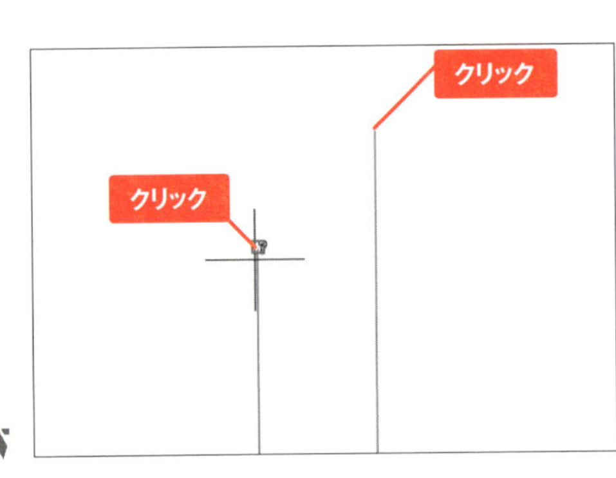

2 オブジェクトスナップを使って正確に2点をクリックする。

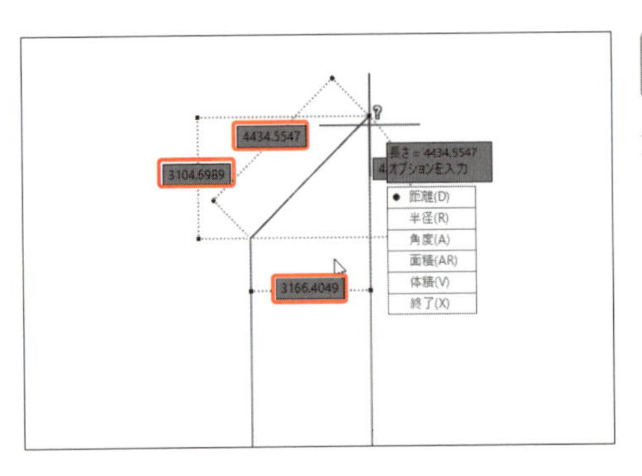

3 ツールチップとコマンドウィンドウに2点間の距離およびX軸方向とY軸方向それぞれの距離が表示される。

作図補助機能

No.070

面積を測る

関連ワード▶▶ オブジェクトスナップ　面積

面積を計測するときは、[面積(AREA)]コマンドとオブジェクトスナップを使う。

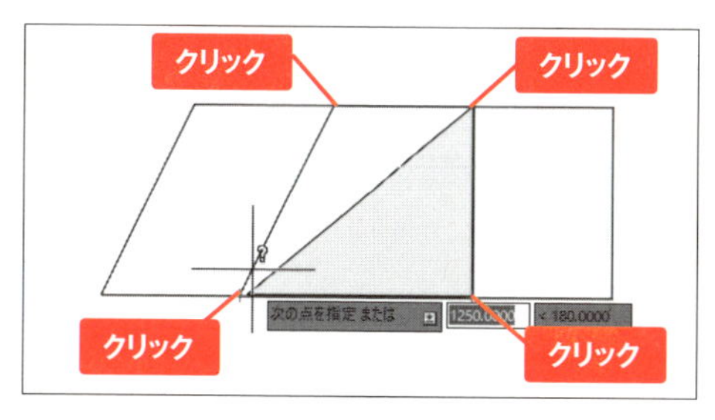

1 [ホーム]タブ—[ユーティリティ]パネル—[計測]—[面積]ボタンをクリックする。オブジェクトスナップを使って正確に面積を計測する範囲の点をクリックする。

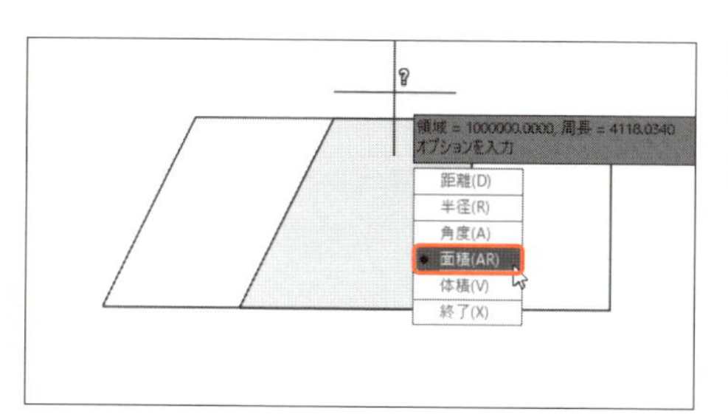

2 点の指示が終わったら Enter キーを押す。ツールチップにオプションが表示されるので、[面積]を選択する。

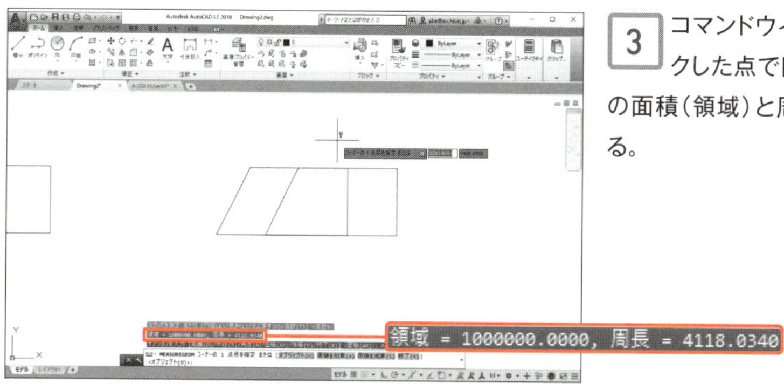

3 コマンドウィンドウにクリックした点で囲まれた範囲のの面積(領域)と周長が表示される。

HINT

ハッチングやポリラインで囲まれた面積を計測するときは、手順 1 で[面積]ボタンをクリックした後に、オプションの[オブジェクト(O)]の「o」を入力して Enter キーを押すと範囲をクリック操作せずに、オブジェクト単位で範囲を指定できる。

No.071 オブジェクトの情報を調べる

関連ワード▶▶ オブジェクト情報　距離　面積　座標

作図された図形の面積や長さ、および図形がどのようなオブジェクトで構成されているかを調べるには、[オブジェクト情報（LIST)] コマンドを使う。

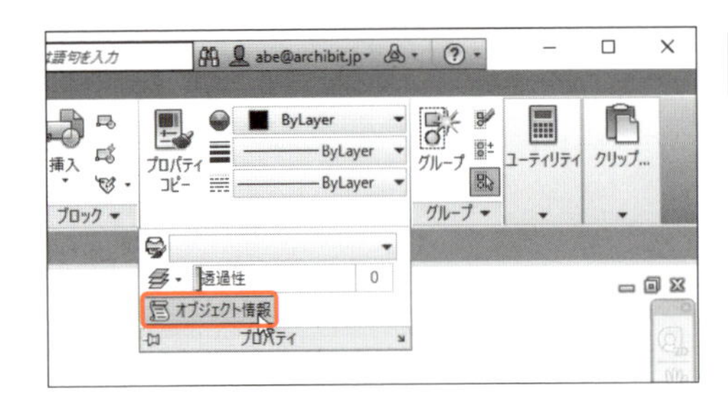

1 [ホーム] タブ—[プロパティ] パネル—[オブジェクト情報] ボタンをクリックする。

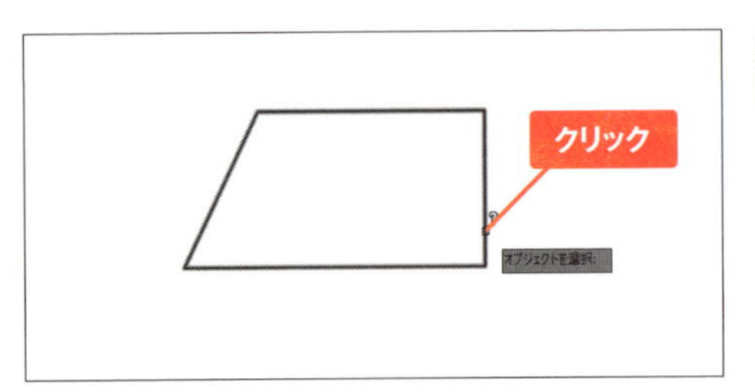

2 情報を調べたい図形をクリックして Enter キーを押す。

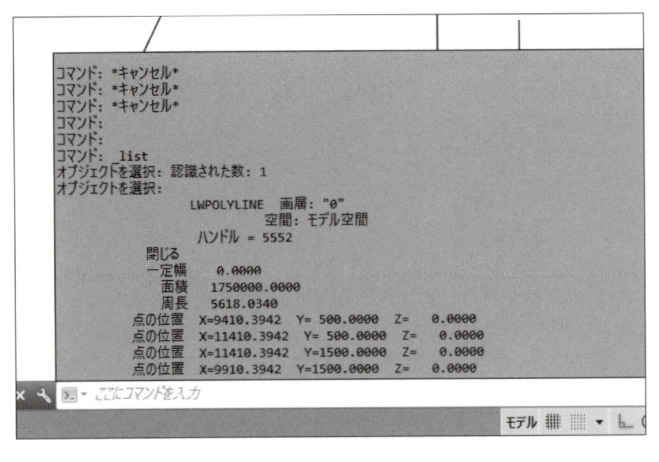

3 選択した図形の情報がコマンドウィンドウに表示される。

計算機能を利用する(クイック計算)

関連ワード▶▶ クイック計算

[クイック計算(QUICKCALC)]コマンドは、基本的な計算のほか、ジオメトリック関数、単位変換などが行え、計算結果を作図に利用できる。

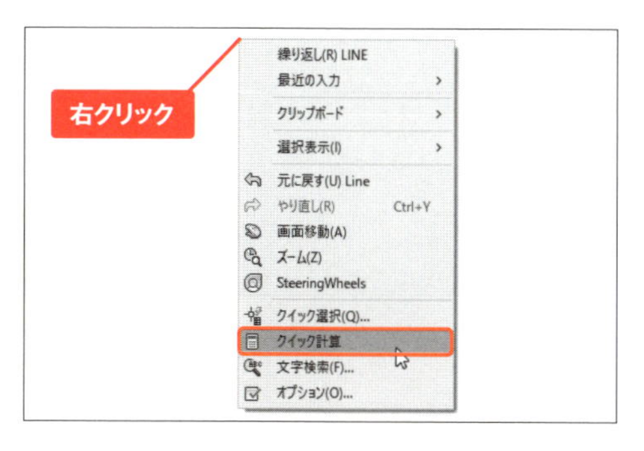

1 作図領域を右クリックし、表示されるコンテキストメニューから[クイック計算]を選択する。

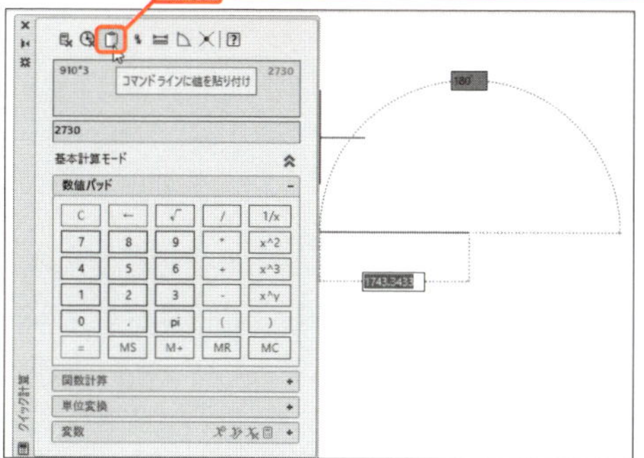

2 [クイック計算]パネルが表示される。計算結果を作図などに利用するときは、[コマンドラインに値を貼り付け]ボタンをクリックする。

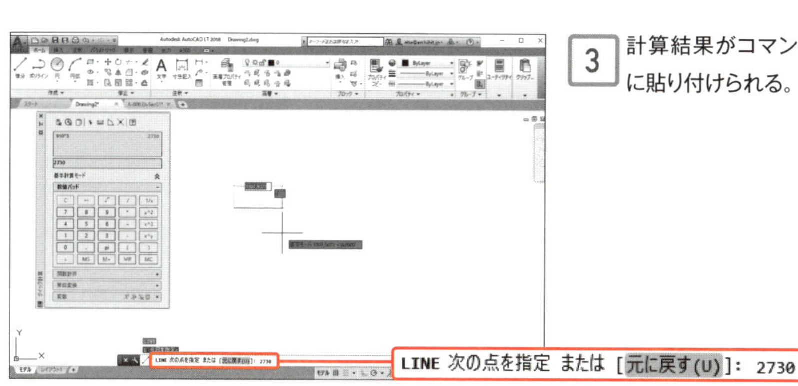

3 計算結果がコマンドラインに貼り付けられる。

単位を変更する

関連ワード▶▶ 単位 mm

ここでは、図面の単位をmm（ミリメートル）に変更する方法を解説する。

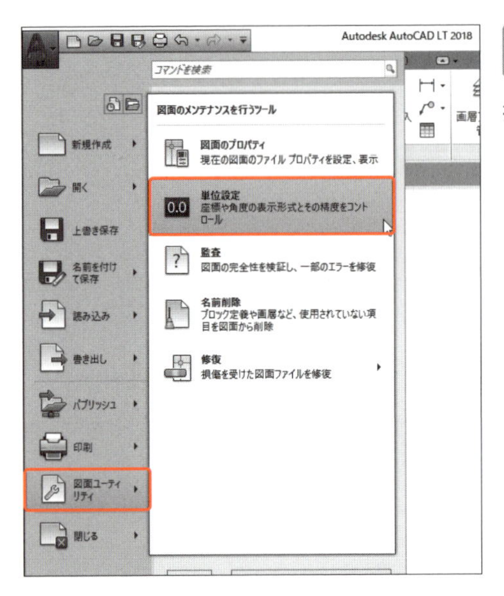

1 アプリケーションメニューの［図面ユーティリティ］—［単位設定］を選択する。

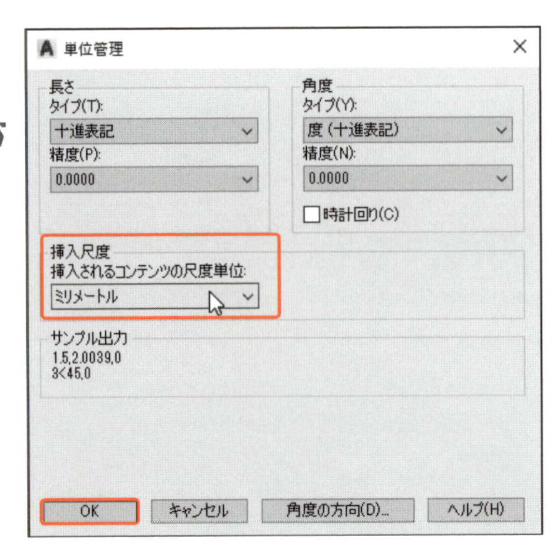

2 表示される［単位管理］ダイアログの［挿入尺度］項目のプルダウンメニューから［ミリメートル］を選択し、［OK］ボタンをクリックする。

作図補助機能

小数点以下の桁数を変更する

関連ワード▶▶ 計測値 座標情報 精度

計測値や座標情報などを表示するときの、小数点以下の桁数を変更する。ただし、寸法値については、No.183「寸法値の小数点以下の桁数を変更する」を参照すること。

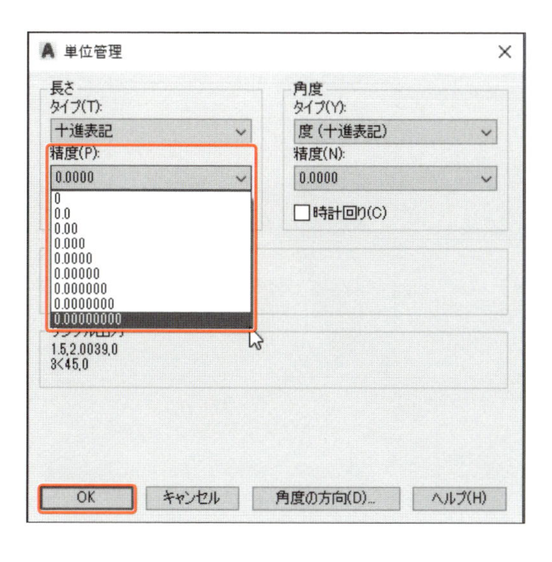

1 アプリケーションメニューの［図面ユーティリティ］—［単位設定］を選択する。表示される［単位管理］ダイアログの［長さ］項目の［精度］プルダウンメニューから変更する桁数を選択して［OK］ボタンをクリックする。

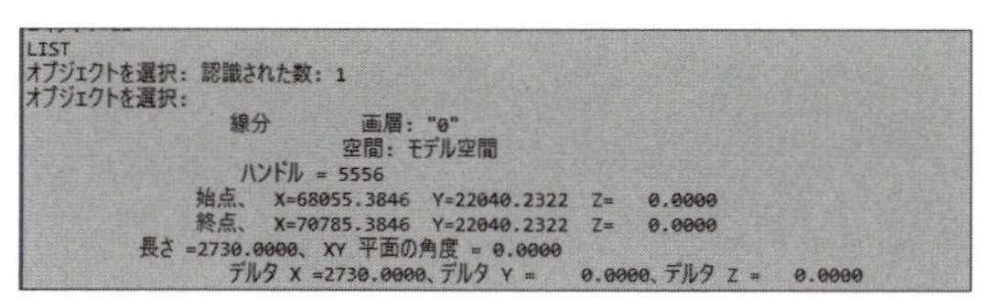

2 オブジェクト情報を調べる（No.071「オブジェクトの情報を調べる」参照）と、値の桁数が設定されたものに変更されていることがわかる。ここでは「0.0000」に設定している。

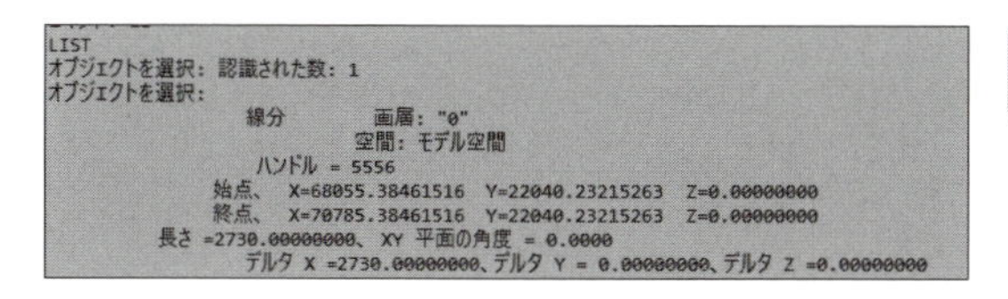

3 「0.00000000」に設定したときの値。

角度の単位を「度／分／秒」で表示する

関連ワード▶▶ 計測値 角度 単位

計測値などを表示したときの角度の表示形式を60進数の「度／分／秒」に変更する。

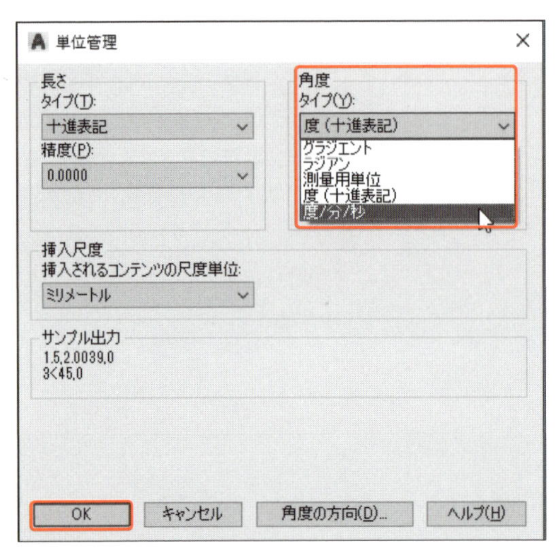

1 アプリケーションメニューの［図面ユーティリティ］－［単位設定］を選択する。表示される［単位管理］ダイアログの［角度］項目の［タイプ］プルダウンメニューから［度/分/秒］を選択して［OK］ボタンをクリックする。

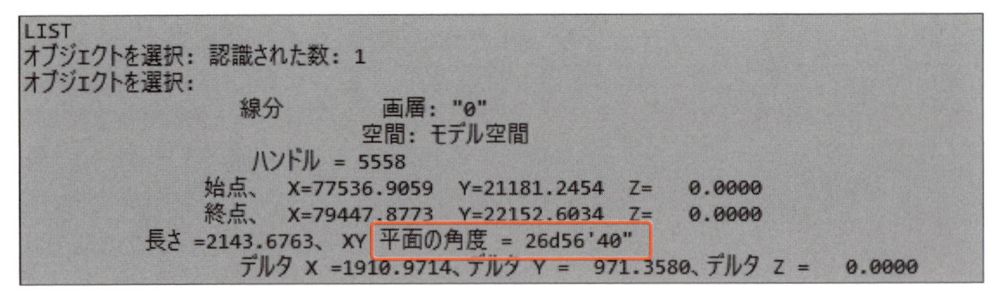

2 オブジェクト情報を調べる（No.071「オブジェクトの情報を調べる」参照）と、角度が「度／分／秒」表示に変更されていることがわかる。

座標系（UCS）を図形に合わせて変更する

関連ワード▶▶ 座標系 UCS

傾いている図形をかくとき、座標系を図形の傾きに合わせて変更すると、寸法などが作図しやすくなる。

1 ［表示］タブを選択し、初期設定では表示されていない［UCS］パネルを表示する（No.023「リボンタブやリボンパネルを表示／非表示にする」参照）。［UCS］ボタンをクリックする。

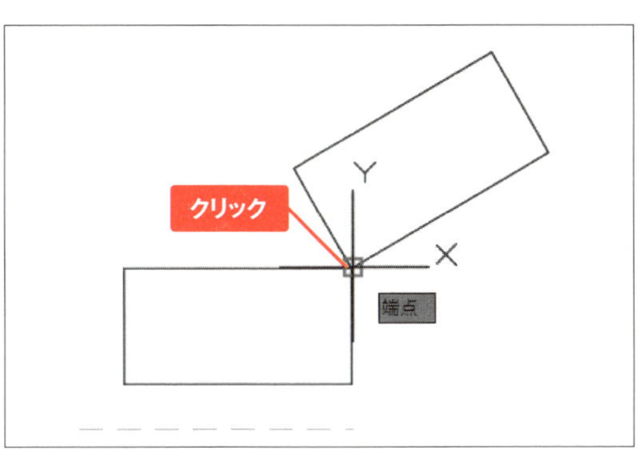

2 ここでは、座標系を上の長方形の傾きに合わせる。コマンドラインに「UCS原点を指定」と表示されるので、新しく原点にする点をクリックする。

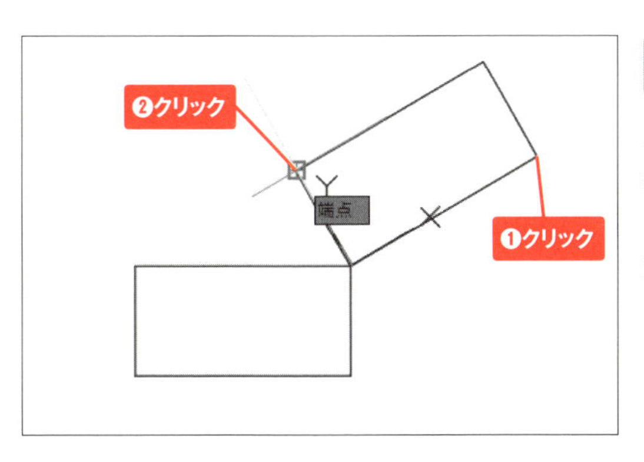

3 コマンドラインに「X軸上の点を指定」と表示されるので、①X軸にする線の端点をクリックする。続けて、コマンドラインに「XY平面上の点を指定」と表示されるので、②Y軸にする線の端点をクリックする。

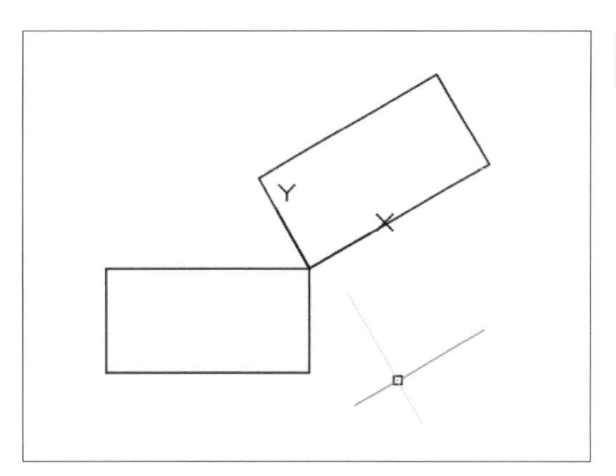

4 座標系の傾きが変更され、カーソルの傾きも変わる。

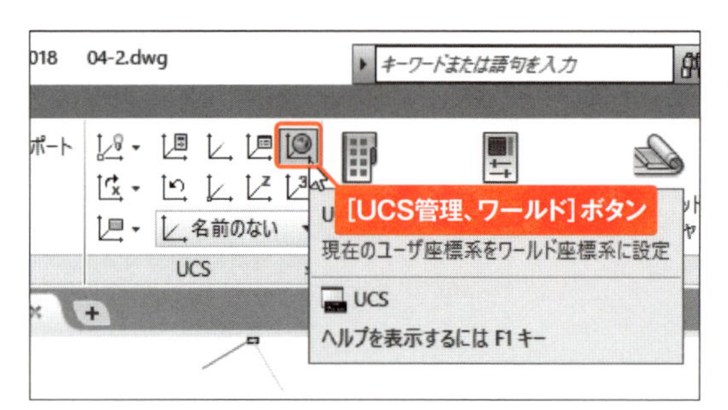

5 座標系の傾きを元に戻すには、[表示] タブ—[UCS] パネル—[UCS管理、ワールド] ボタンをクリックする。

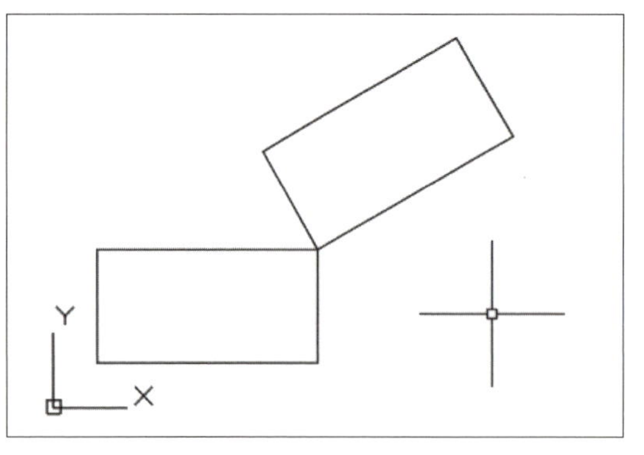

6 座標系の傾きとカーソルの傾きが元の状態に戻る。

No.077

座標系(UCS)に合わせてビューを回転する

関連ワード▶▶ 座標系 UCS ビュー

座標系を変更したとき（No.076「座標系（UCS）を図形に合わせて変更する」参照）は、ビューもその傾きに合わせておくと、窓選択などの作業がしやすくなる。

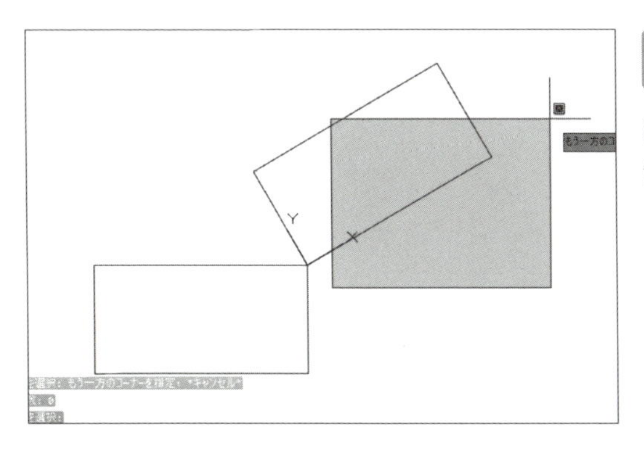

1 座標系（UCS）の傾きを変更しても、ビューがそのままだと、図のようにUCSに垂直／水平なオブジェクトが選択しづらい。

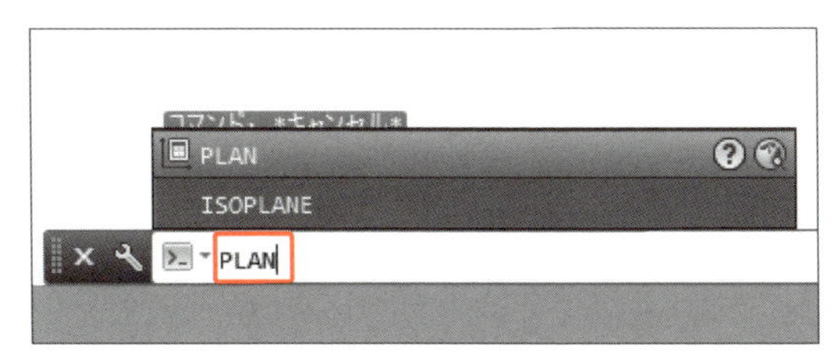

2 ビューを座標系に合わせるには、コマンドラインに「plan」と入力して Enter キーを押す。

3 コマンドラインに「PLANオプションを入力」と表示されるので、［現在のUCS（C）］オプションの「c」を入力して Enter キーを押す。

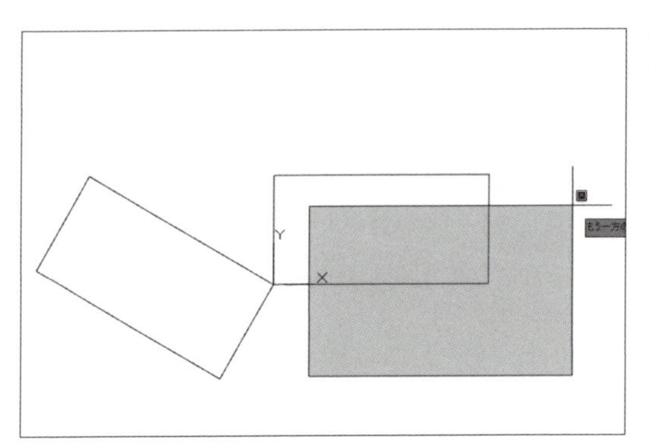

4 ビューの向きが変更され、手順1と比べて窓選択がしやすくなる。

ビューを元の状態に戻すには、再度コマンドラインに「plan」と入力し、［WCS（W）］オプションの「w」を入力して Enter キーを押す。

作図補助機能

図形作図

線分や円、長方形など基本的な図形を

かくための操作について解説する。

直線をかく

関連ワード▶▶ 線分

直線をかくには、[線分(LINE)]コマンドを実行し、始点と終点を指示する。

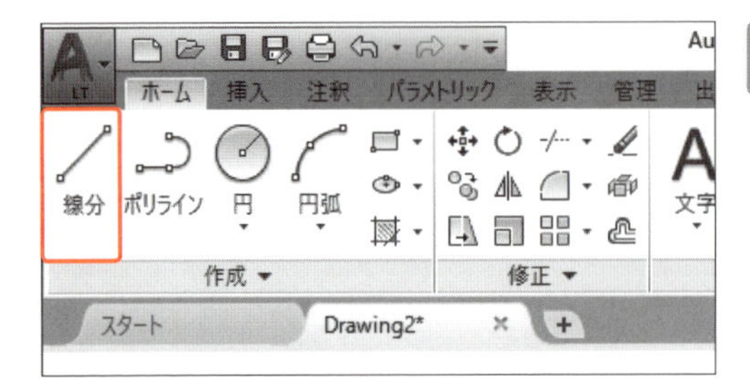

1 [ホーム]タブ―[作成]パネル―[線分]ボタンをクリックする。

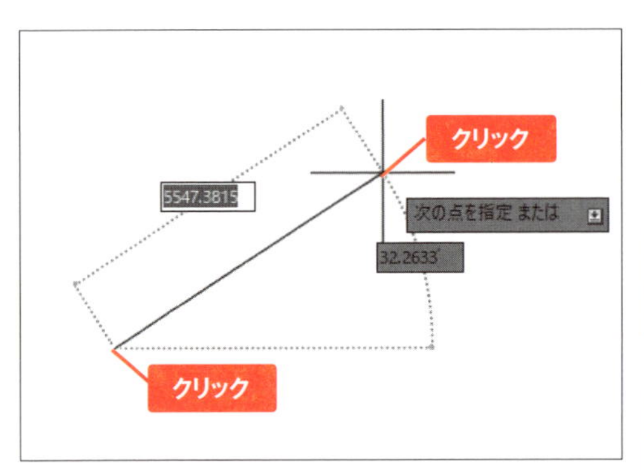

2 「1点目を指定」と表示されるので、任意の始点をクリックする。続けて「次の点を指定」と表示されるので、任意の終点をクリックする。

HINT 始点や終点として、端点や交点を正確に指示する場合は、オブジェクトスナップ(No.058「点を正確に指示する(定常オブジェクトスナップ)」参照)を利用する。

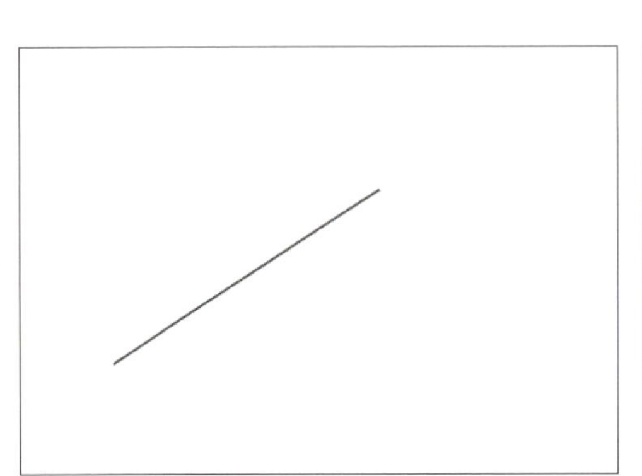

3 Esc キーを押してコマンドを終了すると、直線が作図される。

HINT 新しく作図するオブジェクトは、現在の画層に作図される(No.213「現在の画層を変更する」参照)。

図形作図

No.079

長さと角度を指定して直線をかく

関連ワード▶▶ 線分 長さ 角度 ダイナミック入力

長さと角度を指定して直線をかく場合は、ダイナミック入力を使用する。あらかじめ、ステータスバーの［ダイナミック入力］ボタンが有効になっていることを確認しておくこと。

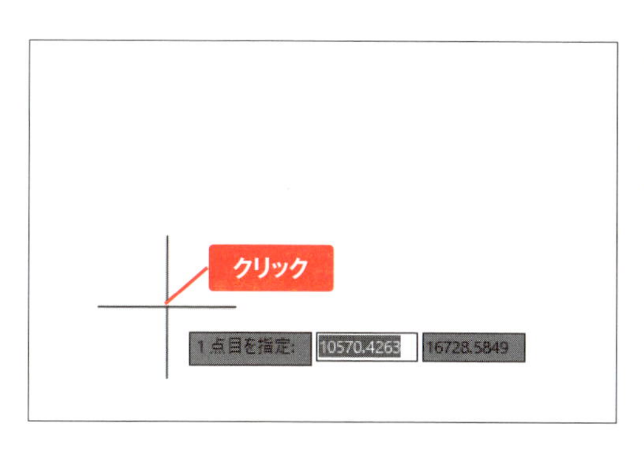

1 ［ホーム］タブ―［作成］パネル―［線分］ボタンをクリックする。「1点目を指定」と表示されるので、任意の始点をクリックする。

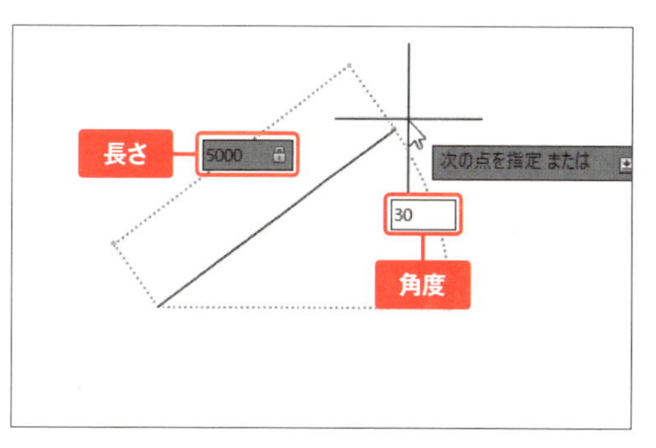

2 「次の点を指定」と表示されるので、カーソルを終点方向に移動させる。始点からカーソルまでの長さが表示されるので、キーボードから長さ（ここでは、「5000」）を入力する。続けて Tab キーを押すと角度が入力できるので、キーボードから角度（ここでは、「30」）を入力して Enter キーを押す。

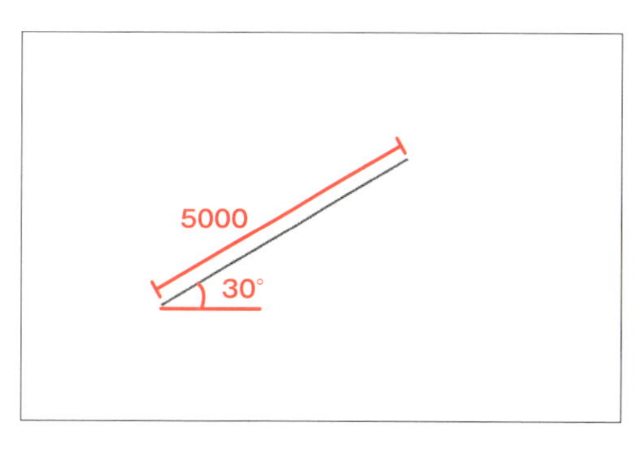

3 Esc キーを押してコマンドを終了すると、指定した長さと角度の直線が作図される。

HINT

座標系を使って始点、終点を指示する方法は、No.065「絶対座標を使って点を指示する」／No.066「相対座標を使って点を指示する」を参照すること。

図形作図

No.080 既存の線に対して垂直な線をかく

関連ワード▶▶ 線分 垂直 一時オブジェクトスナップ

既存の直線に対して垂直な線をかく場合は、一時オブジェクトスナップ(No.060「一回の操作だけオブジェクトスナップを使う(一時オブジェクトスナップ)」参照)を使用する。

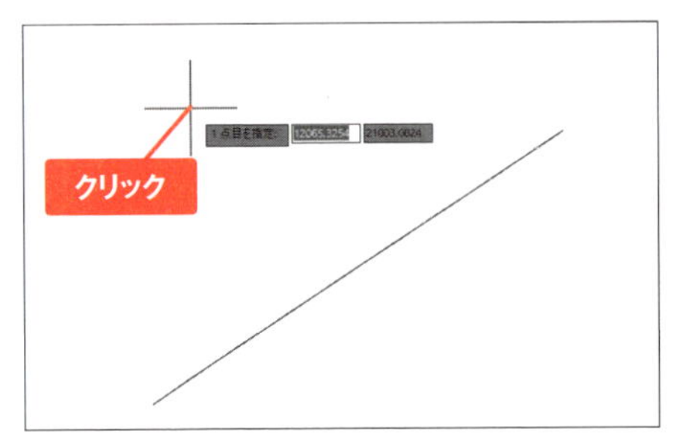

1 [ホーム]タブ—[作成]パネル—[線分]ボタンをクリックする。「1点目を指定」と表示されるので、任意の始点をクリックする。

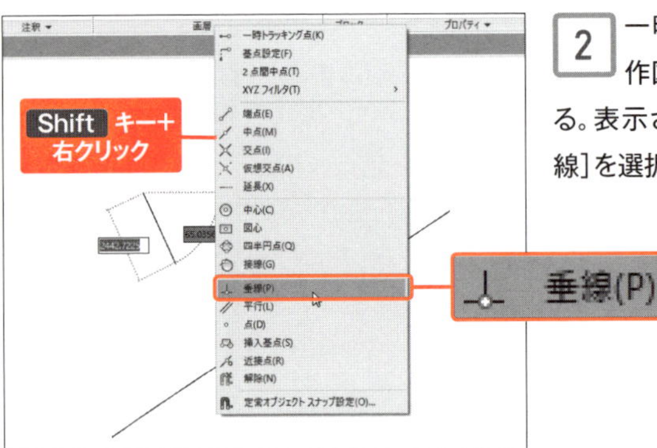

2 一時オブジェクトスナップを使うため、作図領域を Shift キー+右クリックする。表示されるコンテキストメニューから[垂線]を選択する。

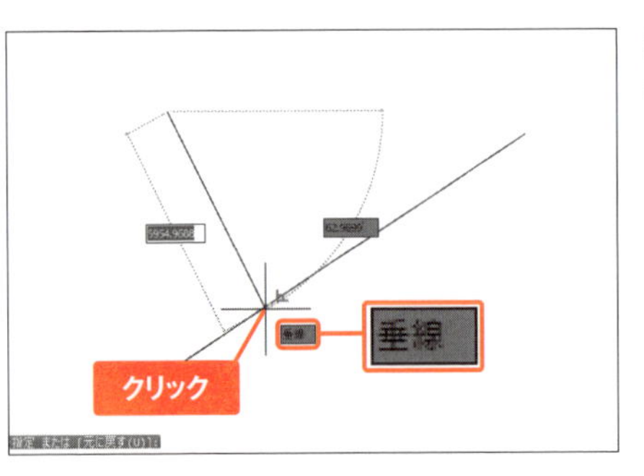

3 既存の線と交差する[垂線]のツールチップが表示される位置でクリックする。Esc キーを押してコマンドを終了すると、既存の線に対して垂直な直線が作図される。

図形作図

No. 081

構築線をかく

関連ワード▶▶ 構築線

[構築線(XLINE)]コマンドで無限の長さの線を作図し補助線として利用できる。構築線を作図するには、通過する2点を指示する。

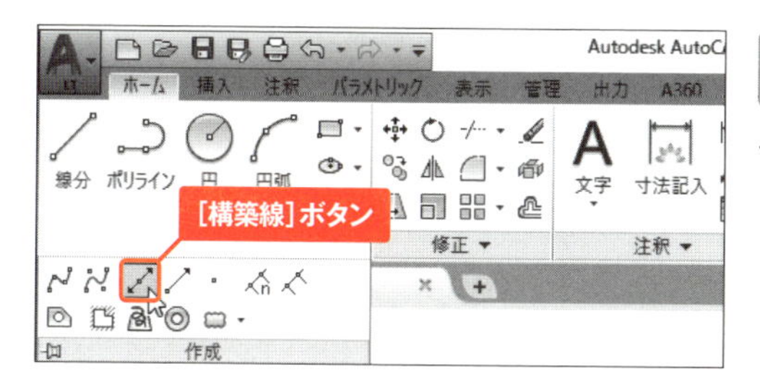

1 [ホーム]タブ―[作成]パネルのパネルタイトルをクリックして展開する。[構築線]ボタンをクリックする。

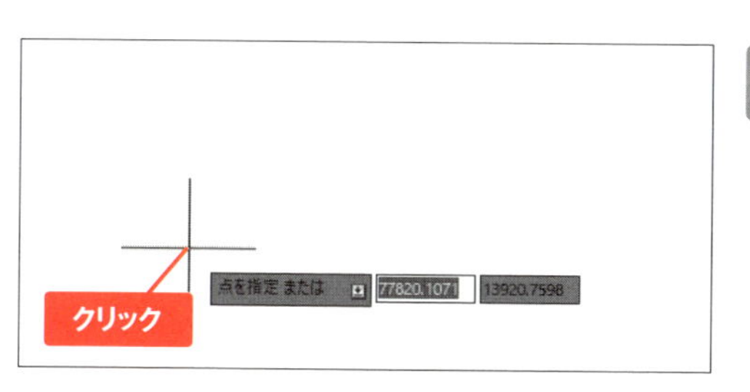

2 「点を指定」と表示されるので、任意の位置をクリックする。

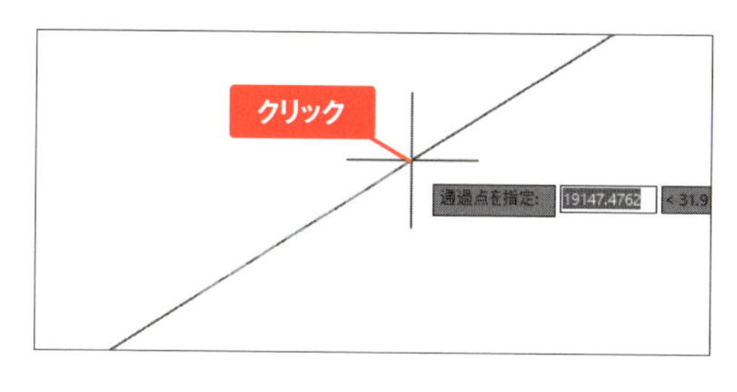

3 「通過点を指定」と表示されるので、任意の位置をクリックする。

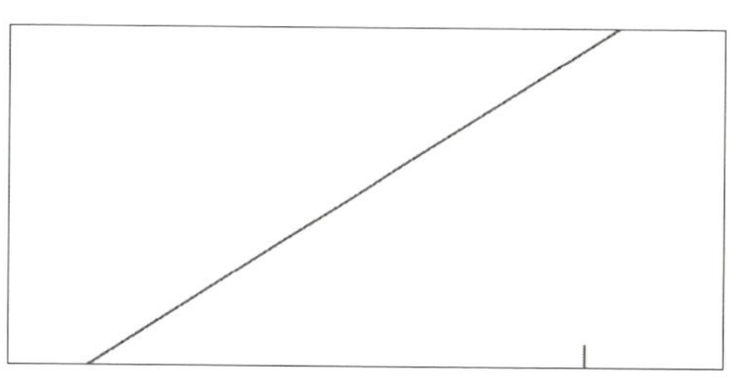

4 Esc キーを押してコマンドを終了すると、2点間を通過する構築線が作図される。

図形作図

No.082

二重線をかく

関連ワード▶▶ 二重線 複線 ダブルライン

二重線を簡単にかくには［二重線（DLINE）］コマンドを利用する。ただし、［二重線（DLINE）］コマンドはAutoCAD LTのみで使用できるコマンドなので、AutoCADで二重線をかくときは、［マルチライン（MLINE）］コマンドを利用する（手順は同じ）。

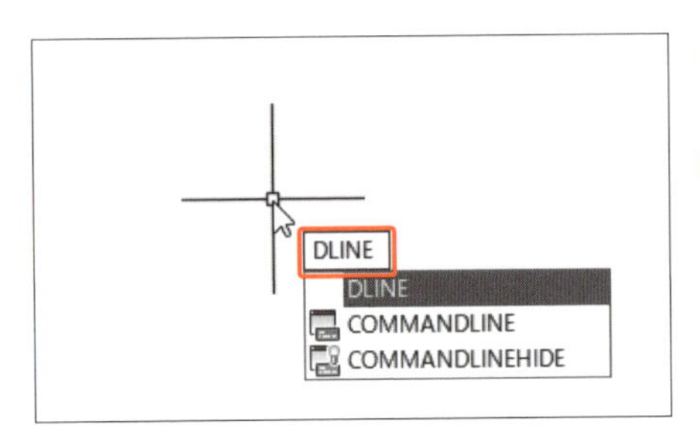

1 AutoCAD LTの場合は、キーボードから「dline」（AutoCADの場合は、「mline」）と入力して Enter キーを押す。

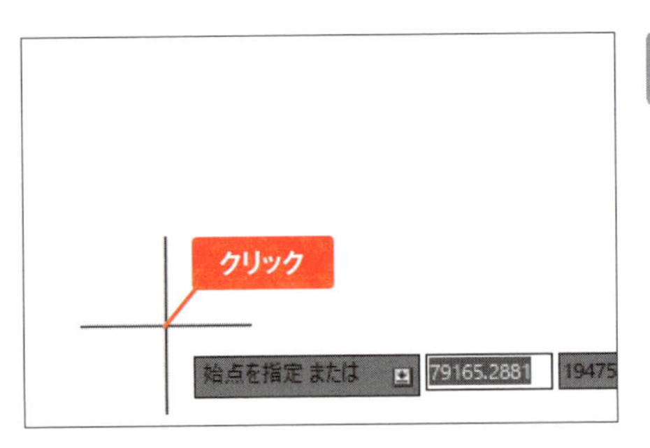

2 「始点を指定」と表示されるので、任意の始点をクリックする。

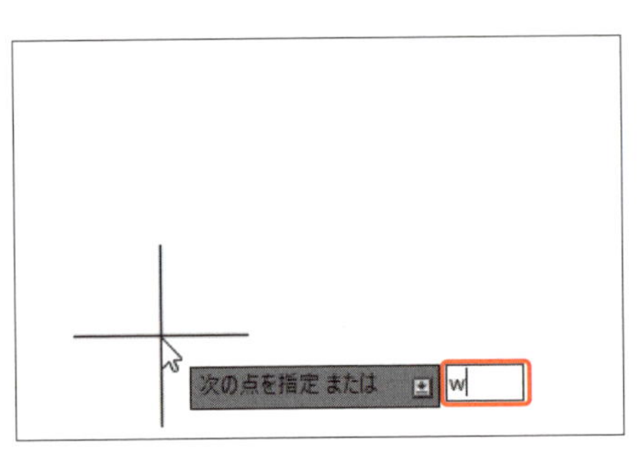

3 「次の点を指定」と表示されるが、線の間隔を指定するオプション［幅（W）］の「w」を入力して Enter キーを押す。

図形作図

4 「2重線の幅を指定」と表示されるので、線の間隔(ここでは、「100」)を入力して Enter キーを押す。

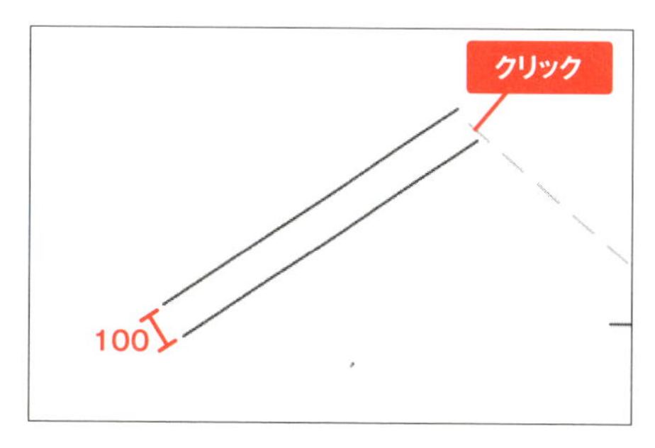

5 「次の点を指定」と表示されるので、任意の終点でクリックする。Esc キーを押してコマンドを終了すると、二重線が作図される。

[二重線]コマンドではオブジェクトスナップが使用できない。一時オブジェクトスナップは利用できるが、その場合は連続して二重線をかくことができなくなる。

中心線をかく

関連ワード▶▶ 中心線

[中心線(CENTERLINE)]コマンドを用いて、2本の線の中心に線をかく。

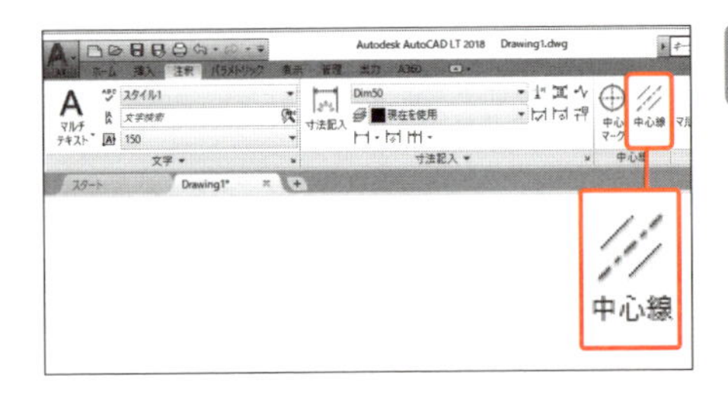

1 [注釈]タブ―[中心線]パネル―[中心線]ボタンをクリックする。

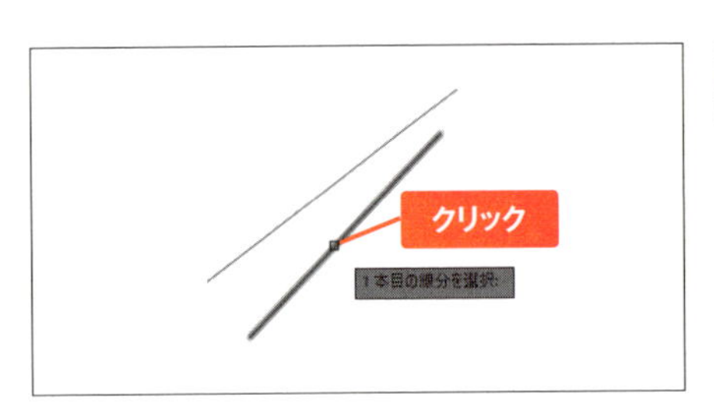

2 「1本目の線分を選択」と表示されるので、1本目の線をクリックする。

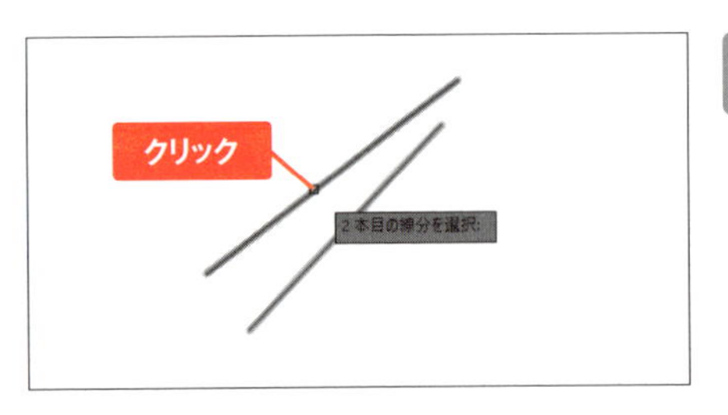

3 「2本目の線分を選択」と表示されるので、2本目の線をクリックする。

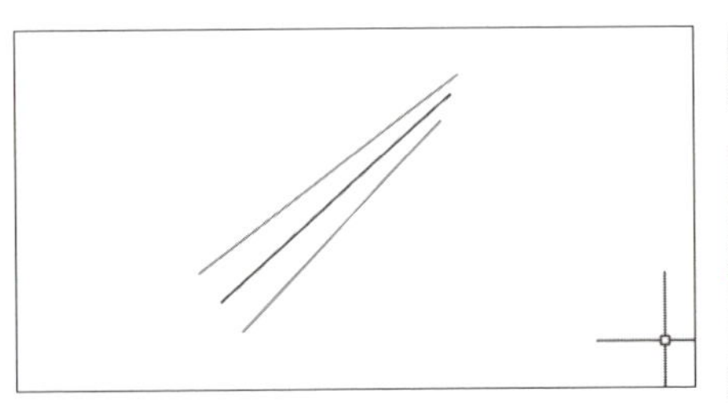

4 中心線が作図される。

[中心線]コマンドで作成したオブジェクトは、「中心線」オブジェクトになる。分解する(No.236「ブロックを分解する」参照)と「線分」オブジェクトになる。

No.084

点をかく

関連ワード▶▶ 点 複数点

[複数点(POINT)]コマンドで点を作図できる。点はオブジェクトスナップで指示できるので、基点などとして活用できる。

1 [ホーム]タブ―[作成]パネルのパネルタイトルをクリックして展開する。[複数点]ボタンをクリックする。

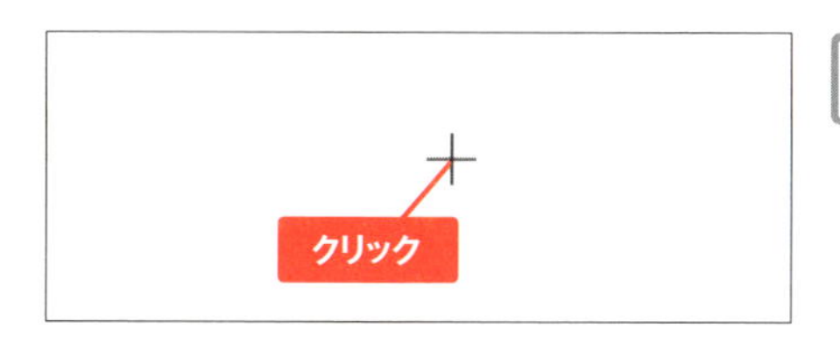

2 「点を指定」と表示されるので、任意の位置をクリックする。

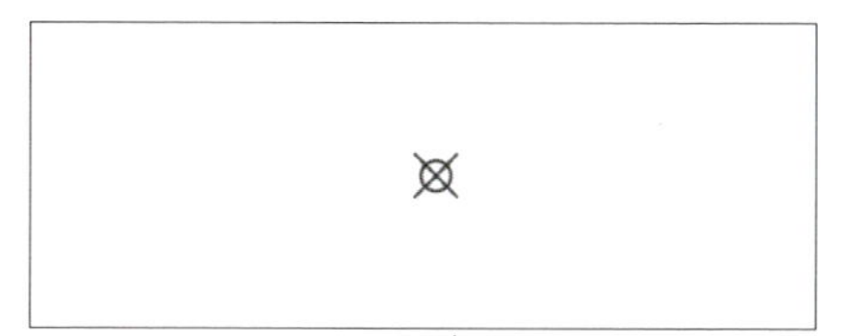

3 Esc キーを押してコマンドを終了すると、点が作図される。ここでは、見やすいように点の形状を変更してある(HINT参照)。

HINT

点の形状は、[ホーム]タブ―[ユーティリティ]パネル―[点スタイル管理]ボタンをクリックして表示される[点スタイル管理]ダイアログで変更できる。

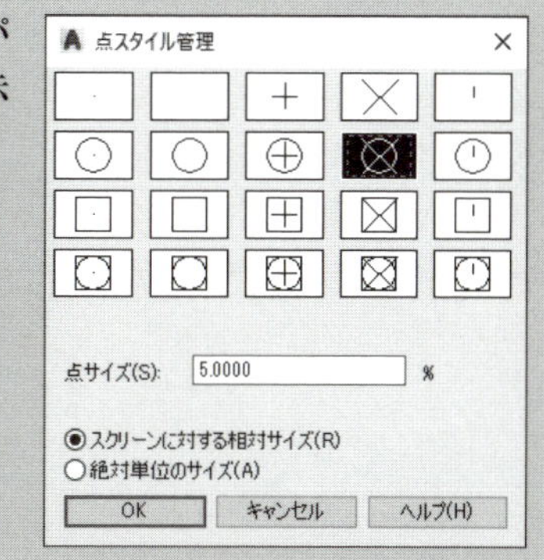

No.085

中心と半径を指定して円をかく

関連ワード▶▶ 円 中心 半径

[中心、半径(CIRCLE)] コマンドを使って中心と半径を指定して円をかく。

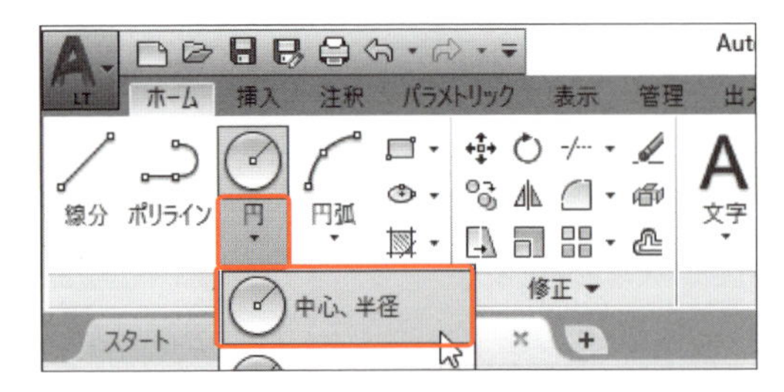

1 [ホーム] タブ—[作成] パネル—[円] ボタンの [▼] をクリックし、メニューから [中心、半径] を選択する。

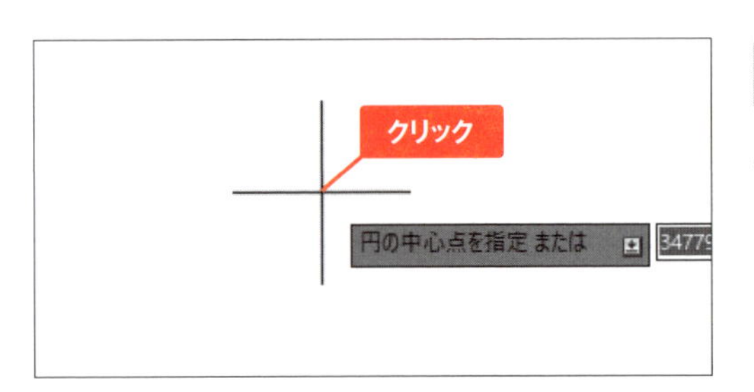

2 「円の中心点を指定」と表示されるので、任意の位置をクリックする。

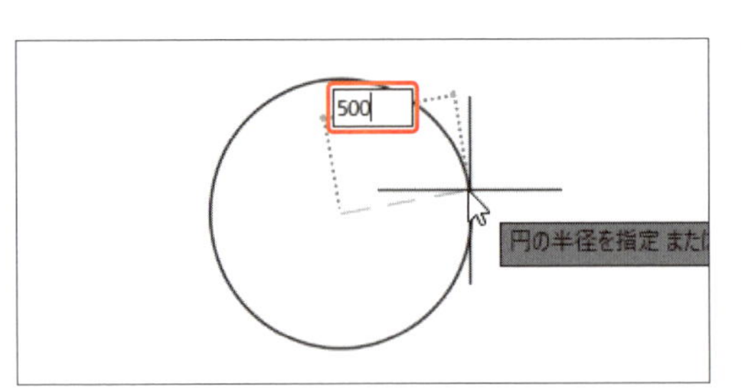

3 「円の半径を指定」と表示されるので、キーボードから半径(ここでは「500」)を入力して Enter キーを押す。

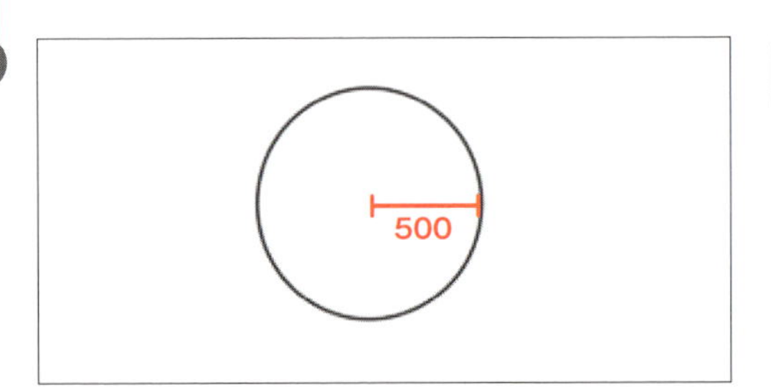

4 円が作図される。

図形作図

3点を指定して円をかく

関連ワード▶▶ 円　3点　内接円

［3点（CIRCLE）］コマンドを使って、3点を指示して円をかく。ここでは、長方形に内接する円をかく。

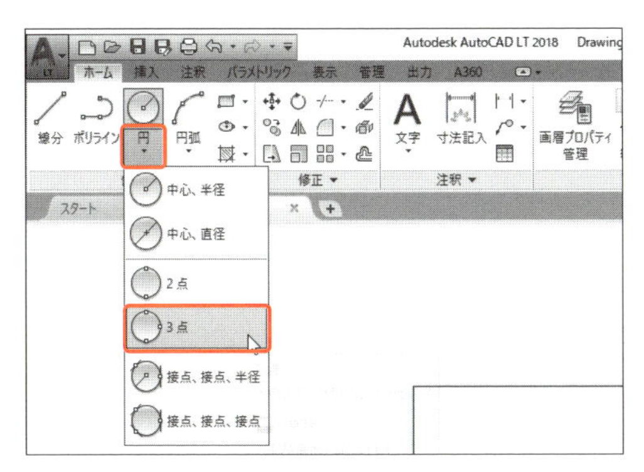

1 ［ホーム］タブ―［作成］パネル―［円］ボタンの［▼］をクリックし、メニューから［3点］を選択する。

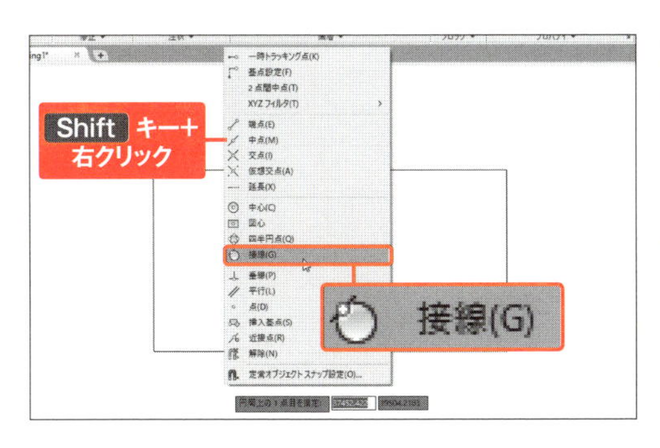

2 「円周上の1点目を指定」と表示されるので、一時オブジェクトスナップを使って1点目を指定する。作図領域を Shift キー+右クリックする。表示されるコンテキストメニューから［接線］を選択する。

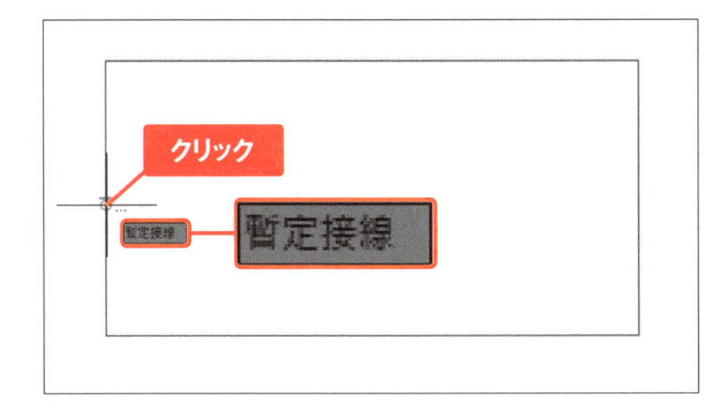

3 長方形の左辺の［暫定接線］と表示される位置でクリックする。

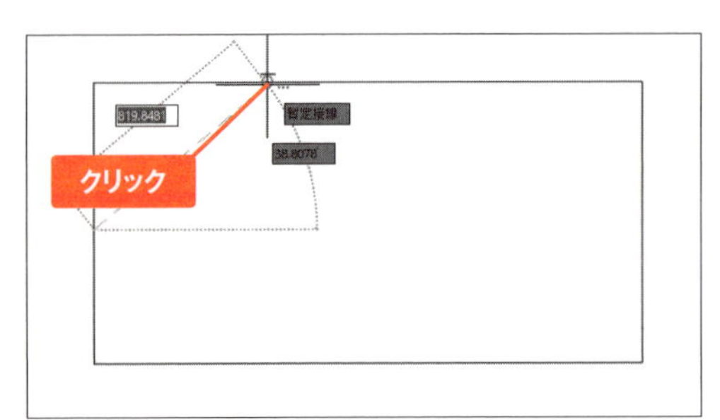

4 「円周上の2点目を指定」と表示されるので、手順2と同様にして[接線]の一時オブジェクトスナップを実行して、長方形の上辺の[暫定接線]と表示される位置でクリックする。

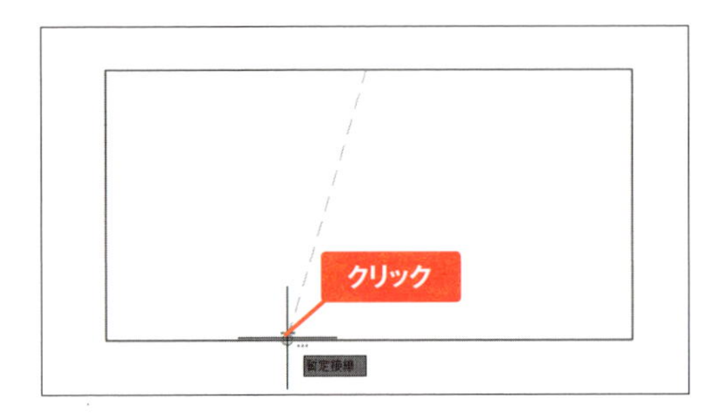

5 「円周上の3点目を指定」と表示されるので、手順4と同様にして、長方形の下辺の[暫定接線]と表示される位置でクリックする。

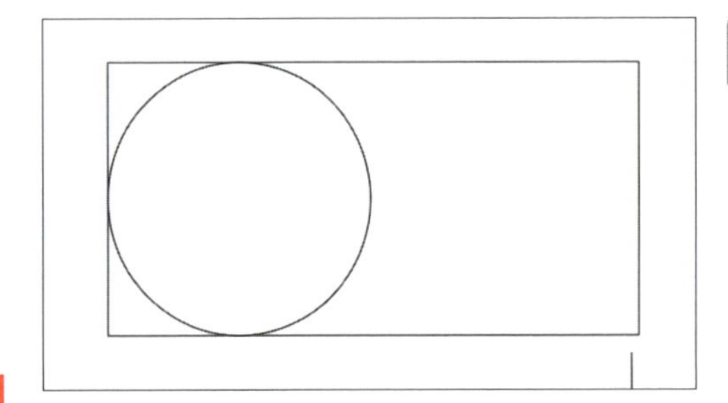

6 長方形に内接する円が作図される。

円弧をかく

関連ワード▶▶ 円弧 3点

[円弧 (ARC)] コマンドを使って、始点、通過点、終点の3点を指示して円弧をかく。

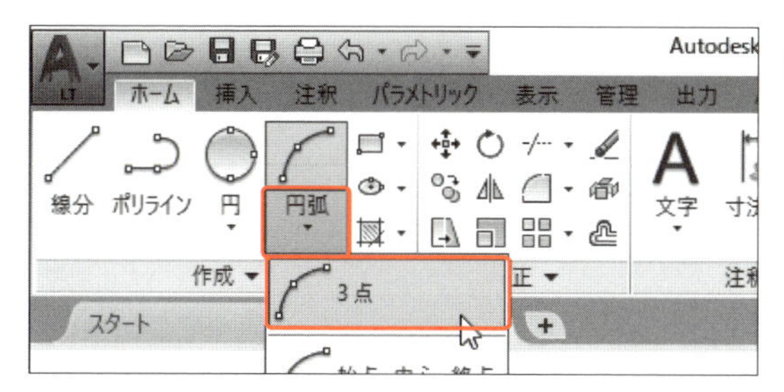

1 [ホーム]タブ―[作成]パネル―[円弧]ボタンの[▼]をクリックし、メニューから[3点]を選択する。

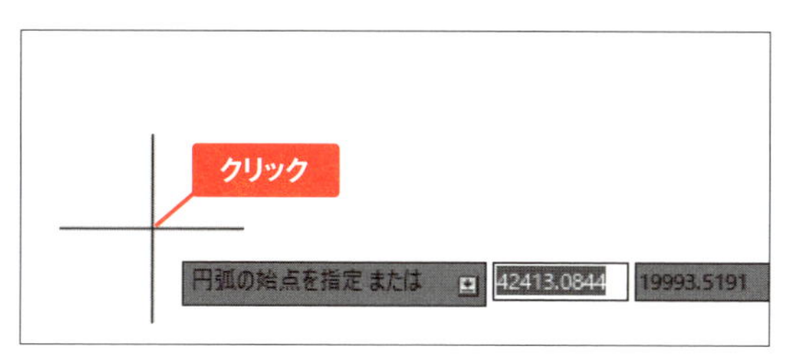

2 「円弧の始点を指定」と表示されるので、任意の位置をクリックする。続けて「円弧の2点目を指定」と表示されるので、任意の位置をクリックする。

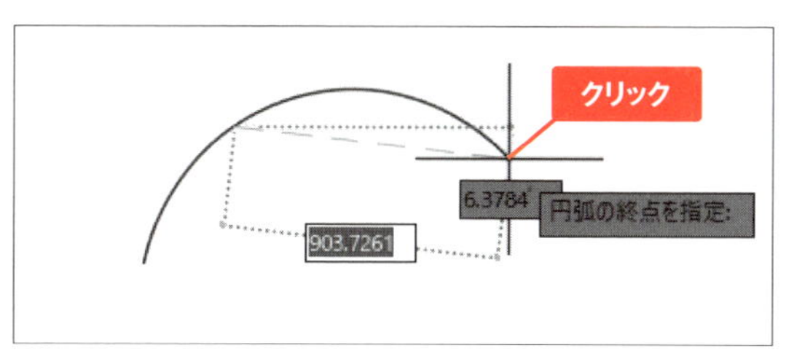

3 「円弧の終点を指定」と表示されるので、任意の位置をクリックする。

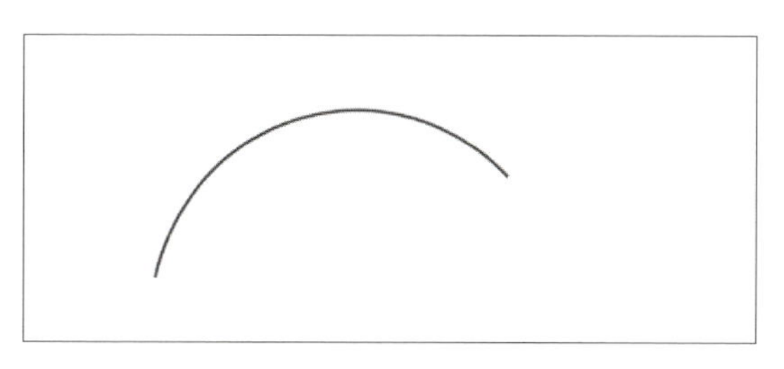

4 円弧が作図される。

図形作図

No.088

円／円弧の中心マークをかく

関連ワード▶▶ 円 円弧 中心マーク

[中心マーク(CENTERMARK)] コマンドを使って、円や円弧の中心マークをかく。

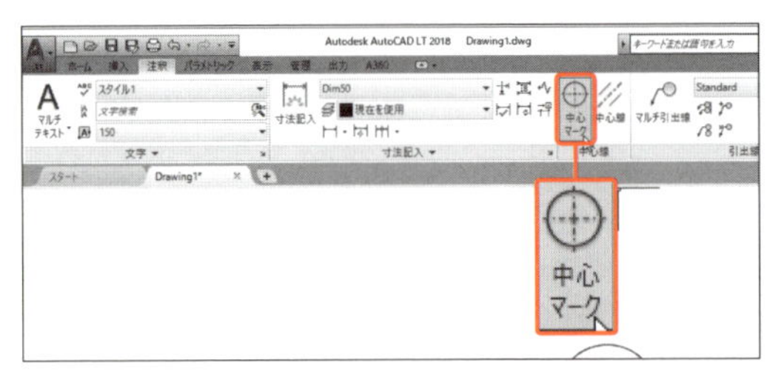

1 [注釈]タブ―[中心線]パネル―[中心マーク]ボタンをクリックする。

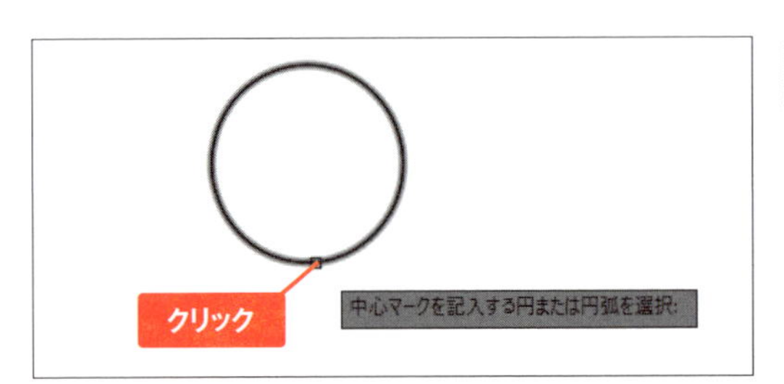

2 「中心マークを記入する円または円弧を選択」と表示されるので、中心マークをかく円をクリックする。

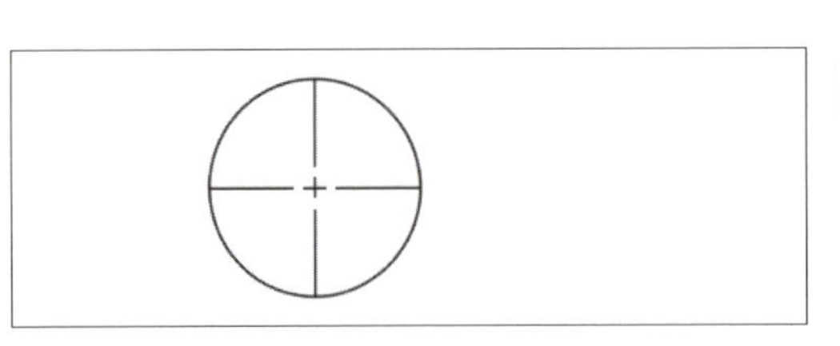

3 中心マークが作図される。

HINT 中央部分のマークのみ作図するときは、中心マークを選択し、[表示]タブ―[パレット]パネル―[オブジェクトプロパティ管理]ボタンをクリックして[プロパティ]パネルを表示する。[ジオメトリ]項目の[寸法補助線を表示]で「いいえ」を選択すると、補助線が非表示になり、マークのみが表示される。

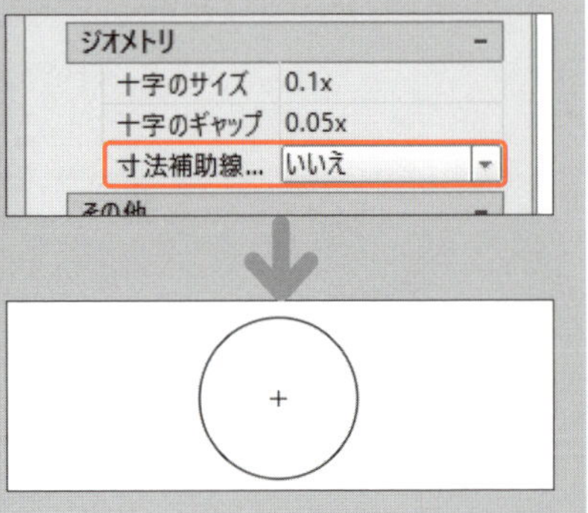

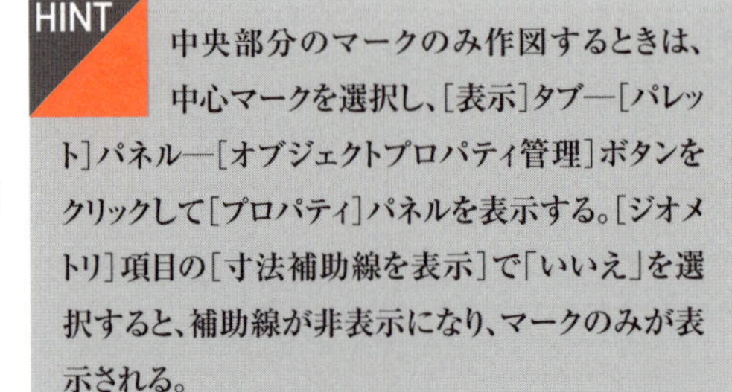

楕円をかく

関連ワード▶▶ 円 楕円 3点

[楕円（ELLIPSE）]コマンドを使って、中心を指定して楕円をかく。

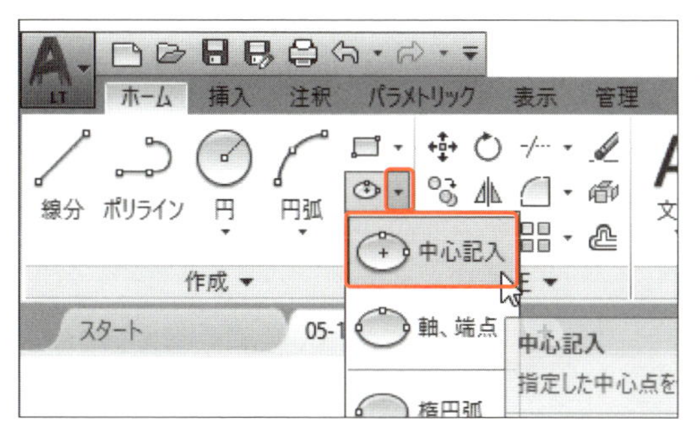

1 [ホーム]タブ—[作成]パネル—[楕円]ボタンの[▼]をクリックし、メニューから[中心記入]を選択する。

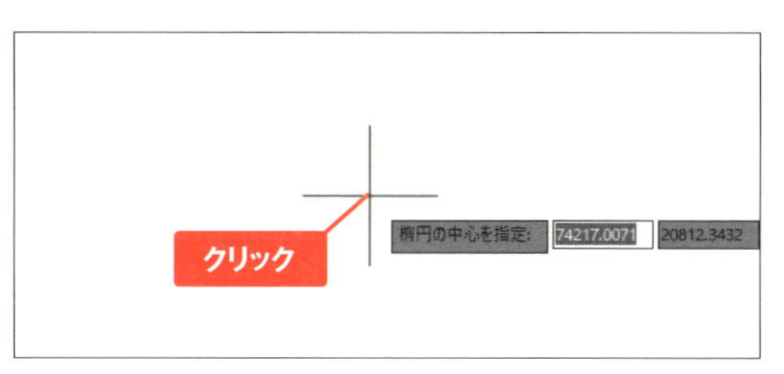

2 「楕円の中心を指定」と表示されるので、任意の位置をクリックする。

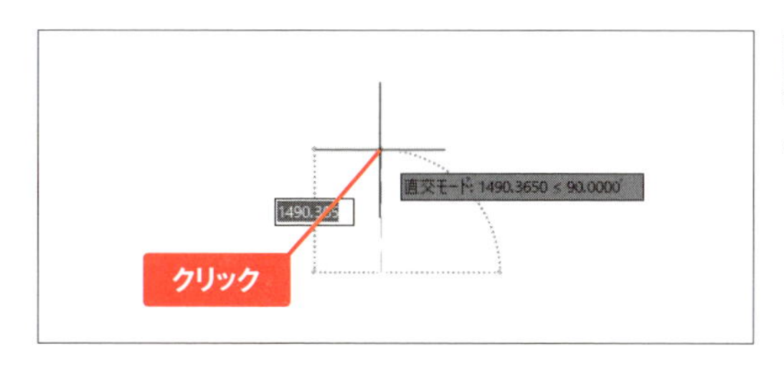

3 「軸の端点を指定」と表示されるので、任意の位置をクリックする。

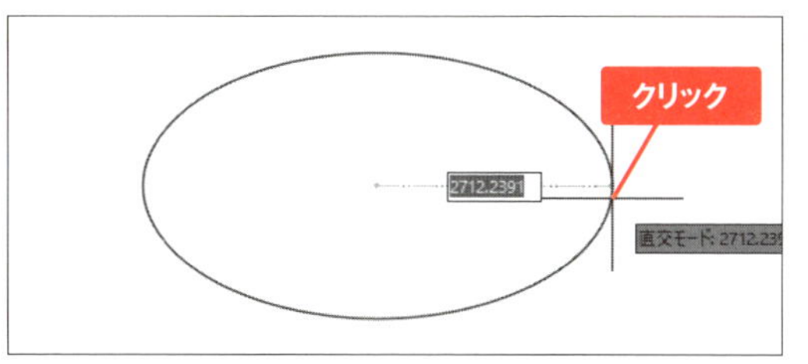

4 「もう一方の軸の距離を指定」と表示されるので、任意の位置をクリックすると、楕円が作図される。

図形作図

No.090

楕円弧をかく

関連ワード▶▶ 円弧 楕円弧

［楕円弧（ELLIPSE）］コマンドを使って、中心を指定して楕円弧を作図する。ここでは、オプションの［中心］を実行して、楕円の中心を指定して楕円弧をかく。

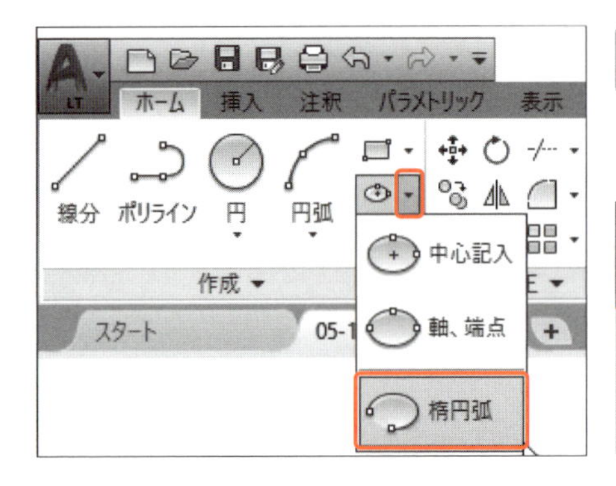

1 ［ホーム］タブ―［作成］パネル―［楕円］ボタンの［▼］をクリックし、メニューから［楕円弧］を選択する。

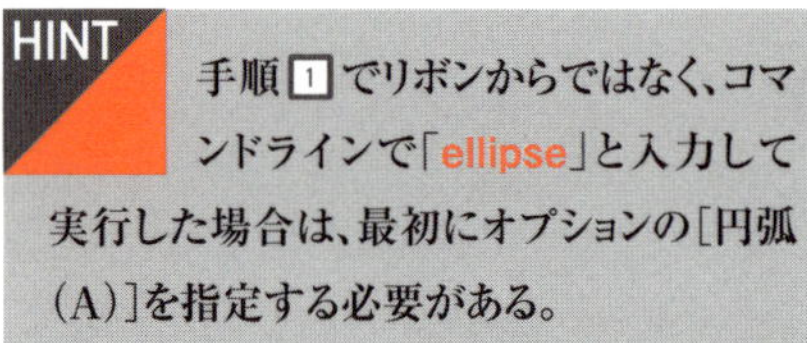
HINT 手順1でリボンからではなく、コマンドラインで「ellipse」と入力して実行した場合は、最初にオプションの［円弧(A)］を指定する必要がある。

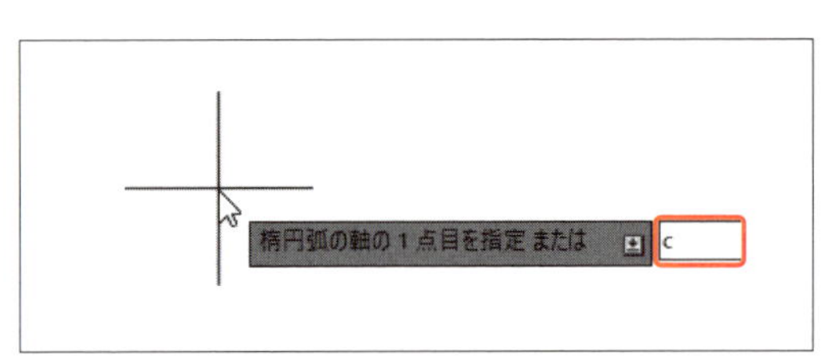

2 「楕円弧の軸の1点目を指定」と表示されるが、楕円弧の中心を指定するオプション［中心(C)］の「c」を入力して Enter キーを押す。

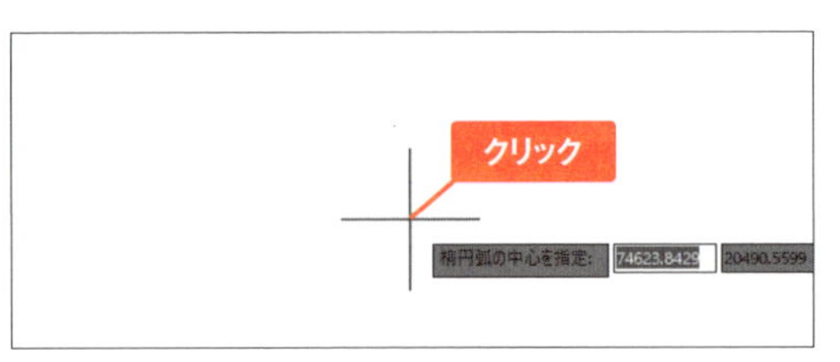

3 「楕円弧の中心を指定」と表示されるので、任意の位置をクリックする。

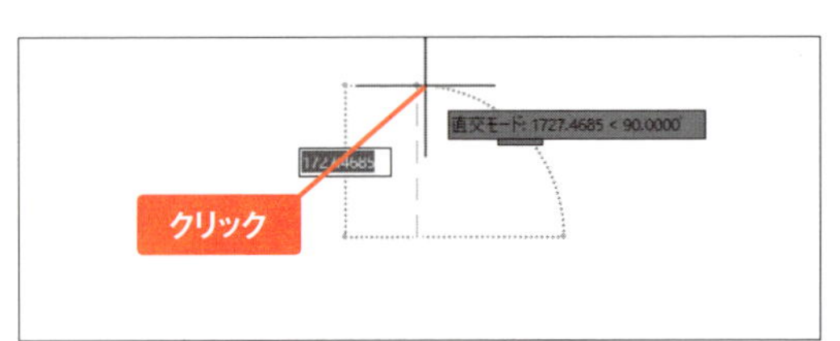

4 「軸の端点を指定」と表示されるので、任意の位置をクリックする。

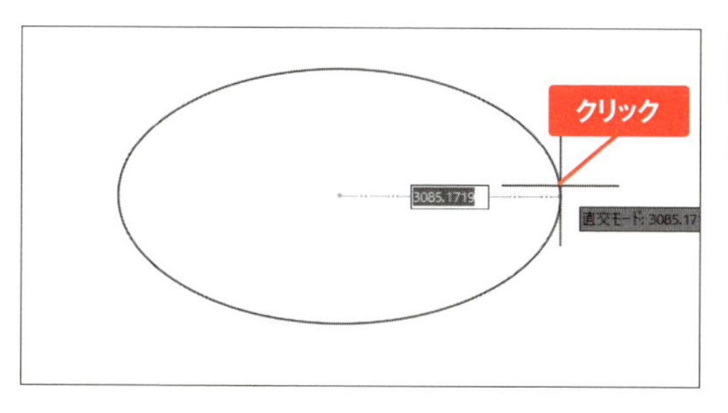

5 「もう一方の軸の距離を指定」と表示されるので、任意の位置をクリックする。

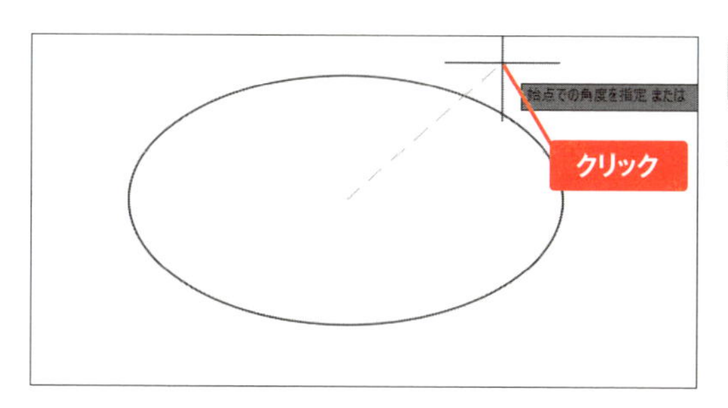

6 「始点での角度を指定」と表示されるので、楕円弧の開始点の角度をクリックする。

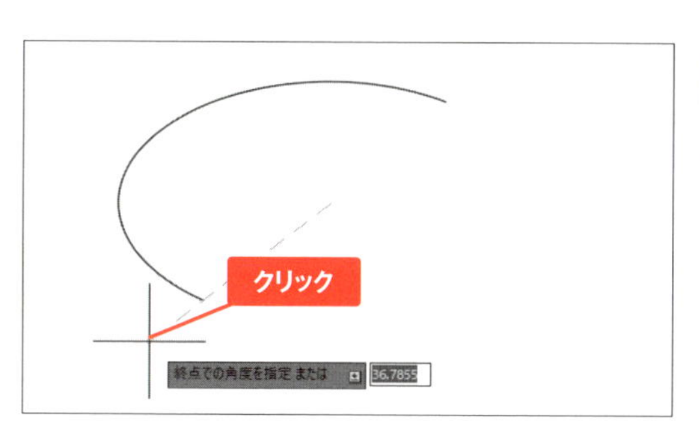

7 「終点での角度を指定」と表示されるので、楕円弧の終点の角度をクリックする。

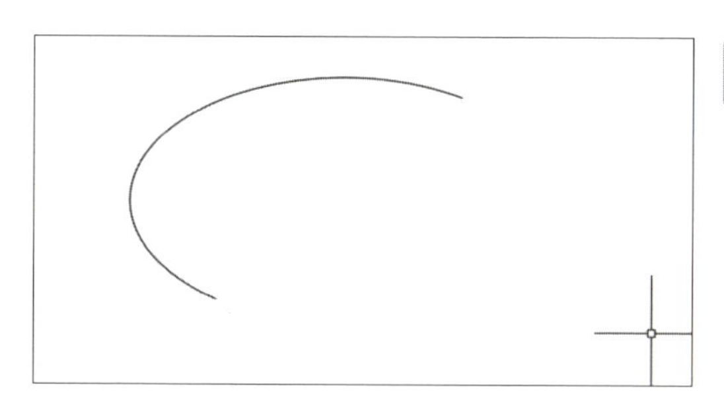

8 楕円弧が作図される。

No.091 ポリライン(連続線)をかく

関連ワード▶▶ ポリライン

連続した線をかくときは、[ポリライン(PLINE)]コマンドを使う。作図したポリラインは1つのオブジェクトとして扱われるが、[分解(EXPLODE)]コマンドで分解すると複数の線や円弧オブジェクトになる。

1 [ホーム]タブ—[作成]パネル—[ポリライン]ボタンをクリックする。「始点を指定」と表示されるので、任意の位置をクリックする。

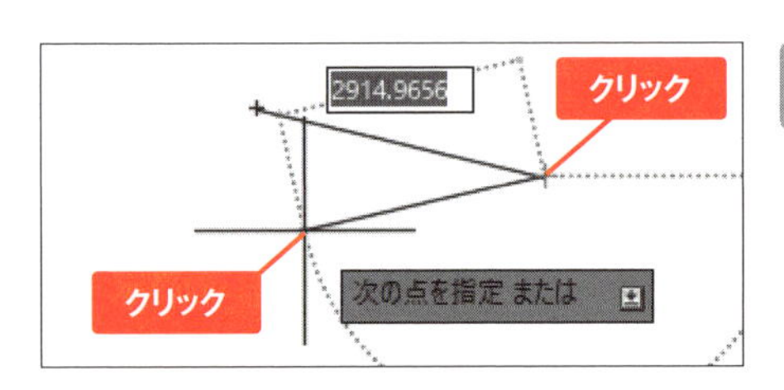

2 「次の点を指定」と表示されるので、頂点となる位置をクリックしていく。

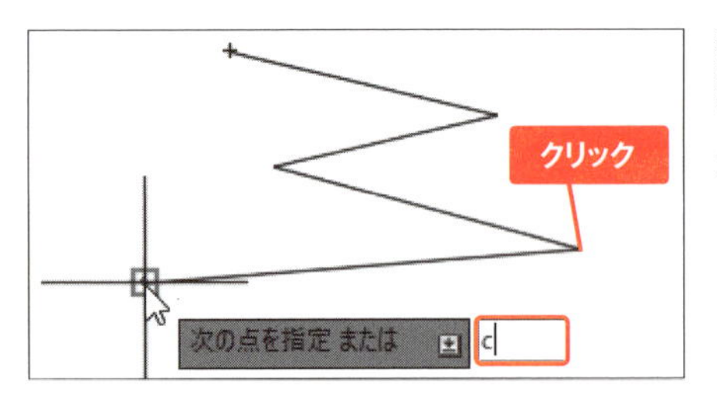

3 最後の頂点をクリックしたら、図形を閉じるオプション[閉じる(C)]の「c」を入力して Enter キーを押す。

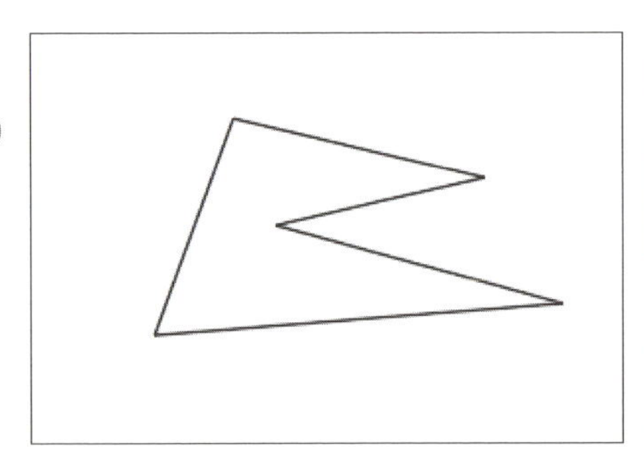

4 閉じたポリラインが作図される。

HINT 閉じたポリラインはハッチングをするときにオブジェクト選択で正確に範囲を指示できる。また、[オブジェクト情報(LIST)]コマンドを使うと面積が表示される。

円弧を含むポリライン(連続線)をかく

関連ワード▶▶ ポリライン 円弧

[ポリライン (PLINE)] コマンドでは、円弧を含む連続線の作図も行える。その場合は、[円弧(A)] オプションを使用する。

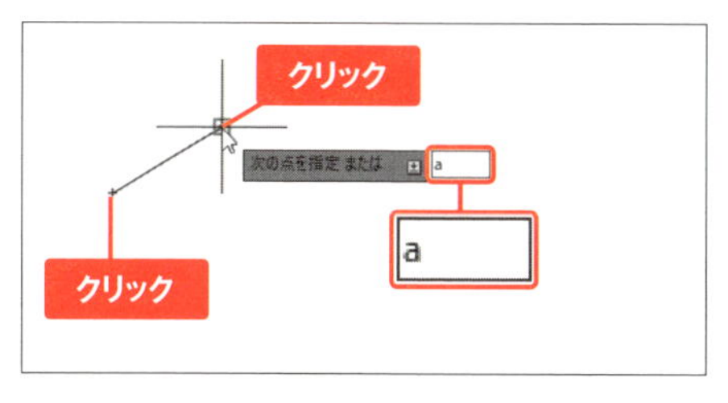

1 [ホーム]タブ―[作成]パネル―[ポリライン]ボタンをクリックする。「始点を指定」と表示されるので、任意の位置をクリックする。続けて次の頂点をクリックする。円弧部分をかくときは、オプション[円弧(A)]の「a」を入力して Enter キーを押す。

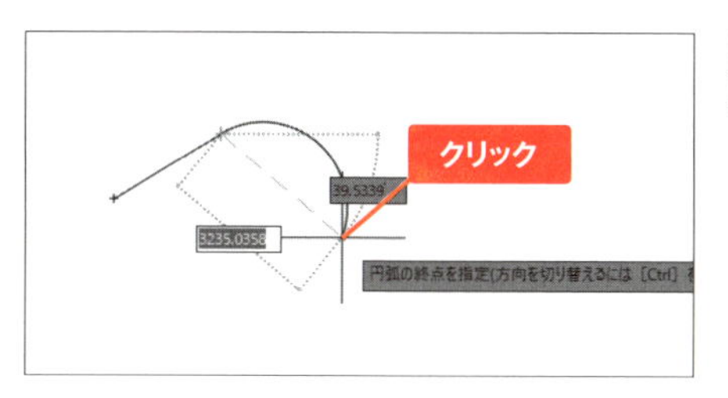

2 「円弧の終点を指定」と表示されるので、終点にする位置をクリックする。

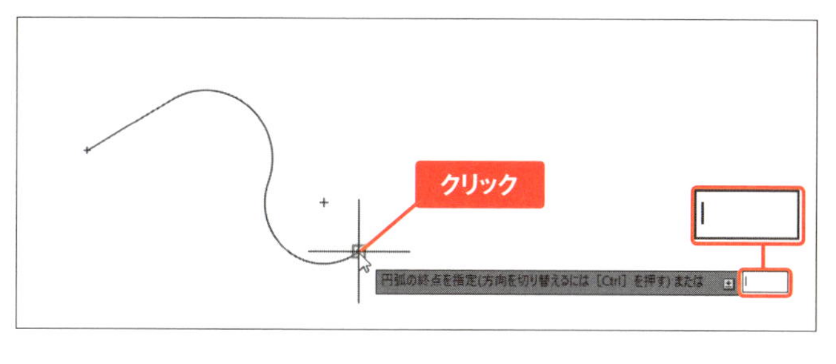

3 続けて図に示したあたりの位置でクリックして円弧をつなげる。直線に戻すときは、オプション[線分(L)]の「l」(小文字のエル)を入力して Enter キーを押す。

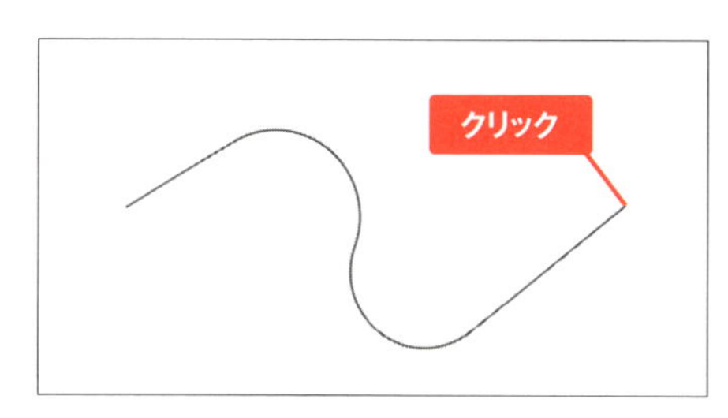

4 「次の点を指定」と表示されるので、直線の終点をクリックする。 Esc キーを押してコマンドを終了すると、線と円弧がつながったポリラインが作図される。

図形作図

太さを指定してポリライン(連続線)をかく

関連ワード▶▶ ポリライン 太さ

プロパティの[線の太さ]に影響されない太い線をかくには、[ポリライン(PLINE)]コマンドを使う。

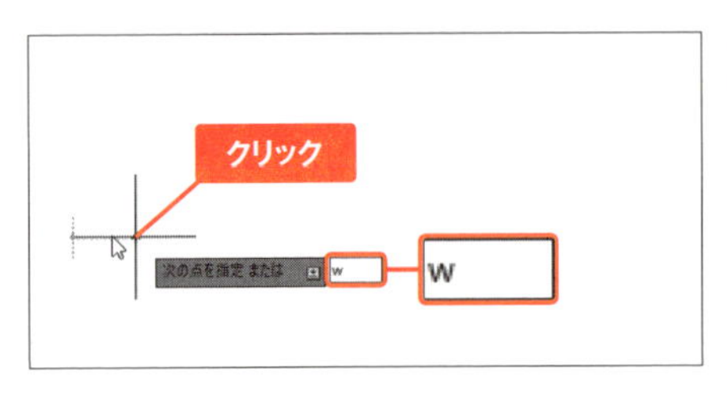

1 [ホーム]タブ―[作成]パネル―[ポリライン]ボタンをクリックする。「始点を指定」と表示されるので、任意の位置をクリックする。「次の点を指定」と表示されるが、オプション[幅(W)]の「w」を入力して Enter キーを押す。

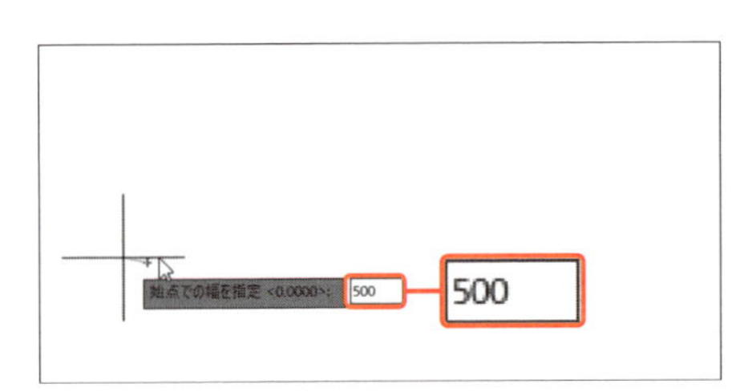

2 「始点での幅を指定」と表示されるので、始点における線の幅(ここでは、「500」)を入力 Enter キーを押す。続けて「終点での幅を指定」と表示されるので、同様に線の幅(ここでは、「500」)を入力して Enter キーを押す。

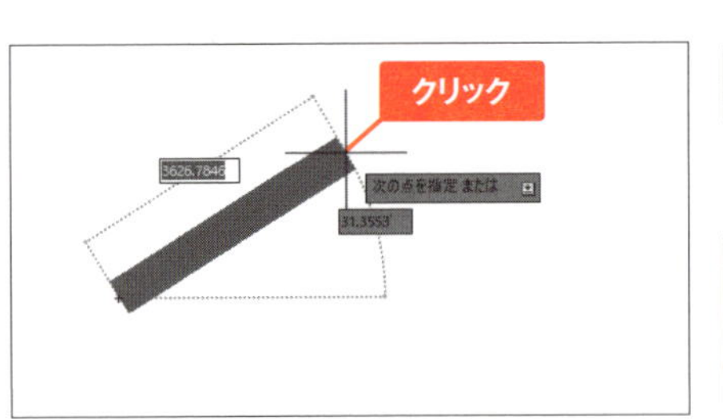

3 「次の点を指定」と表示され、カーソルにしていた幅の線が仮表示される。任意の位置をクリックする。

元の線に戻すときは、[幅(W)]オプションで値に「0」を指定する。

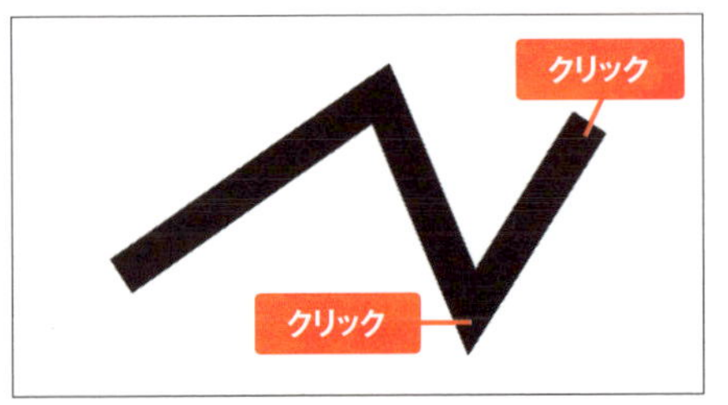

4 頂点をクリックしていき、ポリライン(連続線)をかき終えたら Esc キーを押してコマンドを終了する。

No.094

ポリラインに頂点を追加する

関連ワード▶▶ ポリライン 頂点を追加

作図したポリラインに新しく頂点を追加するときは、グリップに表示されるコンテキストメニューを利用する。ほかにも頂点の位置を変更したり、頂点を削除したり、円弧に変形したりできる。

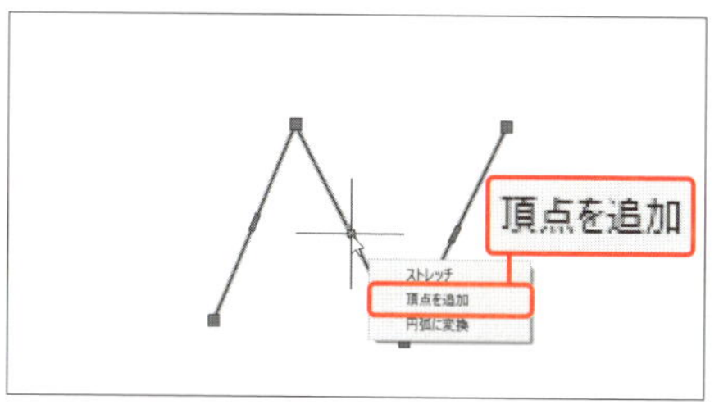

1 ポリラインをクリックして選択状態にすると、頂点と中間点にグリップが表示される。グリップにカーソルを合わせるとコンテキストメニューが表示されるので、[頂点を追加]を選択する。

HINT
ポリラインを選択してもグリップが表示されないときは、アプリケーションメニューの[オプション]ボタンをクリックし、表示される[オプション]ダイアログの[選択]タブにある[グリップ]の項目で[グリップを表示]にチェックを入れる。

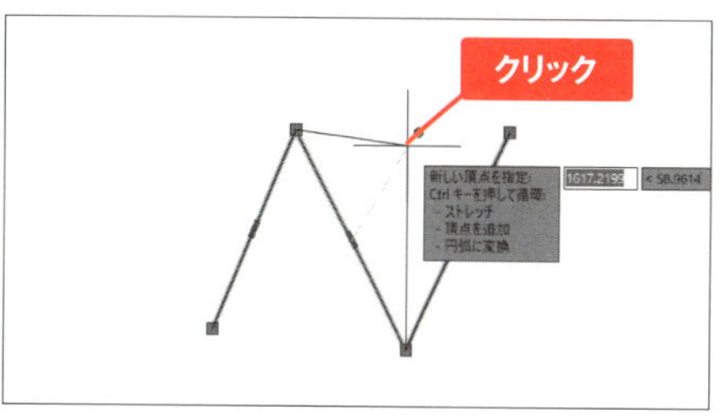

2 「新しい頂点を指定」と表示されるので、任意の位置をクリックする。

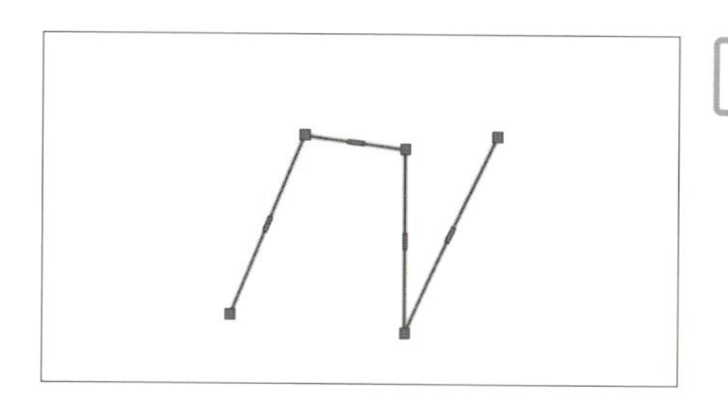

3 頂点が追加される。Esc キーを押して選択を解除する。

連続した線を1本のポリラインにする

関連ワード▶▶ 線分 ポリライン ポリライン編集

連続した線を一括でポリラインにするには、[ポリライン編集(PEDIT)]コマンドを使う。

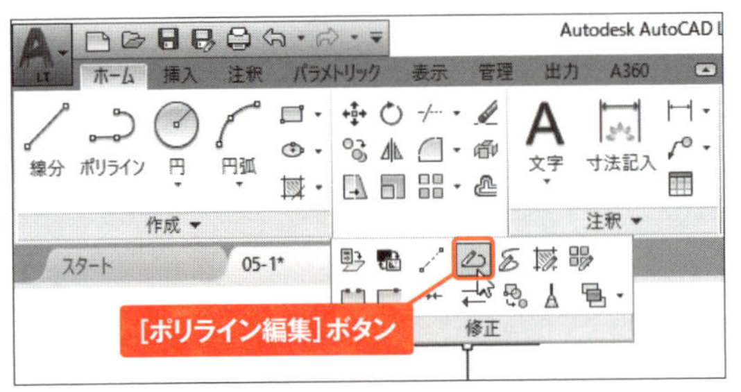

1 [ホーム]タブ―[修正]パネルのパネルタイトルをクリックして展開する。[ポリライン編集]ボタンをクリックする。

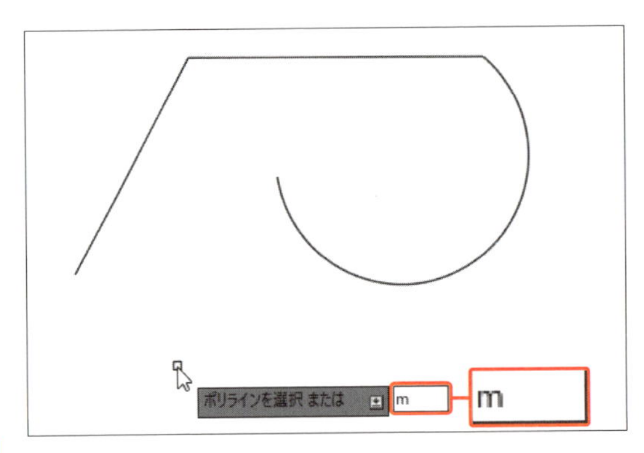

2 ここでは、2本の直線と1本の円弧が連続したオブジェクトを1本のポリラインに変換する。「ポリラインを選択」と表示されるので、オプション[一括(M)]の「m」を入力して Enter キーを押す。

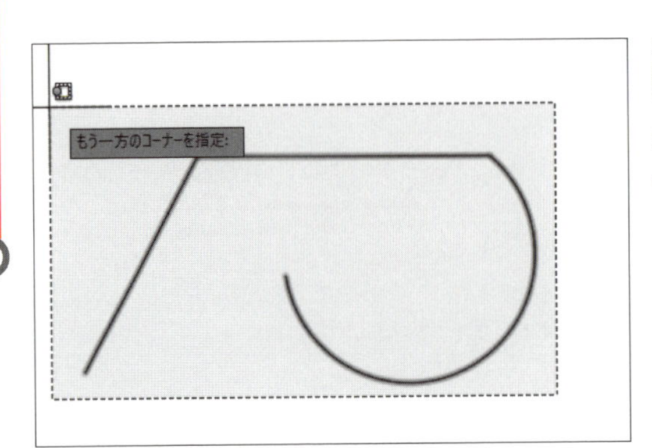

3 「オブジェクトを選択」と表示されるので、交差選択などでオブジェクト選択し、Enter キーを押して選択を確定する。

図形作図

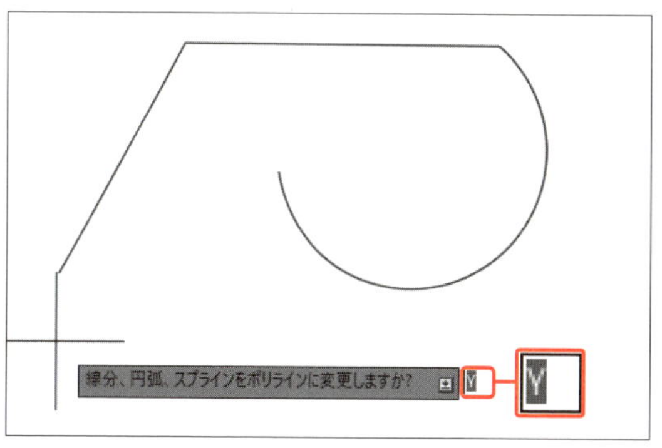

4 「線分、円弧、スプラインをポリラインに変更しますか？」と表示されるので、[Yes]の「y」を入力して Enter キーを押す。

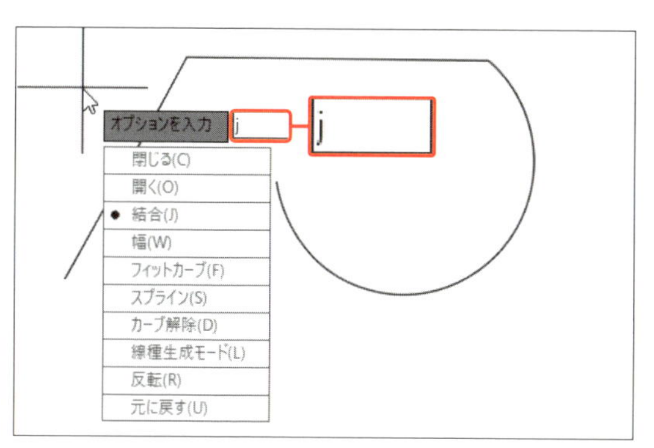

5 「オプションを入力」と表示されるので、[結合(J)]オプションの「j」を入力して Enter キーを押す。

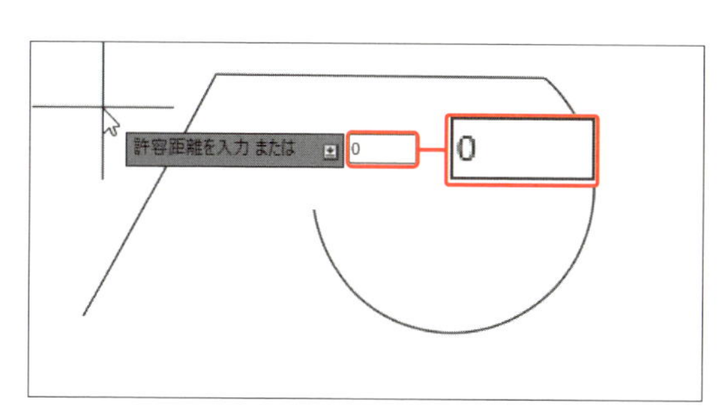

6 「許容距離を入力」と表示されるので、「0」を入力して Enter キーを押す。

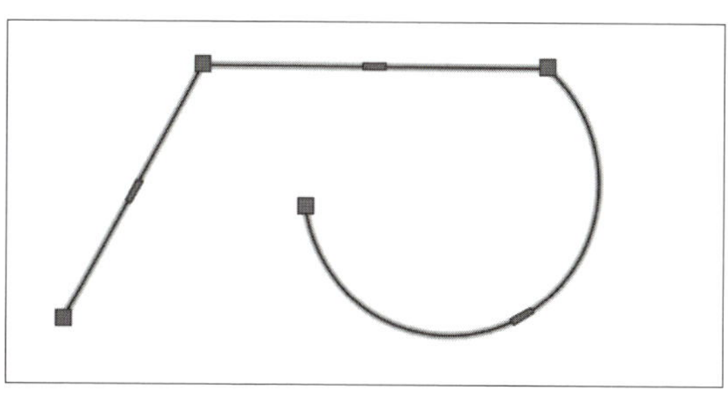

7 Esc キーを押してコマンドを終了する。選択すると、1本のポリラインになっていることがわかる。

長方形をかく

関連ワード▶▶ 長方形

長方形をかくには、[長方形(RECTANG)]コマンドを実行し、対角になるコーナーを指示する。作図した長方形は閉じたポリラインとして扱われる。

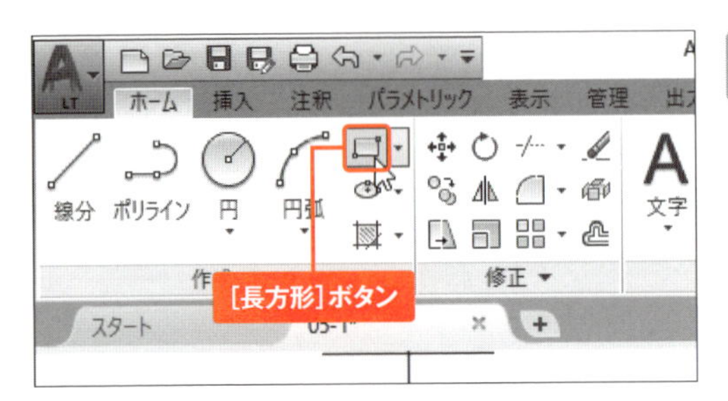

1 [ホーム]タブ—[作成]パネル—[長方形]ボタンをクリックする。

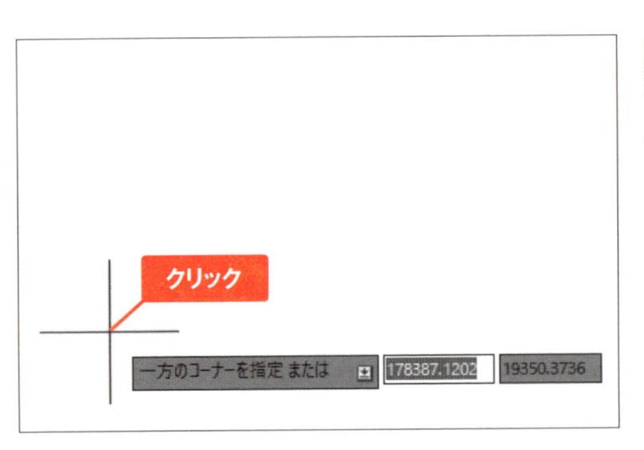

2 「一方のコーナーを指定」と表示されるので、任意の位置をクリックする。

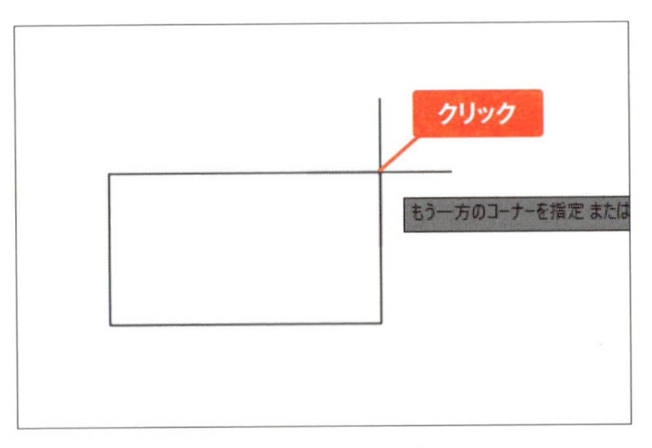

3 「もう一方のコーナーを指定」と表示されるので、対角となる位置をクリックする。長方形が作図される。

No.097

角を丸めた／面取りした長方形をかく

関連ワード▶▶ 長方形 面取り 隅切り フィレット

角を丸めた／面取りした長方形を作図するには、[長方形(RECTANG)]コマンドの[フィレット(F)]／[面取り(C)]オプションを使う。ここでは、角を丸めた長方形をかく。

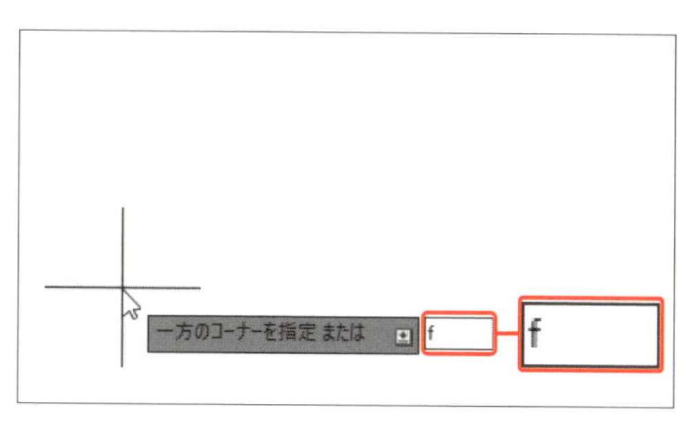

1 [ホーム]タブ―[作成]パネル―[長方形]ボタンをクリックする。「一方のコーナーを指定」と表示されるが、[フィレット(F)]オプションの「f」を入力して Enter キーを押す。

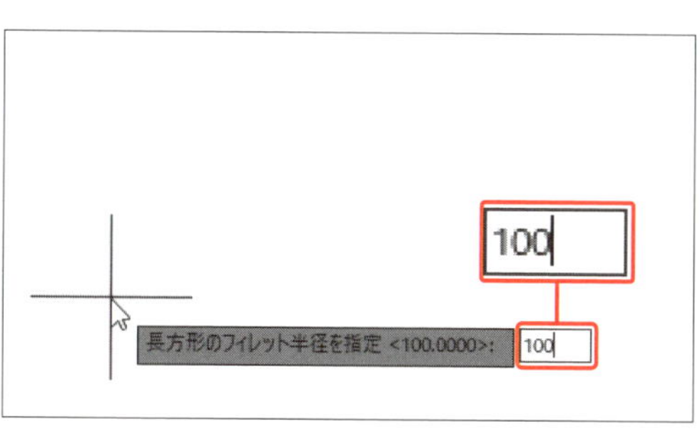

2 「長方形のフィレット半径を指定」と表示されるので、フィレットの半径(ここでは、「100」)を入力して Enter キーを押す。

HINT 次に長方形をかくときに角を元に戻すときは、再度[フィレット(F)]オプションで半径に「0」を入力する。

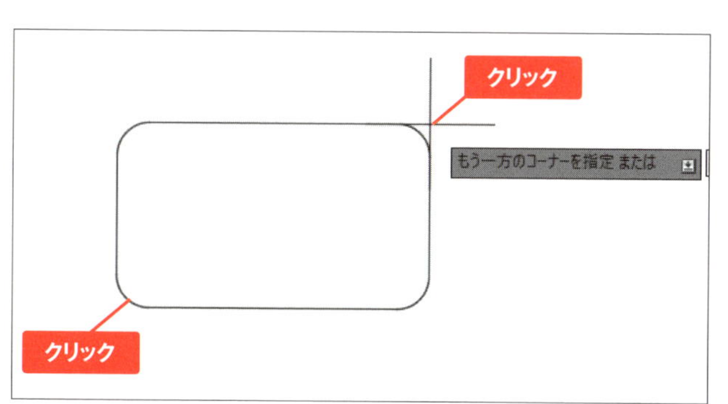

3 長方形のコーナーを2カ所クリックすると、角を丸めた長方形が作図される。

ポリゴン(正多角形)をかく

関連ワード▶▶ ポリゴン

正三角形や正六角形などの正多角形を作図するときは、[ポリゴン(POLYGON)]コマンドを使う。

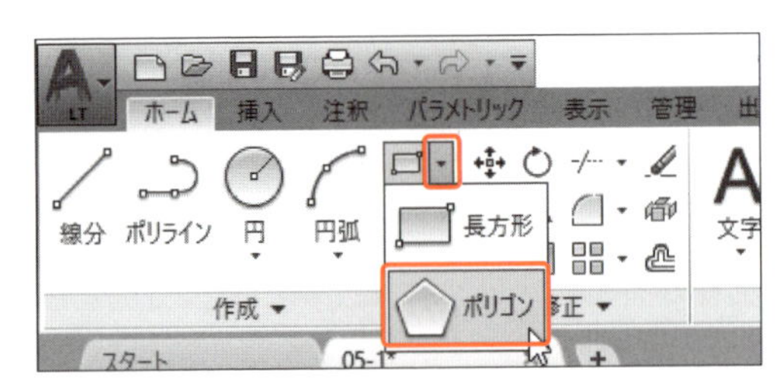

1 [ホーム]タブ―[作成]パネル―[長方形]ボタンの[▼]をクリックし、メニューから[ポリゴン]を選択する。

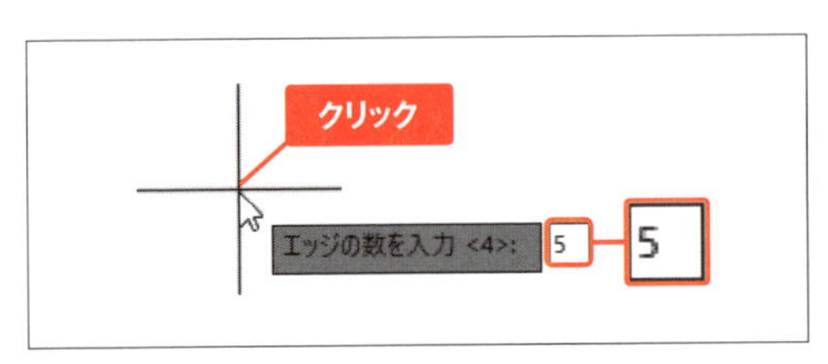

2 「エッジの数を入力」と表示されるので、ポリゴンの辺の数(ここでは、「5」)を入力して Enter キーを押す。続けて「ポリゴンの中心を指定」と表示されるので、任意の位置をクリックする。

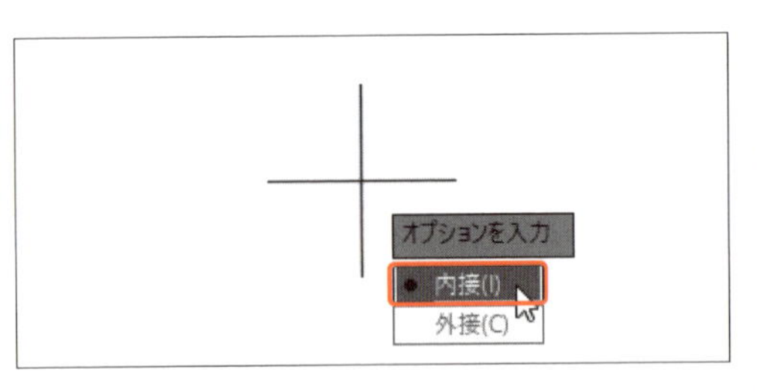

3 「オプションを入力」と表示されるので、円に対して多角形が[内接]するか[外接]するのかを選択する。ここでは[内接]をクリックする。続けて「円の半径を指定」と表示されるので、半径(ここでは、「500」)を入力して Enter キーを押す。

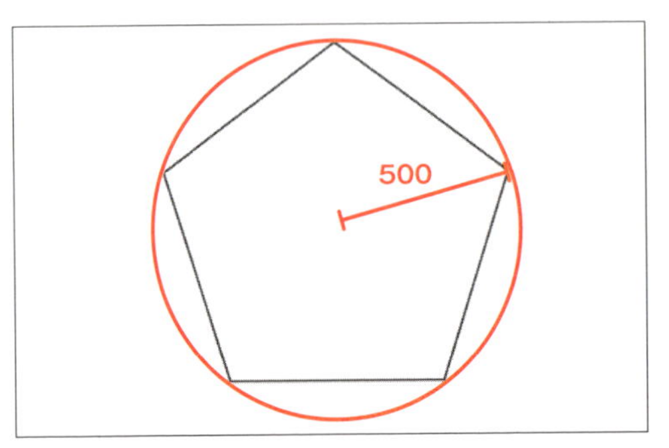

4 半径500の円に内接する正五角形が作図される。

図形作図

ドーナツ型をかく

関連ワード▶▶ ドーナツ 円

［ドーナツ（DONUT）］コマンドを使うと、簡単に幅のあるリング状のポリラインを作図できる。

1 ［ホーム］タブ—［作成］パネルのパネルタイトルをクリックして展開する。［ドーナツ］ボタンをクリックする。

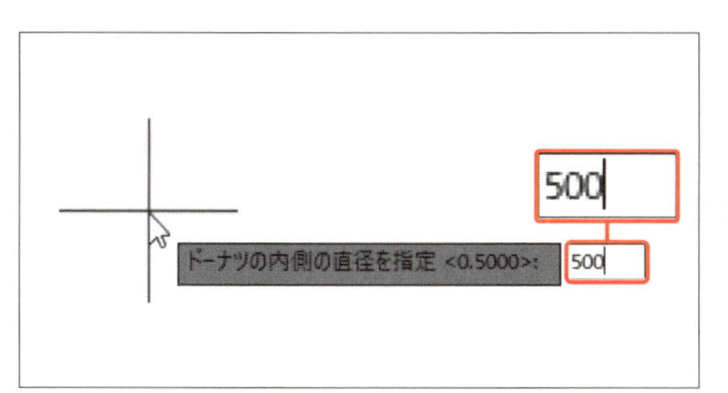

2 「ドーナツの内側の直径を指定」と表示されるので、内側の円の直径（ここでは、「500」）を入力して Enter キーを押す。続けて「ドーナツの外側の直径を指定」と表示されるので、外側の円の直径（ここでは、「1000」）を入力して Enter キーを押す。

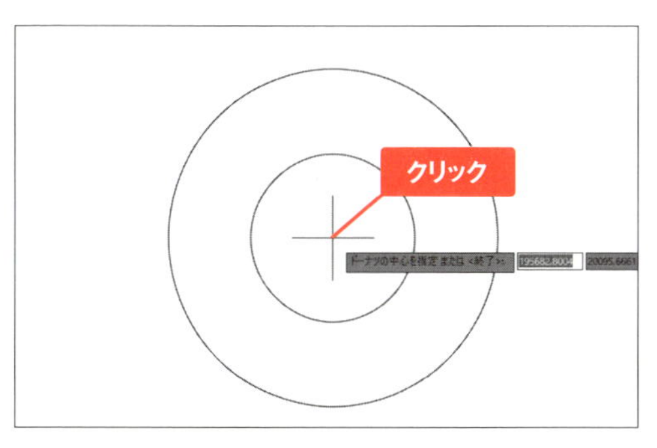

3 「ドーナツの中心を指定」と表示されるので、任意の位置をクリックする。

図形作図

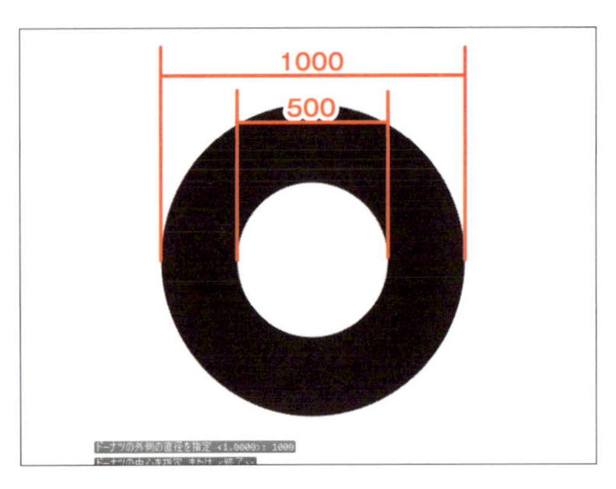

4 ドーナツ形状のポリラインが作図される。Esc キーを押してコマンドを終了する。

手順 2 でドーナツ型の内側の円の直径を指示する際に「0」を入力すると、穴の部分が塗りつぶされた円になる。

図形作図

スプライン(曲線)をかく

関連ワード▶▶ スプライン 曲線

指示した点をなめらかにつなぐ曲線をスプラインという。スプラインを作図するには、[スプライン (SPLINE)] コマンドを使う。

1 [ホーム]タブ―[作成]パネルのパネルタイトルをクリックして展開する。[スプラインフィット]ボタンをクリックする。

2 「1点目を指定」と表示されるので、任意の位置をクリックする。

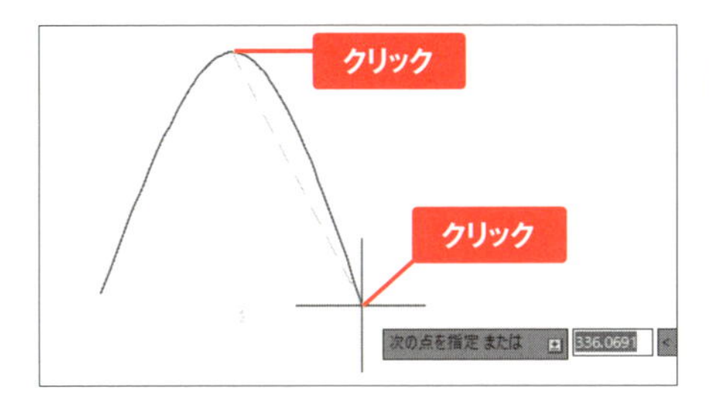

3 「次の点を指定」と表示されるので、頂点を順にクリックしていく。

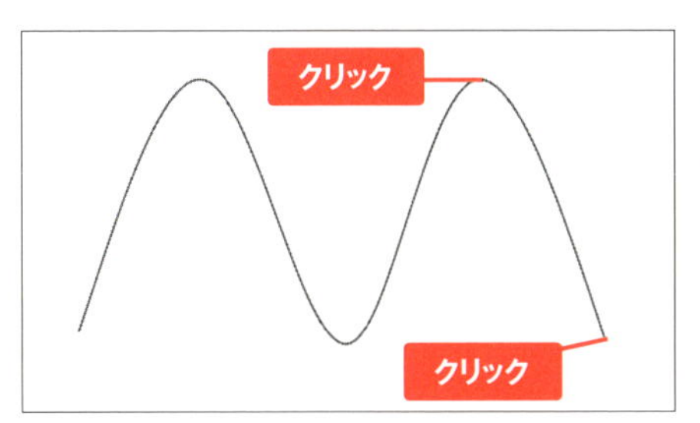

4 最後の頂点をクリックしたら、Enterキーを押して確定する。スプラインが作図される。

No.101

ポリライン(直線)をスプライン(曲線)に変換する

関連ワード▶▶ ポリライン　スプライン　曲線

ポリラインをスプラインに変換するときは、[ポリライン編集 (PEDIT)] コマンドを使う。スプラインに変換すると、なめらかな線になる。

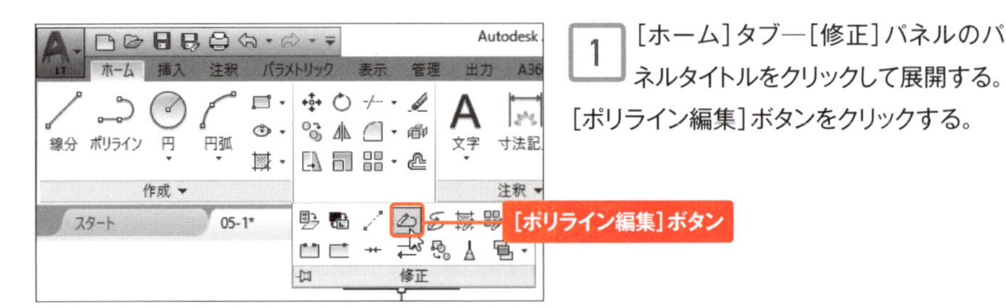

1 [ホーム]タブ—[修正]パネルのパネルタイトルをクリックして展開する。[ポリライン編集]ボタンをクリックする。

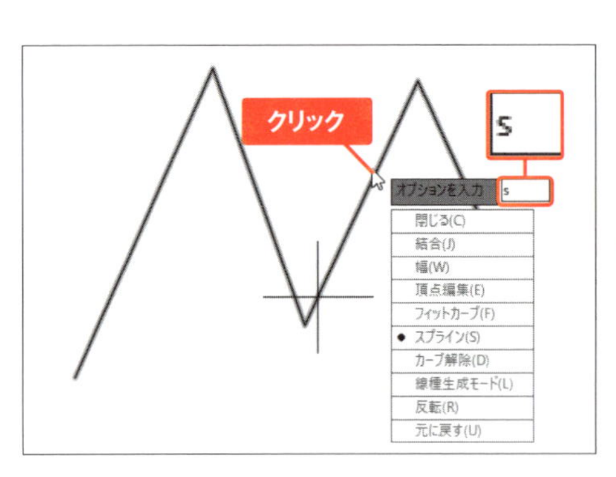

2 「ポリラインを選択」と表示されるので、ポリラインをクリックする。続けて「オプションを入力」と表示されるので[スプライン(S)]オプションの「s」を入力して Enter キーを押す。

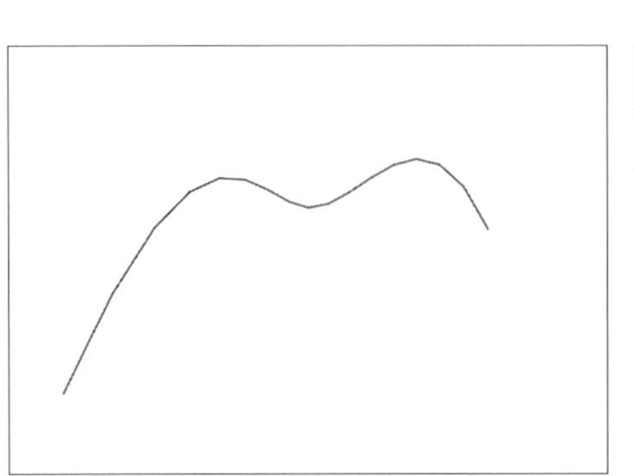

3 Esc キーを押してコマンドを終了すると、頂点がなめらかにつながったスプラインに変換される。

図形作図

HINT ポリラインからスプラインに変換しても、プロパティでは「2Dポリライン」オブジェクトのままになっている（①）。オブジェクトも「スプライン」に変更するには、［スプラインフィット］コマンド（No.100 「スプラインをかく」参照）を実行し（②）、［オブジェクト（O）］オプションを実行すると、プロパティ上も「スプライン」オブジェクトに変更される（③）。

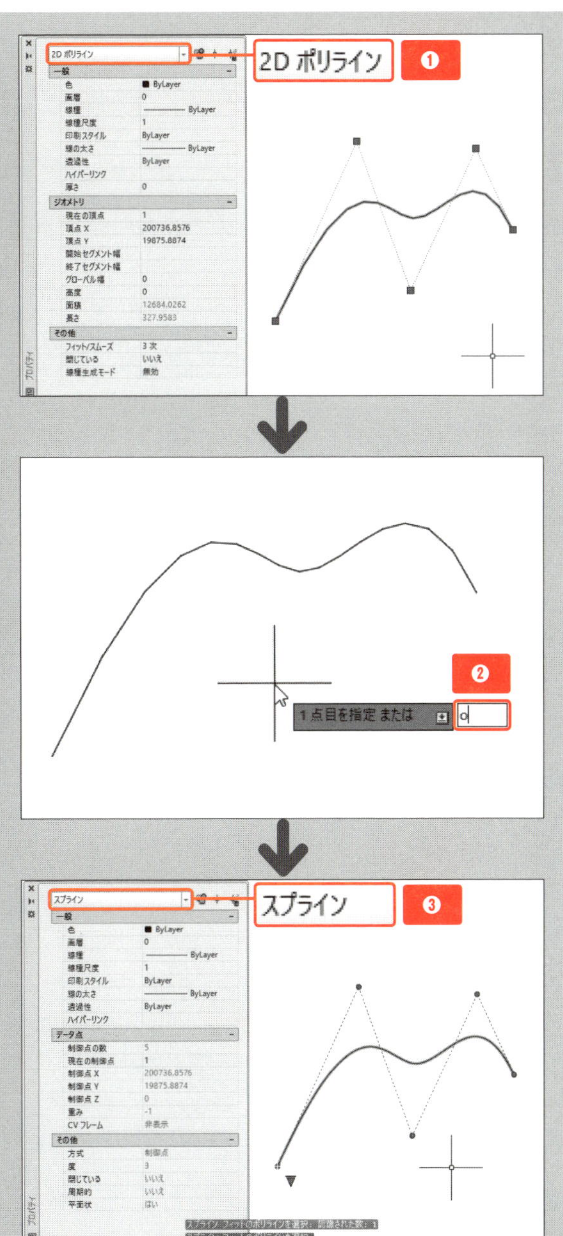

図形作図

No.102

ハッチングをかける

関連ワード▶▶ ハッチング

ハッチングをかけるには、[ハッチング(HATCH)] コマンドを使う。コマンドを実行すると、自動的にリボンが [ハッチング作成] タブに切り替わる。

1 [ホーム]タブ—[作成]パネル—[ハッチング]ボタンをクリックする。

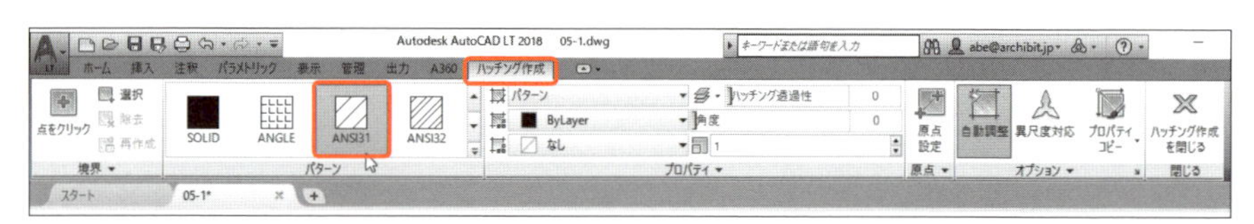

2 自動的に[ハッチング作成]タブに切り替わるので、[パターン]パネルでハッチングの模様(ここでは、「ANSI31」)を、[プロパティ]パネルで色や角度、尺度などを設定する。

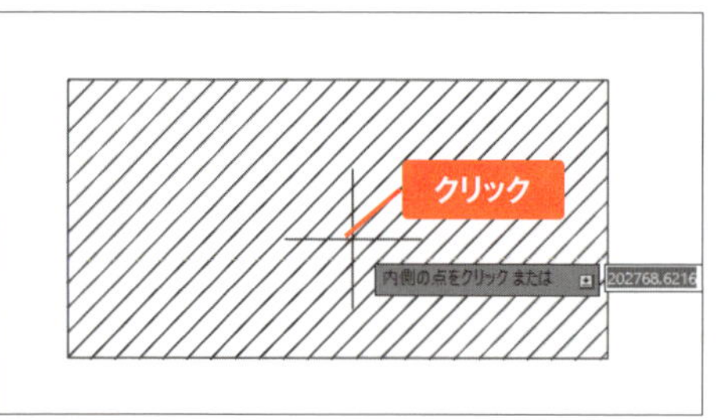

3 「内側の点をクリック」と表示されるので、ハッチングをかける領域にカーソルを合わせる。ハッチングが仮表示されるので、クリックして指示する。Enterキーを押して確定すると、ハッチングがかかる。

図形作図

HINT 手順2で[オプション]パネルの[自動調整]をオンにしてハッチングをかけると、領域境界のオブジェクトの変更に追従してハッチング領域も変更される。

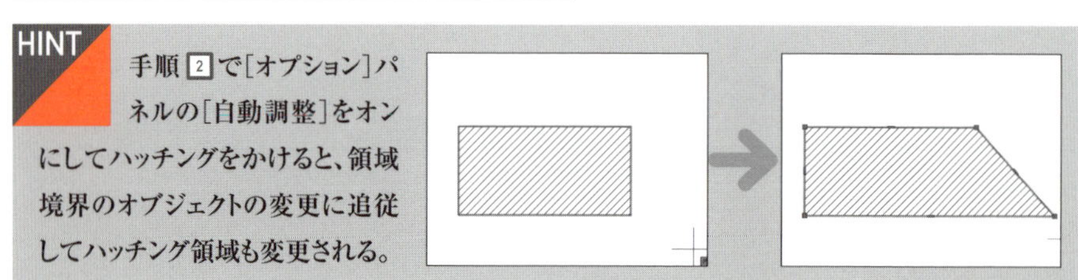

ハッチングが黒くつぶれてしまうとき

関連ワード▶▶ ハッチング ハッチングエディタ

ハッチングは尺度が適切でないと黒くつぶれてしまうことがある。かけたハッチングがつぶれてしまうときは、尺度を変更して解決する。

1 ハッチングが黒くつぶれてしまった状態。まず、ハッチングをクリックして選択する。

2 自動的に［ハッチングエディタ］タブに切り替わるので、［プロパティ］パネルの［尺度］を「100」に変更する。

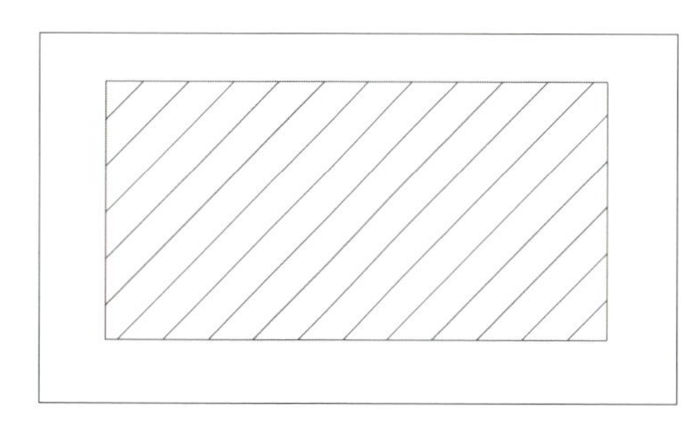

3 パターンが正しく表示されるので、Enter キーを押して確定する。

No.104

既存のものと同じハッチングに変更する

関連ワード▶▶ ハッチング ハッチングエディタ プロパティコピー

既存のハッチングと同じハッチングに変更するには、[ハッチングエディタ]の[プロパティコピー]を使うと簡単に行える。

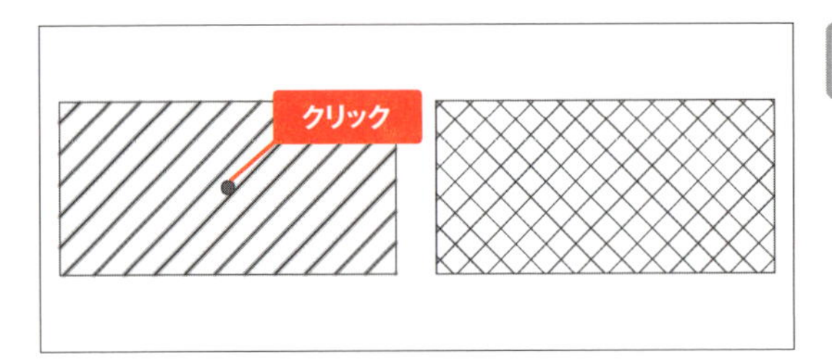

1 変更するハッチングをクリックして選択する。

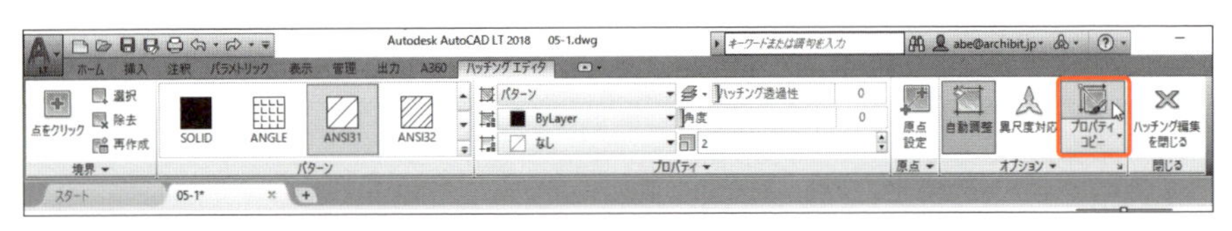

2 自動的に[ハッチングエディタ]タブに切り替わるので、[オプション]パネル─[プロパティコピー]ボタンをクリックする。

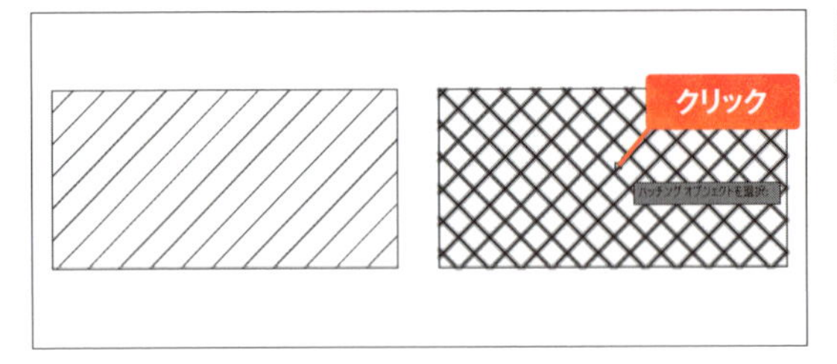

3 「ハッチングオブジェクトを選択」と表示されるので、基のハッチングをクリックする。

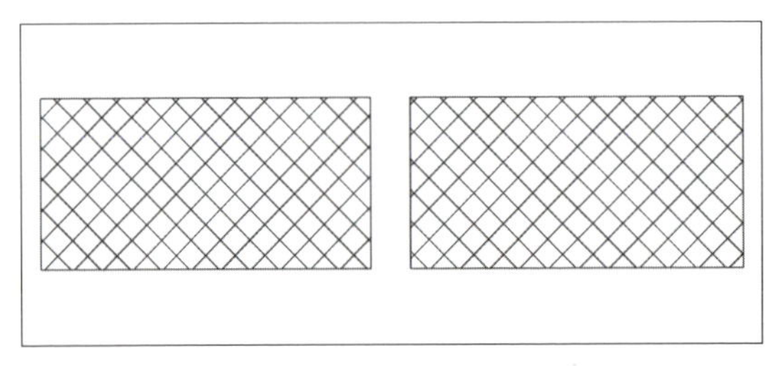

4 手順3で指定したハッチングと同じハッチングに変更されるので、Esc キーを押してコマンドを終了する。

図形作図

ハッチングの境界線をかく

関連ワード▶▶ ハッチング ハッチングエディタ 境界を再作成

既存のハッチングに境界線を作図するときは［境界を再作成］を実行する。境界線を書くことで、境界線に変更を加えた際にその変更に合わせて自動的にハッチングが調整される「自動調整」の設定が行えるようになる。

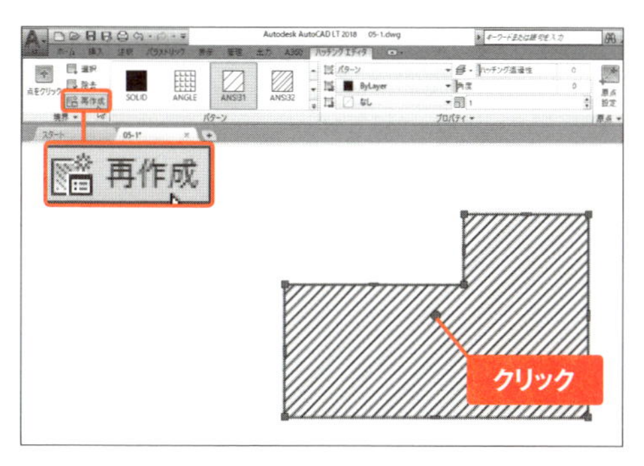

1 対象となるハッチングをクリックして選択する。自動的に［ハッチングエディタ］タブに切り替わるので、［境界］パネル―［境界を再作成］ボタンをクリックする。

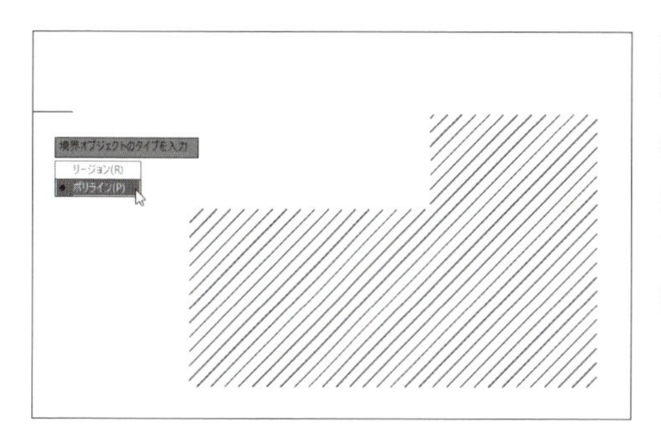

2 「境界オブジェクトのタイプを入力」と表示されるので［ポリライン］を選択する。続けて「ハッチングを新しい境界に対して自動調整しますか?」と表示されるので［Yes］の「y」を入力して Enter キーを押す。

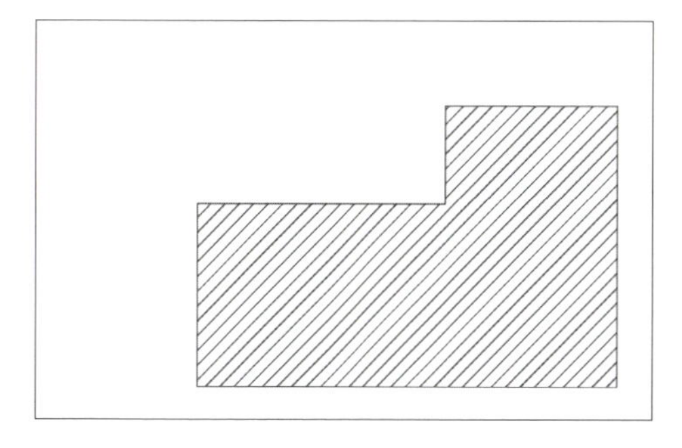

3 境界が作図される。Esc キーを押してコマンドを終了する。

106

文字部分にもハッチングをかける

関連ワード▶▶ ハッチング 島検出

初期設定では、ハッチングをかけると、読みやすいように文字がハッチング領域から除外される。文字を除外しないでハッチングをかけるには［島検出］の設定をする。

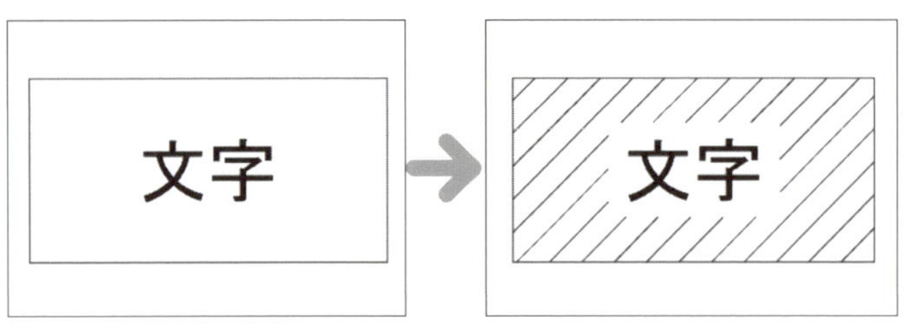

1 初期設定では、図のように文字を含む図形の文字部分は、ハッチング領域から除外される。

2 ［ホーム］タブ―［作成］パネル―［ハッチング］ボタンをクリックする。［ハッチング作成］タブに切り替わるので、［オプション］パネルのパネルタイトルをクリックして展開し、［島検出］から［島検出：内側含む］を選択する。以降は通常どおりハッチングの設定を行う。

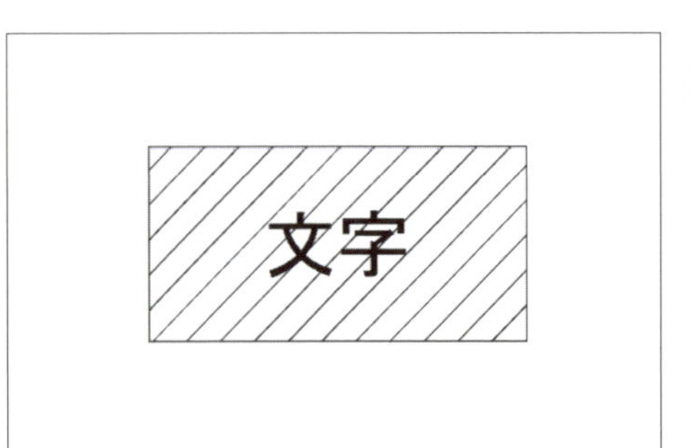

3 「内側の点をクリック」と表示されるので、ハッチングをかける領域をクリックする。Enter キーを押して確定すると、文字の部分にもハッチングがかかる。

HINT 作図済みのハッチングでも、ハッチングをクリックして［ハッチングエディタ］タブを表示させると、同様の手順で変更できる。

No.107

塗りつぶしを行う

関連ワード▶▶ ハッチング 塗り潰し

[ハッチング(HATCH)] コマンドを実行し、[パターン] に [SOLID] を選択すると塗りつぶしが行える。[2D塗り潰し (SOLID)] コマンドでも塗りつぶしが行えるが、ハッチングのほうが簡単なのでおすすめだ。

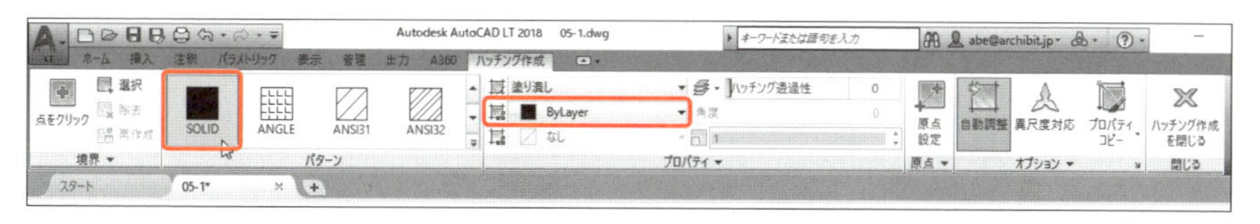

1 [ホーム]タブ—[作成]パネル—[ハッチング]ボタンをクリックする。表示される[ハッチング作成]タブの[パターン]パネルで[SOLID]を選択する。[プロパティ]パネルで色を設定する。

2 「内側の点をクリック」と表示されるので、塗りつぶしを行う領域にカーソルを合わせる。塗りつぶしが仮表示されるので、クリックして指示する。

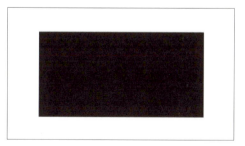

3 Enter キーを押して確定すると、図形が塗りつぶしされる。

図形作図

No.108 グラデーションで塗りつぶしを行う

関連ワード▶▶ グラデーション

図形をグラデーションで塗りつぶしたい場合は、[グラデーション(GRADIENT)]コマンドを使う。

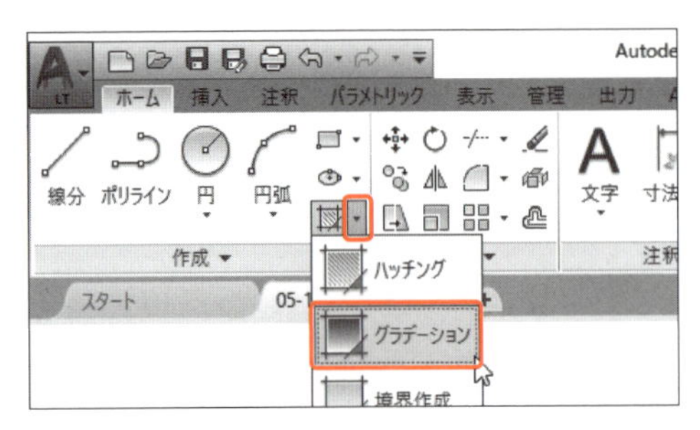

1 [ホーム]タブ―[作成]パネル―[ハッチング]ボタンの[▼]をクリックし、メニューから[グラデーション]を選択する。

2 自動的に[ハッチング作成]タブに切り替わるので、[パターン]パネルでグラデーションの模様(ここでは、「GR_LINEAR」)を、[プロパティ]パネルで色や角度、尺度などを設定する。

3 「内側の点をクリック」と表示されるので、グラデーションで塗りつぶしを行う領域にカーソルを合わせる。グラデーションが仮表示されるので、クリックして指示する。

4 Enter キーを押して確定すると、図形がグラデーションで塗りつぶしされる。

図形作図

ハッチングやグラデーションを透過させる

関連ワード▶▶ ハッチング　グラデーション　ハッチングエディタ　透過

ハッチングやグラデーションは透過させることができる。ここでは、グラデーションに透過性を持たせる。

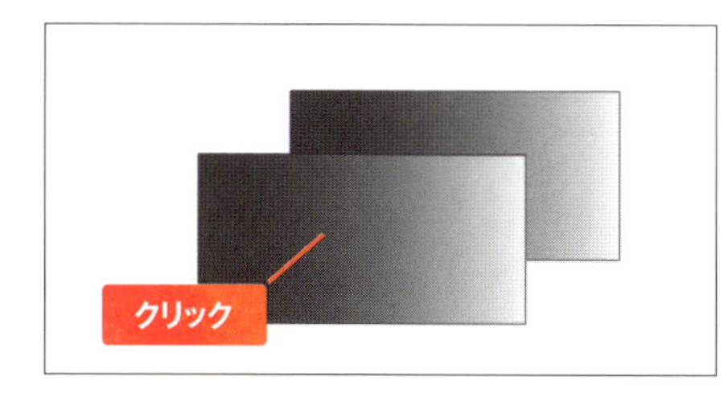

1 透過させるグラデーションをクリックして選択する。

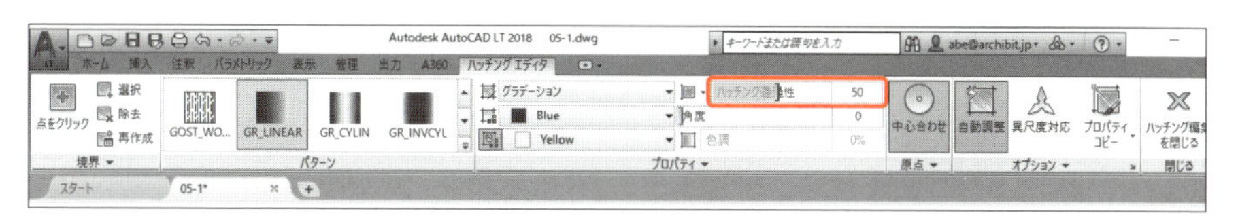

2 自動的に[ハッチングエディタ]タブに切り替わるので、[プロパティ]パネルの[ハッチング透過性]に透過のパーセンテージ(ここでは、「50」)を入力して Enter キーを押す。

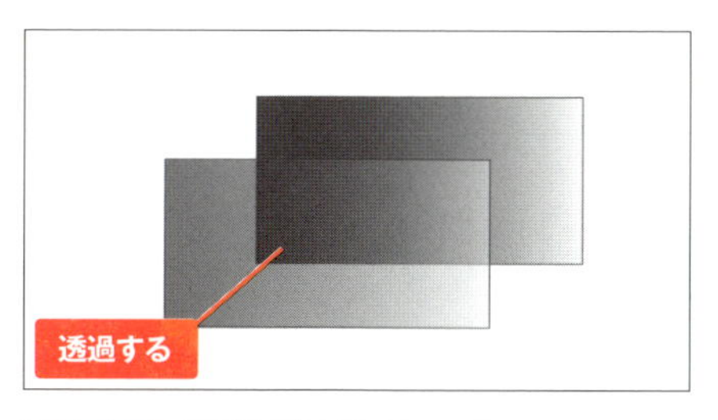

3 グラデーションが透過する。Esc キーを押してコマンドを終了する。

HINT

透過を設定しても画面に反映されないときは、ステータスバーの[透過性]ボタンがオンになっているか確認する(図)。[透過性]ボタンは初期設定ではステータスバーに表示されていない。ステータスバーの一番右にある[カスタマイズ]ボタンをクリックして表示されるメニューから[透過性]にチェックを入れると、[透過性]ボタンが表示される。

図形作図

No.110

ハッチングやグラデーションを背面／前面に移動する

関連ワード▶▶ ハッチング　グラデーション　ハッチングエディタ　透過

ハッチングやグラデーションは、[ハッチングエディタ] タブで表示順序を変更できる。ここでは、前面にあるグラデーションを背面に移動させる。

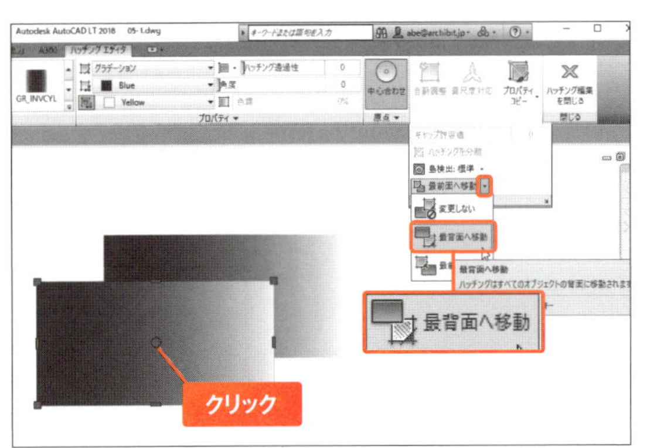

1 前面にあるグラデーションをクリックして選択する。自動的に[ハッチングエディタ]タブに切り替わるので、[オプション]パネルのパネルタイトルをクリックして展開し、[表示順序オプション]から[最背面へ移動]を選択する。

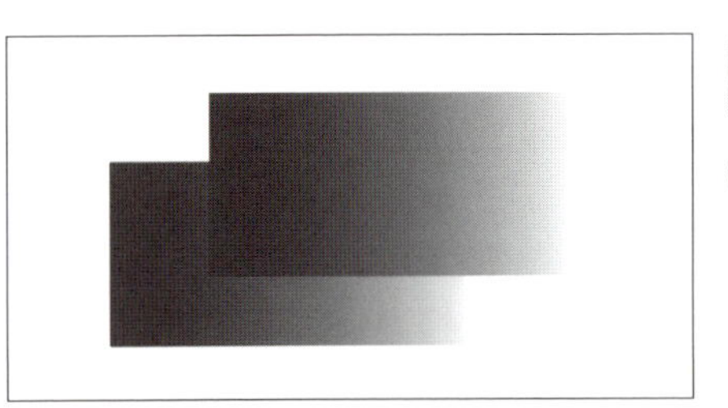

2 前面にあったグラデーションが背面に移動する。Esc キーを押してコマンドを終了する。

HINT

[表示順序(DRAWORDER)] コマンドでも表示順序を変更できるが、ここで紹介している[ハッチングエディタ]タブでは[最背面へ移動]のほかにも[境界の背面へ移動][境界の前面へ移動]といったハッチングの境界線との表示順序を簡単に設定できるメニューが用意されているので便利だ。

No.111

部分的に白抜き(マスク)する

関連ワード▶▶ 白抜き マスク ワイプアウト

表示や印刷したくない部分は、[ワイプアウト (WIPEOUT)] コマンドを使うと、図形を削除したり、トリムしなくても隠すことができる。

1 [ホーム]タブ―[作成]パネルのパネルタイトルをクリックして展開する。[ワイプアウト]ボタンをクリックする。

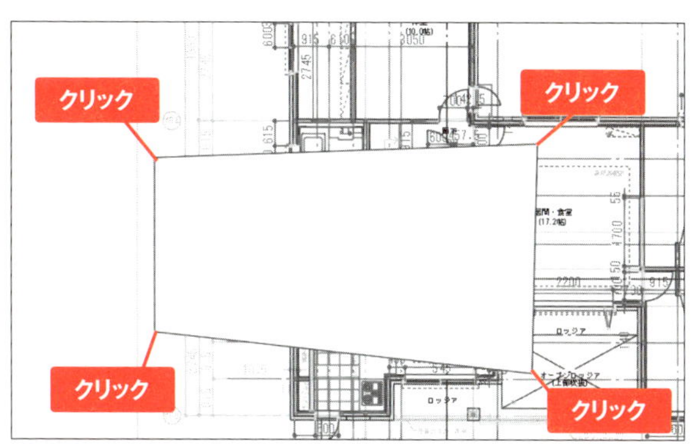

2 「1点目を指定」と表示されるので、任意の位置をクリックする。「次の点を指定」と表示されるので、マスクする範囲を順にクリックして閉じた図形にし、指定する。指定が終わったら Enter キーを押して確定する。指定した個所がマスクされる。

HINT

ワイプアウトの境界線を非表示にしたいときは、[ワイプアウト]コマンドを実行し、[フレーム(F)]オプションの「f」を入力して Enter キーを押す。続けて、[非表示(OFF)]の「off」を入力して Enter キーを押すと、図のように境界線が非表示になる。

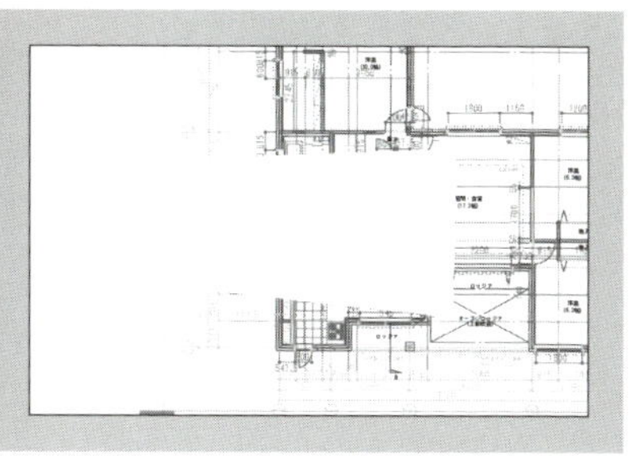

図形作図

No.112

雲マークをかく

関連ワード▶▶ 雲マーク 矩形状雲マーク ポリゴン状雲マーク フリーハンド雲マーク

雲マークを作図するコマンドとして、[矩形状雲マーク][ポリゴン状雲マーク][フリーハンド雲マーク]の3種類が用意されている。基本的な使い方は同じだ。ここでは、[フリーハンド雲マーク]コマンドを使って雲マークをかく。

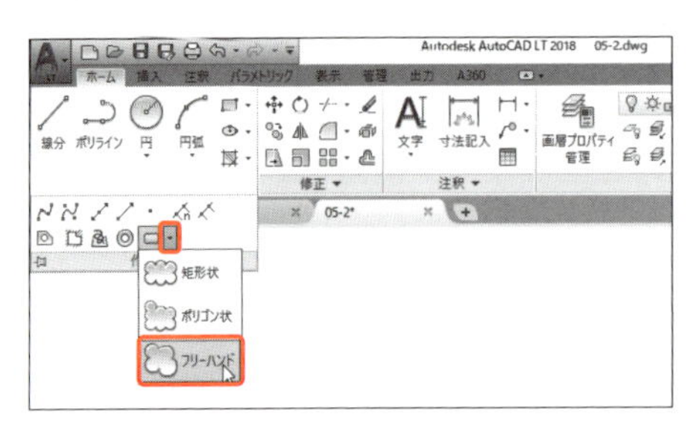

1 [ホーム]タブ―[作成]パネルのパネルタイトルをクリックして展開する。[雲マーク]の[▼]ボタンをクリックし、メニューから[フリーハンド]を選択する。

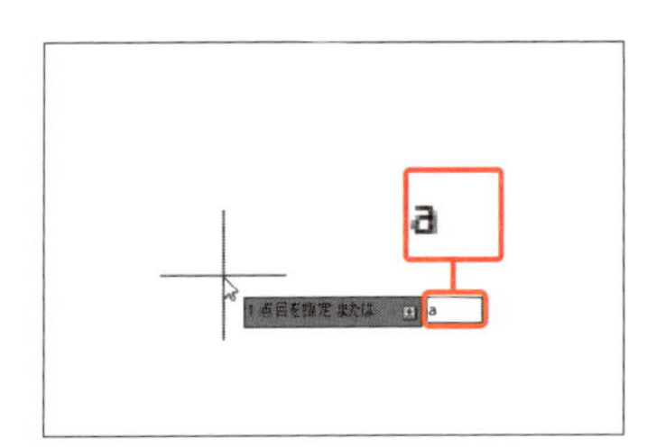

2 「1点目を指定」と表示されるが、[円弧の長さ(A)]オプションの「a」を入力して Enter キーを押す。「円弧の最短の長さを指定」と表示されるので、数値(ここでは、「300」)を入力して Enter キーを押す。続けて「円弧の最大の長さを指定」と表示されるので、数値(ここでは、「300」)を入力して Enter キーを押す。

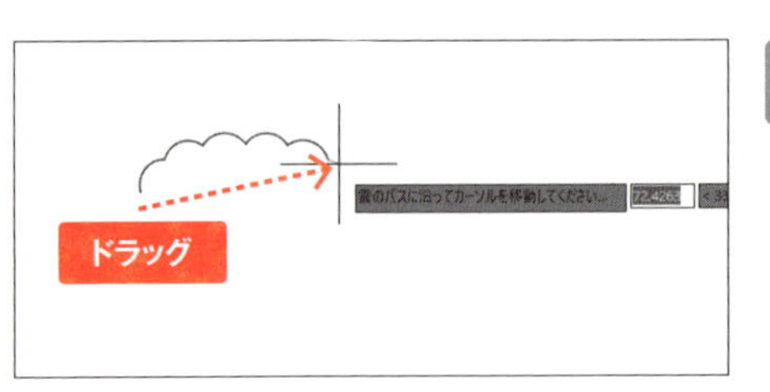

3 マウスの左ボタンを押しながら、カーソルを移動(ドラッグ)する。

4 開始点付近にカーソルを合わせると、雲マークが閉じてコマンドが終了する。

選択／編集

コマンドの実行時に欠かせない図形の選択操作と、
図形の移動やコピーをはじめとした
編集操作について解説する。

No.113

クリックして図形を選択する

関連ワード▶▶ 選択

図形をクリックすると選択状態にできる。コマンド実行時にオブジェクト選択が必要なときは、選択オプション(No.118「選択オプションで効率よく選択を行う」参照)を活用すると効率的に選択できる。

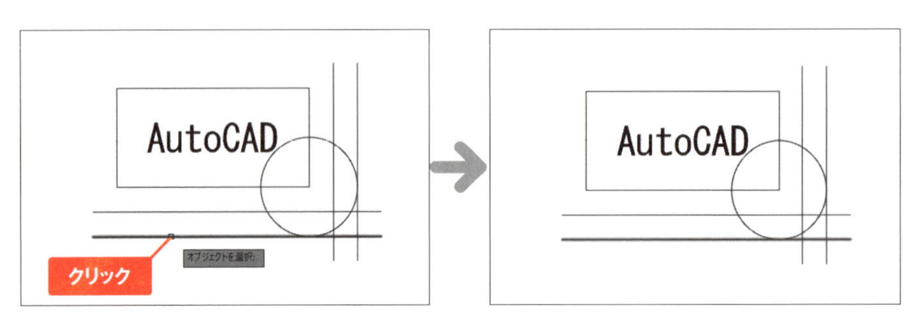

1 コピーや移動などのコマンド実行時に図形をクリックすると、反転表示(標準では青色)され、選択される。

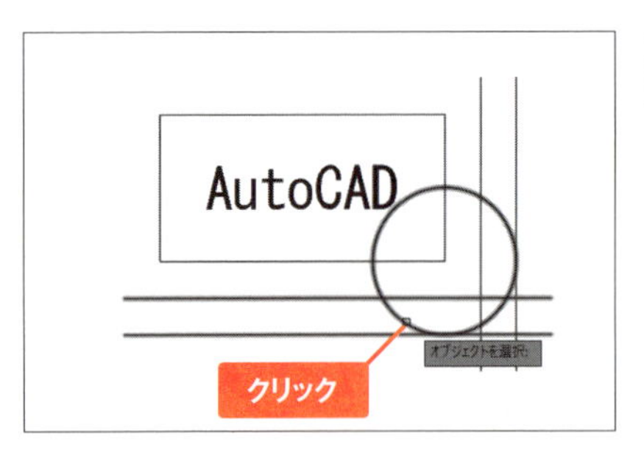

2 続けてほかの図形をクリックすると、選択セットに追加される。

HINT

アプリケーションメニューの[オプション]ボタンをクリックして表示される[オプション]ダイアログの[選択]タブ—[選択モード]—[選択セットへの追加に[Shift]を使用]にチェックが入っていると、図形を選択セットに追加するときに Shift キーを押しながらクリックする必要がある。手順 2 のようにクリックのみで追加したい場合はチェックを外しておこう。

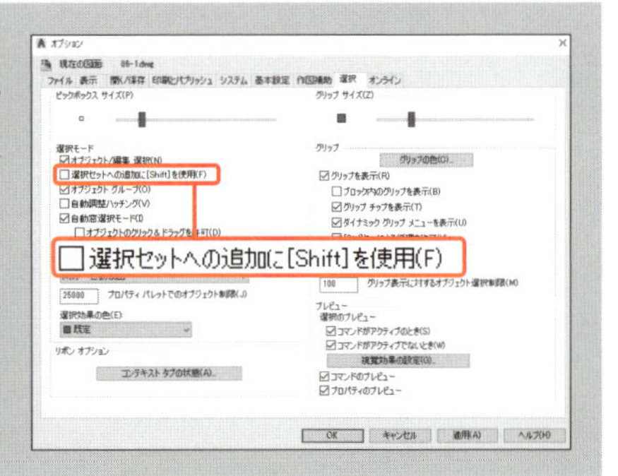

選択/編集

No.114

窓選択で図形を一括選択する

関連ワード▶▶ 選択 一括選択 窓選択

複数の図形を選択するときに、カーソルを左から右に移動すると「窓選択」となり、長方形領域に完全に囲まれている図形のみが選択される。

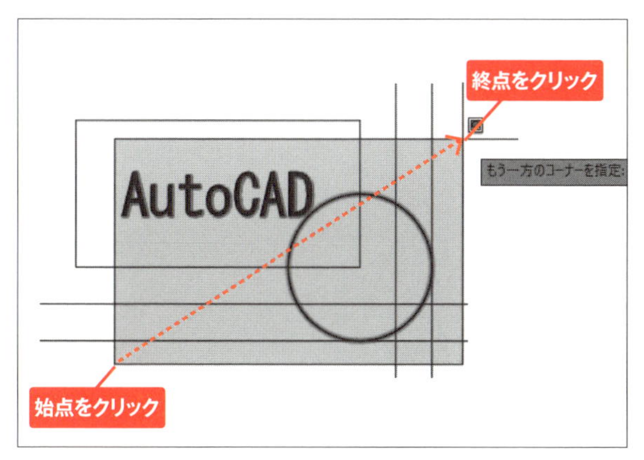

1 選択したい範囲の始点をクリックし、カーソルを右方向に動かすと、自動選択モードの窓選択モードになる。対角線上の終点でクリックする。

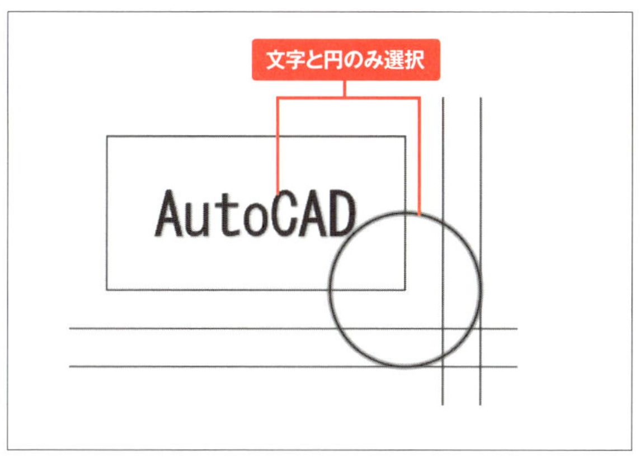

2 始点と終点による長方形領域に完全に囲まれた図形が選択される。ここでは、文字と円だけ選択される。

HINT

手順 1 で自動選択モードにならないときは、アプリケーションメニューの[オプション]ボタンをクリックして表示される[オプション]ダイアログで[選択]タブ—[選択モード]—[自動窓選択モード]にチェックが入っているかを確認する。

No.115

交差選択で図形を一括選択する

関連ワード▶▶ 選択 一括選択 交差選択

複数の図形を選択するときに、カーソルを右から左に移動すると「交差選択」となり、長方形の窓に完全に囲まれている図形と窓の境界と交差している図形が選択される。

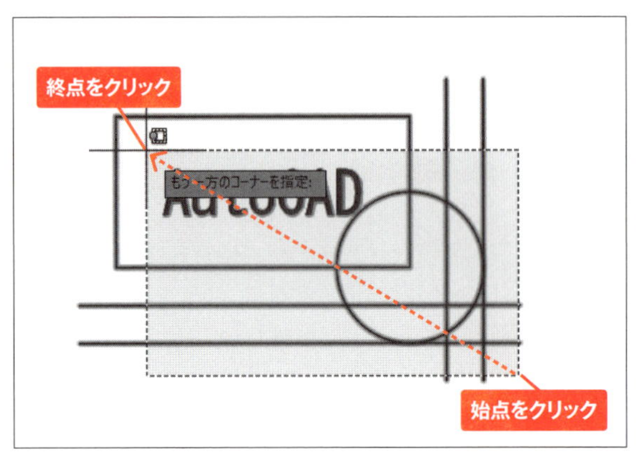

1 選択したい範囲の始点をクリックし、カーソルを左方向に動かすと、交差選択モードになる。対角線上の終点でクリックする。

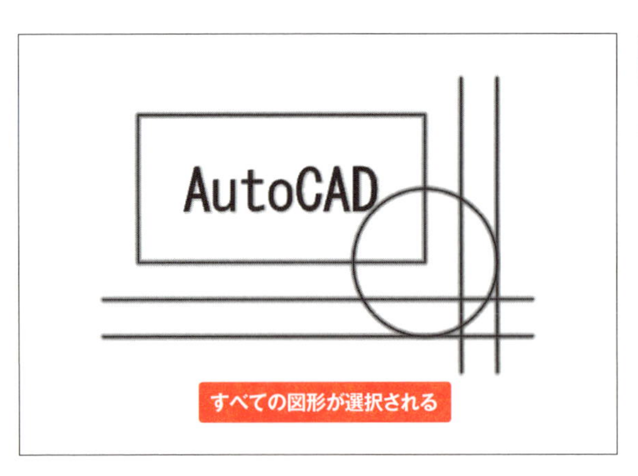

2 始点と終点による長方形領域に一部分でも含まれた図形がすべて選択される。

図形を追加選択する

関連ワード▶▶ 選択 追加選択

Ctrl キーを押しながらクリックまたは窓選択や交差選択をすると、選択セットにその図形が追加される。

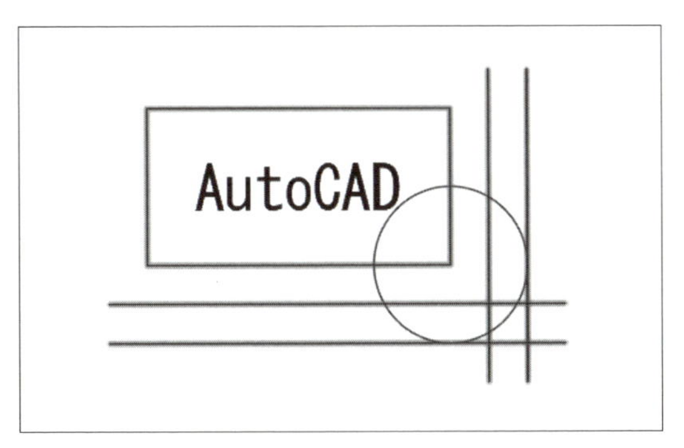

1 円と文字以外が選択されている状態。

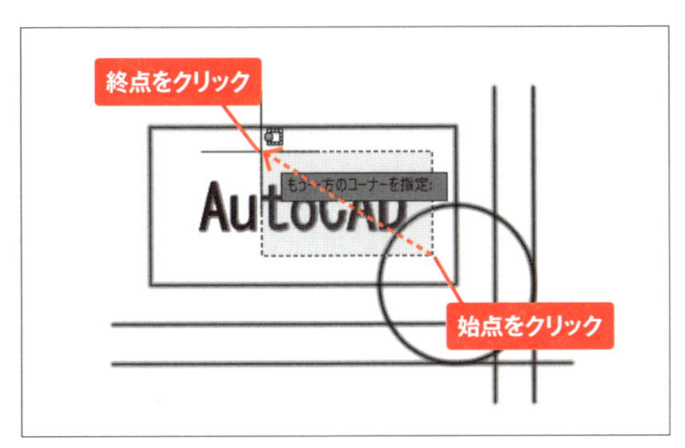

2 Ctrl キーを押しながら、始点をクリック→左に移動→終点をクリック（交差選択）して円と文字を選択する。

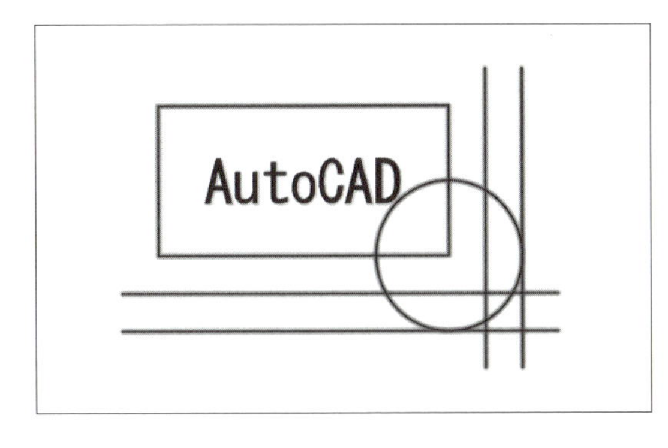

3 円と文字が選択セットに追加される。

No.117

図形を選択セットから除外する

関連ワード▶▶ 選択 除外

Shift キーを押しながらクリックまたは窓選択や交差選択をすると、選択セットからその図形が除外される。

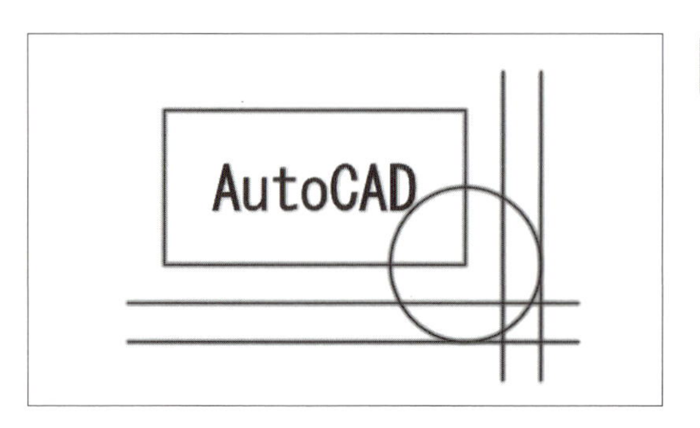

1 すべての図形が選択されている状態。

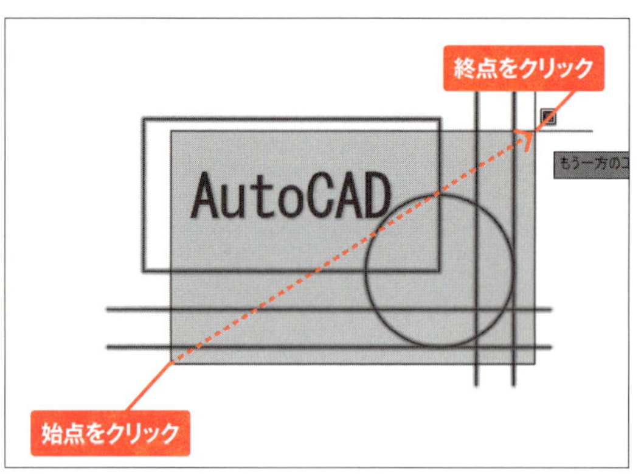

2 Shift キーを押しながら始点をクリック→右へ移動→終点をクリック（窓選択）して、円と文字を選択する。

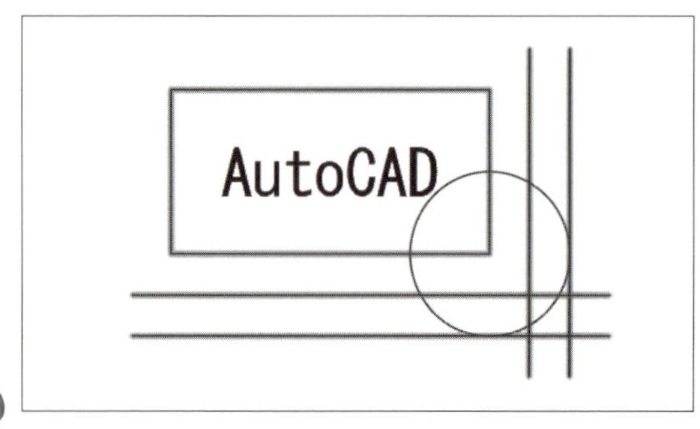

3 円と文字が選択セットから除外される。

選択オプションで効率よく選択を行う

関連ワード▶▶ 選択 選択オプション

コマンドを実行してオブジェクト選択を行う際、コマンドラインに「オブジェクトを選択」と表示される。そのときに「?」と入力して Enter キーを押すとオプション一覧が表示され、これらを利用して効率のよい選択操作が行えるようになる。例えば、［ポリゴン窓(WP)］オプションを使うときは、「wp」と入力して Enter キーを押すと実行できる。選択オプションとその内容は下記の通りだ。

オプション	入力	機能
窓	w	長方形を指示し、長方形に完全に囲まれたオブジェクトをすべて選択する
最後	l	最後に作図したオブジェクトを選択する
交差	c	長方形を指示し、長方形に一部でも含まれたオブジェクトをすべて選択する
ボックス	box	左から右に選択範囲を指示することで窓選択、右から左に指示することで交差選択になる
すべて	all	フリーズまたはロックされた画層以外すべてを選択する(Ctrl + A キーでも同様の選択が可能)
フェンス	f	連続する線を作図し、この線に交差するすべてのオブジェクトを選択する
ポリゴン窓	wp	窓選択の範囲をポリゴン(多角形)で指示して選択する
ポリゴン交差	cp	交差選択の範囲をポリゴン(多角形)で指示して選択する
グループ	g	指定したグループ名のオブジェクトを選択する
追加モード	a	追加モードに変更する。最初は追加モードなので除外モードから変更するときに指定する
除外	r	除外モードに変更する。このモードにすると、それ以降選択したオブジェクトは選択セットから除外される
一括モード	m	選択オブジェクトをハイライト表示(太線表示)にしない。選択オブジェクトが多いときに使用すると処理が速くなる
直前	p	最後に選択した選択セットを選択
元に戻す	u	最後に行った選択操作を取り消す
自動モード	au	クリック選択、自動窓選択を使って選択できるようにする
単一モード	si	オブジェクトが選択セットに追加された、もしくは選択セットに含まれた時点で選択を終了する

No.119

重なった図形を選択する

関連ワード▶▶ 選択 選択の循環

重なった図形を選択するときは、Shift ＋ スペース キーを利用して選択するか、［選択の循環］を利用すると、目的の図形を指定して選択できる。

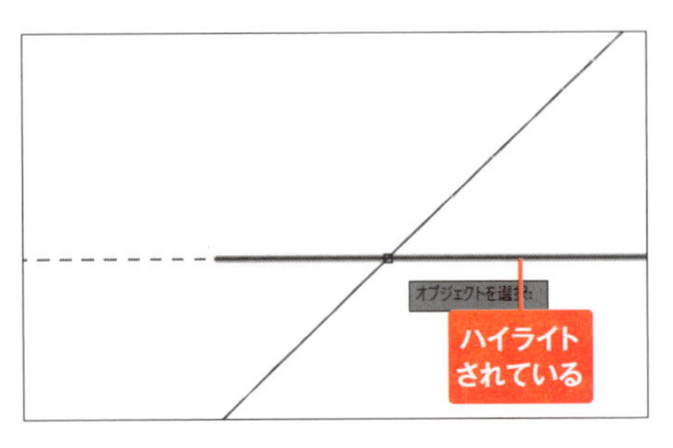

1 クリックする個所に複数の図形が重なっているとき、カーソルを合わせると1つの図形のみがハイライト（色が変わり太く表示される状態）される。図では、右側にある直線がハイライトされている。

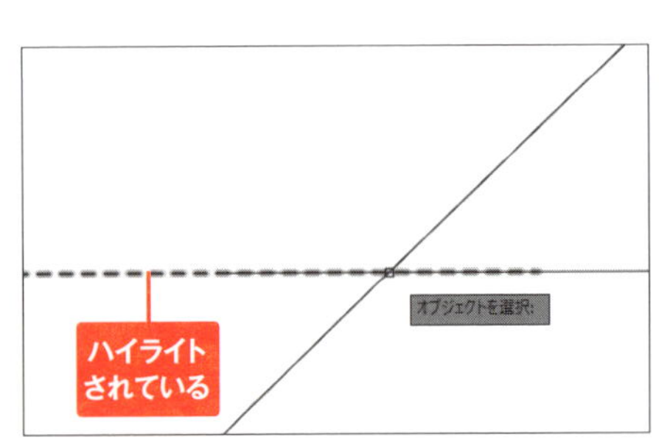

2 Shift ＋ スペース キーを押すと、ハイライトされる図形が切り替わる。図では、左側にある破線がハイライトされている。目的の図形がハイライトされているときにクリックすると、その図形を選択できる。

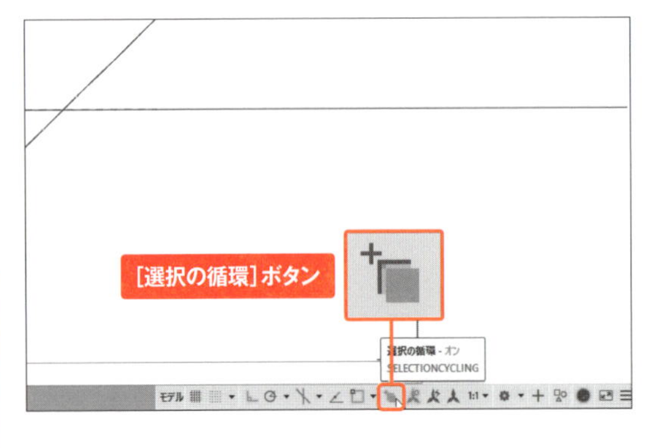

3 ステータスバーの［カスタマイズ］ボタンをクリックし、表示されるメニューから［選択の循環］にチェックを入れ、［選択の循環］ボタンをステータスバーに表示する。［選択の循環］ボタンをクリックして有効にする。

HINT

［選択の循環］ボタンは Ctrl ＋ W キーを押しても、オン／オフの切り替えができる。

選択／編集

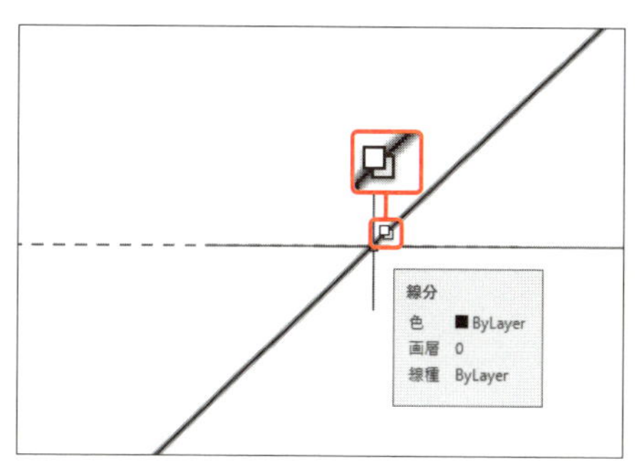

4 図形が重なった場所にカーソルを合わせると、正方形が重なったマークが表示される。

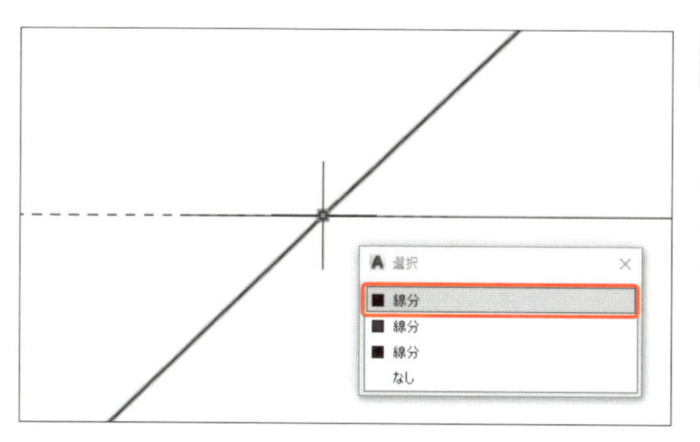

5 正方形が重なったマークが表示された状態でクリックすると、選択ダイアログが表示される。リストから目的の図形をクリックすると、その図形を選択できる。

HINT

リストの表示形式など[選択の循環]に関する設定はステータスバーの[選択の循環]ボタンを右クリックして[選択の循環の設定]を選択し、表示される[作図補助設定]ダイアログの[選択の循環]タブで行える。

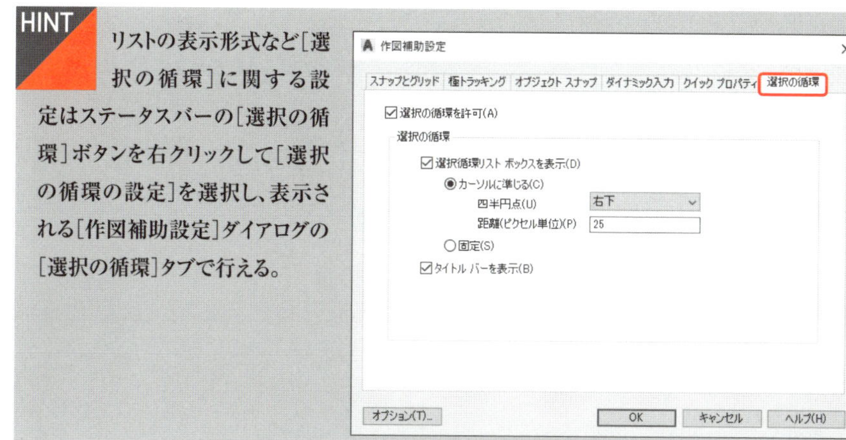

選択／編集

No.120

同じ画層／色／太さの図形を選択する

関連ワード▶▶ 選択 画層 色 太さ

ある図形と同じ画層や色、太さ、名前、オブジェクトスタイルなどの図形を素早く選択するには、［類似オブジェクトを選択］を利用する。

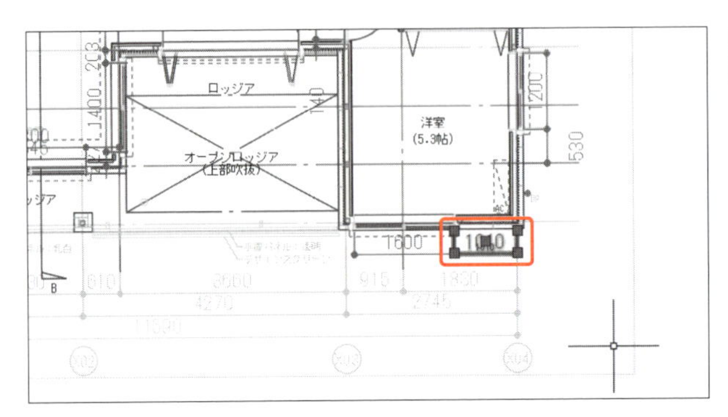

1 基準とする図形（ここでは、図に示した寸法）を選択する。

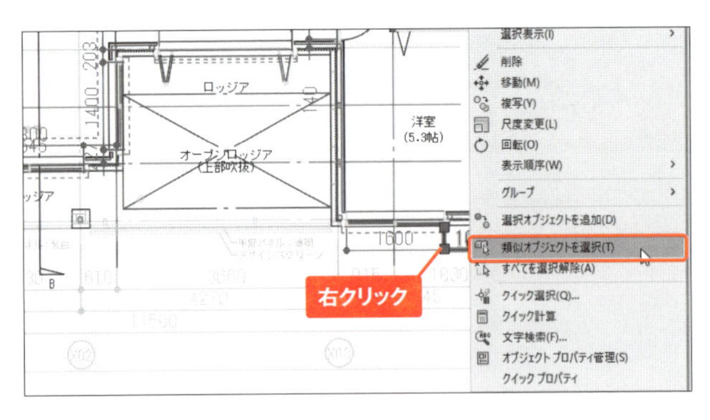

2 図形を右クリックし、表示されるコンテキストメニューから［類似オブジェクトを選択］を選択する。

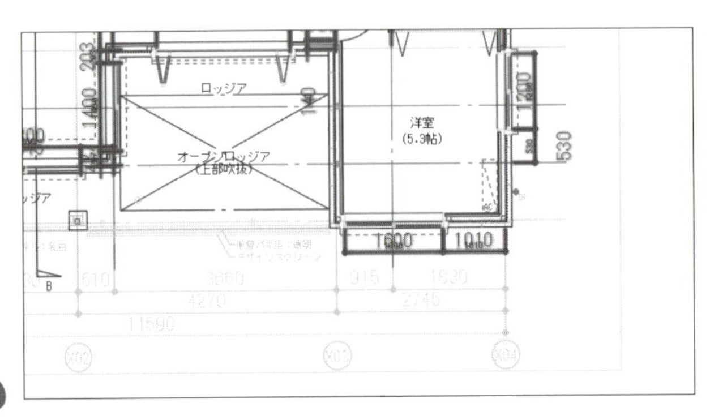

3 同じオブジェクトスタイル（ここでは寸法）で、同じ画層に振り分けられている図形がすべて選択される。

［類似オブジェクトを選択］を利用する際は、ここで解説した手順で目的の図形を選択した後で、コマンドを実行する。コマンドを実行した後で、1つの図形を選択して右クリックしても、右クリックが Enter キーとして機能するためコンテキストメニューが表示されない。

HINT

［類似オブジェクトを選択］の判定基準の設定は、［類似オブジェクトの選択設定］ダイアログで行える。［類似オブジェクトの選択設定］ダイアログは、コマンドラインに「selectsimilar」と入力して Enter キーを押し、［設定(SE)］オプションの「se」を入力して Enter キーを押すと表示される。

類似オブジェクトの選択設定

類似の判定基準

- ☐ 色(C)
- ☑ 画層(L)
- ☐ 線種(I)
- ☐ 線種尺度(T)
- ☐ 線の太さ(W)
- ☐ 印刷スタイル(P)
- ☐ オブジェクト スタイル(S)
- ☑ 名前(N)

OK　キャンセル　ヘルプ

No.121 指定した画層／色／太さの図形を選択する

関連ワード▶▶ 選択 クイック選択 画層 色 太さ

［クイック選択］を使うと、画層や色、太さなどの条件を指定して検索し、条件に合致した図形を選択できる。複雑に条件を設定したいときは、［オブジェクト選択フィルタ(FILTER)］コマンド(No.122「指定したプロパティ値の図形を選択する」参照)を使う。

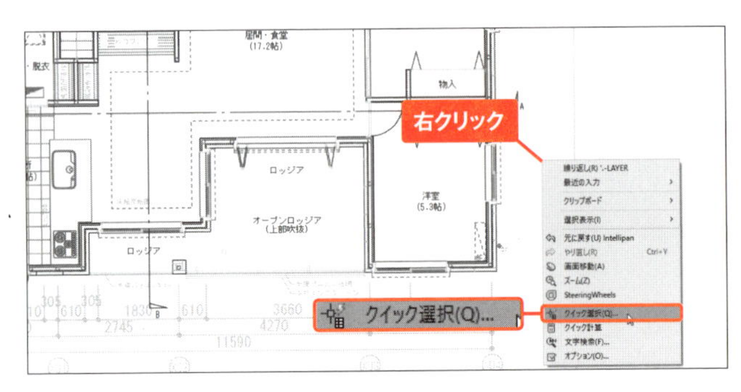

1 図形のない位置で右クリックし、表示されるコンテキストメニューから［クイック選択］を選択する。

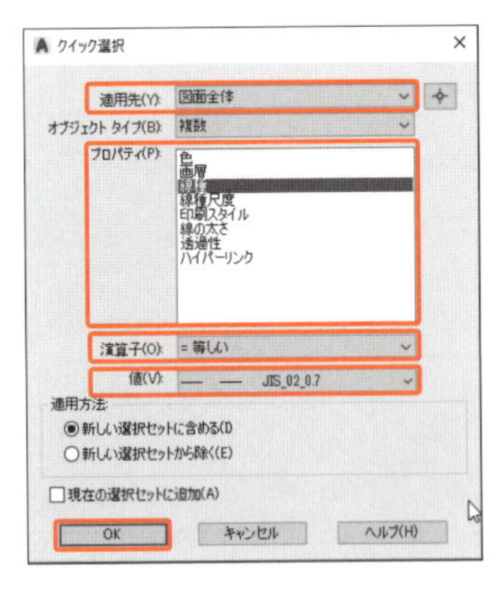

2 ［クイック選択］ダイアログが表示されるので、［適用先］や［プロパティ］、［値］、［演算子］など（ここでは、［図形全体］を対象に［線種］が［JIS_02_0.7］（破線）に［等しい］）を設定して［OK］ボタンをクリックする。

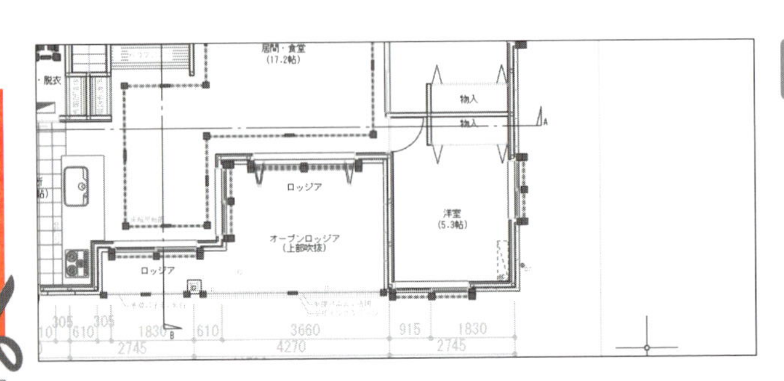

3 条件に合う図形がすべて選択される。

指定したプロパティ値の図形を選択する

関連ワード▶▶ 選択 フィルタ

[オブジェクト選択フィルタ(FILTER)] コマンドを使うと、図形のプロパティの値など、細かい条件で検索し、合致した図形を選択できる。また、既存の図形のプロパティ値を条件に設定して選択できる。

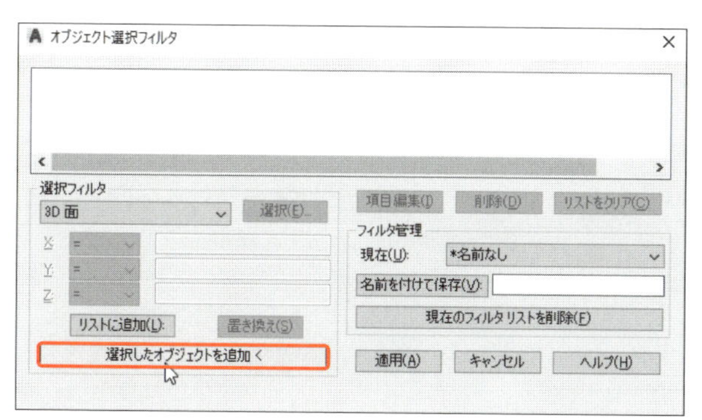

1 コマンドラインに「filter」と入力して Enter キーを押す。[オブジェクト選択フィルタ] ダイアログが表示されるので、[選択したオブジェクトを追加<] ボタンをクリックする。

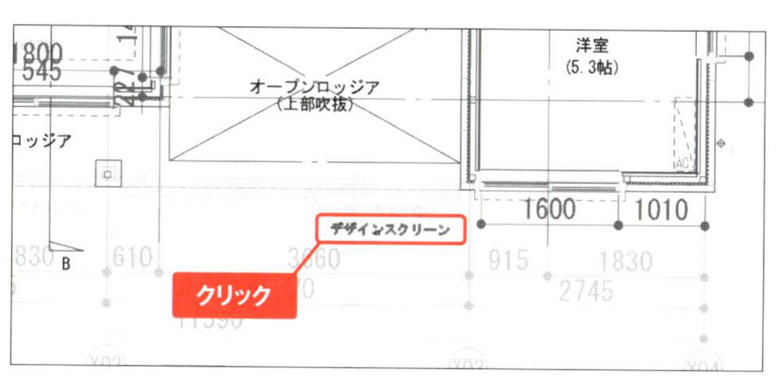

2 「オブジェクトを選択」と表示されるので、選択フィルタのプロパティリストに追加する図形(ここでは、「デザインスクリーン」という文字)をクリックする。

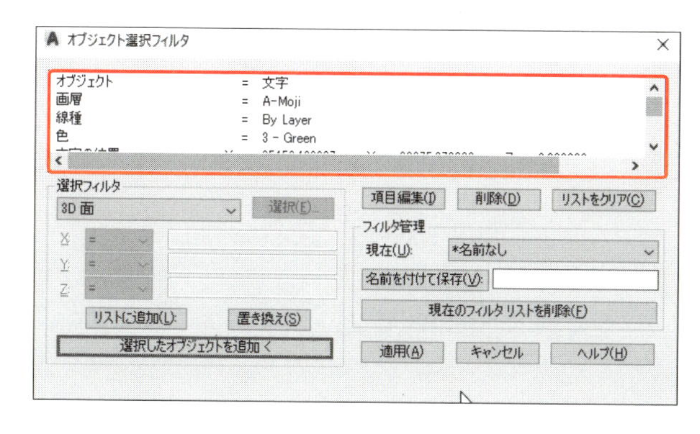

3 [オブジェクト選択フィルタ] ダイアログに戻り、選択した図形のプロパティがリストに表示される。

選択/編集

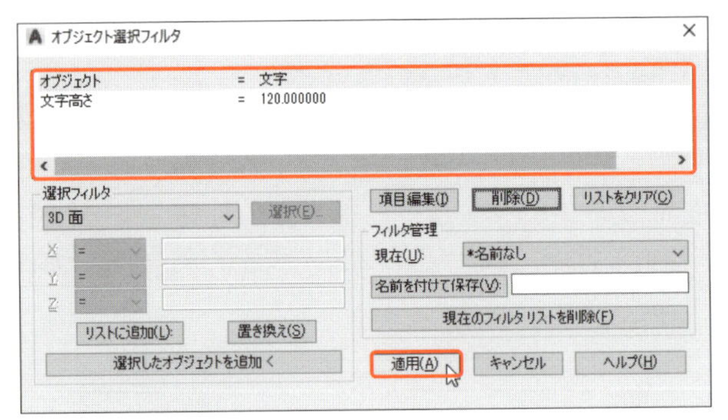

4 リストから[オブジェクト]と[文字の高さ]以外の項目を選択して、[削除]ボタンをクリックして削除する。リストが[オブジェクト]と[文字の高さ]のみになったことを確認し、[適用]ボタンをクリックする。

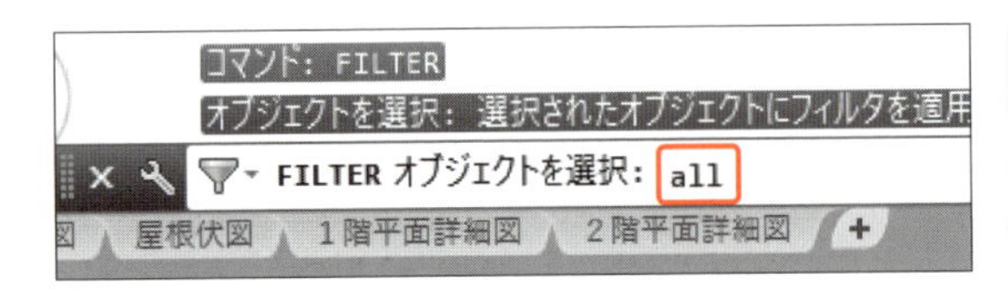

5 「オブジェクトを選択」と表示されるので、「all」と入力して Enter キーを押し、すべてのオブジェクトを選択する。

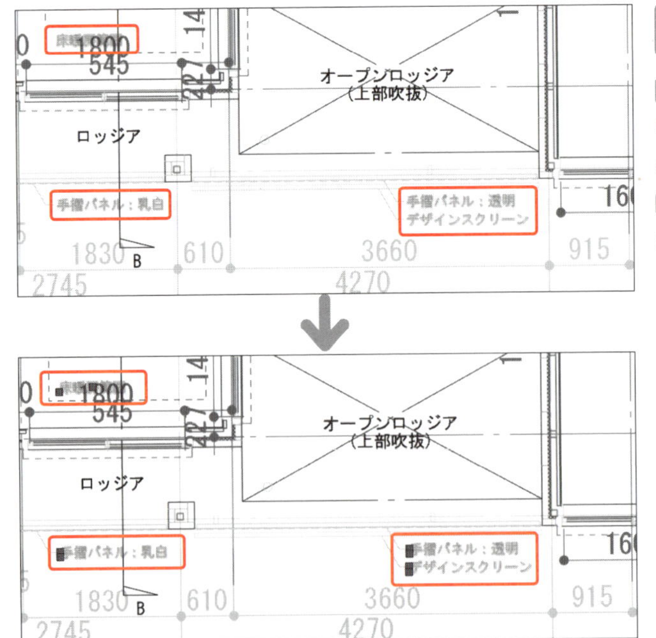

6 すべてのオブジェクトのうち、手順4で設定したプロパティリストの条件に合う図形のみがハイライトされ、Enter キーを押すと選択される。

HINT

コマンドの実行中にこの検索、選択機能を使いたい場合は、「オブジェクトを選択」と表示されたときに「'filter」と入力して Enter キーを押すと、[オブジェクト選択フィルタ]ダイアログを表示できる。

図形を削除する

関連ワード▶▶ 削除

図形を削除するときは［削除（ERASE）］コマンドを使用する。また、図形を選択状態にした後、Delete キーを押しても削除できる。

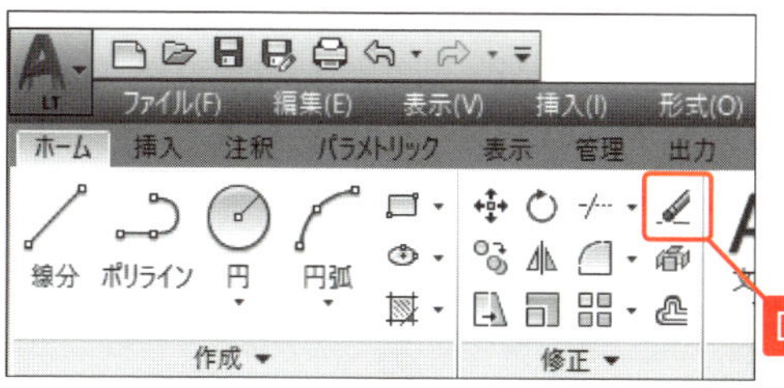

1 ［ホーム］タブ—［修正］パネル—［削除］ボタンをクリックする。

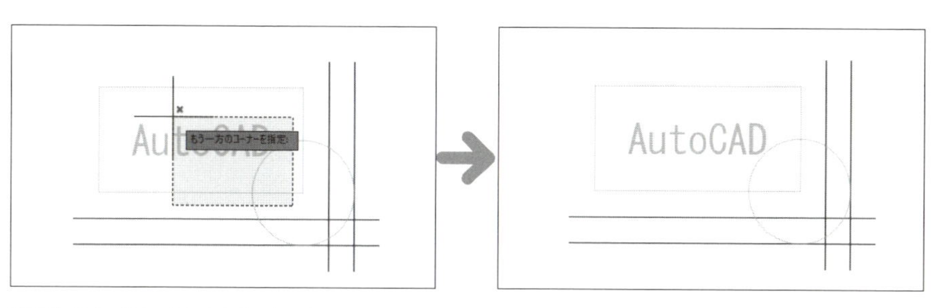

2 「オブジェクトを選択」と表示されるので、削除する図形（ここでは、「AutoCAD」の文字と長方形、円）を選択する。

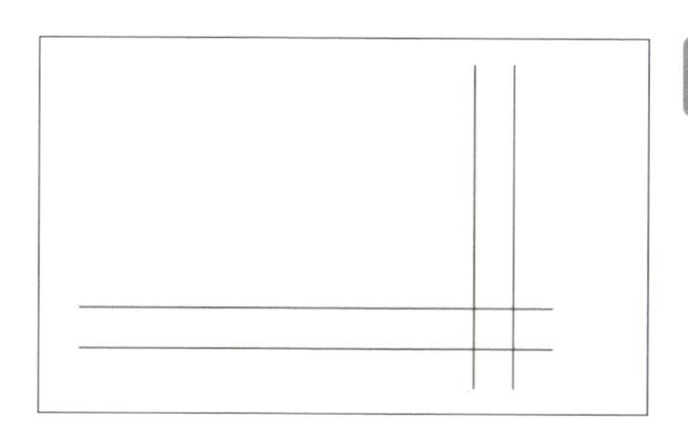

3 Enter キーを押すと選択した図形が削除される。

No.124

図形を移動する

関連ワード▶▶ 移動

図形を移動するときは、[移動(MOVE)]コマンドを使う。基点や目的点を指示するときに、オブジェクトスナップ（No.058「点を正確に指示する（定常オブジェクトスナップ）」参照）や座標系(No.065「絶対座標を使って点を指示する」参照)を使うと正確に指示できる。

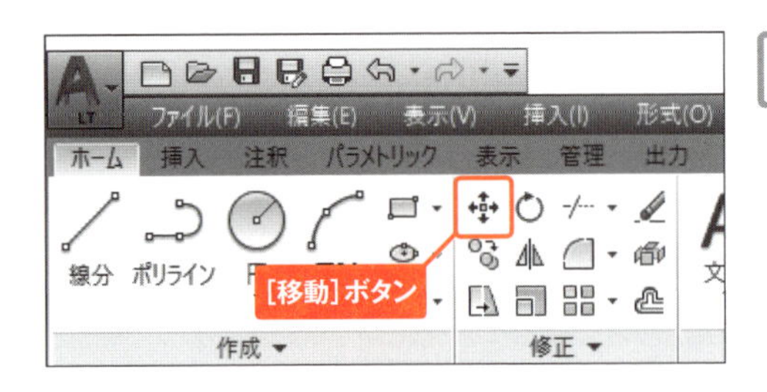

1 [ホーム]タブ―[修正]パネル―[移動]ボタンをクリックする。

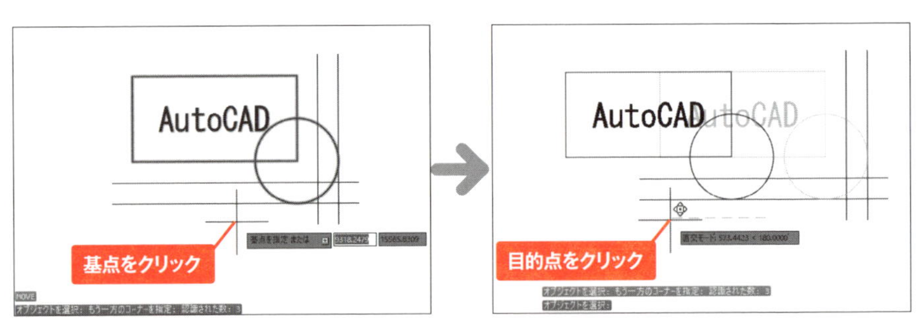

2 「オブジェクトを選択」と表示されるので、移動する図形（ここでは、長方形と文字と円）を選択して Enter キーを押す。「基点を指定」と表示されるので、移動の基点とする点をクリックする。続けて「目的点を指定」と表示されるので、移動する位置をクリックする。

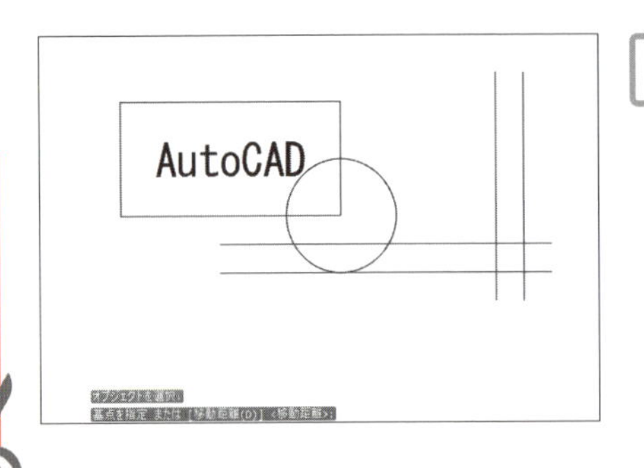

3 選択した図形が移動する。

選択／編集

No.125

図形をコピーする

関連ワード▶▶ 複写 コピー

図形を複製するときは、[複写(COPY)]コマンドを使う。

1 [ホーム]タブ—[修正]パネル—[複写]ボタンをクリックする。

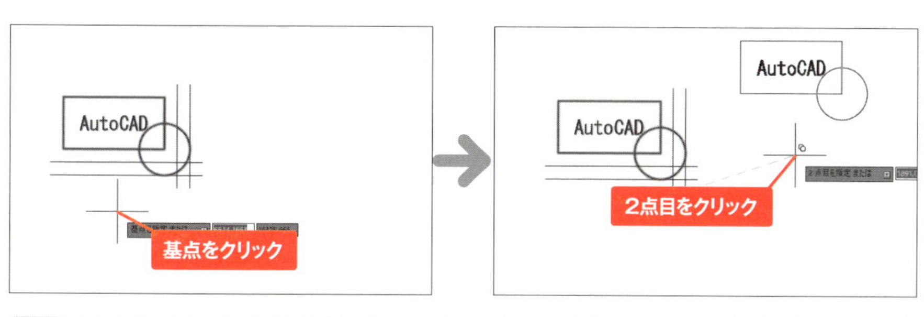

2 「オブジェクトを選択」と表示されるので、コピーする図形(ここでは、長方形と文字と円)を選択して Enter キーを押す。「基点を指定」と表示されるので、基点とする点をクリックする。続けて「2点目を指定」と表示されるのでコピーする位置をクリックすると、図形がコピーされる。

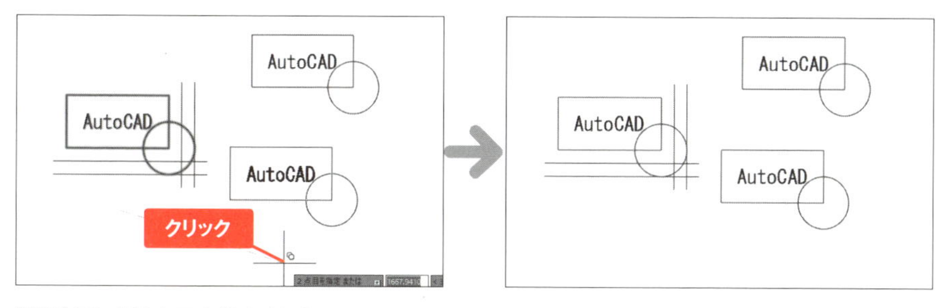

3 再び「2点目を指定」と表示されるので、続けてコピーする場合はコピーする位置をクリックすると、さらに図形がコピーされる。コマンドを終了する場合は Esc キーを押す。

別の図面ファイルから図形をコピーする

関連ワード▶▶ コピー 基点コピー

ほかの図面ファイルから図形をコピーするときは、[クリップボード] の [コピー] や [基点コピー] を使用する。

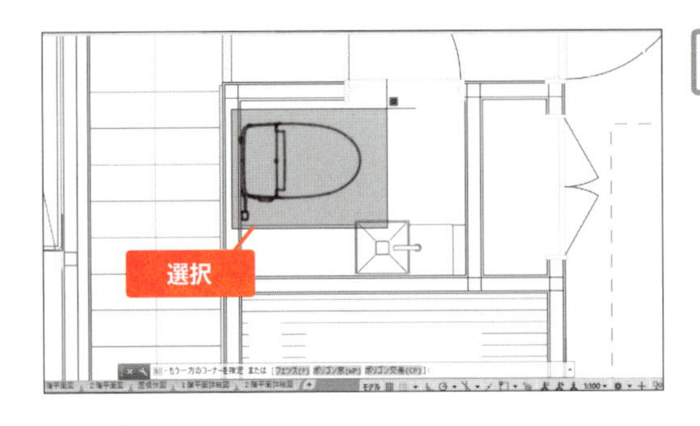

1 コピーする図形(ここでは、トイレの図形)を選択する。

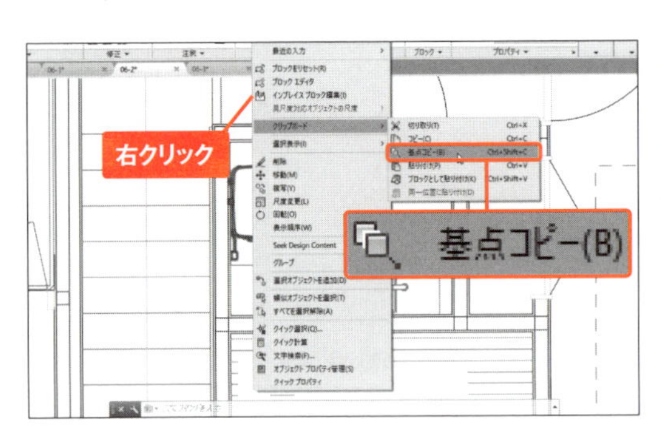

2 作図領域を右クリックして表示されるコンテキストメニューの[クリップボード]－[基点コピー]を選択する。

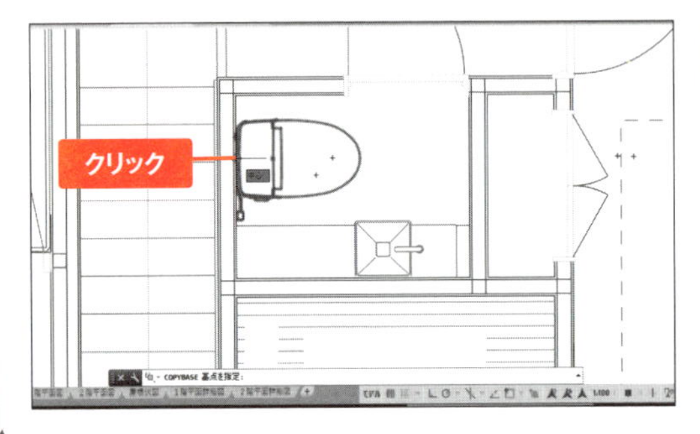

3 「基点を指定」と表示されるので、コピーの起点とする位置(ここでは、[中心]と表示される位置)をクリックする。

4 ファイルタブをクリックして別の図面ファイルを表示する。作図領域を右クリックして表示されるコンテキストメニューの[クリップボード]―[貼り付け]を選択する。

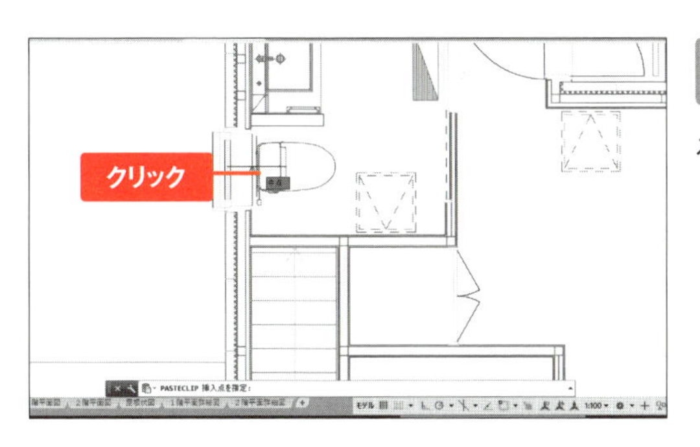

5 「挿入点を指定」と表示されるので、貼り付ける位置をクリックする。

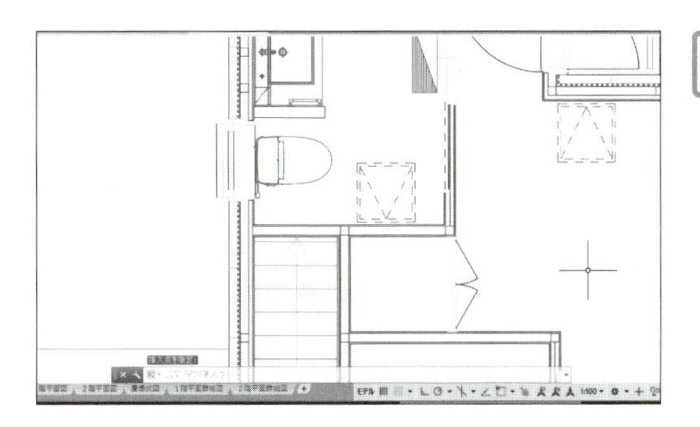

6 図形が貼り付けられる。

No.127 列と行を指定して配列コピーする

関連ワード▶▶ 矩形状配列複写 配列コピー

列数と行数を指定して矩形状に配列コピーするときは、[矩形状配列複写(ARRAYRECT)]コマンドを使用する。間隔や列、行の数は[配列複写作成]タブで指定する。

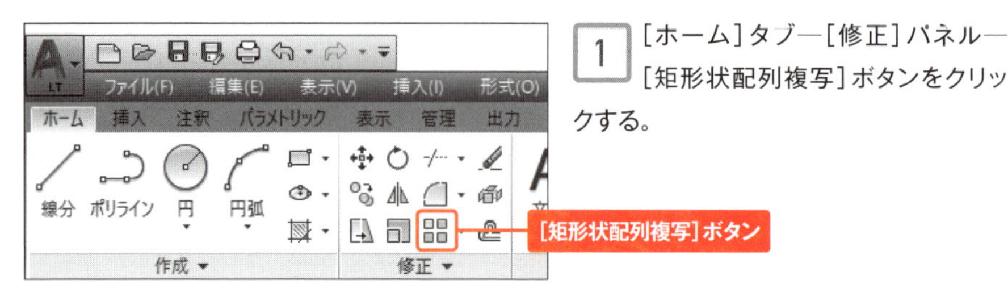

1 [ホーム]タブ―[修正]パネル―[矩形状配列複写]ボタンをクリックする。

2 「オブジェクトを選択」と表示されるので、コピーする基の図形をクリックして Enter キーを押す。

Autodesk AutoCAD LT 2018 06-1.dwg
フィルタ
abe@archibit.jp
ファイル(F) 編集(E) 表示(V) 挿入(I) 形式(O) ツール(T) 作成(D) 寸法(N) 修正(M) パラメトリック(P) ウィンドウ(W) ヘルプ(H)
ホーム 挿入 注釈 パラメトリック 表示 管理 出力 A360 配列複写作成
矩形状
タイプ
列: 4
間隔: 300
合計: 900
列
行: 3
間隔: 300
合計: 600
行
レベル: 1
間隔: 1
合計: 1
レベル
自動調整 基点
プロパティ
配列複写を閉じる
閉じる

3 リボンが自動的に[配列複写作成]タブに切り替わるので、[列][行][間隔](ここでは、[列]:4、[行]:3とし、[間隔]をそれぞれ300に設定)などの値を入力する。

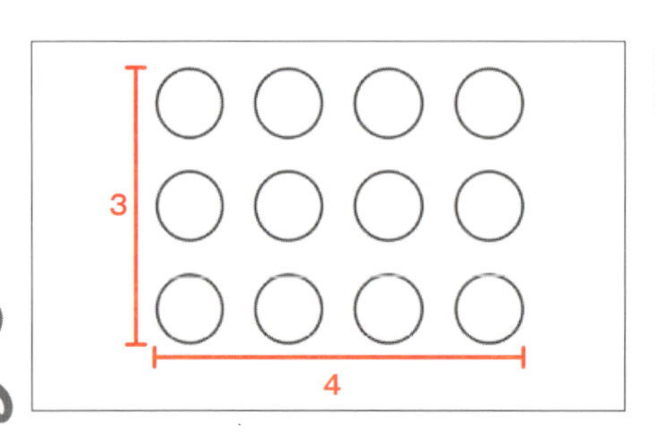

4 Enter キーを押すと、図形が配列コピーされる。

手順 3 で［配列複写作成］タブが表示されると同時に、作図領域には配列コピーのプレビューが表示される。図形に表示されるグリップを移動することで、［間隔］［列］［行］などを手動で指定できる。

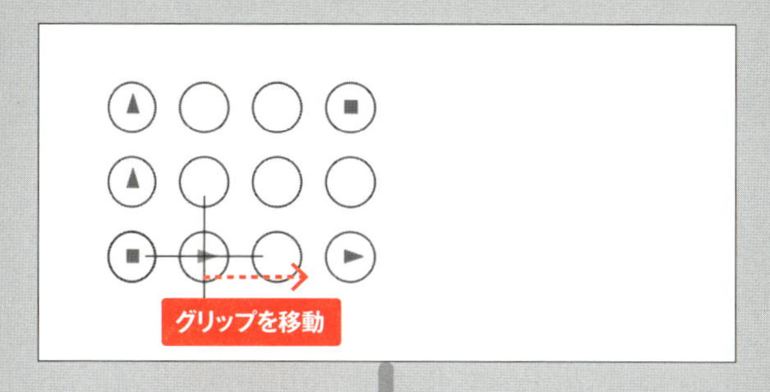

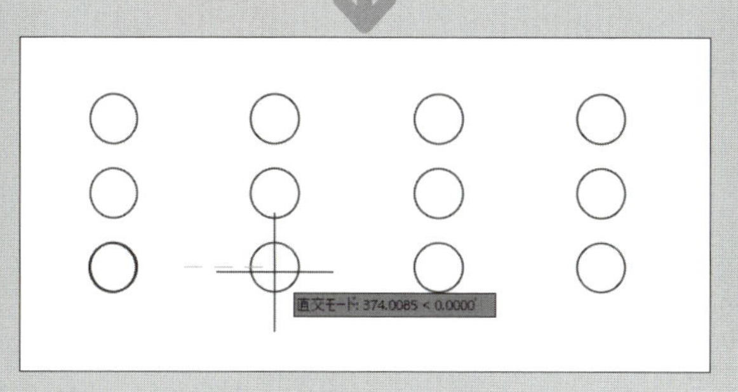

コマンド実行後の図形は「配列複写」という、ひとまとまりのオブジェクトになる。［分解］コマンドを実行することで、個別の図形になり、各々の編集などが可能となる。

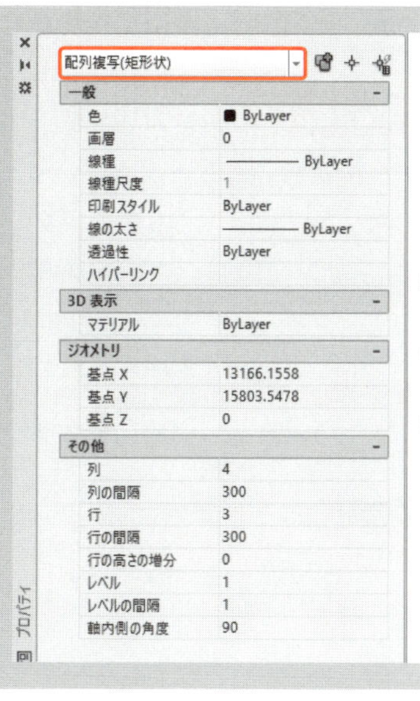

No.128

円形状に配列コピーする

関連ワード▶▶ 円形状配列複写 配列コピー

ある基点を中心として回転しながら配列コピーするときは、[円形状配列複写(ARRAY POLAR)]コマンドを使用する。

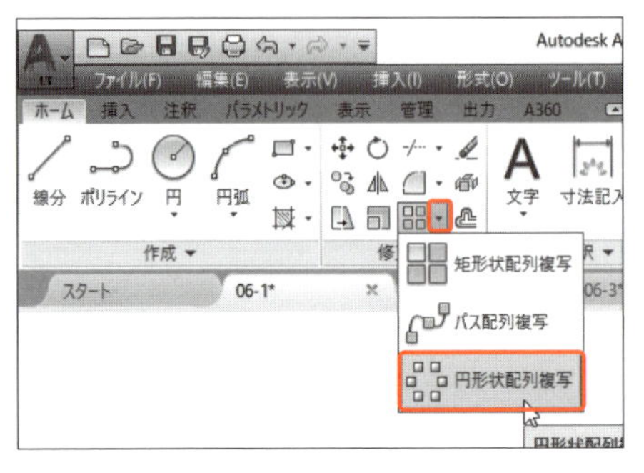

1 [ホーム]タブ—[修正]パネル—[矩形状配列複写]ボタンの[▼]をクリックし、メニューから[円形状配列複写]を選択する。

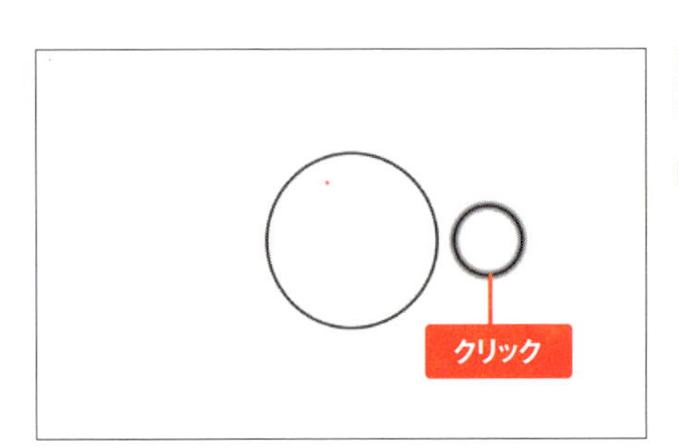

2 「オブジェクトを選択」と表示されるので、コピーする基の図形をクリックして Enter キーを押す。

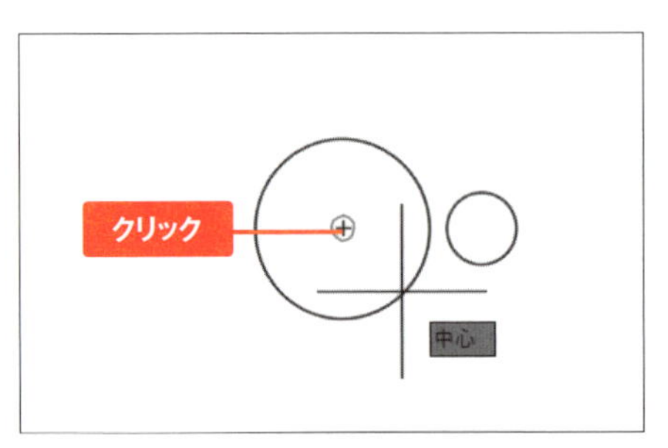

3 「配列複写の中心を指定」と表示されるので、回転コピーの中心(ここでは、大きいほうの円の[中心]と表示される位置)をクリックする。

選択/編集

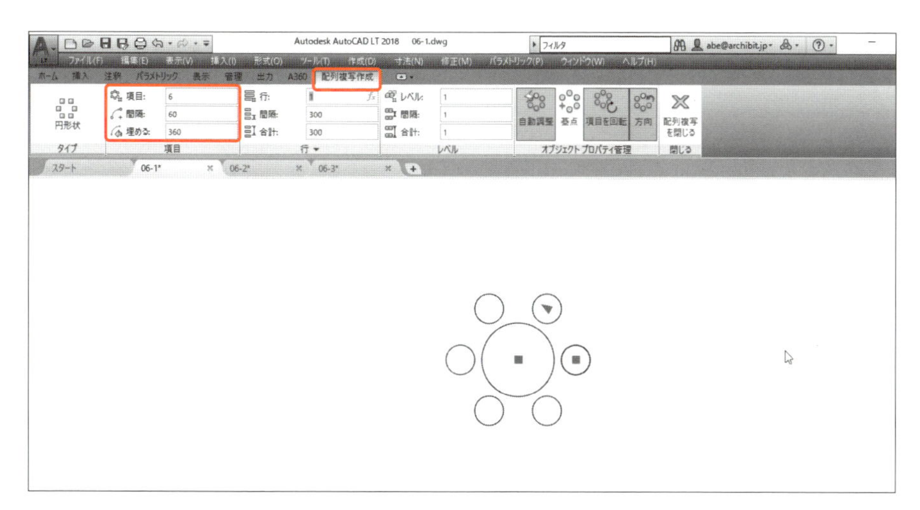

リボンが自動的に[配列複写作成]タブに切り替わるので、[項目][間隔][埋める](ここでは、[項目]:6、[間隔]:60、[埋める]:360に設定)などの値を入力する。

HINT

手順 4 で[配列複写作成]タブが表示されると同時に、作図領域にはコピーのプレビューが表示される。図形に表示されるグリップを移動することで[項目](図形の数)、[間隔](図形間の角度)、[埋める](全体の複写角度)などを手動で指定できる。

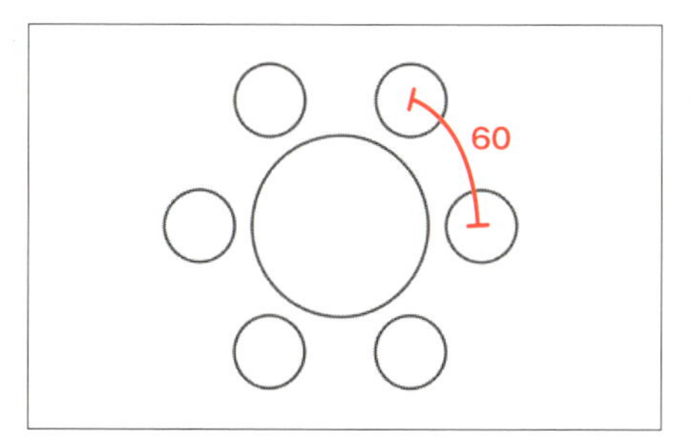

5 Enter キーを押すと、図形が円形状に配列コピーされる。

No.129

線に沿ってコピーする

関連ワード▶▶ パス配列複写 コピー

線やポリラインに沿って図形をコピーするときは［パス配列複写（ARRAYPATH）］コマンドを使用する。

1 ［ホーム］タブ－［修正］パネル－［矩形状配列複写］ボタンの［▼］をクリックし、メニューから［パス配列複写］を選択する。

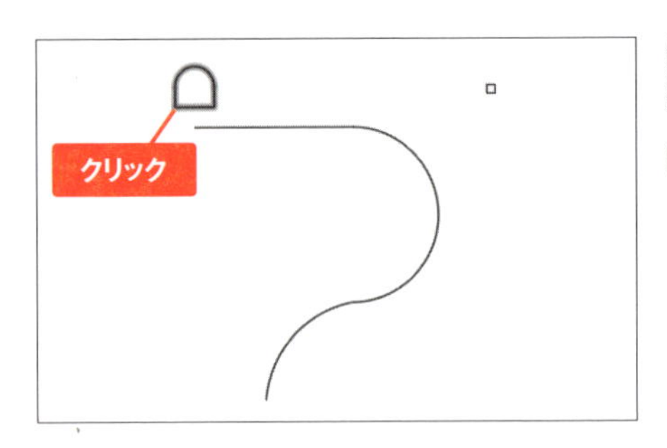

2 「オブジェクトを選択」と表示されるので、コピーする基の図形をクリックして Enter キーを押す。

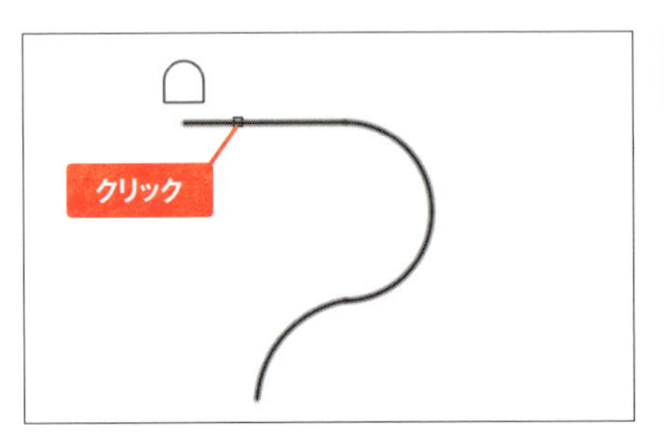

3 「パス曲線を選択」と表示されるので、パス（コピーされる軌跡）になる線やポリラインをクリックする。

選択／編集

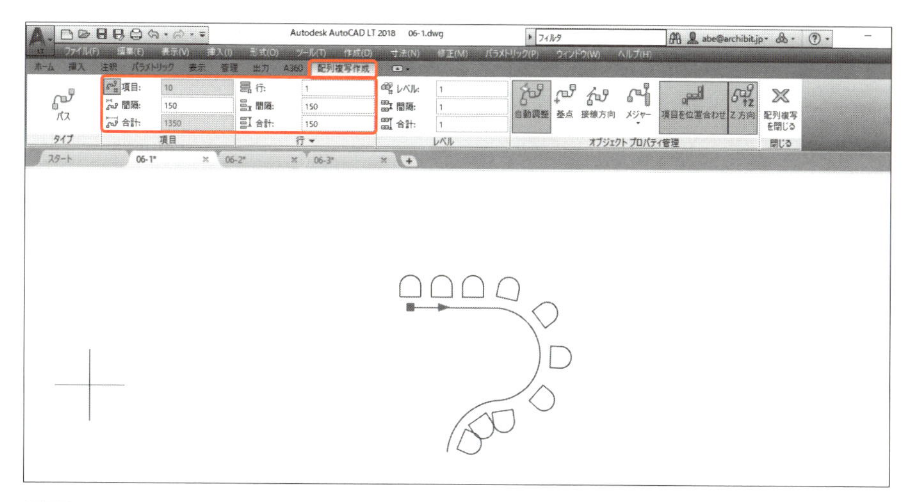

4 リボンが自動的に[配列複写作成]タブに切り替わるので、[項目](図形の数)、[行](図形の行数)パネルで値(ここでは、[項目]パネルの[間隔]:150、[行]パネルの[行]:1、[間隔]:150、[合計]:150)を入力する。

HINT

[配列複写作成]タブの[オブジェクトプロパティ管理]パネルには、基点を変更できる[基点]や、パスの全長を等分する[ディバイダ]などの設定項目が用意されている。

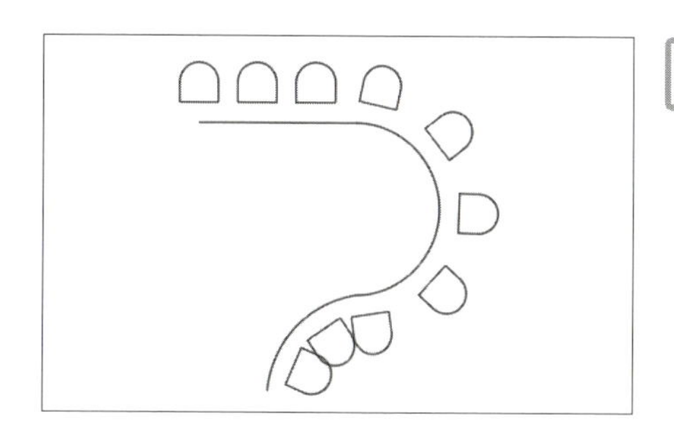

5 Enter キーを押すと、図形が線に沿ってコピーされる。

No.130

線上に等間隔で点を配置する

関連ワード▶▶ ディバイダ 点

［ディバイダ（DIVIDE）］は、線やポリラインを等分割した位置に点やブロックを配置するコマンドだ。［パス配列複写］コマンドでは複数のオブジェクトを配置できるが、［ディバイダ］コマンドでは点かブロックオブジェクトのみの配置に限られる。

1 ［ホーム］タブ―［作成］パネルのパネルタイトルをクリックして展開する。［ディバイダ］ボタンをクリックする。

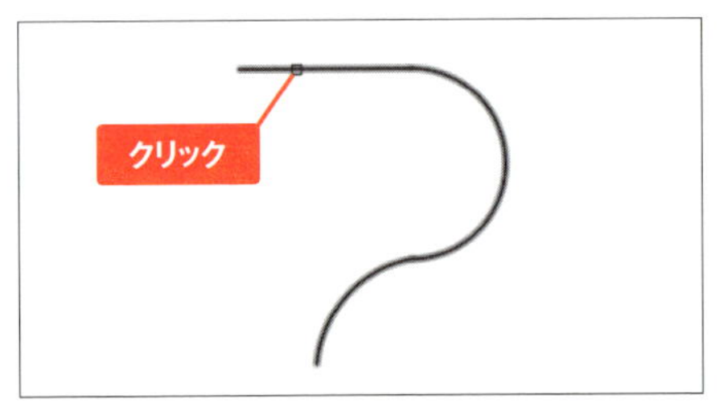

2 「分割表示するオブジェクトを選択」と表示されるので、点を配置する線をクリックする。続けて「分割数を入力」と表示されるので、分割する数（ここでは「10」）を入力して Enter キーを押す。

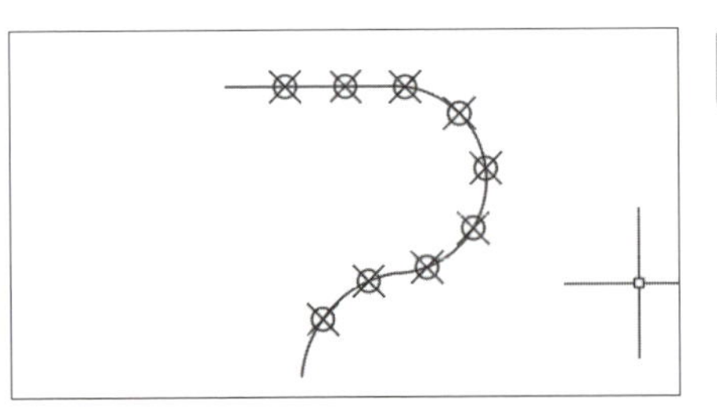

3 指定した値で分割された位置に点が配置される。

HINT

点の大きさや表示スタイルは、［ホーム］タブ―［ユーティリティ］パネル―［点スタイル管理］を選択して表示される［点スタイル管理］ダイアログで変更できる。

選択／編集

図形を回転する

関連ワード▶▶ 回転

図形を回転するときは、[回転(ROTATE)]コマンドを使う。

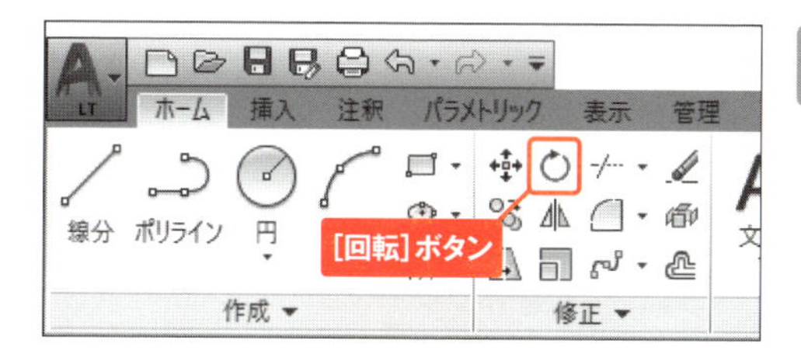

1 [ホーム]タブ—[修正]パネル—[回転]ボタンをクリックする。

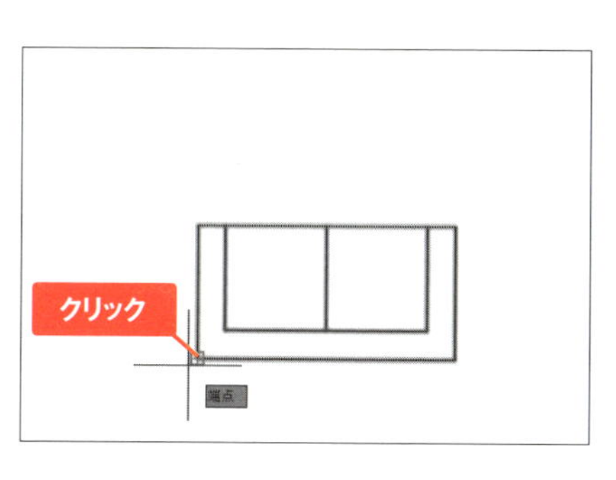

2 「オブジェクトを選択」と表示されるので、回転する図形(ここでは、ソファ)を選択して Enter キーを押す。続けて「基点と指定」と表示されるので、基点とする点をクリックする。

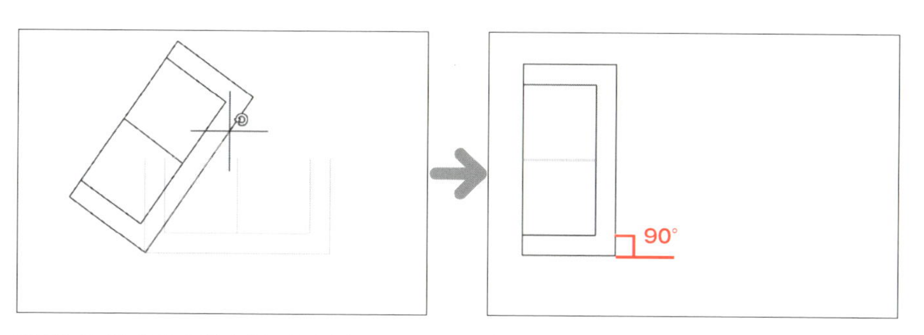

3 「回転角度を指定」と表示されるので、回転角度(ここでは、「90」)を入力して Enter キーを押すと、基点を軸に図形が回転する。

選択/編集

No.132

既存の図形の角度で図形を回転する

関連ワード▶▶ 回転 参照

既存の線などの角度を参照して図形を回転するときは、[回転(ROTATE)]コマンドの[参照(R)]オプションを使う。既存の線の角度を測って数値入力で回転するよりも正確に合わせることができる。ここでは、斜線の角度を参照し、同じ傾きで図形を回転させる。

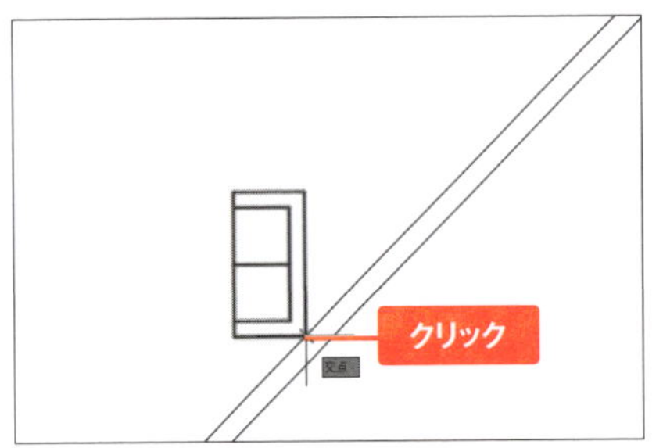

1 [ホーム]タブ―[修正]パネル―[回転]ボタンをクリックする。「オブジェクトを選択」と表示されるので、回転する図形(ここでは、ソファ)を選択して Enter キーを押す。続けて「基点を指定」と表示されるので、基点とする点(ここでは、[交点])をクリックする。

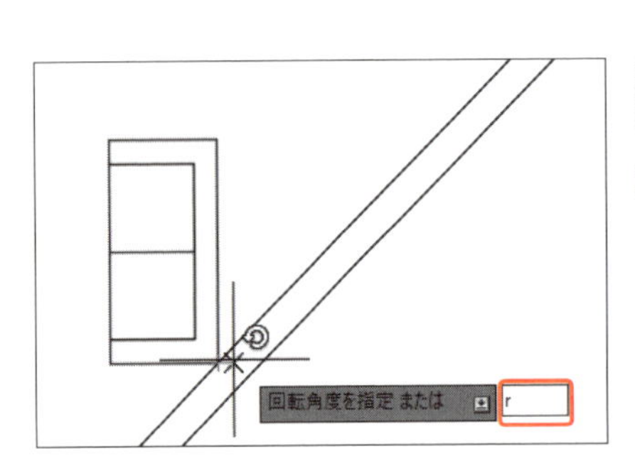

2 「回転角度を指定」と表示されるので、[参照(R)]オプションの「r」を入力して Enter キーを押す。

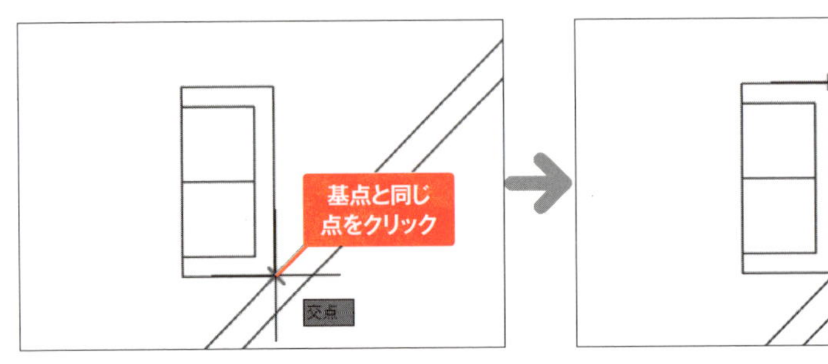

3 「参照する角度」と表示されるので、基点と同じ点をクリックする。続けて「2点目を指定」と表示されるので、回転する図形の線上をオブジェクトスナップを使って正確にクリックする。

選択/編集

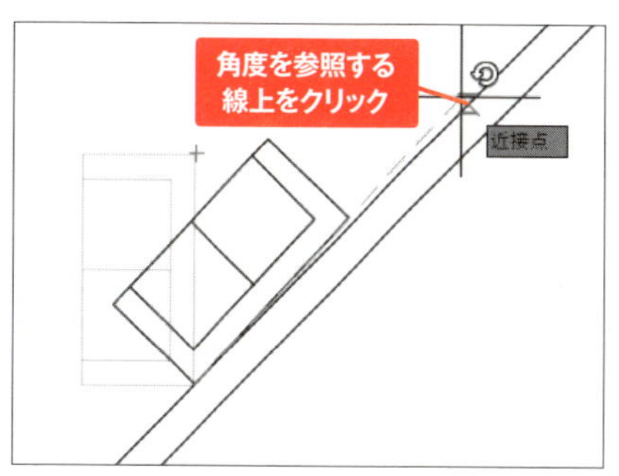

4 「新しい角度を指定」と表示されるので、合わせるほうの線上の位置(ここでは、一時スナップ(No.060「一回の操作だけオブジェクトスナップを使う(一時オブジェクトスナップ)」参照)を使って表示した[近接点])をクリックする。

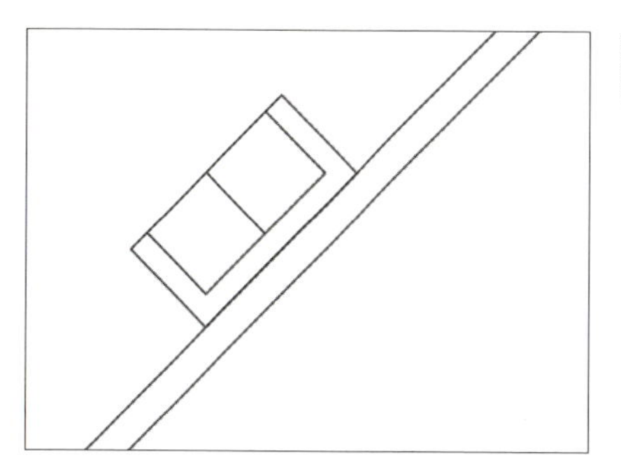

5 図形が斜線と同じ傾きになるように回転する。

選択/編集

図形を反転させて鏡像にする

関連ワード▶▶ 鏡像

図形を反転させて鏡像にするときは、[鏡像(MIRROR)]コマンドを使う。[鏡像]コマンドの実行中に、基の図形を残す「鏡像コピー」と、基の図形を削除する「鏡像移動」が選択できる。

1 [ホーム]タブ―[修正]パネル―[鏡像]ボタンをクリックする。

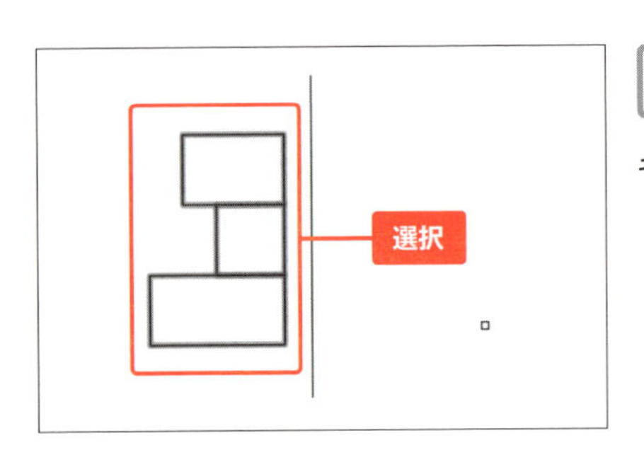

2 「オブジェクトを選択」と表示されるので、鏡像する基の図形を選択して Enter キーを押す。

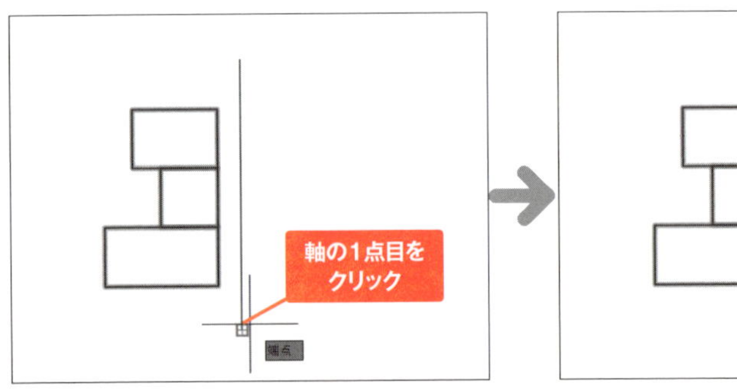

3 「対象軸の1点目を指定」と表示されるので、軸の一方の[端点]をクリックする。続けて「対象軸の2点目を指定」と表示されるので、軸の反対側の[端点]をクリックする。

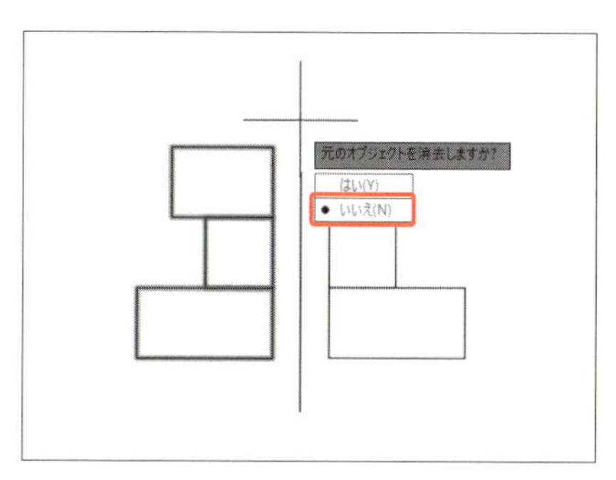

4 「元のオブジェクトを消去しますか?」と表示されるので、鏡像コピーにする場合は[いいえ]の「n」を、鏡像移動にする場合は[はい]の「y」を入力して Enter キーを押す。ここでは、「n」を入力して鏡像コピーにする。

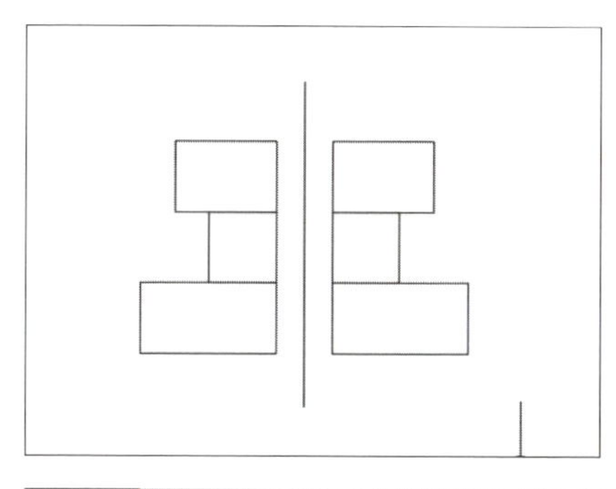

5 図形が鏡像コピーされる。

HINT

文字を鏡像にするとき、文字自体も鏡像にするかの設定は、システム変数「MIRRTEXT」で行える。「0」のときは文字自体は鏡像にならず位置のみ複写する。「1」のときは文字自体も鏡像になる。

MIRRTEXT=0
文字の鏡像　文字の鏡像

MIRRTEXT=1
文字の鏡像

No.134

グリップを使って図形を編集する

関連ワード▶▶ グリップ 編集

コマンドを実行していない状態でオブジェクトを選択すると、グリップが表示される。グリップをクリックして操作すると、基点や長さを変更するといった図形の編集が行える。

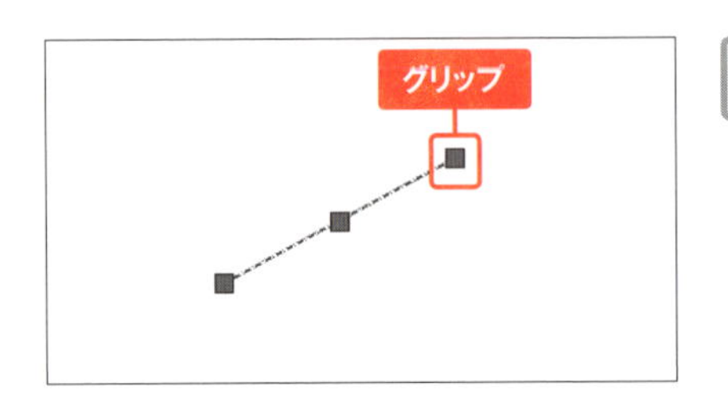

1 線をクリックして選択状態にすると、両端点と中点にグリップが表示される。

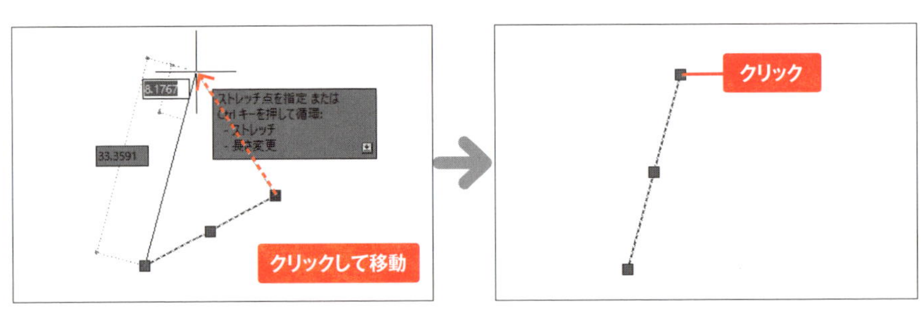

2 端点のグリップをクリックして移動させると、長さや端点の位置が変更される。

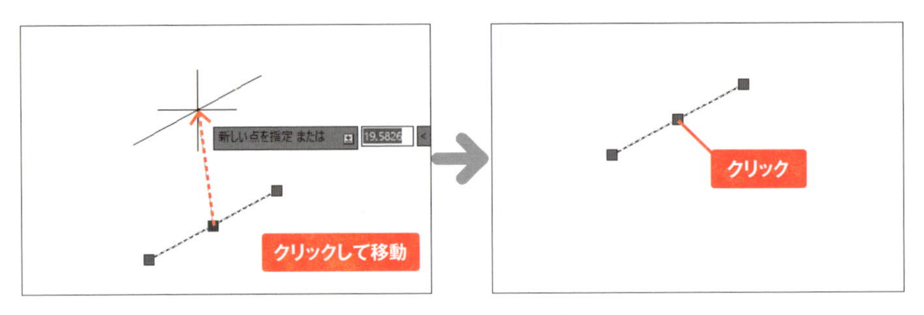

3 中点のグリップをクリックして移動させると、線全体が移動される。

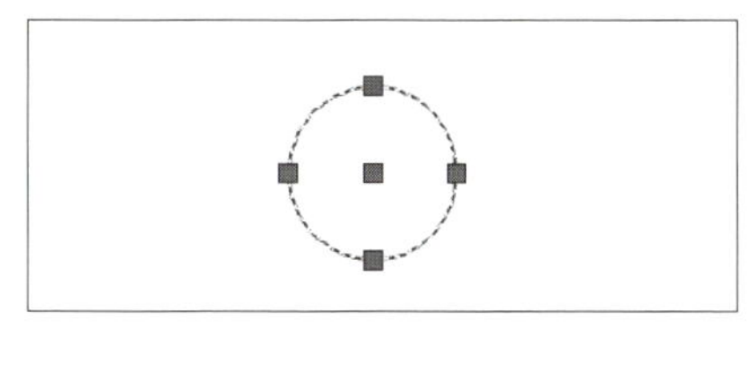

4 円をクリックして選択状態にすると、四半円点（中心からの水平、垂直線と円との交点の位置）と中心にグリップが表示される。

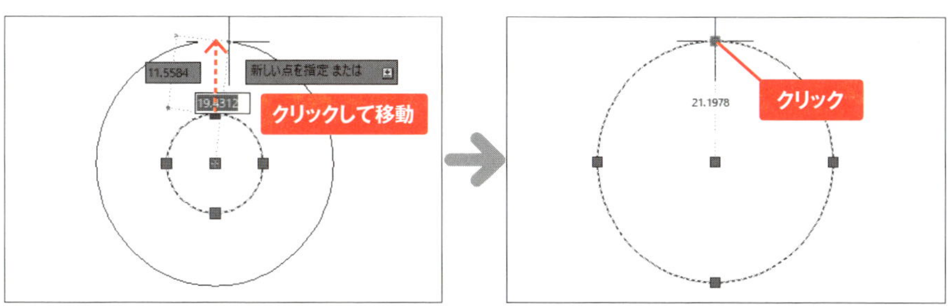

5 四半円点のグリップをクリックして移動させると、円の半径が変更される。

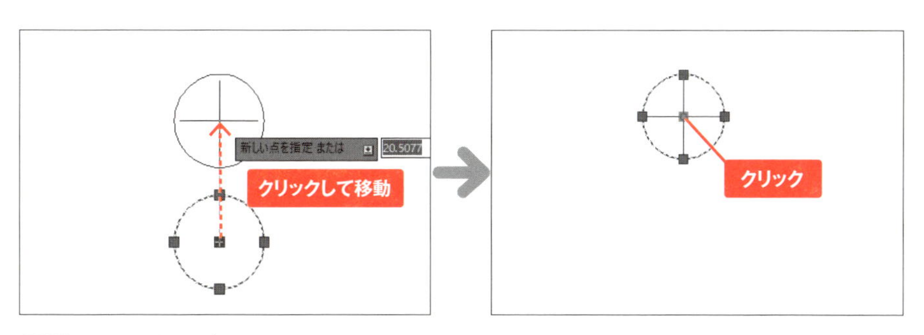

6 中心のグリップをクリックして移動させると、円自体が移動される。

HINT

オブジェクトを選択してもグリップが表示されないときは、［オプション］の設定を確認する。アプリケーションメニューの［オプション］ボタンをクリックし、表示される［オプション］ダイアログ―［選択］タブ―［グリップ］の項目の［グリップを表示］にチェックを入れるとグリップが表示される。

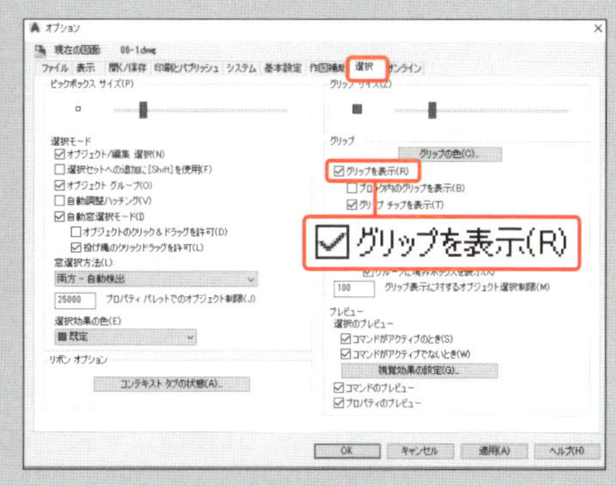

選択／編集

No.135

線を平行にコピーする(オフセット)

関連ワード▶▶ オフセット 平行コピー

線を平行にコピーするときは、[オフセット(OFFSET)] コマンドを使う。

1 [ホーム]タブ—[修正]パネル—[オフセット]ボタンをクリックする。

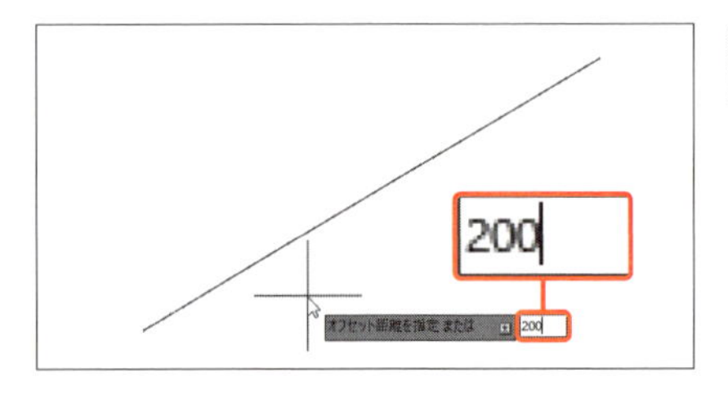

2 「オフセット距離を指定」と表示されるので、コピーする垂直距離(ここでは、「200」)を入力して Enter キーを押す。

3 「オフセットするオブジェクトを選択」と表示されるので、基の図形をクリックする。

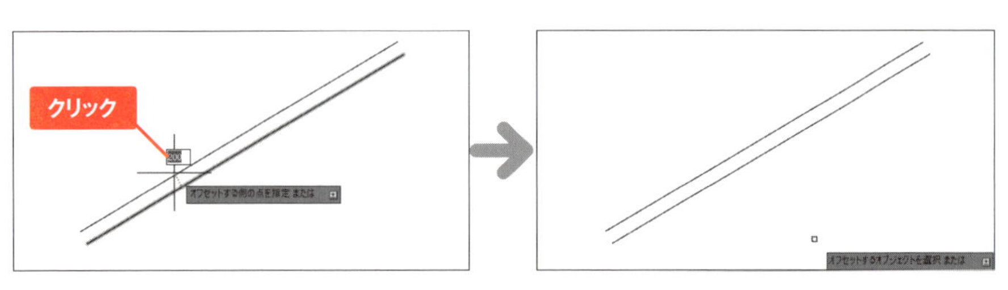

4 「オフセットする側の点を指定」と表示されるので、線のどちら側にコピーするかをクリックして指示する。クリックした側にオフセットされる。

選択/編集

No.136

図形を部分的に伸ばす／縮める（ストレッチ）

関連ワード▶▶ ストレッチ

図形を部分的に伸ばしたり縮めたりするときは、［ストレッチ（STRETCH）］コマンドを使う。

1 ［ホーム］タブ－［修正］パネル－［ストレッチ］ボタンをクリックする。

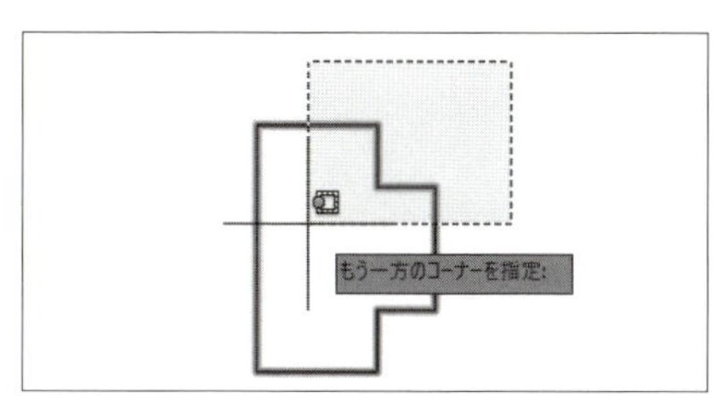

2 「オブジェクトを選択」と表示されるので、交差窓選択を使用して、伸縮させたい部分が含まれるようにオブジェクトを選択し、Enter キーを押す。

HINT クリックや窓選択で選択した場合、選択状態のオブジェクト全体が移動してしまうので注意が必要だ。

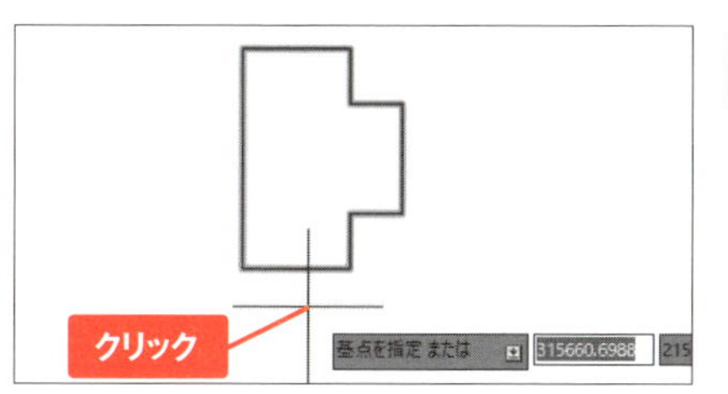

3 「基点を指定」と表示されるので、移動の基点とする位置をクリックする。

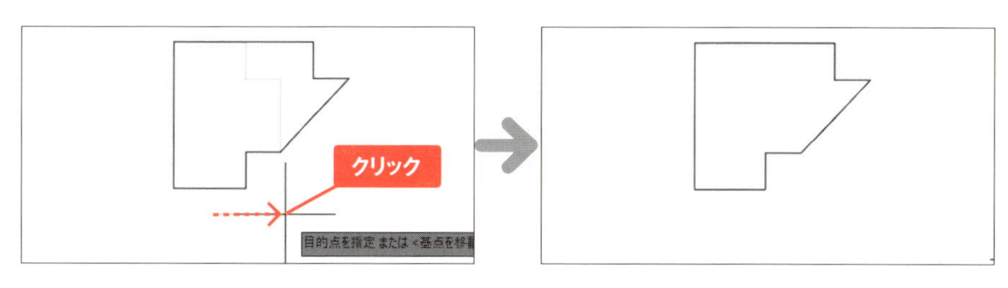

4 「目的点を指定」と表示されるので、ストレッチする方向と距離をクリックして指示する。図形がストレッチされる。

図形を拡大／縮小する

関連ワード▶▶ 尺度変更 拡大 縮小

図形を拡大／縮小するときは、［尺度変更(SCALE)］コマンドを使う。

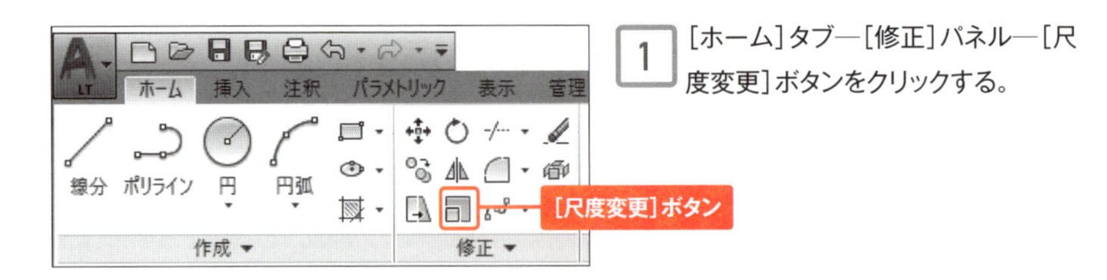

1 ［ホーム］タブ―［修正］パネル―［尺度変更］ボタンをクリックする。

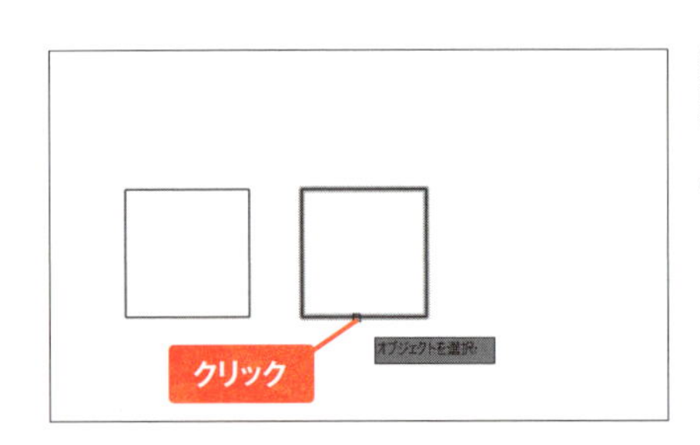

2 「オブジェクトを選択」と表示されるので、拡大／縮小する図形を選択して Enter キーを押す。

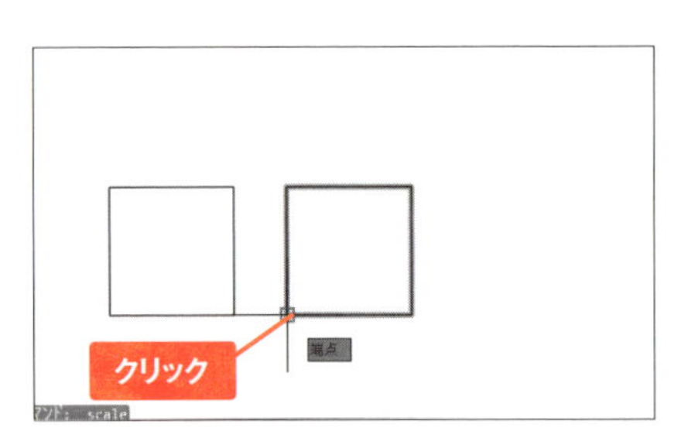

3 「基点を指定」と表示されるので、拡大／縮小の基点とする点をクリックする。

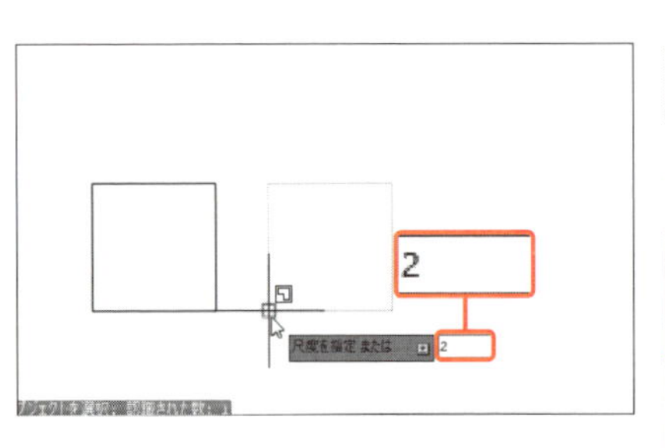

4 「尺度を指定」と表示されるので、尺度係数（ここでは、「2」）を入力して Enter キーを押す。

尺度係数が 1 より大きいと拡大となる。1より小さい(ただし0より大きい)と縮小となる。例えば1/2の大きさに縮小する場合は「0.5」と入力する。

5 図形が縦横2倍に拡大する。

HINT

ほかの図形の一部の大きさに合わせて拡大／縮小する場合は、手順 4 で[参照(R)]オプションの「r」を入力する。「参照する長さを指定」と表示されるので、長さを参照する図形の一辺の[端点]をクリックして指示する(①)。続けて「2点目を指定」と表示されるので、もう一方の[端点]をクリックする(②)。「新しい長さを指定」と表示されるので、基の図形の[端点]をクリックする(③)と、下の図形の長さに合わせて上の図形が縮小される。

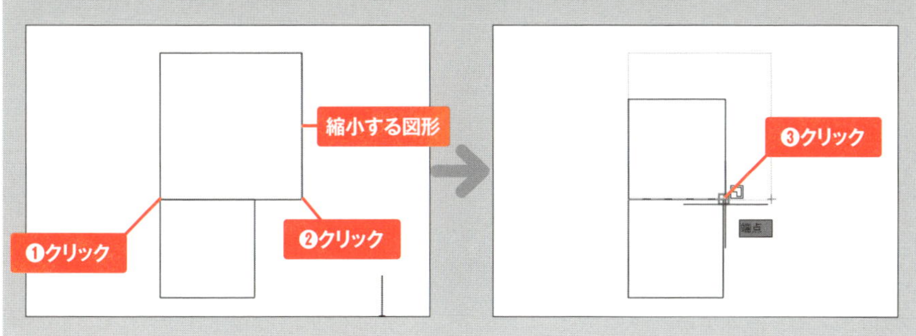

選択／編集

No.138

線を切り取る(トリム)

関連ワード▶▶ トリム 交差

線をほかの図形と交差する部分で切り取るときは、[トリム(TRIM)]コマンドを使う。

1 [ホーム]タブ―[修正]パネル―[トリム]ボタンをクリックする。

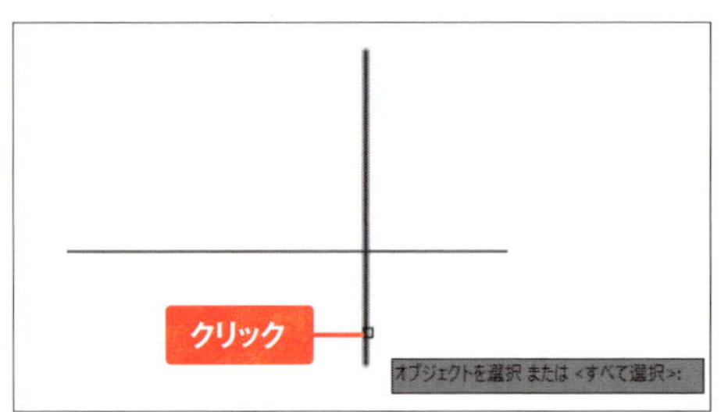

2 「オブジェクトを選択」と表示されるので、境界にする図形を選択して Enter キーを押す。

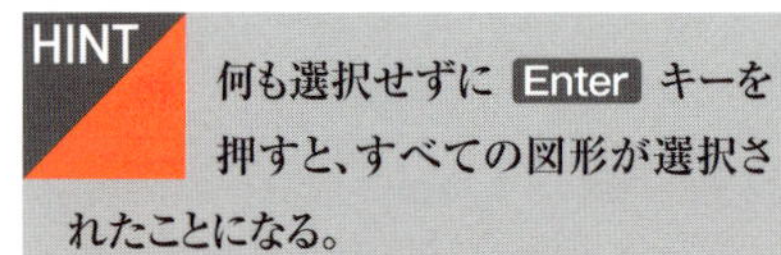

HINT 何も選択せずに Enter キーを押すと、すべての図形が選択されたことになる。

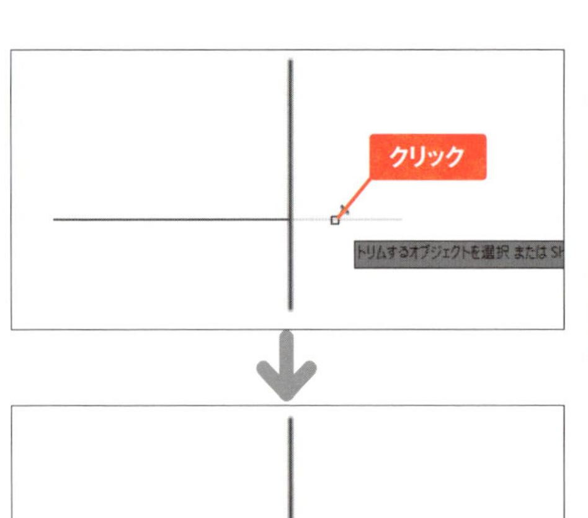

3 「トリムするオブジェクトを選択」と表示されるので、切り取る線を選択して Enter キーを押す。線が手順 2 で選択した図形との交点で切り取られる。

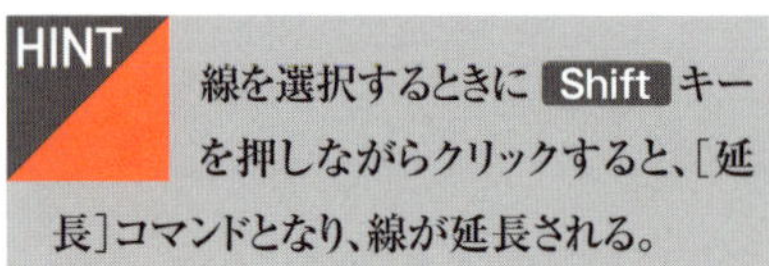

HINT 線を選択するときに Shift キーを押しながらクリックすると、[延長]コマンドとなり、線が延長される。

HINT

手順 3 で線を選択する前に、[エッジ(E)]オプションの「e」を入力して Enter キーを押し、続けて[延長(E)]オプションの「e」を入力して Enter キーを押すと「延長モード」に設定できる。[トリム]コマンドの延長モードでは、図形どうしが交差していなくても、境界となる線の延長線上との交点で切り取ることができる。

[延長]コマンド(No.139「線を延長する」参照)でも同様の手順で延長モードにして、図形どうしが交差していなくても、境界となる線の延長線上との交点まで延長することができる。

[トリム]コマンドの延長モード

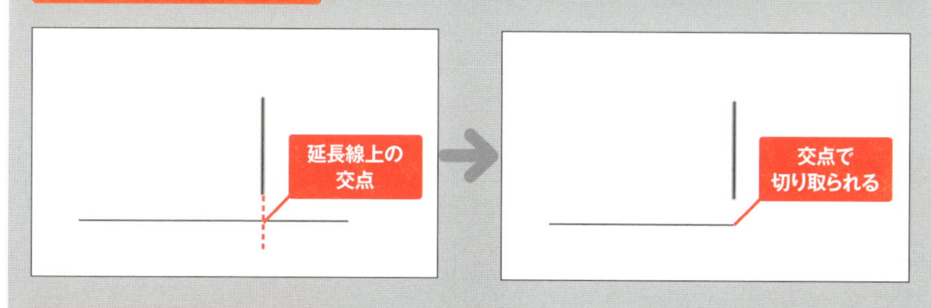

[延長]コマンドの延長モード

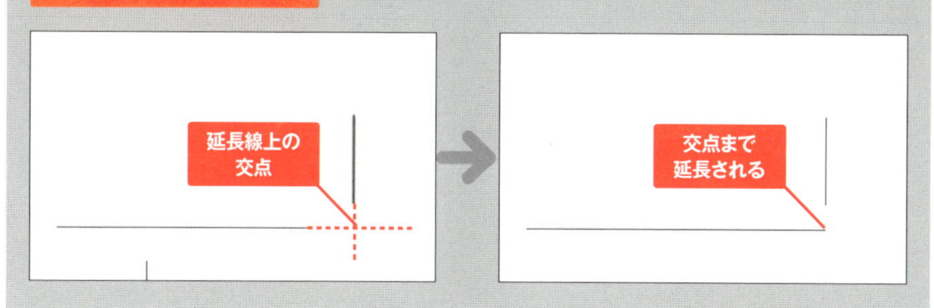

No.139

線を延長する

関連ワード▶▶ 延長 交差

線をほかの図形と交差する部分まで延長するときは、[延長(EXTEND)]コマンドを使う。

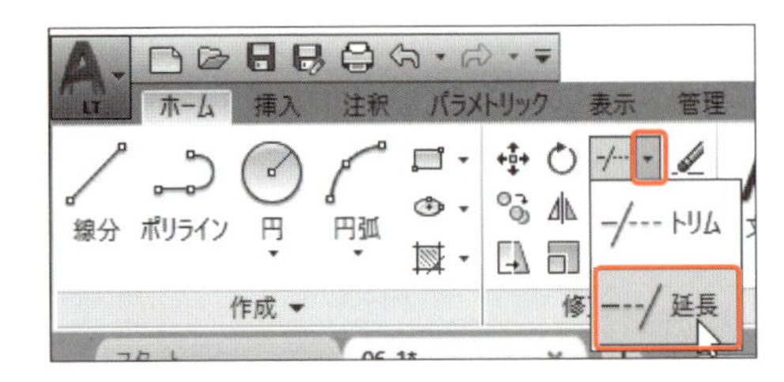

1 [ホーム]タブ―[修正]パネル―[トリム]ボタンの[▼]をクリックし、メニューから[延長]を選択する。

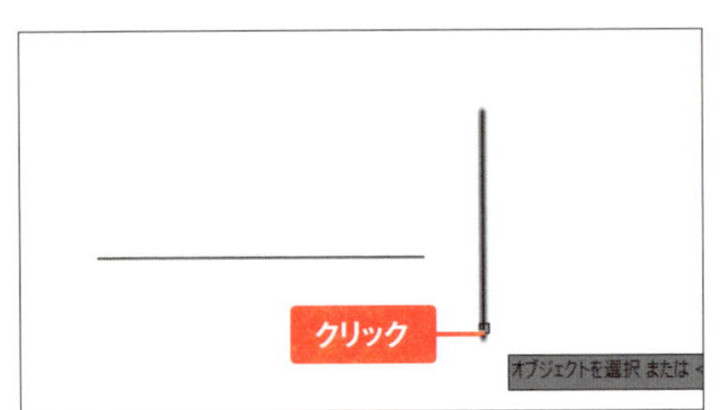

2 「オブジェクトを選択」と表示されるので、境界にする図形を選択して Enter キーを押す。

何も選択せずに Enter キーを押すと、すべての図形が選択されたことになる。

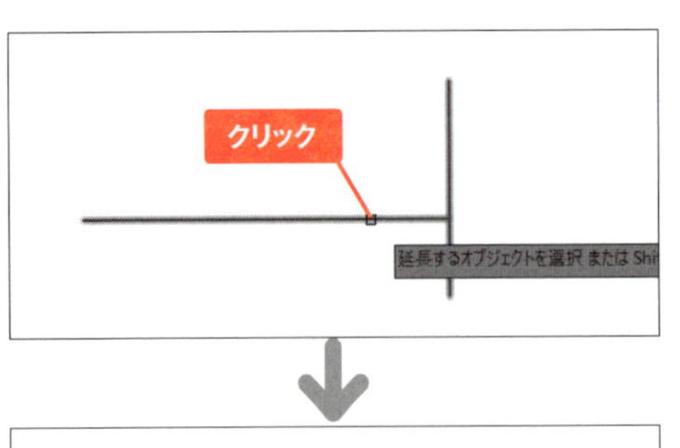

3 「延長するオブジェクトを選択」と表示されるので、延長する線を選択して Enter キーを押す。線が手順 2 で選択した図形との交点まで延長される。

線を選択するときに Shift キーを押しながらクリックすると、[トリム]コマンドとなり、線が切り取られる。

選択／編集

線や円弧の長さを変更する

関連ワード▶▶ 長さ変更

線や円弧の長さを、比率や全長を指定して変更するときは、[長さ変更(LENGTHEN)]コマンドを使う。ここでは、線の長さを「2000」に変更する。

1 [ホーム]タブ―[修正]パネルのパネルタイトルをクリックして展開する。[長さ変更]ボタンをクリックする。

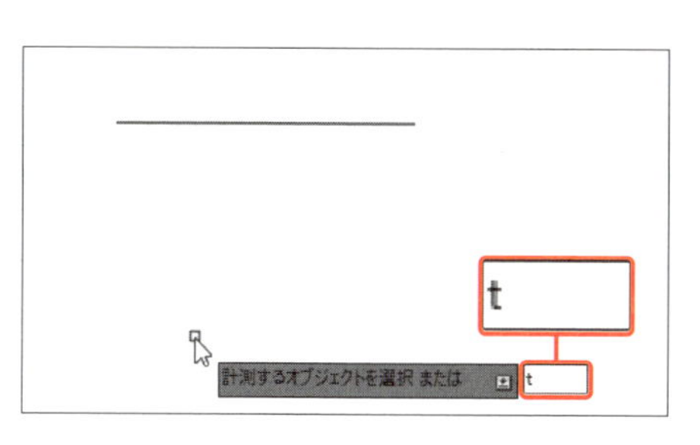

2 「計測するオブジェクトを選択」と表示されるので、[全体(T)]オプションの「t」を入力して Enter キーを押す。

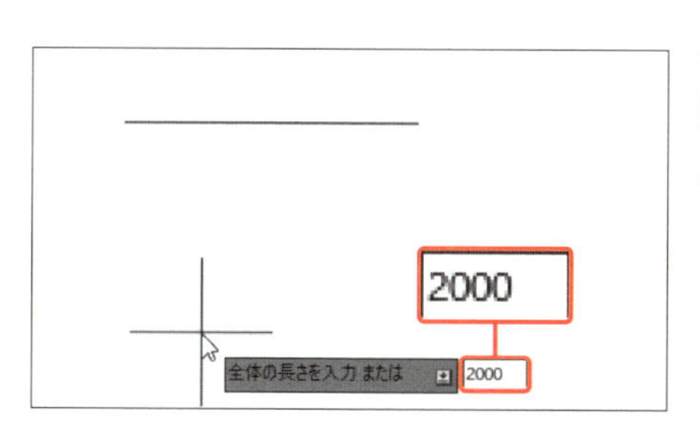

3 「全体の長さを入力」と表示されるので、変更したい長さ(ここでは、「2000」を入力して Enter キーを押す。

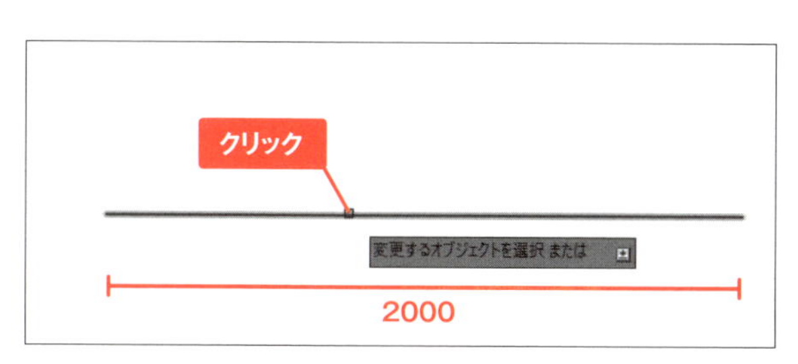

4 「変更するオブジェクトを選択」と表示されるので、線をクリックする。線の長さが変更される。

選択/編集

No.141

角(コーナー)を丸める

関連ワード▶▶ フィレット

角(コーナー)を丸めるときは、[フィレット(FILLET)]コマンドを使う。ただし、長方形の角をすべて丸めたいときは、[長方形]コマンドの[フィレット]オプションを使ってはじめから作図したほうが効率がよい(No.097「角を丸めた／面取りした長方形をかく」参照)。

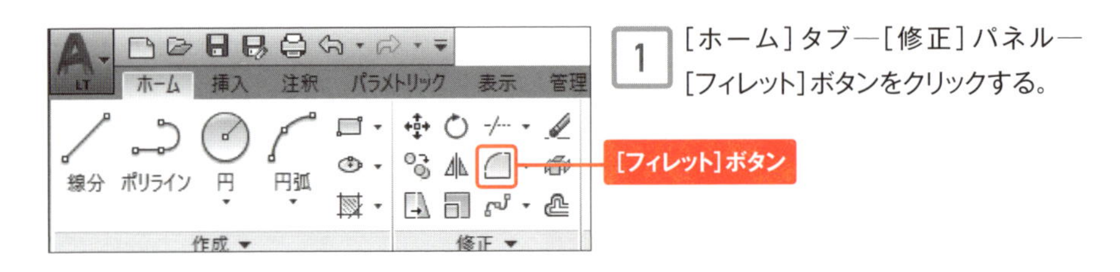

1 [ホーム]タブ―[修正]パネル―[フィレット]ボタンをクリックする。

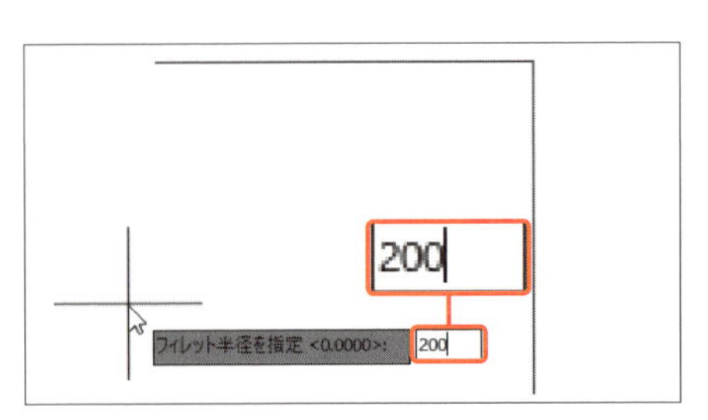

2 「最初のオブジェクトを選択」と表示されるので、[半径(R)]オプションの「r」を入力して Enter キーを押す。続けて「フィレット半径を指定」と表示されるので、半径(ここでは、「200」)を入力して Enter キーを押す。

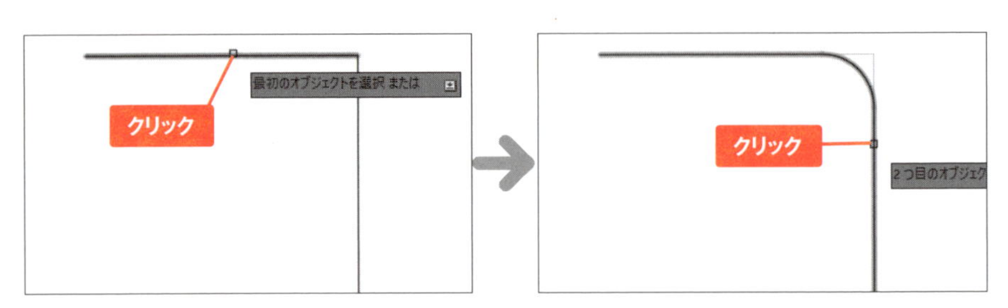

3 「最初のオブジェクトを選択」と表示されるので、角を構成する一方の辺をクリックする。続けて「2つ目のオブジェクトを選択」と表示されるので、もう一方の辺にカーソルを合わせる。プレビューが表示されるのでクリックすると、2辺からなる角が丸められる。

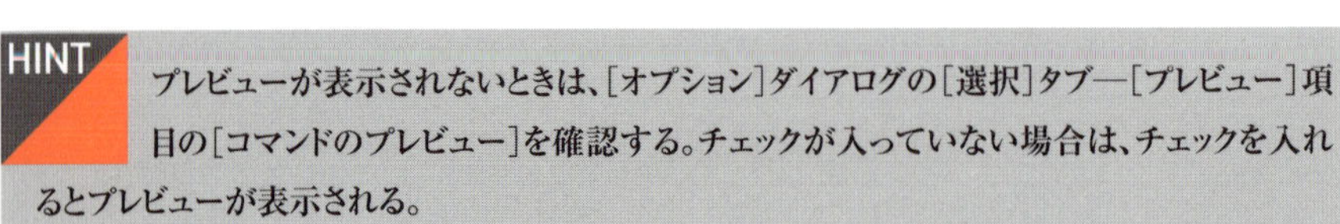
HINT

プレビューが表示されないときは、[オプション]ダイアログの[選択]タブ―[プレビュー]項目の[コマンドのプレビュー]を確認する。チェックが入っていない場合は、チェックを入れるとプレビューが表示される。

角(コーナー)を面取りする

関連ワード▶▶ 面取り

角(コーナー)を面取りするときは、[面取り(FILLET)]コマンドを使う。

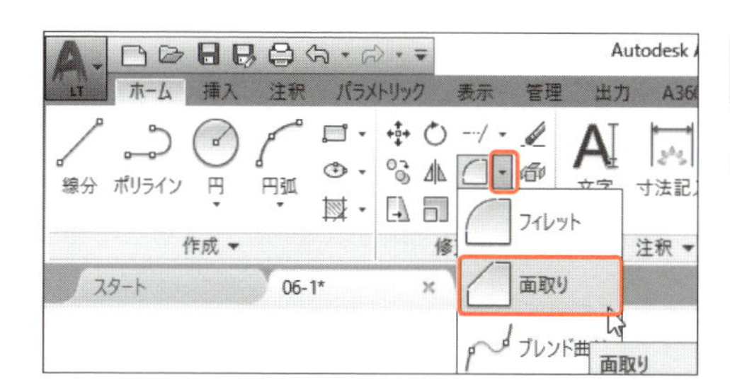

1 [ホーム]タブ―[修正]パネル―[フィレット]ボタンの[▼]をクリックし、メニューから[面取り]を選択する。

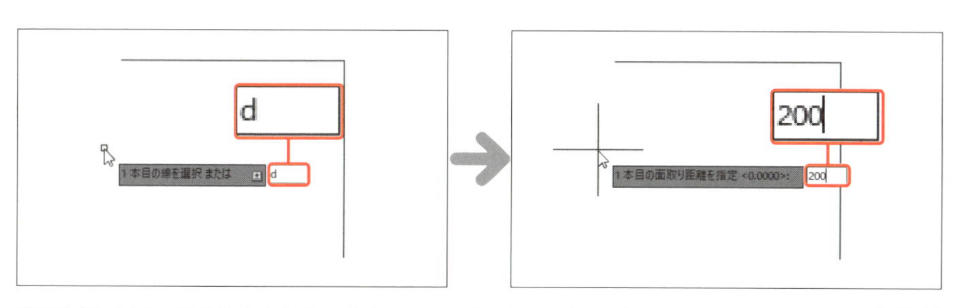

2 「1本目の線を選択」と表示されるので、[距離(D)]オプションの「d」を入力して Enter キーを押す。続けて「1本目の面取り距離を指定」と表示されるので、交点からの距離を(ここでは、「200」)を入力して Enter キーを押す。次に「2本目の面取り距離を指定」と表示されるので、交点からの距離を(ここでは、「200」)を入力して Enter キーを押す。

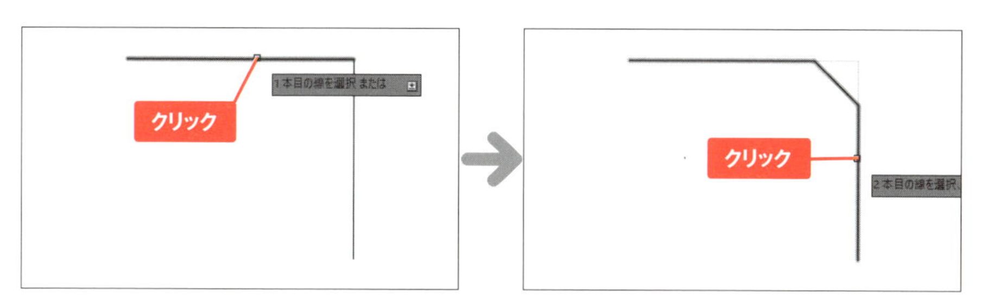

3 「1本目の線を選択」と表示されるので、角を構成する一方の辺をクリックする。続けて「2本目の線を選択」と表示されるので、もう一方の辺にカーソルを合わせる。プレビューが表示されるのでクリックすると、2辺からなる角が指定した距離で面取りされる。

No.143

既存の図形と同じ画層／色／線種に変更する

関連ワード▶▶ プロパティコピー

図形の画層や色、線種などのプロパティをほかの図形と同じものに変更したいときは、[プロパティコピー (MATCHPROP)] コマンドを使う。

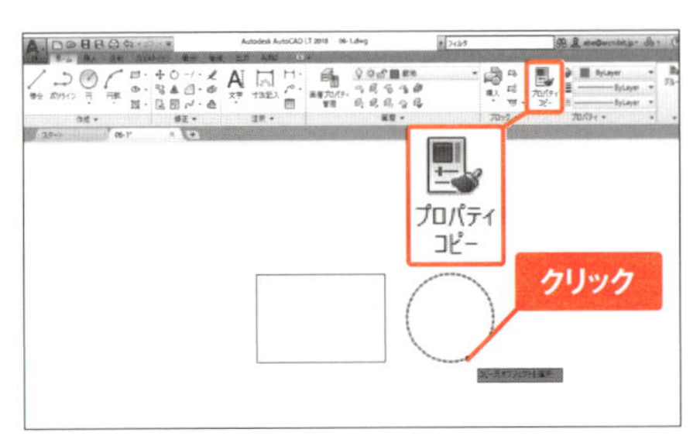

1 [ホーム] タブ─[プロパティ] パネル─[プロパティコピー] ボタンをクリックする。「コピー元オブジェクトを選択」と表示されるので、プロパティをコピーする図形をクリックして選択する。

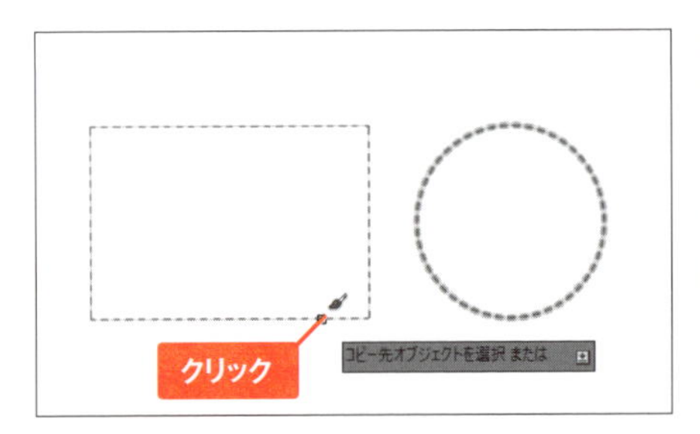

2 「コピー先オブジェクトを選択」と表示されるので、プロパティのコピー先の図形をクリックする。コピー先の画層、色、線種などのプロパティがコピー元のものに変更される。Esc キーを押してコマンドを終了する。

HINT

手順 2 でコピー先オブジェクトを選択する前に [設定(S)] オプションの「s」を入力して Enter キーを押すと、[プロパティの設定] ダイアログが表示される。各項目のチェックを入れたり外したりして、コピーするプロパティの種類などを設定できる。

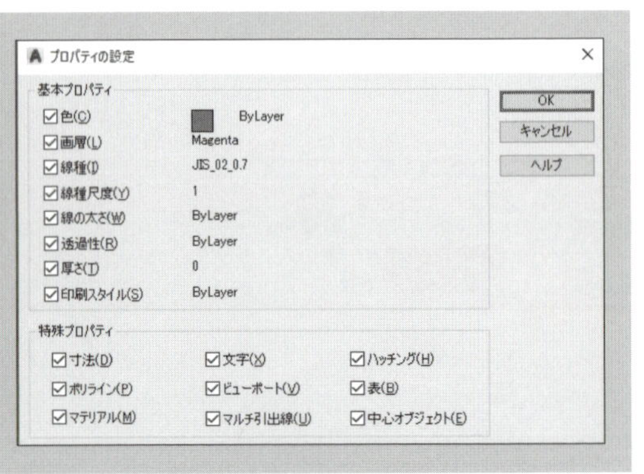

No.144

図形の画層／色／線種を素早く確認／変更する

関連ワード▶▶ クイックプロパティ

[クイックプロパティ]は、図形を選択すると表示され、選択を解除すると非表示になる。選択している図形の画層や色などのプロパティの確認／変更ができる。ただし、より詳細にプロパティを変更する場合は[プロパティ]パレット(No.145「図形の画層／色／線種の詳細を確認／変更する」参照)を使用する。

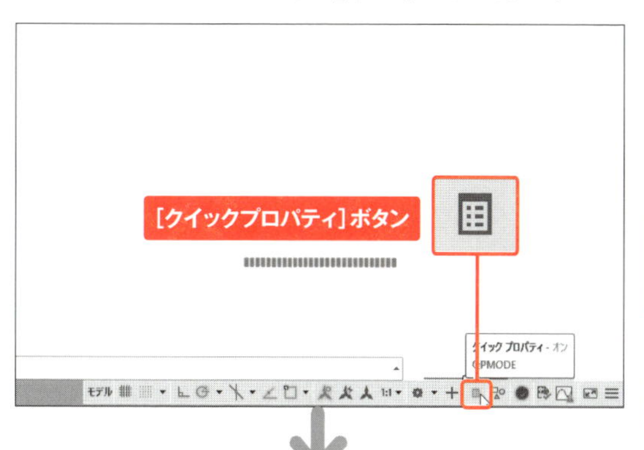

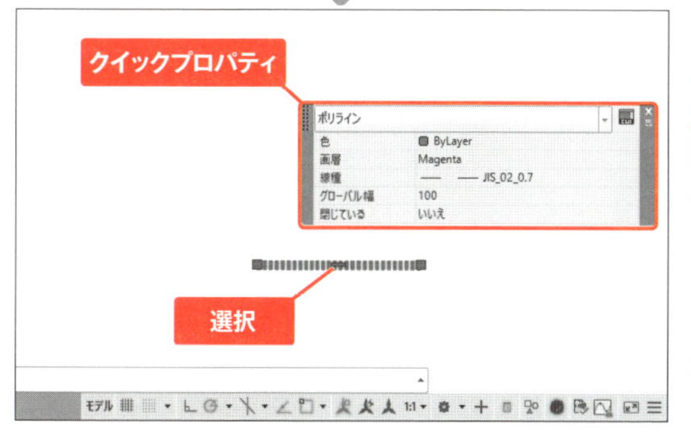

ステータスバーの[クイックプロパティ]ボタンをクリックして有効にすると、図形を選択したときにプロパティが表示される。

HINT

[クイックプロパティ]ボタンがステータスバーに表示されていない場合は、右端にある[カスタマイズ]ボタンから表示させる。

HINT

クイックプロパティパレットの表示位置などの設定は、[クイックプロパティ]ボタンを右クリックし、表示されるメニューから[クイックプロパティの設定]を選択して表示される[作図補助設定]ダイアログで行える。

HINT

クイックプロパティパレットで表示される項目の設定は、[管理]タブ—[カスタマイズ]パネル—[ユーザインタフェース]ボタンをクリックする。表示される[ユーザインタフェースをカスタマイズ]ダイアログの[カスタマイズ]タブ—[<ファイル名> 内のカスタマイズ]—[メニュー]—[クイックプロパティ]で変更する。

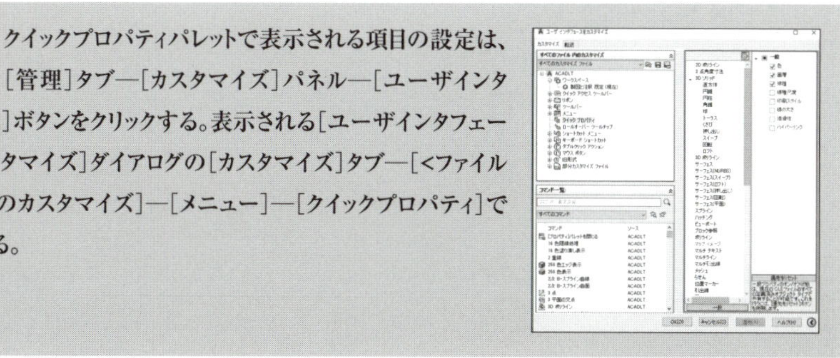

選択／編集

図形の画層／色／線種の詳細を確認／変更する

関連ワード▶▶ プロパティ　オブジェクトプロパティ管理

図形の画層や色、線種などのプロパティを変更するときは、[オブジェクトプロパティ管理(PROPERTIES)] コマンドで [プロパティ] パレットを表示し、各項目を設定する。

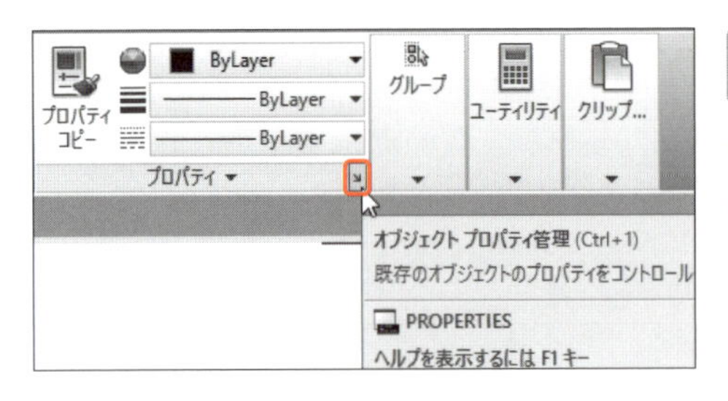

1 [ホーム] タブ─[プロパティ] パネルのパネルタイトルの右端にある[↘]をクリックする。または Ctrl + 1 (テンキーではない数字キー) キーを押す。

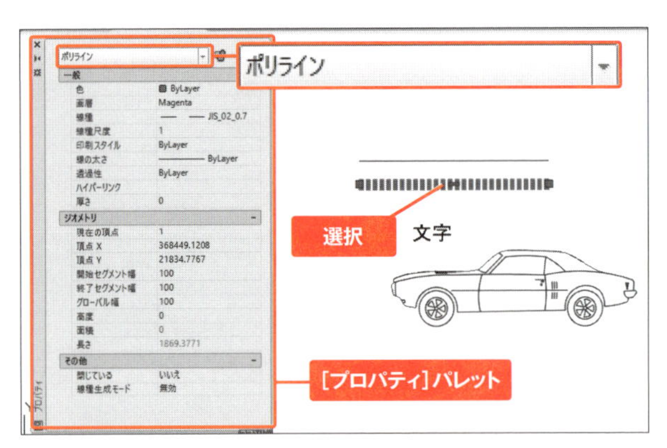

2 [プロパティ] パレットが表示される。図形を選択すると、その図形の情報が表示される。ここで各項目のプロパティの変更も行える。

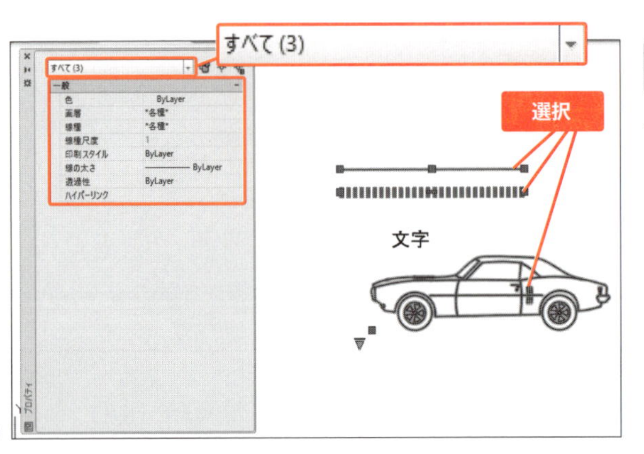

3 複数の図形を選択しているときは、共通項目のプロパティが表示される。

No.146

重なりの順序を変更する

関連ワード▶▶ 表示順序 重なり

ハッチングや塗りつぶしなどの重なりの順序を変更するときは、[表示順序(DRAW ORDER)]コマンドを使う。

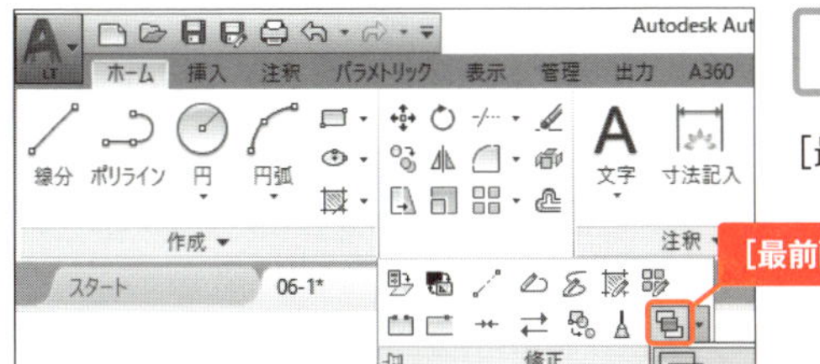

1 [ホーム]タブ—[修正]パネルのパネルタイトルをクリックして展開する。[最前面へ移動]ボタンをクリックする。

HINT [最前面へ移動]ボタン横の[▼]をクリックすると、[最背面へ移動][文字を前面に移動][ハッチングを背面に移動]など重なりの順序を変更するほかのコマンドも表示されるので、選択して実行できる。

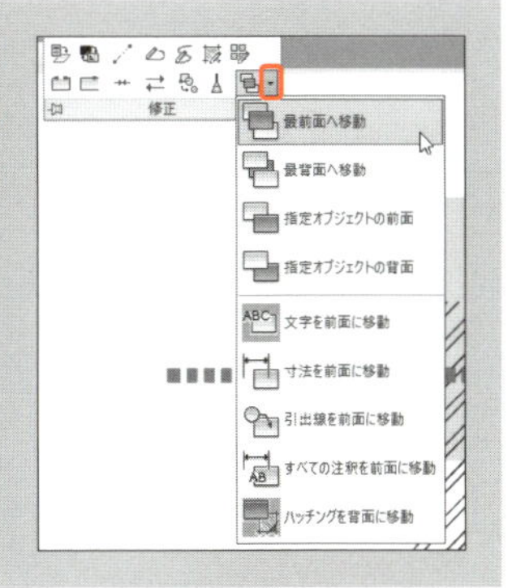

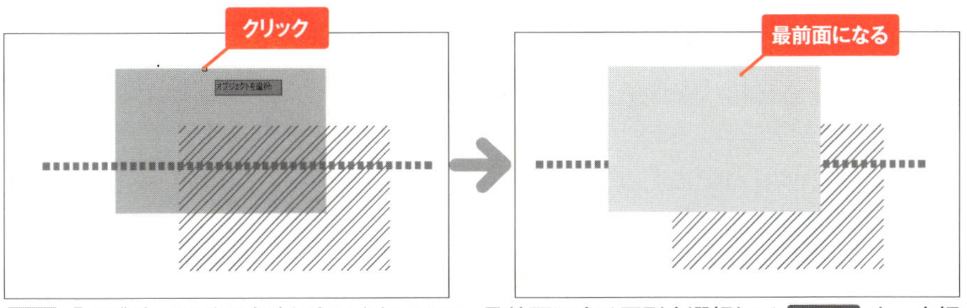

2 「オブジェクトを選択」と表示されるので、最前面にする図形を選択して Enter キーを押す。選択した図形が最前面に表示される。

No.147

複数の図形をグループ化する

関連ワード▶▶ グループ

複数の図形をひとまとまりの「グループ」にすると、移動や複写などの選択がしやすくなり、誤って一部を削除したり、変更してしまうことを防げる。プロパティには「グループ」と表示される。

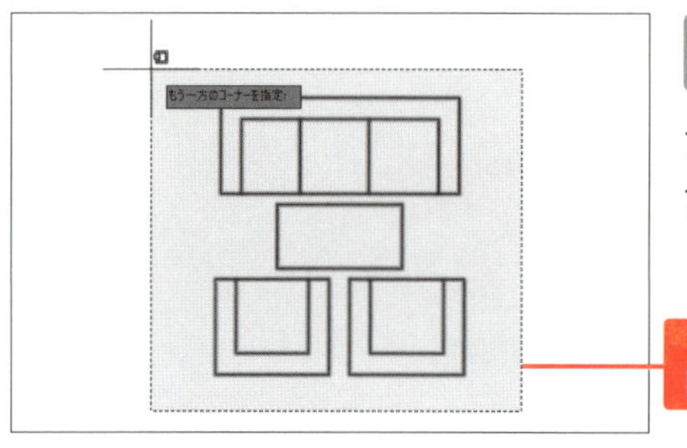

1 [ホーム]タブ―[グループ]パネル―[グループ]ボタンをクリックする。「オブジェクトを選択」と表示されるので、グループ化する図形を選択して Enter キーを押す。

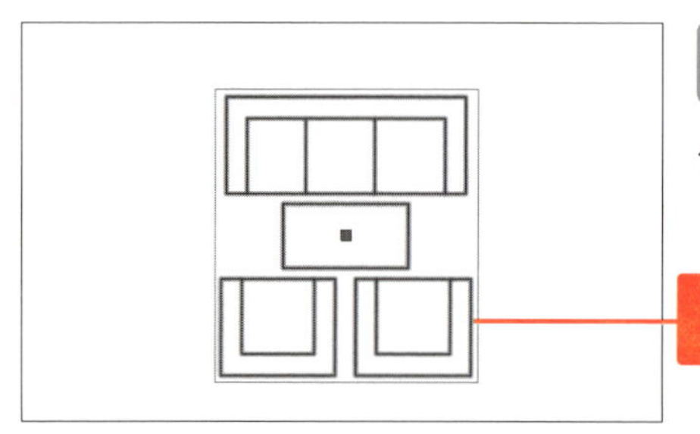

2 選択した図形がグループとしてひとまとまりになる。一部の図形を選択すると、グループ全体が選択状態になる。

HINT

グループ選択できないときは、[オプション]ダイアログの[選択]タブ―[選択モード]項目―[オブジェクト グループ]にチェックが入っているか確認する。チェックが入っていない場合はチェックを入れる。

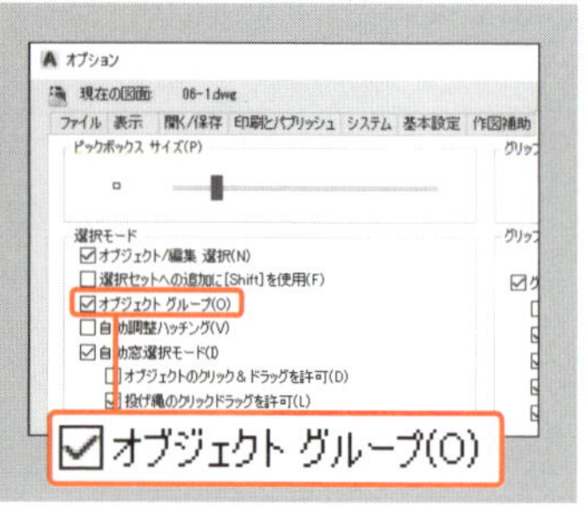

選択／編集

No.148

グループを解除する

関連ワード▶▶ グループ グループ解除

グループを解除して個別の図形に戻すときは、[グループを解除(UNGROUP)]コマンドを使用する。

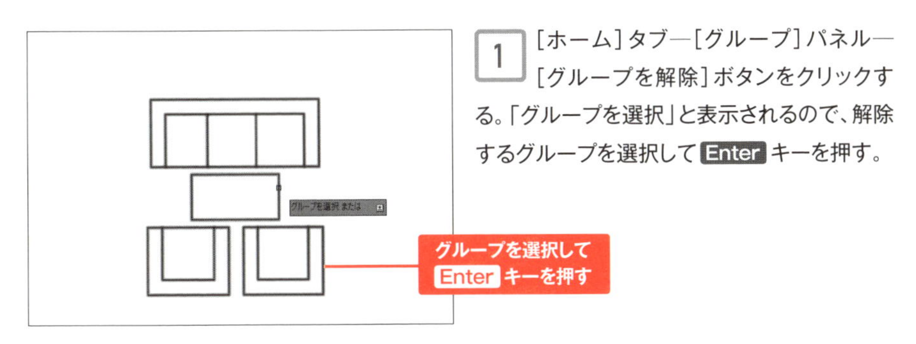

1 [ホーム]タブ―[グループ]パネル―[グループを解除]ボタンをクリックする。「グループを選択」と表示されるので、解除するグループを選択して Enter キーを押す。

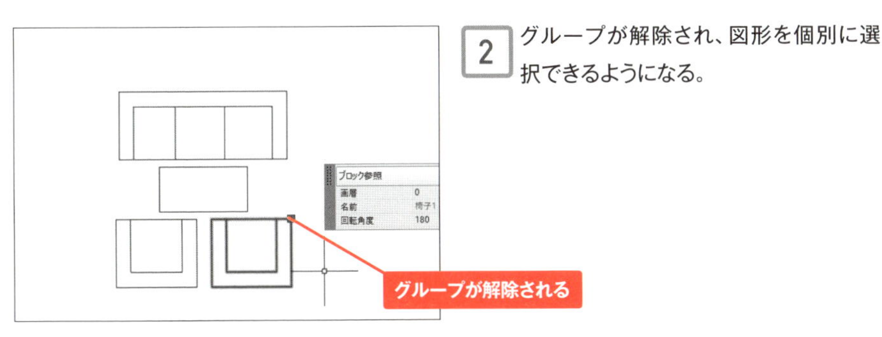

2 グループが解除され、図形を個別に選択できるようになる。

HINT

グループに図形を追加/削除したいときや、グループに名前を付けたいときは、[ホーム]タブ―[グループ]パネル―[グループ編集]ボタンをクリックする。「グループを選択」と表示されるので、編集するグループをクリックする。続けて「オプションを入力」と表示されるので、実行したいオプションを選択する。ここでは、グループ名を変更するために[名前変更(REN)]を選択する。「グループの新しい名前を入力」と表示されるので「テーブルセット」と入力し Enter キーをクリックすると、グループ名が「テーブルセット」に変更される。

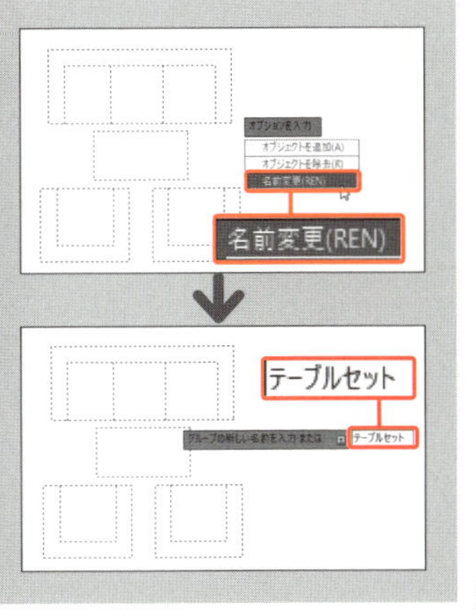

選択/編集

No.149

ファイル内にあるグループを見つけ出す

関連ワード▶▶ グループ グループ管理

[旧グループ管理(PKFSTGROUP)]コマンドを使うと、ファイル内のグループを見つけ出したり名前を変更したりできる。これはAutoCAD LTのみの機能で、AutoCADでは[旧オブジェクトグループ設定(CLASSICGROUP)]コマンドを実行し、表示される[オブジェクトグループ設定]ダイアログでグループの検索やグループ名の変更が可能だ。

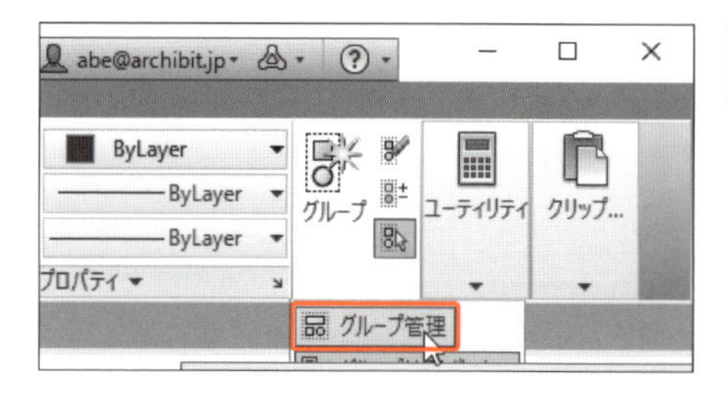

1 [ホーム]タブ—[グループ]パネルのパネルタイトルをクリックし、メニューから[グループ管理]を選択する。

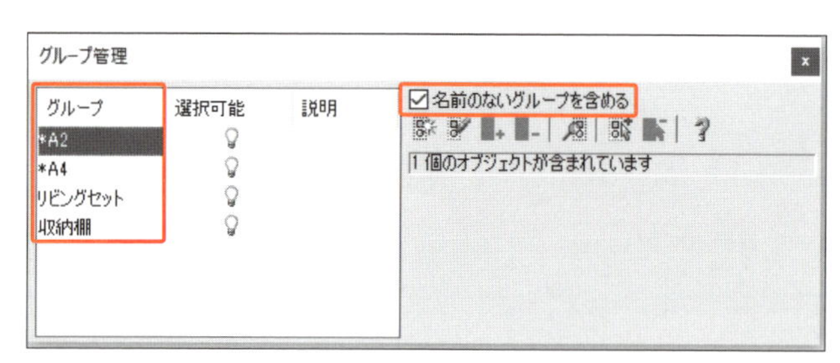

2 [グループ管理]ダイアログが表示され、ファイル内のグループ名がリスト表示される。名前を付けていないグループもリスト表示するには[名前のないグループを含める]にチェックを入れる。

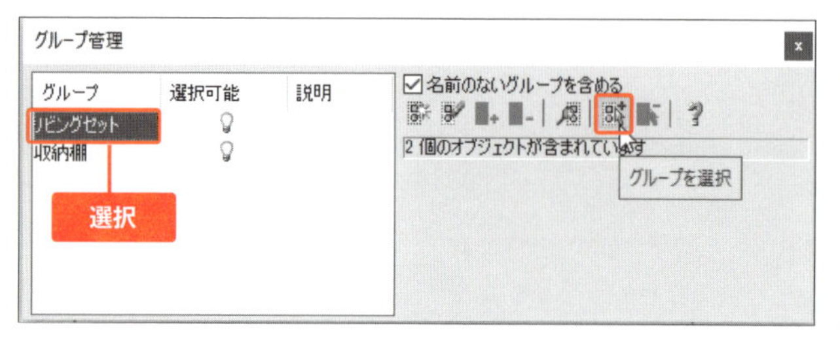

3 グループを見つけ出すときは、リストでグループ名を選択して[グループを選択]ボタンをクリックする。該当するグループが選択されるので、[ナビゲーションバー]などから[選択オブジェクトズーム]を実行すると、グループが画面いっぱいに表示される。

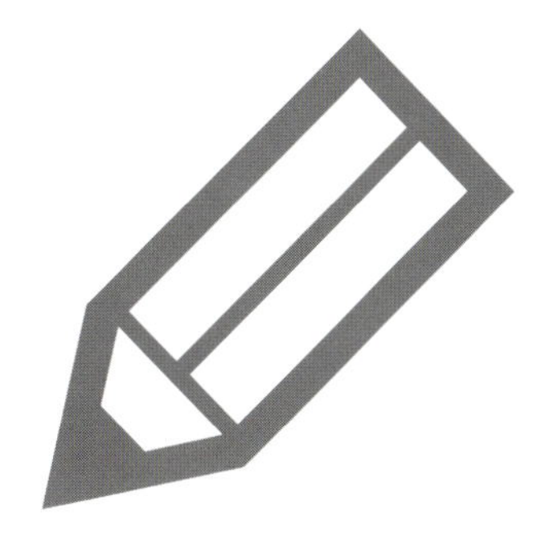

文字

文字の記入方法から編集、見た目の設定まで

文字に関する操作について解説する。

No.150

文字を記入する

関連ワード▶▶ 文字 文字記入

1行の文字を記入するときには、［文字記入（TEXT）］コマンドを使う。複数行の文章を記入するときには、［マルチテキスト（MTEXT）］コマンドを使用する（No.151「文章を記入する」参照）。

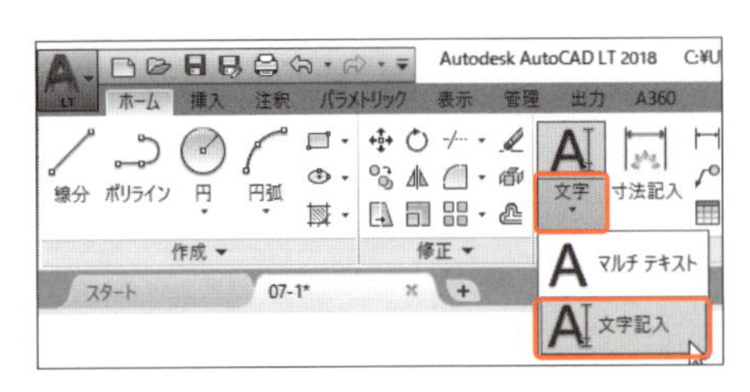

1 ［ホーム］タブ―［注釈］パネル―［文字］ボタンの［▼］をクリックし、メニューから［文字記入］を選択する。

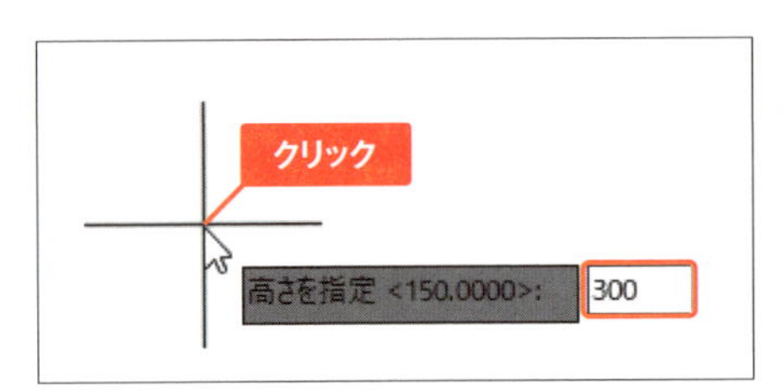

2 「文字列の始点を指定」と表示されるので、文字の基点をクリックする。続けて「高さを指定」と表示されるので、文字の高さ（ここでは、「300」）を入力して Enter キーを押す。

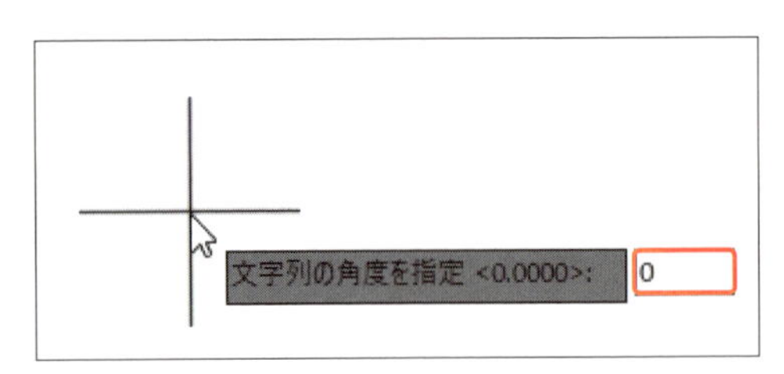

3 「文字列の角度を指定」と表示されるので、文字の角度（ここでは、「0」）を入力して Enter キーを押す。

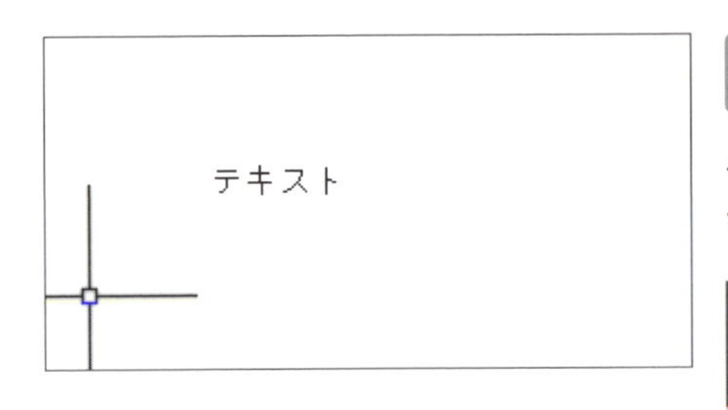

4 カーソルが表示されるので、文字（ここでは、「テキスト」）を入力して Enter キーを押す。 Enter キーを押して改行し、再び Enter キーを押すとコマンドが終了する。

HINT 改行してからも文字を入力できるが、1行目とは別のオブジェクトとして記入される。

文章を記入する

関連ワード▶▶ 文字 マルチテキスト

複数行の文章を記入するときには、[マルチテキスト(MTEXT)]コマンドを使う。マルチテキストで記入した文章は、段組みの文字を1つのオブジェクト(マルチテキストオブジェクト)として扱えるほか、複数のフォント設定や分数表記などができる。

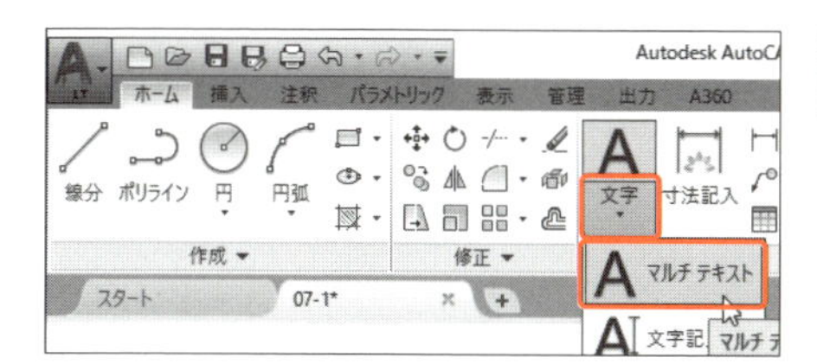

1 [ホーム]タブ―[注釈]パネル―[文字]ボタンの[▼]をクリックし、メニューから[マルチテキスト]を選択する。

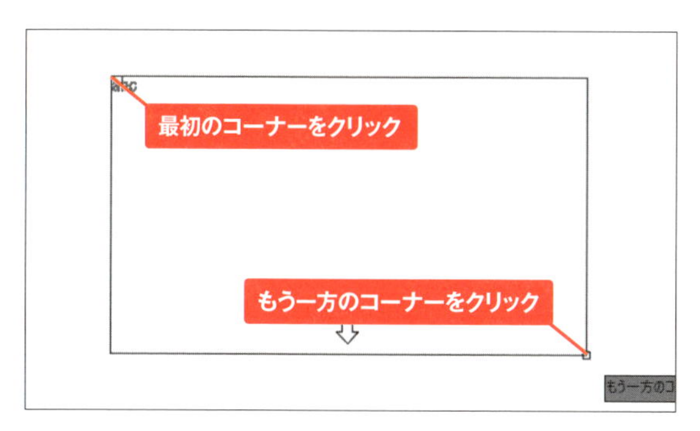

2 「最初のコーナーを指定」と表示されるので、文字を記入する範囲のコーナーの位置をクリックする。続けて「もう一方のコーナーを指定」と表示されるので、対角のコーナーの位置をクリックする。

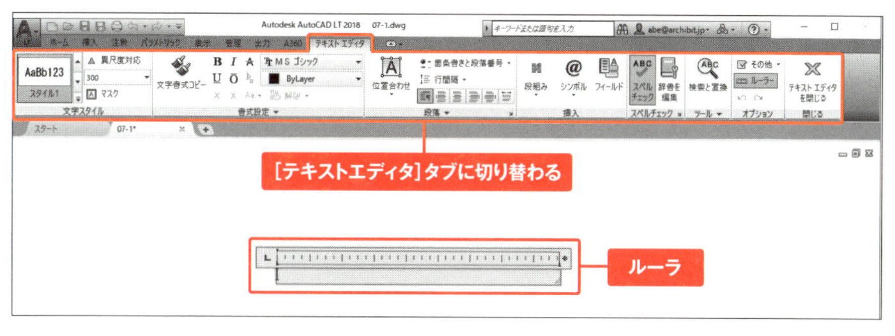

3 文章入力の目安となるルーラが表示され、リボンが自動的に[テキストエディタ]タブに切り替わる。[テキストエディタ]タブでは、文字スタイルや書式設定など文字に関するさまざまな設定を行う。

2D および 3D CAD ソフトウェア AutoCAD は、未来を見据えて開発されています。TrustedDWGテクノロジーを利用し、デスクトップ、クラウド、モバイル間でコラボレーションできます。AutoCAD モバイル アプリが含まれます。

4 文字を入力する。

2D および 3D CAD ソフトウェア AutoCAD は、未来を見据えて開発されています。TrustedDWGテクノロジーを利用し、デスクトップ、クラウド、モバイル間でコラボレーションできます。AutoCAD モバイル アプリが含まれます。

5 文字を入力し終えたら、文章範囲外をクリックすると、コマンドが終了する。

No.152 文字や文章を変更する

関連ワード▶▶ 文字 文字記入 マルチテキスト

文字や文章の内容を変更するときは、変更する文字オブジェクトまたはマルチテキストオブジェクトをダブルクリックする。

1 変更する文字オブジェクトをダブルクリックする。

2 カーソルが表示されるので、文字を入力しなおす。入力が終わったら Enter キーを2回押してコマンドを終了する。マルチテキストの場合は、文章範囲外をクリックすると、コマンドが終了する。

No.153 現在の文字スタイルを変更する

関連ワード▶▶ 文字 文字記入 マルチテキスト 文字スタイル

文字のフォントや高さ、幅係数などがあらかじめ設定されている「文字スタイル」(No.154「文字スタイルを新規に作成する」参照)は、[注釈]パネルで変更できる。

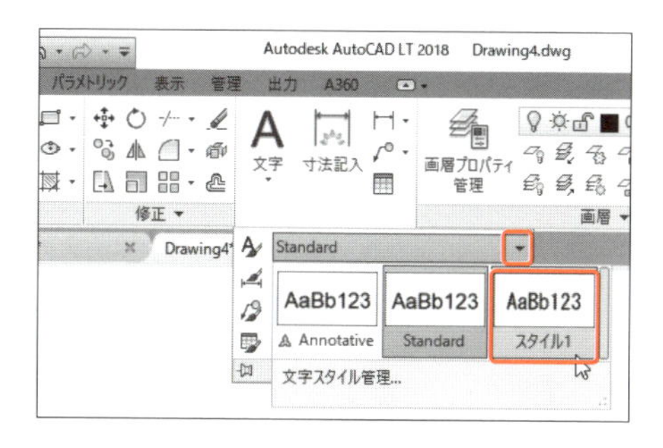

文字を選択して、[ホーム]タブ—[注釈]パネルのパネルタイトルをクリックして展開する。[文字スタイル]の[▼]をクリックして表示されるメニューから変更するスタイル(ここでは、「スタイル1」)を選択する。

No.154

文字スタイルを新規に作成する

関連ワード▶▶ 文字 文字記入 マルチテキスト 文字スタイル

よく使う文字のフォントや高さ、幅係数などの設定を「文字スタイル」として作成しておくと、作図作業が効率よく行える。作成した文字スタイルは、[注釈]パネルで適用できる(No.153「現在の文字スタイルを変更する」参照)。

1 [注釈]タブ—[文字]パネルのパネルタイトルの右端にある[↘]をクリックする。

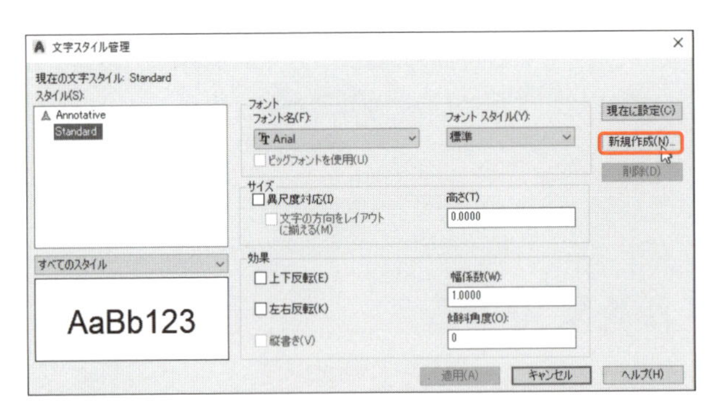

2 [文字スタイル管理]ダイアログが表示されるので、[新規作成]ボタンをクリックする。

3 [新しい文字スタイル]ダイアログが表示されるので、[スタイル名]に新しく作成するスタイル名(ここでは、「**スタイル1**」)を入力して[OK]ボタンをクリックする。

4 ［文字スタイル管理］ダイアログに戻る。［スタイル］のリストに手順 3 で作成した「スタイル1」が追加されているので選択する。［フォント］［サイズ］［効果］の各項目を設定して［適用］ボタンをクリックし、［閉じる］ボタンをクリックすると、文字スタイルが追加される。

［文字スタイル管理］ダイアログで設定できる内容は下記の通り。

■フォント

［フォント名］：プルダウンメニューから「MS ゴシック」などのTrueTypeフォントや、文字を線で表現しているSHXフォントが設定できる。

［ビッグフォントを使用］：［フォント名］でSHXフォントを指定しているときに有効になり、チェックを入れると［フォントスタイル］で全角文字のビッグフォントを指定できるようになる。

［フォントスタイル］：斜体、太字などを設定できる。

■サイズ

［異尺度対応］：チェックを入れると、異尺度対応文字になる。

［文字の方向をレイアウトに揃える］：チェックを入れると、文字の方向がビューポートの向きに関係なくレイアウトの方向になる。

［高さ］：高さを指定する。「0」を指定すると作成時に高さを指定する。

■効果

［上下反転］：チェックを入れると、文字の上下が反転する。

［左右反転］：チェックを入れると、文字の左右が反転する。

［縦書き］：チェックを入れると、文字が縦書きになる。ただし、対応するフォントのみ有効。

［幅係数］：文字の幅の割合を指定する。「1」が等倍、「2」が2倍、「0.5」が1/2倍となる。

［傾斜角度］：文字の角度を指定する。

SHXフォントを使用する場合、日本語などの全角文字は［ビッグフォントを使用］にチェックを入れて、［フォントスタイル］で指定する。

文字のフォントを一括で変更する

関連ワード▶▶ 文字 フォント変更 プロパティ 文字スタイル

文字のフォントを変更する方法はいくつかある。まずは、[文字スタイル管理]ダイアログで文字スタイルのフォント設定を変更する方法を紹介する。この方法を使うと、同じ文字スタイルが設定された文字のフォントが一括ですべて変更される。

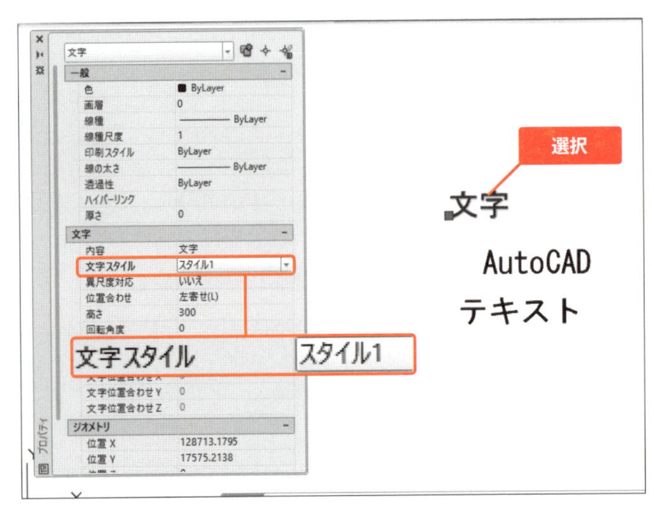

1 [ホーム]タブ—[プロパティ]パネルのパネルタイトルの右端にある[↘]をクリックして、[プロパティ]パレットを表示する。フォントを変更する文字を選択し、[文字スタイル]の項目で文字スタイル(ここでは、「スタイル1」)を確認する。

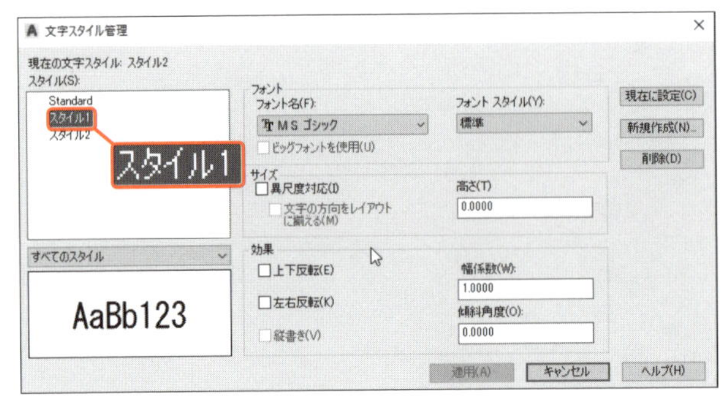

2 [注釈]タブ—[文字]パネルのパネルタイトルの右端にある[↘]をクリックして、[文字スタイル管理]ダイアログを表示する。[スタイル]リストから、手順1で確認したスタイル名(ここでは、「スタイル1」)を選択する。

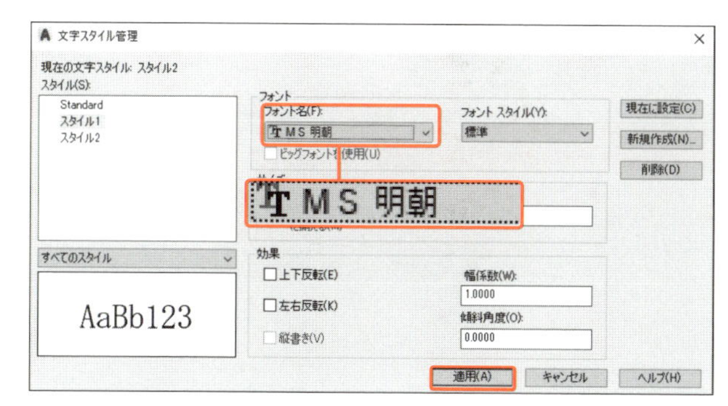

3 [フォント]項目の[フォント名]で変更する。ここでは、「MS ゴシック」から「MS 明朝」に変更した。[適用]ボタンをクリックし、[閉じる]ボタンをクリックしてダイアログを閉じる。

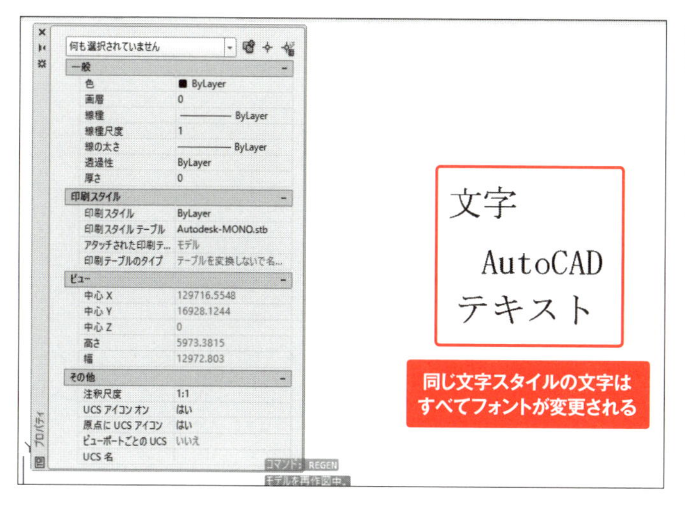

4 変更したスタイル(ここでは、「スタイル1」)が設定されている文字のフォントが一括ですべて変更される。

文字のフォントを個別に変更する

関連ワード▶▶ 文字 フォント変更 プロパティ 文字スタイル

新しく文字スタイルを作成して、文字に適用することで、フォントを変更する文字を個別に指定できる。

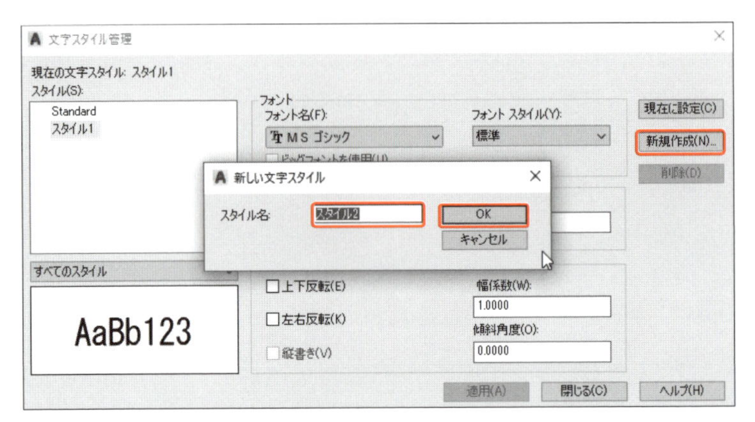

1 [注釈]タブ—[文字]パネルのパネルタイトルの右端にある[↘]をクリックして、[文字スタイル管理]ダイアログを表示する。[新規作成]ボタンをクリックして表示される[新しい文字スタイル]ダイアログで、[スタイル名]に新しく作成するスタイル名(ここでは、「**スタイル2**」)を入力し、[OK]ボタンをクリックする。

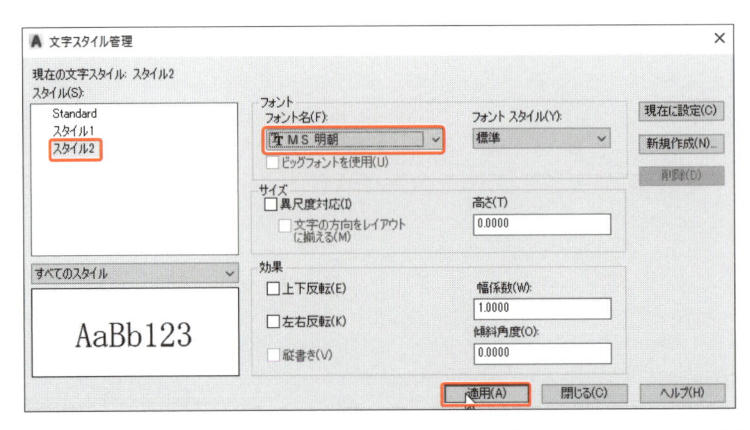

2 [文字スタイル管理]ダイアログに戻るので、新しい文字スタイル(ここでは、「スタイル2」)が選択されていることを確認し、[フォント]項目の[フォント名](ここでは、「MS 明朝」)を変更した。[適用]ボタンをクリックし、[閉じる]ボタンをクリックしてダイアログを閉じる。

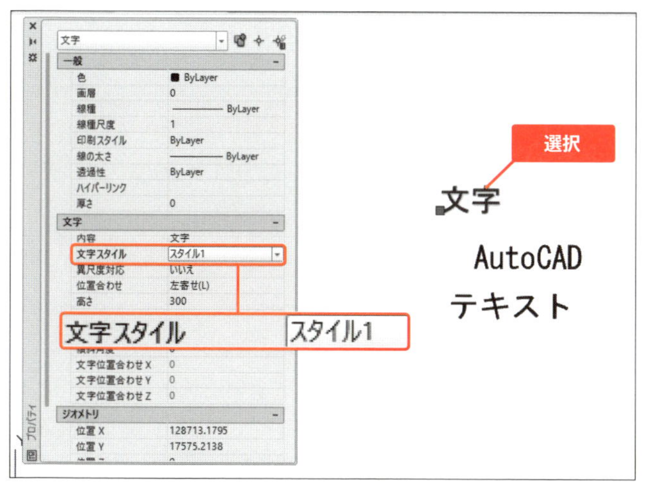

3 ［ホーム］タブ―［プロパティ］パネルのパネルタイトルの右端にある［↘］をクリックして、［プロパティ］パレットを表示する。フォントを変更する文字を選択し、［プロパティ］パレットで［文字スタイル］の項目を確認する（ここでは、「スタイル1」となっている）。

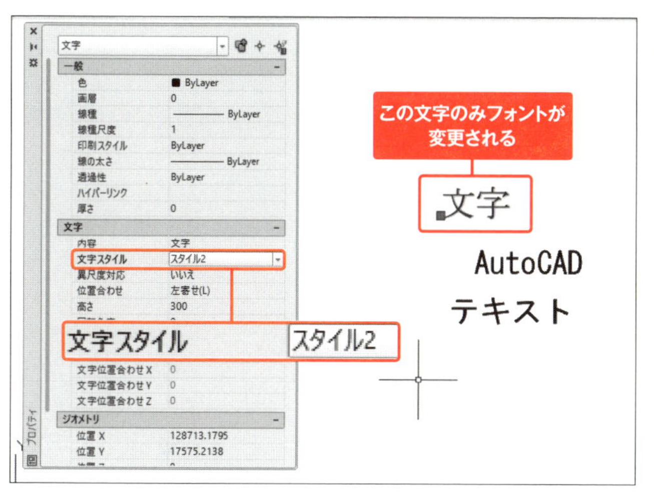

4 ［文字スタイル］を手順2で作成した文字スタイル（ここでは、「スタイル2」）に変更する。Escキーを押して選択を解除すると、指定した文字のみフォントが変更される。

No.157

文字の大きさ(高さ)を変更する

関連ワード▶▶ 文字 高さ変更 プロパティ クイックプロパティ 文字スタイル

文字の高さ(大きさ)を変更するときは、[プロパティ]パレットまたは[クイックプロパティ]の[高さ]項目で数値を変更する。

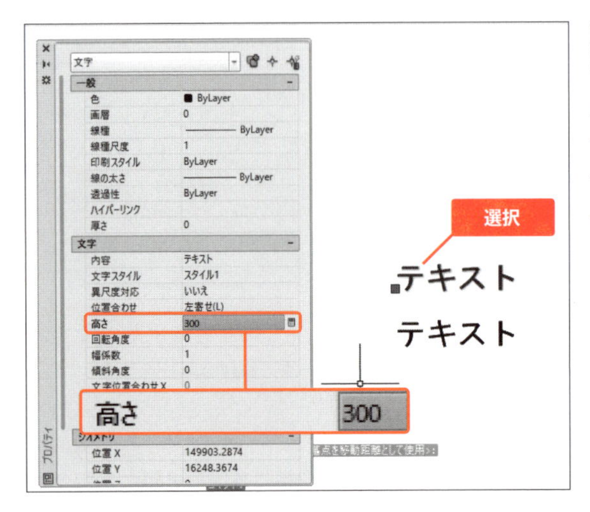

1 [ホーム]タブ—[プロパティ]パネルのパネルタイトルの右端にある[↘]をクリックして、[プロパティ]パレットを表示する。高さを変更する文字を選択する。

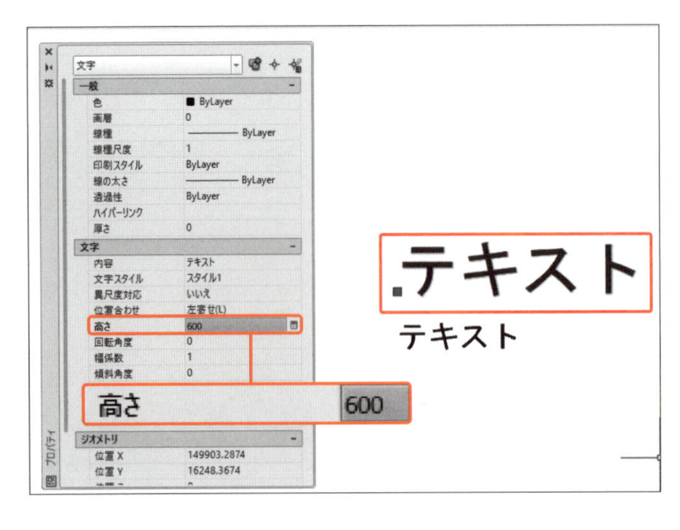

2 [高さ]の項目で数値を変更する。ここでは、「300」から「600」に変更する。Esc キーを押して選択を解除すると、指定した文字のみ高さが変更される。

文字の幅を縮める(広げる)

関連ワード▶▶ 文字 縦横比変更 プロパティ クイックプロパティ 文字スタイル

文字の縦横比を変更するときは、[プロパティ]パレットまたは[クイックプロパティ]の[幅係数]項目で数値を変更する。

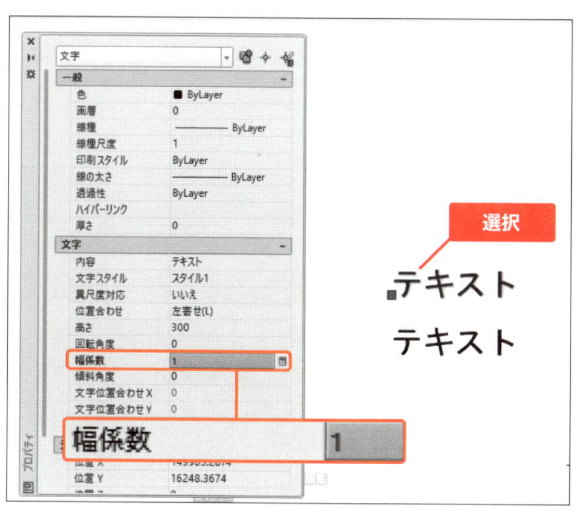

1 [ホーム]タブ—[プロパティ]パネルのパネルタイトルの右端にある[↘]をクリックして、[プロパティ]パレットを表示する。幅を変更する文字を選択する。

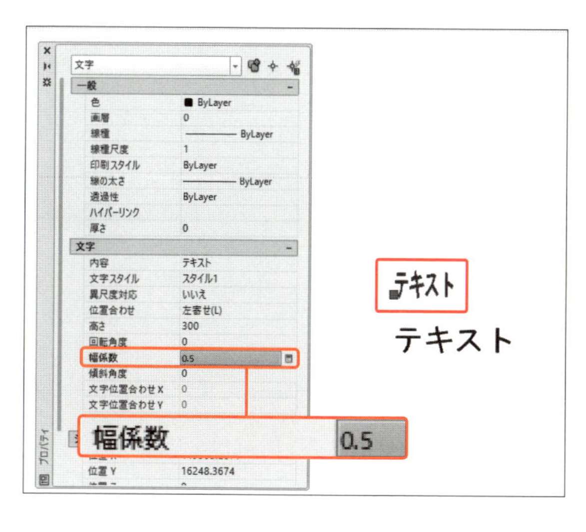

2 [幅係数]の項目で数値を変更する。ここでは、「1」から「0.5」に変更する。Escキーを押して選択を解除すると、指定した文字のみ幅が変更される。

No.159

文字の基点を変更する

関連ワード▶▶ 文字 基点変更 位置合わせ

文字の基点を変更するときは、[位置合わせ(JUSTIFYTEXT)]コマンドを使うと、文字の位置は変わらずに基点のみが変更される。[プロパティ]パレットの[位置合わせ]では、文字自体の位置が変更されてしまうので注意が必要だ。

1 [注釈]タブ―[文字]パネル―[位置合わせ]ボタンをクリックする。

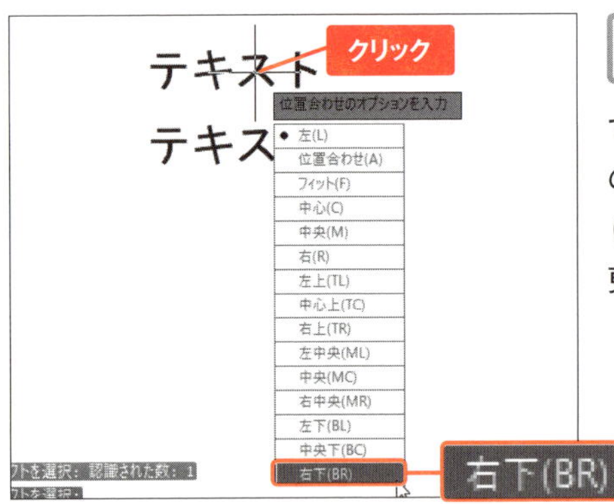

2 「オブジェクトを選択」と表示されるので、基点を変更する文字をクリックして Enter キーを押す。続けて「位置合わせのオプションを入力」と表示されるので、[右下(BR)]を選択すると、基点が文字の右下に変更される。

テキスト 基点
テキスト

3 文字を選択すると、右下に基点を示すハンドルが表示され、基点が変更されたことがわかる。

[プロパティ]パレットの[位置合わせ]項目で[右下(BR)]に設定すると、図のように文字自体の位置が変更されてしまう。

テキスト
テキスト

文字の先頭を揃える

関連ワード▶▶ 文字 文字位置合わせ

文字の先頭を揃えるときには、[文字位置合わせ(TEXTALIGN)]コマンドを使う。

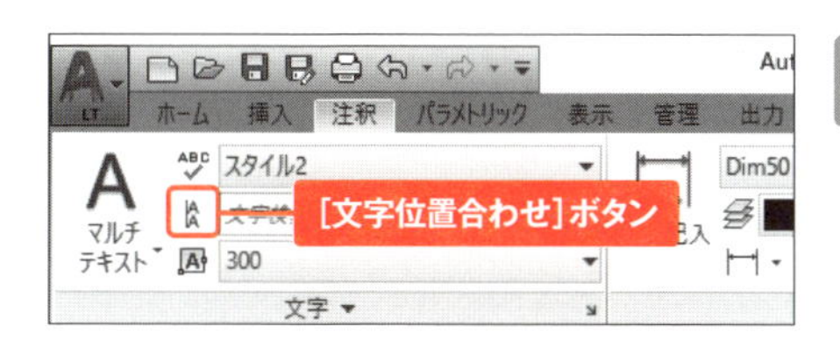

1 [注釈]タブ—[文字]パネル—[文字位置合わせ]ボタンをクリックする。

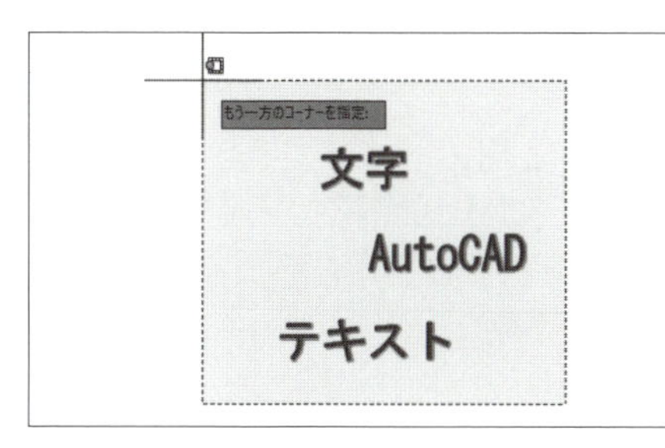

2 「位置合わせする文字オブジェクト(複数)を選択」と表示されるので、文字を選択して Enter キーを押す。

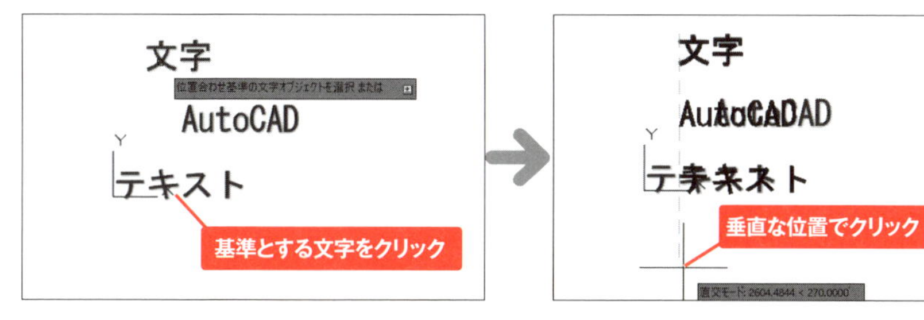

3 「位置合わせ基準の文字オブジェクトを選択」と表示されるので、基準とする文字(ここでは、「テキスト」)をクリックする。続けて「2点目をクリック」と表示され、選択した文字の基点から破線が表示されるので、 F7 キーを押して[直交モード]をオンにし、カーソルを動かして垂直な位置でクリックする。

文字
AutoCAD
テキスト

4 ほかの文字が移動し、先頭の位置が基準となる文字に揃えられる。

No.161

均等割り付け文字を記入する

関連ワード▶▶ 文字 マルチテキスト 均等割り付け

指定した範囲に文字を均等に割り付けて広げるには、[マルチテキスト]コマンド(No.151「文章を記入する」参照)で文字を入力し、[テキストエディタ]タブで均等割り付けに設定する。

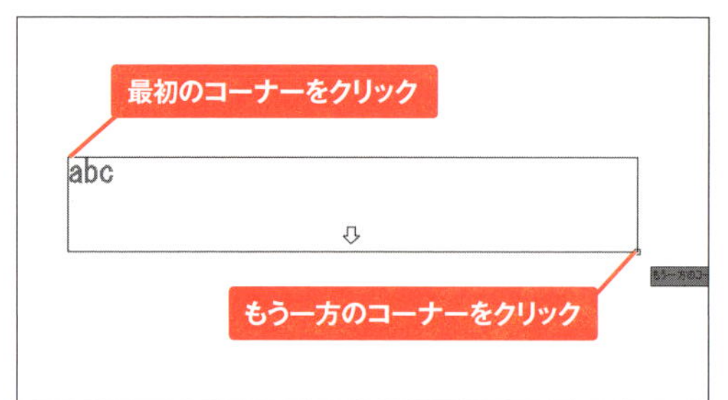

1 [ホーム]タブ—[注釈]パネル—[文字]ボタンの[▼]をクリックし、メニューから[マルチテキスト]を選択する。「最初のコーナーを指定」と表示されるので、文字を記入する範囲のコーナーの位置をクリックする。続けて「もう一方のコーナーを指定」と表示されるので、均等割り付けする幅を考慮しながら、対角のコーナーの位置をクリックする。

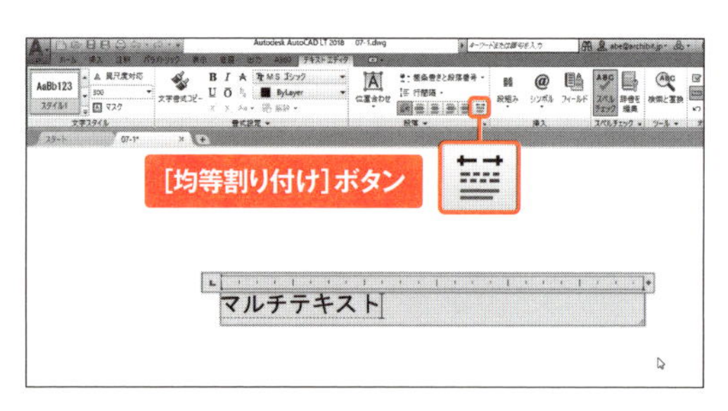

2 ルーラが表示されるので、文字(ここでは、「マルチテキスト」)を入力する。[テキストエディタ]タブ—[段落]パネル—[均等割り付け]ボタンをクリックする。

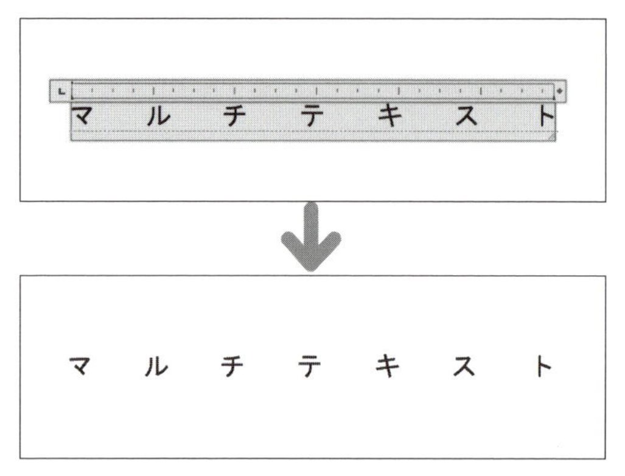

3 文字が範囲内に均等割り付けされる。文章範囲外をクリックすると、コマンドが終了する。

文字枠をつける

関連ワード▶▶ 文字 マルチテキスト 文字枠

マルチテキストで記入した文字は、簡単に長方形で囲むことができる。

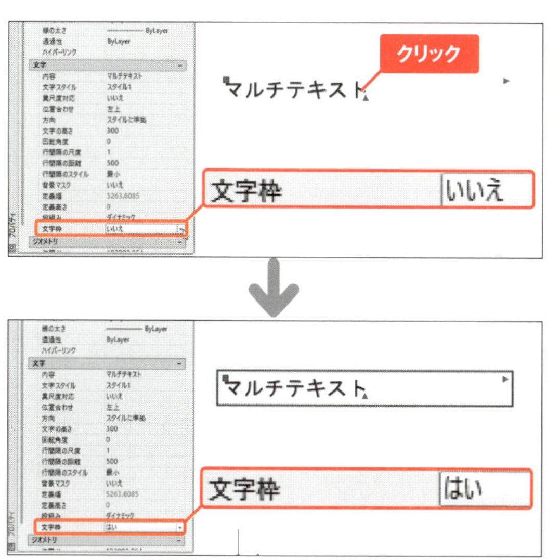

1 [ホーム]タブ─[プロパティ]パネルのパネルタイトルの右端にある[↘]をクリックして、[プロパティ]パレットを表示する。マルチテキストをクリックして選択状態にし、[プロパティ]パレットの[文字枠]で[はい]を選択する。文字が枠で囲まれる。

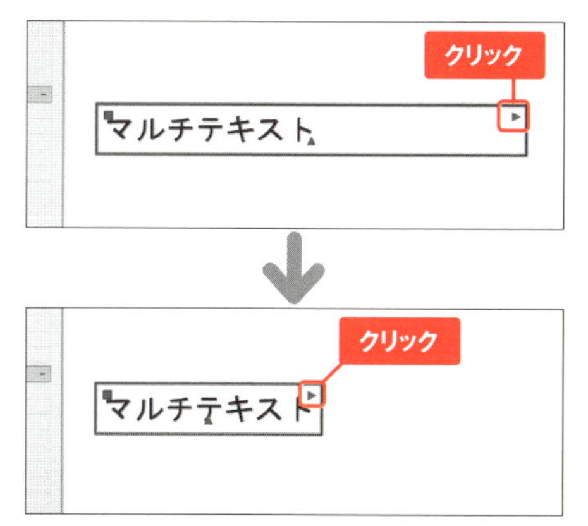

2 枠の幅が広いときは、右端矢印をクリックし、段組みが変わらない位置でクリックして縮める。Esc キーを押して選択を解除する。

文字枠と文字はひとまとまりの「マルチテキスト」オブジェクトとして扱われるが、[分解]コマンドを使うと「文字」オブジェクトと長方形の「ポリライン」に分解される。

No.163

文字を長方形の中央に記入する

関連ワード▶▶ 文字 文字記入 2点間中点

すでに作図された表などの長方形の中央に文字を記入するには、文字の基点を［中央］に指定し、［2点間中点］を使う。

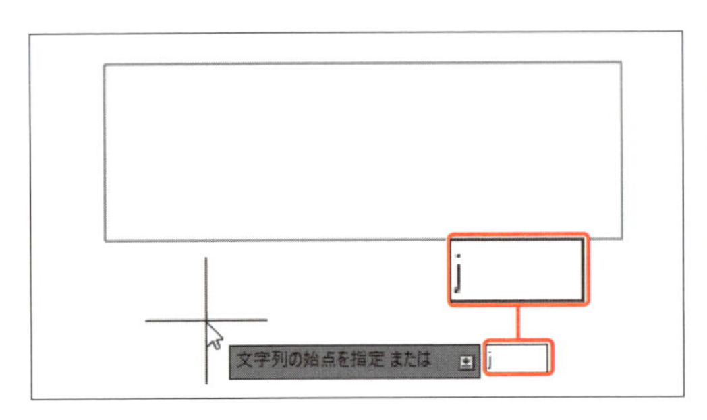

1 ［ホーム］タブ—［注釈］パネル—［文字］ボタンの［▼］をクリックし、メニューから［文字記入］を選択する。「文字列の始点を指定」と表示されるので、［位置合わせオプション(J)］の「j」を入力して Enter キーを押す。

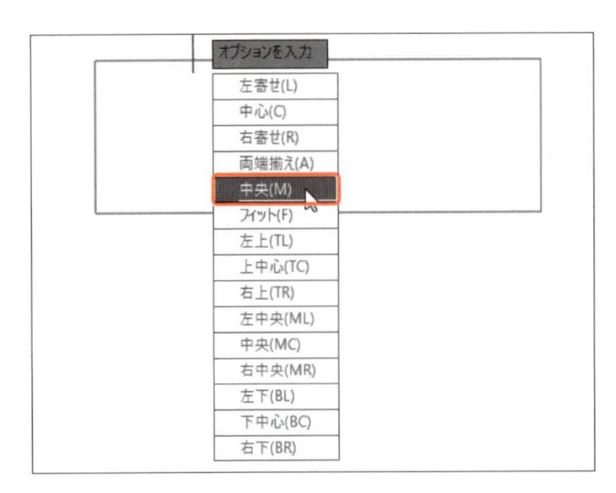

2 表示されるメニューから［中央］を選択すると、文字列の基点が中央に指定される。

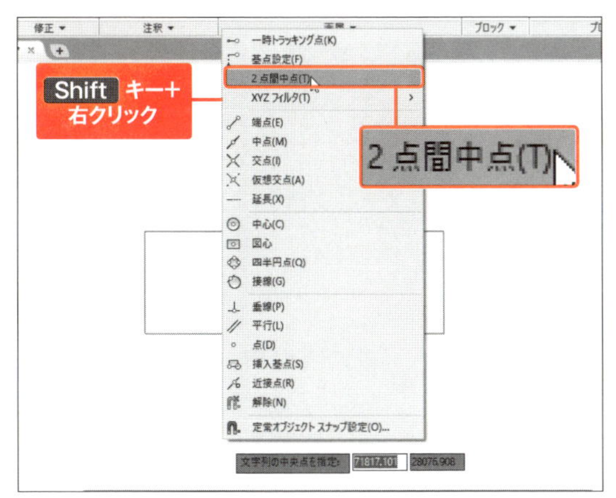

3 「文字列の中央点を指定」と表示されるので、一時オブジェクトスナップを使うため、作図領域を Shift キー+右クリックする。表示されるコンテキストメニューから[2点間中点]を選択する。

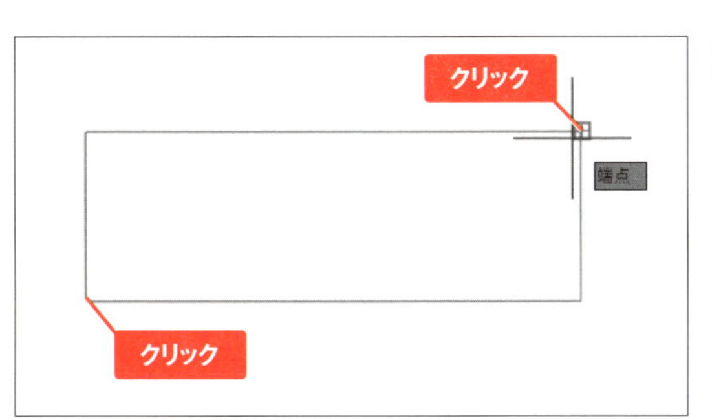

4 「中点の1点目」と表示されるので、長方形の端点をクリックする。続けて「中点の2点目」と表示されるので、対角にある端点をクリックする。

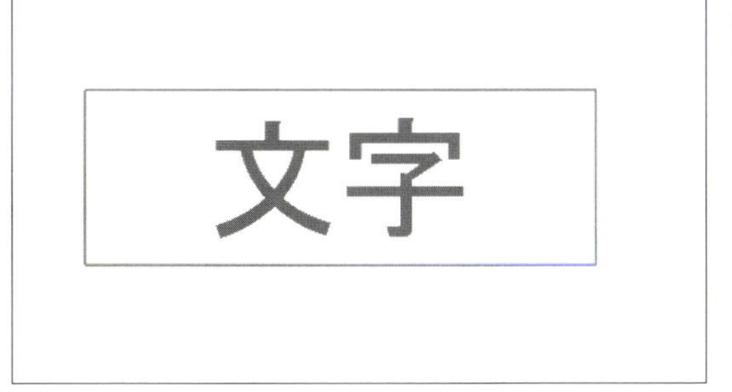

5 文字の高さと角度を指定すると、カーソルが表示されるので、文字(ここでは、「**文字**」)と入力する。Enter キーを2回押してコマンドを終了すると、長方形の中央に文字が記入される。

No.164

印刷時にフチ文字になるのを修正する

関連ワード▶▶ 文字 フチ文字 TEXTFILL

印刷すると文字がフチ文字になってしまう場合は、システム変数［TEXTFILL］の値を確かめ、文字を塗りつぶして出力するように設定する。

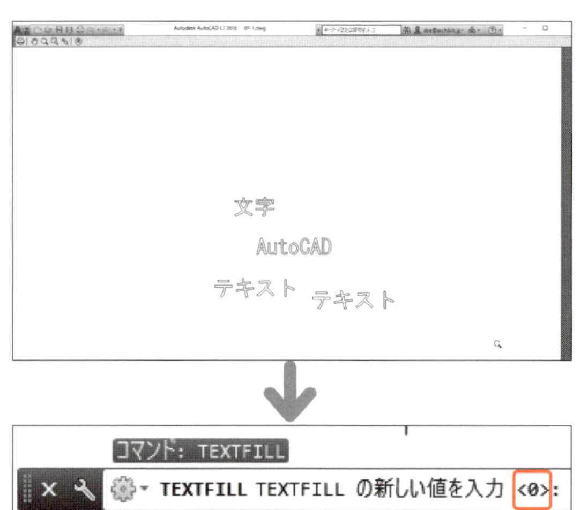

1 ［印刷プレビュー］（No.289「印刷する（［印刷］ダイアログ）」参照）を表示すると、文字がフチ文字になっている。コマンドラインに「textfill」と入力して Enter キーを押す。「0」と表示され、「アウトラインで文字を出力する」設定になっていることがわかる。

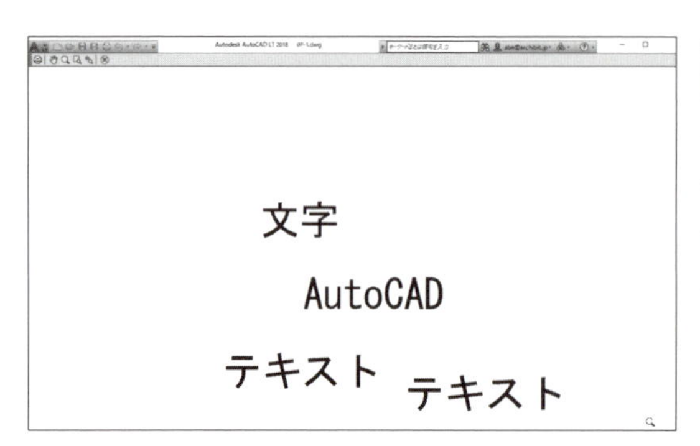

2 「1」と入力して Enter キーを押し、「塗りつぶしたイメージで文字を出力する」設定に変更する。再度［印刷プレビュー］を確認すると、文字が塗りつぶされていることがわかる。

［印刷］ダイアログの［シェーディング ビューポートオプション］項目—［シェーディング］に［旧式隠線処理］を選択しているときも、フチ文字になる。

文字を長方形で簡易表示して描画を速くする

関連ワード▶▶ 文字 寸法値 簡易表示 描画速度

描画速度を速くするために、文字や寸法値を長方形で簡易表示できる。

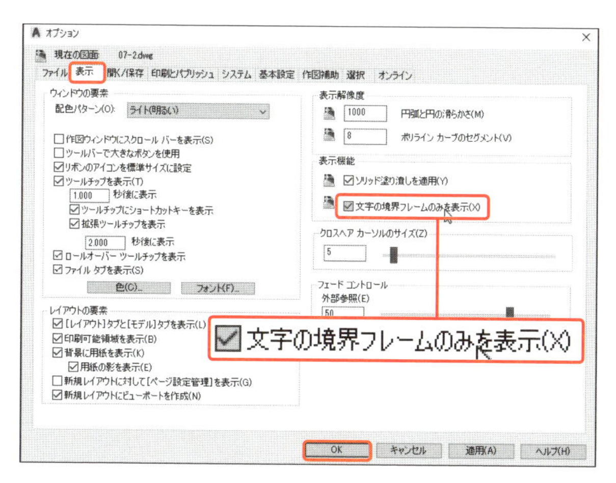

1 アプリケーションメニューの[オプション]ボタンをクリックし、表示される[オプション]ダイアログ―[表示]タブ―[表示機能]項目の[文字の境界フレームのみを表示]にチェックを入れる。[OK]ボタンをクリックしてダイアログを閉じる。

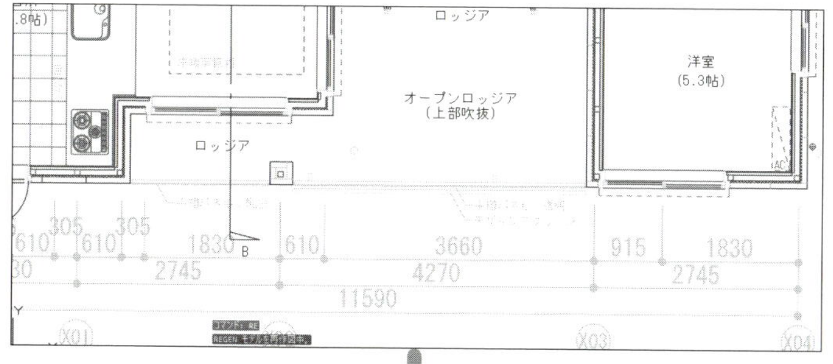

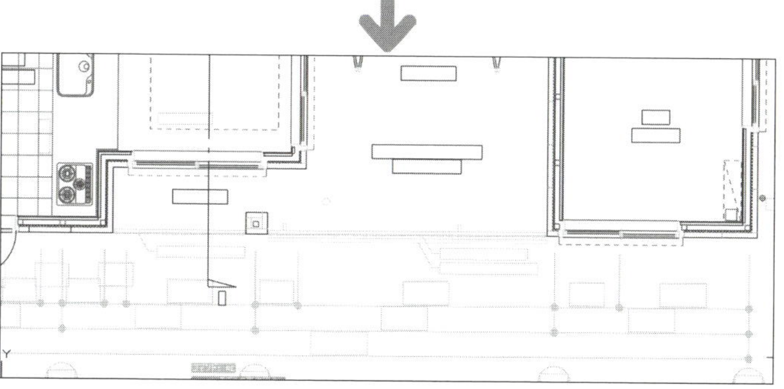

2 文字や寸法値が長方形で表示される。

No.166

分数を上下表記で記入する

関連ワード▶▶ 文字 マルチテキスト 分数

分数を上下表記で記入するときには、[マルチテキスト(MTEXT)]コマンドを使用する(No.151「文章を記入する」参照)。

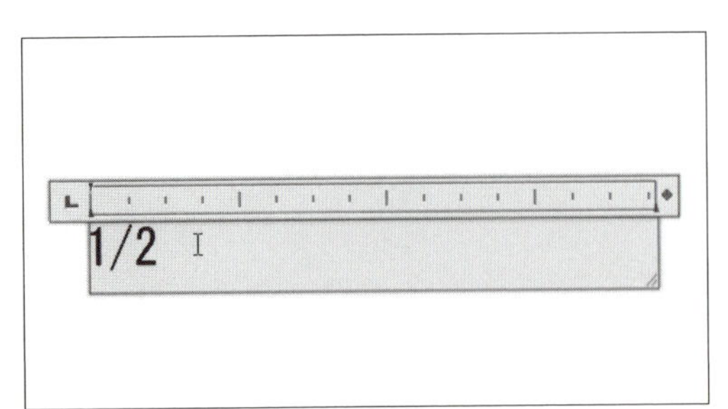

1 [ホーム]タブ—[注釈]パネル—[文字]ボタンの[▼]をクリックし、メニューから[マルチテキスト]を選択する。コーナーの2点をクリック指示するとルーラが表示されるので、分数(ここでは、「1/2」)を入力して Enter キーを押す。

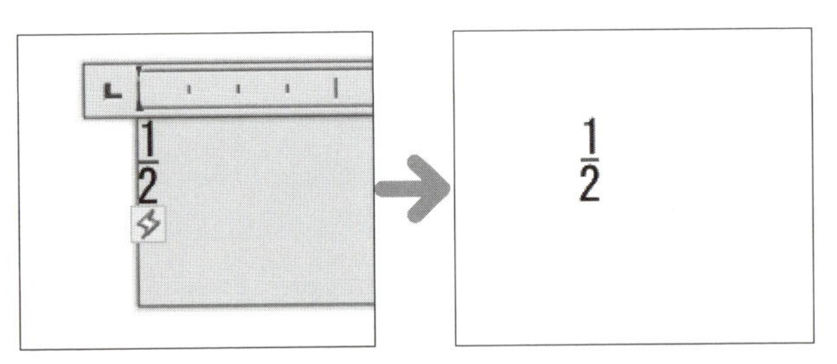

2 上下表記の分数が表示される。文章範囲外をクリックしてコマンドを終了する。

HINT 手順 2 で表示される マークをクリックすると、分数の表記を[斜線](左右表記)か[水平線](上下表記)から選択できる。また、[スタックのプロパティ]を選択すると、[スタックのプロパティ]ダイアログでも[斜線]か[水平線]かの選択をはじめ、外観に関する設定が行える(図)。

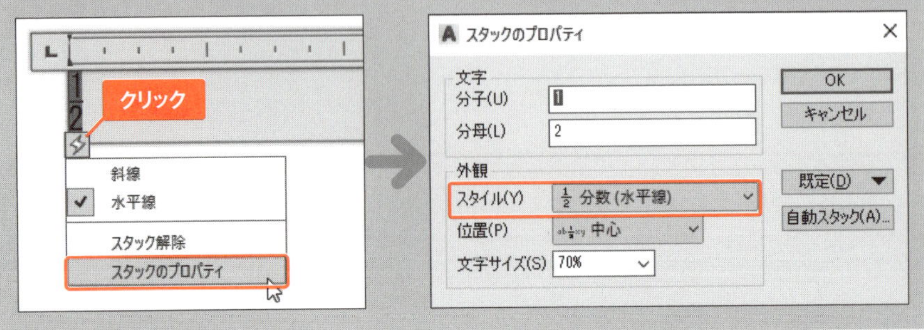

特殊文字を記入する

関連ワード▶▶ 文字 文字記入 特殊文字 記号

「°」(度)や「±」(プラスマイナス)などの特殊文字(記号)を記入するには、特定の文字列を入力する。

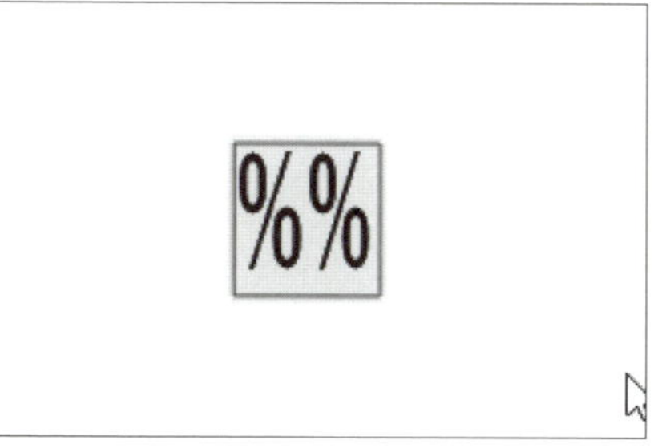

1 [ホーム]タブ—[注釈]パネル—[文字]ボタンの[▼]をクリックしてメニューから[文字記入]を選択し、基点、高さ、角度を指定する。カーソルが表示されるので、「%%p」(すべて半角)と入力する。

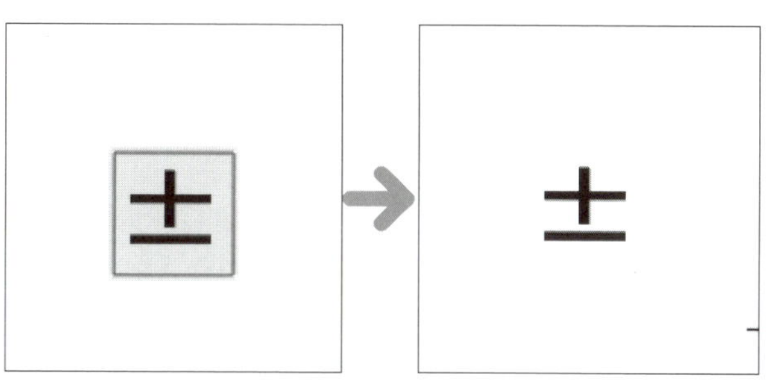

2 自動的に「±」に変換されるので、Enterキーを2回押してコマンドを終了する。

HINT

同様の手順で記入できる特殊文字は表の通り。

入力する文字	特殊文字	呼称
%%p	±	プラスマイナス
%%c	∅	まる(円の直径記号)
%%d	°	度
%%%	%	パーセント記号(1つ)
%%o	$\overline{\text{ABC}}$	上線
%%u	$\underline{\text{ABC}}$	下線

No.168 自動更新される日付やファイル名を記入する

関連ワード▶▶ 文字 文字記入 フィールド 日付 ファイル名

「フィールド」を利用すると、保存日やファイル名などが変更されたときに文字が自動的に更新される。

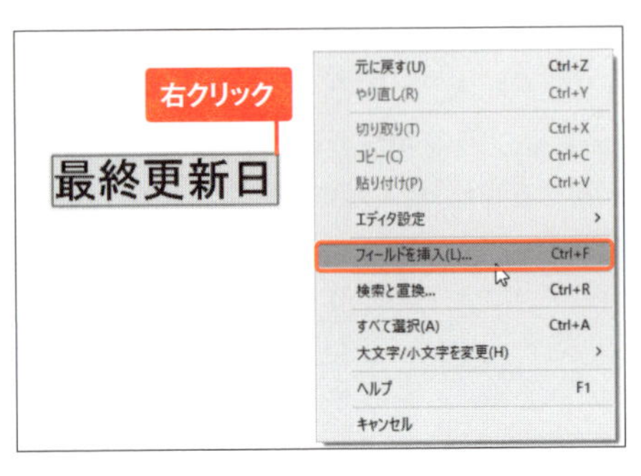

1 [ホーム]タブ―[注釈]パネル―[文字]ボタンの[▼]をクリックして、メニューから[文字記入]を選択し、基点、高さ、角度を指定する。カーソルが表示されるので、文字(ここでは、「最終更新日」)を入力し、日付を記入したいカーソル位置で右クリックし、表示されるコンテキストメニューから[フィールドを挿入]を選択する。

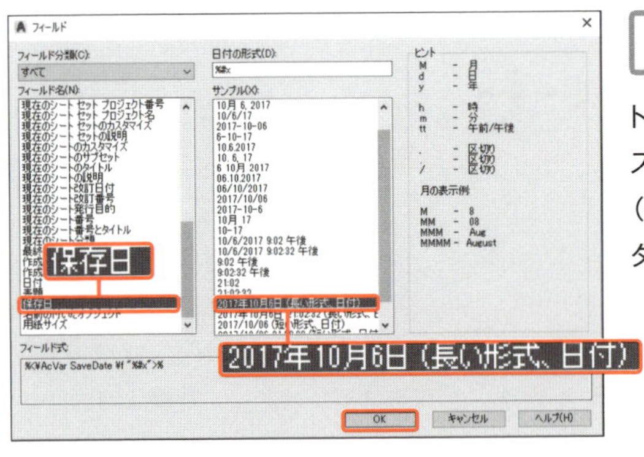

2 [フィールド]ダイアログが表示されるので、[フィールド名]リストから[保存日]を選択し、[サンプル]リストから表記(ここでは、[【今日の日付】(長い形式、日付)])を選択して[OK]ボタンをクリックする。

最終更新日2017年10月6日

最終更新日2017年10月6日

3 保存したときの日付が表示されるので、Enter キーを2回押してコマンドを終了する。フィールド部分の背景はグレーで表示されるが、印刷時には背景は印刷されない。

フィールドを編集する

関連ワード▶▶ 文字 文字記入 フィールド

フィールドを編集するには、まず、文字をダブルクリックして編集モードにする。さらにフィールド文字をダブルクリックして表示される［フィールド］ダイアログで変更を行う。

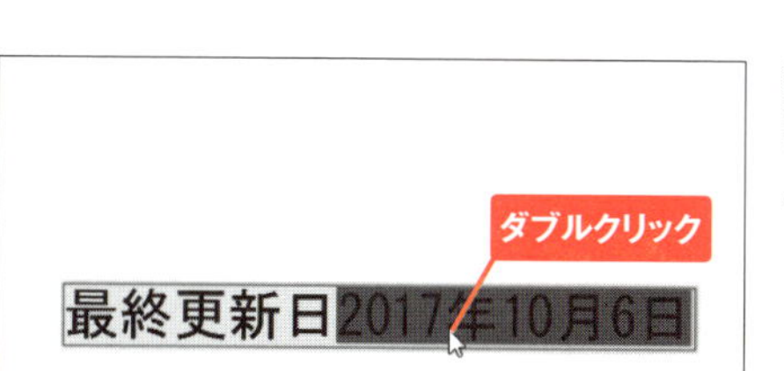

1 フィールドのある文字をダブルクリックして、文字の編集モードにする。さらにフィールド部分をダブルクリックする。

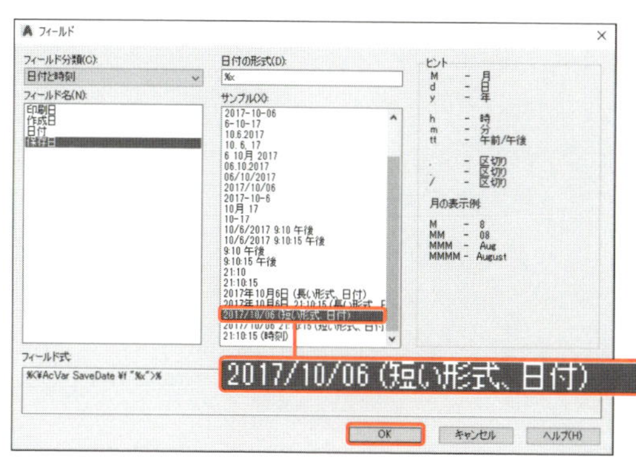

2 ［フィールド］ダイアログが表示されるので変更を行い、［OK］ボタンをクリックする。ここでは、表記を［【今日の日付】（短い形式、日付）］に変更した。

最終更新日2017/10/06

3 フィールドの表記が変更されるので、Enter キーを2回押してコマンドを終了する。

No.170

文字を図形に変換する

関連ワード▶▶ 文字 図形に変換 隠線 WMFファイル

ほかの人とファイルを共有した際にフォントが変更されてしまうのを防ぐためや、ロゴとして使用するために、文字を図形に変換することがある。文字を図形に変換するには、まず文字オブジェクトに隠線処理を行い、WMF形式で書き出す。書き出したWMFファイルを読み込むと、文字オブジェクトがブロックになる。さらに、[分解]コマンドで分解すると、2Dポリラインとして図形に変換される。

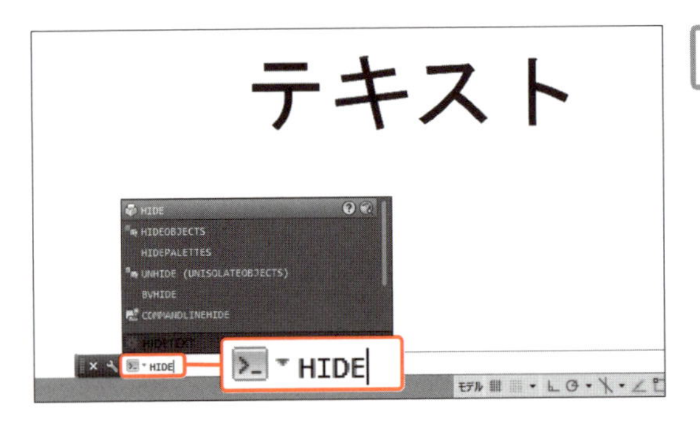

1 コマンドラインに「hide」と入力して Enter キーを押す。

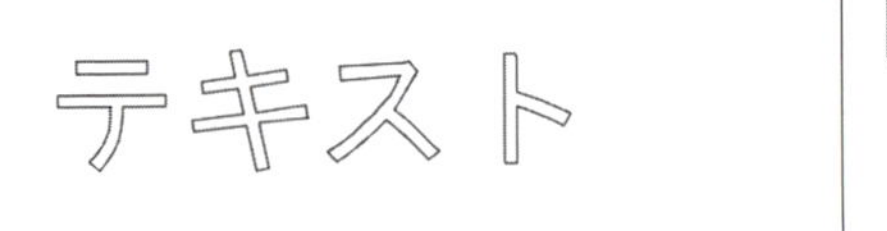

2 [隠線処理]コマンドが実行され、文字が隠線処理される。

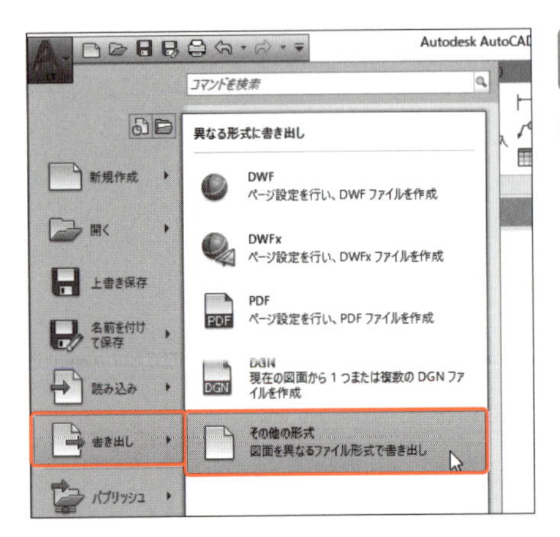

3 WMF形式のファイルとして書き出す。[アプリケーション]ボタン—[書き出し]—[その他の形式]を選択する。

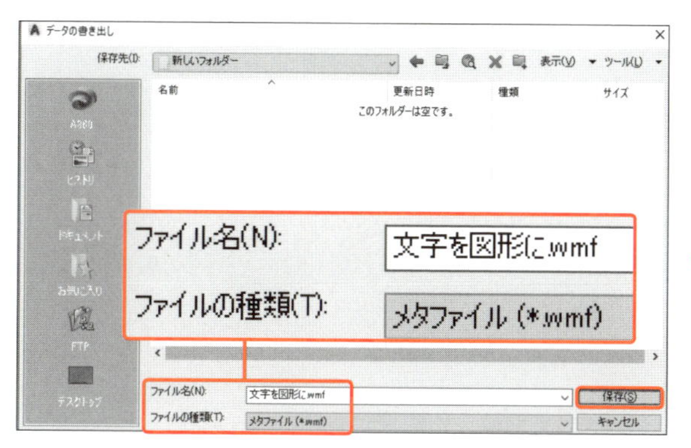

4 [データの書き出し]ダイアログが表示されるので、[ファイルの種類]に[メタファイル(*.wmf)]を選択する。[ファイル名](ここでは、「**文字を図形に**」)を入力して[保存]ボタンをクリックする。

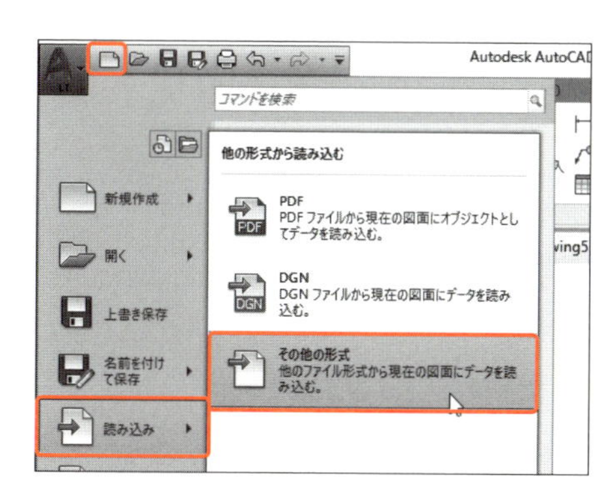

5 「オブジェクトを選択」と表示されるので、文字をクリックして Enter キーを押すと、WMFファイルとして書き出される。

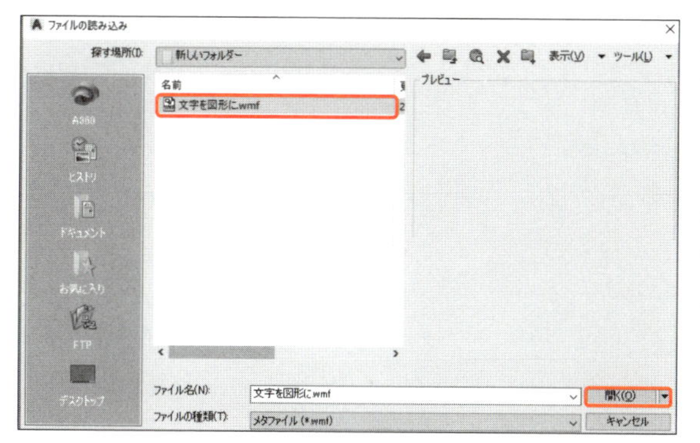

6 書き出したWMFファイルを読み込む。クイックアクセスツールバーの[クイック新規作成]ボタンをクリックして新規図面を開く。[アプリケーション]ボタン—[読み込み]—[その他の形式]を選択する。

7 [ファイルの読み込み]ダイアログが表示されるので、[ファイルの種類]に[WMFファイル(*.wmf)]を選択する。手順5で書き出されたWMFファイルを選択して[開く]ボタンをクリックする。

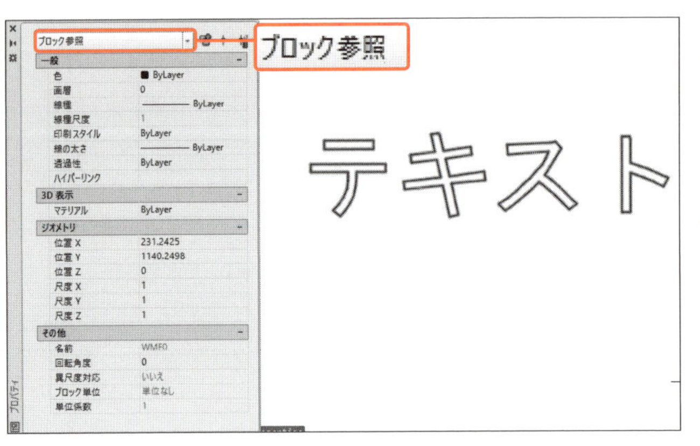

8 ファイルが開き、書き出した文字が表示される。[ホーム]タブ—[プロパティ]パネルのパネルタイトルの右端にある[↘]をクリックして[プロパティ]パレットを表示し、文字をクリックすると、「ブロック参照」になっていることがわかる。

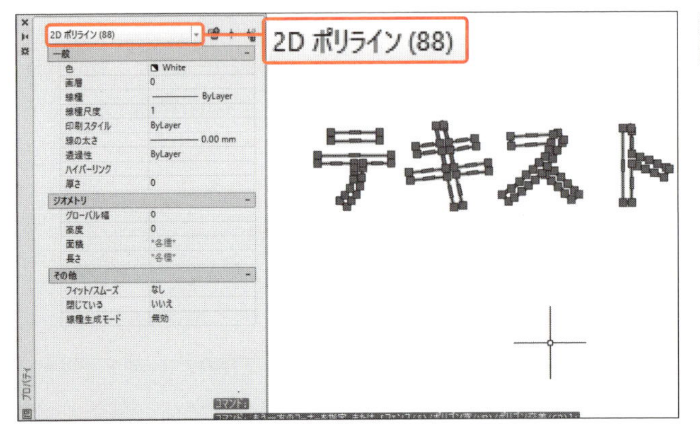

9 [分解]コマンドで分解する（No.236「ブロックを分解する」参照）と、「2Dポリライン」として図形に変換される。

HINT

図形にした文字は、塗りつぶしたり、厚みを加えるなどの変更を加えて、ロゴとして使用できる。また、階数表示や注意書きの看板内にある文字を変更できないようにするため、あるいはほかのパソコンでファイルを開いたときに指定したフォントが変更されるのを防ぐために、文字を図形化しておくとよい。

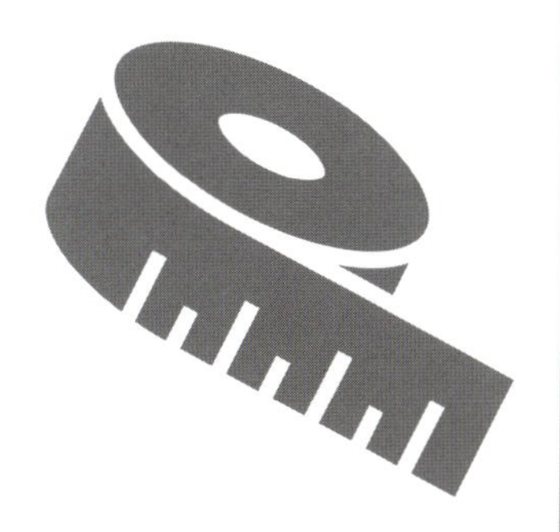

寸法／引出線

寸法線や引出線の記入方法から編集、見た目の設定まで

寸法／引出線に関する操作について解説する。

No.171

寸法を記入する

関連ワード▶▶ 寸法 寸法記入

寸法を記入するときは、[寸法記入(DIM)]コマンドを使う。

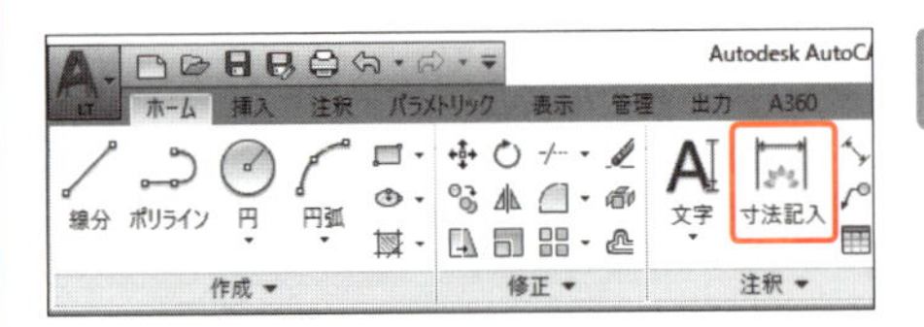

1 [ホーム]タブ—[注釈]パネル—[寸法記入]ボタンをクリックする。

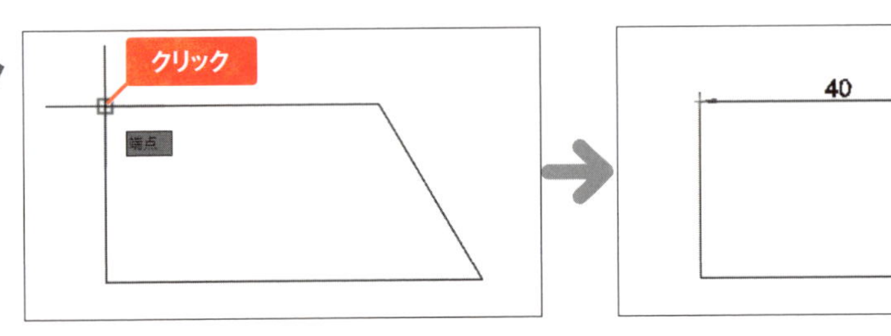

2 「1本目の寸法補助線の起点を指定」と表示されるので、寸法を記入する線の[端点]をクリックする。続けて「2本目の寸法補助線の起点を指定」と表示されるので、もう一方の[端点]をクリックする。

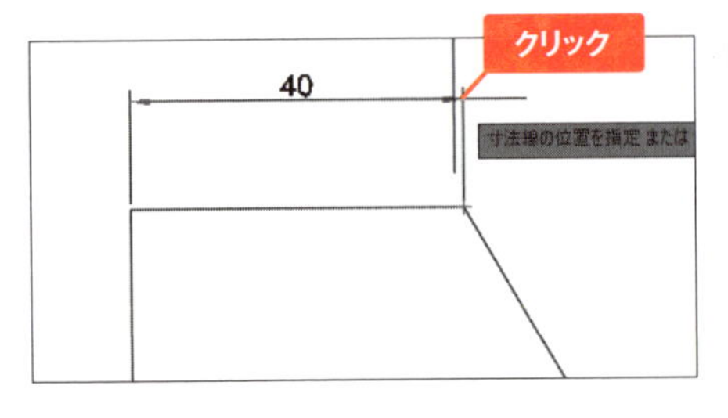

3 「寸法線の位置を指定」と表示されるので、寸法を記入する位置をクリックする。

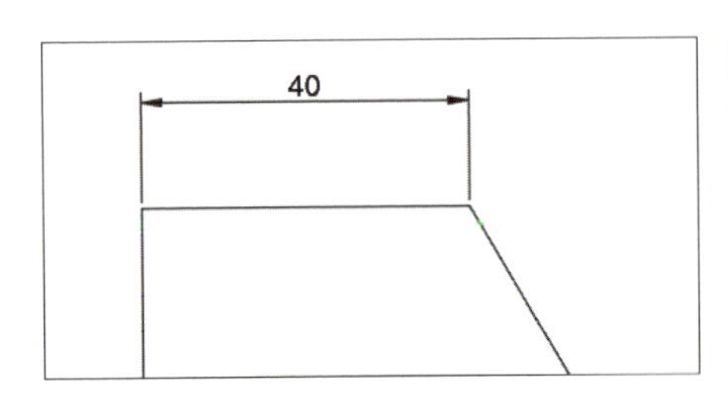

4 寸法が記入されるので、Esc キーを押してコマンドを終了する。

寸法/引出線

寸法を複数個所に一括で記入する（クイック寸法記入）

関連ワード▶▶ 寸法　クイック寸法記入

［クイック寸法記入（QDIM）］コマンドを使うと、指定した図形の寸法を一括で記入できる。

1 ［注釈］タブ―［寸法記入］パネル―［クイック］ボタンをクリックする。

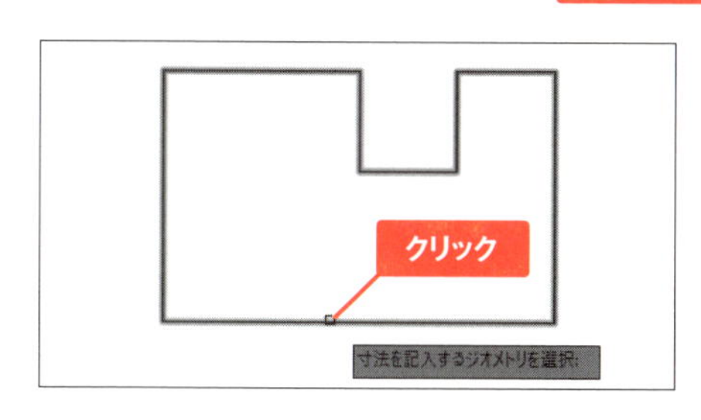

2 「寸法を記入するジオメトリを選択」と表示されるので、寸法を記入する図形を選択して Enter キーを押す。

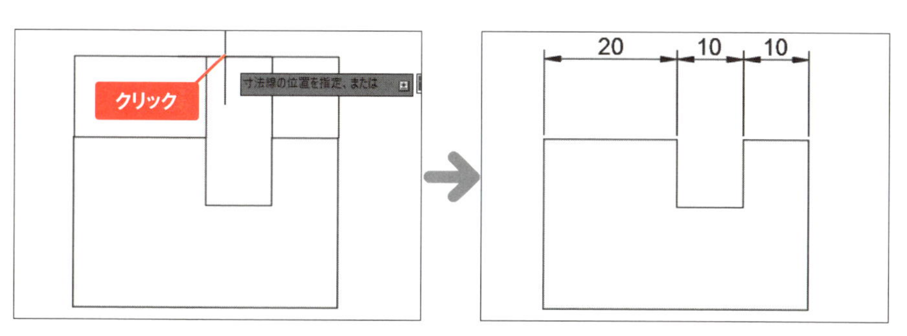

3 「寸法線の位置を指定」と表示されるので、寸法を記入する位置をクリックする。寸法が記入される。

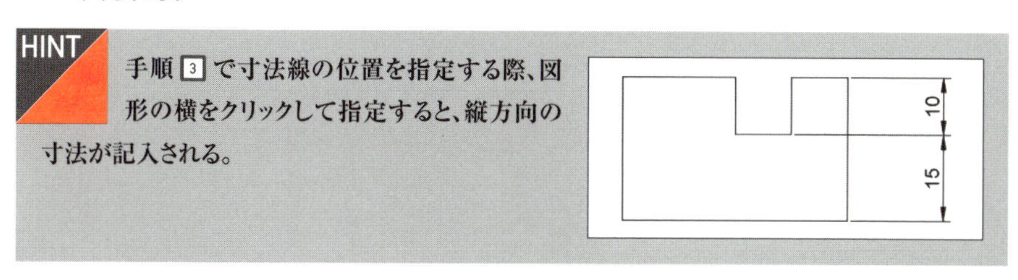

手順 3 で寸法線の位置を指定する際、図形の横をクリックして指定すると、縦方向の寸法が記入される。

寸法／引出線

No.173

図形の変形に合わせて寸法値が変更されるようにする

関連ワード▶▶ 寸法 自動調整

図形に変更を加えたときに寸法値も追従して変更されるよう、[オプション]ダイアログで自動調整寸法の設定をしておく。

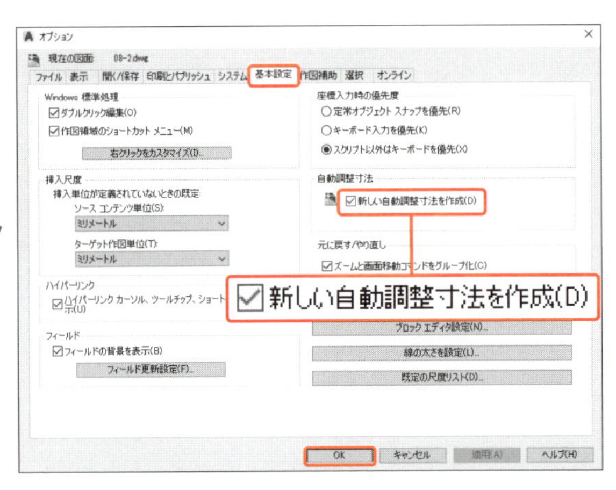

1 アプリケーションメニューの[オプション]ボタンをクリックし、表示される[オプション]ダイアログ―[基本設定]タブ―[自動調整寸法]項目の[新しい自動調整寸法を作成]にチェックを入れ、[OK]ボタンをクリックする。

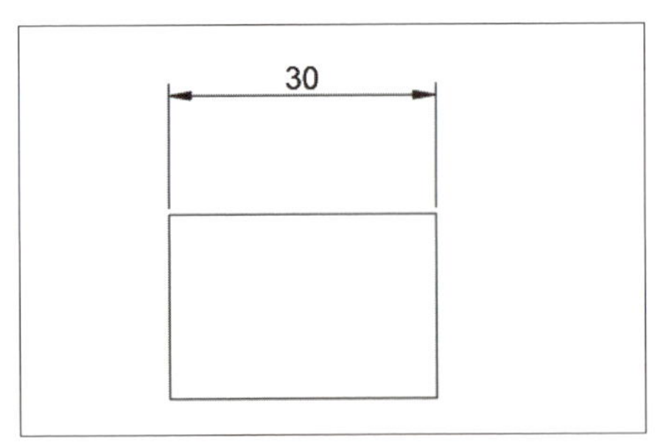

2 [ホーム]タブ―[注釈]パネル―[寸法記入]ボタンをクリックして、寸法を記入する(No.171「寸法を記入する」参照)。

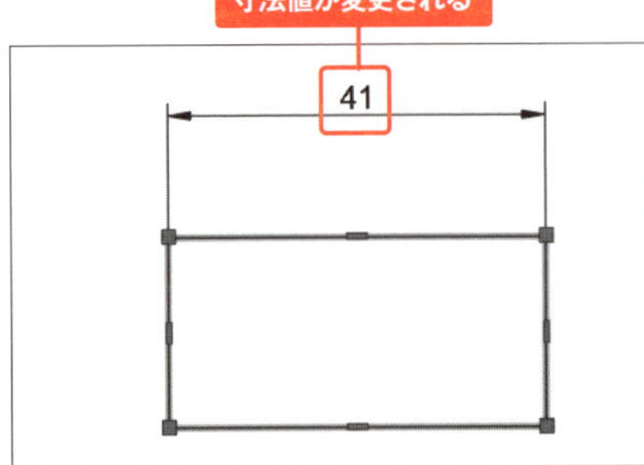

3 図形に変更を加える(ここでは、[ストレッチ]コマンド(No.136「図形を部分的に伸ばす／縮める(ストレッチ)」参照)で横に延ばす)と、図形に追従して寸法値が変更される。

自動調整寸法に設定されているか確認する

関連ワード▶▶ 寸法 自動調整 注釈モニター

ステータスバーの［注釈モニター］をオンにすると、記入済みの寸法が自動調整寸法であるかを確認できる。自動調整寸法になっていない寸法は、起点を設定しなおすと自動調整寸法に再設定できる。

1 ステータスバーの［注釈モニター］ボタンをクリックして有効にする。

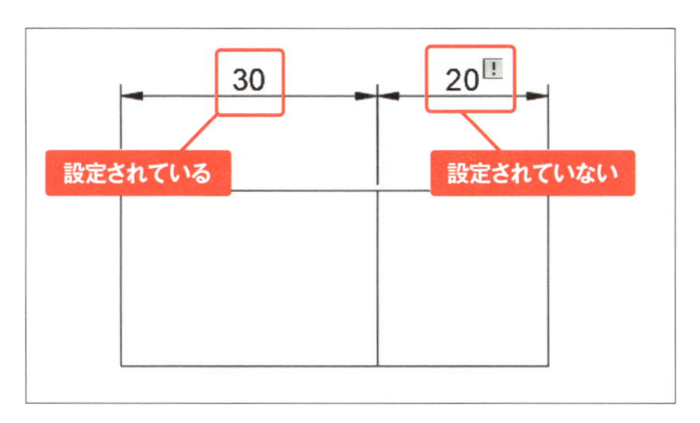

2 自動調整寸法に設定されていない寸法に ! マークが表示される。

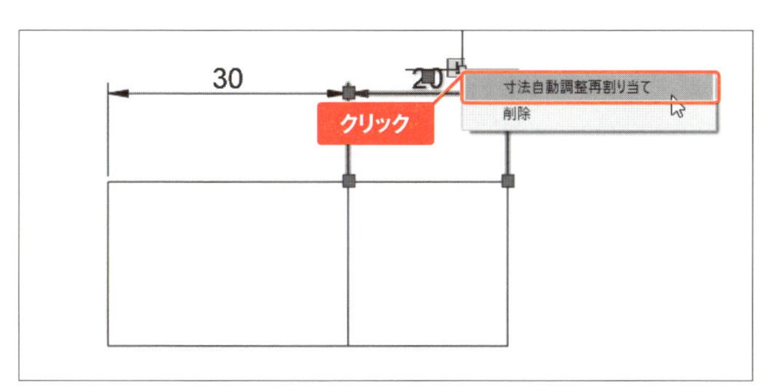

3 ! マークをクリックして表示されるメニューから［寸法自動調整再割り当て］を選択すると、自動調整寸法に再設定できる。

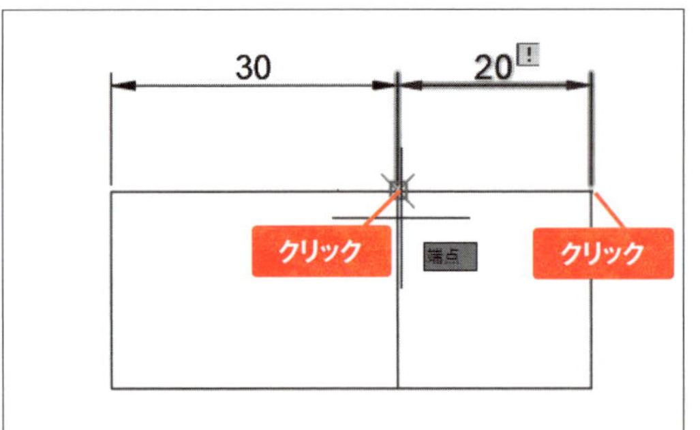

4 元の起点に[×]マークが表示され、「1本目の寸法補助線の起点を指定」と表示されるので、再度起点をクリックして指示する。2点目も同様にクリック指示する。

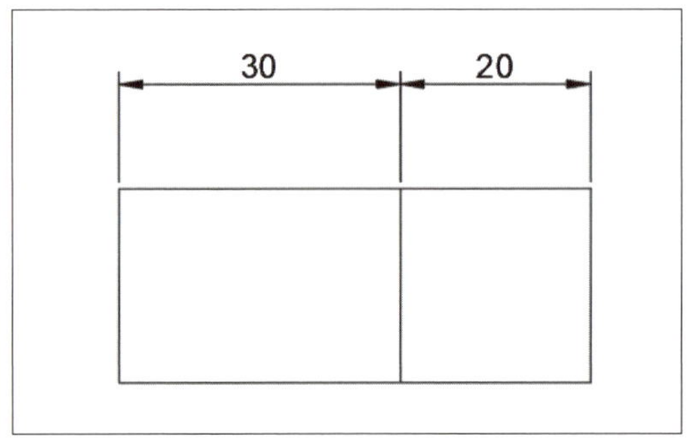

5 起点を指示し終えると ! マークが消え、自動調整寸法に再設定される。

寸法スタイルを新規に作成する

関連ワード▶▶ 寸法 寸法スタイル

「寸法スタイル」は、矢印の形状や寸法値の位置など、寸法の見た目に関する設定のこと。寸法スタイルの設定を変更すると、その寸法スタイルを使用したすべての寸法が自動的に更新される。ここでは例として、「ISO-25」の寸法スタイルを基にして1/50の図面をかくときに使用する寸法スタイルを作成する。

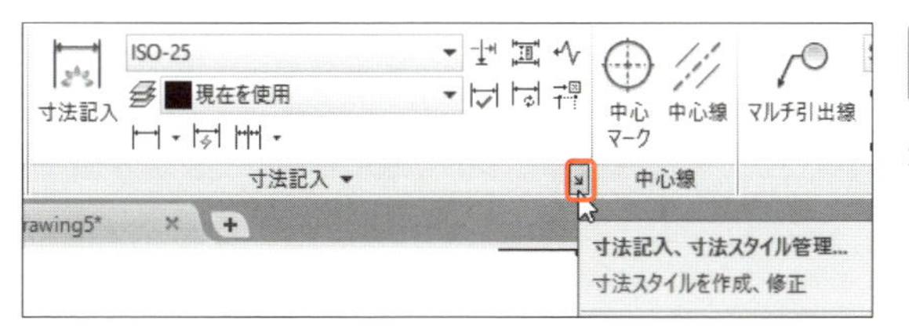

1 [注釈]タブ―[寸法記入]パネルのパネルタイトルの右端にある[↘]をクリックする。

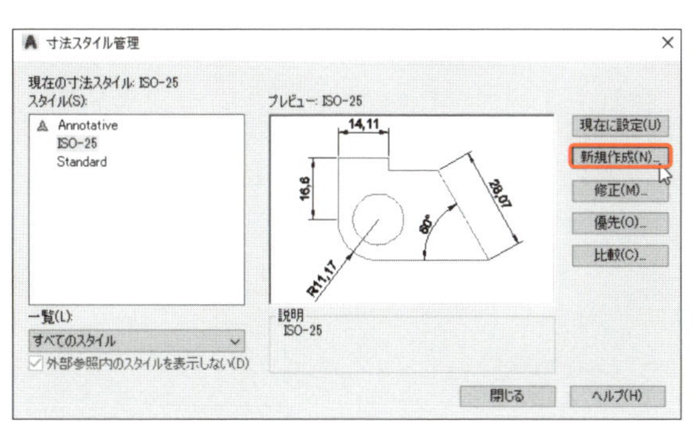

2 表示される[寸法スタイル管理]ダイアログの[新規作成]ボタンをクリックする。

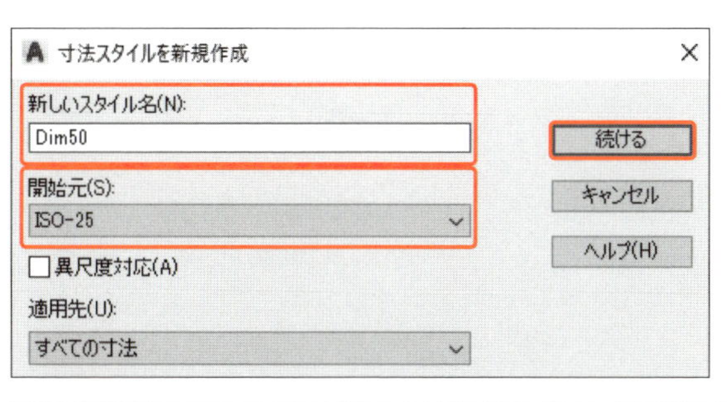

3 表示される[寸法スタイルを新規作成]ダイアログで、[新しいスタイル名]に名前(ここでは、「Dim50」)を入力する。[開始元]に「ISO-25」を選択して[続ける]ボタンをクリックする。

[開始元]で選択している寸法スタイル「ISO-25」は、テンプレートファイル[acadltISO-Named Plot Styles.dwt][acadltiso.dwt]に設定されている。

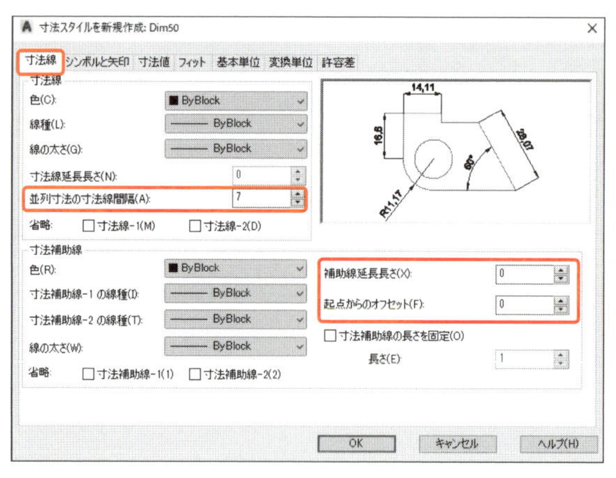

4 ［寸法スタイルを新規作成］ダイアログが表示されるので、各タブを設定する。以下の変更以外は、［ISO-25］の設定のまま。

［寸法線］タブ

・［寸法線］項目
　［並列寸法の寸法線間隔］を「7」に設定

・［寸法補助線］項目
　［補助線延長長さ］を「0」に設定
　［起点からのオフセット］を「0」に設定

5

［シンボルと矢印］タブ

・［矢印］項目
　［1番目］を［黒丸］に設定
　［2番目］を［黒丸］に設定
　［矢印サイズ］を「1」に設定

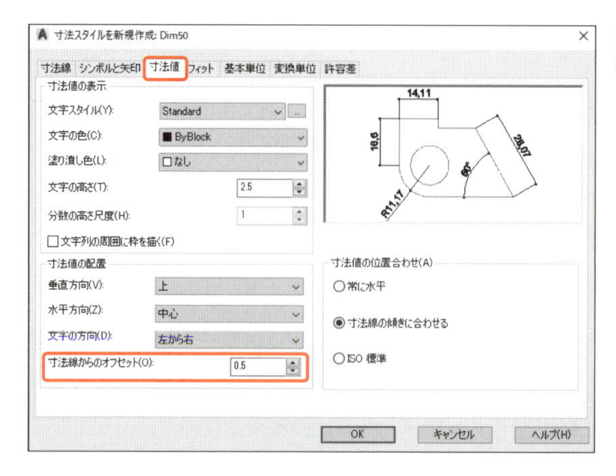

6

［寸法値］タブ

・［寸法値の配置］項目
　［寸法線からのオフセット］を「0.5」に設定

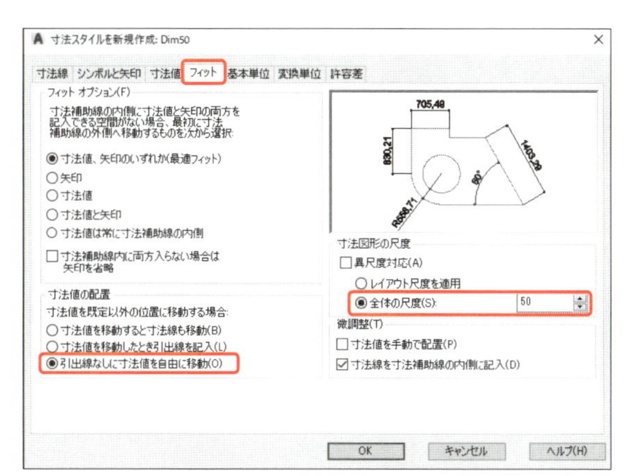

7

[フィット]タブ

・[寸法値の配置]項目
[引出線なしに寸法値を自由に移動]を選択

・[寸法図形の尺度]項目
[全体の尺度]を選択し「50」に設定

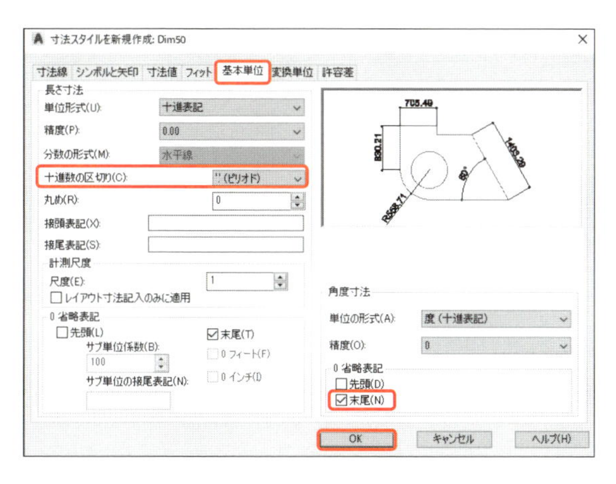

8

[基本単位]タブ

・[長さ寸法]項目
[十進数の区切り]に[.(ピリオド)]を選択

・[角度寸法]項目
[0省略表記]の[末尾]にチェックを入れる

[変換単位][許容差]タブは変更なしで[OK]ボタンをクリックすると、寸法スタイル「Dim50」が作成される。

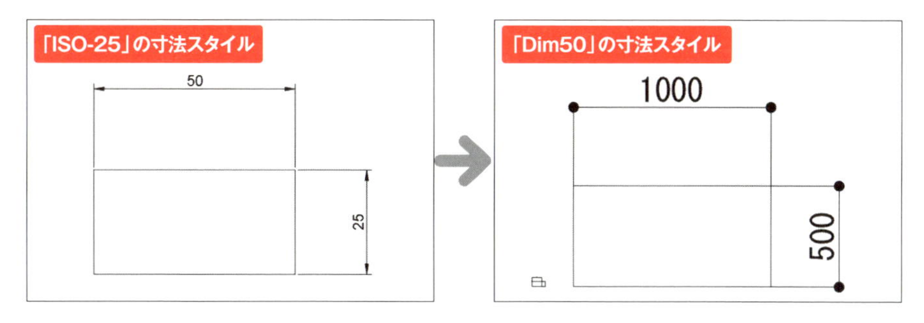

9 新たな寸法スタイル(「Dim50」)が作成される。元の「ISO-25」と比べると、形状や寸法値の大きさ、尺度などが変更されていることが確認できる。

既存の寸法線から寸法スタイルを作成する

関連ワード▶▶ 寸法 寸法スタイル

すでに記入済みの寸法線から寸法スタイルを作成する。

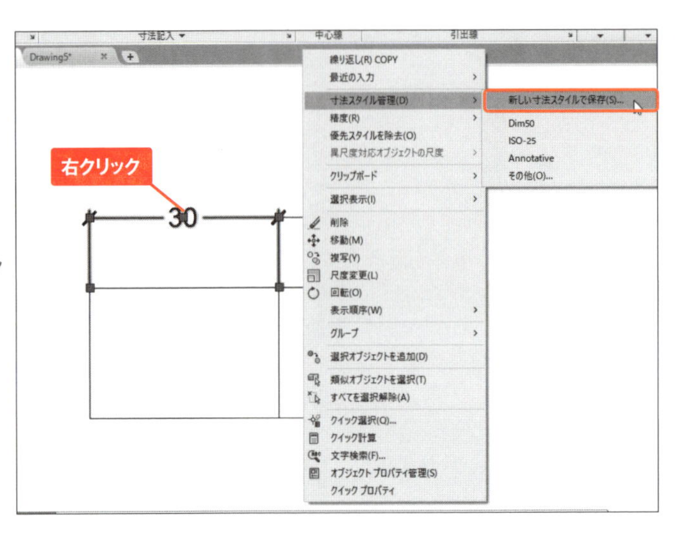

1 寸法線を選択状態にして右クリックする。表示されるコンテキストメニューから[寸法スタイル管理]─[新しい寸法スタイルで保存]を選択する。

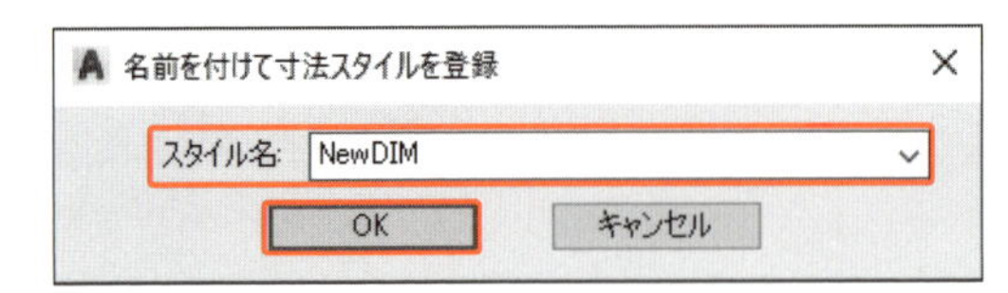

2 [名前を付けて寸法スタイルを登録]ダイアログが表示されるので、[スタイル名](ここでは、「NewDIM」)を入力して[OK]ボタンをクリックする。寸法スタイルが作成される。

No. 177

寸法スタイルを変更する

関連ワード▶▶ 寸法 寸法スタイル

寸法線を現在の寸法スタイルに変更する。ここでは、寸法スタイルを「NewDIM」から「ISO-25」に変更する。

1 ［注釈］タブ―［寸法記入］パネル―［寸法スタイル］を「NewDIM」から「ISO-25」に変更する。

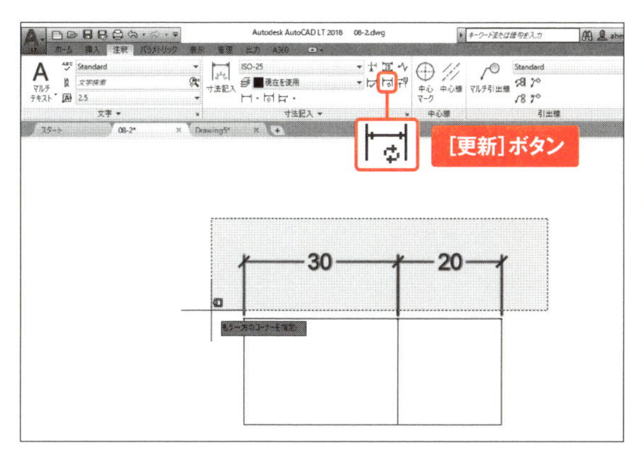

2 ［注釈］タブ―［寸法記入］パネル―［更新］ボタンをクリックする。「オブジェクトを選択」と表示されるので、寸法を選択して Enter キーを押す。

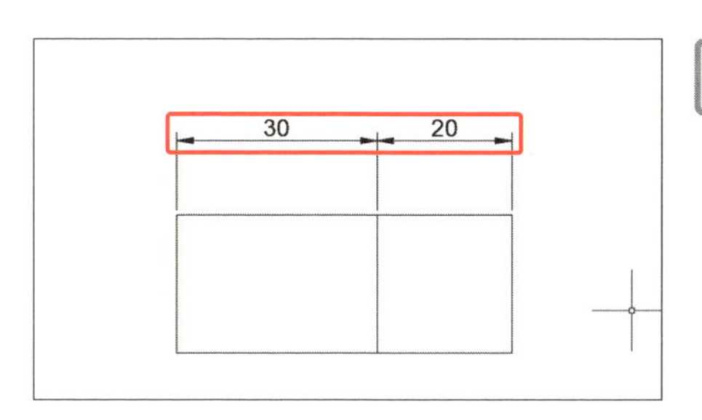

3 寸法スタイルが「ISO-25」に変更され、寸法の形状が変わる。

直列寸法を記入する

関連ワード▶▶ 寸法 直列寸法記入

すでに記入済みの寸法線の横に、続けて寸法を記入するには、[直列寸法記入(DIM CONTINUE)]コマンドを使う。

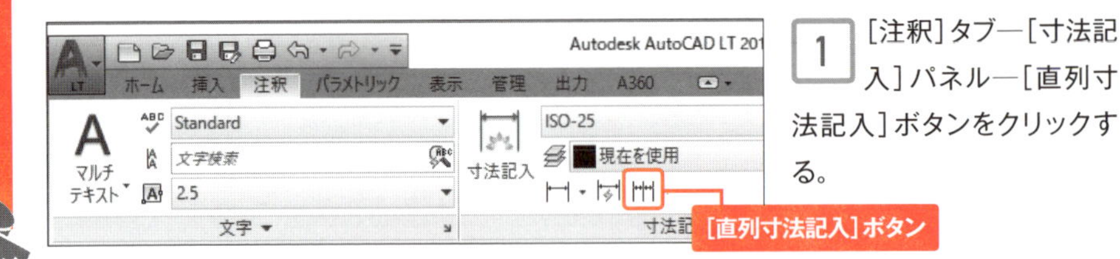

1 [注釈]タブ―[寸法記入]パネル―[直列寸法記入]ボタンをクリックする。

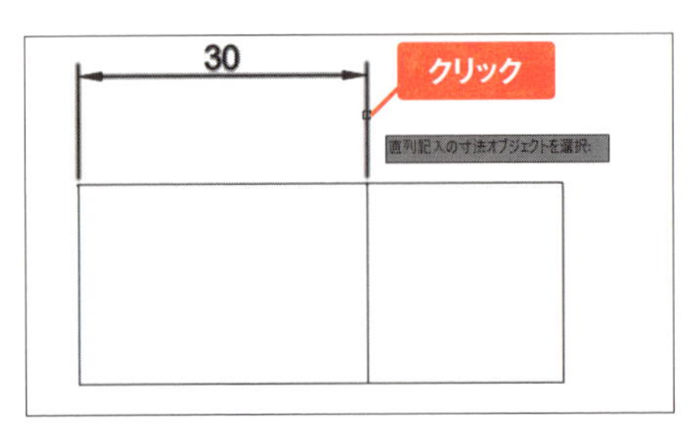

2 「直列記入の寸法オブジェクトを選択」と表示されるので、基になる寸法をクリックする。

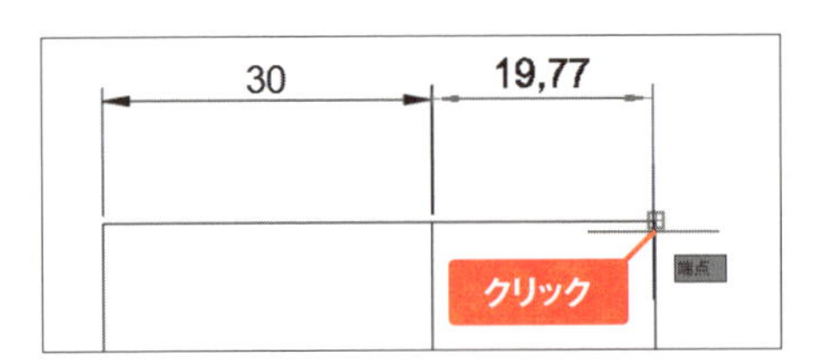

3 「2本目の寸法補助線の起点を指定」と表示されるので、寸法を記入する線の[端点]をクリックする。

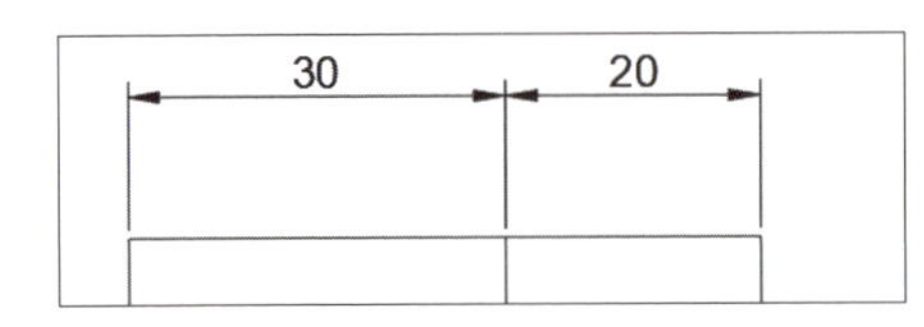

4 直列寸法が記入されるので、Esc キーを押してコマンドを終了する。

HINT

[直列寸法記入]コマンドを実行する直前に[寸法記入]コマンドで寸法を記入している場合、自動的にその寸法の直列寸法になる。基になる寸法を指定したい場合は、手順3で[選択(S)]オプションを指定する必要がある。

並列寸法を記入する

関連ワード▶▶ 寸法 並列寸法記入 段組寸法

すでに記入済みの寸法線に対して並列に寸法を記入するには、[並列寸法記入(DIMBASELINE)] コマンドを使う。

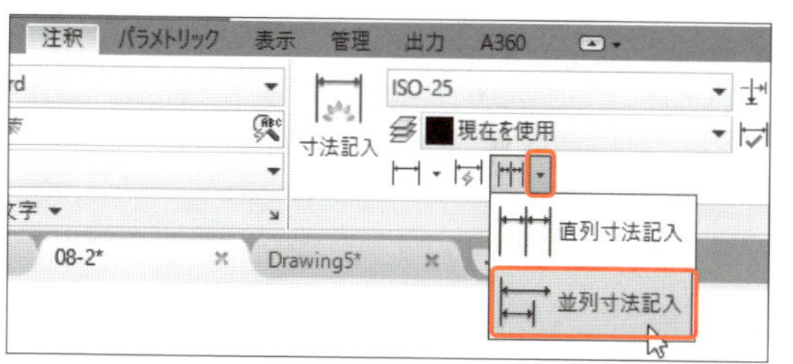

1 [注釈]タブ―[寸法記入]パネル―[直列寸法記入]ボタンの[▼]をクリックし、メニューから[並列寸法記入]を選択する。

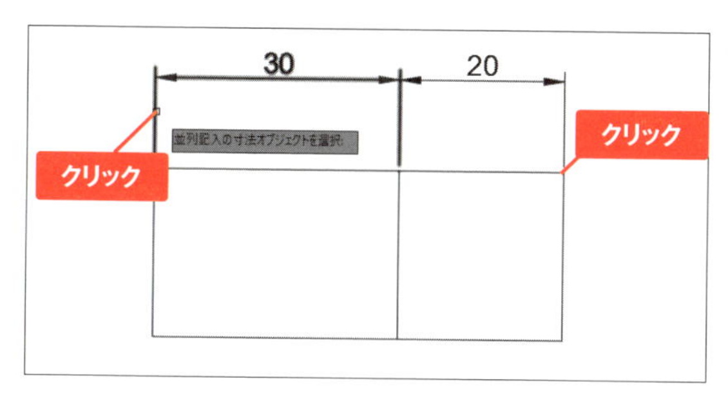

2 「並列記入の寸法オブジェクトを選択」と表示されるので、基になる寸法をクリックする。「2本目の寸法補助線の起点を指定」と表示されるので、寸法を記入する線の[端点]をクリックする。

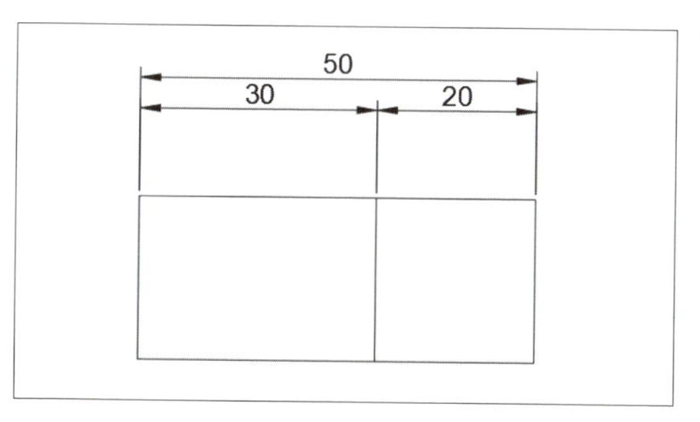

3 並列寸法が記入されるので、Esc キーを押してコマンドを終了する。

HINT

寸法線の間隔は、[寸法スタイルを修正]ダイアログ(No.187「2つの単位で寸法値を記入する」参照)の[寸法線]タブ―[寸法線]項目―[並列寸法の寸法線間隔]で設定できる。

並列寸法の間隔を変更する

関連ワード▶▶ 寸法 並列寸法記入 段組寸法 寸法線間隔

並列寸法の間隔をまとめて変更するには、[寸法線間隔(DIMSPACE)]コマンドを使う。

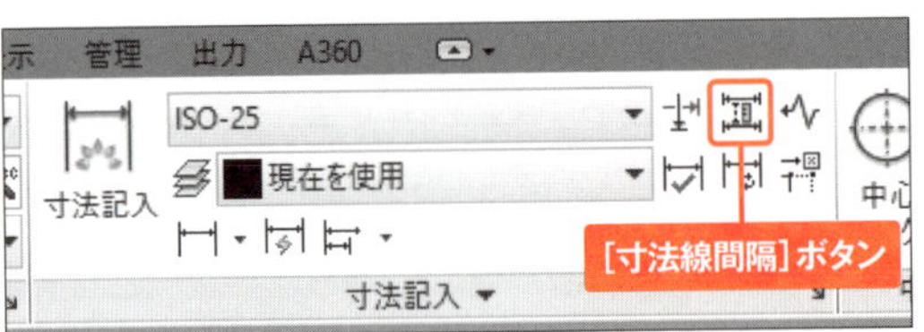

1 [注釈]タブ—[寸法記入]パネル—[寸法線間隔]ボタンをクリックする。

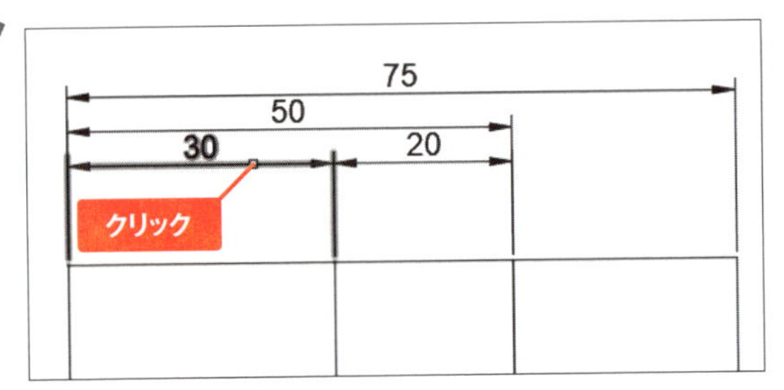

2 「基準の寸法を選択」と表示されるので、基になる寸法をクリックする。

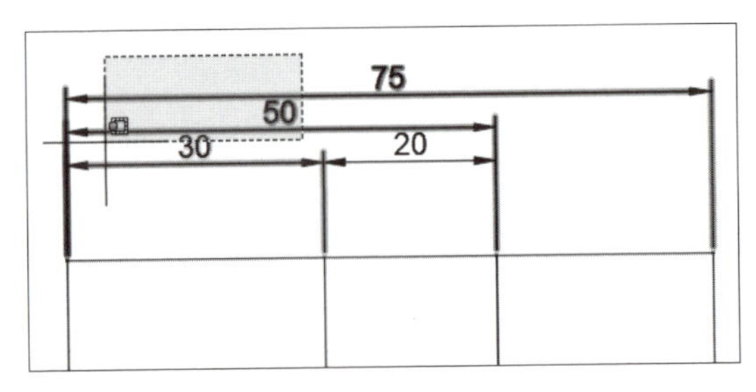

3 「間隔を調整する寸法を選択」と表示されるので、間隔を変更する寸法をすべて選択して Enter キーを押す。続けて「値を入力」と表示されるので、寸法線間隔(ここでは、「10」)を入力して Enter キーを押す。

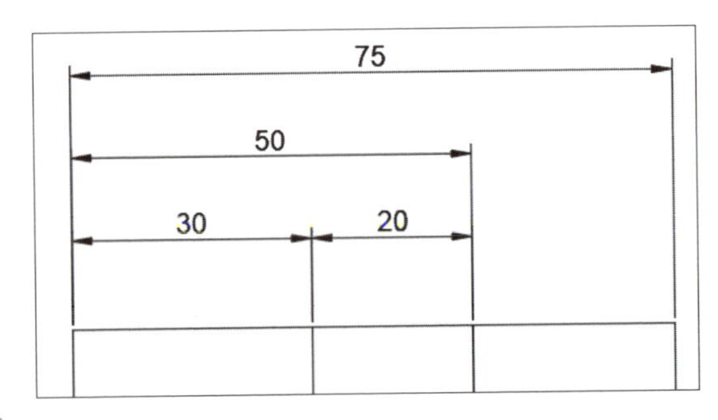

4 寸法線の間隔が変更される。

寸法線の矢印形状を変更する

関連ワード▶▶ 寸法 矢印

すでに記入された寸法線の矢印形状を個別に変更するときは、[プロパティ] パレットで変更する。

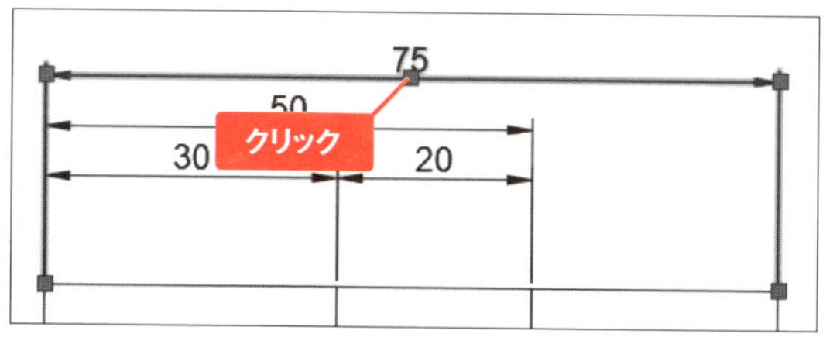

1 [ホーム]タブ—[プロパティ]パネルのパネルタイトルの右端にある[↘]をクリックして、[プロパティ]パレットを表示する。矢印を変更する寸法線を選択状態にする。

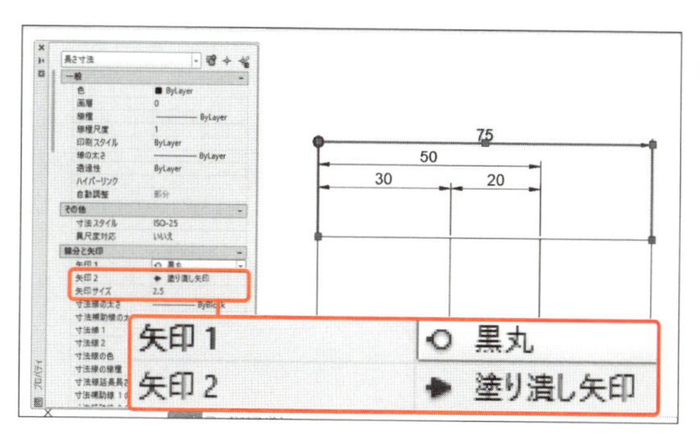

2 [プロパティ]パレットの[線分と矢印]項目の[矢印1][矢印2]で形状を変更する。ここでは、[矢印1]を「黒丸」に変更する。

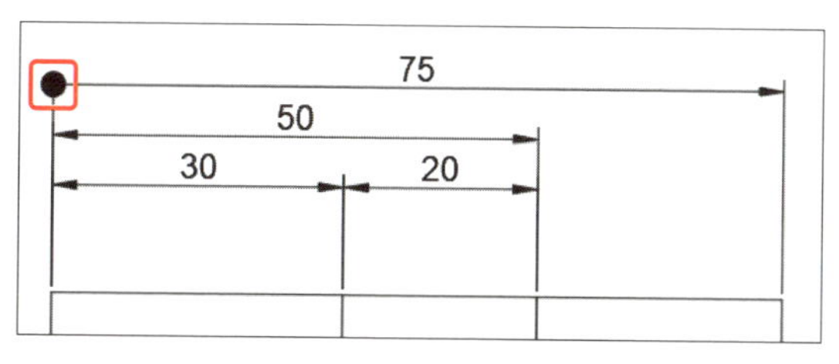

3 寸法線の選択を解除すると、矢印の形状が変更されていることがわかる。

変更した寸法線を元の寸法スタイルに戻したい場合は、[注釈]タブ—[寸法記入]パネル—[更新]コマンド(No.177 「寸法スタイルを変更する」参照)を実行する。

同じ寸法スタイルを適用した寸法線の矢印形状を一括で変更する場合は、[寸法スタイルを修正]ダイアログ(No.187 「2つの単位で寸法値を記入する」参照)の[シンボルと矢印]タブで変更する。

No.182

寸法値に文字を追加する

関連ワード▶▶ 寸法 文字

寸法値に文字を追加するときは、[プロパティ] パレットで行う。

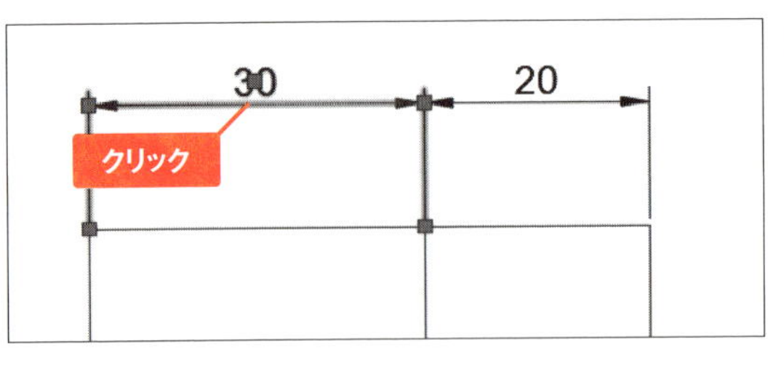

1 [ホーム]タブ－[プロパティ]パネルのパネルタイトルの右端にある[↘]をクリックして、[プロパティ]パレットを表示する。文字を追加する寸法線を選択状態にする。

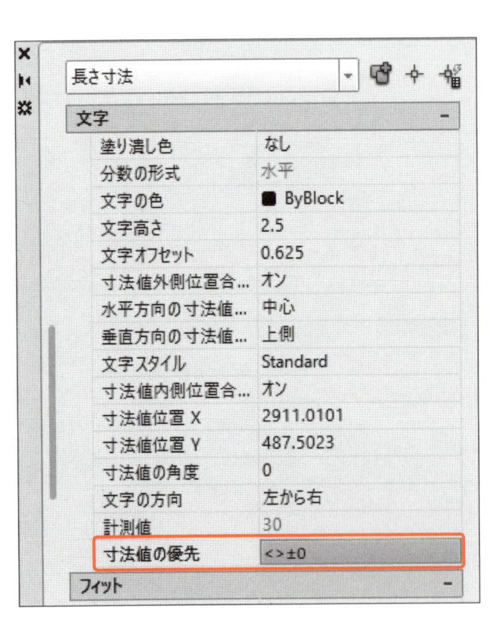

2 [プロパティ]パレットの[文字]項目の[寸法値の優先]に入力した文字が寸法値として表示される。ここでは、「<>±0」と入力するが「<>」は寸法値に置き換えられる。

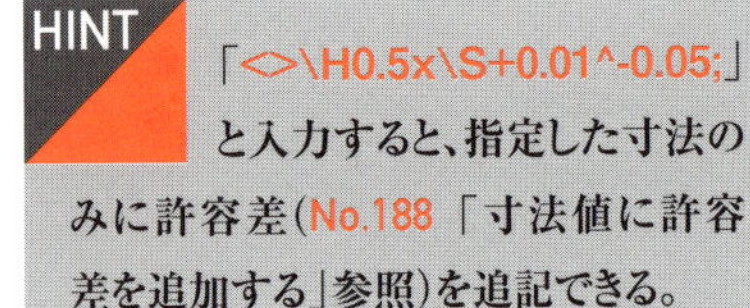
HINT

「<>\H0.5x\S+0.01^-0.05;」と入力すると、指定した寸法のみに許容差(No.188「寸法値に許容差を追加する」参照)を追記できる。

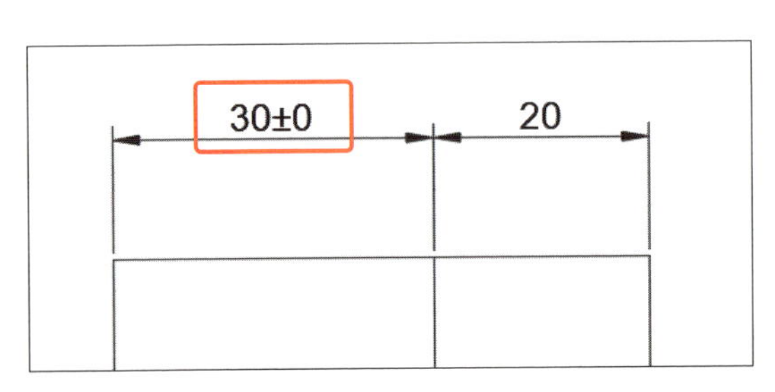

3 寸法線の選択を解除すると、文字が追加されていることがわかる。

寸法値の小数点以下の桁数を変更する

関連ワード▶▶ 寸法 桁数

すでに記入された寸法値の少数点以下の桁数を個別に変更したい場合は、右クリックして表示されるコンテキストメニューを利用すると簡単に変更できる。

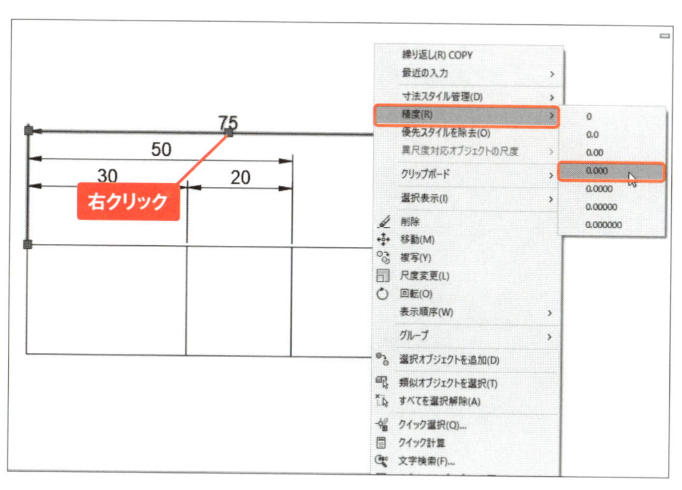

1 寸法線を選択状態にし、右クリックする。表示されるコンテキストメニューの[精度]をクリックし、桁数(ここでは、「0.000」)を選択する。

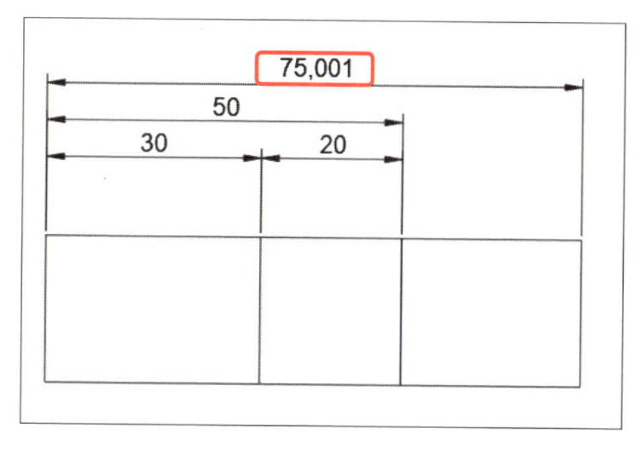

2 線の選択を解除すると、桁数が変更されていることがわかる。

寸法補助線と線が重なる部分を白抜きにする

関連ワード▶▶ 寸法 寸法補助線 白抜き 寸法マスク

ほかの線と寸法補助線が重なって見づらい場合、[寸法マスク(DIMBREAK)]コマンドを使って寸法補助線を白抜きに(マスク)することができる。

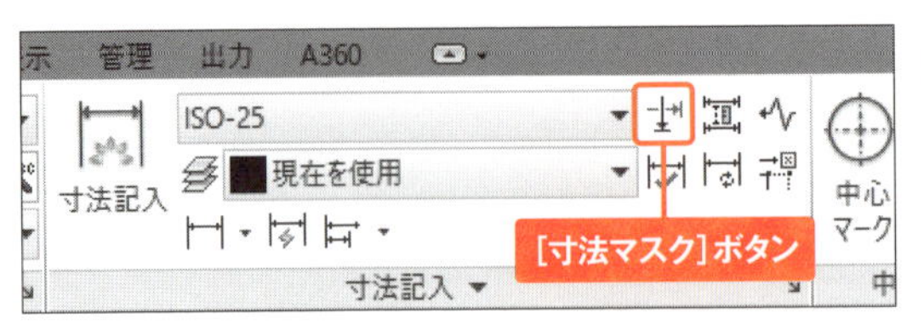

1 [注釈]タブ—[寸法記入]パネル—[寸法マスク]ボタンをクリックする。

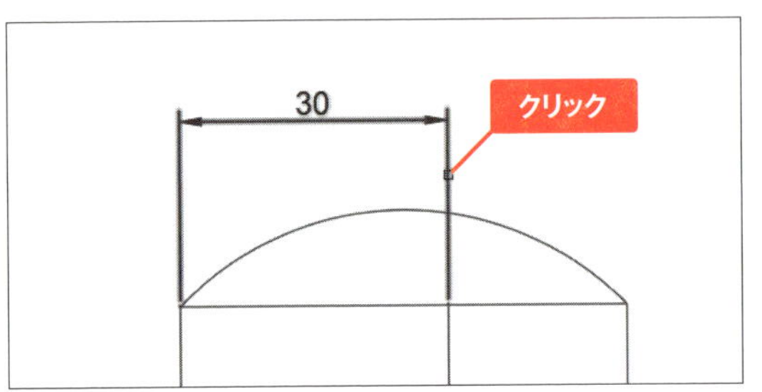

2 「追加/マスクを除去する寸法を選択」と表示されるので、白抜きにする寸法を選択して Enter キーを押す。

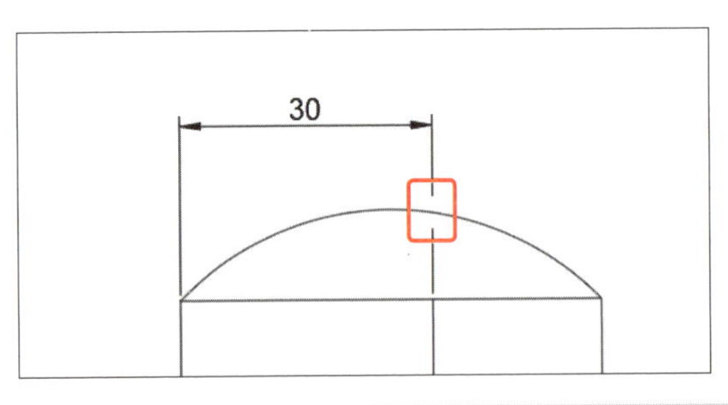

3 寸法補助線がほかの線と重なる部分が白抜きになる。

HINT 白抜きを解除する場合は、手順 2 で寸法を選択した後に[除去(R)]オプションの「r」を入力して Enter キーを押す。

HINT 白抜きにする間隔を設定するには、[寸法スタイルを修正]ダイアログ(No.187「2つの単位で寸法値を記入する」参照)の[シンボルと矢印]タブ—[寸法マスク]項目の[マスクの大きさ]で値を変更する。

寸法線に折れ線を追加する

関連ワード▶▶ 寸法　折れ線　寸法折り曲げ

寸法線に折れ線を追加するときは、［寸法線折り曲げ(DIMJOGLINE)］コマンドを使うと簡単に追加できる。

1 ［注釈］タブ―［寸法記入］パネル―［寸法線折り曲げ］ボタンをクリックする。

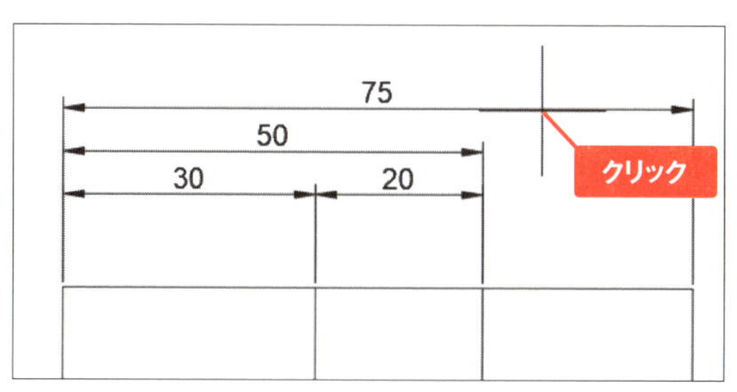

2 「折り曲げを追加する寸法を選択」と表示されるので、寸法をクリックする。続けて、「折り曲げの位置を指定」と表示されるので、折れ線をかく位置をクリックする。

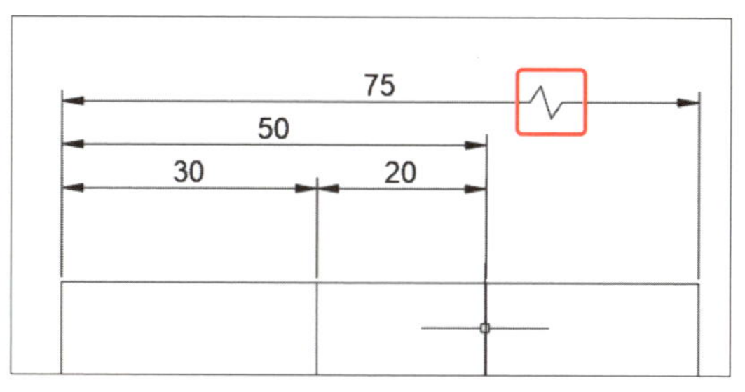

3 寸法線に折れ線が追加される。

折れ線を削除する場合は、手順 2 で寸法線をクリック指示する前に［除去(R)］オプションの「r」を入力して Enter キーを押す。

折れ線の角度や長さを設定するには、［寸法スタイルを修正］ダイアログ（No.187「2つの単位で寸法値を記入する」参照）の［シンボルと矢印］タブの［折り曲げ半径寸法］項目または［折り曲げ長さ寸法］項目で値を変更する。

寸法補助線を斜めにする

関連ワード▶▶ 寸法 寸法補助線 スライド寸法

すでに記入された寸法の寸法補助線を斜めに変更するときは、[スライド寸法 (DIM EDIT)] コマンドを使う。

1 [注釈] タブ—[寸法記入] パネルのパネルタイトルをクリックして展開する。[スライド寸法] ボタンをクリックする。

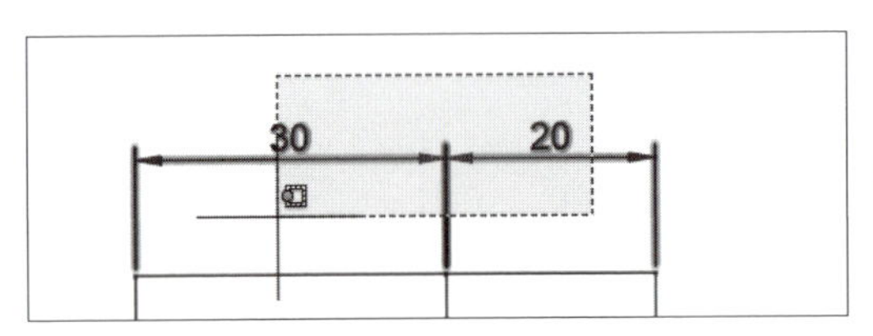

2 「オブジェクトを選択」と表示されるので、寸法を選択して Enter キーを押す。

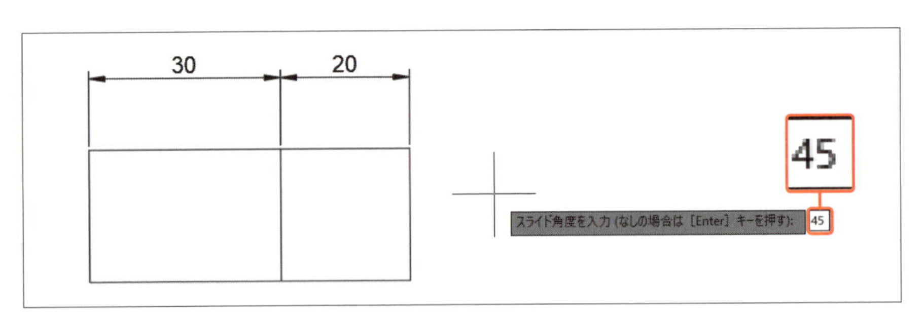

3 「スライド角度を入力」と表示されるので、角度（ここでは、「45」）を入力して Enter キーを押す。

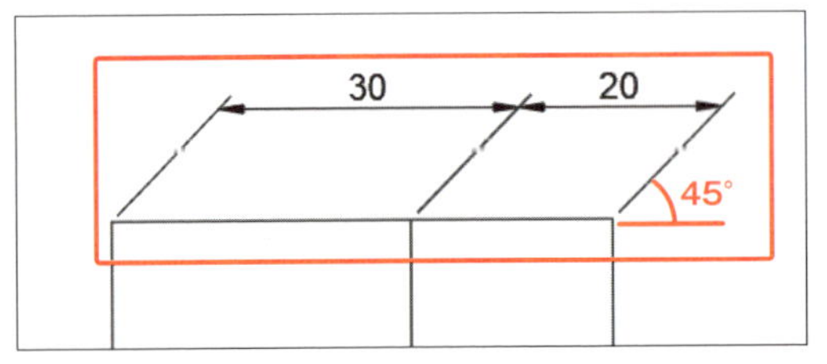

4 寸法補助線が指定した角度で傾く。

2つの単位で寸法値を記入する

関連ワード▶▶ 寸法 寸法スタイル 単位

2つの単位で寸法値を記入する場合、[寸法スタイルを修正]ダイアログで寸法スタイルを編集する。ここでは、ミリメートルの寸法値にインチに変換した寸法値を併記する例で解説する。

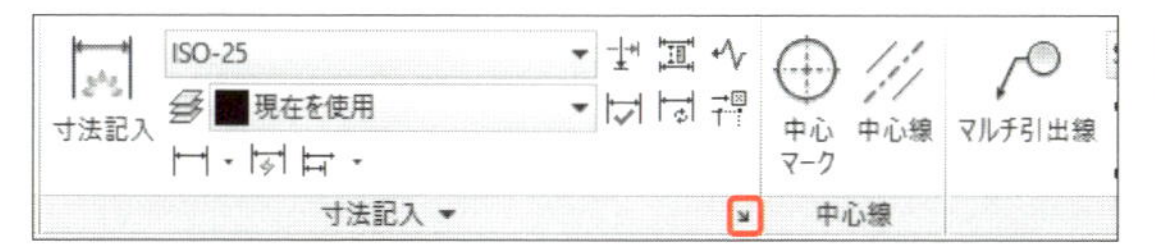

1 [注釈]タブ―[寸法記入]パネルのパネルタイトルの右端にある[↘]をクリックする。

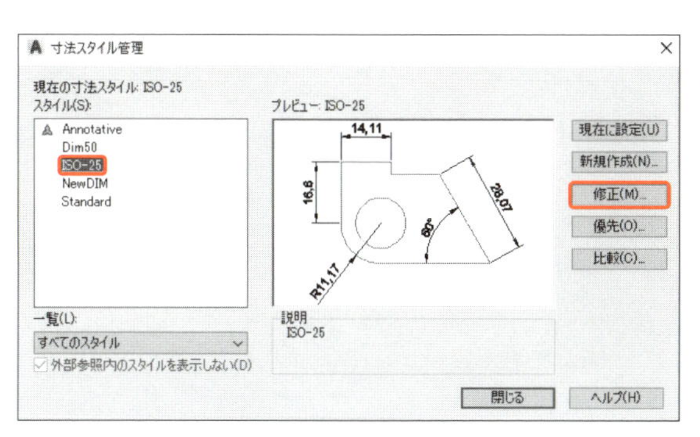

2 表示される[寸法スタイル管理]ダイアログで変更する寸法スタイル(ここでは、「ISO-25」)を選択し、[修正]ボタンをクリックする。

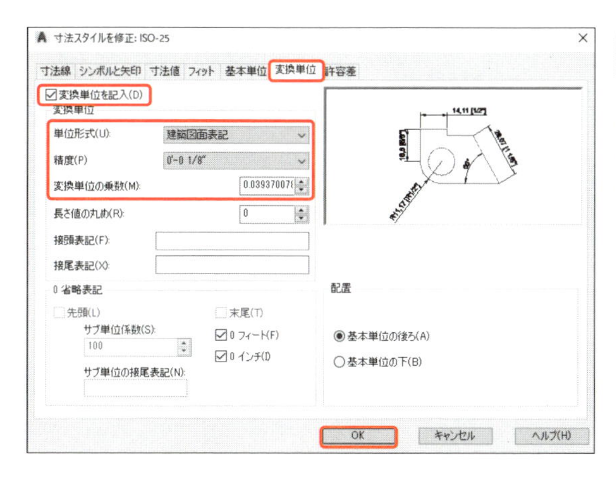

3 表示される[寸法スタイルを修正]ダイアログの[変換単位]タブをクリックして、下記のように変換する単位(ここでは「インチ」)を設定して[OK]ボタンをクリックする。

・[変換単位を記入]にチェックを入れる

・[変換単位]項目
[単位形式]に[建築図面表記]を選択
[精度]に[0'-0 1/8"]を選択
[変換単位の乗数]に「0.03937007874016」を設定

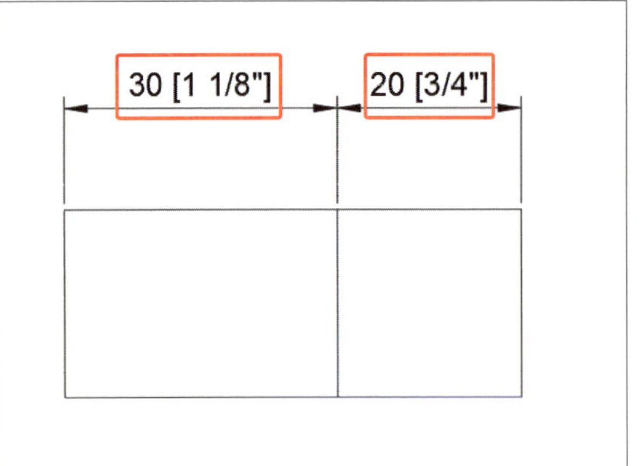

4 ［寸法スタイル管理］ダイアログに戻るので［閉じる］ボタンをクリックすると、寸法値がミリメートルとインチの2つの単位で記入される。

寸法値に許容差を追加する

関連ワード▶▶ 寸法 寸法スタイル 許容差

寸法値に許容差を追加するときは、[寸法スタイルを修正]ダイアログの[許容差]タブで設定する。ただし、個別に寸法値を指定して許容差を追加したい場合は、[プロパティ]パレットで文字を追加する(No.182「寸法値に文字を追加する」のHINT参照)。

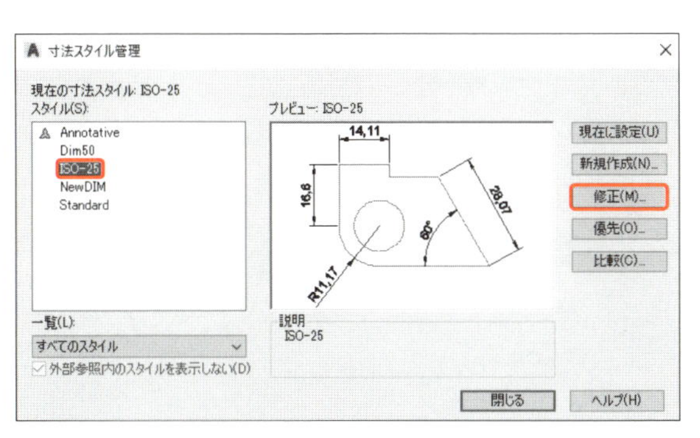

1 [注釈]タブ―[寸法記入]パネルのパネルタイトルの右端にある[↘]をクリックする。表示される[寸法スタイル管理]ダイアログで寸法スタイル(ここでは、「ISO-25」)を選択し、[修正]ボタンをクリックする。

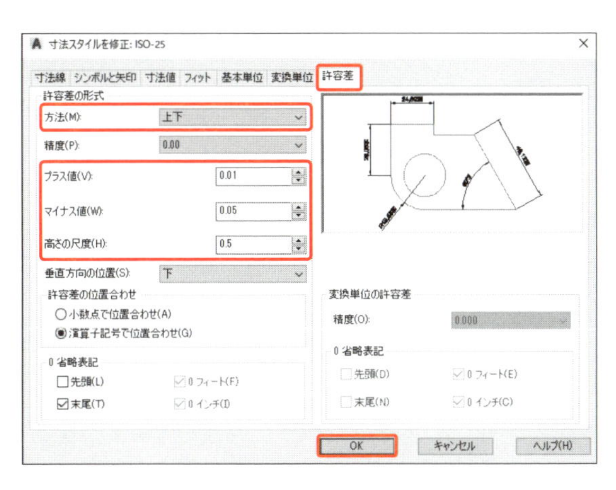

2 表示される[寸法スタイルを修正]ダイアログの[許容差]タブをクリックして、下記のように設定して[OK]ボタンをクリックする。

・[許容差の形式]項目
[方法]に[上下]を選択
[プラス値]に「0.01」と入力
[マイナス値]に「0.05」と入力
[高さの尺度]に「0.5」と入力

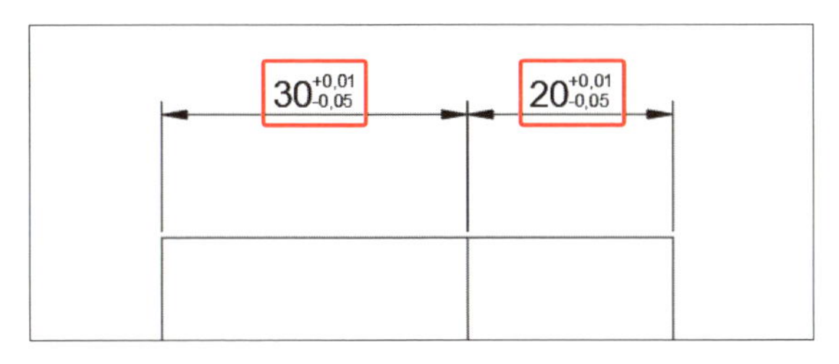

3 [寸法スタイル管理]ダイアログに戻るので[閉じる]ボタンをクリックすると、寸法値に許容差が追加される。

手動で記入されたかき込み寸法を見つける

関連ワード▶▶ 寸法 寸法スタイル 優先スタイル

すでに記入された寸法のなかから、自動で計測された値ではなく、手動で記入されたかき込み寸法を見つけたい場合は、現在の寸法スタイルに影響を与えず、一時的に寸法スタイルの内容を変更できる「優先スタイル」を使うと探し出せる。

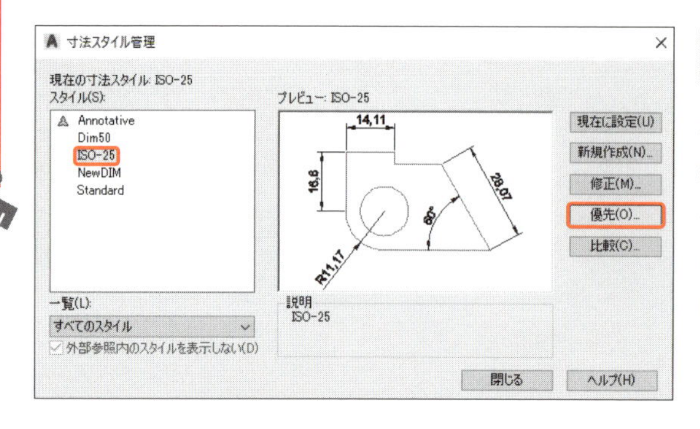

1 ［注釈］タブ－［寸法記入］パネルのパネルタイトルの右端にある［↘］をクリックする。表示される［寸法スタイル管理］ダイアログで現在の寸法スタイル（ここでは、「ISO-25」）を選択し、［優先］ボタンをクリックする。

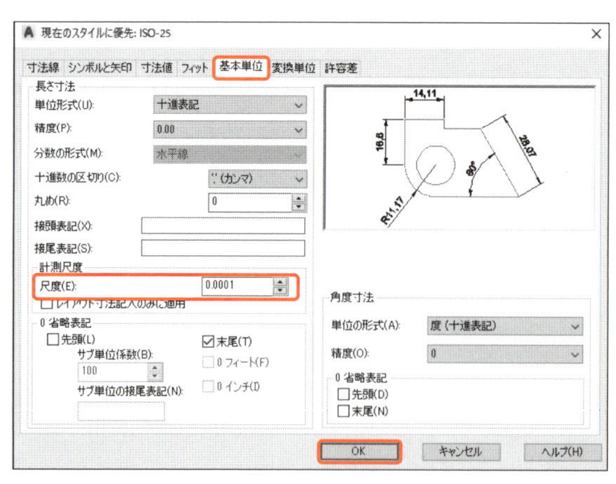

2 表示される［現在のスタイルに優先］ダイアログの［基本単位］タブをクリックする。［計測尺度］項目の［尺度］を「0.0001」に設定して［OK］ボタンをクリックする。

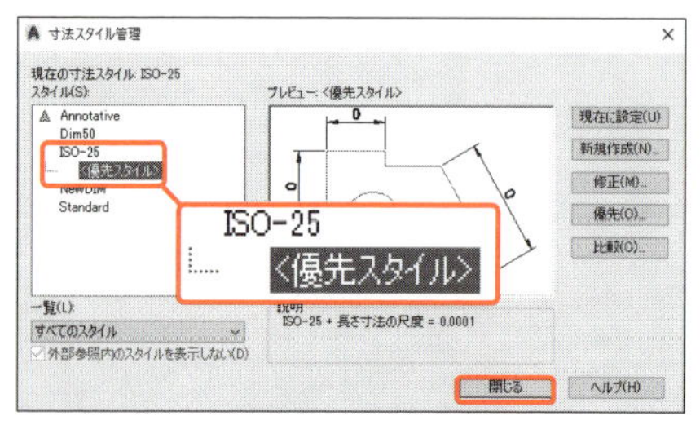

3 ［寸法スタイル管理］ダイアログに戻り、［スタイル］リストの「ISO-25」の下に［<優先スタイル>］が作成されていることが確認できる。［閉じる］ボタンをクリックするしてダイアログを閉じる。

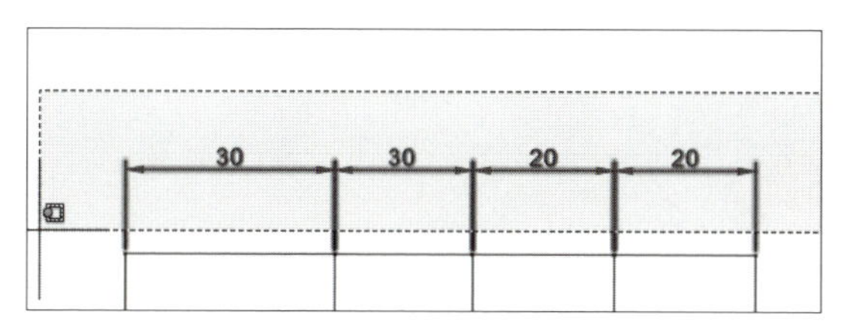

4 ［注釈］タブ―［寸法記入］パネル―［更新］ボタンをクリックする。「オブジェクトを選択」と表示されるので、チェックしたい寸法を選択して Enter キーを押す。

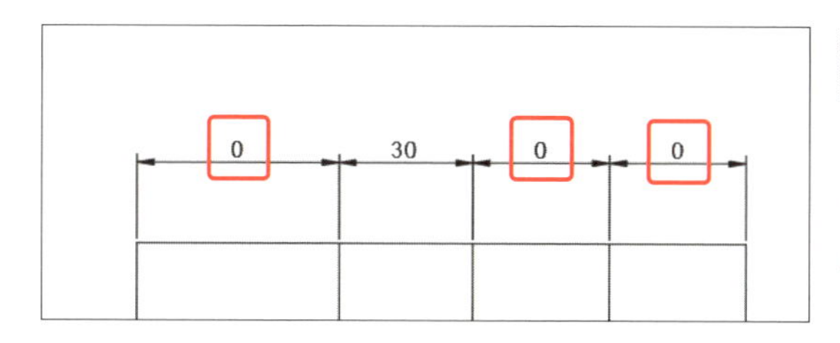

5 自動で計測された寸法値は、手順2で設定した優先スタイルの尺度「0.0001」が乗じられて「0」と表示される。「0」ではない寸法は、手動で記入されたかき込み寸法であることがわかる。

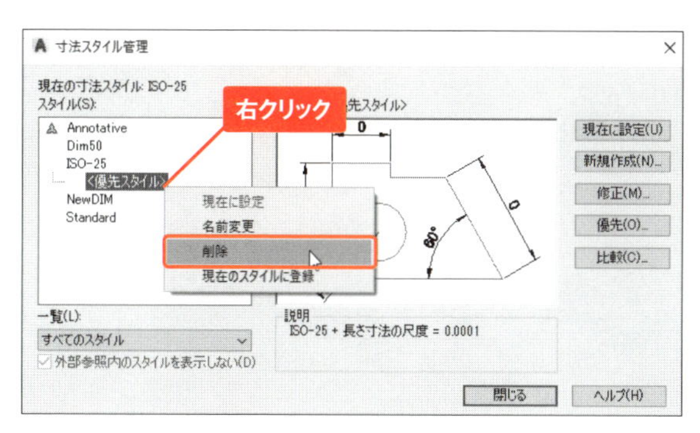

6 かき込み寸法を見つけた後は、再度［寸法スタイル管理］ダイアログを表示し、［スタイル］リストの［<優先スタイル>］を右クリックし、表示されるメニューから［削除］を選択する。

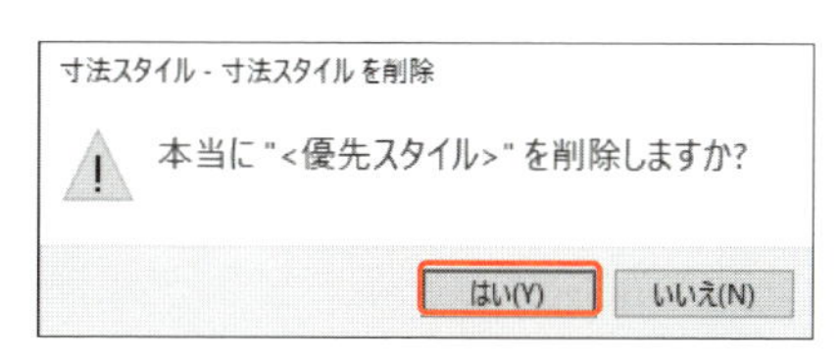

7 「本当に<優先スタイル>を削除しますか?」というメッセージが表示されるので［はい］ボタンをクリックする。［寸法スタイル管理］ダイアログに戻るので［閉じる］ボタンをクリックする。

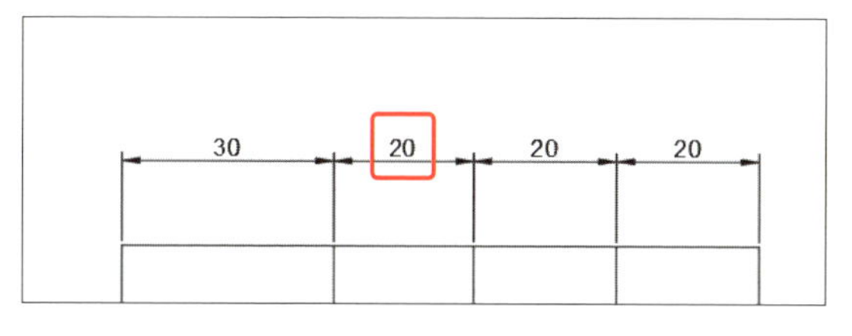

8 元の寸法値に戻すため、手順4と同様にして［更新］コマンドを実行する。手順5で見つけたかき込み寸法は、［直列寸法記入］コマンド（No.178「直列寸法を記入する」参照）などで記入しなおす。

寸法スタイルを比較して違いを調べる

関連ワード▶▶ 寸法 寸法スタイル

寸法スタイルの違いを調べたいときは、[寸法スタイル管理]の[比較]を使うと簡単にわかる。

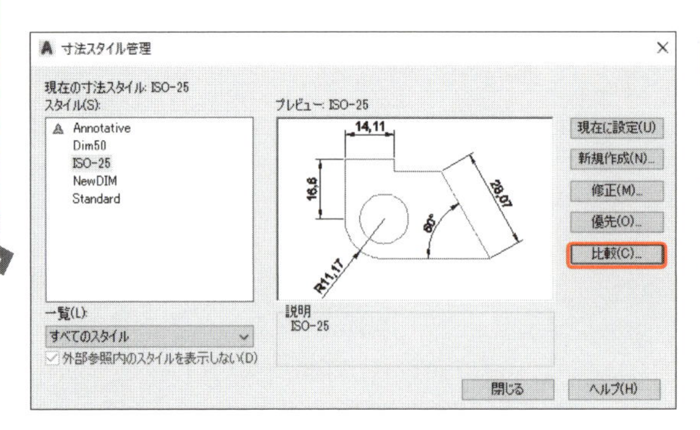

1 [注釈]タブ―[寸法記入]パネルのパネルタイトルの右端にある[↘]をクリックする。表示される[寸法スタイル管理]ダイアログの[比較]ボタンをクリックする。

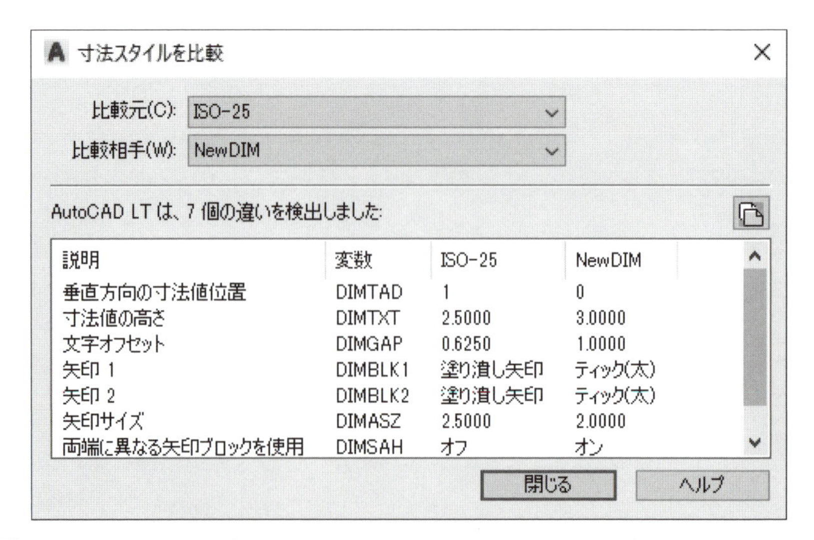

説明	変数	ISO-25	NewDIM
垂直方向の寸法値位置	DIMTAD	1	0
寸法値の高さ	DIMTXT	2.5000	3.0000
文字オフセット	DIMGAP	0.6250	1.0000
矢印 1	DIMBLK1	塗り潰し矢印	ティック(太)
矢印 2	DIMBLK2	塗り潰し矢印	ティック(太)
矢印サイズ	DIMASZ	2.5000	2.0000
両端に異なる矢印ブロックを使用	DIMSAH	オフ	オン

2 [寸法スタイルを比較]ダイアログが表示されるので、[比較元]と[比較相手]でそれぞれ寸法スタイルを選択すると、違う値のみがリスト表示される。

寸法値のみを移動する

関連ワード▶▶ 寸法 寸法値

寸法の寸法値のみを移動させるには、メニューの［文字のみを移動］を実行する。

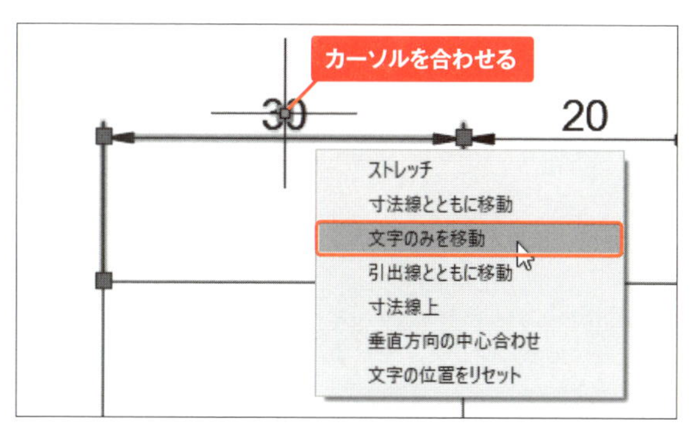

1 寸法を選択状態にする。寸法値にカーソルを合わせる（クリックしない）と、メニューが表示されるので、［文字のみを移動］を選択する。

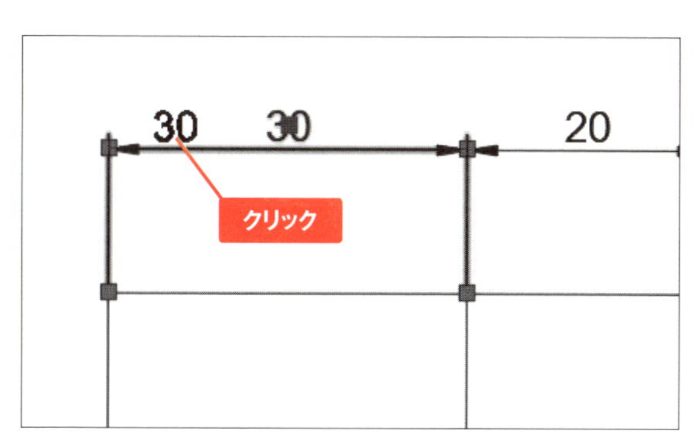

2 寸法値が仮表示されるので、移動先でクリックして Enter キーを押して確定する。

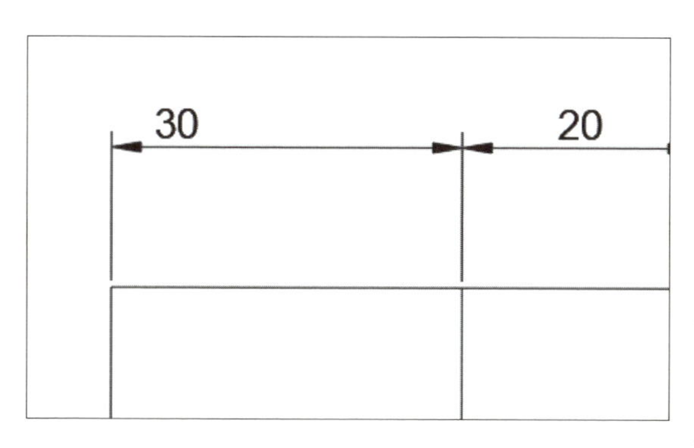

3 Esc キーを押して選択を解除すると、寸法値が移動される。寸法値の位置を元に戻すには、手順1と同様にしてメニューを表示し［文字の位置をリセット］を選択する。移動させた複数の寸法値の位置を一括で元に戻すには、［寸法編集］コマンド（No.192「寸法値を元の位置に戻す」参照）を実行する。

寸法値を元の位置に戻す

関連ワード▶▶ 寸法 寸法値

移動させた寸法値を元の位置に戻すときは、[寸法編集(DIMEDIT)] コマンドを使う。

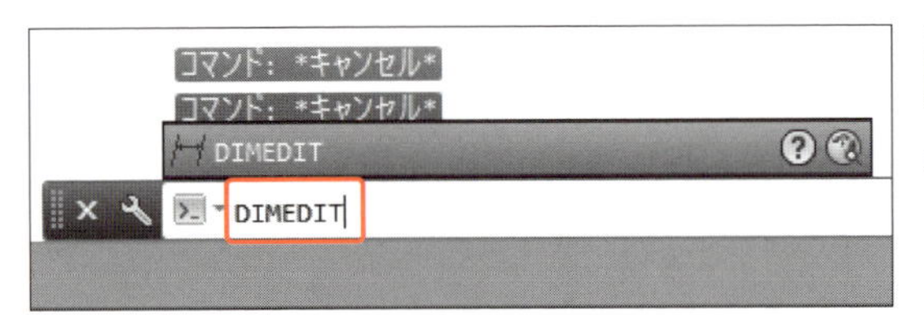

1 コマンドラインに「dimedit」と入力して Enter キーを押す。

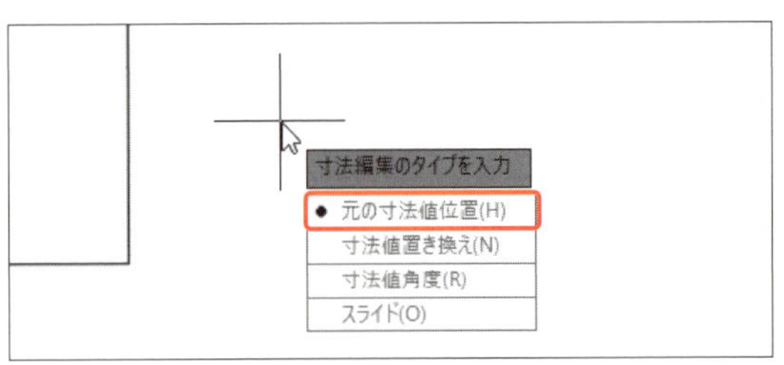

2 「寸法編集のタイプを入力」と表示されるので、[元の寸法値位置(H)] オプションの「h」を入力して Enter キーを押す。

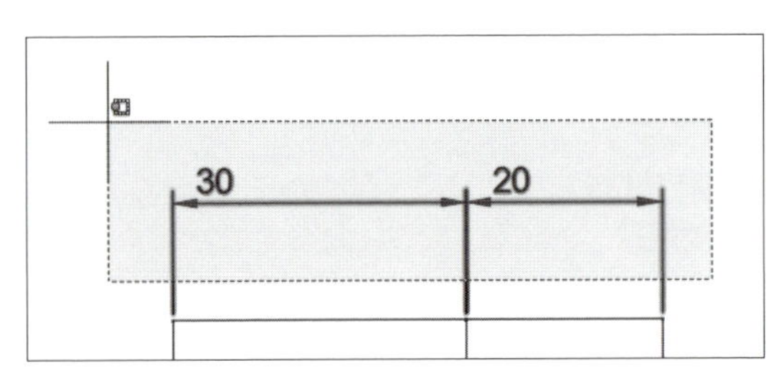

3 「オブジェクトを選択」と表示されるので、寸法を選択して Enter キーを押す。

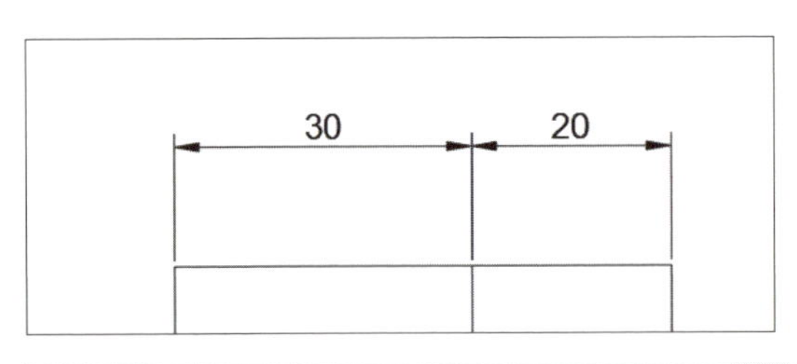

4 寸法値が元の位置に戻される。

寸法値にカーソルを合わせて表示されるメニューの[文字の位置をリセット](No.191「寸法値のみを移動する」参照)を使った場合、その寸法値1つしか元に戻すことができない。

No.193 角度寸法を記入する

関連ワード▶▶ 寸法 角度寸法記入

2本の線からなる角の角度を記入するには、[角度寸法記入(DIMANGULAR)]コマンドを使う。

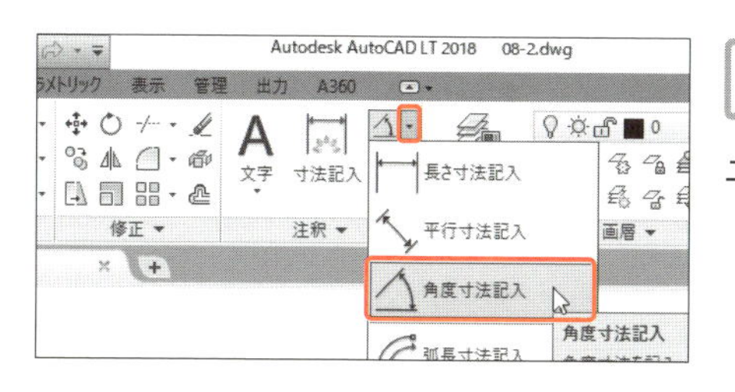

1 [ホーム]タブ—[注釈]パネル—[長さ寸法記入]ボタンの[▼]をクリックし、メニューから[角度寸法記入]を選択する。

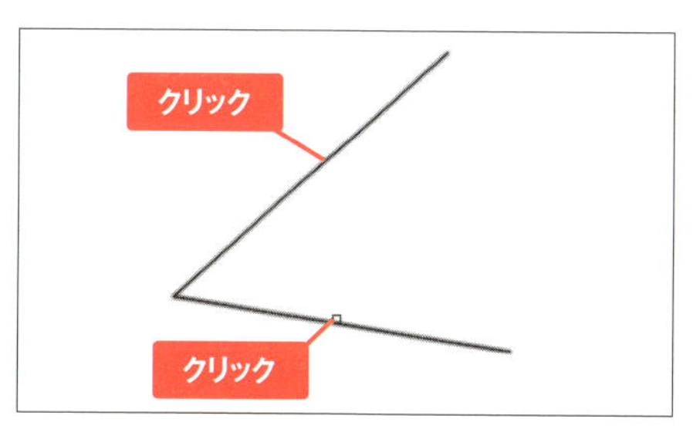

2 「円弧、円、線分を選択」と表示されるので、角を成す1本目の線をクリックする。続けて「2本目の線分を選択」と表示されるので、2本目の線をクリックする。

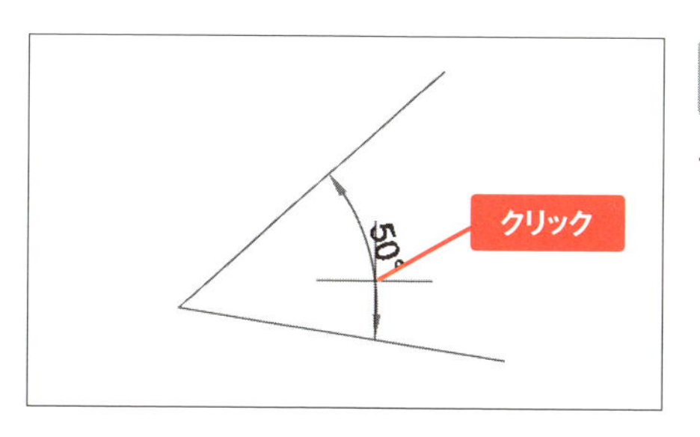

3 「円弧寸法線の位置を指定」と表示されるので、寸法を記入する位置をクリックすると、角度寸法が記入される。

HINT

図のように角度を「度/分/秒」で表記するには、[寸法スタイルを修正]ダイアログ(No.187「2つの単位で寸法値を記入する」参照)の[基本単位]タブ—[角度寸法]項目の[単位の形式]を[度/分/秒]に変更する。

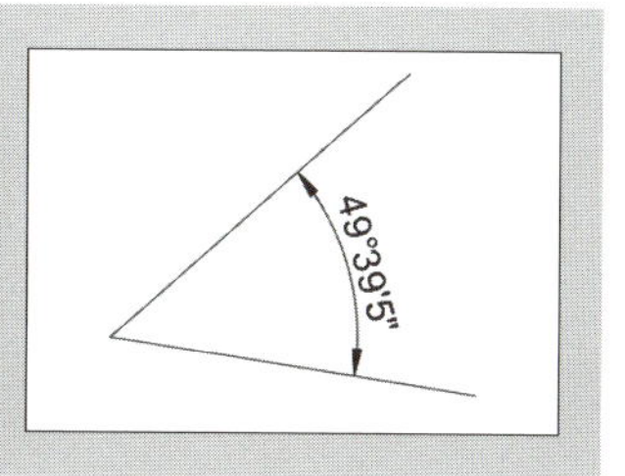

3点を指示して角度寸法を記入する

関連ワード▶▶ 寸法 角度寸法記入

広角の角度寸法や、線がなく点の間の角度寸法を記入するときには、[角度寸法記入(DIMANGULAR)]コマンドの[頂点を指定]オプションを使って、3点を指示して角度を記入する。

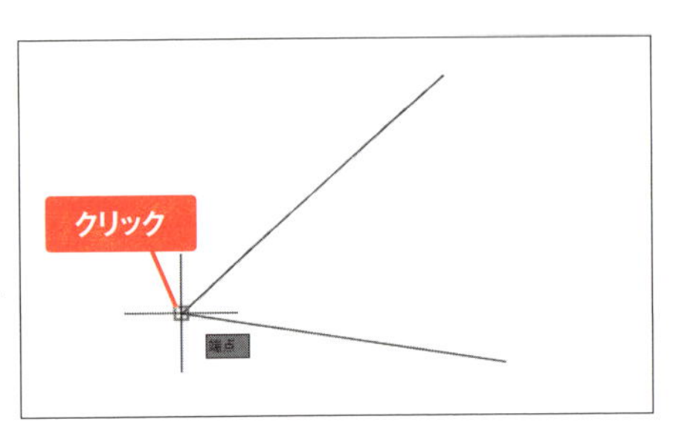

1 [ホーム]タブ―[注釈]パネル―[長さ寸法記入]ボタンの[▼]をクリックし、メニューから[角度寸法記入]を選択する。「円弧、円、線分を選択」と表示されるので何も入力せずに Enter キーを押して[頂点を指定]オプションを実行する。「角度の頂点を指定」と表示されるので、角度の頂点をクリックする。

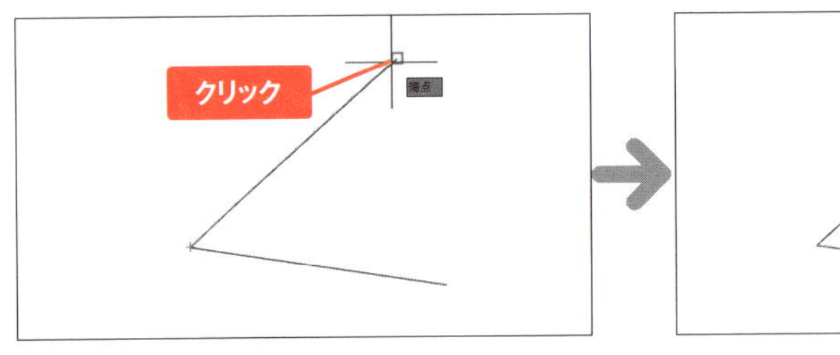

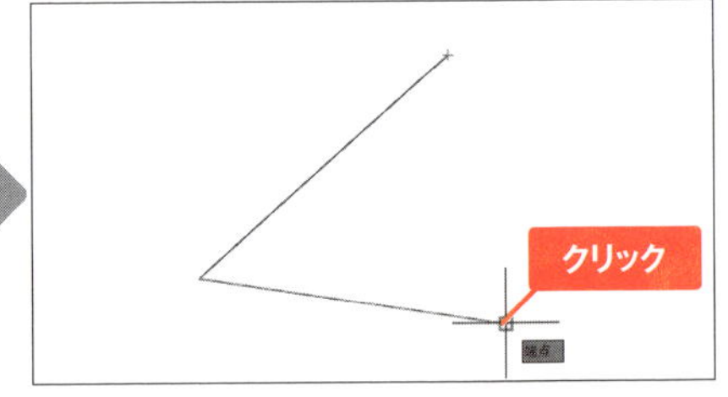

2 「頂点からの角度の1点目」と表示されるので、頂点からの1点目をクリックする。続けて「頂点からの角度の2点目」と表示されるので、頂点からの2点目をクリックする。

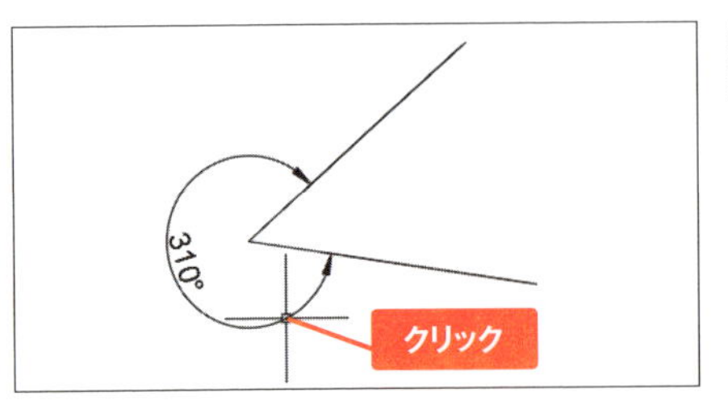

3 「円弧寸法線の位置を指定」と表示されるので、寸法を記入する位置をクリックすると、角度寸法が記入される。

HINT

[頂点を指定]オプションを使わずに角度寸法を記入する(No.193「角度寸法を記入する」参照)と広角の角度寸法が記入できないので、図のような結果になる。

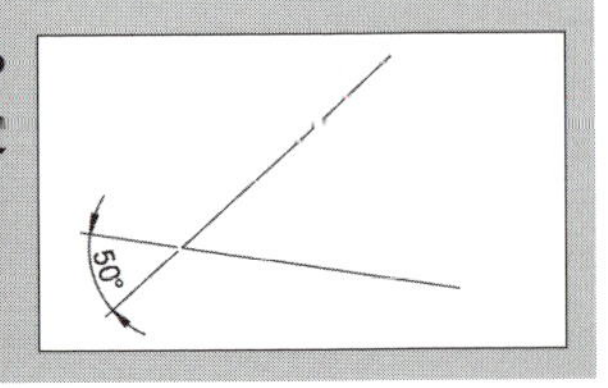

半径寸法を記入する

関連ワード▶▶ 寸法 半径寸法記入 円 円弧

円や円弧の半径寸法を記入するには、[半径寸法記入(DIMRADIUS)]コマンドを使う。

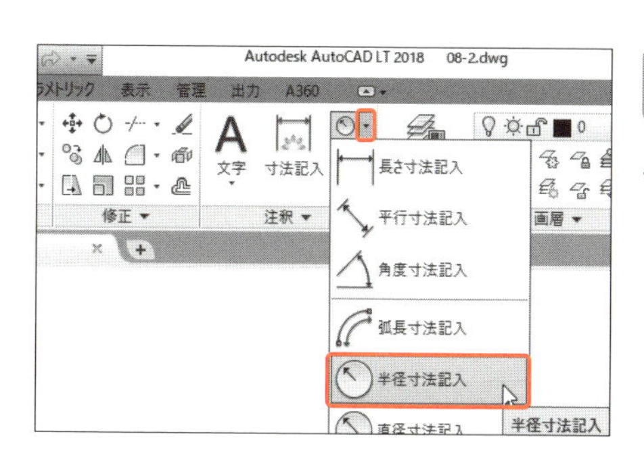

1 [ホーム]タブ―[注釈]パネル―[長さ寸法記入]ボタンの[▼]をクリックし、メニューから[半径寸法記入]を選択する。

2 「円弧または円を選択」と表示されるので、円弧または円をクリックする。

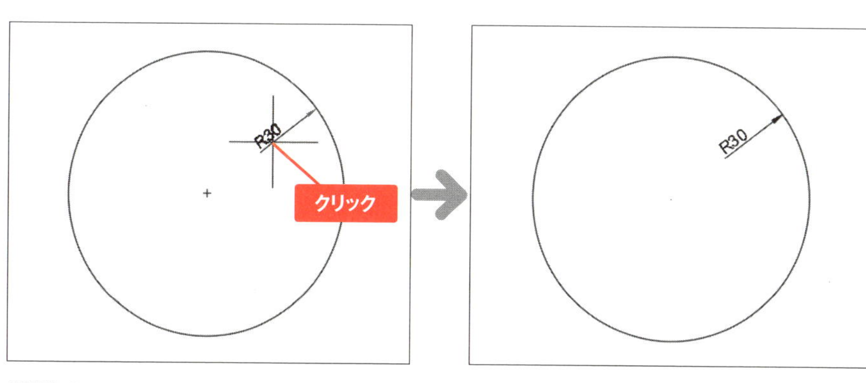

3 「寸法線の位置を指定」と表示されるので、寸法を記入する位置をクリックすると、半径寸法が記入される。

No.196

円弧の長さ寸法を記入する

関連ワード▶▶ 寸法 半径寸法記入 円 円弧

円弧の長さ寸法を記入するには、[弧長寸法記入(DIMARC)]コマンドを使う。

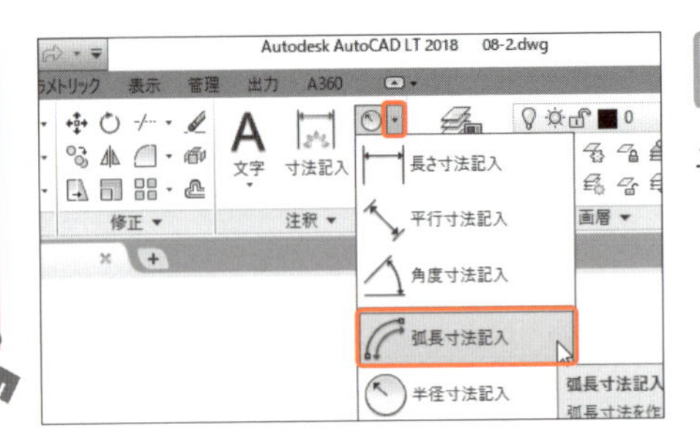

1 [ホーム]タブ—[注釈]パネル—[長さ寸法記入]ボタンの[▼]をクリックし、メニューから[弧長寸法記入]を選択する。

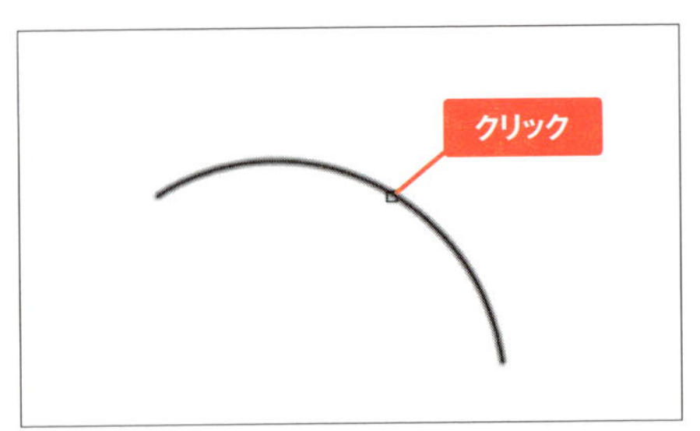

2 「円弧またはポリライン円弧のセグメントを選択」と表示されるので、円弧をクリックする。

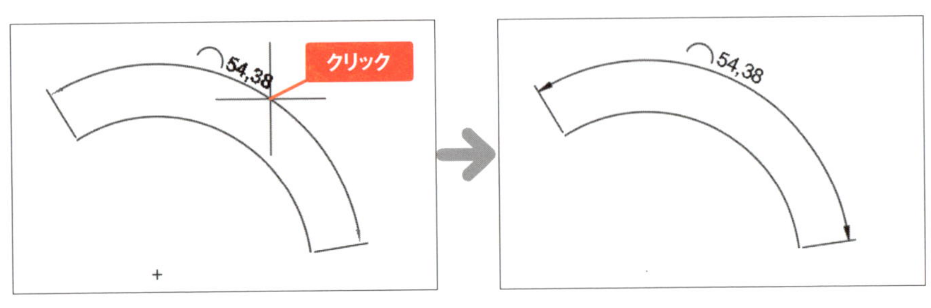

3 「弧長寸法の位置を指定」と表示されるので、寸法を記入する位置をクリックすると、円弧の長さ寸法が記入される。

寸法の種類によって寸法スタイルを変更する

関連ワード▶▶ 寸法 寸法スタイル 寸法サブスタイル

例えば、角度寸法の場合のみ矢印を変えたい、といったように寸法の種類によって寸法スタイルの設定を変更したいときは、寸法サブスタイルを作成する。

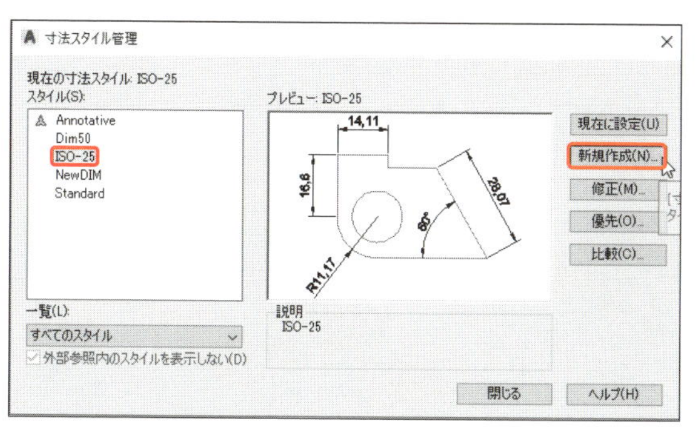

1 ［注釈］タブ—［寸法記入］パネルのパネルタイトルの右端にある［↘］をクリックする。表示される［寸法スタイル管理］ダイアログで基になる寸法スタイル（ここでは、「ISO-25」）を選択し、［新規作成］ボタンをクリックする。

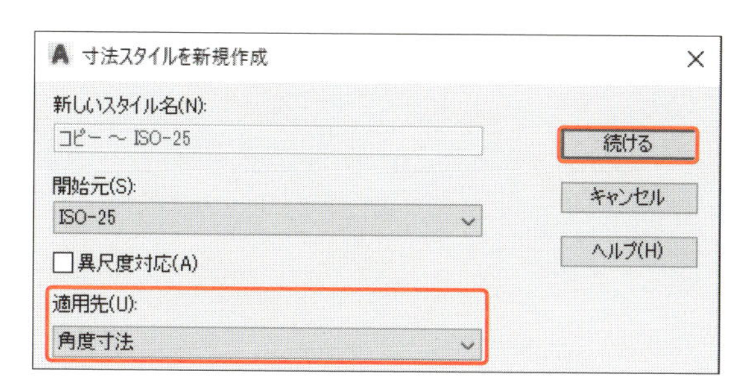

2 表示される［寸法スタイルを新規作成］ダイアログの［適用先］に設定を変更したい寸法（ここでは「角度寸法」）を選択して［続ける］ボタンをクリックする。

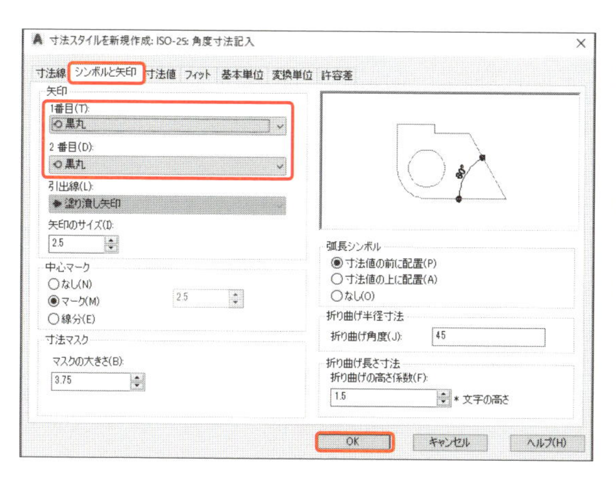

3 ［寸法スタイルを新規作成：<選択した寸法スタイル名>：角度寸法記入］ダイアログが表示される。角度寸法のみに適用したい設定（ここでは、［シンボルと矢印］タブで［矢印］項目の［1番目］と［2番目］を「黒丸」）に変更する。［OK］ボタンをクリックしてダイアログを閉じる。

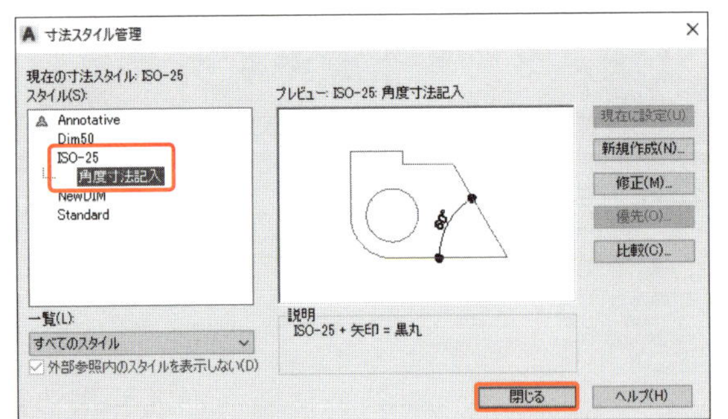

4 [寸法スタイル管理]ダイアログに戻る。作成した[角度寸法記入]の寸法サブスタイルが、寸法スタイルのリストにツリー表示で追加される。[閉じる]ボタンをクリックしてダイアログを閉じる。

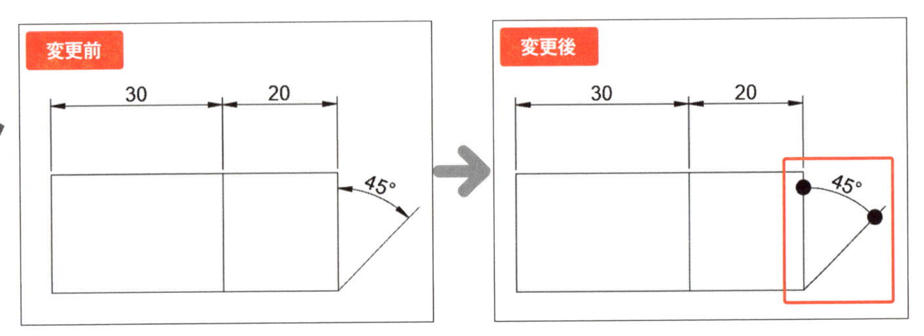

5 角度寸法のみに矢印の変更が適用される。

寸法/引出線

引出線を記入する

関連ワード▶▶ 引出線

引出線を記入するには、[引出線(MLEADER)] コマンドを使う。

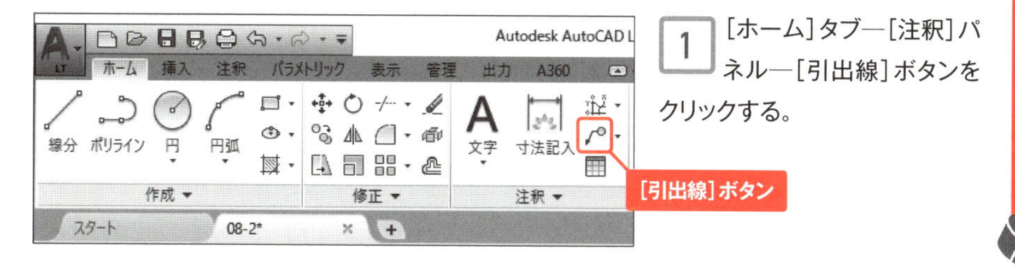

1 [ホーム] タブ―[注釈] パネル―[引出線] ボタンをクリックする。

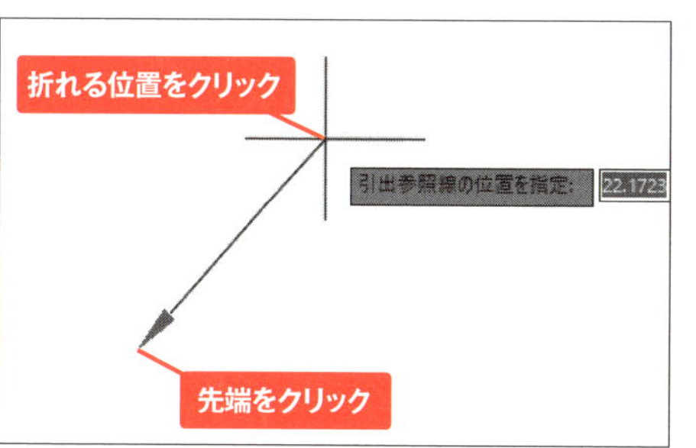

2 「引出線の矢印の位置を指定」と表示されるので、矢印の先端になる位置クリックする。続けて「引出参照線の位置を指定」と表示されるので、引出線が折れる位置をクリックする。

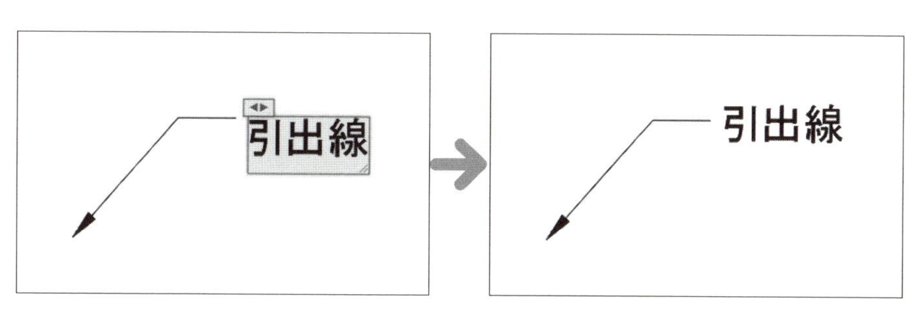

3 文字入力のカーソルが表示されるので、文字(ここでは、「引出線」)を入力する。オブジェクトのない位置をクリックしてコマンドを終了すると、引出線が記入される。

引出線スタイルを新規に作成する

関連ワード▶▶ 引出線 引出線スタイル

「引出線スタイル」は、矢印の形状など引出線の見た目に関する設定のこと。ここでは例として、235～237ページで作成した寸法スタイル「Dim50」に合わせた1/50で図面を作成するときに使用する引出線スタイルを作成する。

寸法／引出線

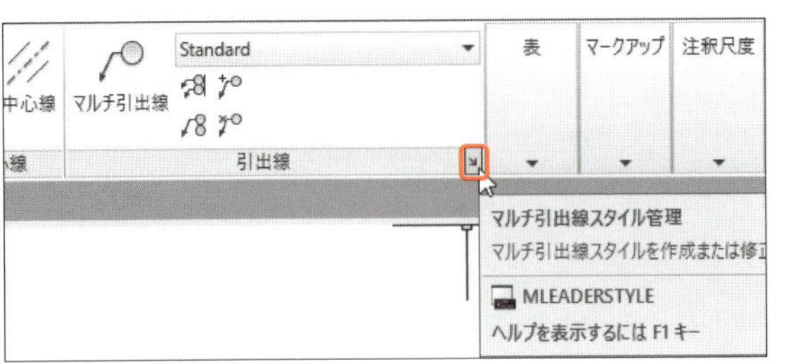

1 ［注釈］タブ―［引出線］パネルのパネルタイトルの右端にある［↘］をクリックする。

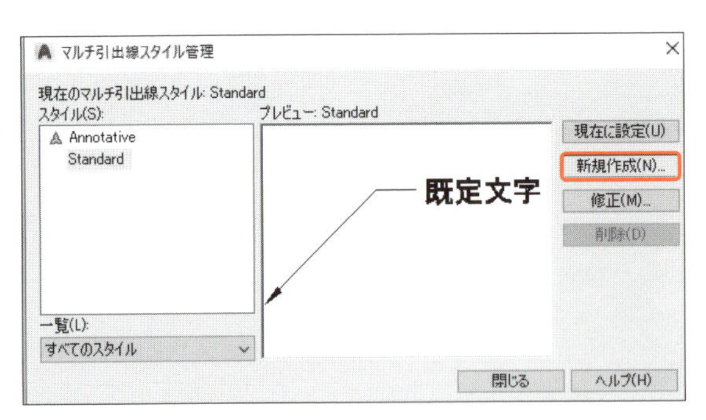

2 表示される［マルチ引出線スタイル管理］ダイアログの［新規作成］ボタンをクリックする。

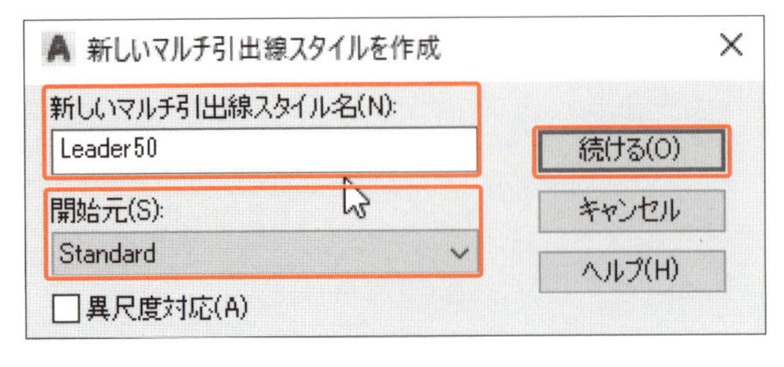

3 表示される［新しいマルチ引出線スタイルを作成］ダイアログで、［新しいマルチ引出線スタイル名］に名前（ここでは、「Leader50」）を入力する。［開始元］に［Standard］を選択して［続ける］ボタンをクリックする。

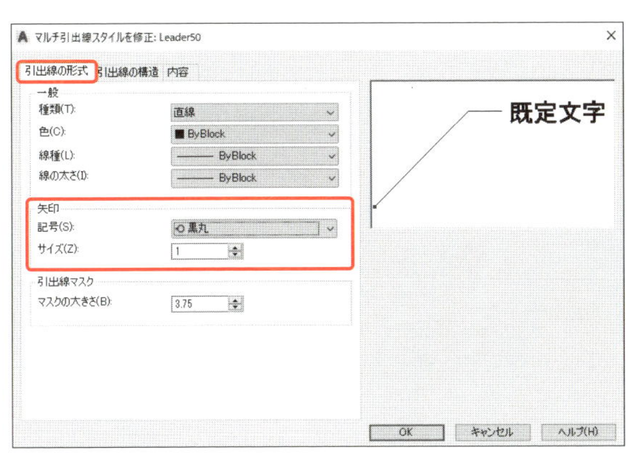

4 [マルチ引出線スタイルを修正]ダイアログが表示されるので、各タブを設定する。

[引出線の形式]タブ

・[矢印]項目

[記号]を[黒丸]に設定

[サイズ]を「1」に設定

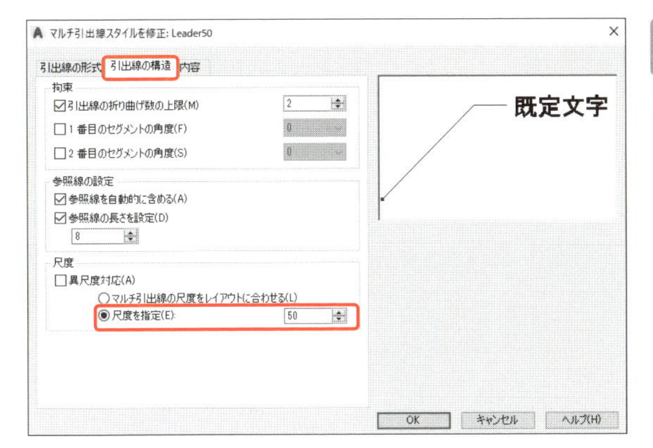

5

[引出線の構造]タブ

・[尺度]項目

[尺度を指定]を選択して「50」に設定

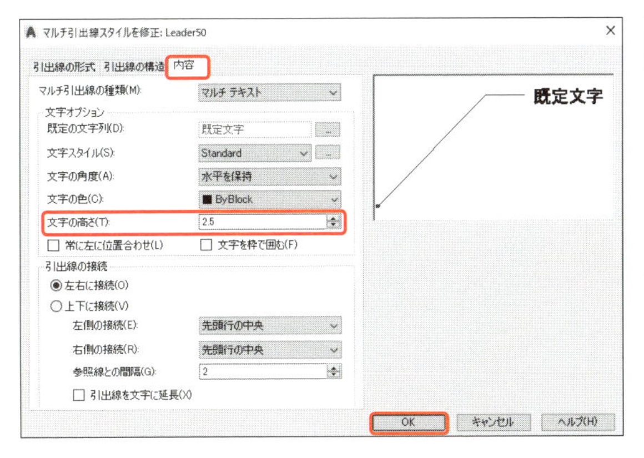

6

[内容]タブ

・[文字オプション]項目

[文字の高さ]を「2.5」に設定

設定を終えたら[OK]ボタンをクリックする。

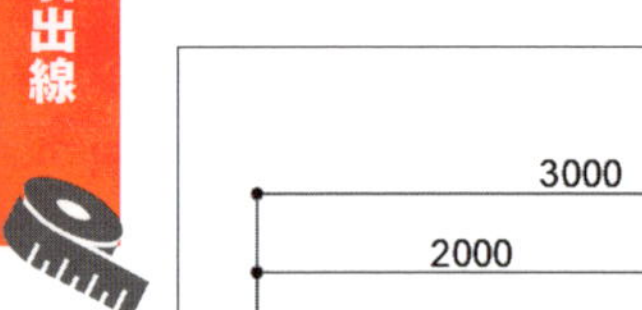

7 ［マルチ引出線スタイル管理］ダイアログに戻るので［閉じる］ボタンをクリックする。

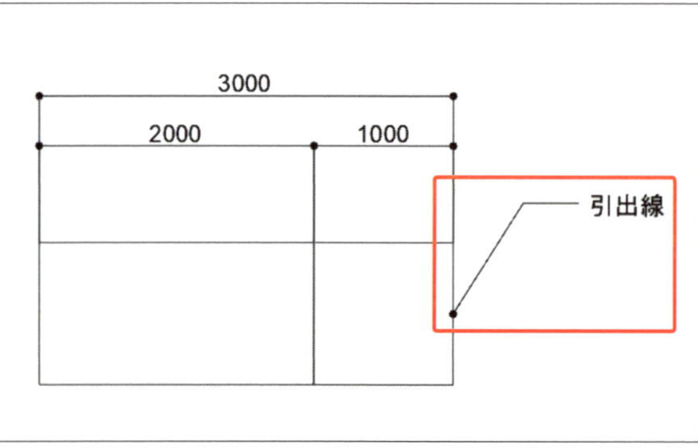

8 寸法スタイルと矢印の形、矢印の大きさ、文字の高さなどを合わせたマルチ引出線スタイルが作成される。

No.200 引出線の角度を揃えて記入する

関連ワード▶▶ 引出線 極トラッキング

きれいに見せるために角度を揃えて引出線を記入する場合は、「極トラッキング」を利用する。

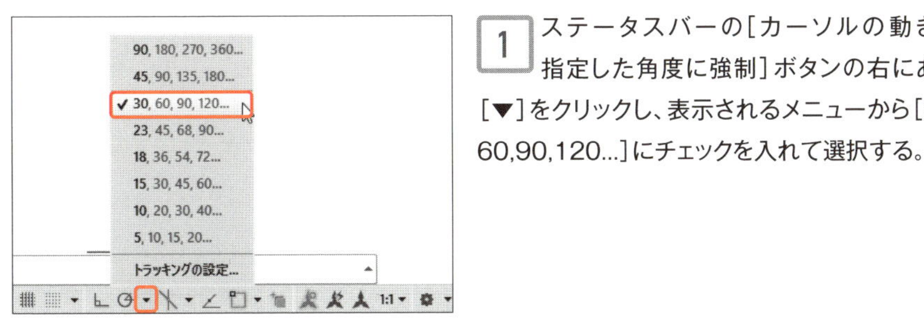

1 ステータスバーの[カーソルの動きを指定した角度に強制]ボタンの右にある[▼]をクリックし、表示されるメニューから[30, 60,90,120...]にチェックを入れて選択する。

2 [カーソルの動きを指定した角度に強制]ボタンをクリックして「極トラッキング」を有効にする。

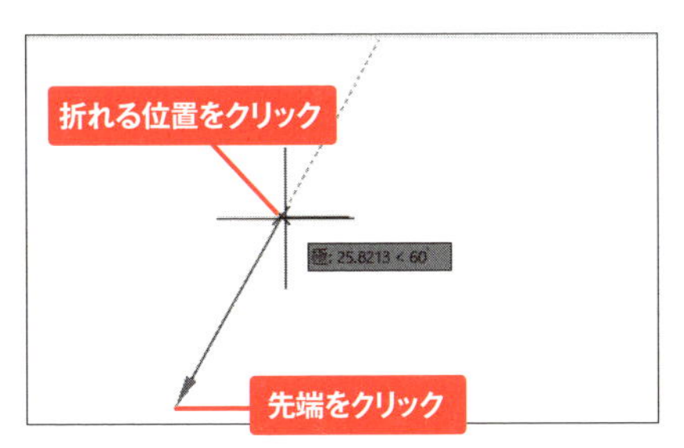

3 [ホーム]タブ―[注釈]パネル―[引出線]ボタンをクリックする。「引出線の矢印の位置を指定」と表示されるので、矢印の先端になる位置をクリックする。続けて「引出参照線の位置を指定」と表示されるので、引出線が折れる位置を極トラッキングを利用してクリックする。

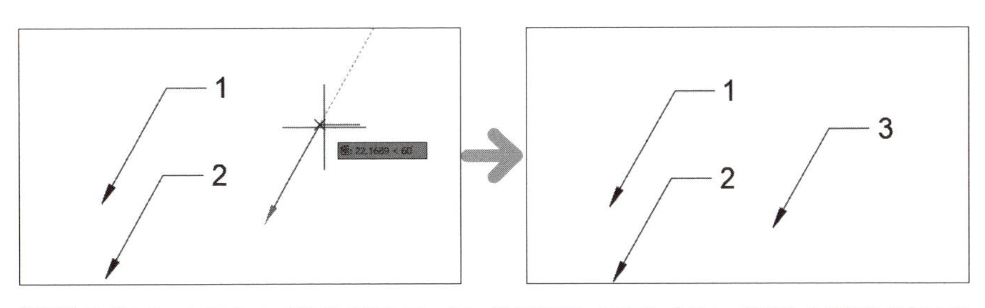

4 同様にして、ほかの寸法線も極トラッキングを利用して記入すると、簡単に引出線の角度を揃えることができる。

引出線を追加する

関連ワード▶▶ 引出線 引出線を追加

すでに記入済みの引出線に別の引出線を追加するには、[引出線を追加（MLEADEREDIT)] コマンドを使う。

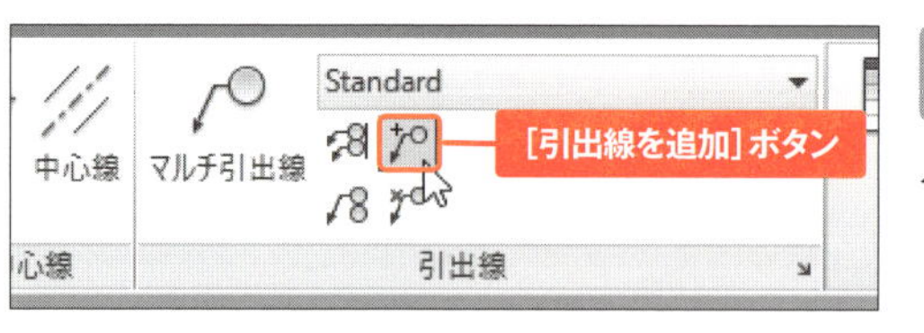

1 [注釈]タブ―[引出線]パネル―[引出線を追加]ボタンをクリックする。

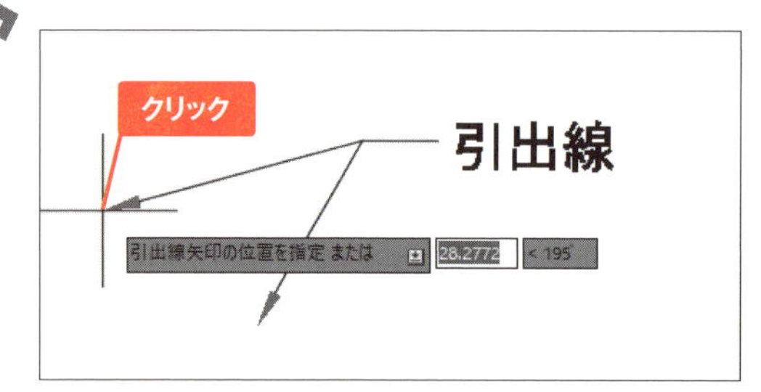

2 「マルチ引出線を選択」と表示されるので、すでに記入済みの引出線を選択する。「引出線矢印の位置を指定」と表示され、カーソルを移動すると別の引出線が仮表示される。別の引出線の先端の位置をクリックする。

HINT 手順 2 で記入済みの引出線の反対側にカーソルを移動させると、図のような引出線を追加できる。

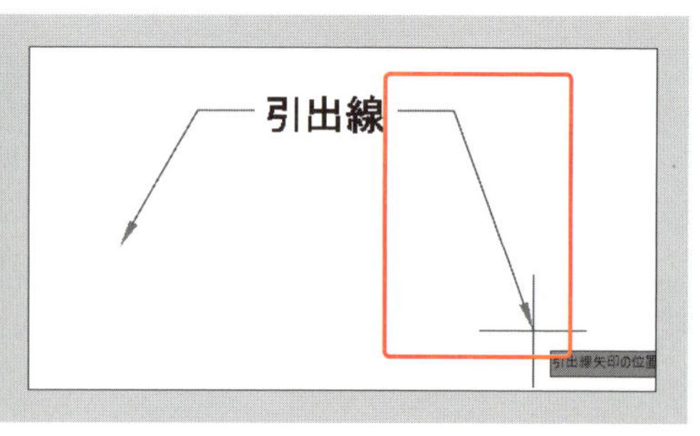

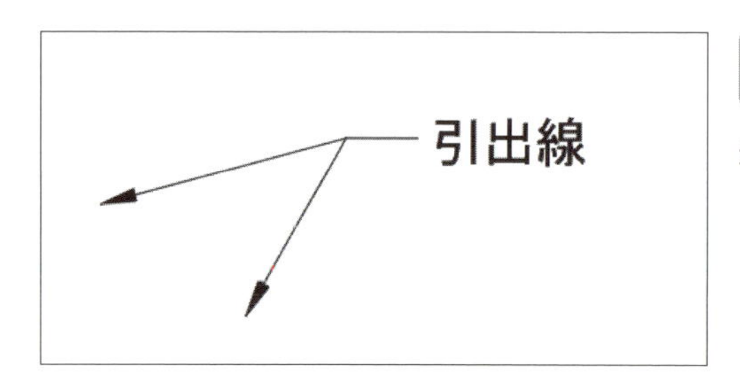

3 Esc キーを押してコマンドを終了すると、引出線に別の引出線が追加される。

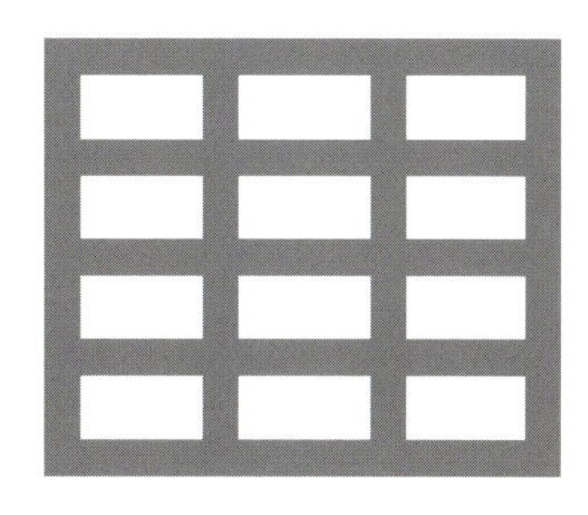

表

図面上に表を作成したり

Excelで作成した表を貼り付けたりする方法について解説する。

表を作成する

関連ワード▶▶ 表

表を作成するときは、[表(TABLE)]コマンドを使う。通常の図面をかくように線と文字で表を作成した場合とは異なり、文字の大きさなどの見た目の統一やセルへの計算式入力などが行える。作成した表は、表オブジェクトとなる。

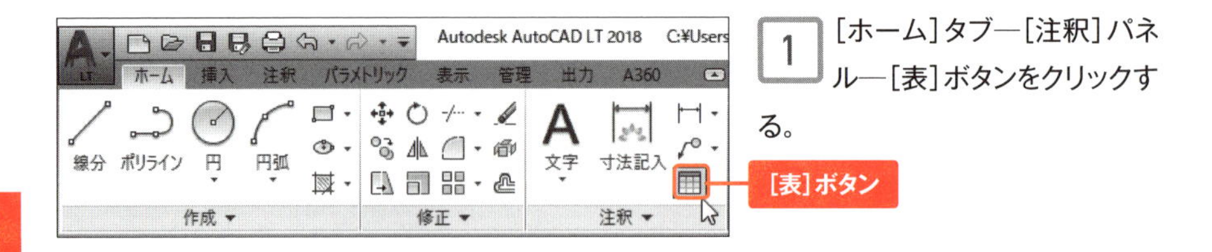

1 [ホーム]タブ—[注釈]パネル—[表]ボタンをクリックする。

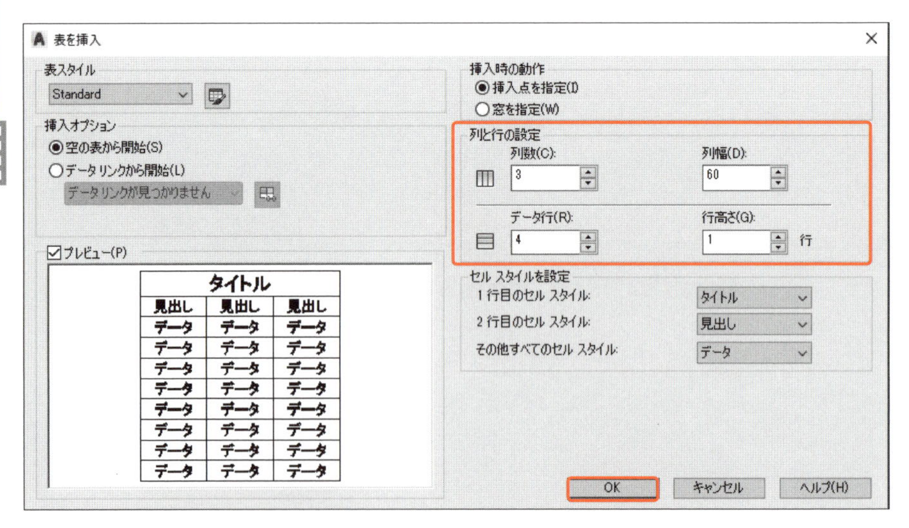

2 [表を挿入]ダイアログが表示されるので、[列と行の設定]項目の[列数]に「3」、[列幅]に「60」、[データ行]に「4」、[行高さ]に「1」を入力して[OK]ボタンをクリックする。

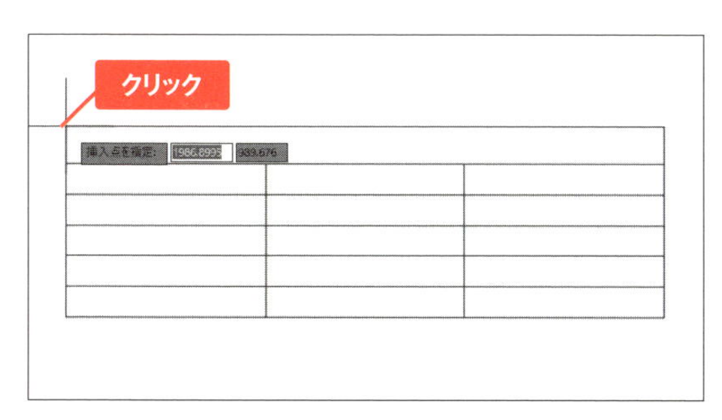

3 「挿入点を指定」と表示されるので、表を作成する位置をクリックする。

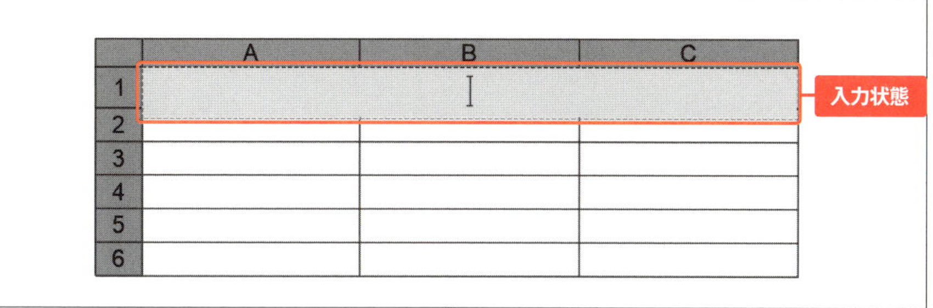

面積表		
No	式	面積
1	2.000×2.000	4.0000
2	1.500×2.000	3.0000
3	1.000×2.000	2.0000
合計		

4 表が挿入されて、[テキストエディタ]タブが表示される。セルをクリックして選択し、ダブルクリックして入力状態にする。文字や数値を入力し、表を完成させる。

No.203

表に計算式を入力する

関連ワード▶▶ 表 計算式

表のセルに合計や平均などの計算式を入力するときは、セルをクリックして表示される[表セル]タブ―[挿入]パネル―[計算式]を使う。AutoCADの表で使用できる計算式は、[合計][平均][個数][セル][方程式]の5種類で、ここでは[合計]を入力する。

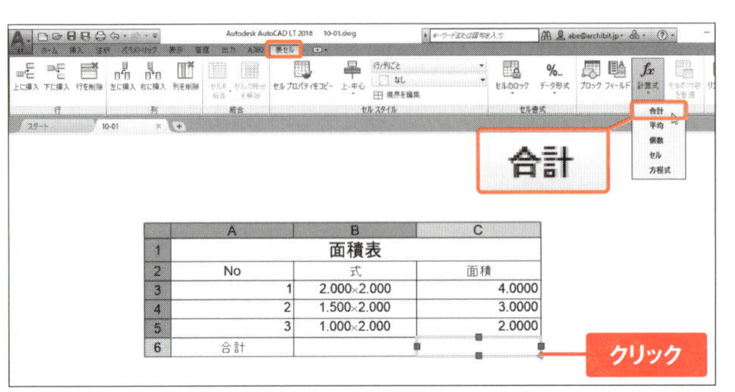

1 計算式を挿入するセルをクリックすると、[表セル]タブが表示される。[挿入]パネル―[計算式]ボタンをクリックして表示されるメニューから[合計]を選択する。

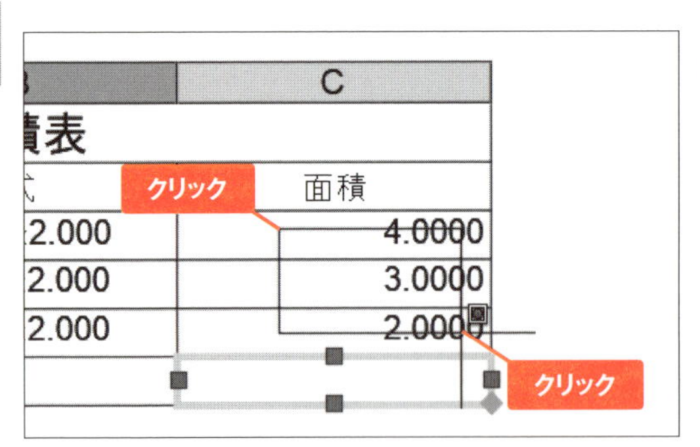

2 「表のセル範囲の最初のコーナーを選択」と表示されるので、2点をクリックして合計するセルの範囲を指示する。

3 指示したセル番号が合計の関数とともに入力される。 Enter キーを押すと、合計値が表示される。

表

表スタイルを作成する

関連ワード▶▶ 表 表スタイル

「表スタイル」は、表のセルの色や文字の大きさなど、表の見た目に関する設定のこと。表スタイルを設定しておくと、表示の統一や変更が容易に行えるようになる。

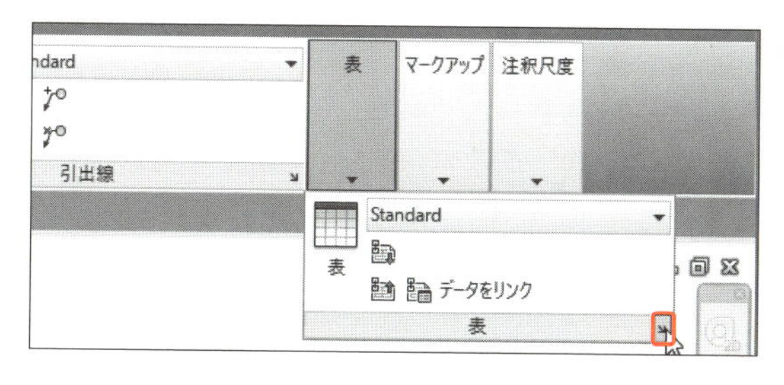

1 [注釈]タブ―[表]パネルのパネルタイトルの右端にある[↘]をクリックする。

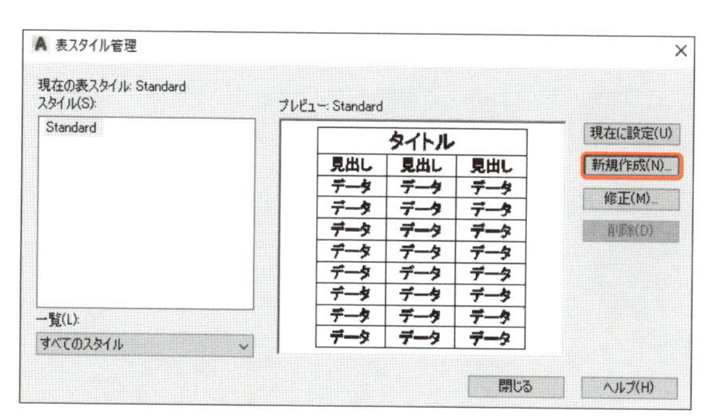

2 表示される[表スタイル管理]ダイアログの[新規作成]ボタンをクリックする。

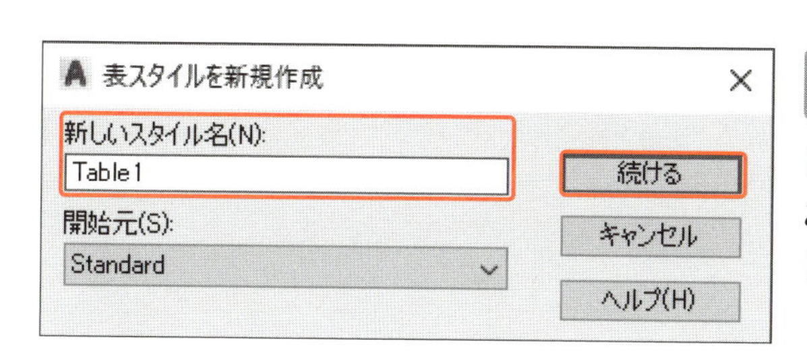

3 表示される[表スタイルを新規作成]ダイアログで、[新しいスタイル名]に名前(ここでは、「Table1」)を入力して[続ける]ボタンをクリックする。

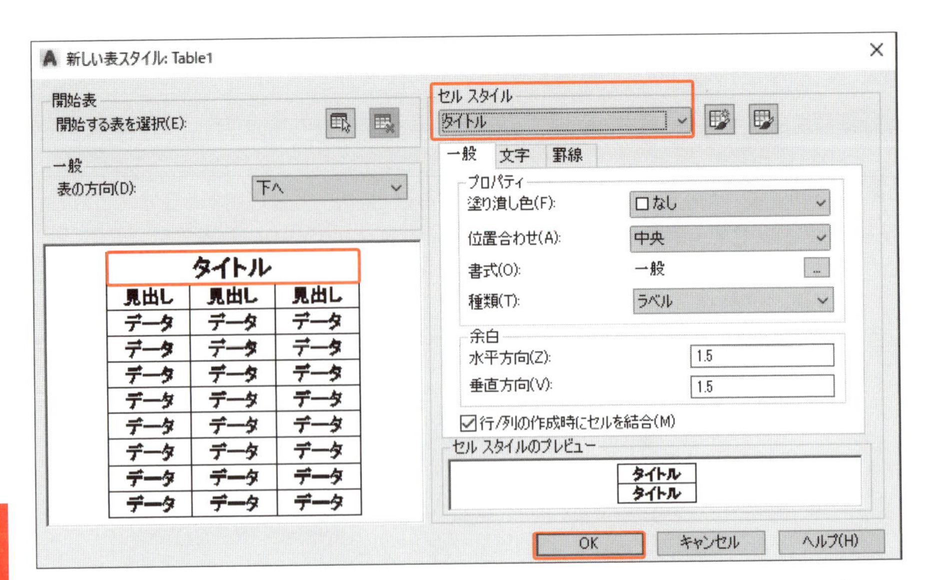

4 [新しい表スタイル：テーブル名(ここでは「Table1」)]ダイアログが表示される。[セルスタイル]でセルスタイル名を選択し、そのセルスタイルに対して、[一般][文字][罫線]タブで、フォントや文字揃え、線の種類などの設定を行う。設定が終わったら[OK]ボタンをクリックする。表スタイル「Table1」が作成される。

HINT

[セルスタイル]には、あらかじめ「タイトル」「見出し」「データ」の3種類が用意されているが、[セルスタイルを新規作成]ボタンをクリックすると、独自のスタイルを作成することもできる。

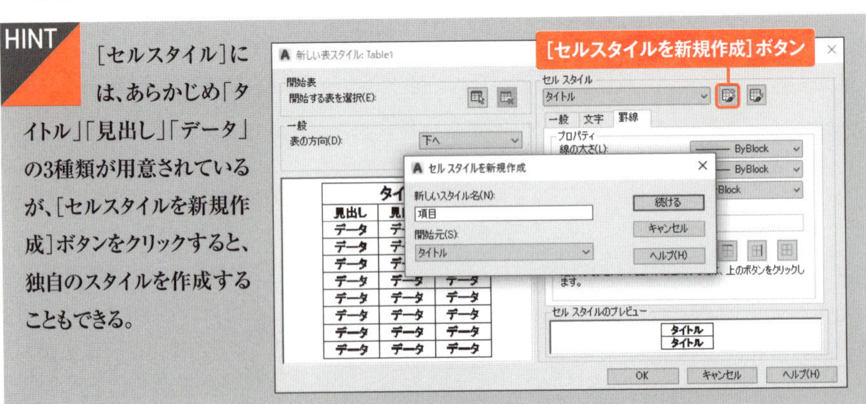

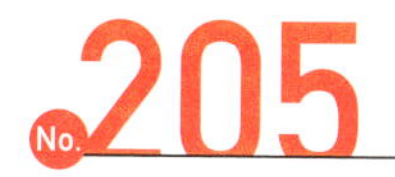

表の文字の大きさを個別に変更する

関連ワード▶▶ 表　文字

表中のセルにある文字の大きさを個別に変更するには、セルを「エディタモード」にして［テキストエディタ］タブで設定する。

文字を選択

	A	B	C
1		面積表	
2	No	式	面積
3	1	2.000×2.000	4.0000
4	2	1.500×2.000	3.0000
5	3	1.000×1.500	2.0000
6	合計		9.0000

1 変更する文字のセルを選択し、さらにダブルクリックしてエディタモードにする。カーソルが表示されたら、文字を選択する。

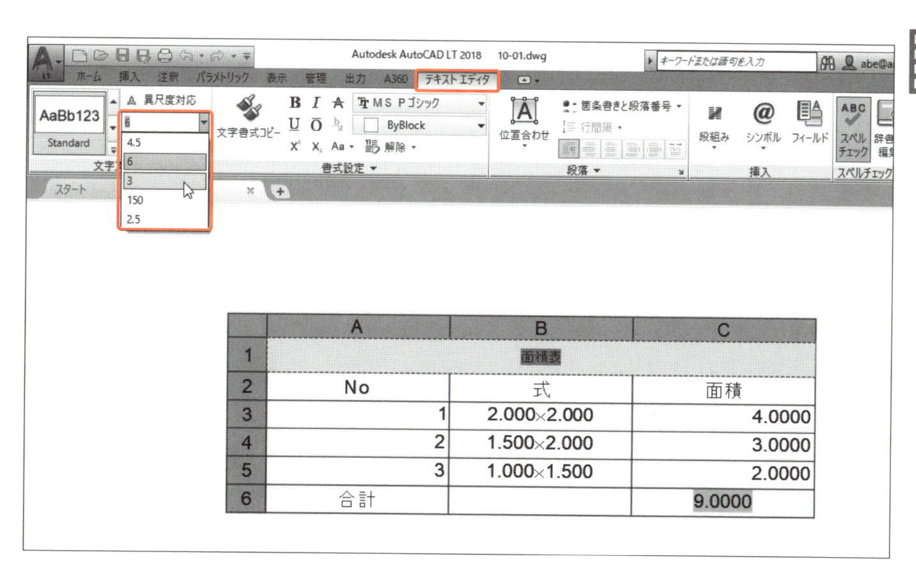

	A	B	C
1		面積表	
2	No	式	面積
3	1	2.000×2.000	4.0000
4	2	1.500×2.000	3.0000
5	3	1.000×1.500	2.0000
6	合計		9.0000

2 表示される［テキストエディタ］タブ―［文字スタイル］パネル―［文字高さ］で数値を選択または入力すると、文字の大きさが変更される。変更後、表外をクリックしてエディタモードを終了する。

No.206 表の文字の大きさを一括で変更する

関連ワード▶▶ 表 文字 表スタイル

表中の文字の大きさは、表スタイルのセルスタイルを再設定することでも変更できる。ただし、この方法では、同じ表スタイルを設定している表のなかの文字すべてが一括で変更される。

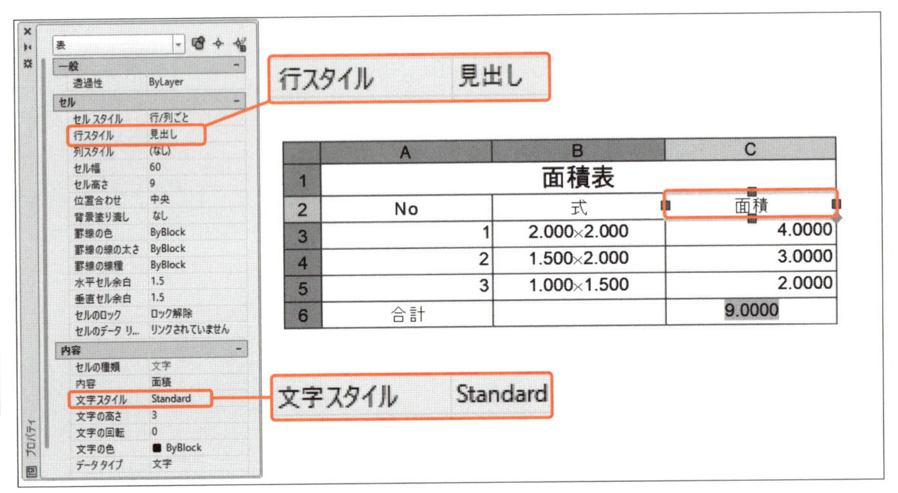

	A	B	C
1	面積表		
2	No	式	面積
3	1	2.000×2.000	4.0000
4	2	1.500×2.000	3.0000
5	3	1.000×1.500	2.0000
6	合計		9.0000

1 変更する文字のセルをクリックする。Ctrl + 1 キーを押して[プロパティ]パレットを表示し、[文字スタイル](ここでは、「Standard」)と[行スタイル](ここでは「見出し」)を確認する。

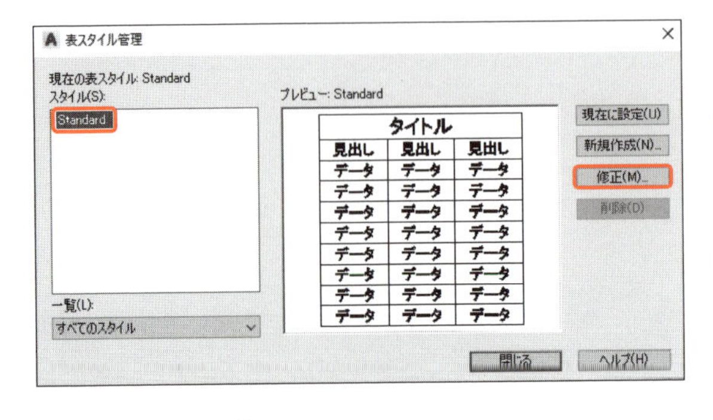

2 [注釈]タブ—[表]パネルのパネルタイトルの右端にある[↘]をクリックする。表示される[表スタイル管理]ダイアログの[スタイル]リストで手順1で確認した文字スタイル(ここでは、「Standard」)を選択して[修正]ボタンをクリックする。

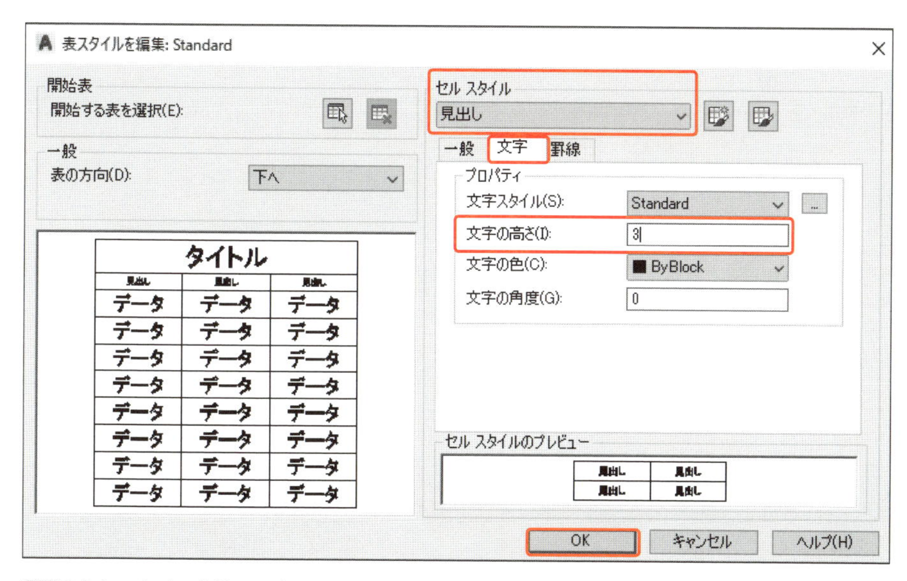

3 [表スタイルを管理 : 表スタイル名(ここでは、「Standard」)]ダイアログが表示される。[セルスタイル]に手順 1 で確認した[行スタイル](ここでは、「見出し」)を選択する。[文字]タブ―[文字の高さ]を変更して、[OK]ボタンをクリックする。

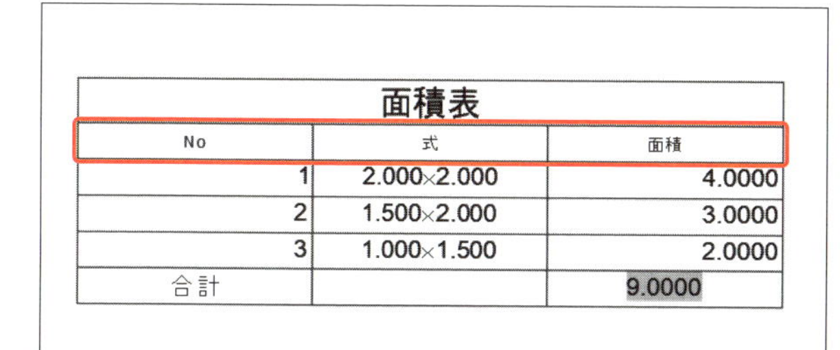

面積表		
No	式	面積
1	2.000×2.000	4.0000
2	1.500×2.000	3.0000
3	1.000×1.500	2.0000
合 計		9.0000

4 [表スタイル管理]ダイアログに戻るので、[閉じる]ボタンをクリックする。手順 3 のセルスタイルが適用された、すべての文字の大きさ(高さ)が変更される。

表の数値の小数点以下の桁数を変更する

関連ワード▶▶ 表　データ形式

表の数値の小数点以下の桁数は、[表のセルの書式]ダイアログで変更できる。

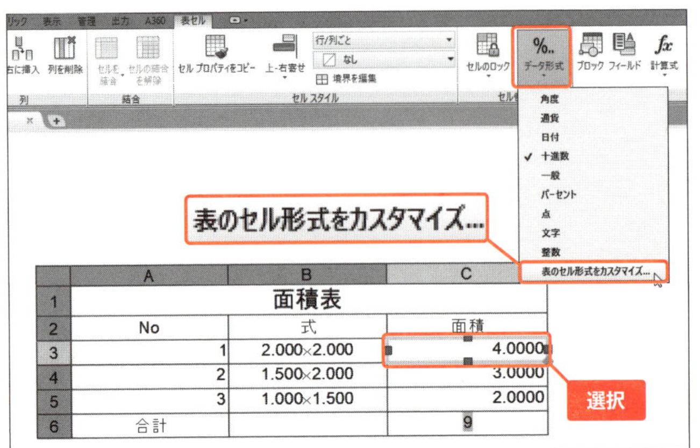

1 変更する数値のセルをクリックして選択する。表示される[表セル]タブ―[セル書式]パネル―[データ形式]ボタンをクリックして表示されるメニューから[表のセル形式をカスタマイズ]を選択する。

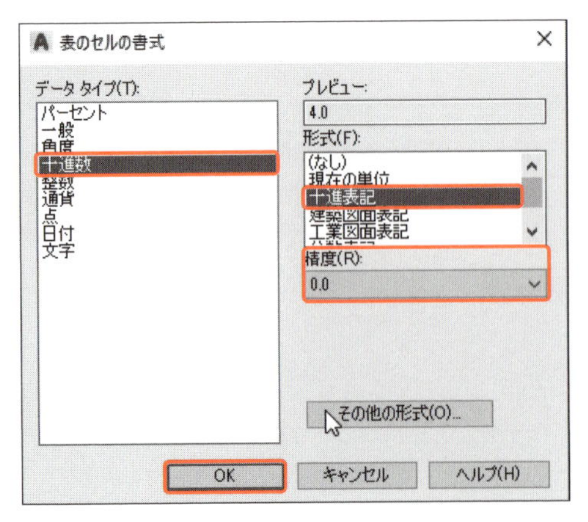

2 表示される[表のセルの書式]ダイアログの[データタイプ]に[十進数]を選択する。[形式]に[十進表記]を選択して[精度]のプルダウンメニューから小数点以下の桁数(ここでは、「0.0」)を選択する。設定を終えたら[OK]ボタンをクリックする。

	A	B	C
1	面積表		
2	No	式	面積
3	1	2.000×2.000	4.0
4	2	1.500×2.000	3.0000
5	3	1.000×1.500	2.0000
6	合計		9.000000

3 手順1で選択したセルの数値の小数点以下の桁数が変更される。表外をクリックして選択を解除する。

タイトルと見出しのない表を作成する

関連ワード▶▶ 表

タイトルと見出しがない、文字や数値のデータのみの表を作成する場合は、表を作成する途中の［表を挿入］ダイアログで設定する。

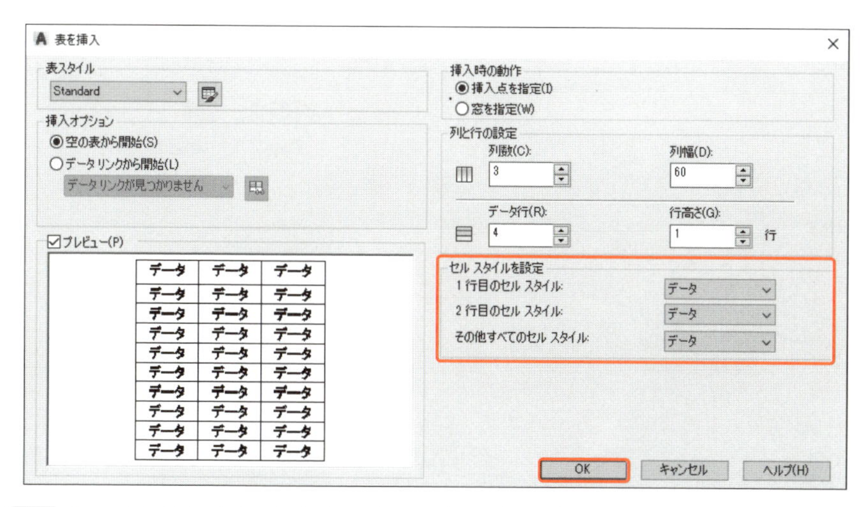

1 ［ホーム］タブ―［注釈］パネル―［表］ボタンをクリックする。表示される［表を挿入］ダイアログの［セルスタイルを設定］項目の［1行目のセルスタイル］［2行目のセルスタイル］を［データ］に設定して［OK］ボタンをクリックする。

1	1.000×2.000	2.0000
2	1.500×2.000	3.0000
3	1.500×2.000	3.0000
4	2.000×2.000	4.0000
5	1.500×1.500	2.2500
合計		14.2500

2 「挿入点を指定」と表示されるので、表を作成する位置をクリックする。セルに文字や数値を入力すると、タイトルと見出しのない表が作成される。

Excelの表を貼り付ける

関連ワード▶▶ 表 Excel

Excelで作成した表をAutoCADの図面に貼り付けるときは、Excelでコピーを行い、AutoCADの［形式を選択して貼り付け］を使う。

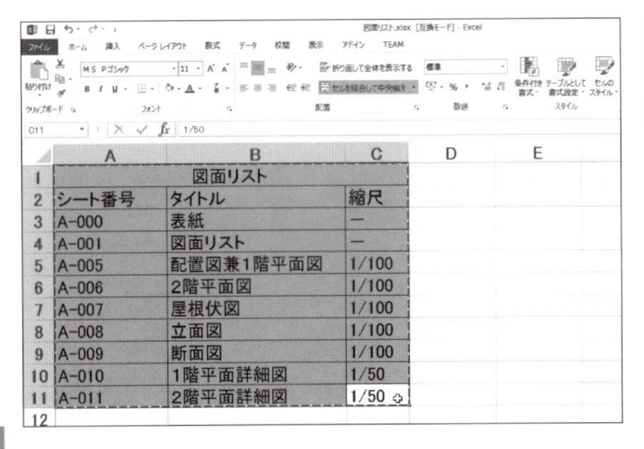

	A	B	C
1		図面リスト	
2	シート番号	タイトル	縮尺
3	A-000	表紙	―
4	A-001	図面リスト	―
5	A-005	配置図兼1階平面図	1/100
6	A-006	2階平面図	1/100
7	A-007	屋根伏図	1/100
8	A-008	立面図	1/100
9	A-009	断面図	1/100
10	A-010	1階平面詳細図	1/50
11	A-011	2階平面詳細図	1/50

1 Excelを開いて、貼り付ける表を選択した状態で Ctrl ＋ C キーを押し、クリップボードにコピーする。

2 AutoCADのファイルを開き、［ホーム］タブ―［クリップボード］パネル―［貼り付け］ボタンの［▼］をクリックし、メニューから［形式を選択して貼り付け］を選択する。

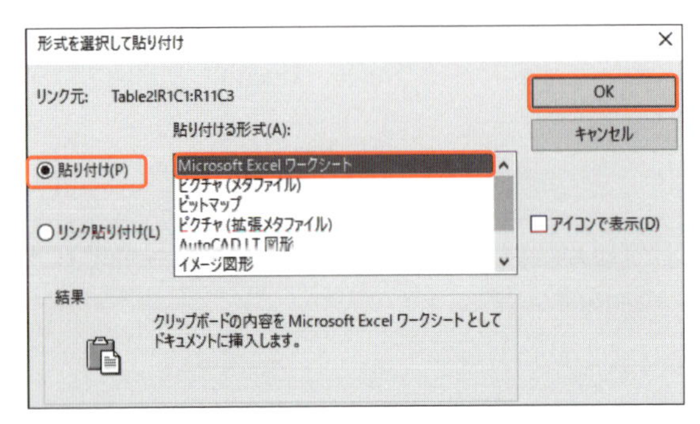

3 ［形式を選択して貼り付け］ダイアログが表示されるので、［貼り付け］を選択し、［貼り付ける形式］に［Microsoft Excel ワークシート］（または［Ts］）を選択して［OK］ボタンをクリックする。

表

図面リスト		
シート番号	タイトル	縮尺
A-000	表紙	—
A-001	図面リスト	—
A-005	配置図兼1階平面図	1/100
A-006	2階平面図	1/100
A-007	屋根伏図	1/100
A-008	立面図	1/100
A-009	断面図	1/100
A-010	1階平面詳細図	1/50
A-011	2階平面詳細図	1/50

クリック

4 「挿入点を指定」と表示されるので、表を挿入する位置をクリックする。Excelでの見た目を保った状態で表が貼り付けられる。

手順 3 の[形式を選択して貼り付け]ダイアログで[リンク貼り付け]を選択して表を挿入すると、挿入された表のデータが基のExcelファイルにリンクされる。基のファイルを変更すると、表にも変更が反映される。

手順 3 で[形式を選択して貼り付け]ダイアログの[貼り付ける形式]に[AutoCADLT図形]を選択して挿入すると、図のような表オブジェクトとして挿入される。しかし、手順 4 のようにExcelでの見た目を保った状態にはならないので、修正が必要になる。

図面リスト		
シート番号	タイトル	縮尺
A-000	表紙	—
A-001	図面リスト	—
A-005	配置図兼1階平面図	1/100
A-006	2階平面図	1/100
A-007	屋根伏図	1/100
A-008	立面図	1/100
A-009	断面図	1/100
A-010	1階平面詳細図	1/50
A-011	2階平面詳細図	1/50

No.210 Excelから貼り付けた表を修正する

関連ワード▶▶ 表 Excel

Excelから貼り付けされた表をダブルクリックするとExcelが起動し、修正が行える。

ダブルクリック

図面リスト		
シート番号	タイトル	縮尺
A-000	表紙	―
A-001	図面リスト	―
A-005	配置図兼1階平面図	1/100
A-006	2階平面図	1/100
A-007	屋根伏図	1/100
A-008	立面図	1/100
A-009	断面図	1/100
A-010	1階平面詳細図	1/50
A-011	2階平面詳細図	1/50

1 Excelから貼り付けた表をダブルクリックする。

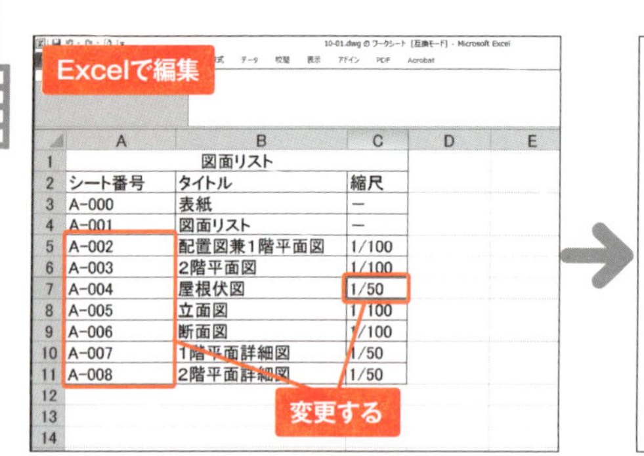

2 Excelが起動し、「ファイル名（ここでは、「10-01」）.dwgのワークシート」が開くので、編集を行い上書き保存して閉じると、AutoCADの表にも変更が反映される。

HINT

［リンク貼り付け］（No.209「Excelの表を貼り付ける」参照）を選択して貼り付けられた表をダブルクリックすると、リンクされた基のExcelファイルが開く。基のExcelファイルがない場合は、図のようなエラーが表示されて修正を行えない。

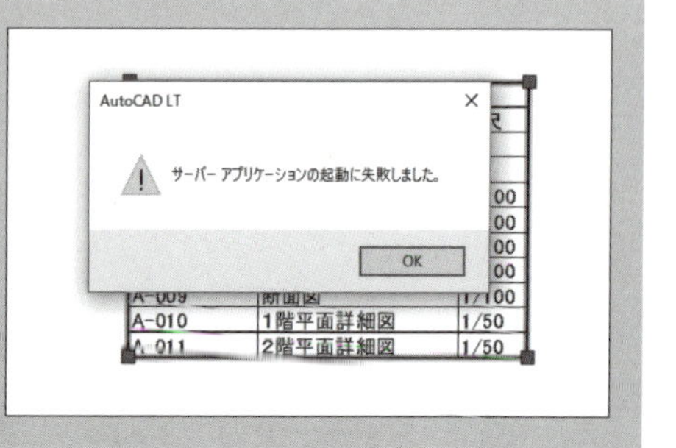

表

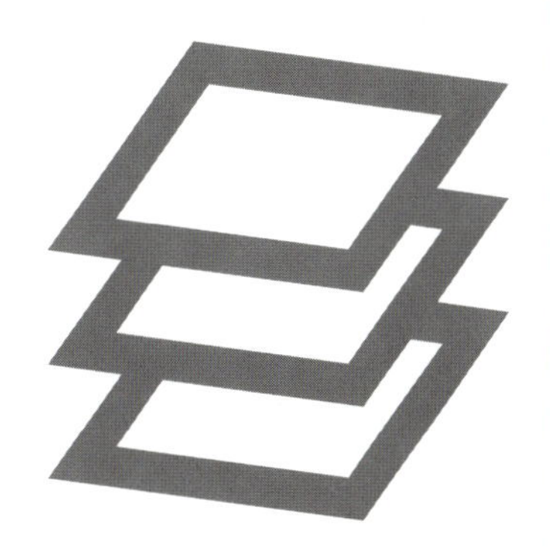

画層

オブジェクトを、壁芯や躯体、文字、寸法、図面枠といった

要素ごとに分けたものを「画層」という。

画層の作成や編集、作図に役立つ使い方などについて解説する。

No.211

画層を知る

関連ワード▶▶ 画層

壁芯や文字、寸法などの要素ごとに分けたものを「画層」といい、画層を重ねて表示することで１枚の図面を表現する。各画層の表示／非表示を切り替えたり、ロックすることで、図面が複雑化しても作業を効率的に進められるようになる。

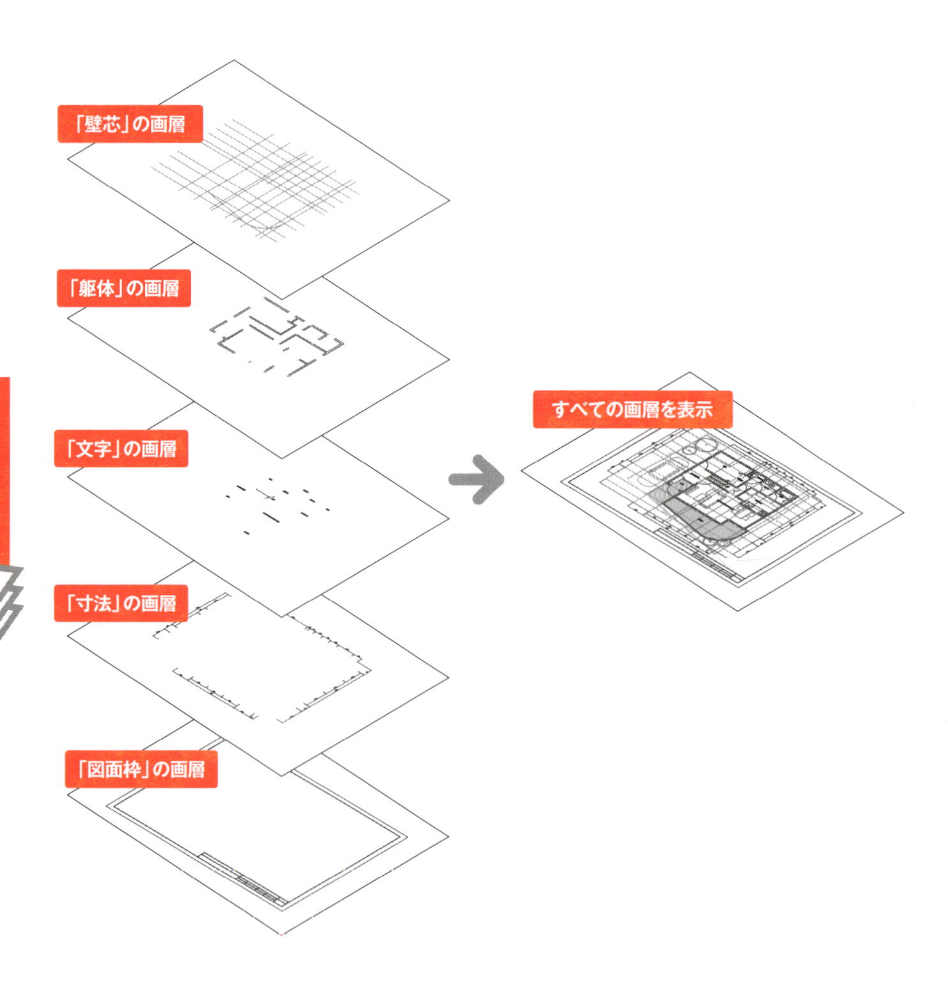

No.212

画層を作成する

関連ワード▶▶ 画層 画層プロパティ管理

作図を始める前に、作業に必要な画層を一通り作成する。どのような画層を用意するかに決まりはないが、壁芯、躯体、文字、寸法、図面枠、建具、外構などの部位ごとに分けることが多い。

1 ［ホーム］タブ－［画層］パネル－［画層プロパティ管理］ボタンをクリックする。

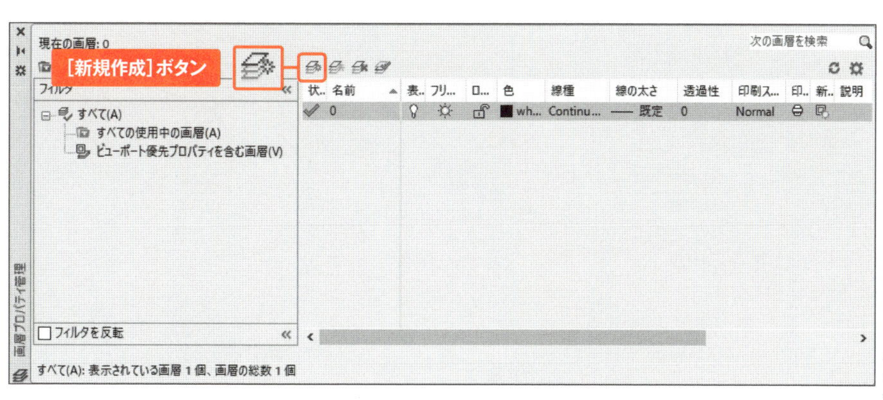

2 表示される［画層プロパティ管理］パレットの［新規作成］ボタンをクリックする。

3 画層が作成され［名前］が入力状態になるので、画層名を入力して Enter キーを押す。

No.213

現在の画層を変更する

関連ワード▶▶ 画層 現在の画層

オブジェクトを作成すると、[画層]プルダウンメニューに選択されている、あるいは[画層プロパティ管理]パレットで緑のチェックマークが付いている[現在の画層]に振り分けられる。[現在の画層]を変更するには、[画層]プルダウンメニューで変更するか、[画層プロパティ管理]パレットの[状態]をダブルクリックする。

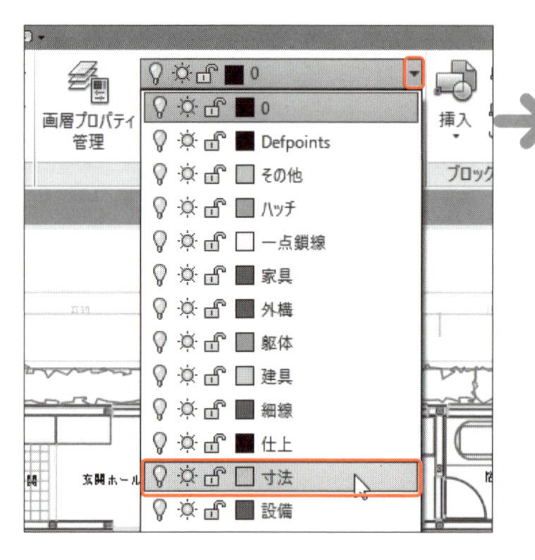

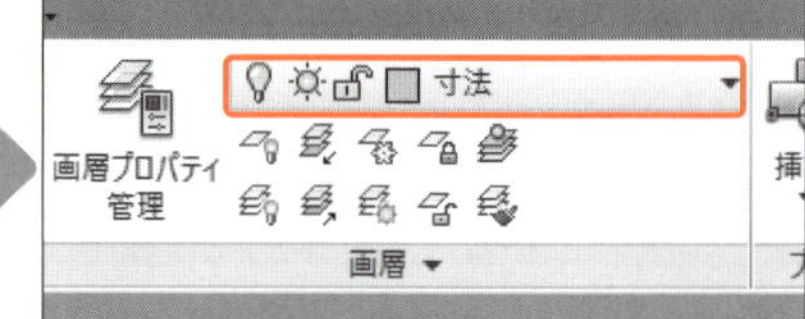

[ホーム]タブ―[画層]パネル―[画層]プルダウンメニューをクリックし、表示される画層から[現在の画層]に設定したい画層(ここでは、画層「寸法」)を選択する。

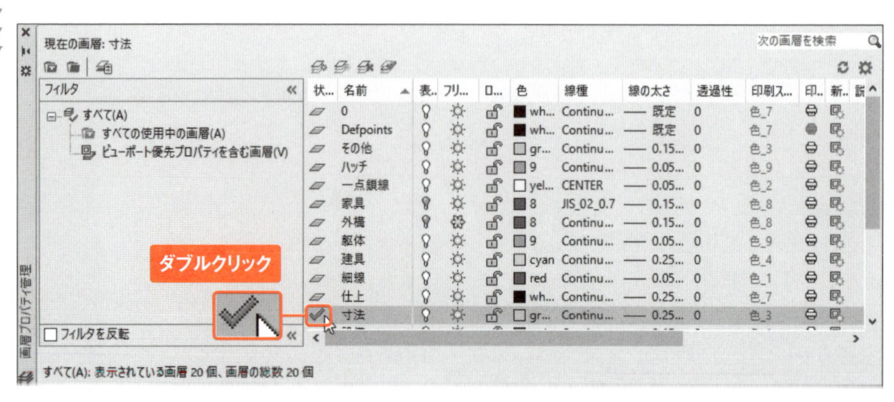

[ホーム]タブ―[画層]パネル―[画層プロパティ管理]ボタンをクリックして[画層プロパティ管理]パレットを表示する。[現在の画層]にしたい画層(ここでは、画層「寸法」)の[状態]をダブルクリックすると、チェックマークに切り替わりその画層が[現在の画層]になる。

No.214 画層を削除する

関連ワード▶▶ 画層 画層プロパティ管理

不要な画層を削除するには、[画層プロパティ管理]パレットで行う。

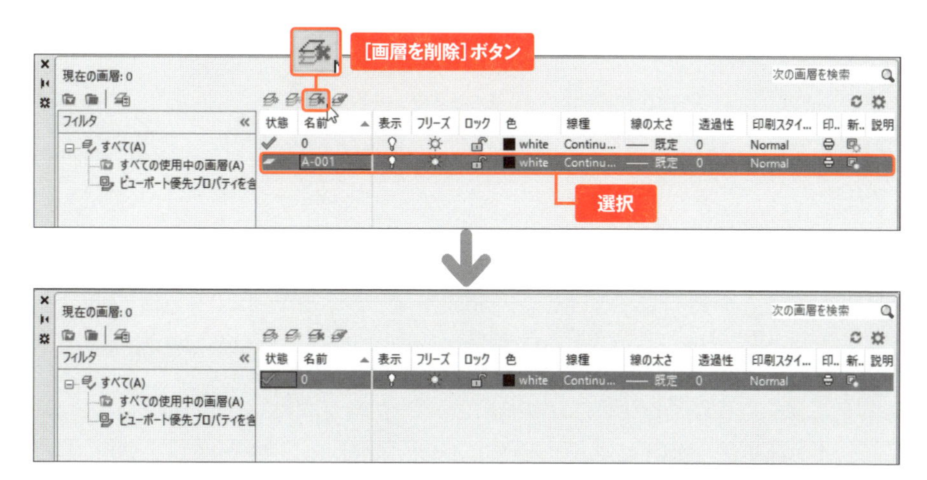

[ホーム]タブ―[画層]パネル―[画層プロパティ管理]ボタンをクリックして[画層プロパティ管理]パレットを表示する。[画層リスト]で削除する画層(ここでは、画層「A-001」)を選択状態にして[画層を削除]ボタンをクリックすると、選択した画層が削除される。

HINT 使用中の画層や[現在の画層]、画層「0」と画層「Defpoints」は削除できない。

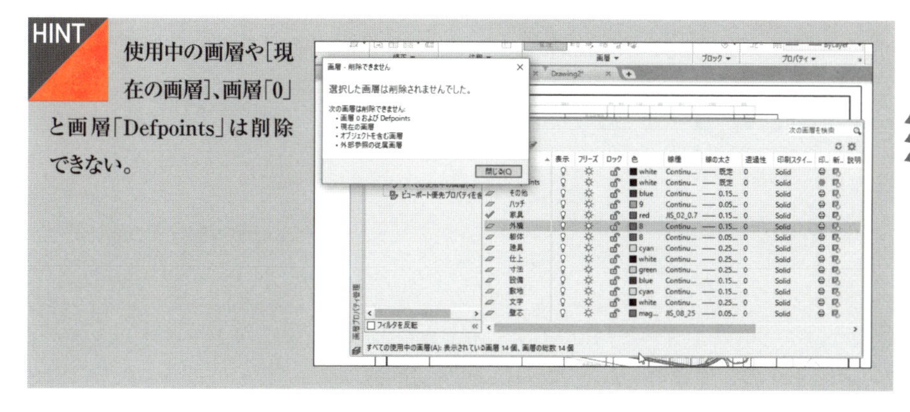

画層の表示／非表示を切り替える

関連ワード▶▶ 画層 画層プロパティ管理

画層の表示／非表示を切り替えるときは［画層プロパティ管理］パレットで行う。

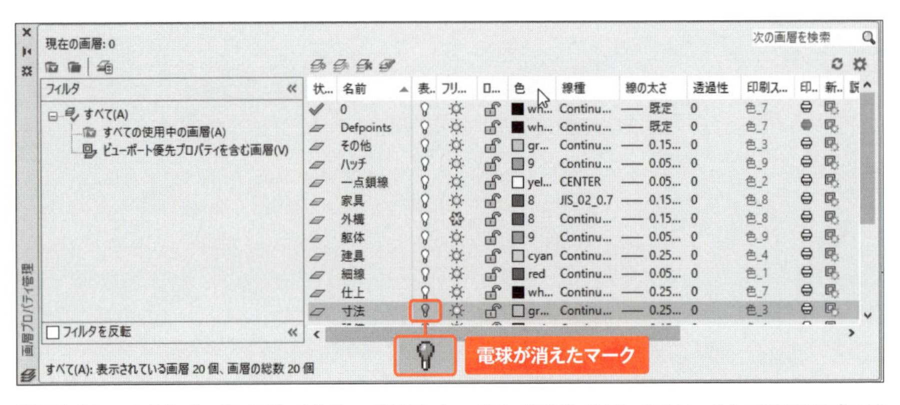

1 ［ホーム］タブ―［画層］パネル―［画層プロパティ管理］ボタンをクリックして［画層プロパティ管理］パレットを表示する。［画層リスト］で非表示にする画層（ここでは、画層「寸法」）の［表示］欄の電球マークをクリックすると、図のような電球が消えたマークに切り替わる。

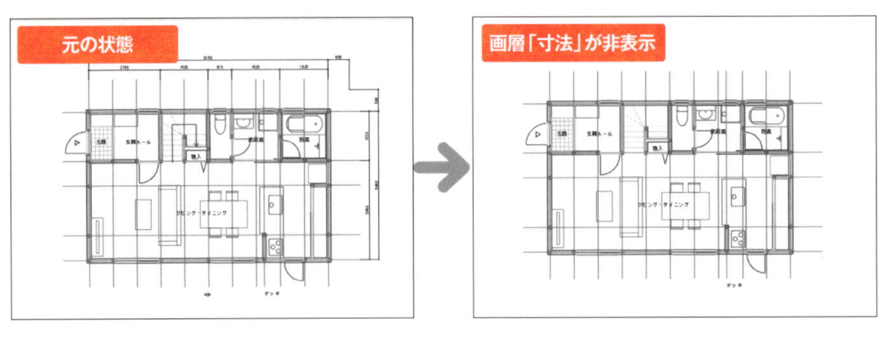

2 選択した画層（ここでは、画層「寸法」）が非表示となる（右図）。［画層プロパティ管理］パレットで再度、電球マークをクリックすると、電球が灯ったマークに戻り、画層が表示される。

画層をフリーズする

関連ワード▶▶ 画層　画層プロパティ管理　フリーズ

フリーズは表示／非表示と似ているが、フリーズした画層は［表示］がオンの状態でも非表示になる。画層をフリーズするときは［画層プロパティ管理］パレットで行う。

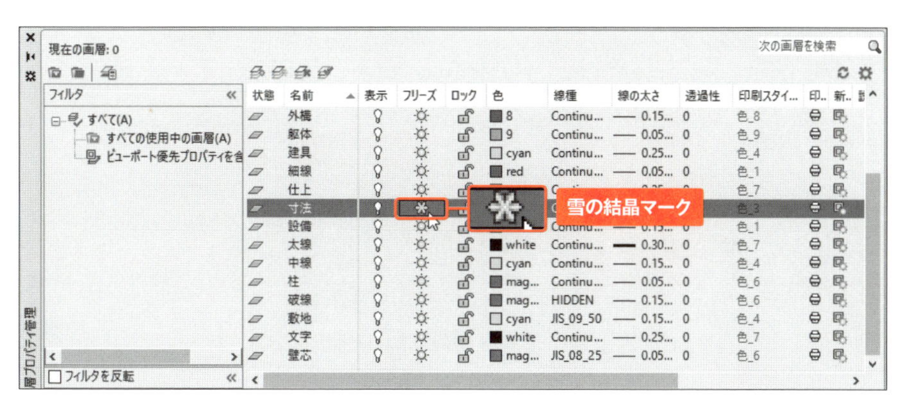

1 ［ホーム］タブ—［画層］パネル—［画層プロパティ管理］ボタンをクリックして［画層プロパティ管理］パレットを表示する。［画層リスト］でフリーズする画層（ここでは、画層「寸法」）の［フリーズ］欄の太陽マークをクリックすると、雪の結晶マークに切り替わる。

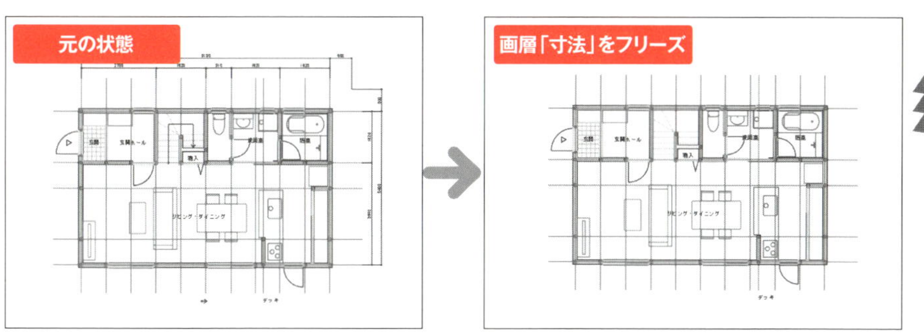

2 フリーズした画層（ここでは、画層「寸法」）が非表示となる。［画層プロパティ管理］パレットでフリーズした画層の［表示］をオンにしても、この画層は非表示のままとなる（右図）。［画層プロパティ管理］パレットで再度、雪の結晶マークをクリックすると太陽マークに戻り、フリーズが解除されて画層が表示される。

No.217

すべての画層を表示する

関連ワード▶▶ 画層 全画層フリーズ解除 全画層表示

すべての画層を表示するには、[全画層フリーズ解除(LAYTHW)]コマンドでフリーズ状態を解除してから、[全画層表示(LAYON)]コマンドを実行する。

1 [ホーム]タブ―[画層]パネル―[全画層フリーズ解除]ボタンをクリックする。画層のフリーズがすべて解除される。

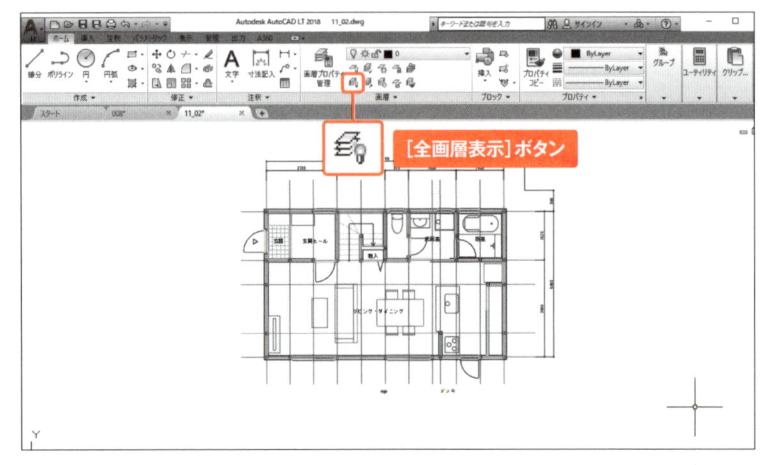

2 [ホーム]タブ―[画層]パネル―[全画層表示]ボタンをクリックする。すべての画層が表示される。

画層をロックして編集不可にする

関連ワード▶▶ 画層 画層プロパティ管理 ロック

図面上のロックされた画層のオブジェクトにカーソルを合わせると、鍵マークが表示されて編集不可となる。これにより、間違って目的以外のオブジェクトを編集をするのを避けることができる。画層をロックするときは［画層プロパティ管理］パレットを使用する。

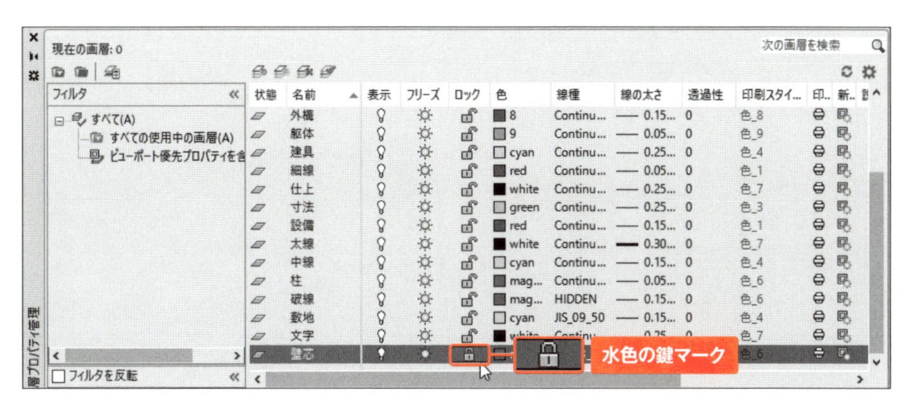

1 ［ホーム］タブ―［画層］パネル―［画層プロパティ管理］ボタンをクリックして［画層プロパティ管理］パレットを表示する。［画層リスト］でロックする画層（ここでは、画層「壁芯」）の［ロック］欄の黄色の鍵（開いた状態）マークをクリックすると、水色の鍵マーク（かかった状態）に切り替わる。

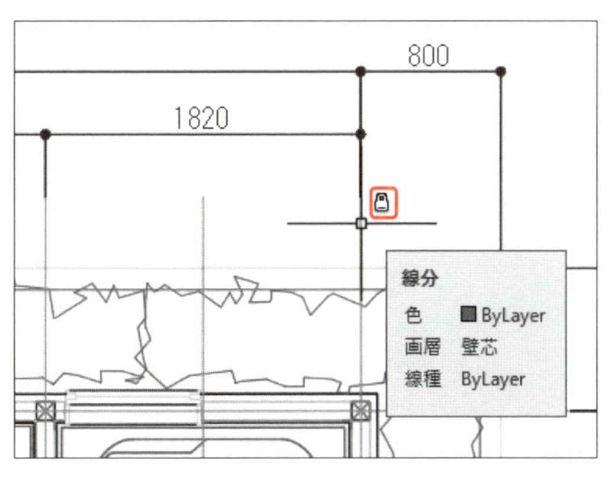

2 ロックした画層（ここでは、画層「壁芯」）のオブジェクトにカーソルを合わせると、小さな鍵マークが表示され選択ができない。

ロックした画層のオブジェクトでも、［延長］コマンドや［トリム］コマンドの境界としては利用できる。

ロックした画層をわかりやすく表示する

関連ワード▶▶ 画層 ロック

ロックした画層のオブジェクトがどれなのかをわかりやすくするために、フェード表示ができる。

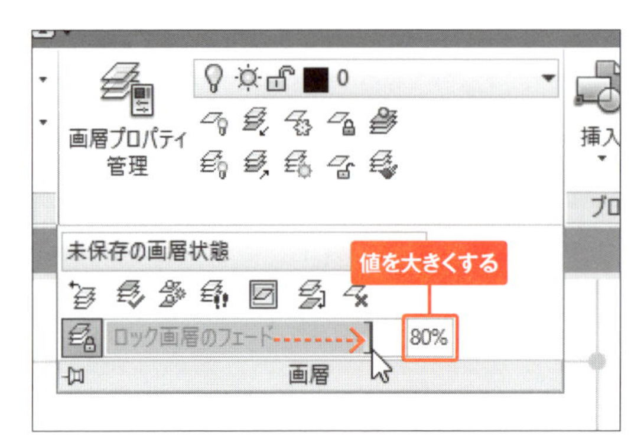

1 [ホーム]タブ―[画層]パネルのパネルタイトルをクリックして展開する。[ロック画層のフェード]のスライドバーをドラッグして動かし、値を大きくする。

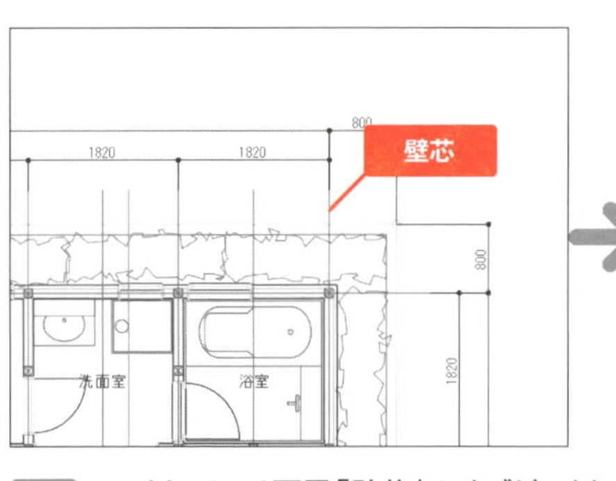

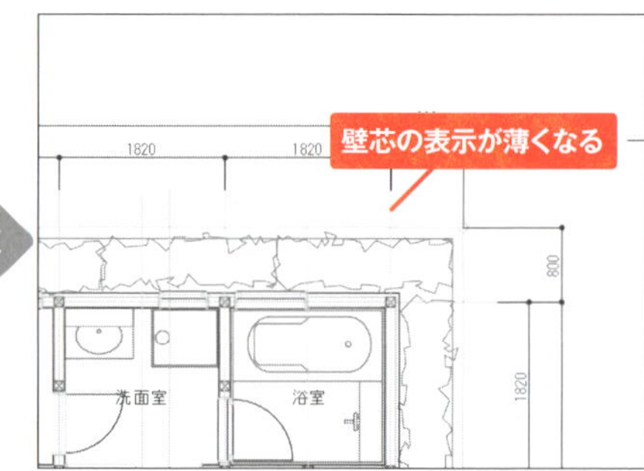

2 ロックしている画層「壁芯」のオブジェクトが薄く表示される。

画層の線の色／種類／太さを変更する

関連ワード▶▶ 画層 画層プロパティ管理

画層ごとに線の色や太さ、線種を設定できる。ここでは、画層の線色を変更する。ちなみに作図するオブジェクトの色、太さ、線種を［ByLayer］に設定すると、画層に設定された色や太さ、線種で作図される。

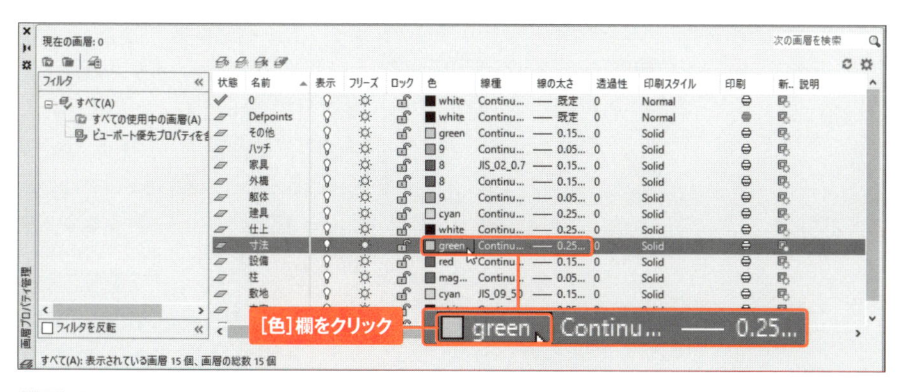

1 ［ホーム］タブ―［画層］パネル―［画層プロパティ管理］ボタンをクリックして［画層プロパティ管理］パレットを表示する。［画層リスト］で設定を変更する画層（ここでは、画層「寸法」）を選択し、［線種］［太さ］を設定したら、［色］欄をクリックする。

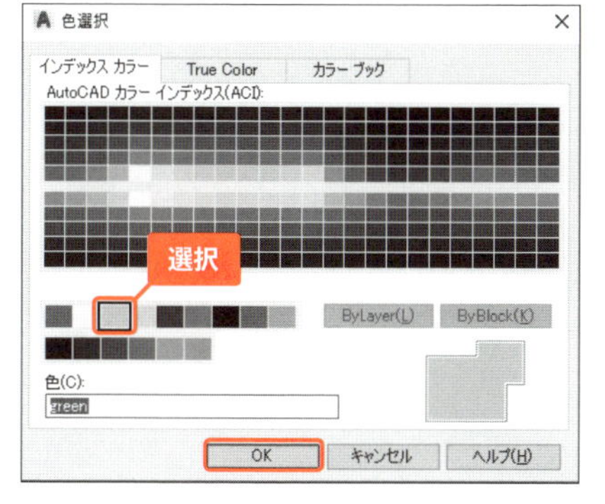

2 ［色選択］ダイアログが表示されるので、任意の色を選択して［OK］ボタンをクリックすると、［色］が設定される。

HINT

［画層プロパティ管理］パレットで設定した［色］や［線種］は、オブジェクト自体のプロパティが［ByLayer］に設定されているときに反映される。

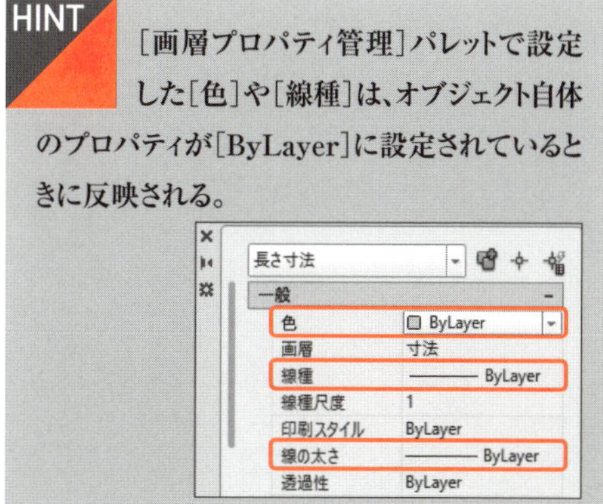

No.221

選択したオブジェクトの画層のみを表示する

関連ワード▶▶ 画層 選択表示

［選択表示（LAYISO）］コマンドを実行すると、選択したオブジェクトの画層だけが表示される。

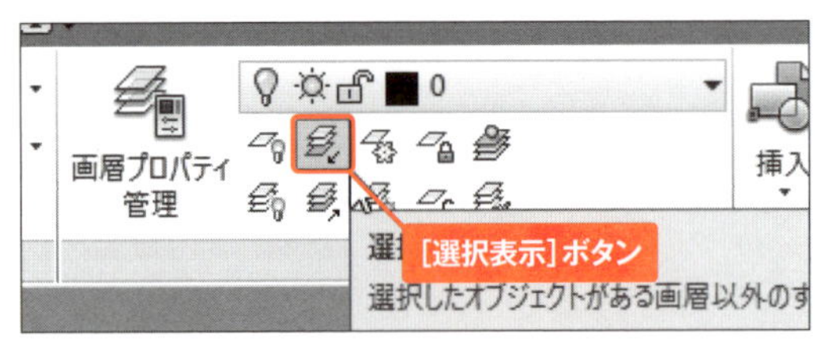

1 ［ホーム］タブ―［画層］パネル―［選択表示］ボタンをクリックする。［設定(S)］オプションの「s」を入力して Enter キーを押す。続けて［非表示(O)］オプションの「o」を入力して Enter キーを押し、もう一度 Enter キーを押す。

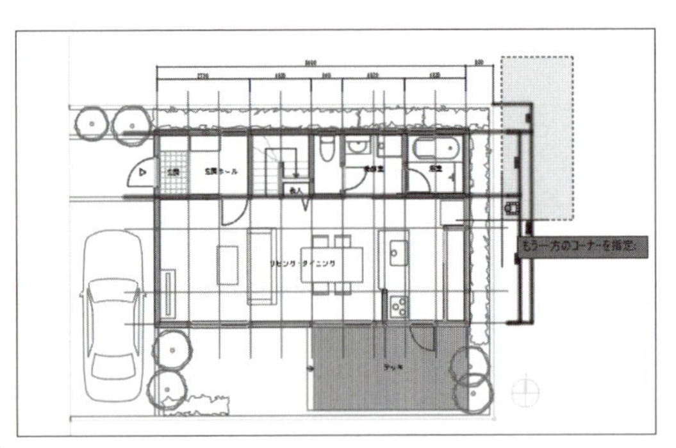

2 「選択表示したい画層上にあるオブジェクトを選択」と表示されるので、オブジェクト（ここでは、寸法と壁芯）を選択して Enter キーを押す。

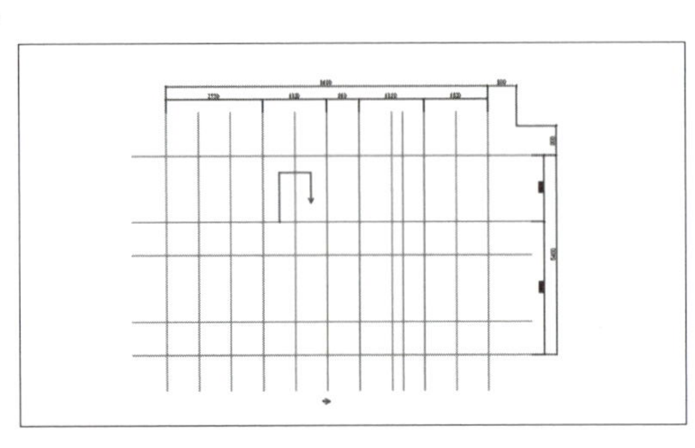

3 選択したオブジェクトの画層（ここでは、寸法と壁芯）のみが表示され、それ以外の画層は非表示になる。

HINT

元の画層の状態に戻す場合は、［選択表示解除］ボタンをクリックする。

選択したオブジェクトの画層を非表示にする

関連ワード▶▶ 画層 非表示

［非表示（LAYOFF）］コマンドを実行すると、選択したオブジェクトの画層だけが非表示になる。

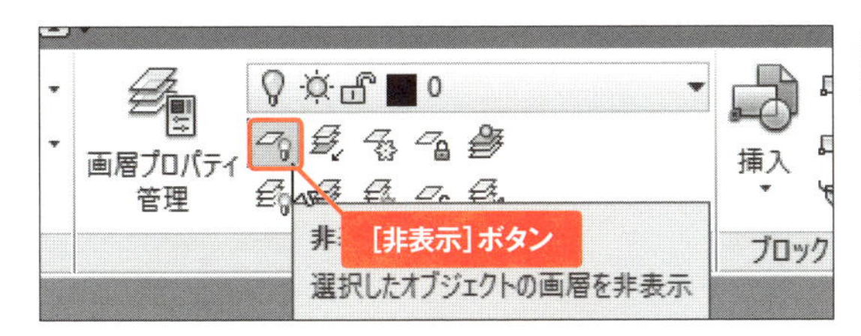

1 ［ホーム］タブ─［画層］パネル─［非表示］ボタンをクリックする。

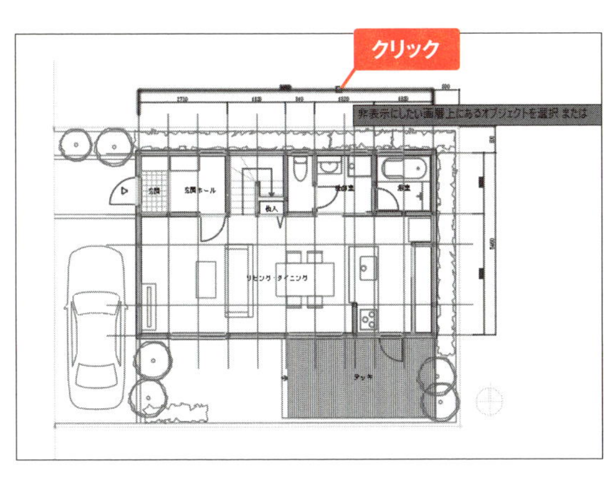

2 「非表示にしたい画層上にあるオブジェクトを選択」と表示されるので、オブジェクト（ここでは、寸法）をクリックする。

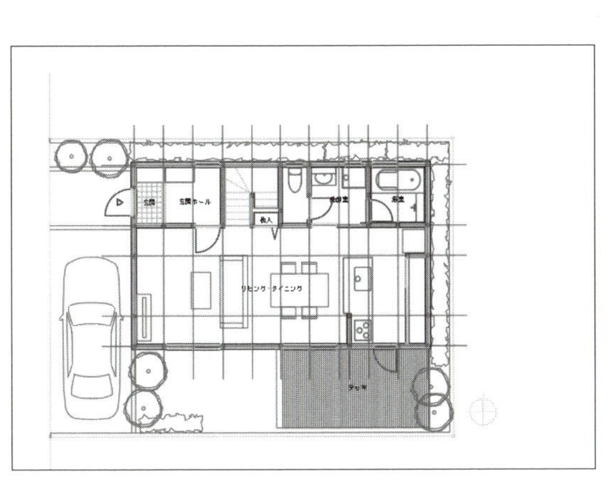

3 選択したオブジェクトの画層（ここでは、寸法）が非表示になる。Esc キーを押してコマンドを終了する。

No.223

オブジェクトの画層を確認する

関連ワード▶▶ 画層 画層閲覧

画層にどのようなオブジェクトが作図されているかを確認するには、[画層閲覧(LAYWALK)]コマンドを実行する。

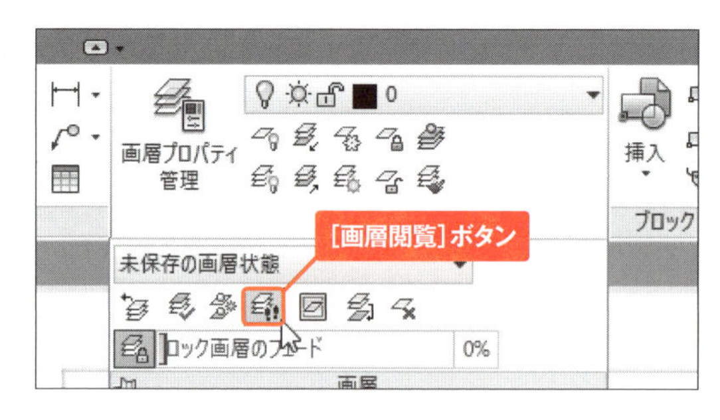

1 [ホーム]タブ─[画層]パネルのパネルタイトルをクリックして展開する。[画層閲覧]ボタンをクリックする。

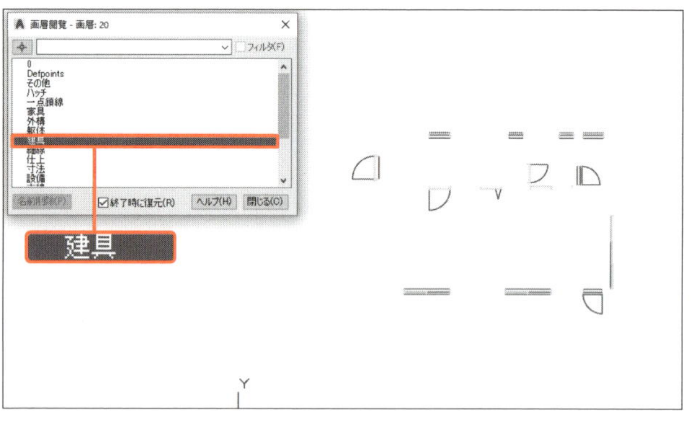

2 [画層閲覧]ダイアログが表示される。リストの画層名(ここでは、画層「建具」)を選択すると、その画層に作図されているオブジェクトのみが表示される。

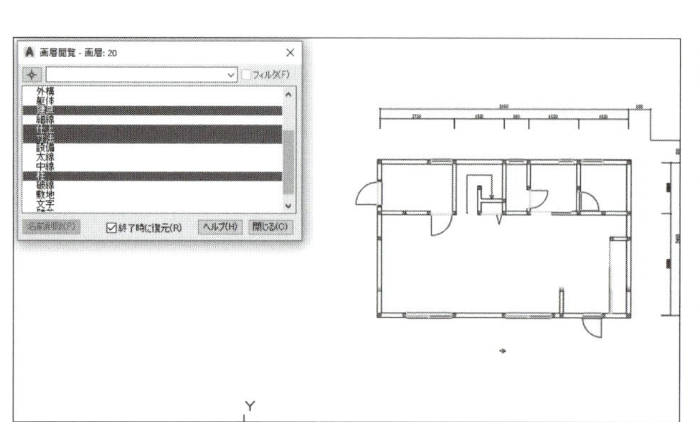

3 Ctrl キーを押しながら複数の画層名をクリックして選択すると、複数の画層を表示できる。[閉じる]ボタンをクリックしてダイアログを閉じると、[画層閲覧]コマンド実行前の画層表示に戻る。

オブジェクトの画層を変更する

関連ワード▶▶ 画層

オブジェクトの画層を変更するには、オブジェクトを選択状態にして[画層]パネルの[画層]プルダウンメニューで画層を設定すると簡単に行える。または、[オブジェクトを指定の画層に移動(LAYMCH)]コマンドでも画層を変更できる。

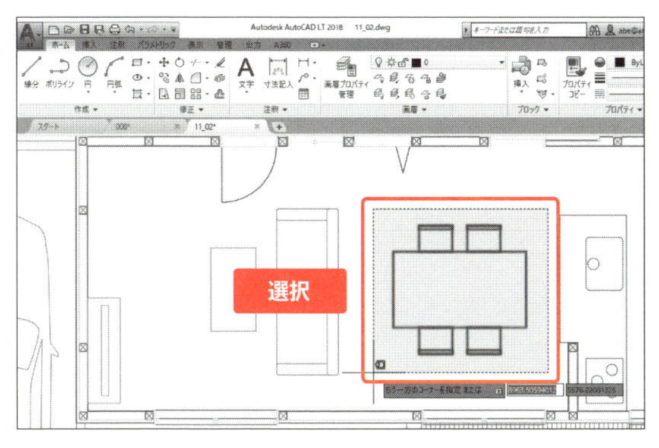

1 画層を変更するオブジェクト(ここでは、画層「設備」に設定されているダイニングセット)を選択する。

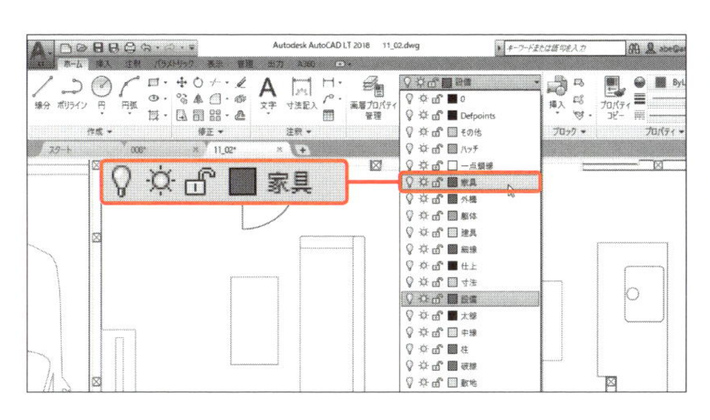

2 [ホーム]タブ―[画層]パネル―[画層]プルダウンメニューで変更したい画層名(ここでは、画層「家具」)を選択する。

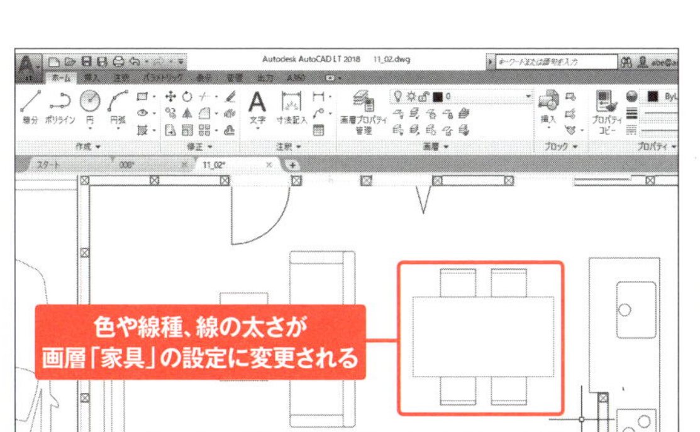

3 手順1で選択したオブジェクトの色や線種、線の太さが[ByLayer]に設定されている場合は、画層の設定に合わせて変更される。ここでは、手順1で選択したダイニングセットの設定が画層「家具」の色や線種、線の太さに変更される。

画層を合成する

関連ワード▶▶ 画層 画層合成

画層の数が多くなりすぎると、切り替えに手間がかかって作業効率が悪くなることがある。その場合は、画層を合成して画層の数を減らすとよい。画層を合成するには、[画層合成(LAYMRG)]コマンドを使う。

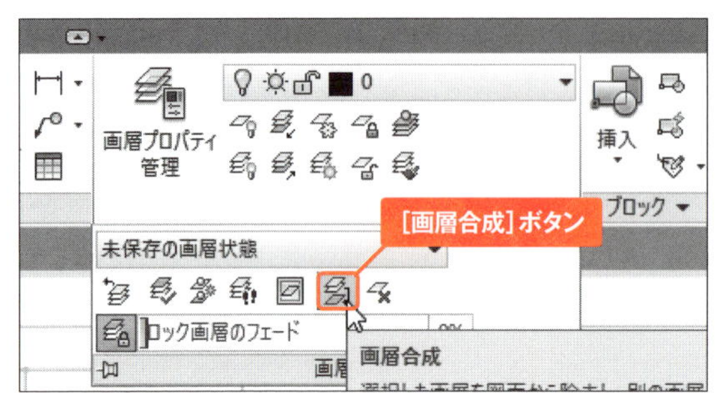

1 [ホーム]タブ—[画層]パネルのパネルタイトルをクリックして展開する。[画層合成]ボタンをクリックする。

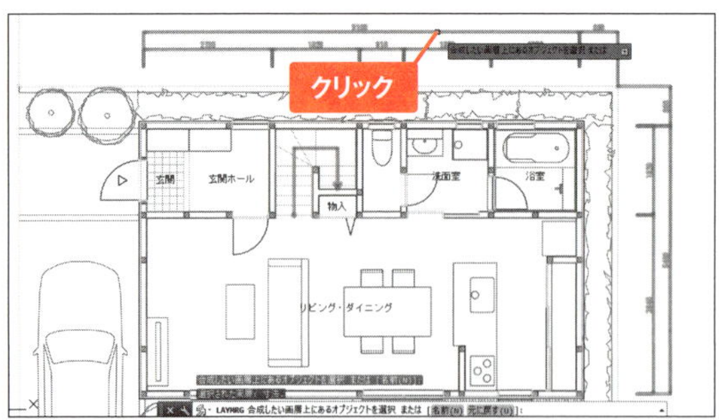

2 「合成したい画層上にあるオブジェクトを選択」と表示されるので、オブジェクト(ここでは、画層「寸法」のオブジェクト)をクリックして Enter キーを押す。

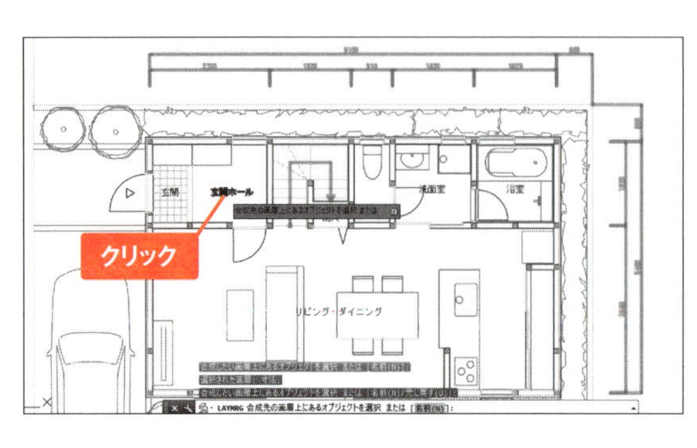

3 「合成先の画層上にあるオブジェクトを選択」と表示されるので、オブジェクト(ここでは、画層「文字」のオブジェクト)をクリックする。

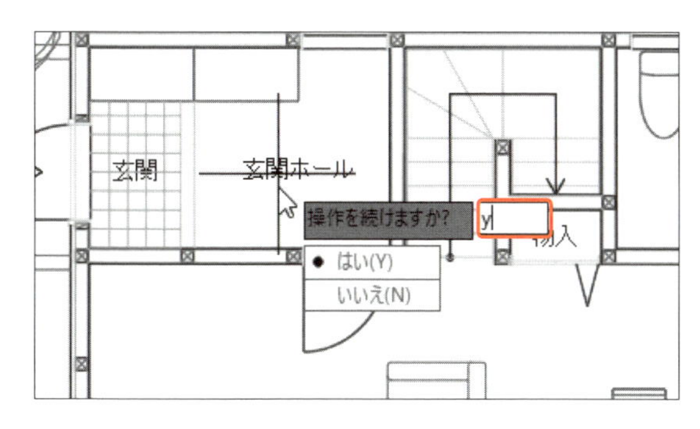

4 「操作を続けますか?」と表示されるので、[はい]の「y」を入力して Enter キーを押す。

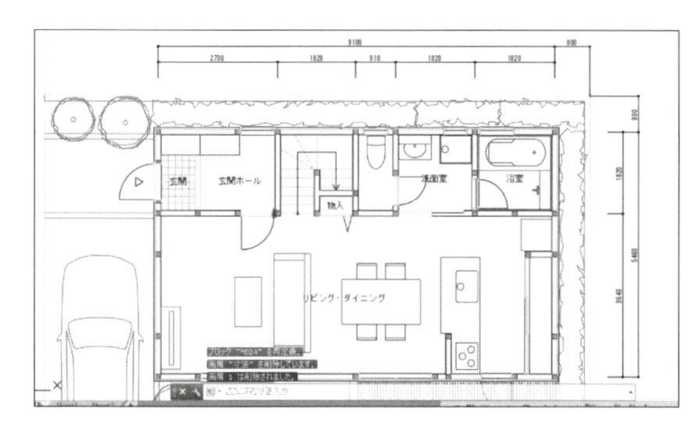

5 手順2で選択したオブジェクトの画層が、手順3で選択したオブジェクトの画層に合成されて元の画層は削除される。ここでは、元は画層「寸法」だったオブジェクトが画層「文字」となり、画層「寸法」は削除される。
オブジェクトの色や線種、線の太さが[ByLayer]に設定されている場合は、画層の設定に合わせて変更される。ここでは、画層「寸法」の色や線種、線の太さが画層「文字」の設定に変更される。

No.226

画層フィルタで目的の画層を見つける

関連ワード▶▶ 画層 画層プロパティ管理 画層フィルタ

画層の数が多くなると、目的の画層が探しにくくなる。そのようなときは、画層フィルタを設定しておくと、フィルタで指定された画層のみがリストに表示されるようになり、目的の画層を見つけやすくなる。

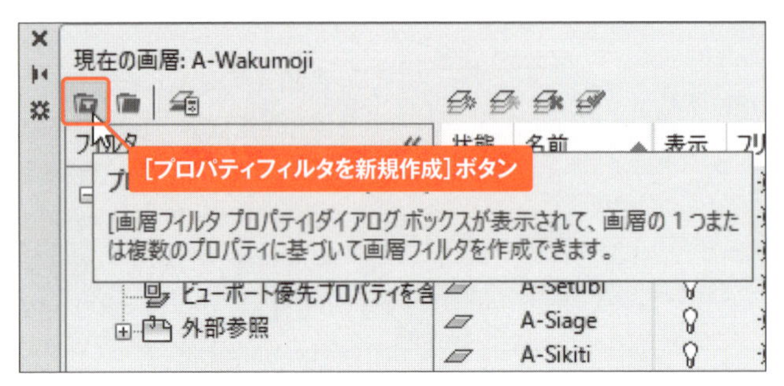

1 [ホーム]タブ—[画層]パネル—[画層プロパティ管理]ボタンをクリックして[画層プロパティ管理]パレットを表示する。[プロパティフィルタを新規作成]ボタンをクリックする。

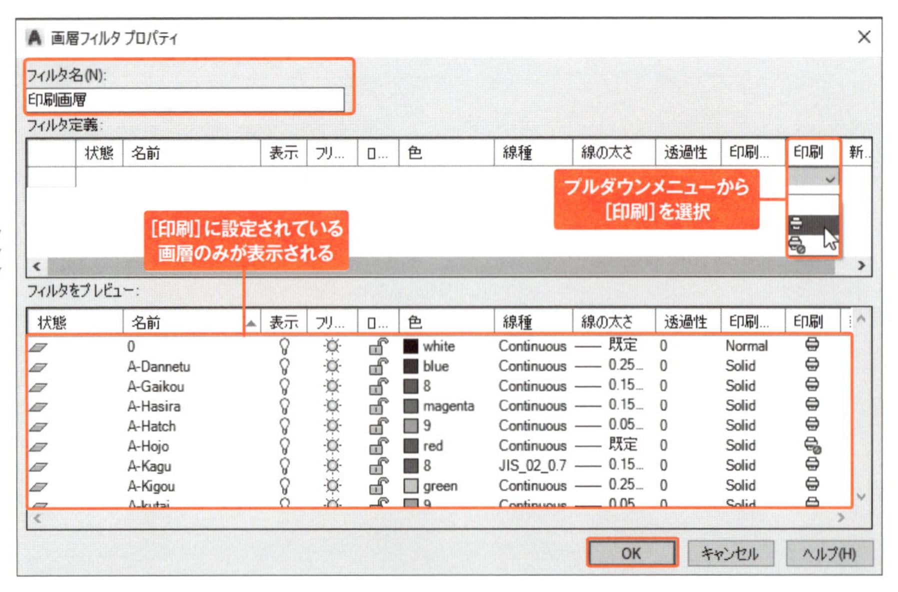

2 [画層フィルタプロパティ]ダイアログが表示される。[フィルタ名]に任意の名前(ここでは、「**印刷画層**」)を入力する。[フィルタ定義]でフィルタを定義する。ここでは、[印刷]欄をクリックし、プルダウンメニューから[印刷]を選択する。[フィルタをプレビュー]に、[印刷]が有効になっている画層のみが表示される。[OK]ボタンをクリックする。

画層

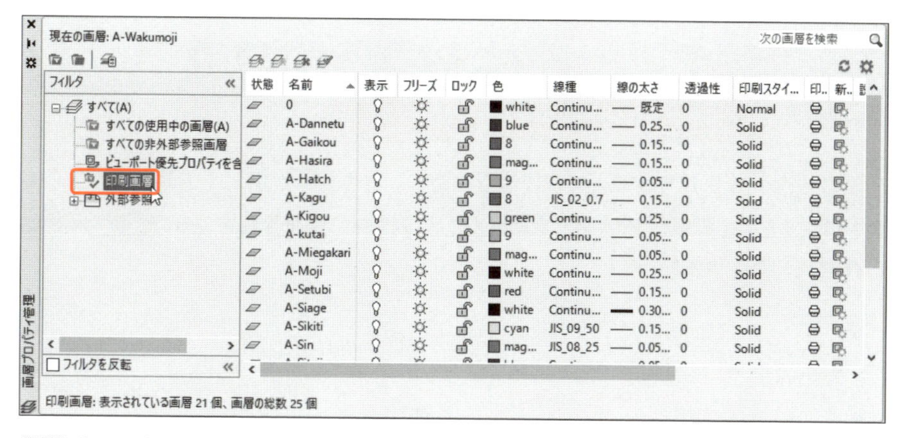

3 ［画層プロパティ管理］パレットに戻ると、［フィルタ］のリストに手順 2 で作成したフィルタ（ここでは、「印刷画層」）が追加される。フィルタを選択すると、設定に該当する画層のみがリストに表示される。

すべての画層を表示させるときは、［フィルタ］リストの［すべての使用中の画層］を選択する。

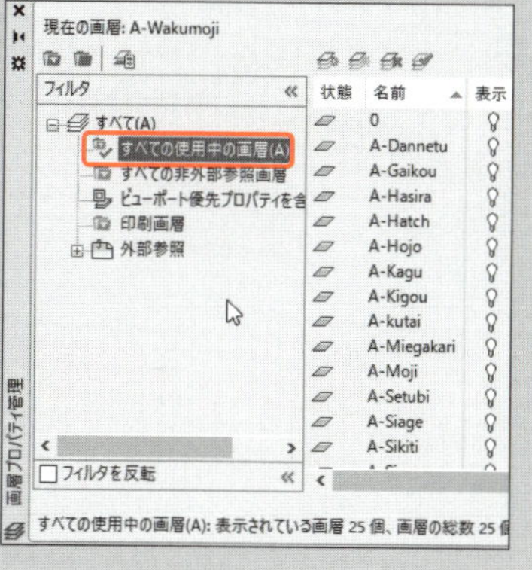

作成した画層フィルタを削除するには、フィルタ名を右クリックして、表示されるコンテキストメニューから［削除］を選択する。

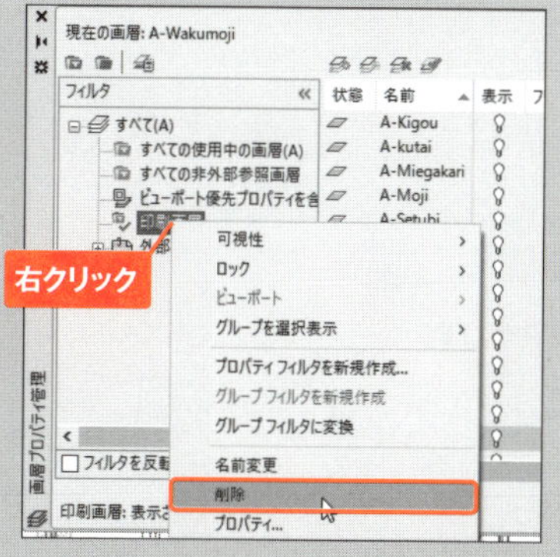

画層

画層の表示やフリーズなどの状態を保存する

関連ワード▶▶ 画層 画層プロパティ管理 画層状態管理

画層の表示／非表示やフリーズの状態を保存しておきたいときは、[画層プロパティ管理]パレットの[画層状態管理]を使う。画層の状態に変更を加えても、簡単に保存した状態へと復元できる。

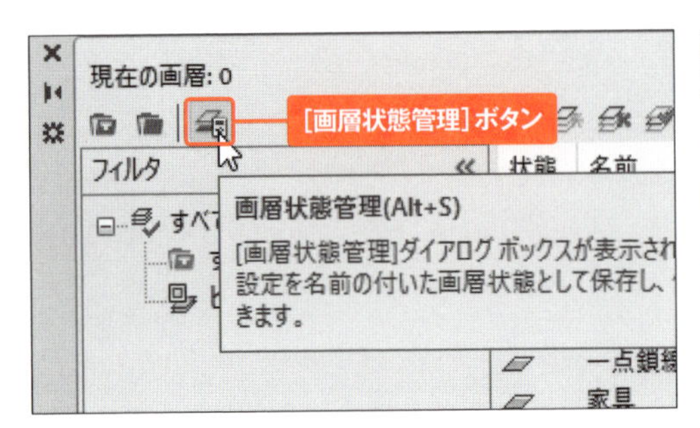

1 [ホーム]タブ—[画層]パネル—[画層プロパティ管理]ボタンをクリックして[画層プロパティ管理]パレットを表示する。画層を保存したい状態に設定したら、[画層状態管理]ボタンをクリックする。

2 [画層状態管理]ダイアログが表示される。[新規作成]ボタンをクリックする。

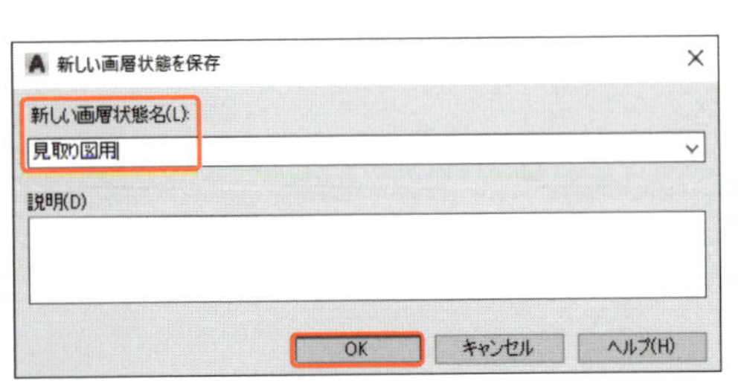

3 [新しい画層状態を保存]ダイアログが表示される。[新しい画層状態名]に任意の名前(ここでは、「見取り図用」)を入力して[OK]ボタンをクリックする。

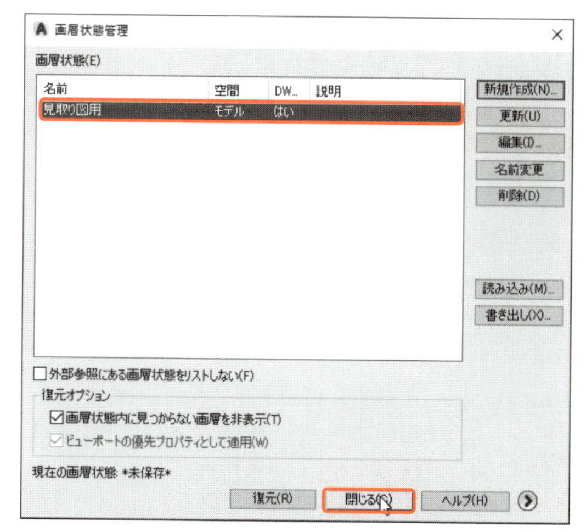

4 [画層状態管理]ダイアログに戻るので、[画層状態]のリストに作成した設定が保存されていることを確認し、[閉じる]ボタンをクリックする。[画層プロパティ管理]パレットも閉じる。

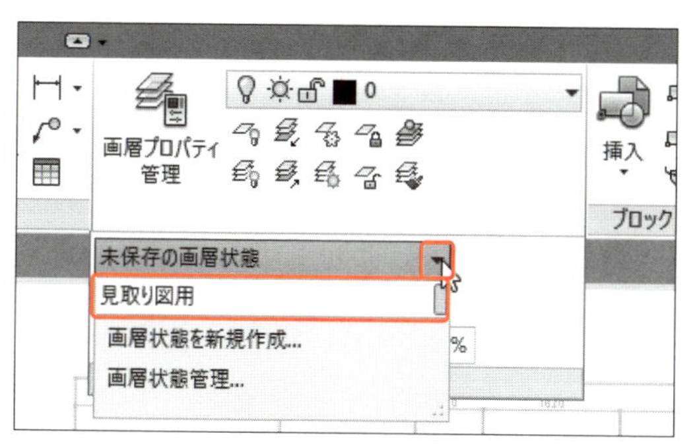

5 画層状態を復元するときは、[ホーム]タブ―[画層]パネルのパネルタイトルをクリックして展開し、[画層状態]プルダウンメニューで画層状態名を選択する。

画層

保存した画層状態をほかのファイルでも使う

関連ワード▶▶ 画層 画層プロパティ管理 画層状態管理

保存した画層状態（No.227「画層の表示やフリーズなどの状態を保存する」参照）は、ほかの図面ファイルで読み込んで利用できる。

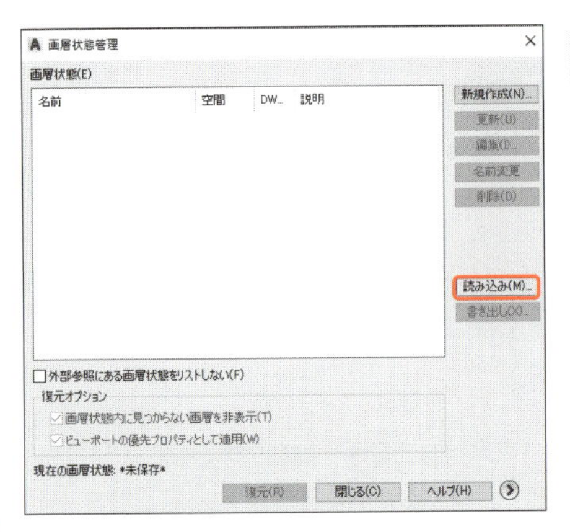

1 画層状態を読み込みたいDWGファイルを開く。[ホーム]タブ—[画層]パネル—[画層プロパティ管理]ボタンをクリックして[画層プロパティ管理]パレットを表示する。[画層状態管理]ボタンをクリックし、表示される[画層状態管理]ダイアログで[読み込み]ボタンをクリックする。

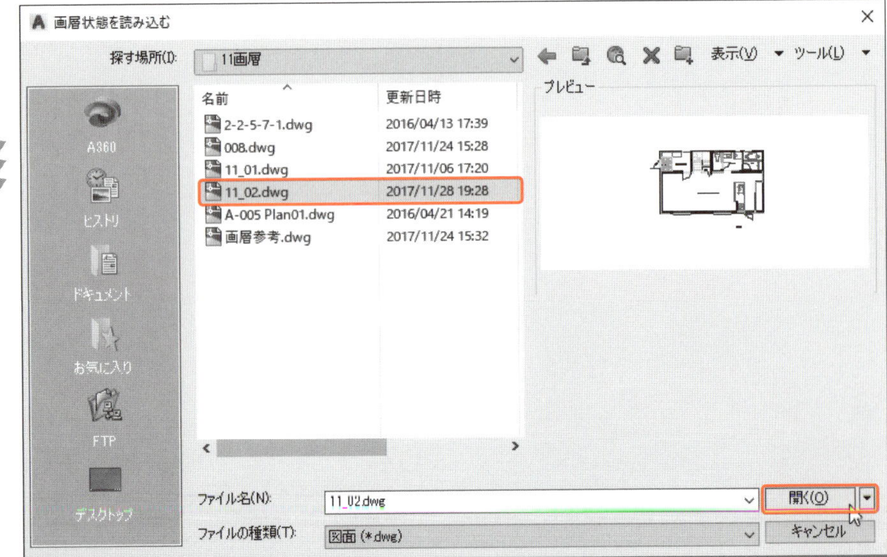

2 [画層状態を読み込む]ダイアログが表示されるので、画層状態を保存した元のDWGファイル（ここでは、「11_02.dwg」）を選択して[開く]ボタンをクリックする。

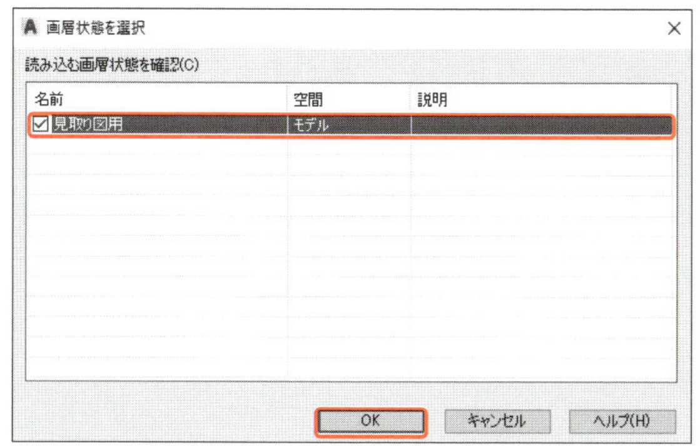

3 ［画層状態を選択］ダイアログが表示される。選択したDGWファイルに保存されている画層状態（ここでは、「見取り図用」）が表示されるので、チェックを入れて［OK］ボタンをクリックする。

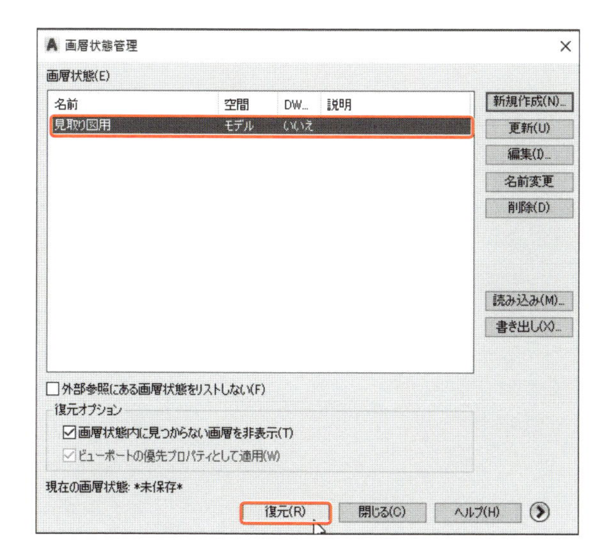

4 ［画層状態管理］ダイアログに戻ると、［画層状態］リストに画層状態が読み込まれていることを確認できるので選択する。［復元］ボタンをクリックすると、［画層状態］プルダウンメニューに画層状態（ここでは、「見取り図用」）が追加されて使用できるようになる。

ほかのファイルから画層の設定を読み込む

関連ワード▶▶ 画層 コピー

あるファイルの画層の設定をほかのファイルに読み込んで使いたい場合は、その画層の設定を行ったオブジェクトをコピーする。

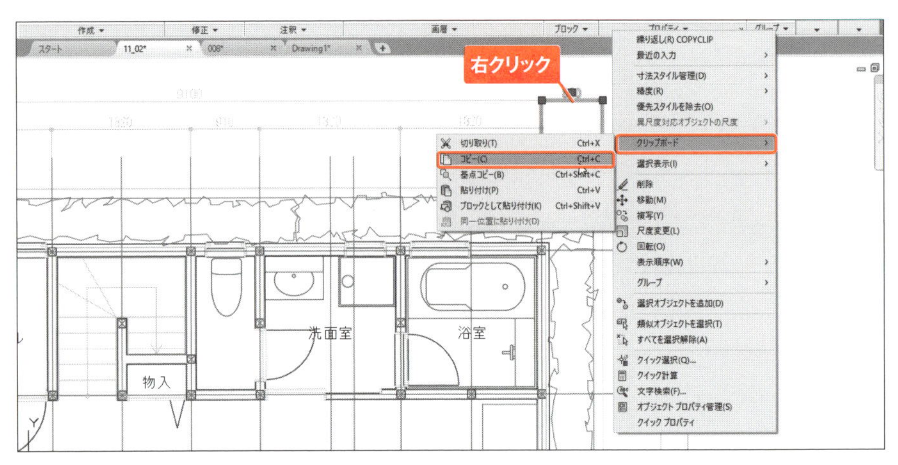

1 画層の設定をコピーしたいオブジェクトを右クリックし、表示されるコンテキストメニューから[クリップボード]—[コピー]を選択する。

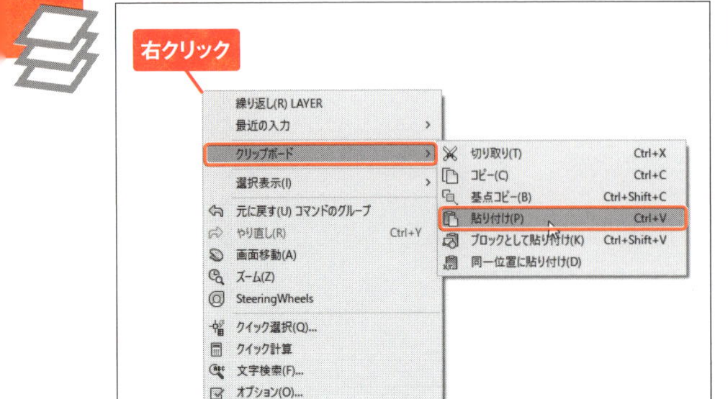

2 コピー先のファイルを開き、任意の位置で右クリックする。表示されるコンテキストメニューから[クリップボード]—[貼り付け]を選択する。

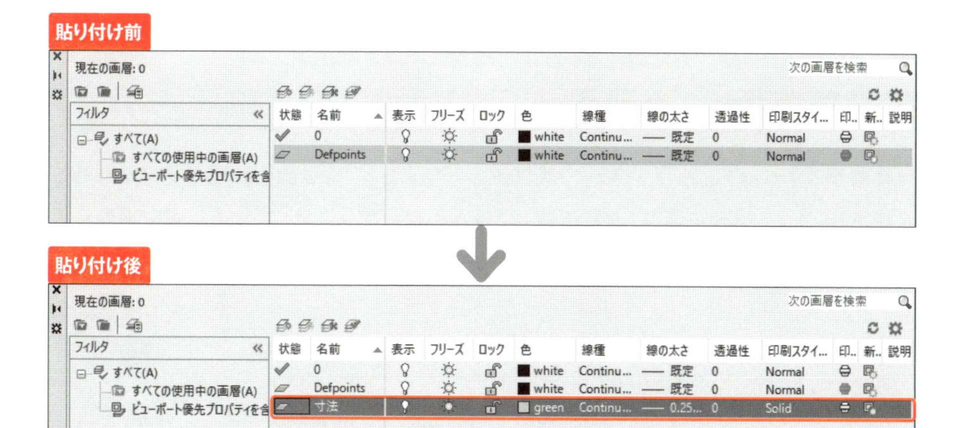

3 「挿入点を指定」と表示されるが、Esc キーを押して[貼り付け]コマンドをキャンセルする。オブジェクトそのものは貼り付けされないが、[画層プロパティ管理]パレットを表示すると、貼り付け前にはなかった画層の設定が読み込まれていることが確認できる。

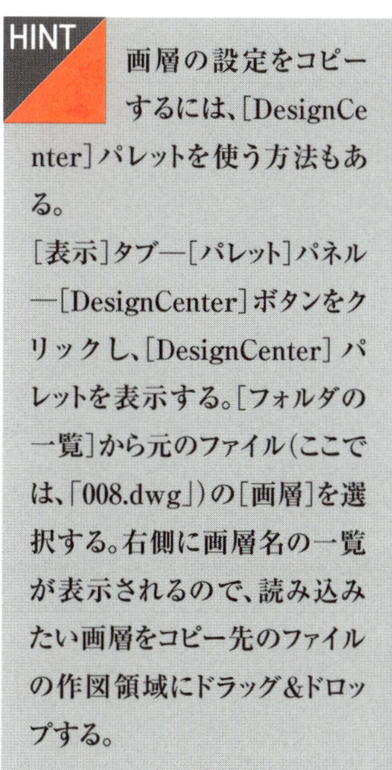

HINT

画層の設定をコピーするには、[DesignCenter]パレットを使う方法もある。

[表示]タブ—[パレット]パネル—[DesignCenter]ボタンをクリックし、[DesignCenter]パレットを表示する。[フォルダの一覧]から元のファイル(ここでは、「008.dwg」)の[画層]を選択する。右側に画層名の一覧が表示されるので、読み込みたい画層をコピー先のファイルの作図領域にドラッグ&ドロップする。

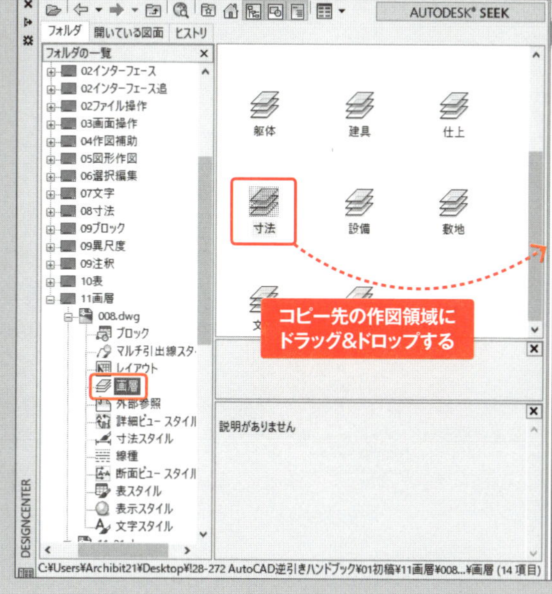

新しい画層が作成されたとき通知させる

関連ワード▶▶ 画層 画層プロパティ管理 通知

外部参照をアタッチしたり、ブロックを挿入したりすると、自動的に画層が追加されることがある。また、図面を共有している際は、ほかのユーザーによって知らぬ間に画層が追加されることがある。そのような場合に、通知されるように設定できる。

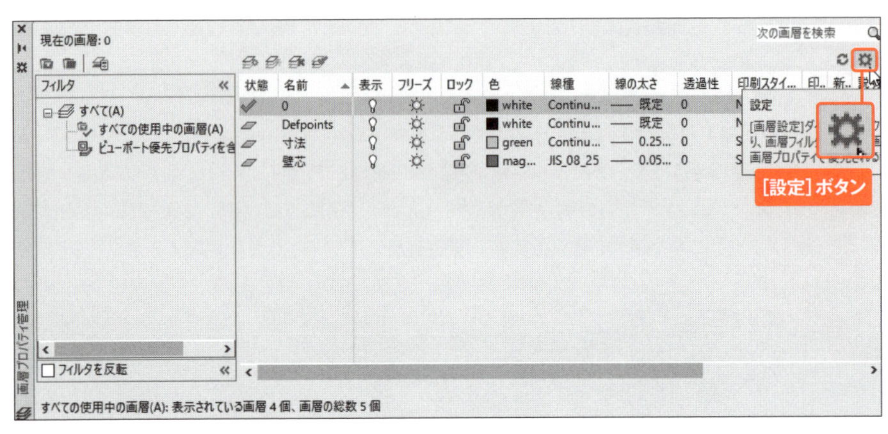

1 [画層プロパティ管理]パレットを表示し、[設定]ボタンをクリックする。

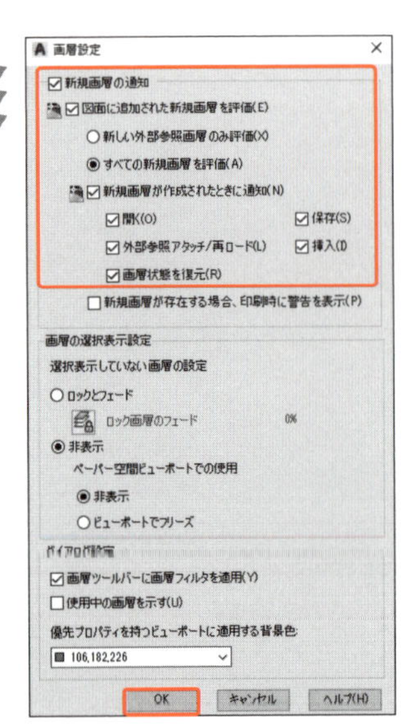

2 表示される[画層設定]ダイアログで[新規画層の通知]にチェックを入れる。続けて[図面に追加された新規画層を評価][すべての新規画層を評価][新規画層が作成されたときに通知][開く][保存][外部参照アタッチ/再ロード][挿入][画層状態を復元]にチェックを入れ、[OK]ボタンをクリックする。

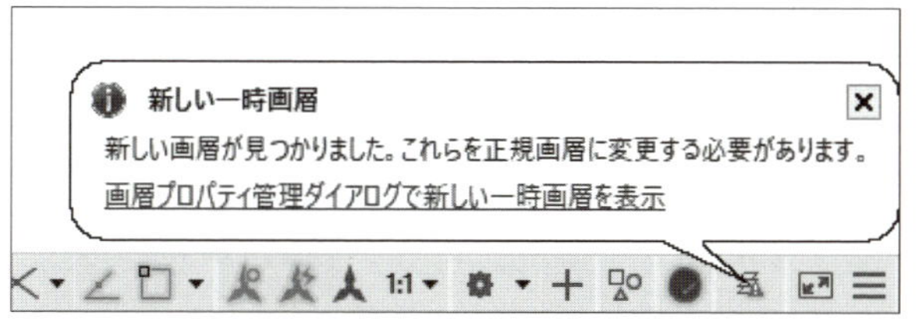

3 新しい画層が作成されると、図のような通知が表示され、「一時画層」として追加される。

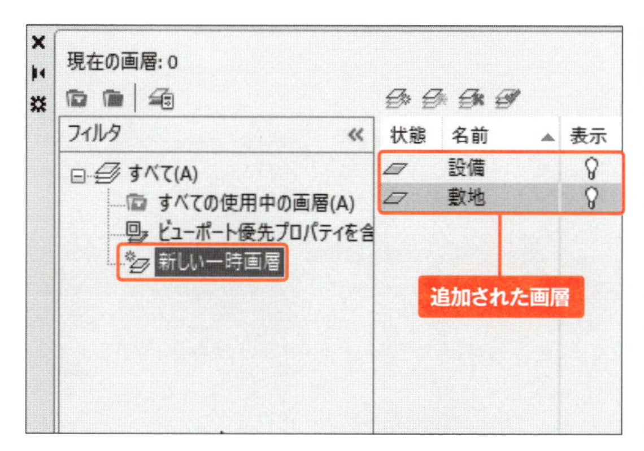

4 手順3の通知の「画層プロパティ管理ダイアログで新しい一時画層を表示」をクリックすると、[画層プロパティ管理]パレットが表示され、[フィルタ]のリストに[新しい一時画層]が追加される。クリックすると右側に追加された画層（ここでは、画層「設備」と画層「敷地」）と、その設定が表示される。必要があれば設定を変更する。

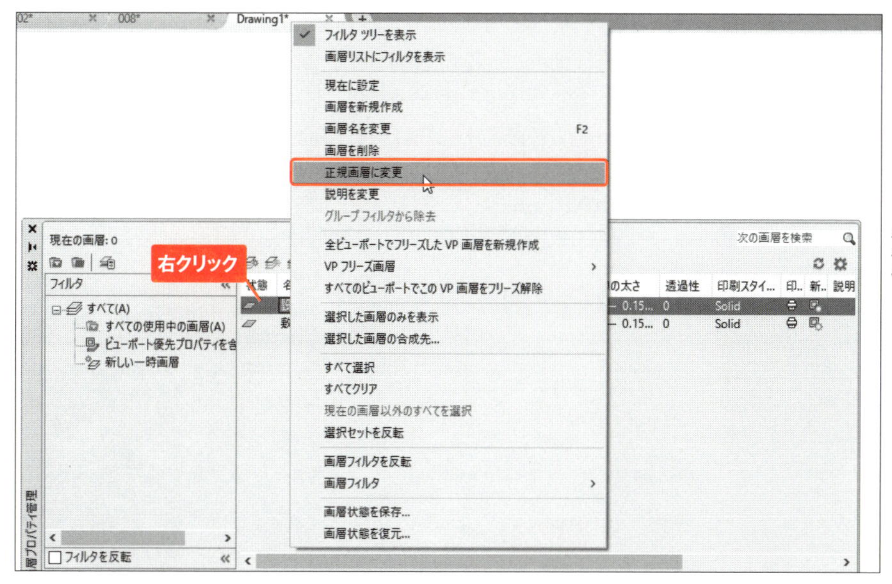

5 一時画層を画層として登録するには「正規画層」に変更する必要がある。画層名（ここでは、画層「設備」）を右クリックし、表示されるコンテキストメニューから[正規画層に変更]を選択すると、[画層]プルダウンメニューなどに追加表示される。

No.231

ビューポートごとに画層の表示プロパティを設定する

関連ワード▶▶ 画層 ビューポート

ビューポート（No.275「ビューポートを作成する」参照）ごとに、フリーズ（表示／非表示）や色、線種、線の太さなどの表示プロパティの設定を割り当てることができる。ここでは、ビューポートでの線の色を設定する。

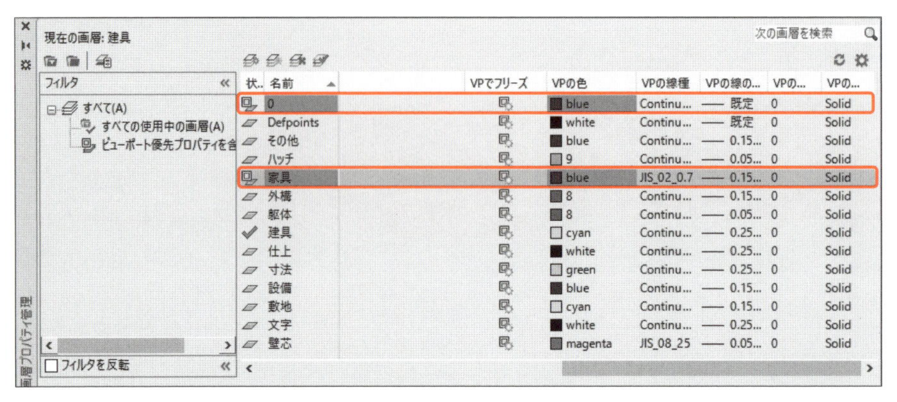

1 設定するビューポート内をダブルクリックする。［画層プロパティ管理］パレットを表示し、画層リストを右側にスクロールして［VPの色］を設定する。ここでは、画層「0」と画層「家具」の［VPの色］を「blue」に設定した。ビューポートで優先プロパティが設定された画層は、青色で反転表示され、ビューポート内の画層「0」と画層「家具」の線の色が「blue」に変更される。

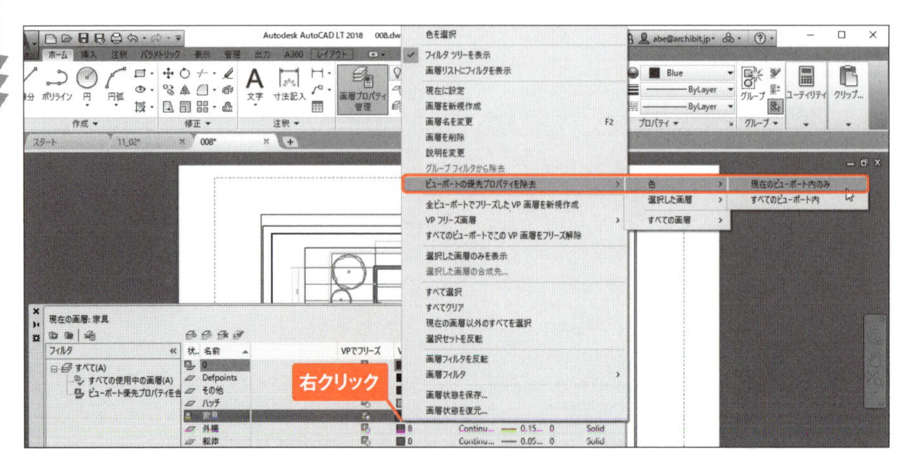

2 優先プロパティの設定を解除する場合は、画層（ここでは、画層「家具」）を右クリックして表示されるコンテキストメニューの［ビューポートの優先プロパティを除去］を選択し、解除するプロパティ（ここでは、［色］―［現在のビューポート内のみ］）を選択すると、線の色が元に戻る。

ブロック

複数のオブジェクトをひとまとめにし、
1つのオブジェクトとして扱えるようにしたものを「ブロック」という。
ブロックの作成や編集、さまざまなブロックの
使い方などについて解説する。

複数のオブジェクトをひとまとまりにする(ブロック)

関連ワード▶▶ ブロック ブロック作成

複数のオブジェクトをひとまとめにして1つのオブジェクトとして扱えるようにしたものを「ブロック」という。作図した家具や部品などをブロック化しておくと、移動やコピーなどの編集作業が行いやすくなる。

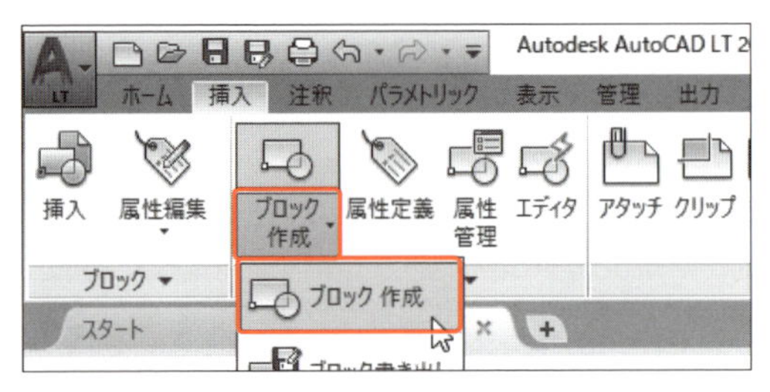

1 ブロックにする図形を作図する。[挿入]タブ—[ブロック定義]パネル—[ブロック作成]ボタンの[▼]をクリックする。表示されるメニューから[ブロック作成]を選択する。

HINT ブロックにするオブジェクトの画層を「0」に設定していると、作成したブロックは挿入時の[現在の画層]に作図される。また、色や線種などのプロパティに[ByBlock]を指定してブロックを作成すると、挿入後に色や線種などを変更できる。

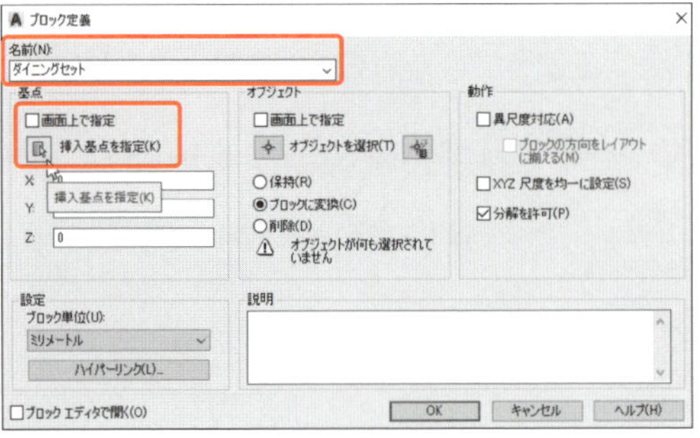

2 表示される[ブロック定義]ダイアログの[名前]にブロック名(ここでは、「ダイニングセット」)を入力する。[基点]項目の[画面上で指定]のチェックを外し、[挿入基点を指定]ボタンをクリックする。

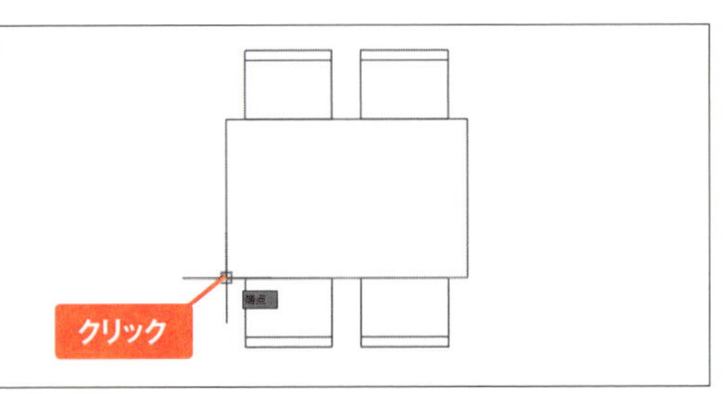

3 作図領域に戻り、「挿入基点を指定」と表示されるので、ブロックの基点となる位置をクリックする。

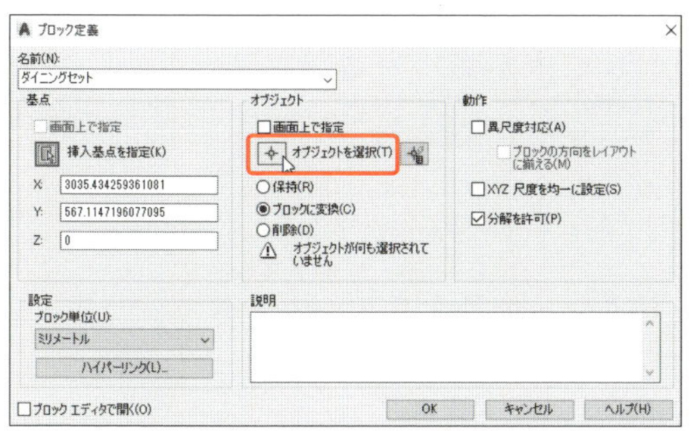

4 [ブロック定義]ダイアログに戻るので、[オブジェクト]項目の[オブジェクトを選択]ボタンをクリックする。

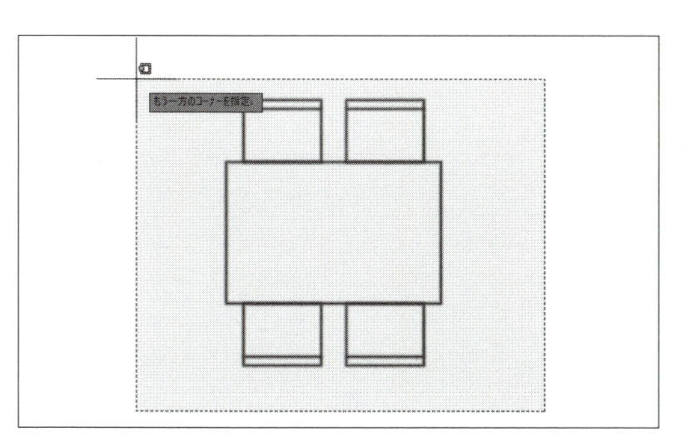

5 作図領域に戻り、「オブジェクトを選択」と表示されるので、ブロック化する図形を選択して Enter キーを押す。

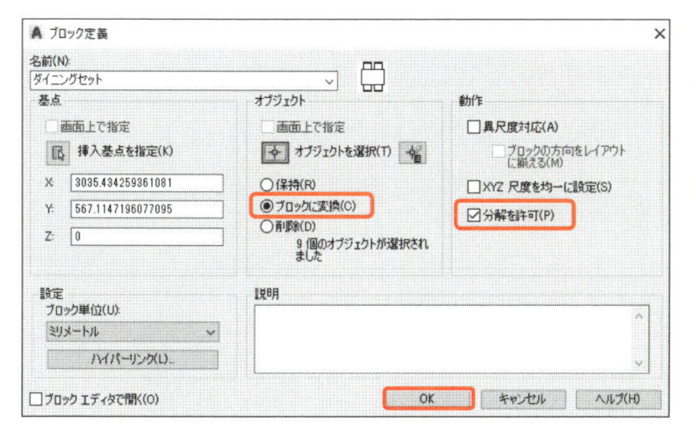

6 [ブロック定義]ダイアログに戻るので、[オブジェクト]項目の[ブロックに変換]を選択し、[動作]項目の[分解を許可]にチェックを入れて[OK]ボタンをクリックする。

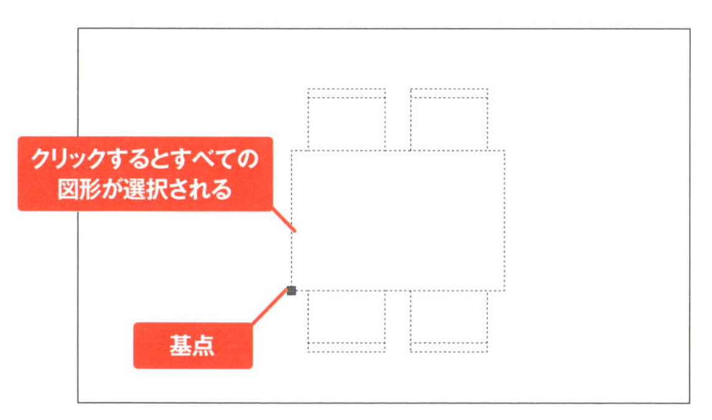

7 ブロックが作成される。ブロック化されたオブジェクトをクリックすると、手順 5 で選択したオブジェクトがすべて選択され、ひとまとまりになっていることがわかる。

ブロックを挿入する

関連ワード▶▶ ブロック ブロック挿入

作成したブロックを簡単に挿入するには、[挿入]ボタンのサムネイルから挿入する。

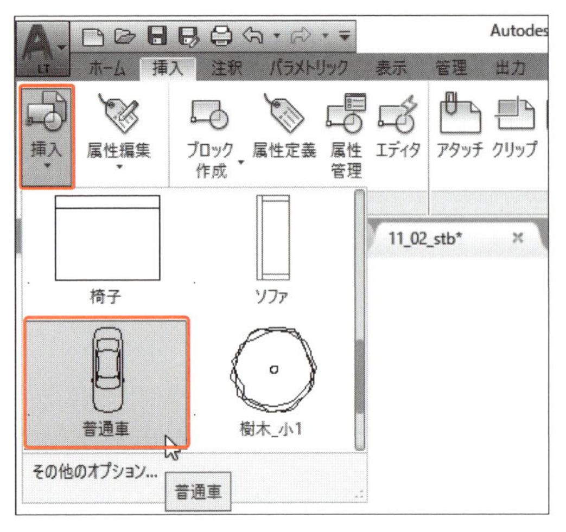

1 [挿入]タブ—[ブロック]パネル—[挿入]ボタンの[▼]をクリックする。ブロックがサムネイル表示されるので、挿入するブロック(ここでは、「普通車」)をクリックして選択する。

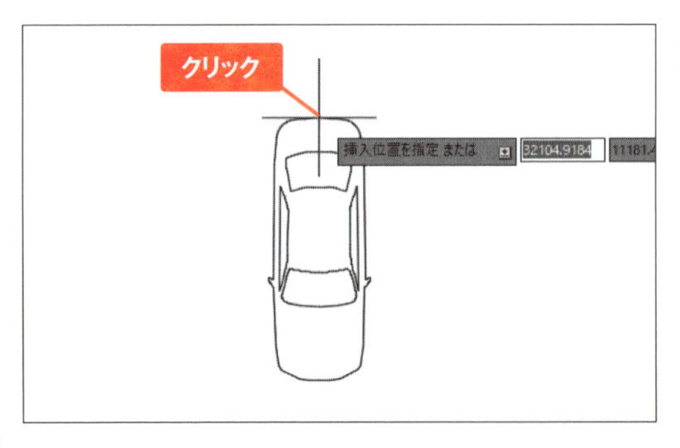

2 「挿入位置を指定」と表示されるので、ブロックを挿入する位置をクリックする。ブロックが挿入される。

位置／尺度／回転角度を指定してブロックを挿入する

関連ワード▶▶ ブロック ブロック挿入

ブロックの挿入時に、位置や尺度、回転角度などを指定したい場合は、［ブロック挿入］ダイアログを使って挿入する。

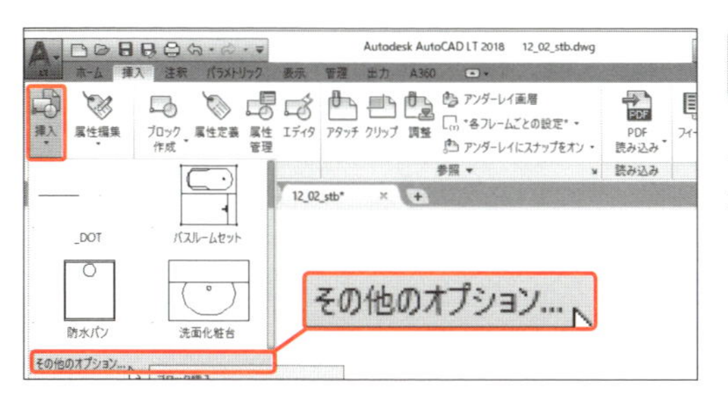

1 キーボードから「i」と入力して Enter キーを押す。または、［挿入］タブ─［ブロック］パネル─［挿入］ボタンの［▼］をクリックし、メニューの［その他のオプション］を選択する。

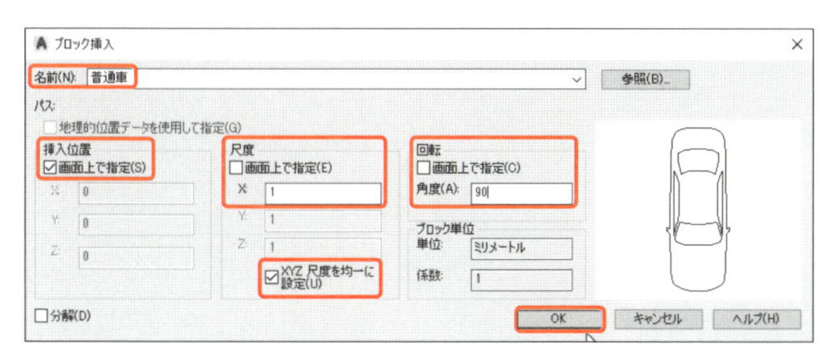

2 ［ブロック挿入］ダイアログが表示されるので、［名前］のプルダウンメニューから挿入するブロック（ここでは、「普通車」）を指定する。［挿入位置］項目の［画面上で指定］にチェックを入れる。［尺度］項目の［画面上で指定］のチェックを外し、［X:］に「1」と入力して［XYZ尺度を均一に設定］にチェックを入れる。［回転］項目の［画面上で指定］のチェックを外し、［角度］に「90」と入力する。設定を終えたら［OK］ボタンをクリックする。

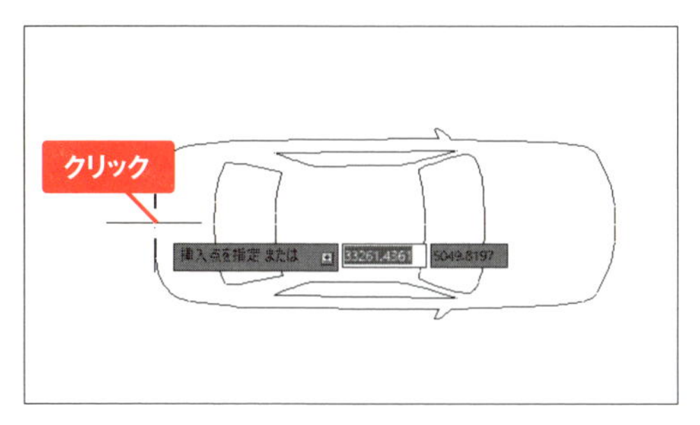

3 「挿入点を指定」と表示されるので、ブロックを挿入する位置をクリックする。ブロックが挿入される。

ブロック

No.235

基点を変更してブロックを挿入する

関連ワード▶▶ ブロック ブロック挿入

挿入時に基点を変更して挿入したい場合は、［基点(B)］オプションを使う。

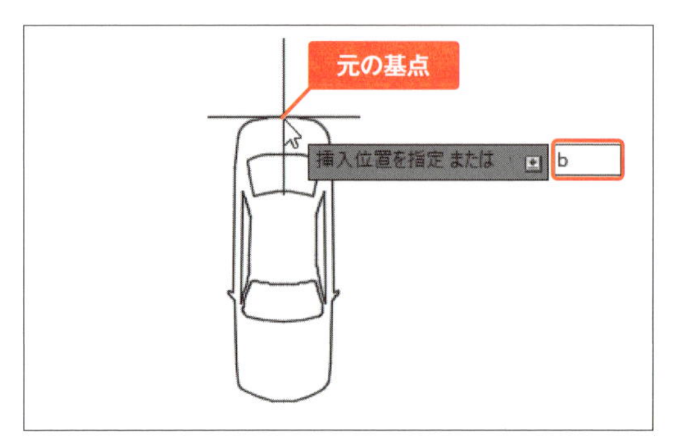

1 ［挿入］タブ―［ブロック］パネル―［挿入］ボタンの［▼］をクリックする。ブロックがサムネイル表示されるので、挿入するブロック（ここでは、「普通車」）をクリックする。「挿入位置を指定」と表示されるが、［基点(B)］オプションの「b」を入力して Enter キーを押す。

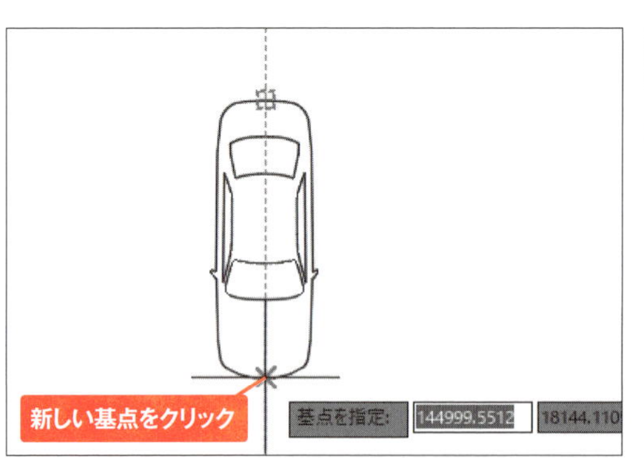

2 「基点を指定」と表示されるので、基点にする位置をクリックする。

3 基点が変更され、再び「挿入位置を指定」と表示されるので、挿入する位置をクリックする。

ブロック

ブロックを分解する

関連ワード▶▶ ブロック 分解

ブロックを分解して個別のオブジェクトにするには、[分解(EXPLODE)]コマンドを使う。

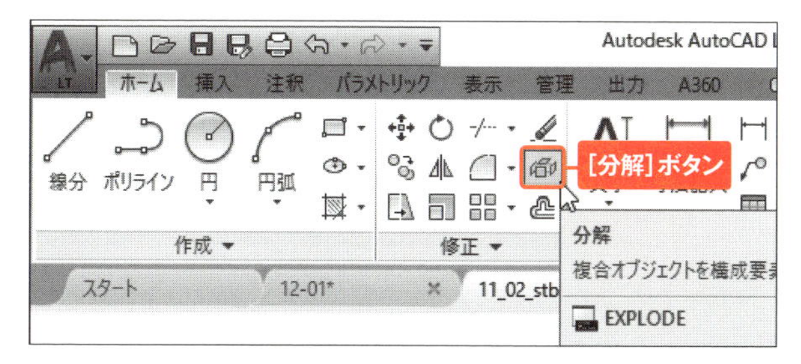

1 [ホーム]タブ—[修正]パネル—[分解]ボタンをクリックする。

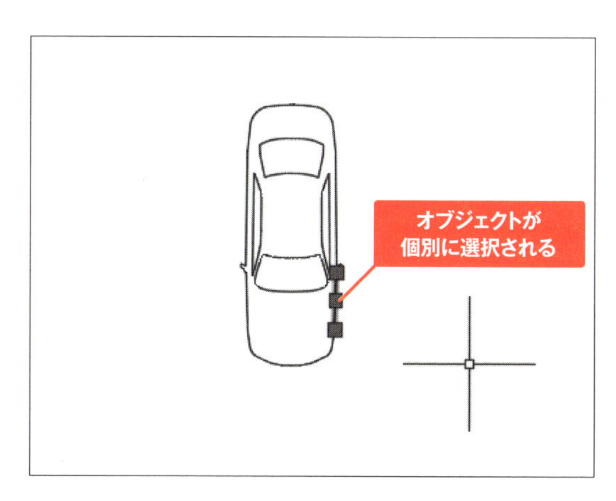

2 「オブジェクトを選択」と表示されるので、分解するブロックをクリックして Enter キーを押す。ブロックが分解され、個別のオブジェクトとして選択できるようになる。

ブロック

ブロックエディタでブロックを編集する

関連ワード▶▶ ブロック ブロックエディタ

ブロックを編集するときは、[ブロックエディタ]を使う。[ブロックエディタ]では、ブロックを定義／編集したり、ダイナミック動作を追加できる。

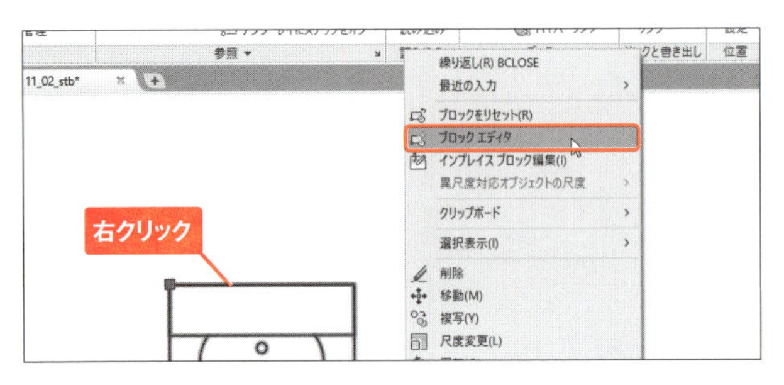

1 編集したいブロックを選択状態にしてから右クリックする。表示されるコンテキストメニューから[ブロックエディタ]を選択する。

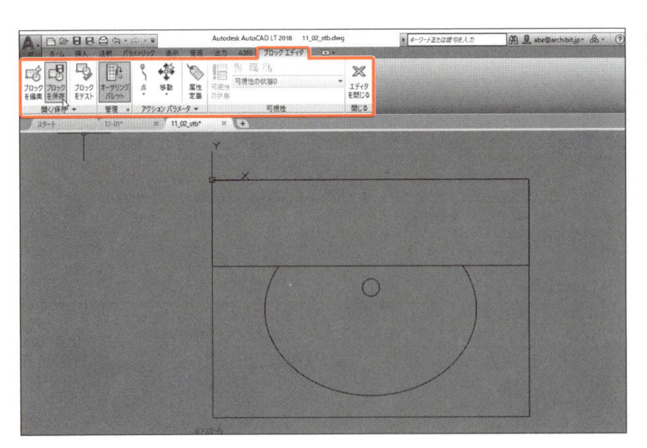

2 背景がグレーになり、[ブロックエディタ]タブが表示されるので、ブロックの形状を変更するなどの編集を行う。

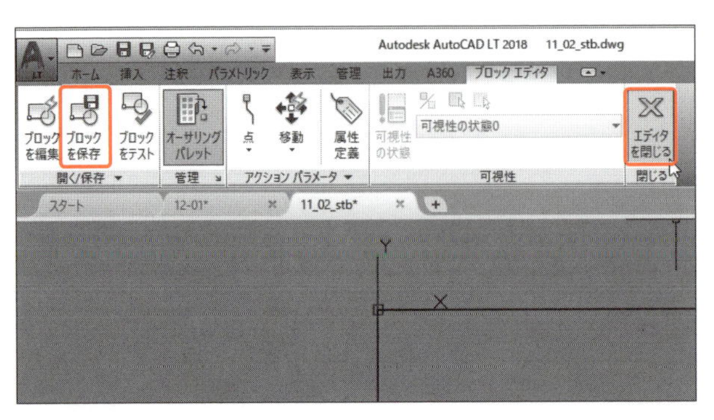

3 編集を終えたら[開く/保存]パネル―[ブロックを保存]ボタンをクリックし、[閉じる]パネル―[エディタを閉じる]ボタンをクリックする。作図画面に戻ると、ファイル内の同じ名前のブロックすべてに変更が適用されている。

通常の作図画面でブロックを編集する

関連ワード▶▶ ブロック インプレイス参照編集

通常の作図画面でブロックを編集したいときは、[インプレイス参照編集]を使用する。作図画面では、ブロック以外のオブジェクトを延長やトリムなどの境界に指定できるなど、図面内のオブジェクトを利用しながらの編集が行える。

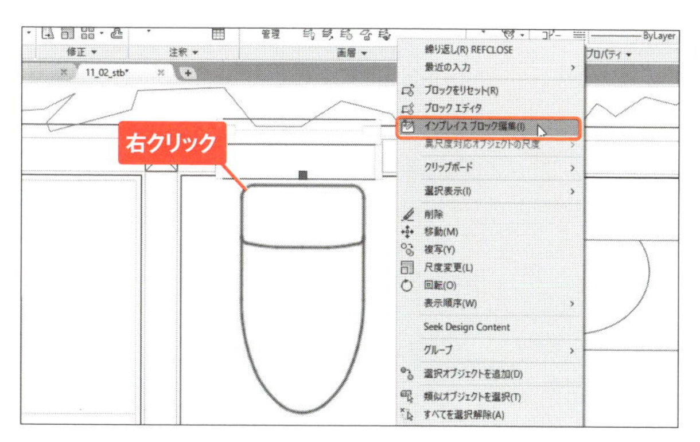

1 編集したいブロックを選択状態にしてから右クリックする。表示されるコンテキストメニューから[インプレイスブロック編集]を選択する。

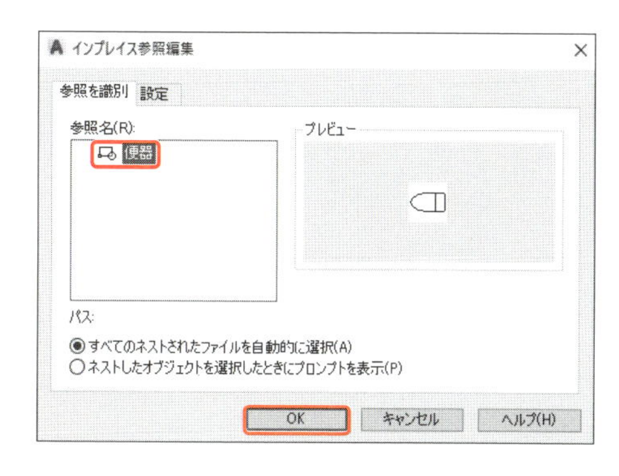

2 [インプレイス参照編集]ダイアログが表示される。[参照名]に選択したブロック名(ここでは、「便器」)が表示されるので、確認して[OK]ボタンをクリックする。

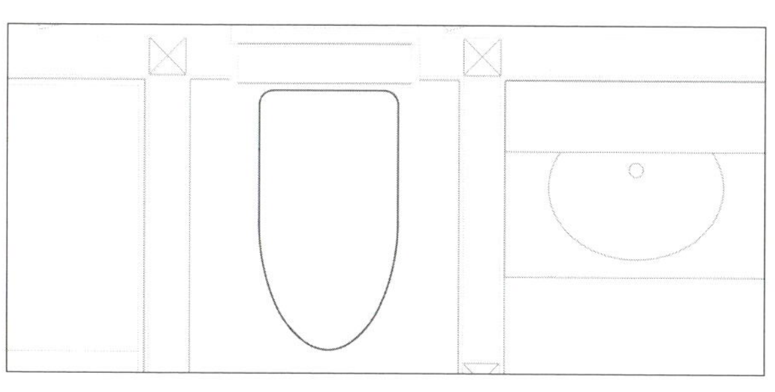

3 インプレイス参照編集モードになり、ブロック以外のオブジェクトが透過表示になる。ブロックの形状を変更するなどの編集を行う。

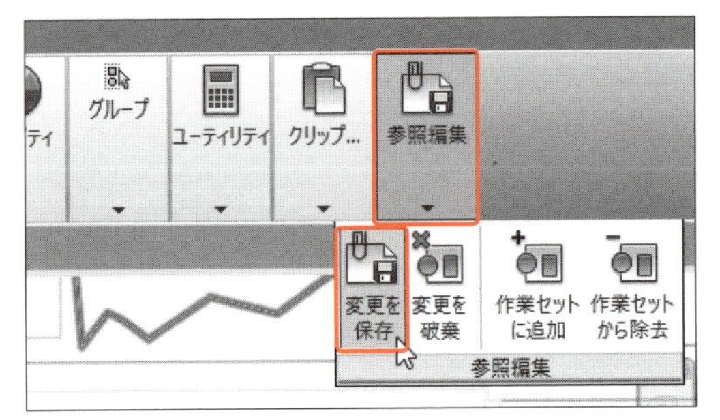

4 編集を終えたら、[参照編集]パネルの[▼]をクリックして展開し、[変更を保存]ボタンをクリックする。

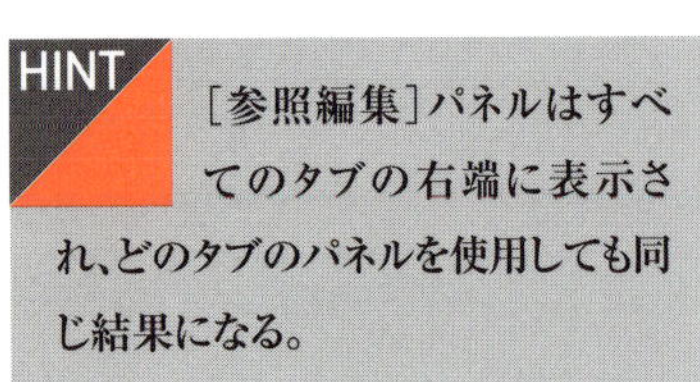

HINT [参照編集]パネルはすべてのタブの右端に表示され、どのタブのパネルを使用しても同じ結果になる。

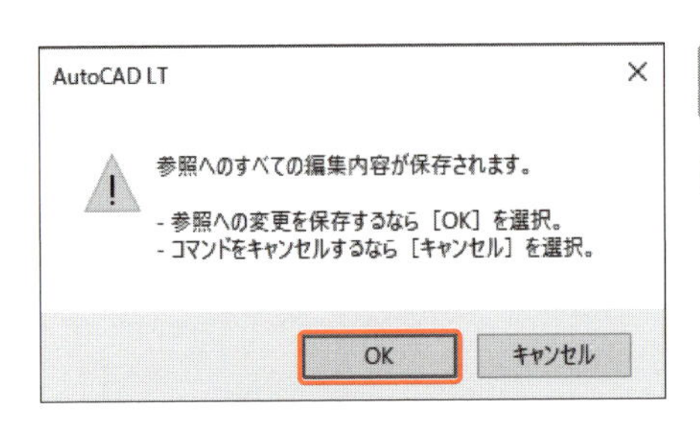

5 「参照へのすべての編集内容が保存されます。」という警告が表示されるので、[OK]ボタンをクリックする。

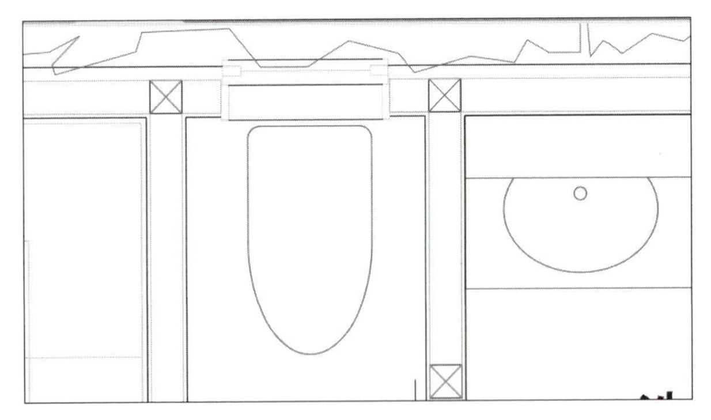

6 作図画面に戻ると、ファイル内の同じ名前のブロックすべてに変更が適用されている。

ブロック

No.239

ほかのファイルのブロックを挿入する

関連ワード▶▶ ブロック DesignCenter

ほかのファイルにあるブロックを挿入するときは、[DesignCenter] パレットを使うと簡単に挿入できる。

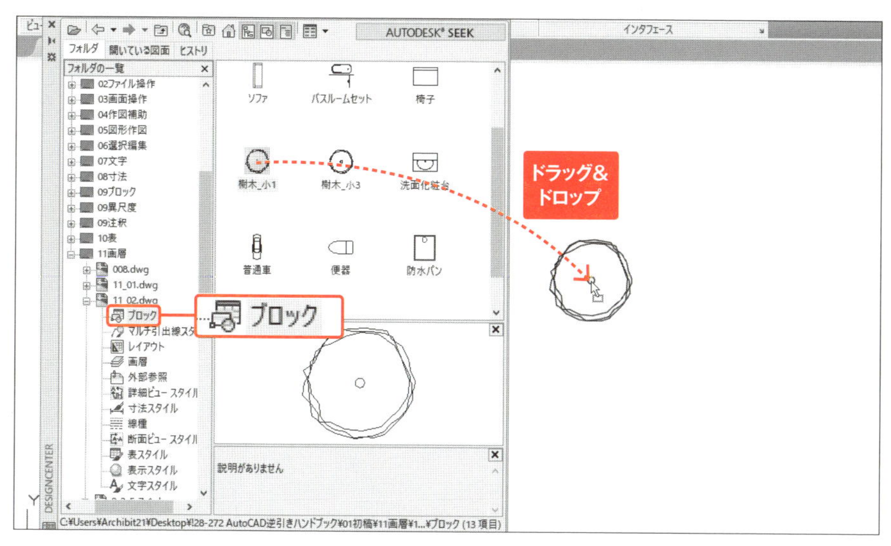

[表示]タブ―[パレット]パネル―[DesignCenter]ボタンをクリックして[DesignCenter]パレットを表示する。[フォルダの一覧]でブロックのあるファイル(ここでは、「11_02.dwg」)の「+」マークをクリックしてツリーを展開し、[ブロック]をクリックする。右側に図面内のブロックがサムネイル表示されるので、目的のブロックのサムネイル(ここでは、「樹木_小1」)を作図領域上にドラッグ&ドロップすると挿入される。

サムネイルを右クリックして表示されるメニューから[ブロックを挿入]を選択すると、[ブロック挿入]ダイアログが表示され、位置や尺度、回転角度などを設定をしながら挿入できる(No.234「位置/尺度/回転角度を指定してブロックを挿入する」参照)。

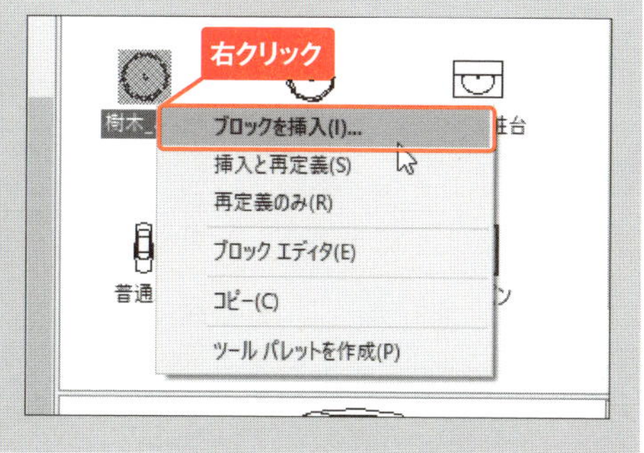

ブロックを図面ファイルとして書き出す

関連ワード▶▶ ブロック　ブロック書き出し

ブロックをDWGやDXF形式の図面ファイルとして書き出すときは、[ブロック書き出し]を使う。

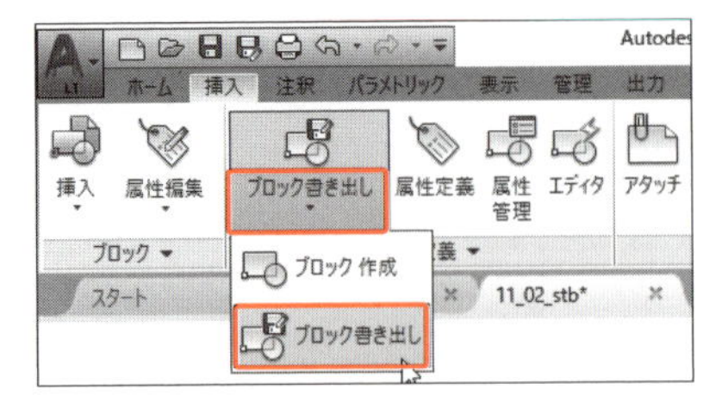

1 [挿入]タブ—[ブロック定義]パネル—[ブロック作成]ボタンの[▼]をクリックする。表示されるメニューから[ブロック書き出し]を選択する。

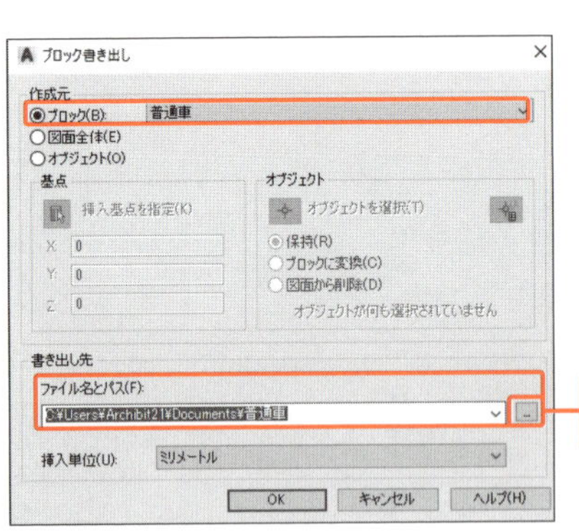

2 [ブロック書き出し]ダイアログが表示される。[作成元]項目に[ブロック]を選択し、プルダウンメニューでブロック(ここでは、「普通車」)を指定する。[書き出し先]項目の[ファイル名とパス]の[...]をクリックする。

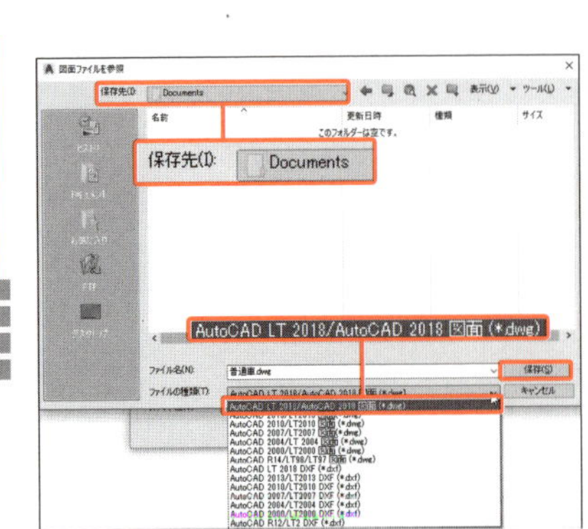

3 表示される[図面ファイルを参照]ダイアログで[保存先]を指定し、[ファイルの種類]プルダウンメニューからファイル形式(ここでは、「AutoCAD LT 2018/AutoCAD 2018図面(*.dwg)」)を選択して[保存]ボタンをクリックする。[ブロック書き出し]ダイアログに戻るので[OK]ボタンをクリックすると、ファイルが書き出しされる。

HINT

ファイルとして書き出したブロックを図面に挿入するには、作図領域上にファイルをドラッグ&ドロップする。

ツールパレットによく使用するブロックを登録する

関連ワード▶▶ ブロック ツールパレット

よく使うブロックをツールパレットに登録しておくと、ほかのファイルにもドラッグ&ドロップで簡単に挿入できるようになる。

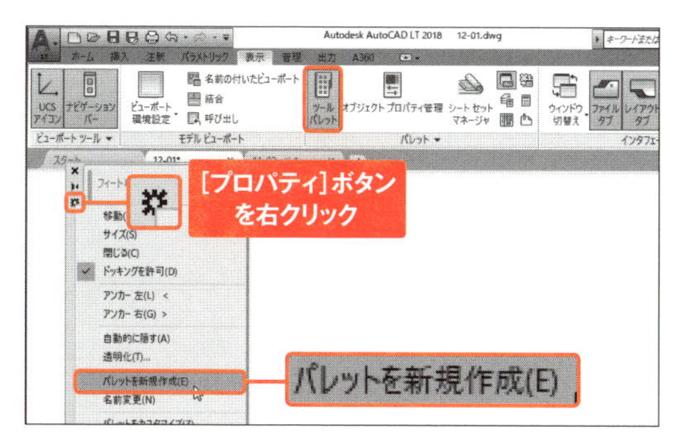

1 [表示]タブ—[パレット]パネル—[ツールパレット]ボタンをクリックする。表示される[ツールパレット]の[プロパティ]ボタンを右クリックし、表示されるコンテキストメニューから[パレットを新規作成]を選択する。

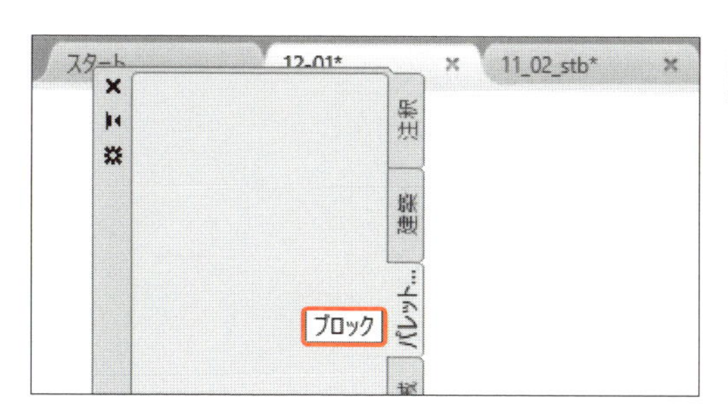

2 [パレット]タブが新規作成されるので、任意の名前(ここでは、「ブロック」)を入力して Enter キーを押す。

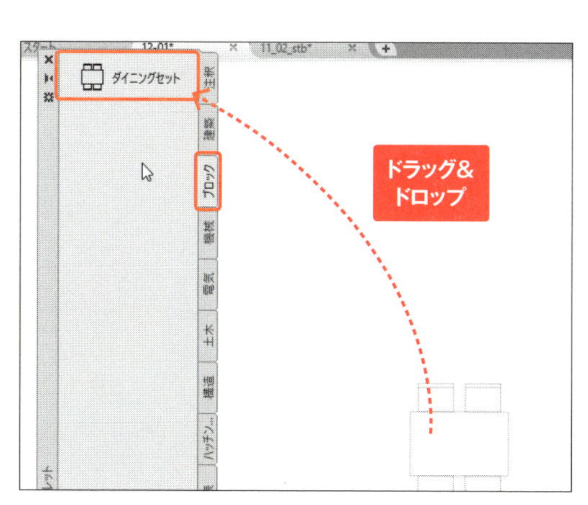

3 ブロックを作成したタブ(ここでは、[ブロック]タブ)にドラッグ&ドロップすると、ツールパレットに登録される。登録したブロックを挿入する場合は、ツールパレットのブロックを作図領域にドラッグ&ドロップする。

ファイル内のすべてのブロックをツールパレットに登録する

関連ワード▶▶ ブロック ツールパレット DesignCenter

[DesignCenter] パレットを利用してツールパレットを作成すると、そのファイル内にあるすべてのブロックがツールパレットに登録される。

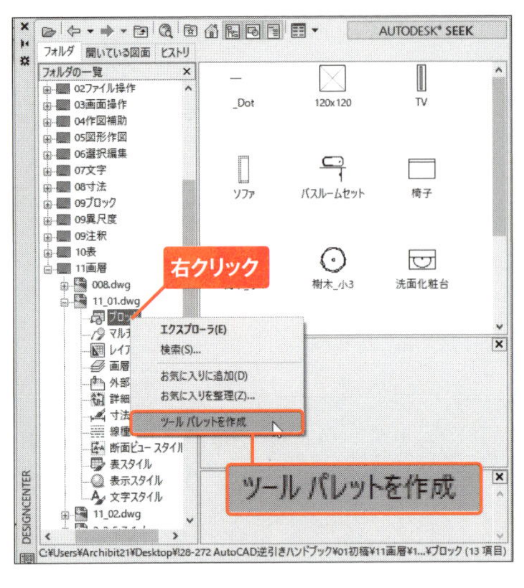
右クリック
ツール パレットを作成

1 [表示] タブ―[パレット] パネル―[DesignCenter] ボタンをクリックして [DesignCenter] パレットを表示する。[フォルダの一覧] でブロックが挿入されているファイル(ここでは、「11_01.dwg」)の[+] マークをクリックしてツリーを展開し、[ブロック] を右クリックする。表示されるコンテキストメニューから [ツールパレットを作成] を選択する。

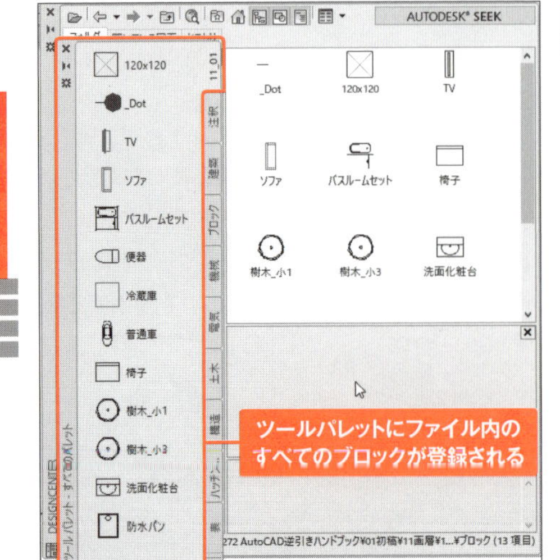
ツールパレットにファイル内の
すべてのブロックが登録される

2 [ツールパレット] が表示され、ファイル名(ここでは、「11_01.dwg」)のタブが新規作成され、ファイル内にあるすべてのブロックが登録される。

ブロック

属性（文字情報）付きのブロックを作成する

関連ワード▶▶ ブロック 属性

ブロックには「属性」という文字情報を付けることができる。例えば、部品番号や価格、注釈、所有者名といった情報を付与したブロックを作成する。属性（文字情報）はファイルに書き出すことができるので、集計したり、表を作成したりといったことが可能になる。

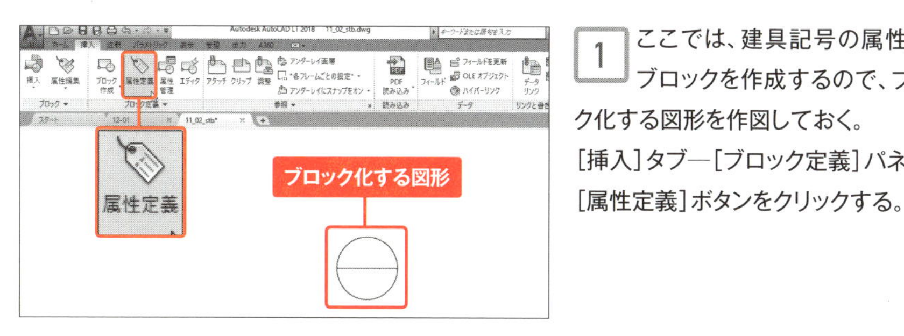

1 ここでは、建具記号の属性付きブロックを作成するので、ブロック化する図形を作図しておく。
[挿入]タブ―[ブロック定義]パネル―[属性定義]ボタンをクリックする。

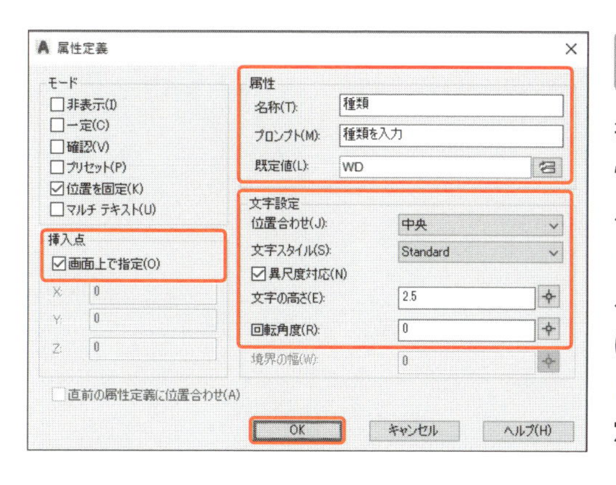

2 表示される[属性定義]ダイアログの[挿入点]項目の[画面上で指定]にチェックを入れる。[名称]に属性の名称（ここでは、「**種類**」）を入力する。[プロンプト]に挿入時のメッセージ（ここでは、「**種類を入力**」）を入力する。[既定値]に属性の初期値（ここでは、「**WD**」）を入力する。[位置合わせ][異尺度対応][文字の高さ]などを設定して、[OK]ボタンをクリックする。

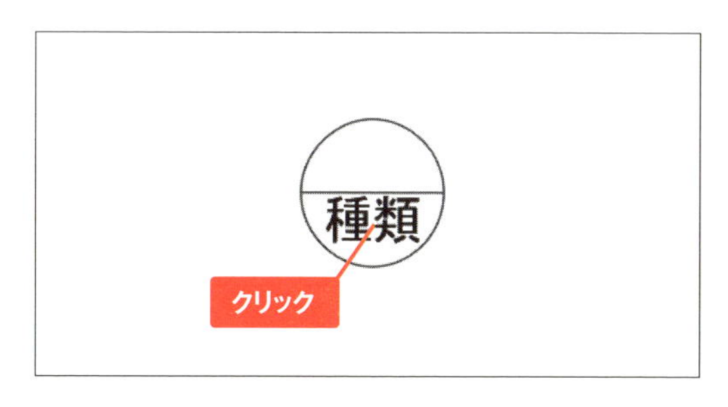

3 作図領域に戻り、「始点を指定」と表示されるので、属性文字を挿入する位置をクリックする。

4 手順1～3と同様の手順で「番号」という属性を定義する。

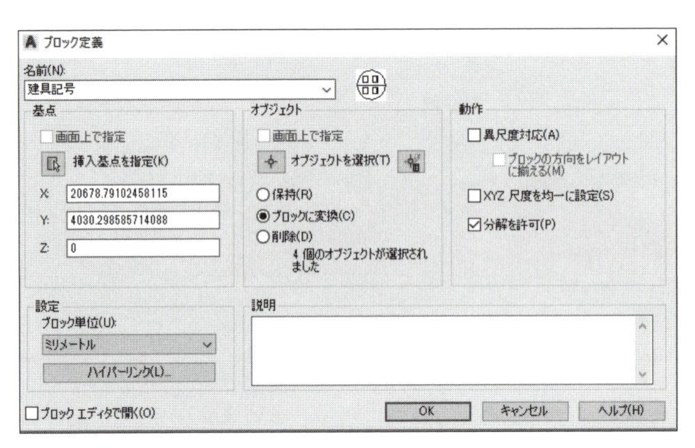

5 [挿入]タブ―[ブロック定義]パネル―[ブロック作成]ボタンをクリックする。表示される[ブロック定義]ダイアログで設定を行い、図形を属性ごとブロック化する(No.232「複数のオブジェクトをひとまとまりにする(ブロック)」参照)。

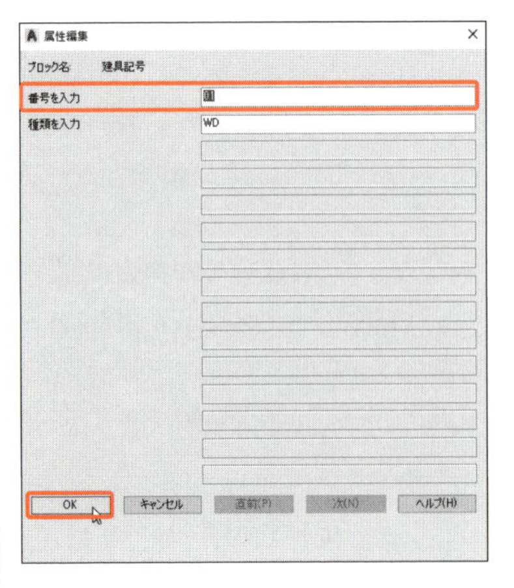

6 [属性編集]ダイアログが表示されるので、属性(ここでは、[番号を入力]に「01」)を入力して[OK]ボタンをクリックする。

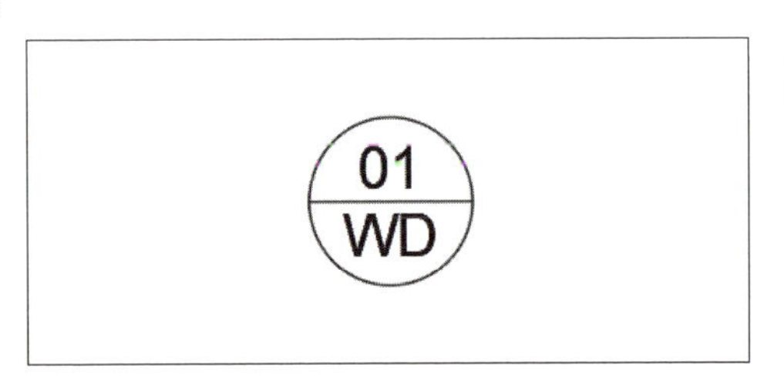

7 属性付きブロックが作成される。

No.244

属性付きブロックを挿入する

関連ワード▶▶ ブロック 属性 ブロック挿入

属性付きブロックも通常のブロックと同様の手順（No.233「ブロックを挿入する」、No.234「位置／尺度／回転角度を指定してブロックを挿入する」参照）で挿入できる。挿入後に［属性編集］ダイアログが表示されて、属性（文字情報）を入力できる。

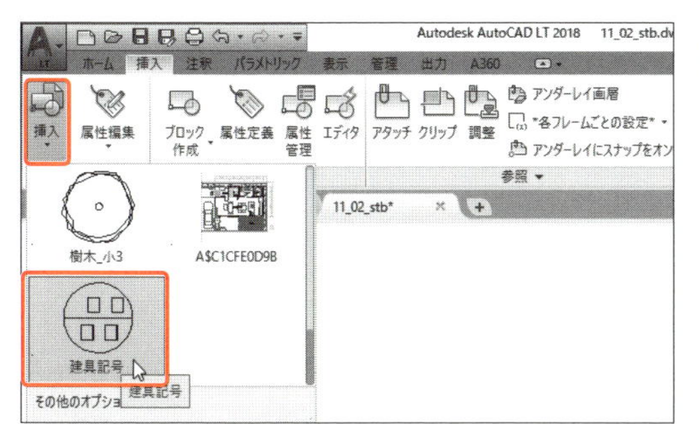

1 ［挿入］タブ－［ブロック］パネル－［挿入］ボタンの［▼］をクリックする。挿入する属性付きブロック（ここでは、「建具記号」）のサムネイルをクリックする。

2 「挿入位置を指定」と表示されるので、挿入位置をクリックする。

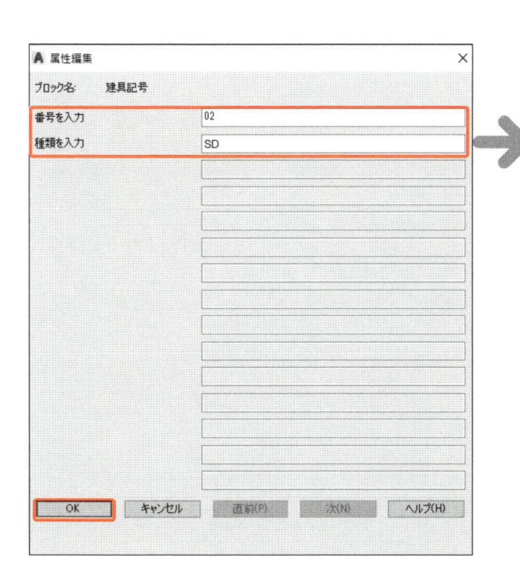

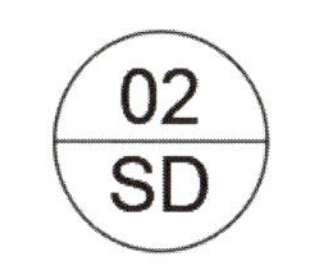

3 ［属性編集］ダイアログが表示されるので、属性（ここでは、［番号を入力］に「02」、［種類を入力］に「SD」）を入力して［OK］ボタンをクリックすると、属性付きブロックが挿入される。

No.245

ブロックの属性を編集する

関連ワード▶▶ ブロック 属性

ブロックの属性の編集は［拡張属性編集］ダイアログで行う。

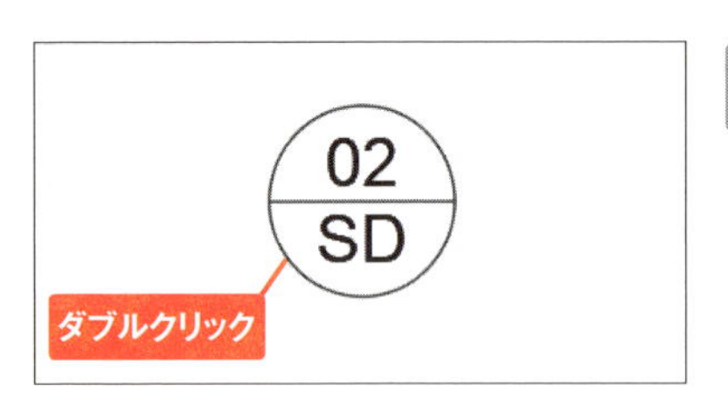

1 属性を変更するブロックをダブルクリックする。

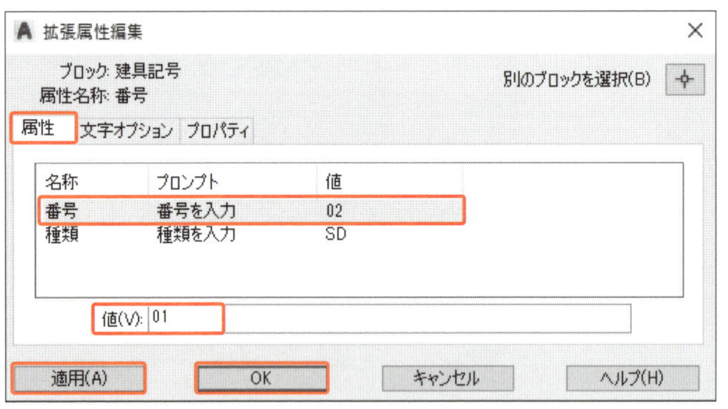

2 ［拡張属性編集］ダイアログが表示されるので、［属性］タブのリストで変更する属性（ここでは、「番号」）を選択し、［値］（ここでは、「**01**」）を変更して［適用］ボタンをクリックする。［OK］ボタンをクリックしてダイアログを閉じる。

［拡張属性編集］ダイアログでは、［文字オプション］タブで文字スタイルや高さの設定、［プロパティ］タブで画層や色の設定の変更も行える。

3 属性が変更される。

No.246

ブロックの属性データを書き出す

関連ワード▶▶ ブロック 属性

属性データの文字情報は［属性書き出し（ATTEXT）］コマンドでTXT形式のファイルに書き出すことができる。書き出したTXTファイルをExcelに読み込んで集計を行うなどの活用ができる。

建具集計.txt - メモ帳

ファイル(F) 編集(E) 書式(O) 表示(V)

```
種類 C010000
番号 C010000
```

種類 C010000
番号 C010000

❶ 属性名称
❷ 半角スペースを入力
❸ 属性値の種類（文字は「C」、数値は「N」）
❹ 属性値の文字数
❺ 小数点以下の桁数

1 まず「メモ帳」などのテキストエディタで、属性データを書き出すためのテンプレートファイルを作成する（上図）。ここでは、No.243「属性（文字情報）付きのブロックを作成する」で作成した属性付きブロックの属性データを書き出すため、図のように文字列を入力した（入力する文字列の表記方法と意味は下図の通り）。入力を終えたらファイル名（ここでは、「建具集計.txt」）を付けて保存する。

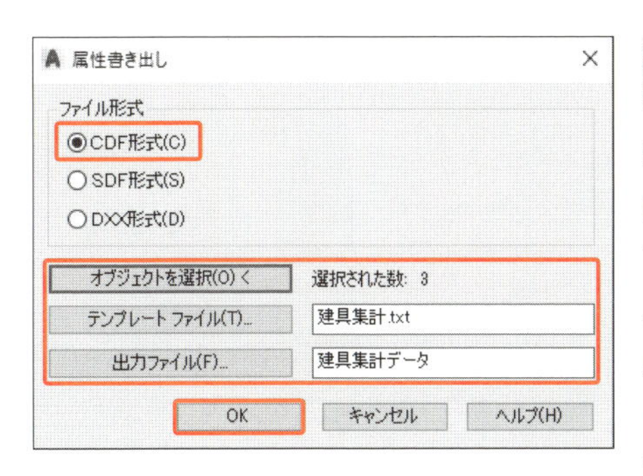

2 AutoCADに戻り、キーボードから「attext」と入力して Enter キーを押す。表示される［属性書き出し］ダイアログの［ファイル形式］に［CDF形式］を選択する。［テンプレートファイル］ボタンをクリックし、手順1のファイルを選択する。［出力ファイル］に任意のファイル名（ここでは、「建具集計データ」）を入力する。［オブジェクトを選択］ボタンをクリックして作図領域で属性付きブロックを選択し、Enter キーを押す。［OK］ボタンをクリックする。

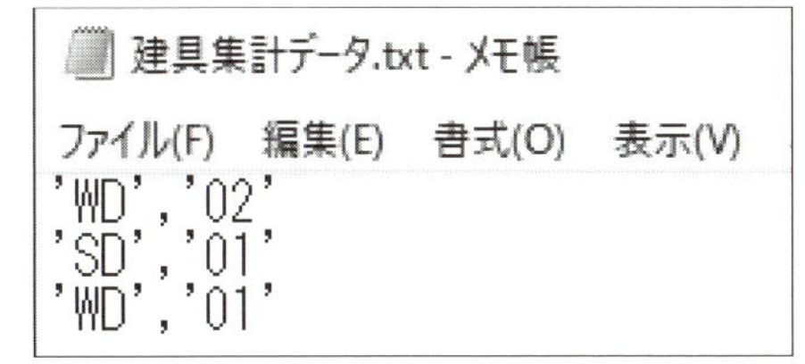
建具集計データ.txt - メモ帳

ファイル(F) 編集(E) 書式(O) 表示(V)

```
'WD','02'
'SD','01'
'WD','01'
```

3 属性（文字情報）がTXTファイル（ここでは、「建具集計データ.txt」）として書き出しされる。

No.247

ダイナミックブロックを使う

関連ワード▶▶ ブロック ダイナミックブロック

ダイナミックブロックには、ブロックが挿入されたときの外観と動作をコントロールする規則と制限が含まれている。ここでは、AutoCADにあらかじめ用意されている自動車のダイナミックブロックを使ってみる。

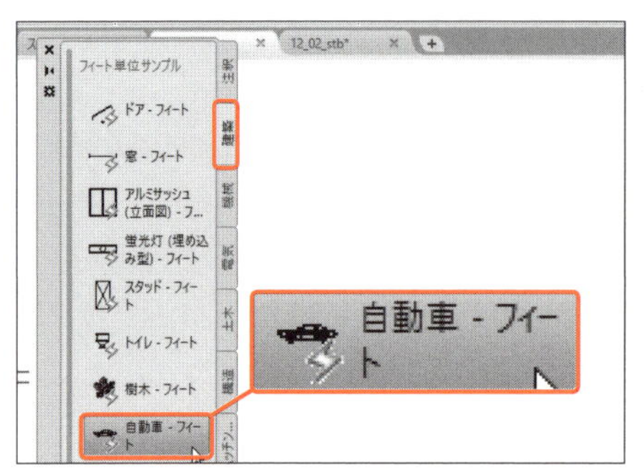

1 [表示]タブ—[パレット]パネル—[ツールパレット]ボタンをクリックする。表示される[ツールパレット]の[建築]タブをクリックし、サムネイルの[自動車—フィート]をクリックする。「挿入点を指定」と表示されるので、作図領域をクリックするとブロックが挿入される。

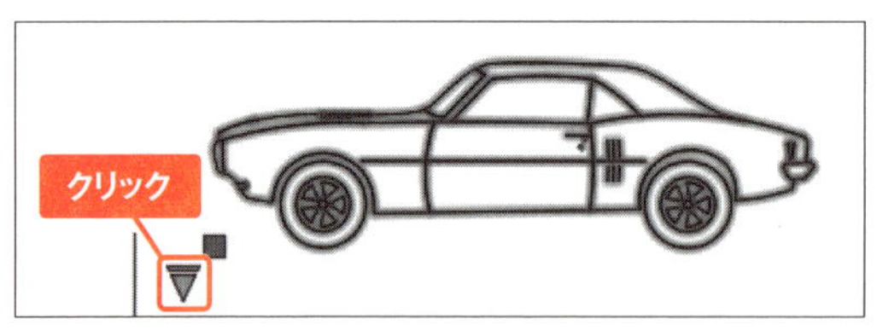

2 ブロックを選択状態にすると、水色のグリップが表示されるので、クリックする。

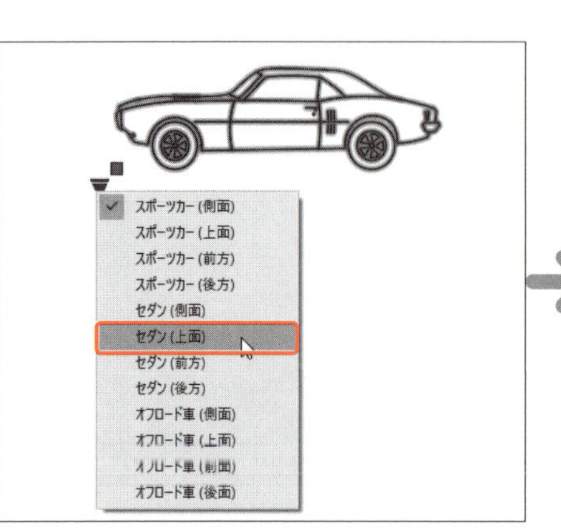

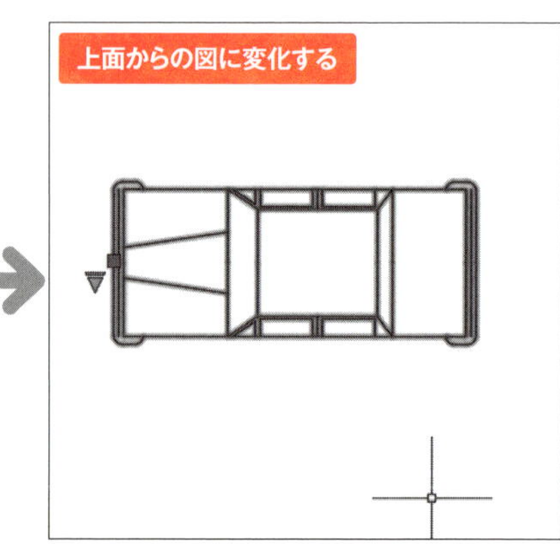

3 表示されるメニューから[セダン(上面)]を選択すると、上面からの図に変化する。

No.248 ダイナミックブロックを作成する

関連ワード▶▶ ブロック　ダイナミックブロック　ブロックエディタ

ダイナミックブロックは、通常のブロックと同様の手順で作成するが、[ブロックエディタ]でパラメータの設定を行う。ここでは、簡単な例として、扉の開きを反転するダイナミックブロックを作成する。

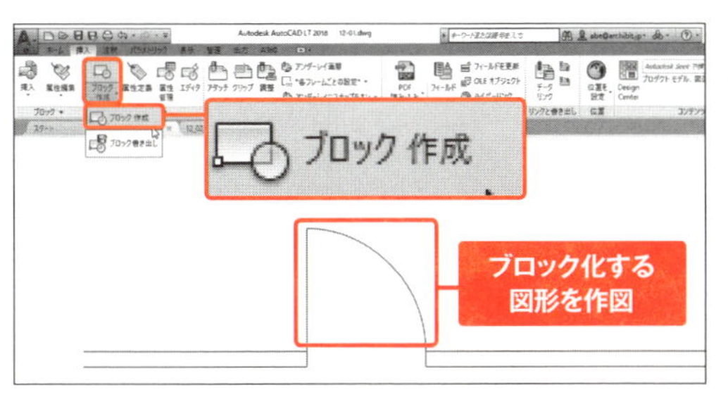

1 ブロックにする扉の図形を作図する。[挿入]タブ—[ブロック定義]パネル—[ブロック作成]ボタンの[▼]をクリックする。表示されるメニューから[ブロック作成]を選択する。

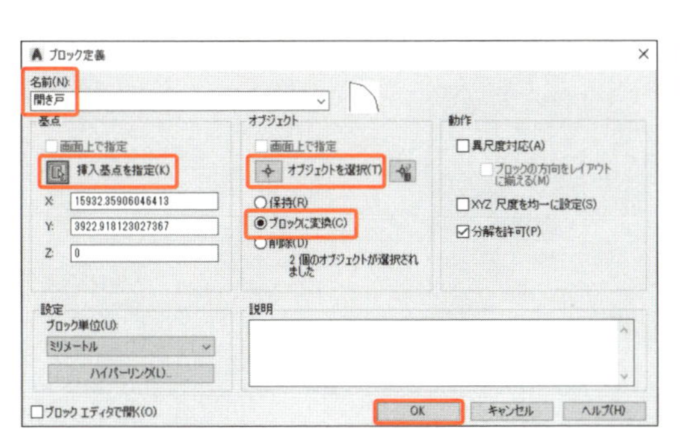

2 表示される[ブロック定義]ダイアログで[名前]にブロック名(ここでは、「**開き戸**」)を入力する。[挿入基点を指定]ボタンをクリックし、作図領域上で基点をクリックして指定する。[オブジェクトを選択]ボタンをクリックし、作図領域上で手順1で作図した図形を選択する。[オブジェクト]項目の[ブロックに変換]を選択する。[OK]ボタンをクリックすると、通常のブロックが作成される。

3 作成したブロックを選択状態にして右クリックする。表示されるコンテキストメニューから[ブロックエディタ]を選択する。

4 背景がグレーになり、[ブロックエディタ]タブと[ブロック オーサリングパレット]が表示される。[ブロック オーサリングパレット]の[パラメータ]タブを選択して[反転]を選択する。

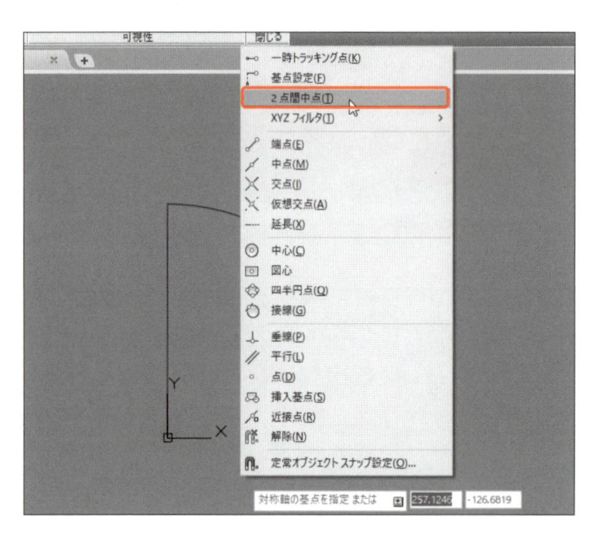

5 「対称軸の基点を指定」と表示される。一時スナップを使うため、作図領域を右クリックして表示されるコンテキストメニューから[2点間中点]を選択する。

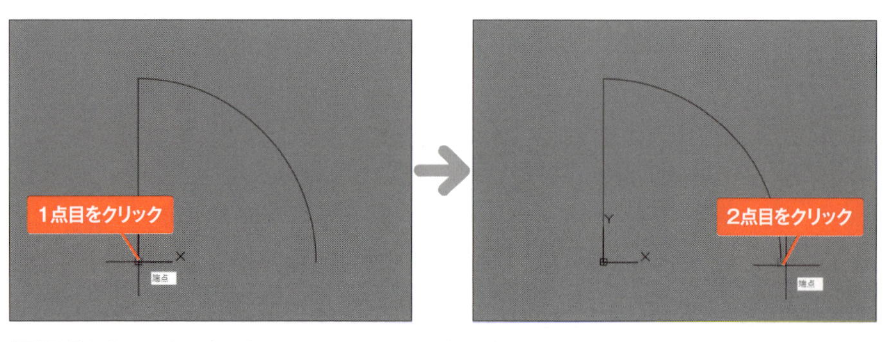

6 「中点の1点目」と表示されるので、図の位置(扉の開き元の点)をクリックする。続いて「中点の2点目」と表示されるので、反対側の点をクリックする。この2点の中点が対称軸の基点となる。

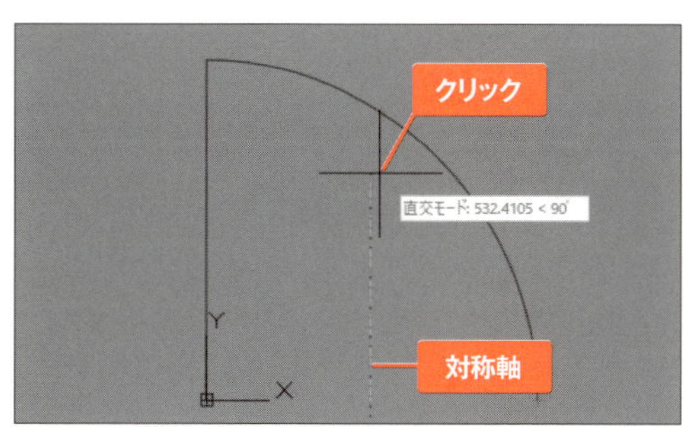

7 「対称軸の終点を指定」と表示されるので、直交モードをオンにして、任意の位置をクリックする。対称軸が指定される。

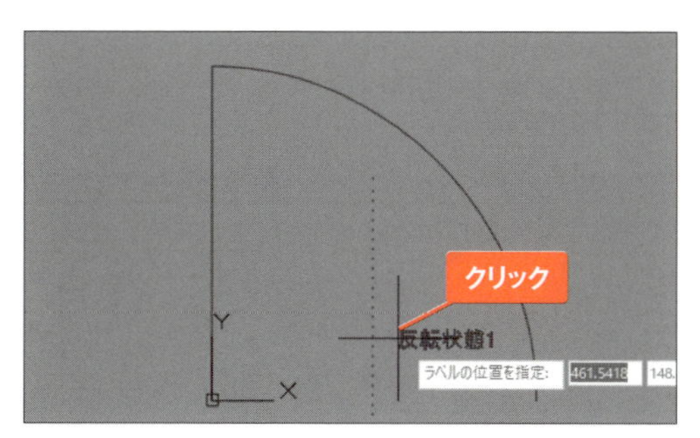

8 「ラベルの位置を指定」と表示されるので、任意の位置をクリックする。

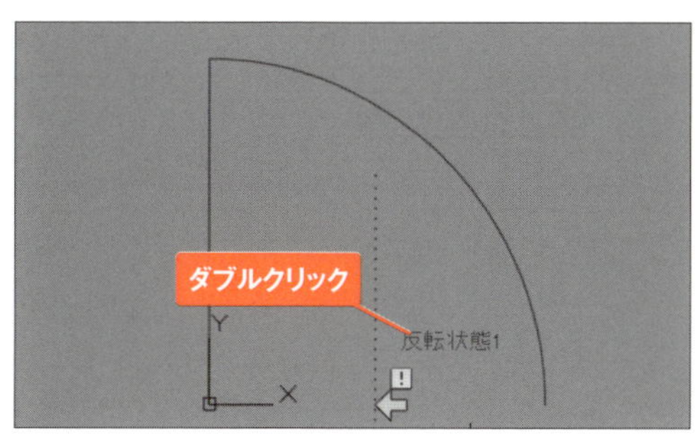

9 「反転状態1」というラベルと反転方向を示すグリップ（矢印マーク）、「!」マークが表示される。「反転状態1」をダブルクリックする。

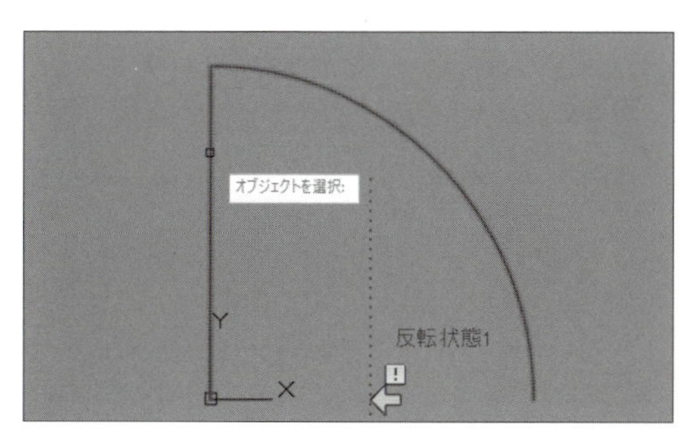

10 「オブジェクトを選択」と表示されるので、扉を構成するオブジェクトをすべて選択状態にして Enter キーを押す。

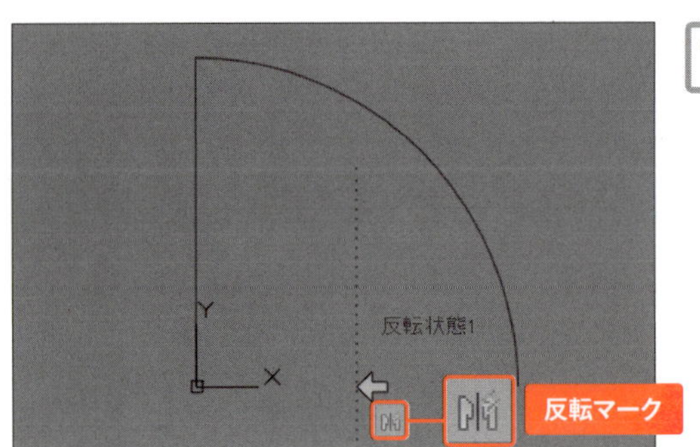

11 グリップの下に反転マークが表示される。

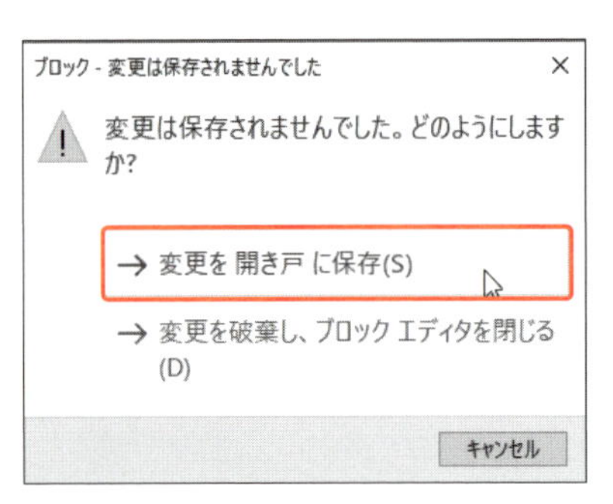

12 [ブロックエディタ]タブ—[閉じる]パネル—[エディタを閉じる]ボタンをクリックすると、「変更は保存されませんでした。どのようにしますか?」というメッセージが表示されるので[変更を(ブロック名、ここでは、「開き戸」)に保存]を選択する。

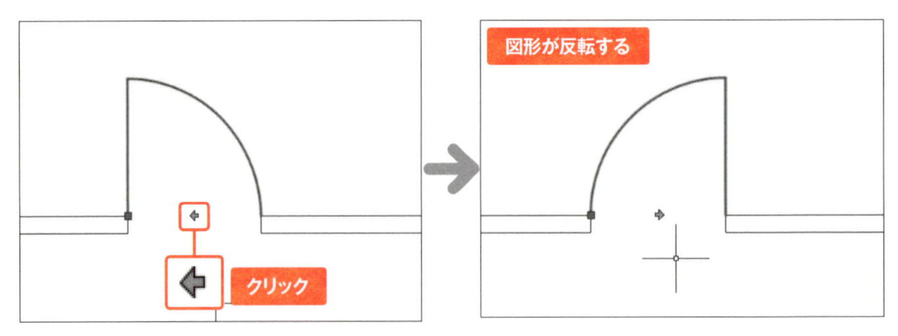

13 ブロックエディタ画面が終了し、通常の作図画面に戻る。ブロックを選択すると、反転グリップが表示される。グリップをクリックすると、図形が反転する。図形と一緒に反転したグリップをクリックすると、元の図形に戻る。

外部参照

ほかのファイルにある図形を、現在のファイル内に参照表示させる
「外部参照」の操作について解説する。
同じものを何度も作図する必要がなく、修正も1度で済み、
整合性も取りやすいので、複数人で作図を行う際に便利な機能だ。

外部の図面を参照表示する（外部参照）

関連ワード▶▶ 外部参照 アタッチ

「外部参照」は、ほかの図面ファイル内にある図形を現在編集しているファイル内に参照表示させる機能で、[アタッチ（ATTACH）] コマンドを使う。例えば、図面枠を外部参照で挿入すれば、ほかの図面と枠の表現の統一ができ、変更が生じたときは、参照元のファイルのみを編集すれば外部参照で挿入したファイルすべてに変更内容が反映される。

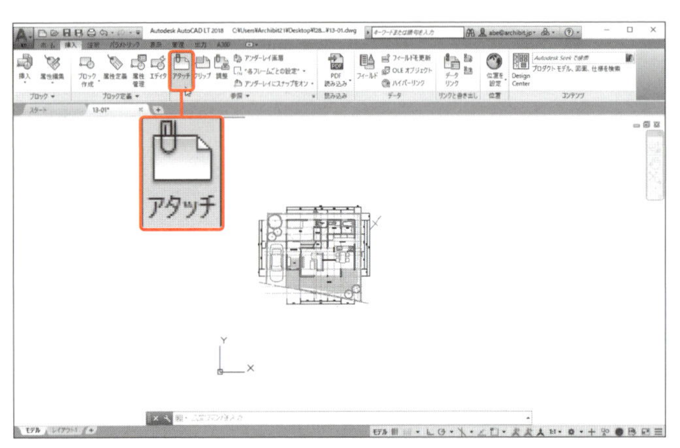

1 [挿入]タブ―[参照]パネル―[アタッチ]ボタンをクリックする。

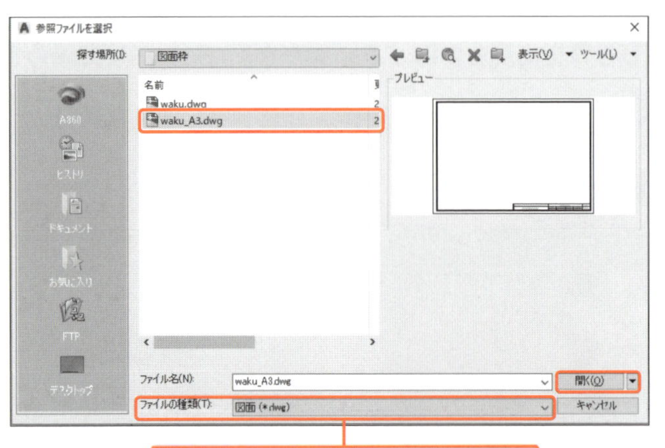

2 表示される[参照ファイルを選択]ダイアログの[ファイルの種類]に[図面(*.dwg)]を選択し、参照するファイル（ここでは、「waku_A3.dwg」）を選択して[開く]ボタンをクリックする。

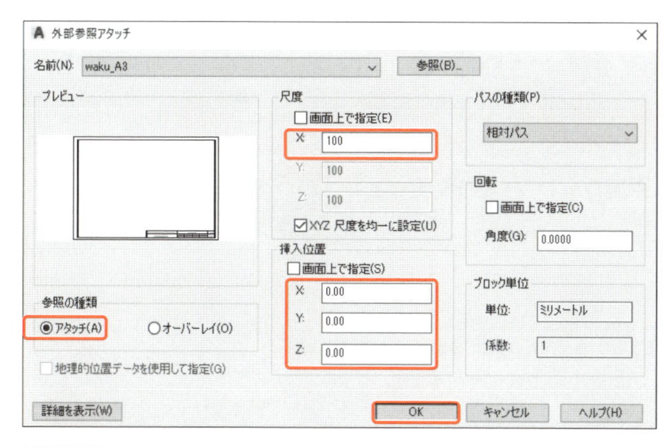

3 表示される[外部参照アタッチ]ダイアログの[参照の種類]項目に[アタッチ]を選択し、[尺度](ここでは、「X:100」)や[挿入位置](ここでは原点)を入力して[OK]ボタンをクリックする。

HINT

[参照の種類]項目では[アタッチ]と[オーバーレイ]のいずれかを選択する。例えば現在作図中の図面Aで外部参照する図面B内に、さらに外部参照の図面Cが含まれているとする。このとき図面Bに[アタッチ]で図面Cを外部参照すると、図面Aには図面Cも参照表示される。一方、図面Bに[オーバーレイ]で図面Cを外部参照すると、図面Aには図面Cは参照表示されない。

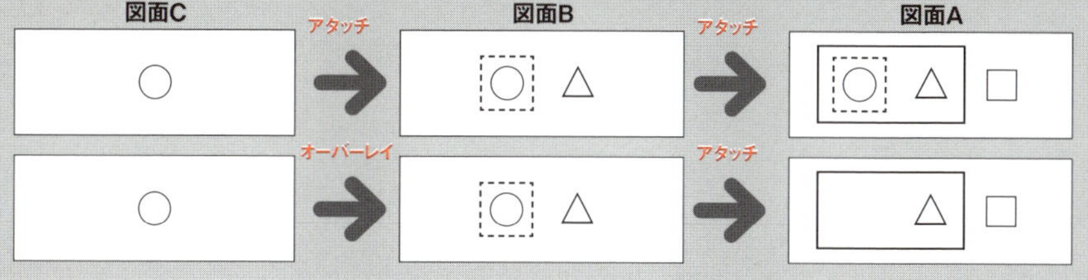

HINT

[尺度]と[挿入位置]の[画面上で指定]にチェックを入れると、[OK]ボタンをクリックした後、作図領域で尺度や挿入位置を指示できる。

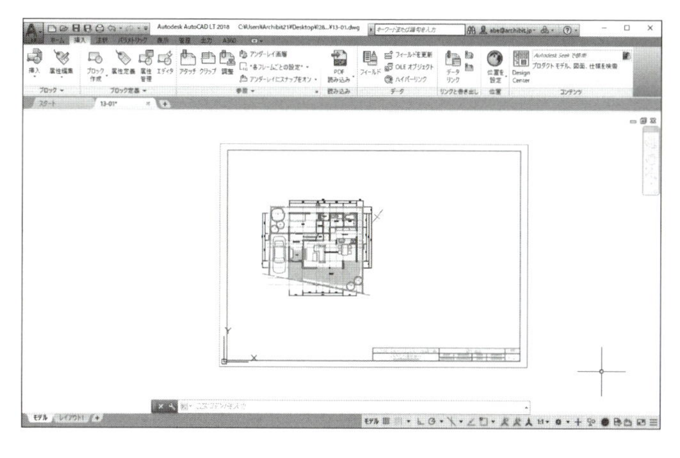

4 指定したファイル内にある図形(ここでは、図面枠)が外部参照される。

外部参照を解除／再ロードする

関連ワード▶▶ 外部参照 アタッチ

外部参照のアタッチ解除や再ロード、パスの変更などのプロパティを変更するには、[外部参照]パレットを使う。

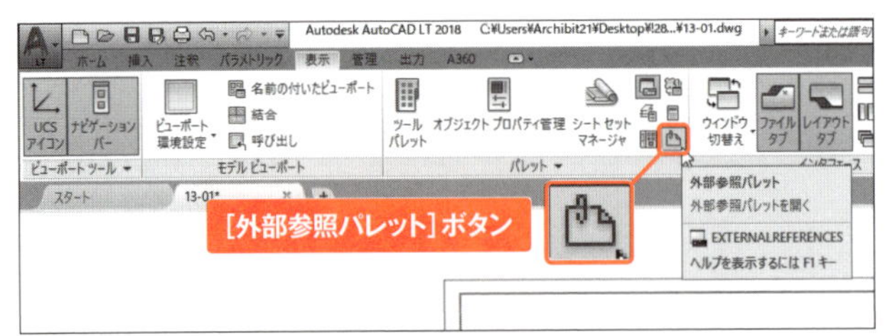

1 [表示]タブ－[パレット]パネル－[外部参照パレット]ボタンをクリックする。

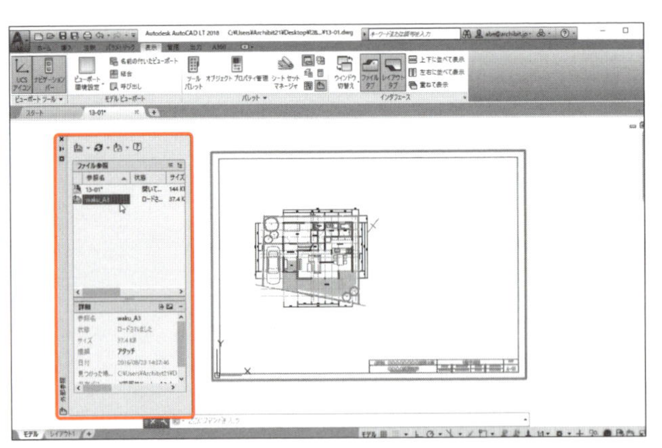

2 [外部参照]パレットが表示され、外部参照リストに現在の図面で外部参照しているファイル名（参照名）が確認できる。

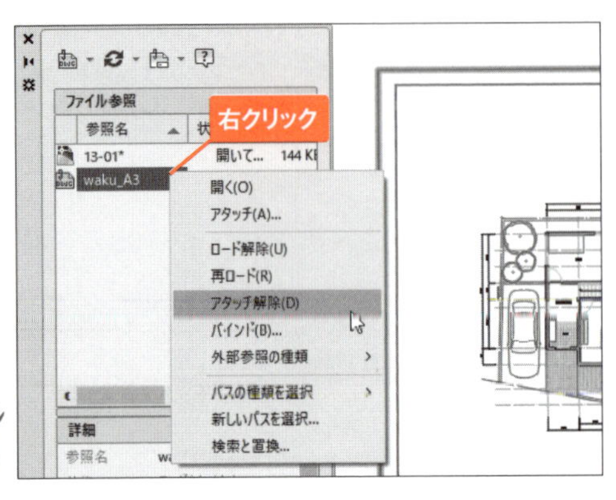

3 解除や再ロードする外部参照の参照名（ここでは、「waku_A3」）を選択状態にして右クリックする。コンテキストメニューが表示され、[アタッチ解除]や[再ロード]などの操作が行える。

PDFや画像ファイルを外部参照する

関連ワード▶▶ 外部参照 アタッチ

図面（DWG）ファイル以外のPDFファイルやJPEGやPNGなどの画像ファイルも参照表示できる。ここでは、PDFファイルを外部参照する。

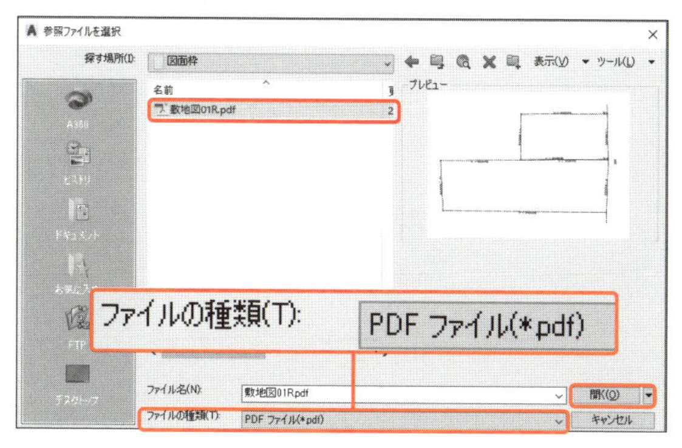

1 ［挿入］タブ—［参照］パネル—［アタッチ］ボタンをクリックする。表示される［参照ファイルを選択］ダイアログの［ファイルの種類］に［PDFファイル（*.pdf）］を選択し、参照するファイル（ここでは、「敷地図01R.pdf」）を選択して［開く］ボタンをクリックする。

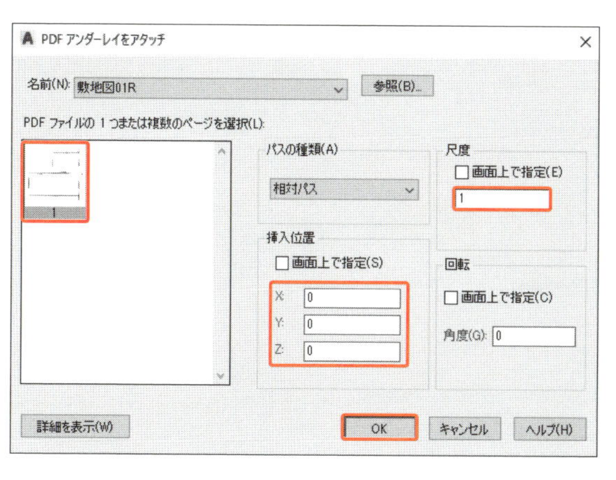

2 表示される［PDFアンダーレイをアタッチ］ダイアログで、参照するページや［尺度］（ここでは、「1」）、［挿入位置］（ここでは原点）を設定して［OK］ボタンをクリックする。

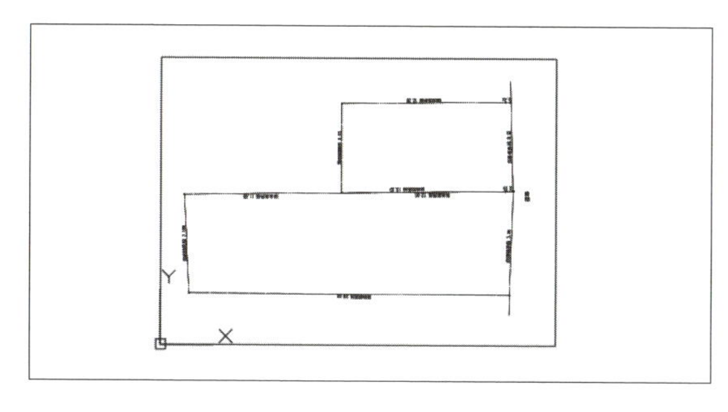

3 指定したPDFファイルが参照表示される。表示範囲にフレーム（枠）が表示されるが、非表示にすることもできる（No.253「外部参照のフレーム（枠）を非表示にする」参照）。

No.252

外部参照する範囲を指定する(クリップ)

関連ワード▶▶ 外部参照 クリップ

外部参照は、[クリップ(CLIP)]コマンドで範囲を指定して参照表示できる。

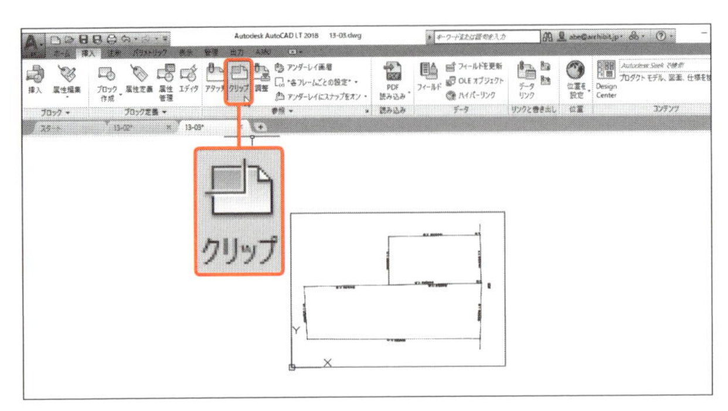

1 No.251「PDFや画像ファイルを外部参照する」の手順でPDFファイルを参照表示した状態。[挿入]タブ—[参照]パネル—[クリップ]ボタンをクリックする。

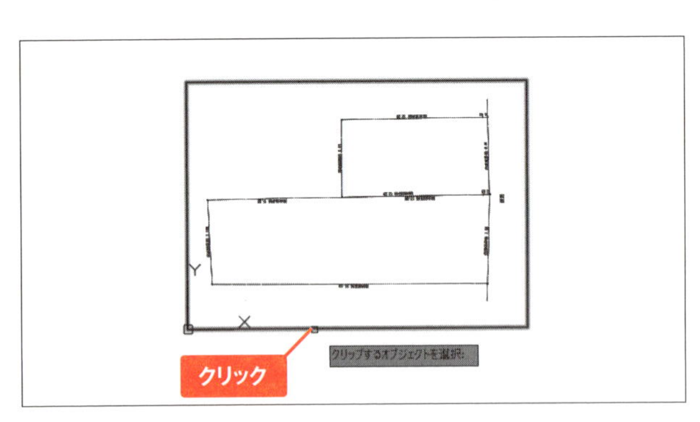

2 「クリップするオブジェクトを選択」と表示されるので、範囲を指定する外部参照のオブジェクトをクリックする。

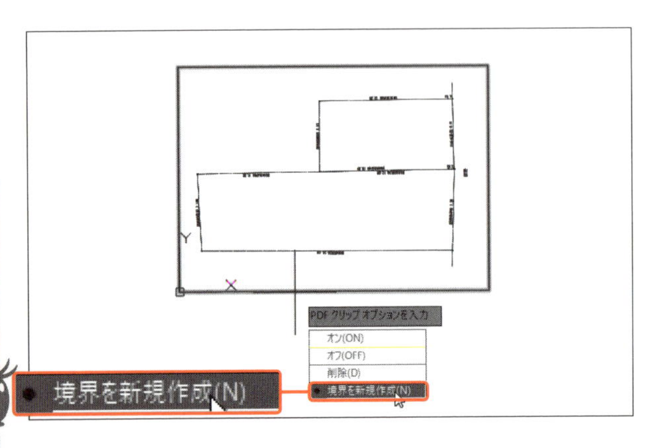

3 「クリップオプションを入力」(ここでは、「PDFクリップオプションを入力」)と表示されるので、メニューから[境界を新規作成]を選択する。

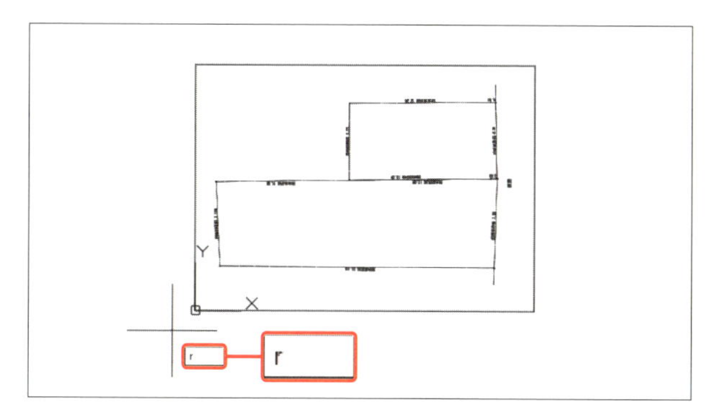

4 「クリップ境界を指定」と表示されるので[矩形(R)]オプションの「r」と入力して Enter キーを押す。

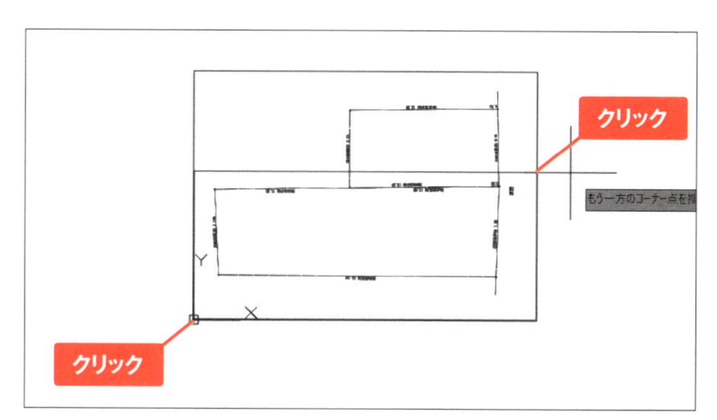

5 「一方のコーナー点を指定」と表示されるので、クリップする範囲の一点目をクリックする。続けて「もう一方のコーナー点を指定」と表示されるので、矩形の対角をクリックする。

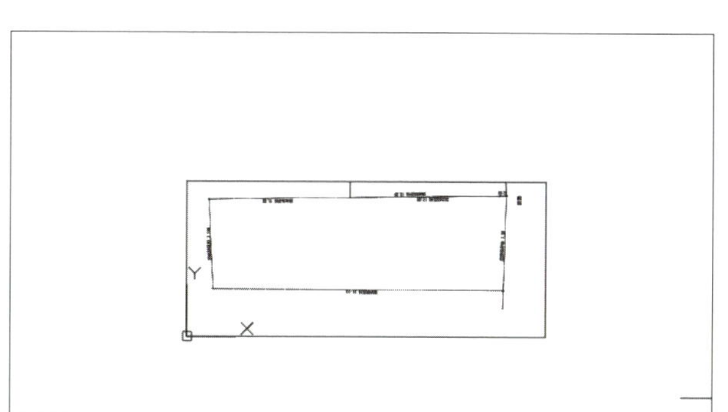

6 指定した範囲のみが表示される。

クリップする範囲の形状は、矩形のほかにポリゴン(多角形)も指定できる。

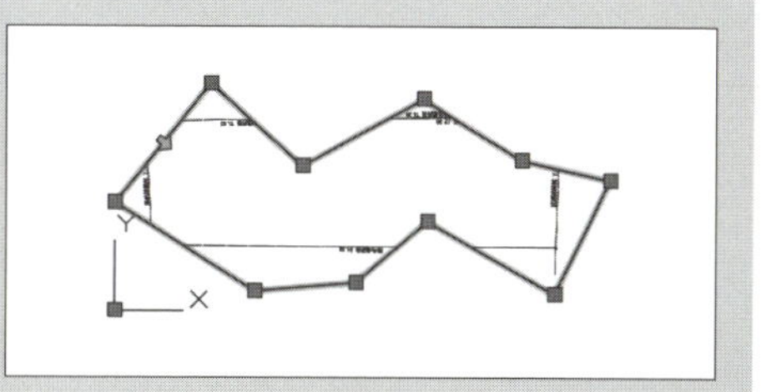

No.253

外部参照のフレーム(枠)を非表示にする

関連ワード▶▶ 外部参照 フレーム

PDFや画像、DWFなどのファイルを外部参照したり、クリップしたりしたときに表示されるフレーム(枠)を非表示にする。

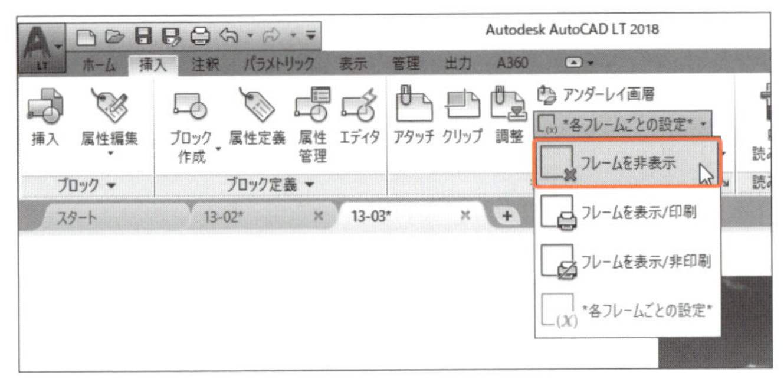

1 [挿入]タブ—[参照]パネル—[フレームを非表示]を選択する。

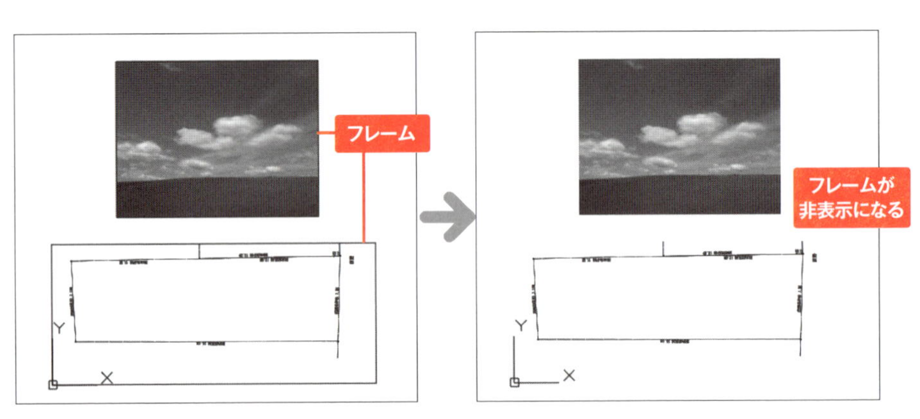

2 外部参照のフレームが非表示になる。

HINT

[フレームを非表示]では、ファイル内にある外部参照すべてのフレームを非表示にするが、表示/非表示の設定は画像やPDF、クリップなどの種類別に変更できる。画像の場合は、コマンドラインに「imageframe」と入力して Enter キーを押すと、「IMAGEFRAMEの新しい値を入力する」と表示されるので、非表示は「0」、表示され印刷される場合は「1」、表示はされるが印刷されない場合は「2」を入力して Enter キーを押すと、画像の枠のみ設定が変更される。PDFは「pdfframe」、クリップは「xclipframe」と入力して同様に設定できる。

外部参照を薄く表示する

関連ワード▶▶ 外部参照 クリップ

外部参照しているオブジェクトやPDF、画像ファイルの内容を薄く表示して目立たなくする。

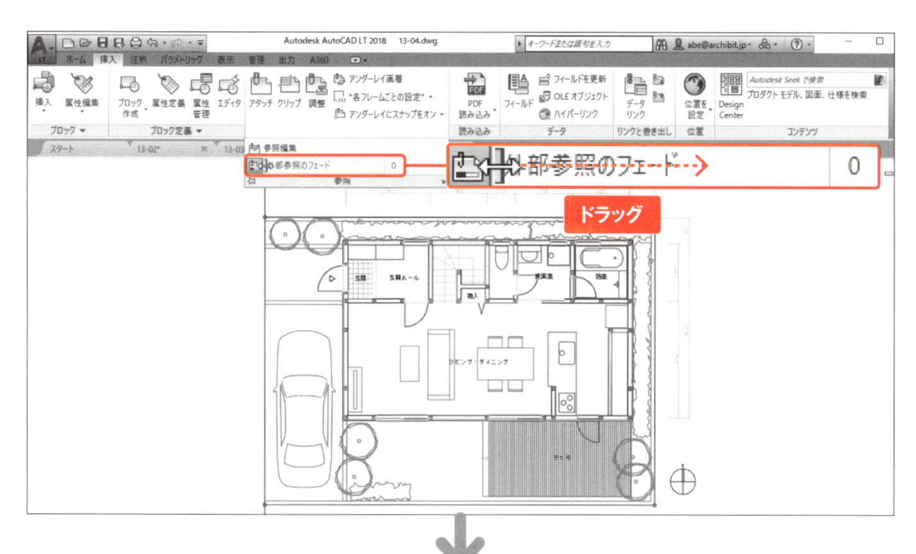

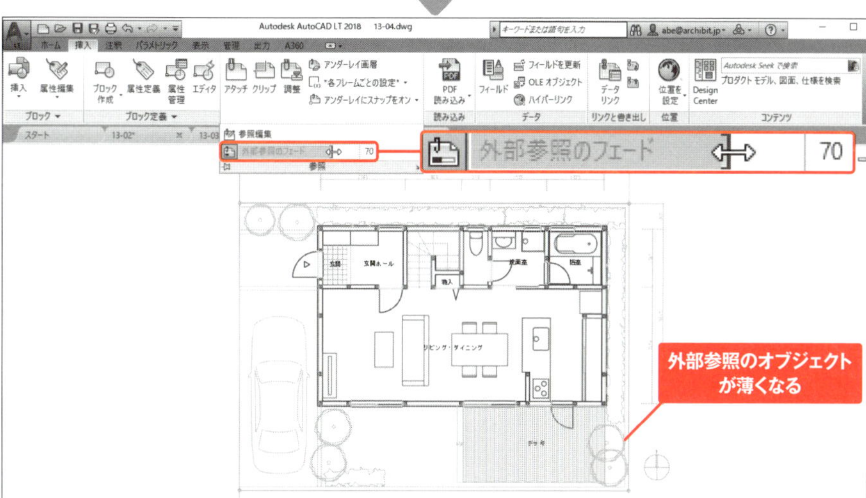

[挿入]タブ―[参照]パネルのパネルタイトルをクリックして展開する。[外部参照のフェード]のスライドバーをドラッグして動かし、値を大きくすると外部参照のオブジェクトが薄く表示される。

No.255

外部参照の図面を修正する

関連ワード▶▶ 外部参照 インプレイス参照編集

外部参照の図面を修正するときは、参照元のファイルを開いて修正して保存するか、ここで解説するように［インプレイス参照編集］を使って現在（参照先）のファイルの作図領域で修正を行う。現在のファイル上で変更した内容は参照元のファイルにも反映されるので、参照元の図面の整合性を考慮しながら修正を行う必要がある。

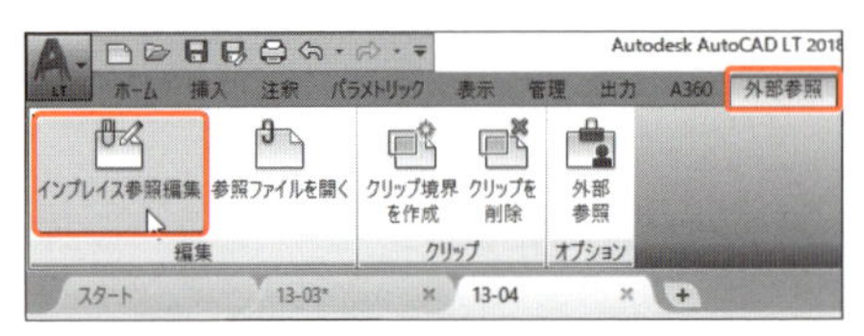

1 修正したい外部参照の図面をクリックして選択状態にする。［外部参照］タブが表示されるので、［編集］パネル─［インプレイス参照編集］ボタンをクリックする。

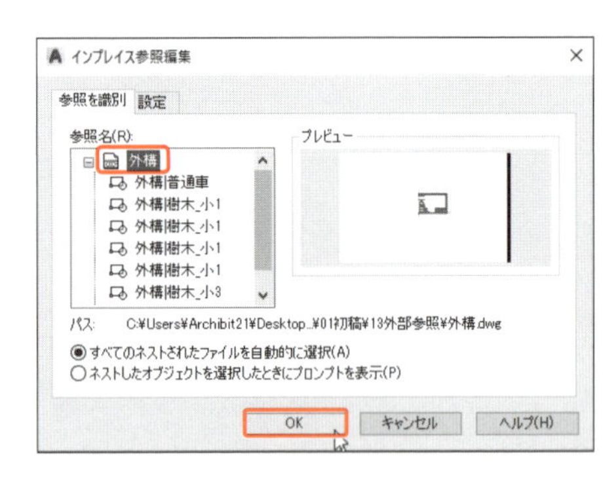

2 表示される［インプレイス参照編集］ダイアログの［参照名］リストから、修正したい図面名（ここでは、「外構」）を選択して［OK］ボタンをクリックする。

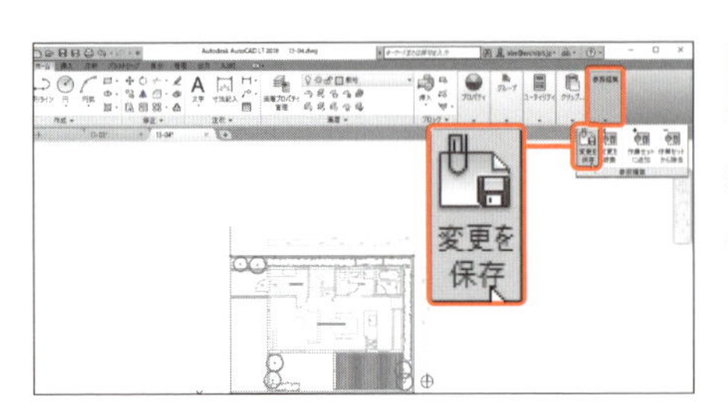

3 外部参照しているオブジェクトのみが編集できるようになるので、編集を行う。終了したら［参照編集］パネル─［変更を保存］ボタンをクリックする。

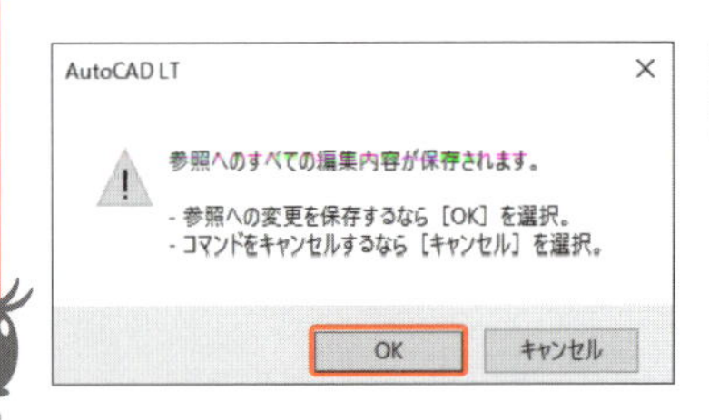

4 「参照へのすべての編集内容が保存されます」というメッセージが表示されるので、［OK］ボタンをクリックする。ここで変更した内容は参照元のファイルにも保存される。

外部参照をブロックとして埋め込む(バインド)

関連ワード▶▶ 外部参照 バインド

外部参照の図面ファイルは「バインド」することにより、現在の図面に埋め込むことができる。バインドした図面はブロックになり、分解することで個別のオブジェクトとして扱えるようになる。

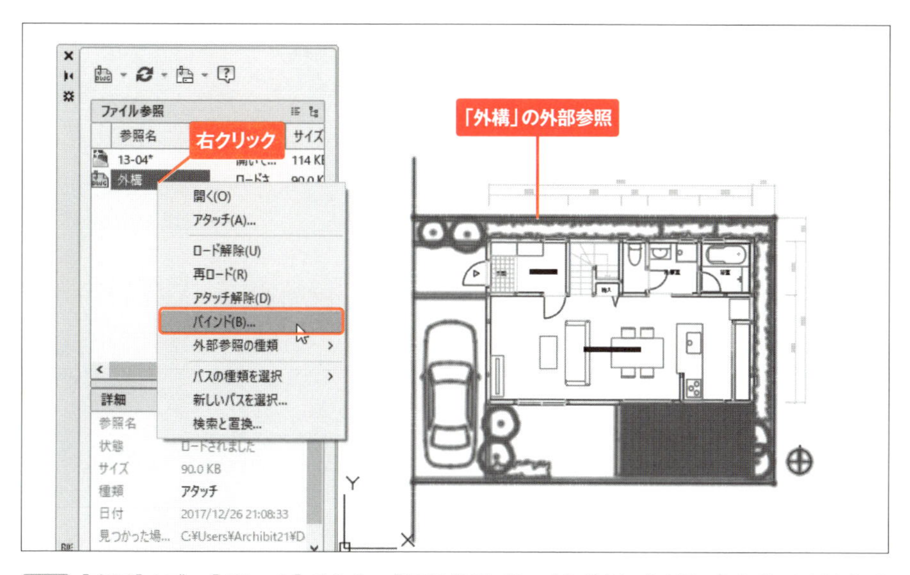

1 [表示]タブ―[パレット]パネル―[外部参照パレット]ボタンをクリックする。表示される[外部参照]パレットの外部参照リストで、目的の外部参照の参照名(ここでは、「外構」)を右クリックして、表示されるメニューから[バインド]を選択する。

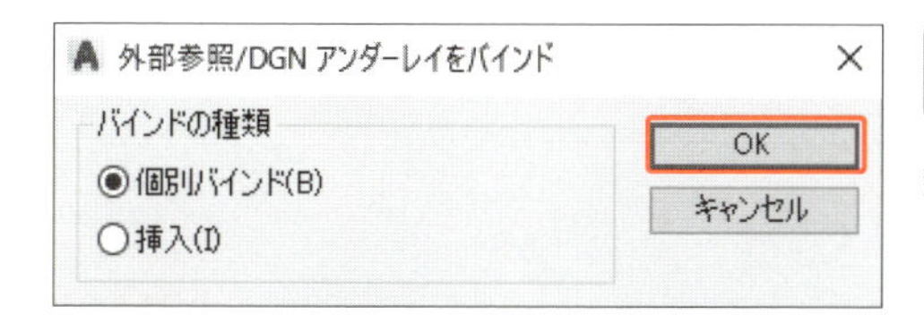

2 [外部参照/DGNアンダーレイをバインド]ダイアログでバインドの種類(ここでは、[個別バインド])を選択して[OK]ボタンをクリックする。

HINT

バインドの種類の[個別バインド]と[挿入]は、外部参照図面のデータの画層名で区別できる。[個別バインド]を選択すると画層名が「ファイル名$画層名」になり、[挿入]を選択するとそのままの画層名になる。外部参照にも同じ画層名がある場合、[個別バインド]ではファイル名が付いた画層名となり別の画層になる。[挿入]では挿入先の画層にオブジェクトが挿入されるようになる。

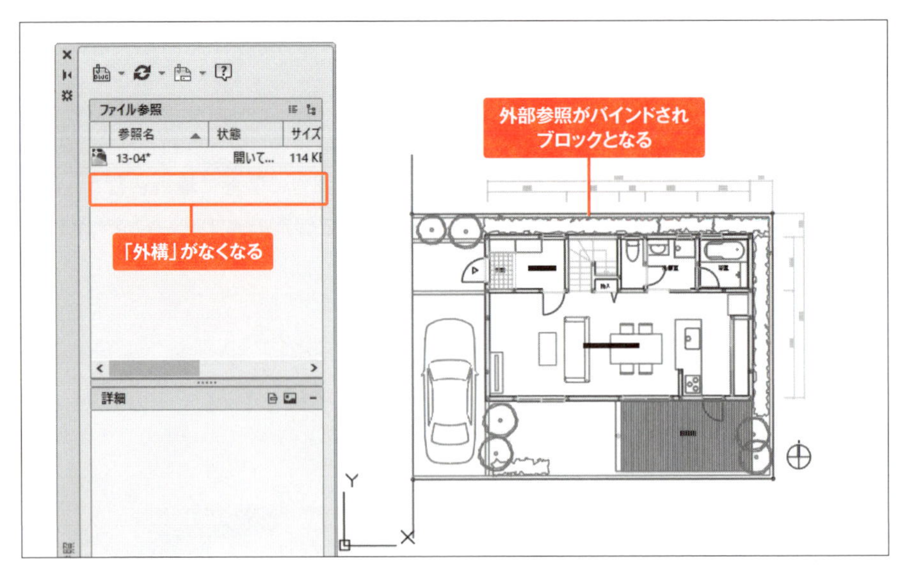

3 外部参照がブロックに変換される。[外部参照]パレットの外部参照リストを確認すると、「外構」がなくなっている。

[e-トランスミット](No.308「ほかの人に渡すためのデータをまとめて圧縮する」参照)を使うと、一度の指示で複数の図面をバインドできる。

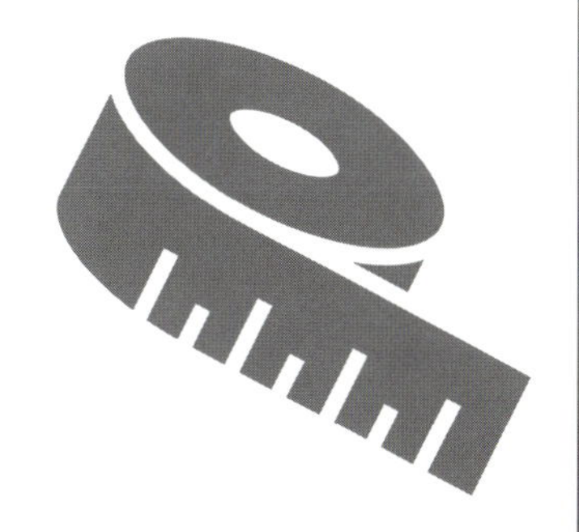

異尺度対応

尺度を変更した際、文字や寸法、ハッチングやブロックなどを
自動的にその尺度に合わせた大きさで表示する
「異尺度対応」の操作について解説する。

No.257

異尺度対応を知る

関連ワード▶▶ 異尺度対応

「異尺度対応」は、文字や寸法、引出線、ハッチング、ブロックなどのオブジェクトを注釈尺度に合わせた大きさで表示できる機能。例えば、文字の高さを3mmに設定した場合、注釈尺度を1/50に変更すると150mmの高さで表示され、1/100に変更すると300mmの高さで表示される。

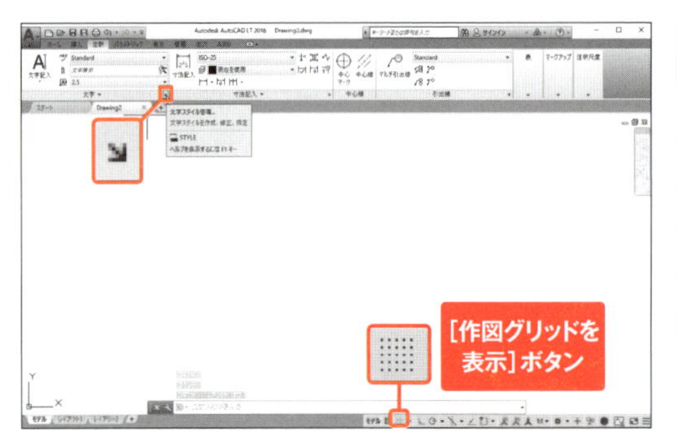

1 新規図面としてテンプレートファイル[acadltISO-Named Plot Styles.dwt]を開く。ステータスバーの[作図グリッドを表示]ボタンをクリックして、オフにする。[注釈]タブ—[文字]パネルのパネルタイトルの右端にある[↘]をクリックする。

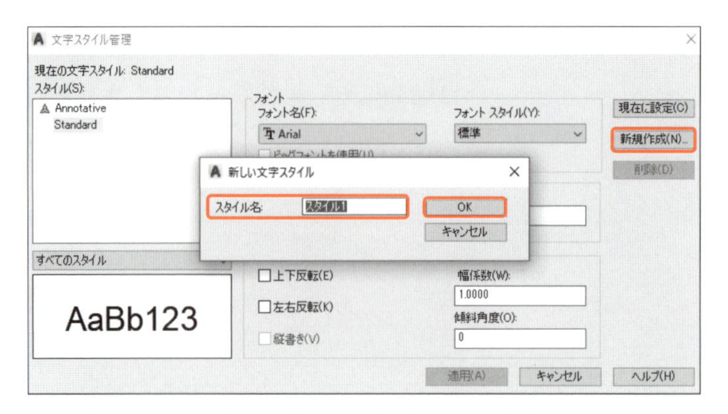

2 表示される[文字スタイル管理]ダイアログの[新規作成]ボタンをクリックする。表示される[新しい文字スタイル]ダイアログの[スタイル名]にスタイル名(ここでは、「**スタイル1**」)を入力して[OK]ボタンをクリックする。

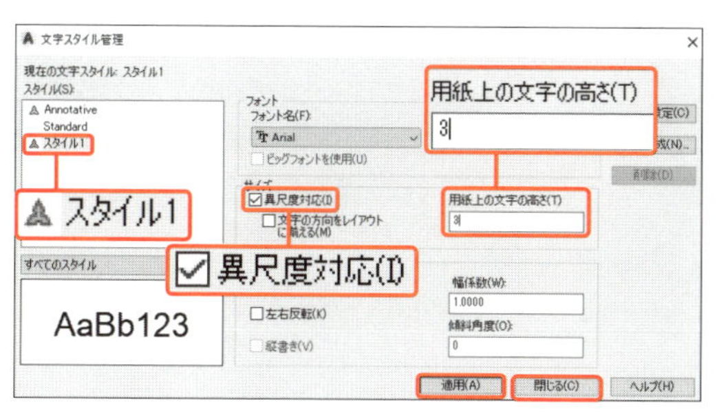

3 ［文字スタイル管理］ダイアログに戻るので、［スタイル名］のリストから作成したスタイル（ここでは、「スタイル1」）を選択して［サイズ］項目―［異尺度対応］にチェックを入れ、［用紙上の文字の高さ］に「3」を入力する。［適用］ボタンをクリックし、［閉じる］ボタンをクリックしてダイアログを閉じる。

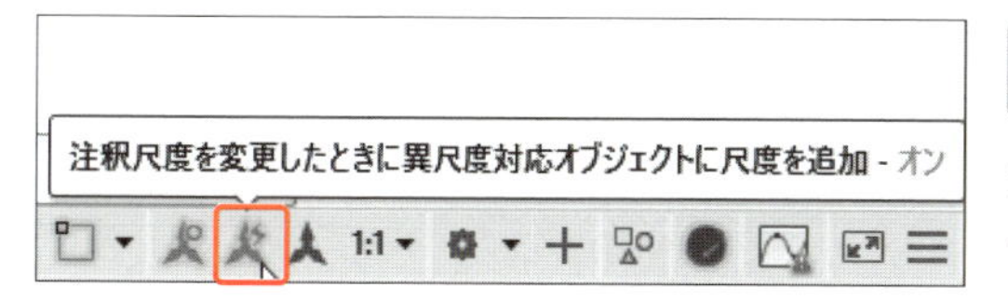

4 ステータスバーの［注釈尺度を変更したときに異尺度対応オブジェクトに尺度を追加］ボタンをオンにする。

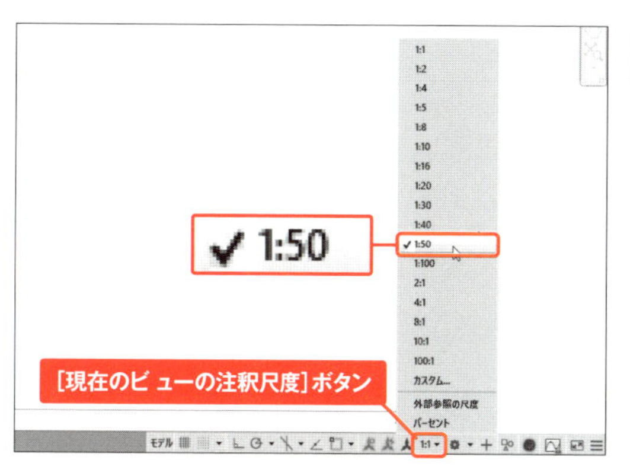

5 ステータスバーの［現在のビューの注釈尺度］ボタンをクリックして表示されるメニューから［1:50］を選択する。

6 ［注釈］タブ―［文字］パネル―［文字記入］を選択する。文字の始点と角度を指定し、文字（ここでは、「abcdef」）を入力する。注釈尺度が［1:50］に設定されているので、150の高さで記入される。

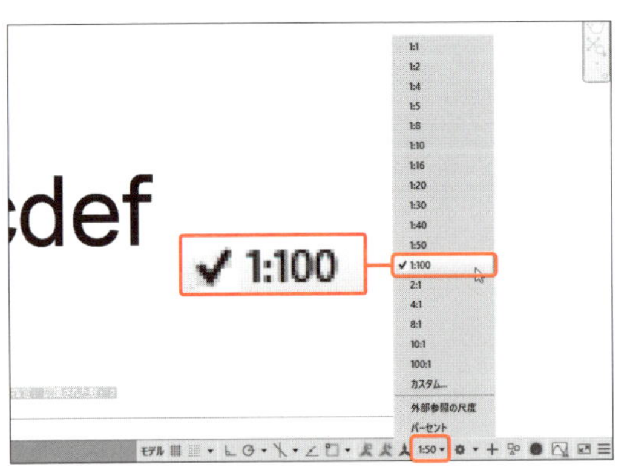

7 注釈尺度を変更する。ステータスバーの[現在のビューの注釈尺度]ボタンをクリックして表示されるメニューから[1:100]を選択する。

8 注釈尺度が[1:100]に設定されているので、300の高さに変更される。

HINT

異尺度対応オブジェクトを使う際には、下記の2点に注意すること。

・異尺度対応オブジェクトに登録されてない注釈尺度を選択すると、非表示になる（No.259「オブジェクトに注釈尺度を設定する」参照）。

・ステータスバーの[注釈オブジェクトを表示]ボタンがオンになっているときは、異尺度対応ではないオブジェクトも表示されるが、大きさは変更されない（No.262「常に異尺度対応オブジェクトを表示する」参照）。

オブジェクトを異尺度対応にする

関連ワード▶▶ 異尺度対応 文字 寸法 引出線 ハッチング ブロック

文字や寸法、引出線、ハッチング、ブロックなどのオブジェクトが異尺度対応に設定できる。文字や寸法、引出線については、スタイルで異尺度対応を設定する。ハッチングとブロックについては、オブジェクトごとに個別に設定を行う。

文字

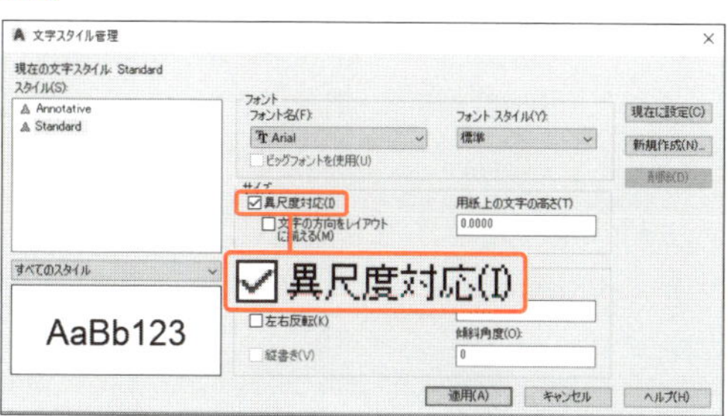

文字を異尺度対応にするには、[注釈]タブ―[文字]パネルのパネルタイトルの右端にある[↘]をクリックする。表示される[文字スタイル管理]ダイアログの[サイズ]項目―[異尺度対応]にチェックを入れる。

寸法

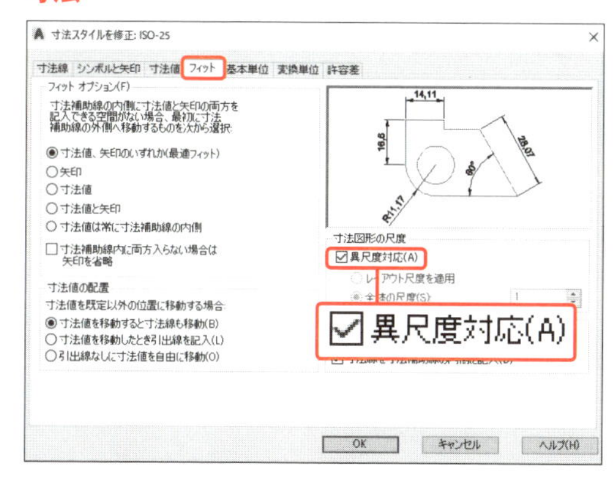

寸法を異尺度対応にするには、寸法スタイル(No.175「寸法スタイルを新規に作成する」参照)で設定する。[注釈]タブ―[寸法記入]パネルのパネルタイトルの右端にある[↘]をクリックする。表示される[寸法スタイル管理]ダイアログのリストで、異尺度対応にする寸法スタイルを選択し、[修正]ボタンをクリックする。表示される[寸法スタイルを修正]ダイアログの[フィット]タブ―[寸法図形の尺度]項目―[異尺度対応]にチェックを入れる。

HINT

異尺度対応に設定した各種スタイルは、[文字スタイル管理]ダイアログ、[寸法スタイル管理]ダイアログ、[マルチ引出線スタイル管理]ダイアログのリストのスタイル名の前に三角スケールマークが表示される。

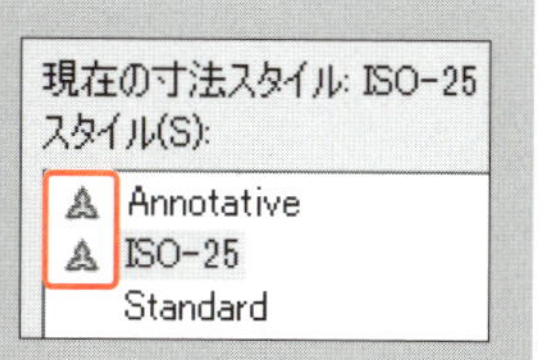

引出線

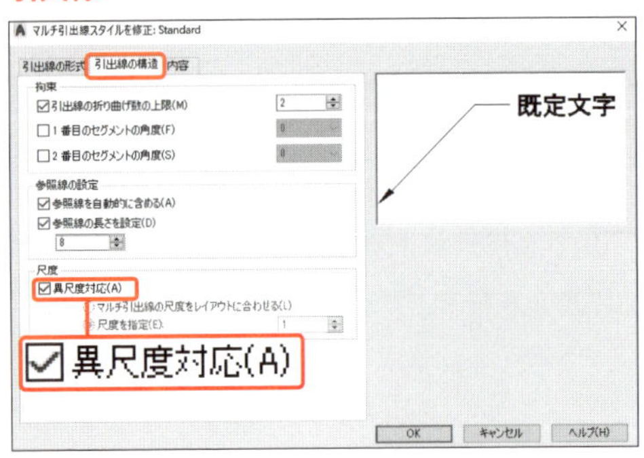

引出線を異尺度対応にするには、引出線スタイル（No.199「引出線スタイルを新規に作成する」参照）で設定する。[注釈]タブ—[引出線]パネルのパネルタイトルの右端にある[↘]をクリックする。表示される[マルチ引出線スタイル管理]ダイアログのリストで、異尺度対応にする引出線スタイルを選択し、[修正]ボタンをクリックする。表示される[マルチ引出線スタイルを修正]ダイアログの[引出線の構造]タブ—[尺度]項目—[異尺度対応]にチェックを入れる。

ハッチング

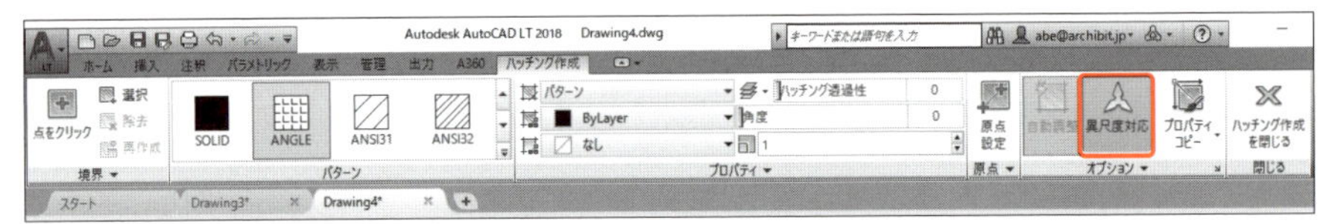

ハッチングを異尺度対応にする。作図時に設定するには、[ホーム]タブ—[作成]パネル—[ハッチング]ボタンをクリックする。表示される[ハッチング作成]タブ—[オプション]パネル—[異尺度対応]ボタンをクリックしてオンにする。既存のハッチングを異尺度対応にするには、ハッチングをクリックして表示される[ハッチングエディタ]タブ—[オプション]パネル—[異尺度対応]ボタンをオンにする。

ブロック

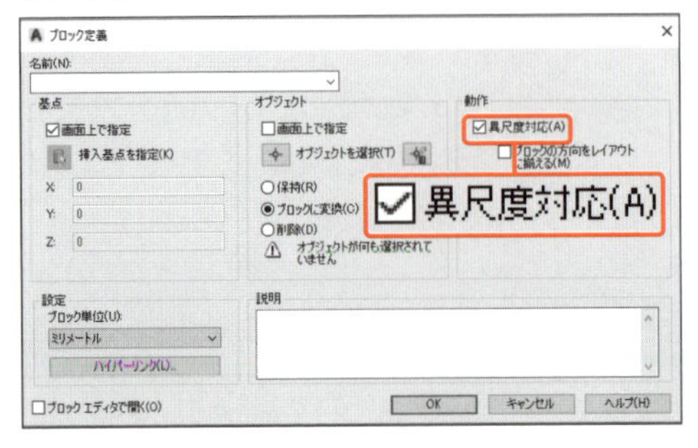

ブロックを異尺度対応にする。作図時に設定するには、[挿入]タブ—[ブロック定義]パネル—[ブロック作成]ボタンをクリックする。表示される[ブロック定義]ダイアログの[動作]項目—[異尺度対応]にチェックを入れる。既存のブロックを異尺度対応に変更することはできないので、つくり直す必要がある。

No.259 オブジェクトに注釈尺度を設定する

関連ワード▶▶ 異尺度対応 注釈尺度

異尺度対応オブジェクトは、登録されてない注釈尺度を選択すると非表示になる。ここでは、「1:10」でも表示されるように、異尺度対応オブジェクトに「1：10」の注釈尺度を追加登録する。

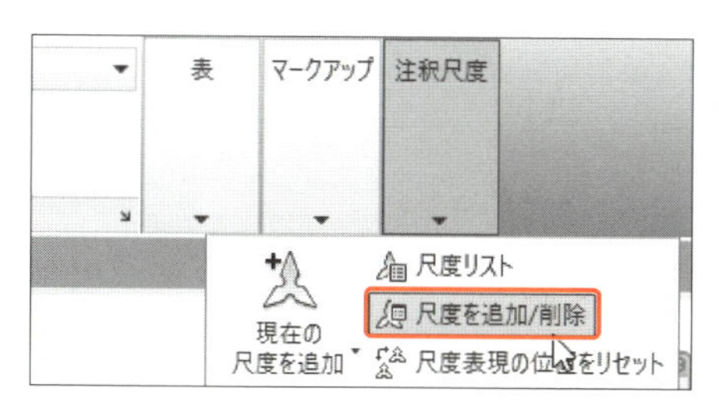

1 [注釈]タブ―[注釈尺度]パネルの[▼]をクリックして表示されるメニューの[尺度を追加/削除]を選択する。

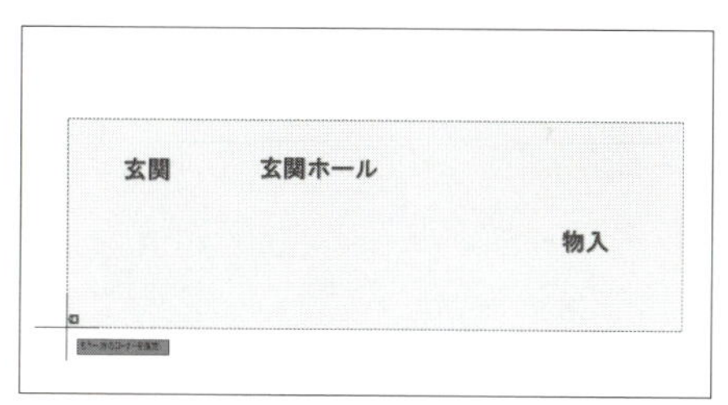

2 「異尺度対応オブジェクトを選択」と表示されるので、異尺度対応オブジェクトを選択して Enter キーを押す。

HINT 異尺度対応オブジェクトは、カーソルを合わせたときに、図のような三角スケールマークが表示される。

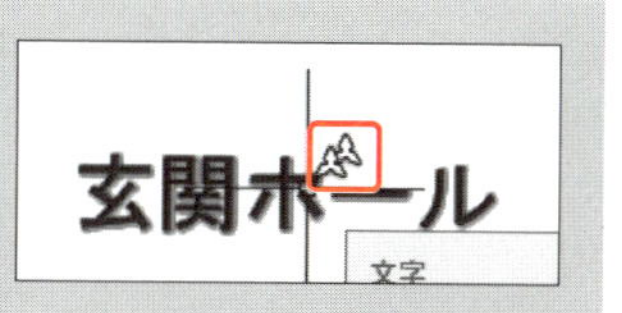

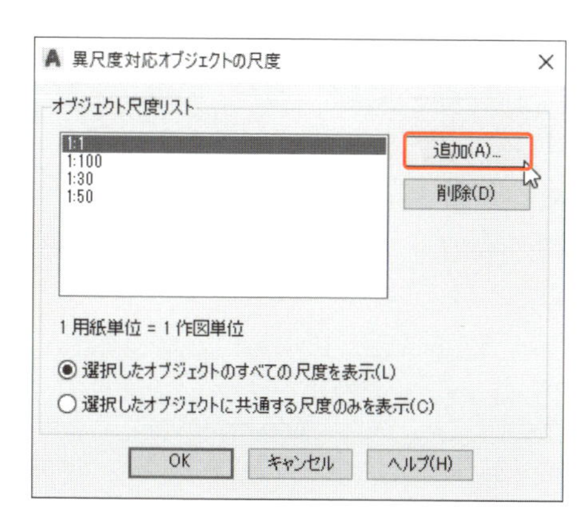

3 [異尺度対応オブジェクトの尺度]ダイアログが表示される。[オブジェクト尺度リスト]を見ると[1：1][1：100][1：30][1：50]の4つの注釈尺度が登録されていることがわかる。[追加]ボタンをクリックする。

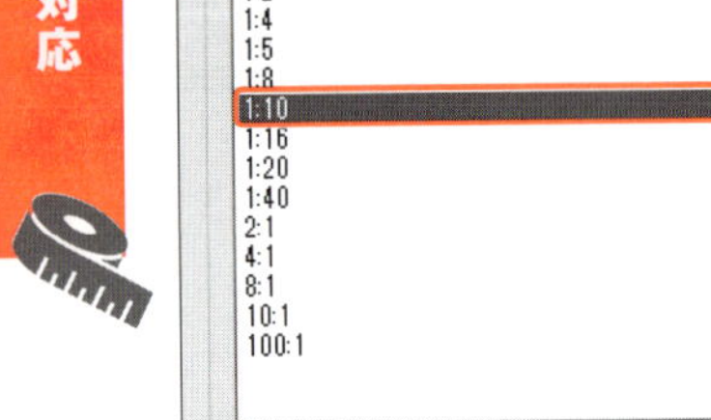

4 [オブジェクトに尺度を追加]ダイアログが表示されるので、[尺度リスト]から追加登録する尺度(ここでは、「1：10」)を選択して[OK]ボタンをクリックする。

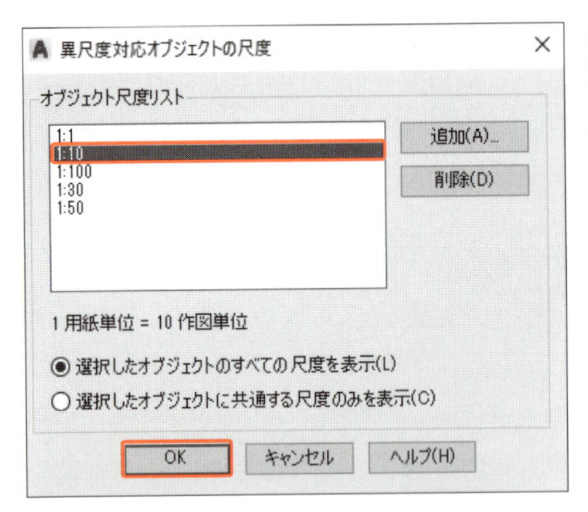

5 [異尺度対応オブジェクトの尺度]ダイアログに戻ると、[オブジェクト尺度リスト]に選択した尺度(ここでは、「1：10」)が追加される。[OK]ボタンをクリックしてダイアログを閉じる。

HINT

ステータスバーの[注釈尺度を変更したときに異尺度対応オブジェクトに尺度を追加]をオンにしておくと、[現在のビューの注釈尺度]ボタンで選択表示した注釈尺度が自動的に異尺度対応オブジェクトに登録され、ここで解説した追加登録を行う手間が省くことができる。

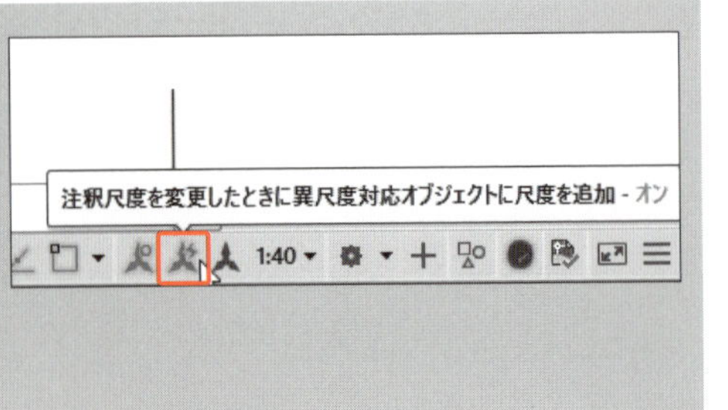

ビューポートの注釈尺度を変更する

関連ワード▶▶ 異尺度対応 注釈尺度 ビューポート

[モデル] タブと [レイアウト] タブのそれぞれの表示で、ビューポートの注釈尺度を変更する方法を解説する。

[モデル] タブの注釈尺度を変更

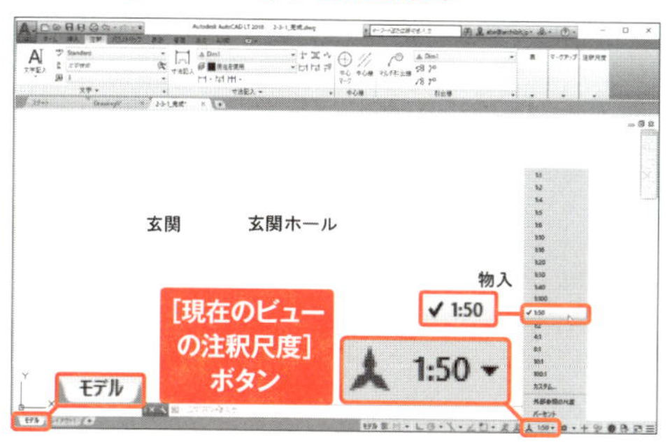

[モデル] タブでは、ステータスバーの [現在のビューの注釈尺度] ボタンをクリックし、表示されるメニューから注釈尺度を選択する。

[レイアウト] タブの注釈尺度を変更

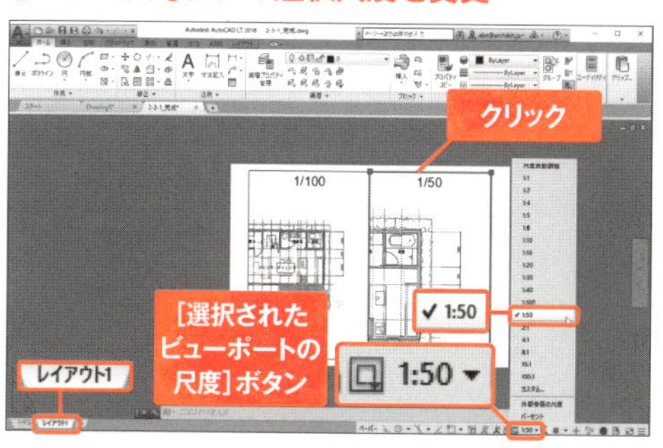

[レイアウト] タブでは、ビューポートの枠をクリックして選択状態にし、ステータスバーの [選択されたビューポートの尺度] ボタンをクリックし、表示されるメニューから注釈尺度を選択する。

HINT

ビューポートには尺度が3種類ある。

注釈尺度：異尺度対応オブジェクトの尺度。

標準尺度：ビューポートの尺度。

カスタム尺度：標準尺度を尺度リストにない値で設定したい場合に使用する尺度。

3つの尺度の関係性は、次の通り。標準尺度とカスタム尺度は同じ値で、どちらかを変更するともう一方も変更される。注釈尺度を変更すると、標準尺度とカスタム尺度も同じ値に変更される。標準尺度やカスタム尺度を変更しても、注釈尺度は変更されない。

ビューポート内でズームをすると、標準尺度とカスタム尺度が変更されるが、注釈尺度は変更されない。標準尺度とカスタム尺度を注釈尺度の値に戻すには、No.261「ビューポートの尺度を注釈尺度に揃える」の手順で行う。

No.261

ビューポートの尺度を注釈尺度に揃える

関連ワード▶▶ 異尺度対応 注釈尺度 ビューポート

ビューポート内でズームを行うなどして尺度を変更すると、[ビューポート尺度同期] ボタンが青く表示される。このボタンをクリックすると、ビューポートの尺度を注釈尺度に揃えることができる。

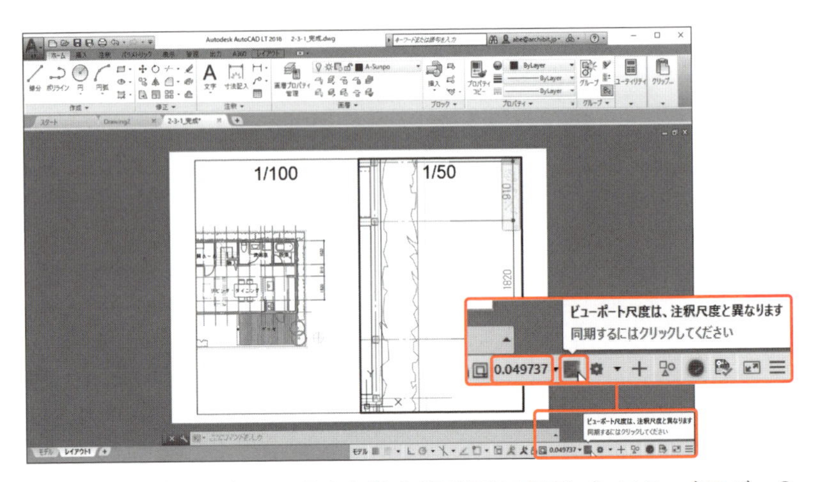

1 ここでは、右側のビューポートの尺度を「0.049737」に変更した。ステータスバーの[ビューポート尺度同期]ボタンが青く表示され、カーソルを合わせると[ビューポート尺度は、注釈尺度と異なります]と表示される。

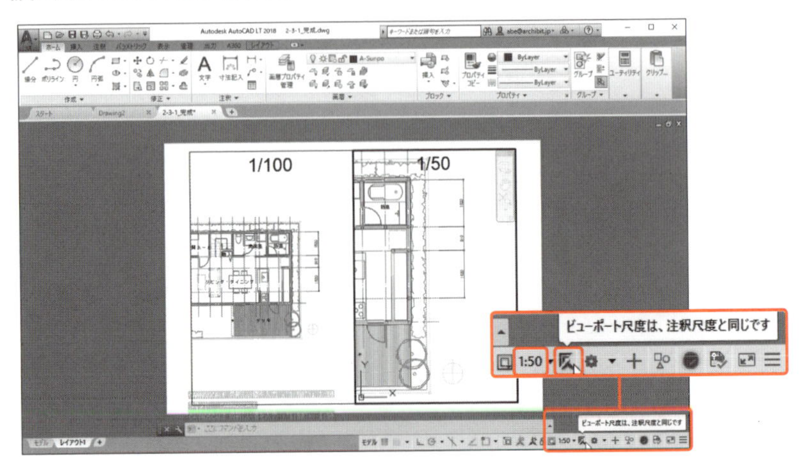

2 [ビューポート尺度同期]ボタンをクリックすると、ビューポートの尺度が注釈尺度と同じになる。

No.262

常に異尺度対応オブジェクトを表示する

関連ワード▶▶ 異尺度対応 注釈尺度

ステータスバーの［注釈オブジェクトを表示］ボタンをオン（常に）にすると、注釈尺度を設定していないものを含めたすべての異尺度対応オブジェクトが表示される。オフにすると、現在の注釈尺度が設定された異尺度対応オブジェクトのみが表示される。

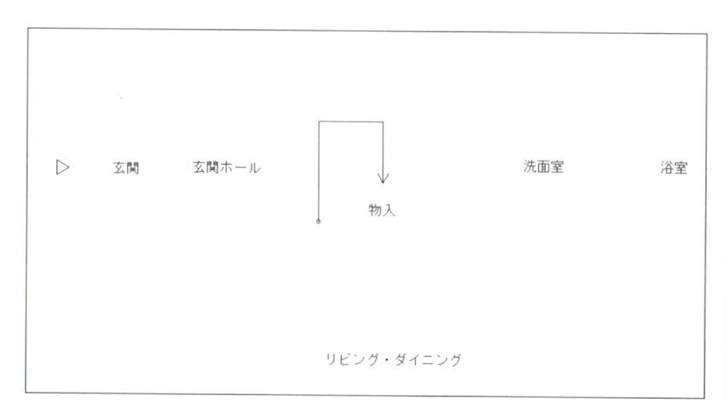

1 ステータスバーの［注釈オブジェクトを表示］ボタンが［常に］（オン）になっていると、注釈尺度が設定されていないオブジェクトも表示される。

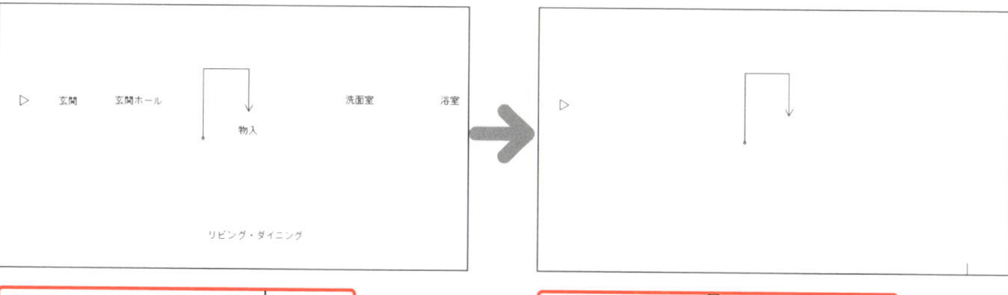

2 ステータスバーの［注釈オブジェクトを表示］ボタンが［現在の尺度のみ］（オフ）になっていると、注釈尺度が設定されていないオブジェクトは表示されない。たとえば、注釈尺度を［1:40］にしたときに、［1:40］が追加されていない異尺度オブジェクトは表示されない。

注釈尺度リストに尺度を追加する

関連ワード▶▶ 異尺度対応 注釈尺度

[現在のビューの注釈尺度]ボタンをクリックして表示される尺度のリストに、目的の尺度を追加する場合や、不要な尺度を削除する場合には、尺度リストを編集する。

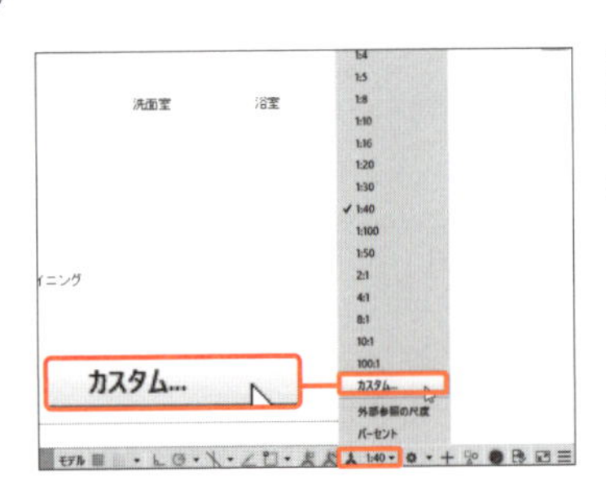

1 ステータスバーの[現在のビューの注釈尺度]ボタンをクリックし、表示されるメニューから[カスタム]を選択する。

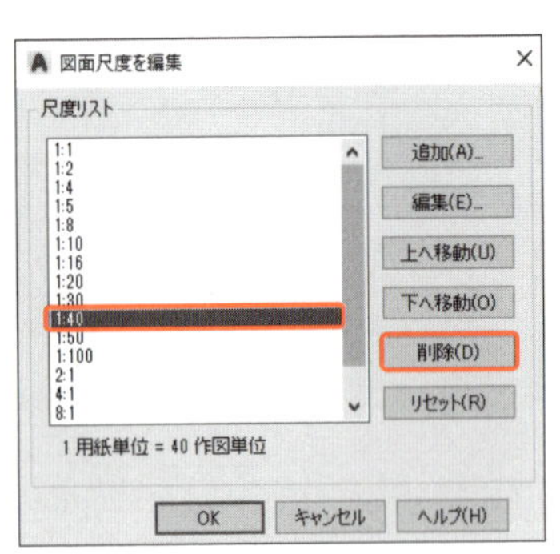

2 表示される[図面尺度を編集]ダイアログで尺度リストの編集を行う。削除する場合は、[尺度リスト]で尺度を選択して[削除]ボタンをクリックする。
追加する場合は、[追加]ボタンをクリックして手順3に進む。

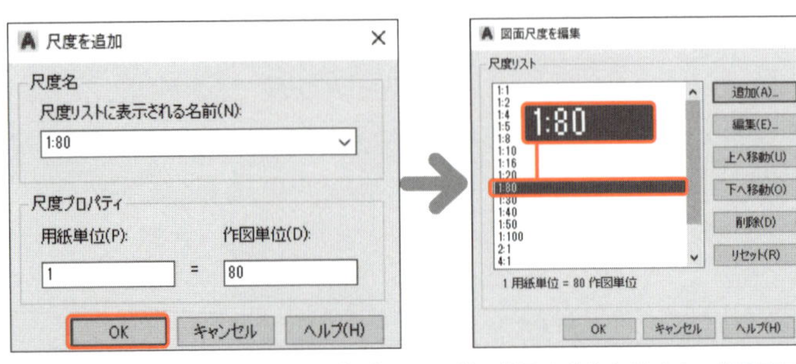

3 表示される[尺度を追加]ダイアログで[尺度名]を入力し、[尺度プロパティ]に尺度を入力して[OK]ボタンをクリックする。[図面尺度を編集]ダイアログの[尺度リスト]に尺度が追加されていることを確認したら、[OK]ボタンをクリックする。[現在のビューの注釈尺度]に注釈尺度が追加される。

拘束

オブジェクト同士の位置関係や、寸法を固定させる
「拘束（パラメトリック）」機能の操作について解説する。
なお、AutoCAD LTでは、パラメトリック図形の
作成はできないが、編集は行える。

No.264 パラメトリック(拘束)を表示する

関連ワード▶▶ パラメトリック 幾何拘束 寸法拘束

パラメトリック(拘束)機能には、水平や垂直で拘束する「幾何拘束」と、寸法値で拘束する「寸法拘束」がある。AutoCAD LTではパラメトリック図形の作成はできないが、削除や拘束されている図形の編集は行える。ここでは、あらかじめ作成されたパラメトリック図形にアイコンを表示する方法を解説するが、「幾何拘束」と「寸法拘束」では手順が異なる。また、パラメトリック機能はアイコンの表示/非表示にかかわらず適用される。

幾何拘束

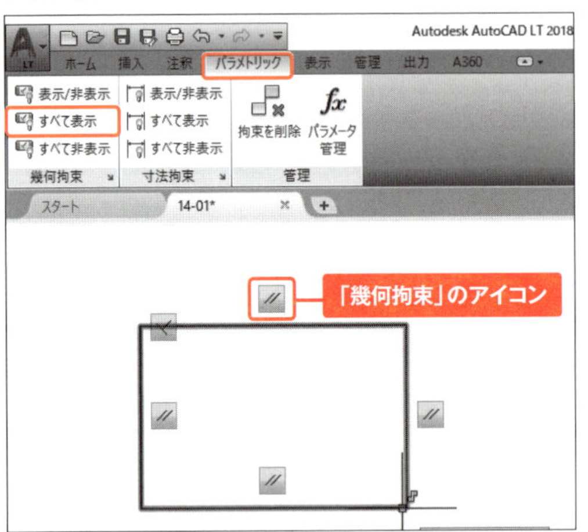

「幾何拘束」のアイコンを表示する場合は、[パラメトリック]タブ—[幾何拘束]パネル—[すべて表示]ボタンをクリックすると、幾何拘束アイコンが表示される。

非表示にするときは、同パネルの[すべて非表示]ボタンをクリックする。

寸法拘束

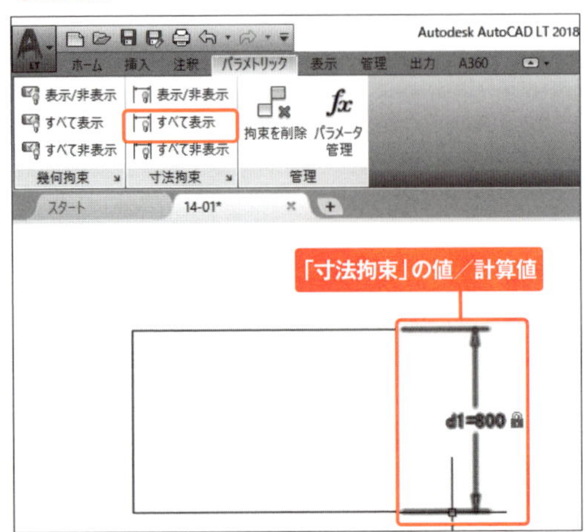

「寸法拘束」のアイコンを表示する場合は、[パラメトリック]タブ—[寸法拘束]パネル—[すべて表示]ボタンをクリックすると、寸法拘束の値や計算値が表示される。

非表示にするときは、同パネルの[すべて非表示]ボタンをクリックする。

265 幾何拘束の特性を知る

関連ワード▶▶ パラメトリック 幾何拘束

「幾何拘束」は、オブジェクト同士の位置関係を維持する機能だ。なお、AutoCAD LTでも、幾何拘束されている図形を編集することは可能だ。

幾何拘束されていない図形

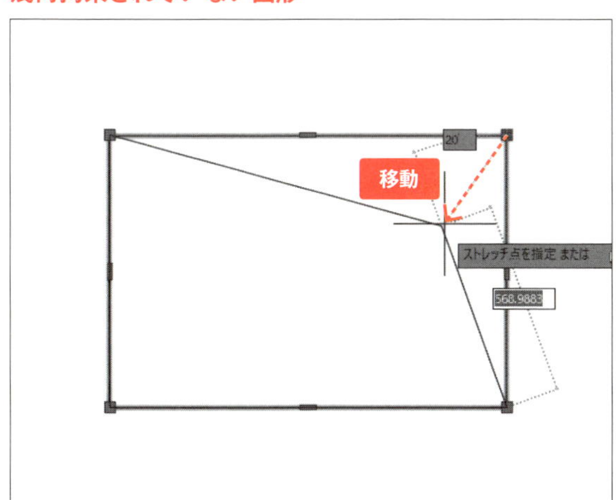

例えば、幾何拘束されていない通常の長方形の1つの頂点を移動させると、図のように頂点だけが移動し、長方形の形が崩れてしまう。

幾何拘束されている図形

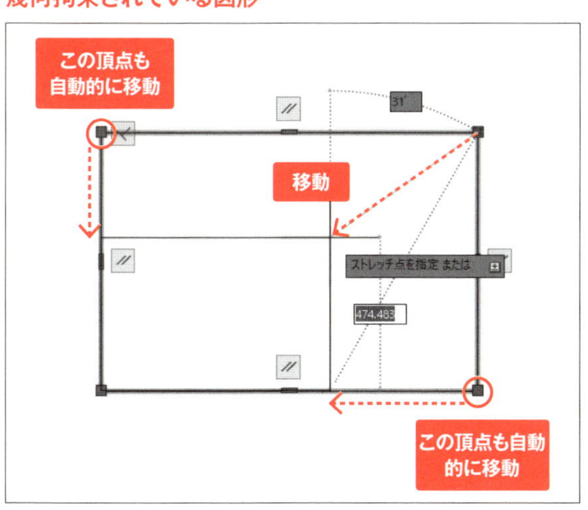

幾何拘束されている長方形の1つの頂点を移動させると、平行や垂直に拘束され、ほかの頂点や辺も自動的に移動し、長方形の形を維持したまま変更される。

266

寸法拘束の特性を知る

関連ワード▶▶ パラメトリック 寸法拘束

寸法拘束された図形は、その部分の寸法を維持した状態でしか変更できない。ただし、寸法値自体を変更することは可能だ。

寸法拘束されていない図形

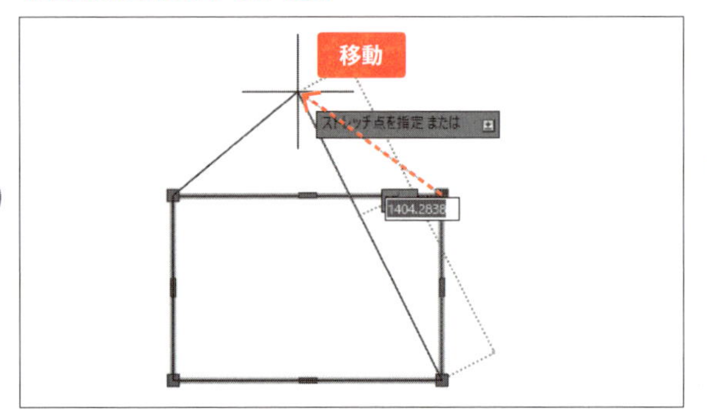

寸法拘束されていない通常の長方形の1つの頂点を移動させると、図のように頂点だけが移動し、長方形の形が崩れてしまう。

寸法拘束されている図形

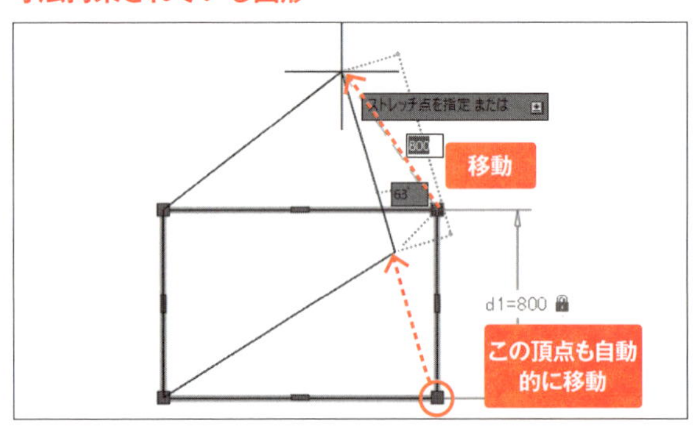

寸法拘束されている長方形の1つの頂点を移動させると、ほかの頂点や辺も自動的に移動し、寸法を維持したまま変更される。

HINT

寸法拘束の寸法値をダブルクリックすると値を変更でき、形状が変更される。

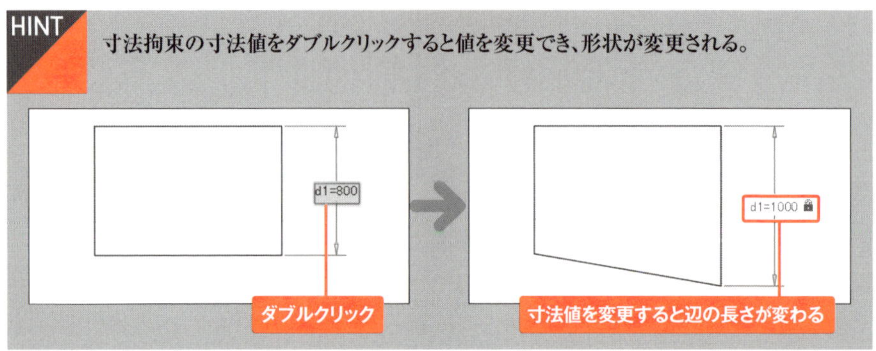

寸法拘束の値や計算式を変更する

関連ワード▶▶ パラメトリック 寸法拘束

寸法拘束は［パラメータ管理］パレットで寸法拘束の値や計算式を変更できる。

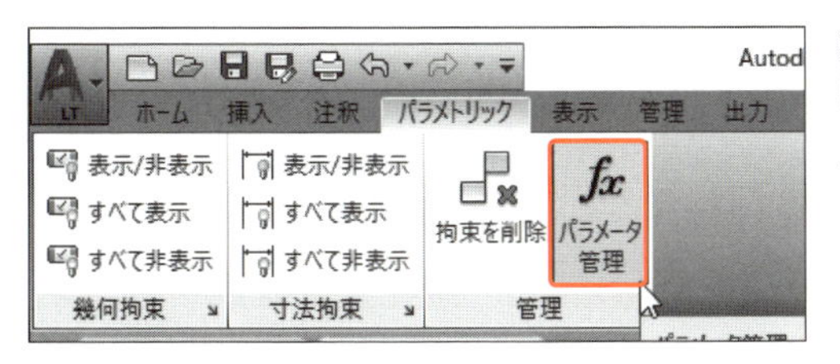

1 ［パラメトリック］タブ―［管理］パネル―［パラメータ管理］ボタンをクリックする。

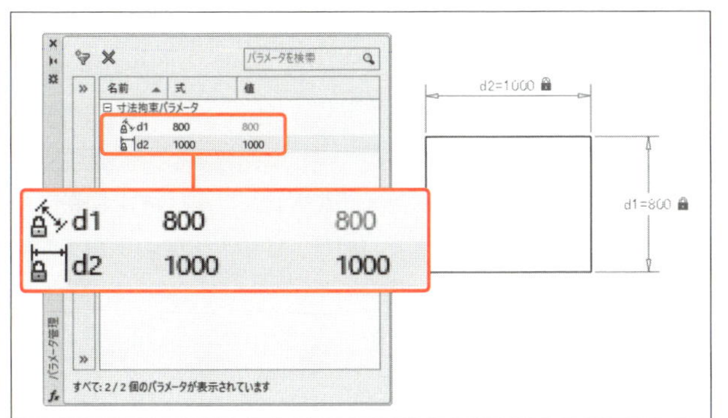

2 ［パラメータ管理］パレットが表示され、寸法拘束のリストが表示される。

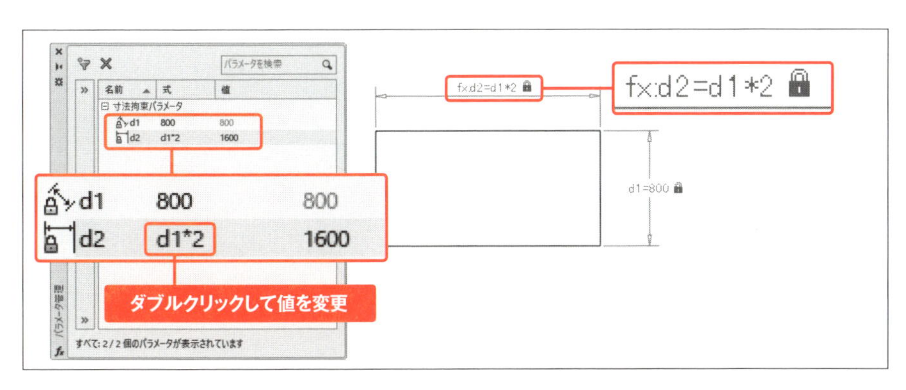

3 寸法拘束のリストの［式］の欄をダブルクリックすると値を変更できる。ほかの寸法拘束の値を利用した計算式も入力できる。ここでは、「d1*2」と入力し、d1（高さ）の値の2倍になるようにした結果、寸法が「1600」に変更された。

268

パラメトリック（拘束）を解除する

関連ワード▶▶ パラメトリック　幾何拘束　寸法拘束

パラメトリックを解除するときは、パラメトリックのアイコンを表示して（No.264「パラメトリック（拘束）を表示する」参照）、そのアイコンを削除する。

幾何拘束

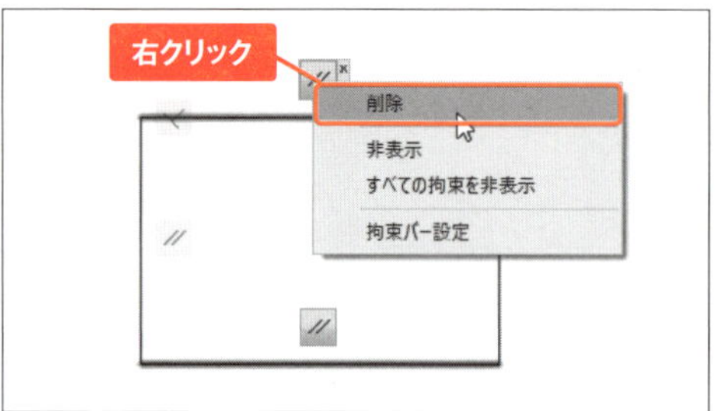

幾何拘束は、カーソルを幾何拘束のアイコンに合わせて Delete キーを押す。またはアイコンを右クリックして表示されるコンテキストメニューから［削除］を選択する。

寸法拘束

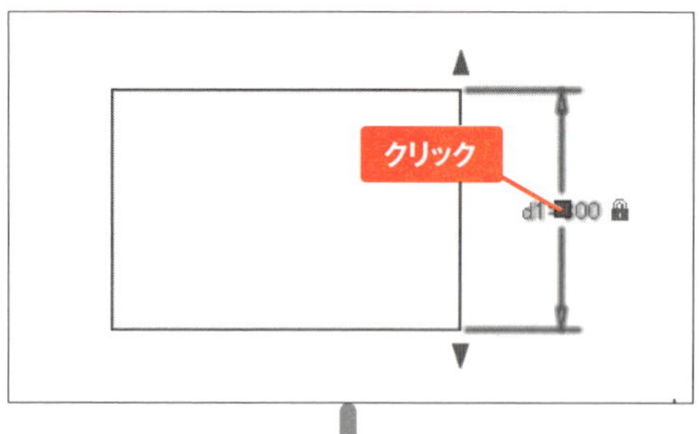

寸法拘束は、寸法拘束の値や計算式をクリックして選択状態にし、 Delete キーを押す。削除する寸法拘束の値がほかの寸法拘束で利用されているときは、下図のメッセージが表示されるので、確認して［OK］ボタンをクリックする。

寸法拘束 - 自動調整寸法ではありません

寸法拘束、または式を持つユーザ定義変数に、数値が設定されました。

寸法拘束が削除されると、そのパラメータ名は、削除された拘束が参照していた式の数値で置き換えられます。

拘束

レイアウト／印刷

作図した図面の縮尺を変更したり、
組み合わせたりできる「レイアウト」の操作や、
印刷する際の設定方法について解説する。

AutoCADの印刷までの流れ

関連ワード▶▶ 印刷 モデル レイアウト

AutoCADでは、[モデル]タブで実寸での作図を行い、[レイアウト]タブに「ビューポート」を作成して印刷する。レイアウトを利用することで、縮尺を簡単に変更できたり、異なった縮尺の図面を一枚に配置できたりする。ここでは、印刷までの大まかな手順を解説する。

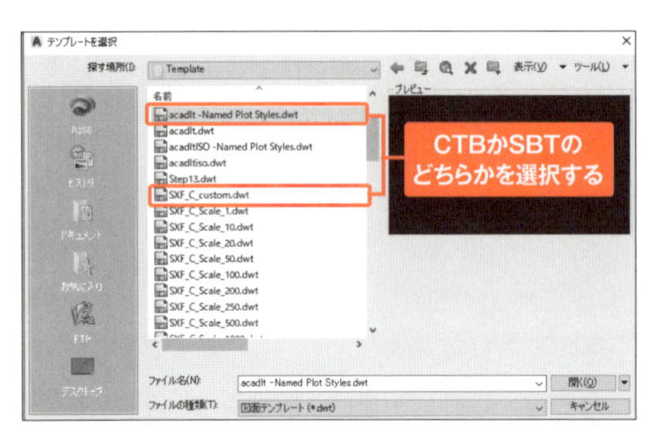

1 印刷スタイルの種類を選択して、図面を新規作成する。

●参照ページ

No.286「印刷スタイルの種類を選択する」

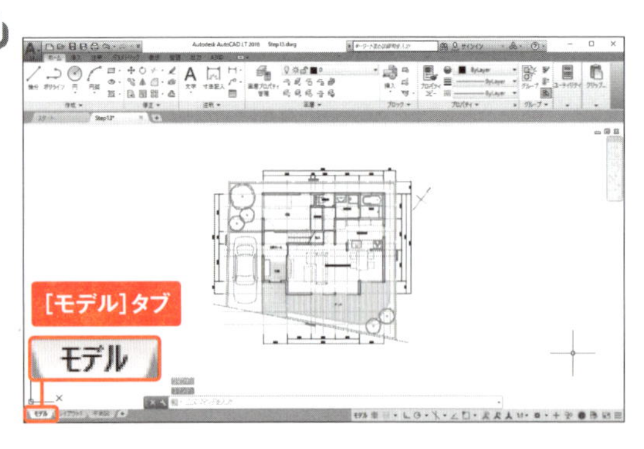

2 [モデル]タブに縮尺を気にせず実寸で作図を行う。

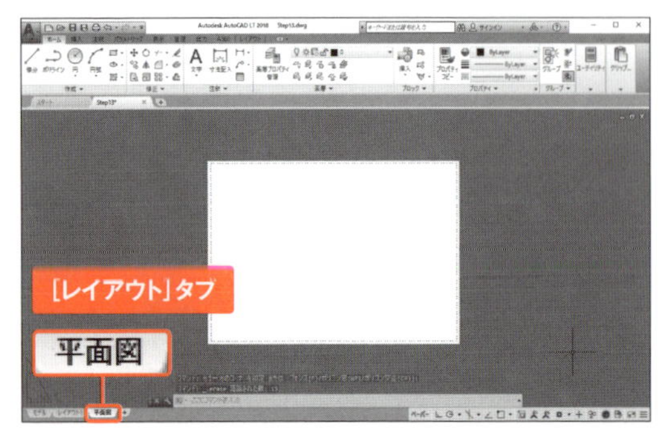

3 [レイアウト]タブ(ここでは、「平面図」と名前を付けている)に用紙の大きさを設定する。

●参照ページ

No.273「レイアウトの用紙の大きさを設定(ページ設定)する」
No.274「ほかのファイルのページ設定を読み込む」

レイアウト/印刷

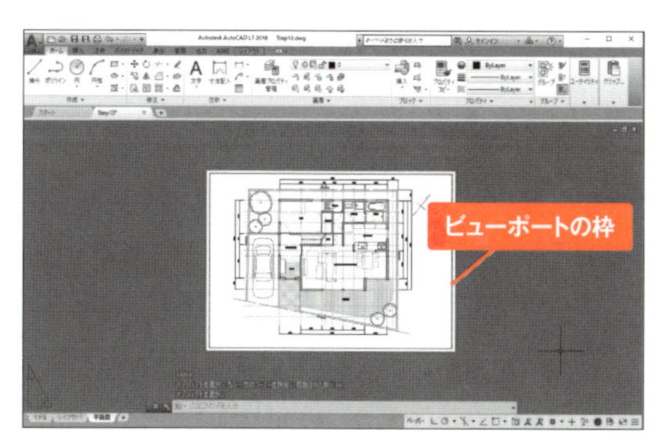

4 ［レイアウト］タブにビューポートを作成し、尺度を設定して図面を表示する。

●**参照ページ**

No.275「**ビューポートを作成する**」
No.276「**印刷範囲に合ったサイズのビューポートを作成する**」
No.277「**自由な形のビューポートを作成する**」
No.278「**ビューポートの尺度を変更する**」
No.279「**ビューポートの表示範囲を変更する**」
No.280「**ビューポートをロックする**」
No.281「**ビューポートを切り替える**」
No.282「**ビューポートを回転する**」
No.283「**ビューポートを作図領域いっぱいにする**」

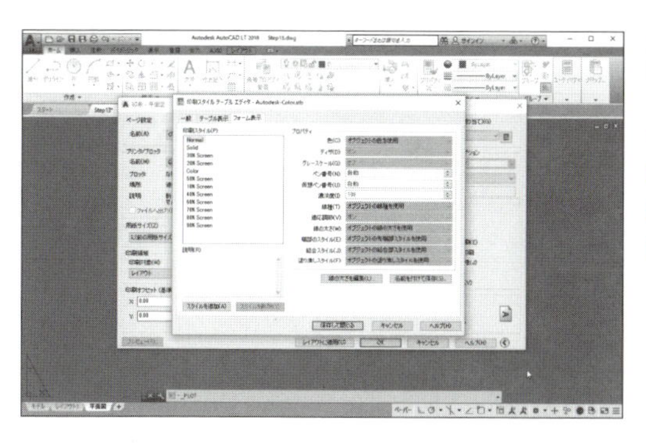

5 「印刷スタイルテーブル」で印刷時の線の太さや色を設定する。

●**参照ページ**

No.288「**印刷スタイルテーブルを編集する**」
No.290「**線の太さを変更して印刷する**」
No.294「**モノクロ(白黒)で印刷する**」

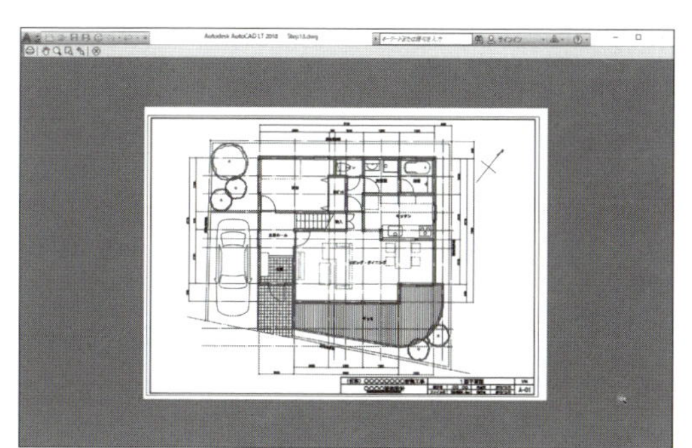

6 印刷を実行する。

●**参照ページ**

No.289「**印刷する([印刷] ダイアログ)**」
No.291「**印刷範囲を指定して印刷する**」
No.292「**すべてのオブジェクトを印刷する**」
No.293「**日付や図面名などを自動入力して印刷する**」
No.295「**PDFファイルに出力する**」

[レイアウト]タブを作成する

関連ワード▶▶ レイアウト

[レイアウト]タブを新規作成し、わかりやすいように名前を変更する。

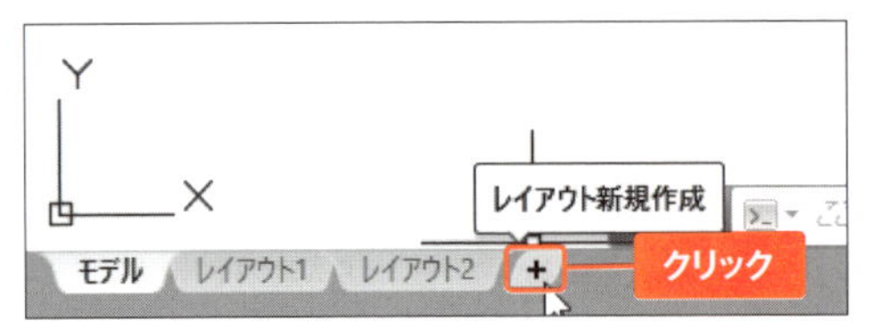

1 [レイアウト]タブの右端にある[+]マーク(レイアウト新規作成)をクリックする。

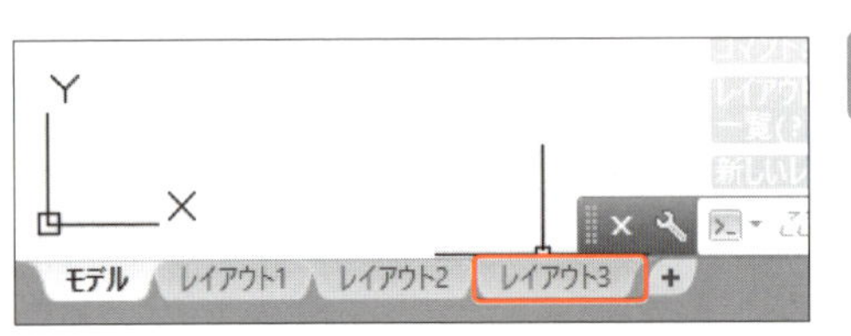

2 [レイアウト]タブ(ここでは、「レイアウト3」)が追加作成される。

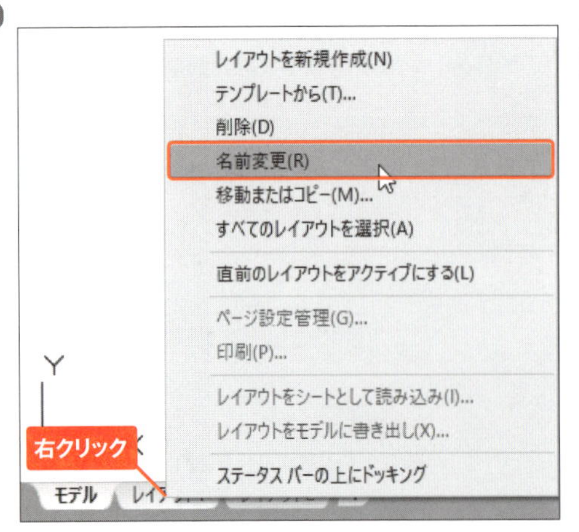

3 名前を変更する[レイアウト]タブ(ここでは、「レイアウト1」)を右クリックし、表示されるコンテキストメニューから[名前変更]を選択する。または、[レイアウト]タブをダブルクリックする。

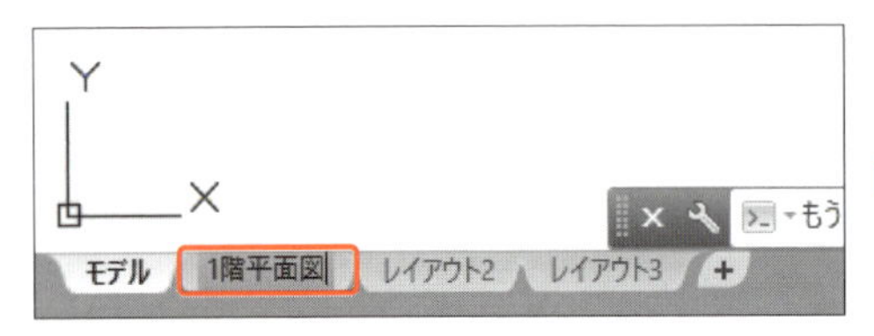

4 レイアウト名が編集モードになるので、新しい名前(ここでは、「**1階平面図**」)を入力して Enter キーを押す。

レイアウト/印刷

No.271

[レイアウト]タブを移動/コピーする

関連ワード▶▶ レイアウト

[レイアウト]タブは、順番を移動したり、コピーしたりできる。

[レイアウト]タブを移動する

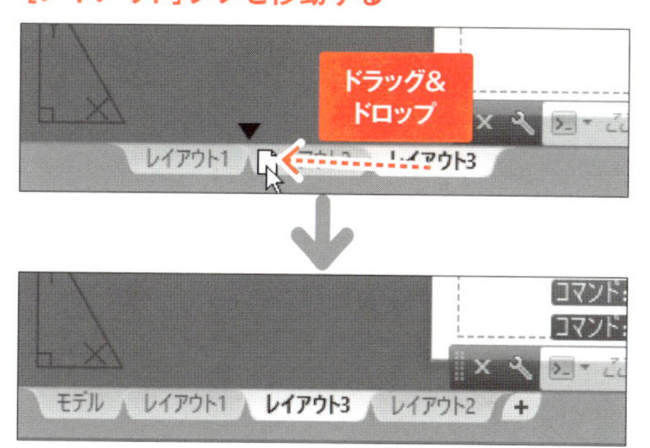

[レイアウト]タブをドラッグ&ドロップすると、移動できる。

[レイアウト]タブをコピーする

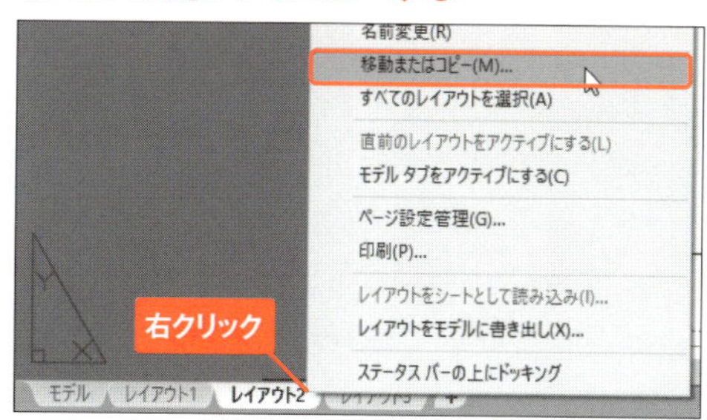

1 [レイアウト]タブをコピーするには、右クリックし、表示されるコンテキストメニューから[移動またはコピー]を選択する。

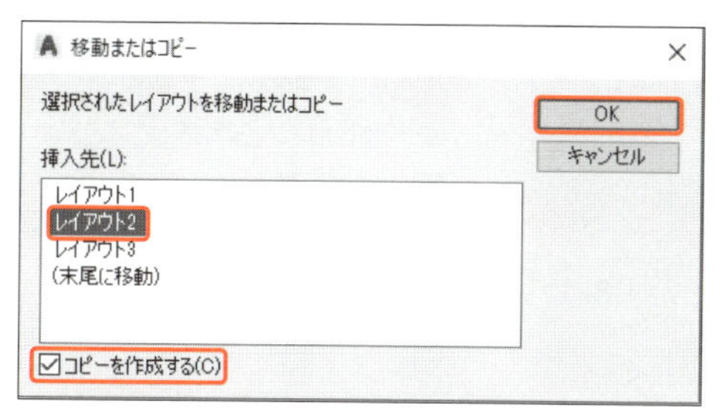

2 表示される[移動またはコピー]ダイアログで[コピーを作成する]にチェックを入れ、タブの挿入位置を[挿入先]リストから選択し、[OK]ボタンをクリックする。

3 手順2で選択した[レイアウト]タブの前にコピーが作成される。

ほかのファイルから[レイアウト]タブをコピーする

関連ワード▶▶ レイアウト

ほかの図面ファイルから［レイアウト］タブをコピーすることができる。作図されている図形や外部参照も含めてコピーされる。

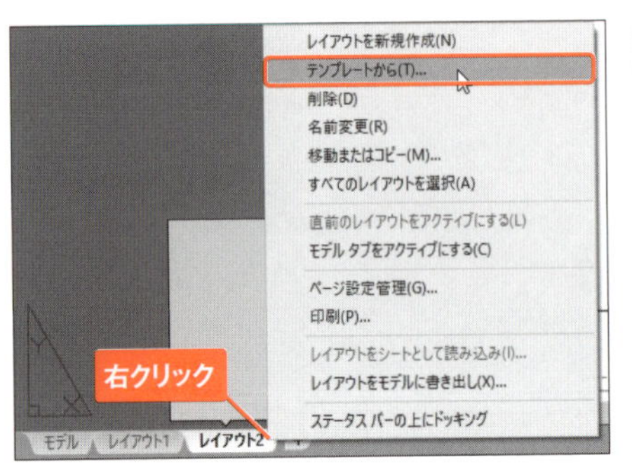

1 ［レイアウト］タブを右クリックし、表示されるコンテキストメニューから［テンプレートから...］を選択する。

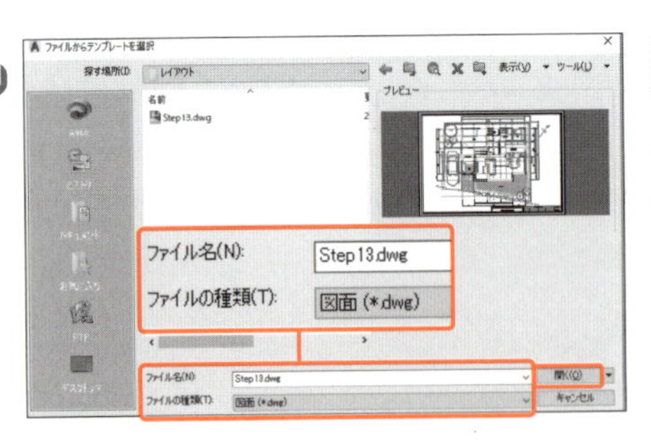

2 表示される［ファイルからテンプレートを選択］ダイアログの［ファイルの種類］に［図面(*.dwg)］を選択する。［レイアウト］タブのコピー元となる図面（ここでは、「Step13.dwg」）を選択して［開く］ボタンをクリックする。

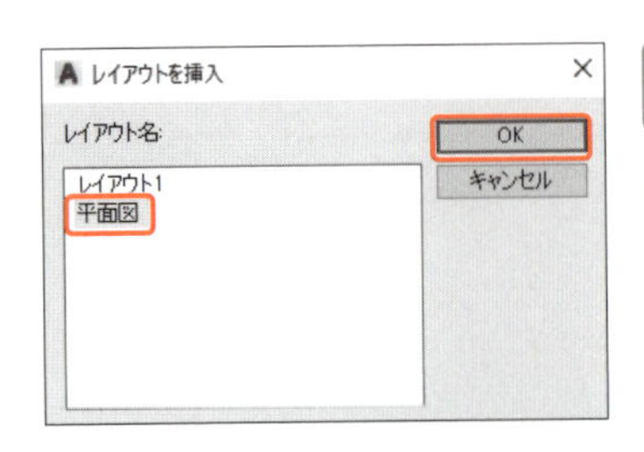

3 ［レイアウトを挿入］ダイアログが表示されるので、コピーする［レイアウト］タブの名前（ここでは、「平面図」）を選択して［OK］ボタンをクリックする。

4 選択したレイアウトとその内容が現在の図面ファイルにコピーされる。

レイアウトの用紙の大きさを設定(ページ設定)する

関連ワード▶▶ レイアウト ページ設定

[ページ設定] ダイアログで、レイアウトの用紙の大きさの設定を行う。ここでは、A3サイズの横向き表示のページ設定を作成する。

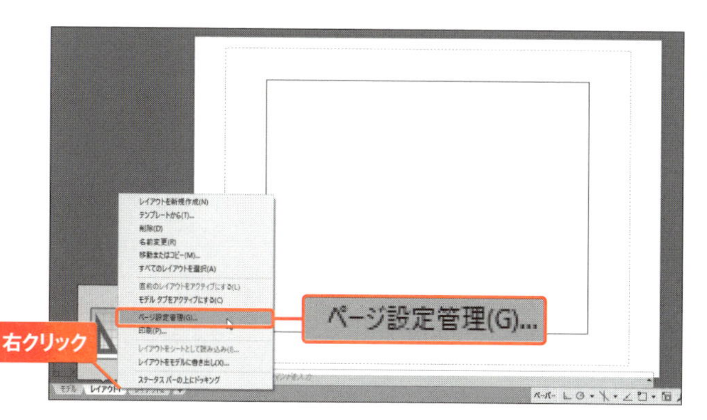

1 [レイアウト] タブを右クリックし、表示されるコンテキストメニューから[ページ設定管理]を選択する。

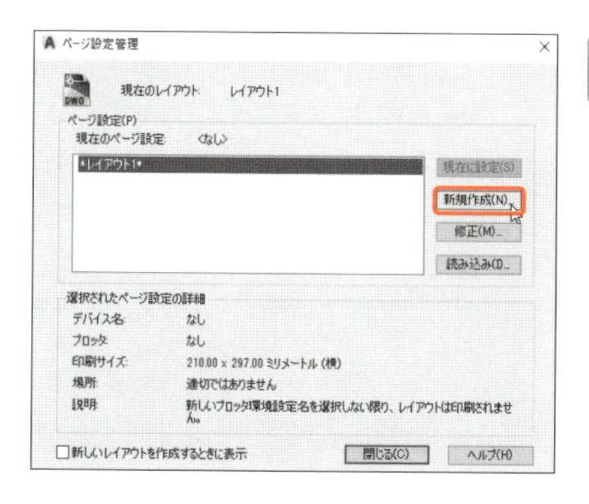

2 表示される[ページ設定管理]ダイアログの[新規作成]ボタンをクリックする。

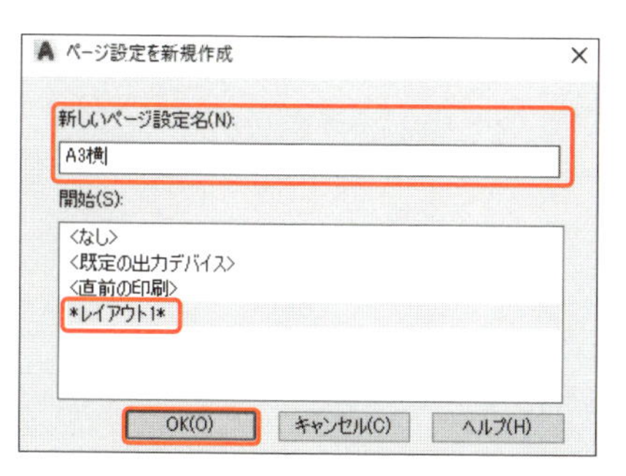

3 [ページ設定を新規作成]ダイアログが表示される。[新しいページ設定名]に名前(ここでは、「**A3横**」)を入力し、[開始]リストから基にするページ設定(ここでは「レイアウト1」)を選択して[OK]ボタンをクリックする。

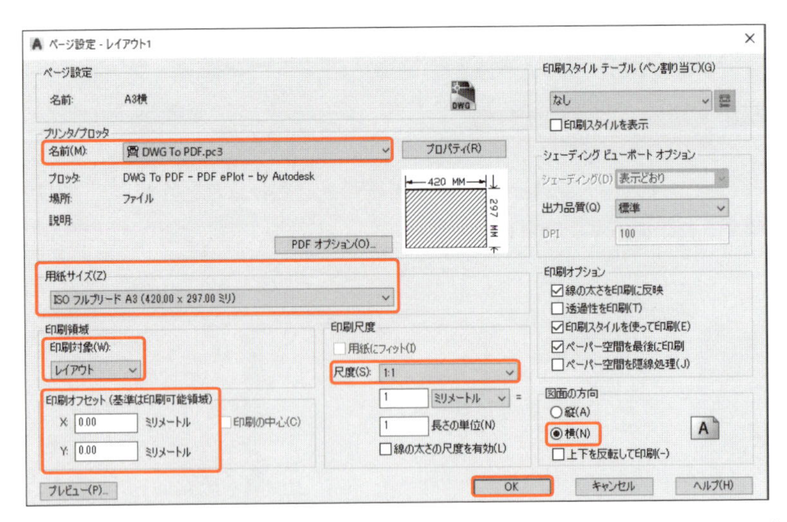

4 ［ページ設定］ダイアログが表示される。［プロッタ/プリンタ］にプリンタ（ここでは、「DWG To PDF.pc3」）を選択し、［用紙サイズ］に用紙のサイズ（ここでは、「ISOフルブリード A3（420.00 x 297.00 ミリ）」）を選択する。［印刷対象］に［レイアウト］を選択、［印刷オフセット］は［X］［Y］ともに「0」を入力、［印刷尺度］に［1:1］を選択、［用紙方向］は［横］を選択して［OK］ボタンをクリックする。

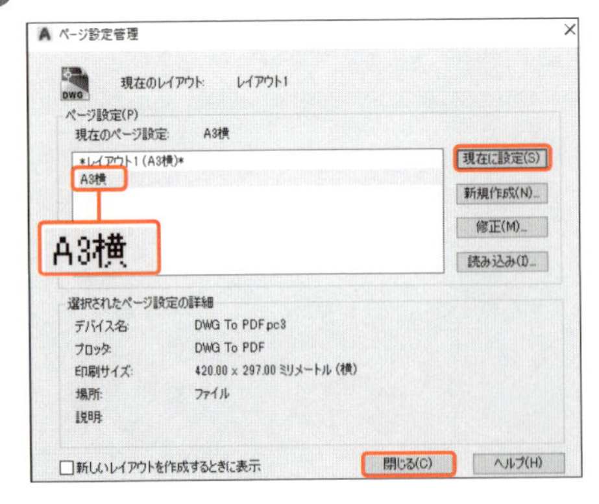

5 ［ページ設定管理］ダイアログに戻ると、［ページ設定］のリストに「A3横」が追加されているので、選択して［現在に設定］ボタンをクリックする。［閉じる］ボタンをクリックしてダイアログを閉じる。

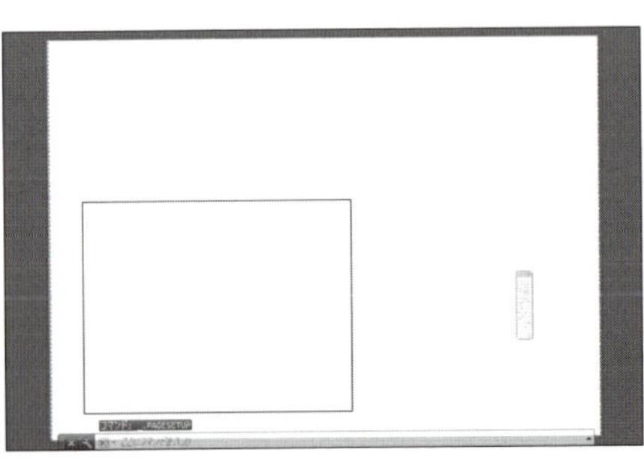

6 レイアウトに戻るので、用紙の大きさ（白い背景部分）が変更されていることを確認する。

ほかのファイルのページ設定を読み込む

関連ワード▶▶ レイアウト ページ設定

ほかの図面ファイルからページ設定（No.273「レイアウトの用紙の大きさを設定（ページ設定）する」参照）を読み込むことができる。

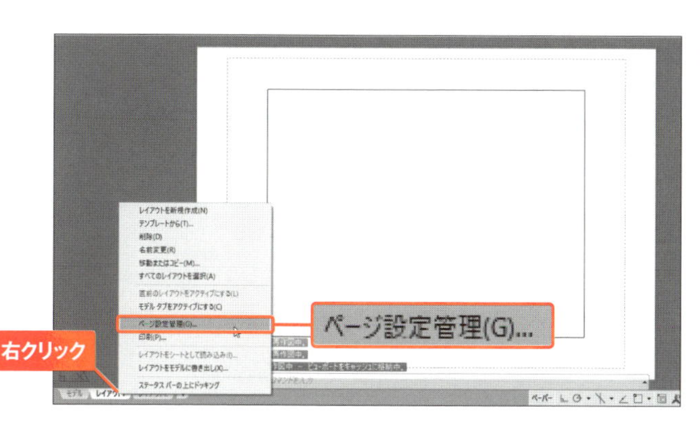

1 ［レイアウト］タブを右クリックし、表示されるコンテキストメニューから［ページ設定管理］を選択する。

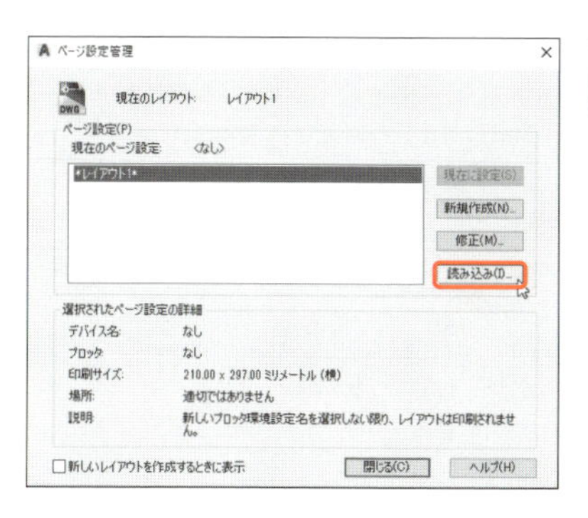

2 表示される［ページ設定管理］ダイアログの［読み込み］ボタンをクリックする。

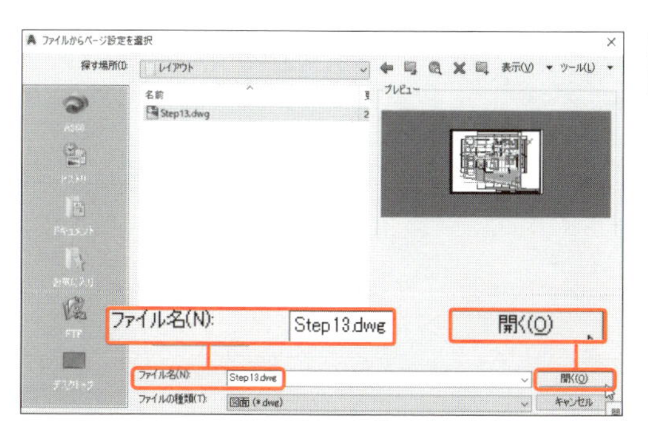

3 ［ファイルからページ設定を選択］ダイアログが表示されるので、ページ設定を読み込む図面ファイル（ここでは、「Step13.dwg」）を選択して［開く］ボタンをクリックする。

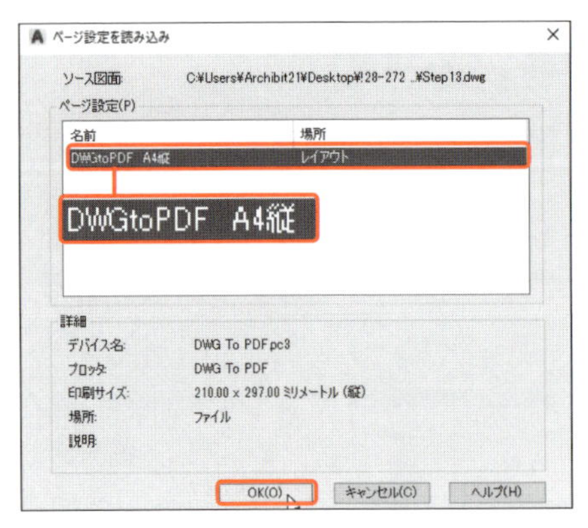

4 [ページ設定を読み込み]ダイアログが表示されるので、[ページ設定]リストから読み込みたいページ設定(ここでは、「DWGtoPDF A4縦」)を選択して[OK]ボタンをクリックする。ここで選択できるのは名前が付いているページ設定に限られる。

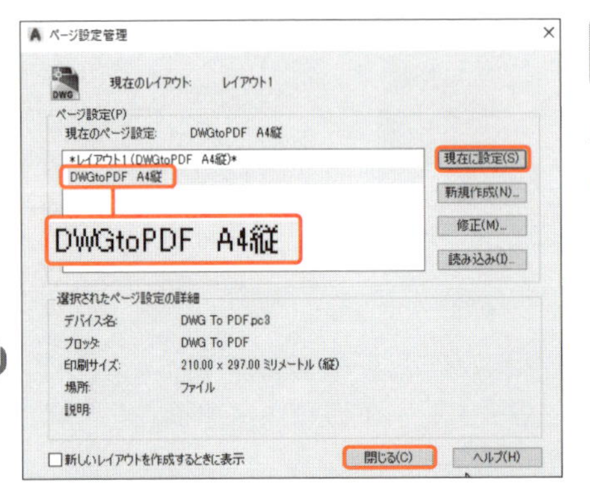

5 [ページ設定管理]ダイアログに戻ると、[ページ設定]のリストに「DWGtoPDF A4縦」が追加されているので、選択して[現在に設定]ボタンをクリックする。[閉じる]ボタンをクリックしてダイアログを閉じる。

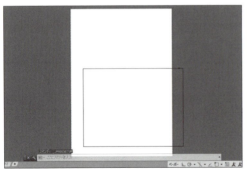

6 レイアウトに戻るので、用紙の大きさ(白い背景部分)が変更されていることを確認する。

ビューポートを作成する

関連ワード▶▶ レイアウト ビューポート

ビューポートはモデルをのぞきこむ窓のようなものだ。レイアウトにビューポートを配置することで、モデルの内容を表示させることができる。

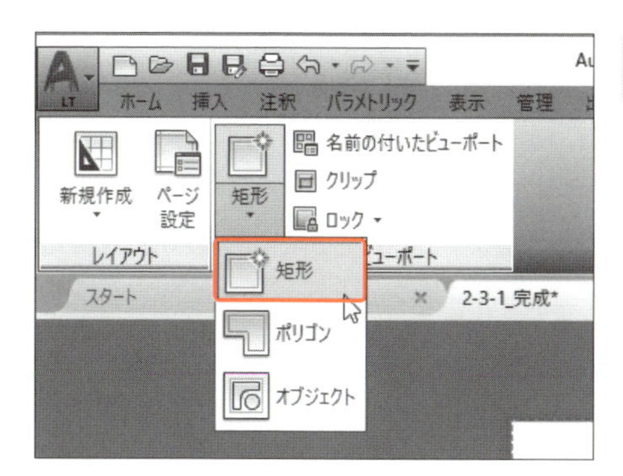

1 [レイアウト]タブ—[レイアウトビューポート]パネル—[矩形]を選択する。

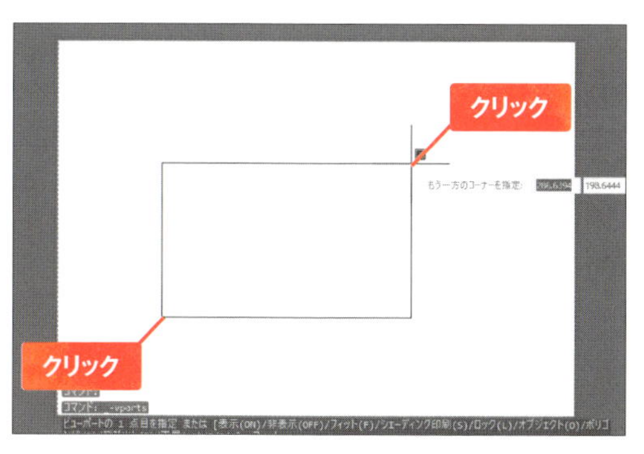

2 「ビューポートの1点目を指定」と表示されるので、ビューポートの1点目をクリックする。続けて「もう一方のコーナー点を指定」と表示されるので、対角をクリックする。

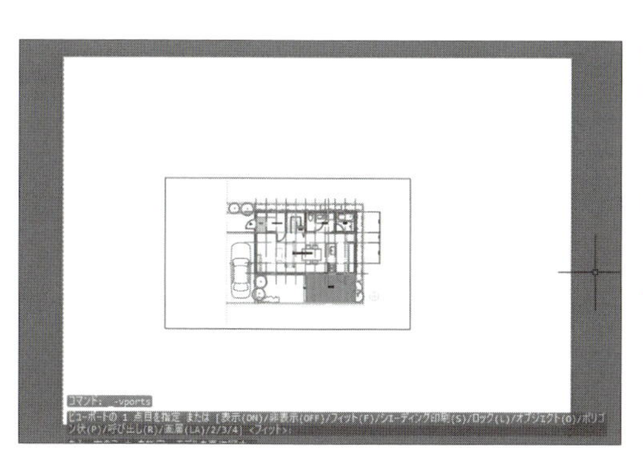

3 指示した矩形の枠が作成され、[モデル]タブの内容が表示される。

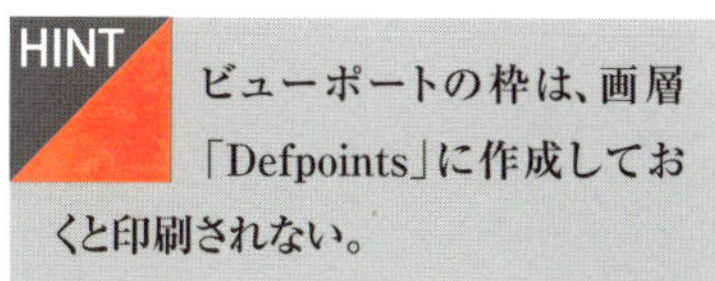
HINT

ビューポートの枠は、画層「Defpoints」に作成しておくと印刷されない。

印刷範囲に合ったサイズのビューポートを作成する

関連ワード▶▶ レイアウト ビューポート 印刷範囲

ビューポート作成時に［フィット（F）］オプションを利用することで、印刷範囲にぴったり合ったサイズのビューポートが作成できる。

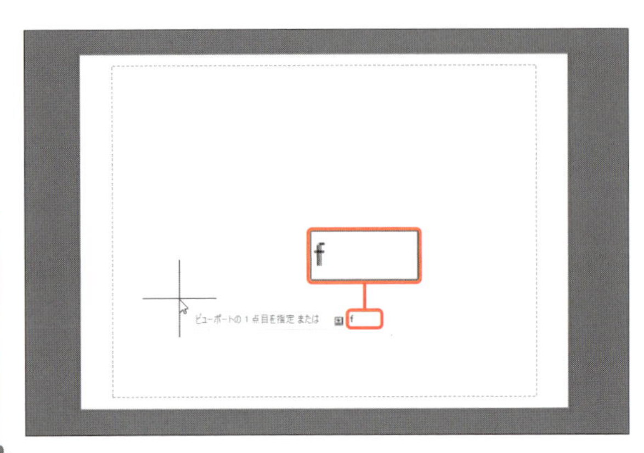

1 ［レイアウト］タブ―［レイアウトビューポート］パネル―［矩形］を選択する。「ビューポートの1点目を指定」と表示されるが、［フィット(F)］オプションの「f」を入力して Enter キーを押す。

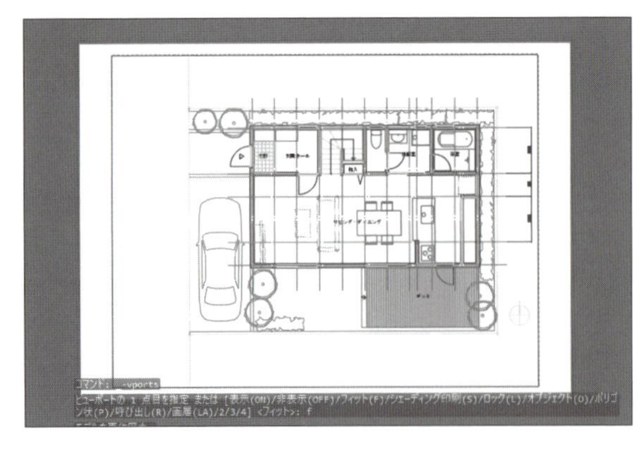

2 印刷範囲にぴったり合ったサイズのビューポートが作成される。

No.277

自由な形のビューポートを作成する

関連ワード▶▶ レイアウト ビューポート ポリライン

自由な形のポリラインをビューポート枠に変換することができる。

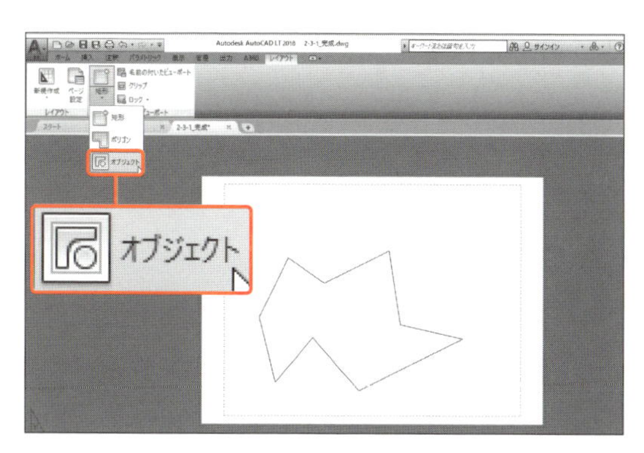

1 あらかじめビューポート枠の基となるポリラインを作成しておく(No.091「ポリライン(連続線)をかく」参照)。[レイアウト]タブ―[レイアウトビューポート]パネル―[オブジェクト]を選択する。

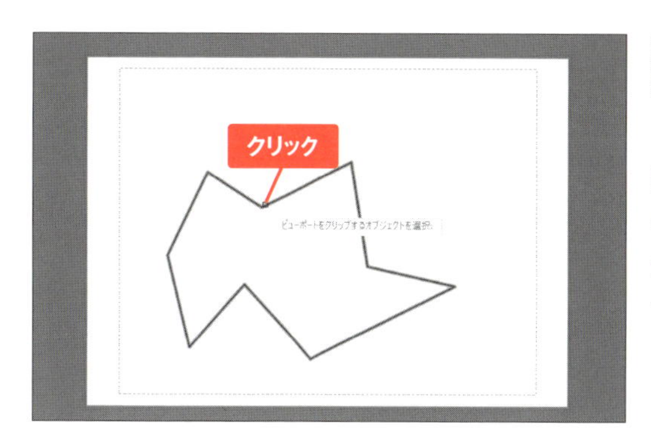

2 「ビューポートの1点目を指定」と表示されるが、[オブジェクト(O)]オプションの「o」を入力して Enter キーを押す。「ビューポートをクリップするオブジェクトを選択」と表示されるので、ポリラインをクリックする。

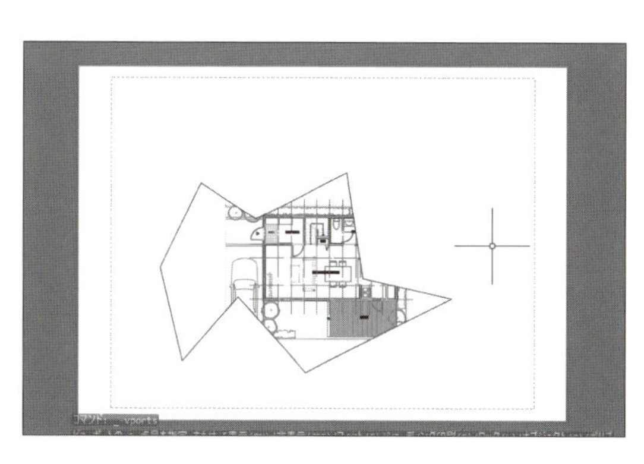

3 ポリラインがビューポートに変換され、モデルが表示される。

HINT

ポリラインは閉じていないと、ビューポートに変換されない。

No.278 ビューポートの尺度を変更する

関連ワード▶▶ レイアウト　ビューポート　尺度

ビューポートの尺度を変更する。ビューポートごとに尺度を変えることができるので、1枚のレイアウトに複数のビューポートを配置すれば、異なる尺度の図を配置できる。

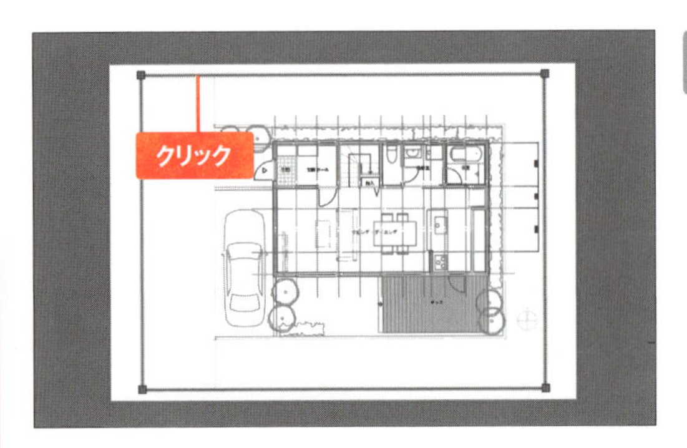

1 ビューポートの枠をクリックして選択状態にする。

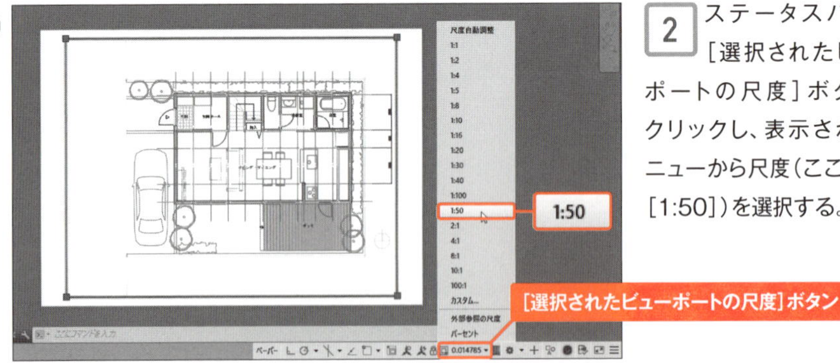

2 ステータスバーの[選択されたビューポートの尺度]ボタンをクリックし、表示されるメニューから尺度(ここでは、[1:50])を選択する。

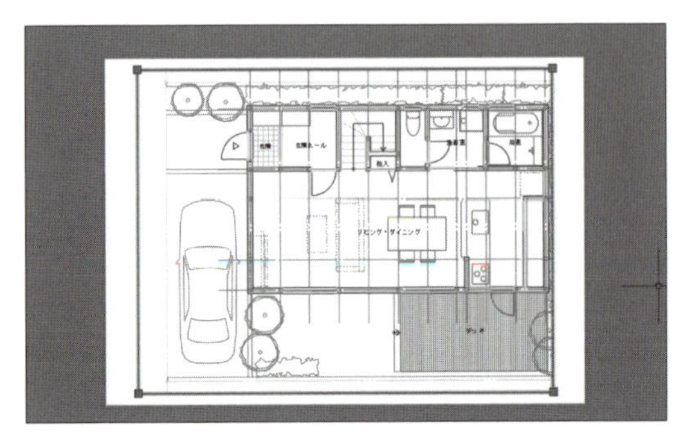

3 ビューポート内のモデルが指定した尺度で表示される。

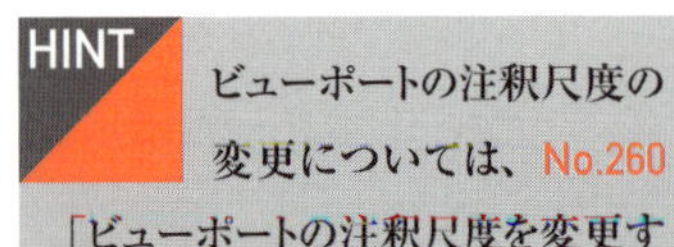

HINT

ビューポートの注釈尺度の変更については、No.260「ビューポートの注釈尺度を変更する」を参照。

ビューポートの表示範囲を変更する

関連ワード▶▶ レイアウト ビューポート

ビューポートの枠内をダブルクリックすると、[画面移動]コマンドや[ズーム]コマンドを用いてビューポート内の表示範囲を変更できる。

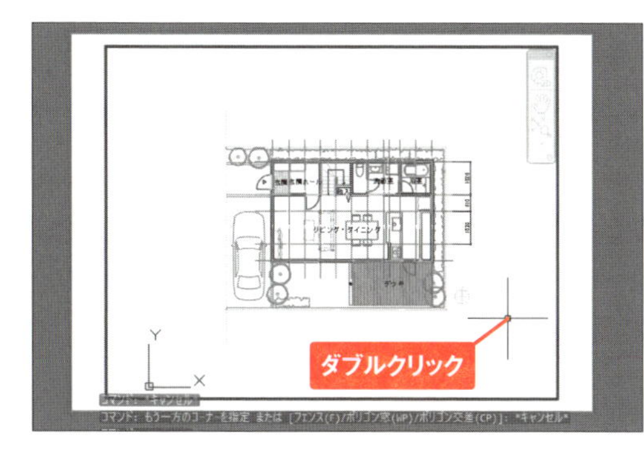

1 ビューポートの枠内をダブルクリックすると、枠が選択色になり、[モデル]タブの表示内容を変更できるようになる。

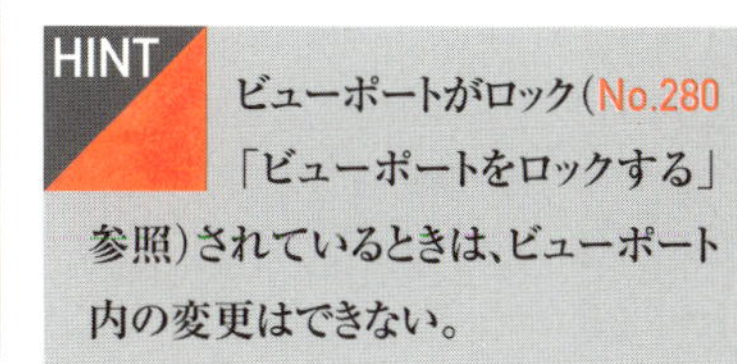
HINT
ビューポートがロック(No.280「ビューポートをロックする」参照)されているときは、ビューポート内の変更はできない。

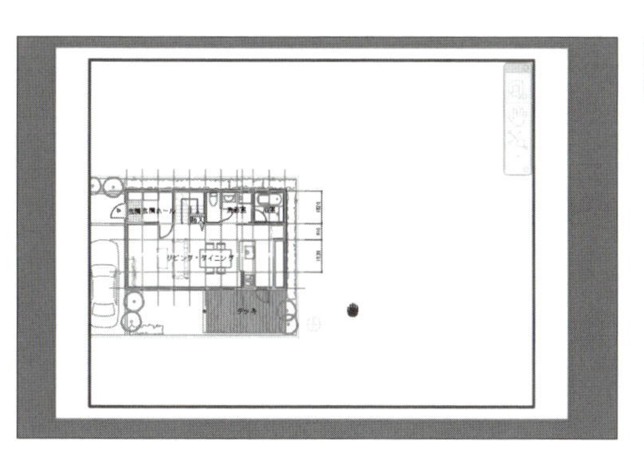

2 [画面移動]コマンドで表示範囲を移動できる。

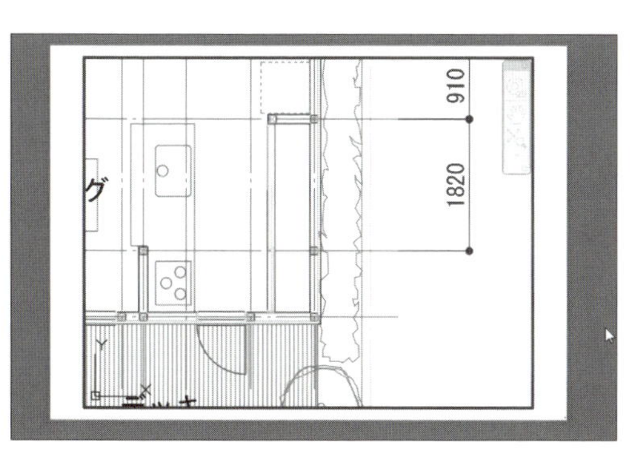

3 [ズーム]コマンドで拡大／縮小が行える。ただし、尺度が変更されるので注意が必要だ。

ビューポートをロックする

関連ワード▶▶ レイアウト ビューポート ロック

ビューポートの尺度や表示範囲を誤って変更しないように、ロックしておくことができる。

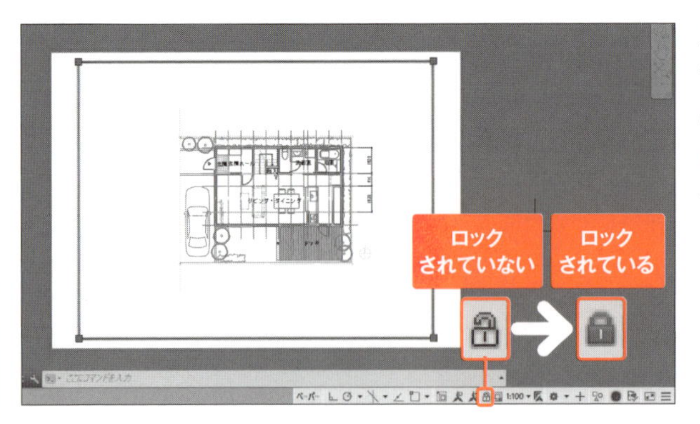

ステータスバーにある鍵のマークをクリックすると、鍵のマークが青色に変わり、ロックされる。再度クリックすると、ロックが解除される。

No.281

ビューポートを切り替える

関連ワード▶▶ レイアウト ビューポート

ビューポートの数が多かったり、重なったりしていて、枠をクリックしづらい場合は、Ctrl + R キーで切り替えることができる。

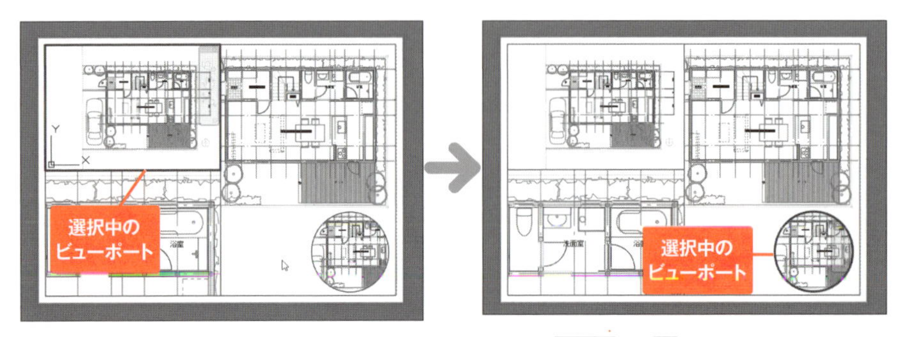

1つのビューポートの枠内をダブルクリックして選択する。 Ctrl + R キーを押すごとに選択中のビューポートが切り替わる。

ビューポートを回転する

関連ワード▶▶ レイアウト ビューポート

ビューポートを回転するには、ビューポートの枠を選択して［回転］コマンドを使う。ただし、初期設定ではビューポート内の表示内容も回転されるので、枠のみを回転させたい場合はシステム変数［VPROTATEASSOC］の値を「0」に変更する。

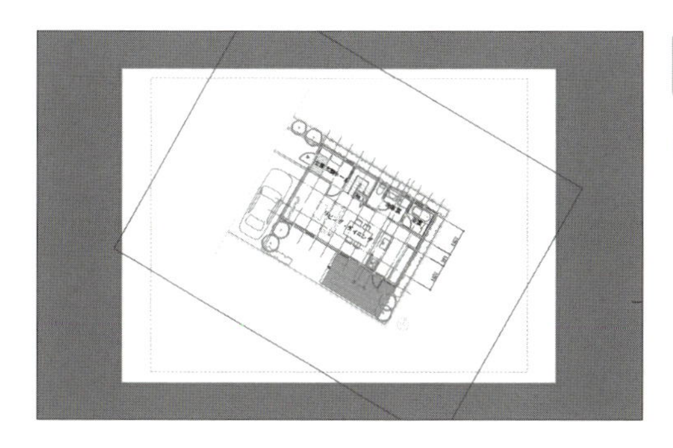

1 ビューポートを選択して［回転］コマンドで回転させると、初期設定ではビューポート内の表示内容も回転される。

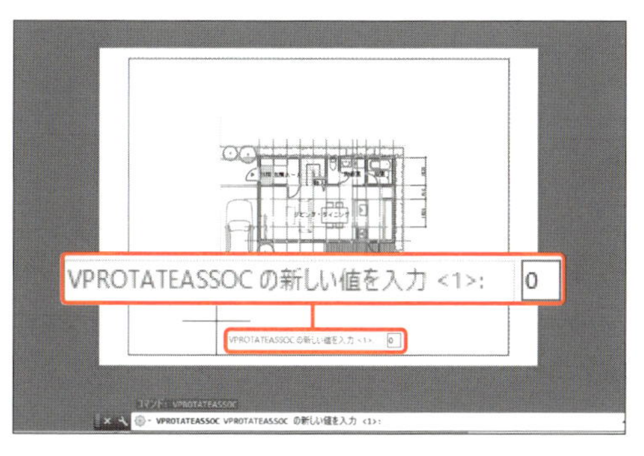

2 コマンドラインに「vprotateassoc」と入力して Enter キーを押す。「VPROTATEASSOCの新しい値を入力」と表示されるので、「0」を入力して Enter キーを押す。

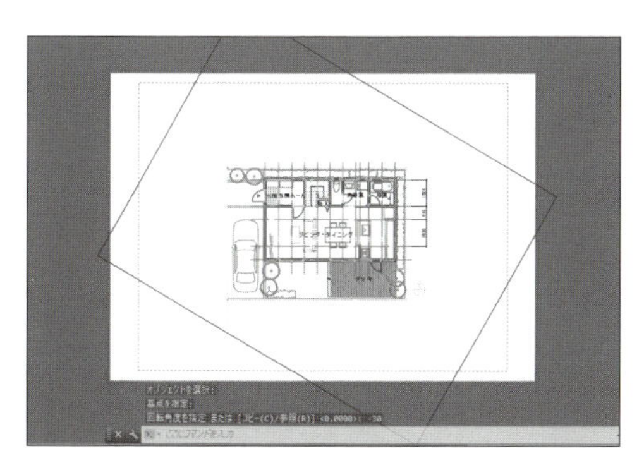

3 手順1と同様にビューポートの枠を回転させると、ビューポート内の表示内容はそのままで枠のみが回転される。

HINT 枠の位置はそのままで、ビューポートの表示内容のみを回転させたいときはUCSを変更する（No.077「座標軸(UCS)に合わせてビューを回転する」参照）。

レイアウト／印刷

ビューポートを作図領域いっぱいにする

関連ワード▶▶ レイアウト ビューポート

ビューポート内を編集するときなどに、作図領域いっぱいに表示したい場合は、ステータスバーの［ビューポートを最大化］ボタンを使う。

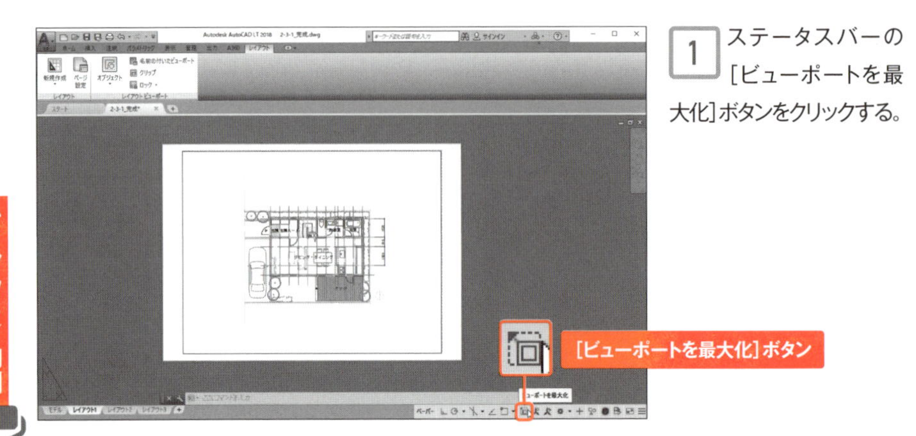

1 ステータスバーの［ビューポートを最大化］ボタンをクリックする。

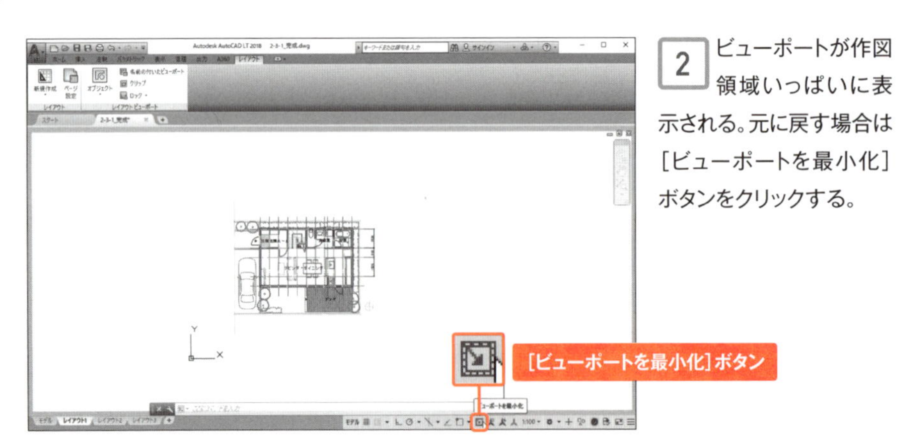

2 ビューポートが作図領域いっぱいに表示される。元に戻す場合は［ビューポートを最小化］ボタンをクリックする。

[レイアウト]タブの内容を[モデル]タブに書き出す

関連ワード▶▶ レイアウト　モデル

[レイアウト] タブに表示されたままの状態を [モデル] タブに書き出すことができる。

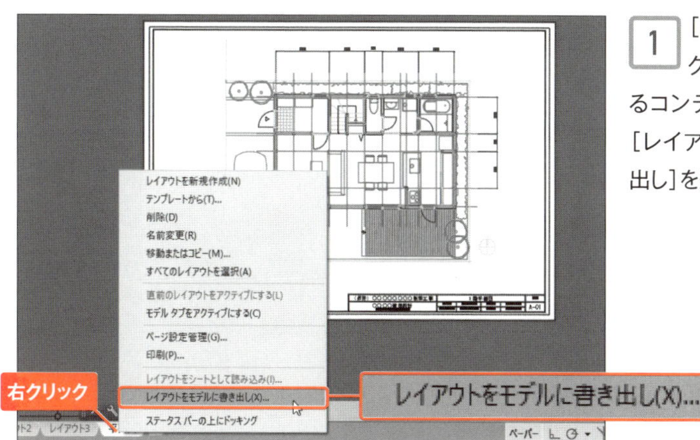

1 [レイアウト]タブを右クリックし、表示されるコンテキストメニューから[レイアウトをモデルに書き出し]を選択する。

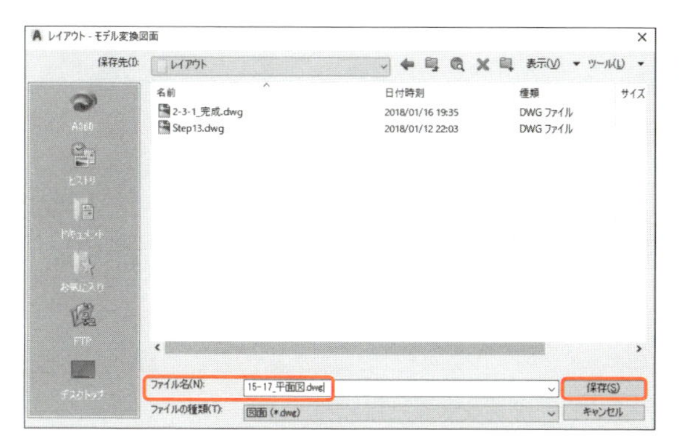

2 [レイアウト - モデル変換図面]ダイアログが表示されるので、ファイル名(ここでは、「15-17_平面図」)を入力して[保存]ボタンをクリックする。

3 ファイルが書き出され、「ファイルは正常に作成されました。開きますか?」というメッセージが表示されるので[開く]ボタンをクリックする。

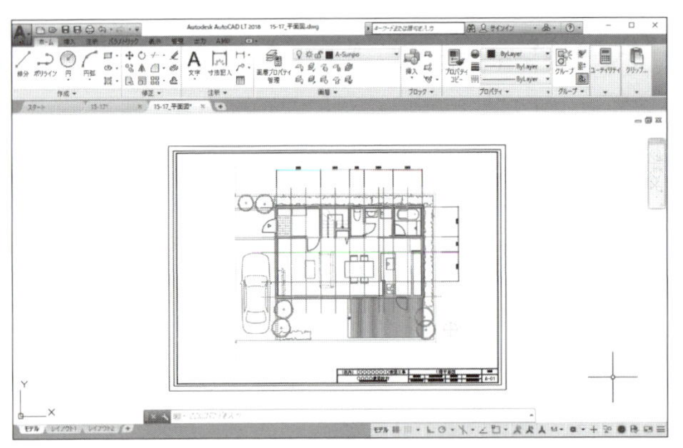

4 ファイルを開くと、[レイアウト]タブの内容が[モデル]タブに作図されていることが確認できる。

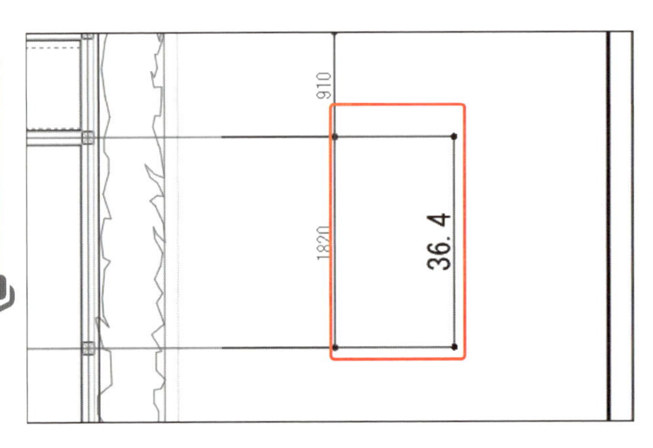

5 [レイアウト]タブで設定した尺度(ここでは、「1:50」)の状態で書き出されるので、「1820」と記入された寸法部分に新しく寸法を記入してみると、「36.4」になる。一方で図面枠などはブロックとして書き出されるため、そのまま1/1で変換される。

[レイアウト]タブのオブジェクトを[モデル]タブにコピーする

関連ワード▶▶ レイアウト　モデル

[レイアウト] タブにあるオブジェクトを [モデル] タブにコピーするときは [空間変更(CHSPACE)] コマンドを使う。ここでは、[レイアウト] タブの図面枠を [モデル] タブにコピーする。

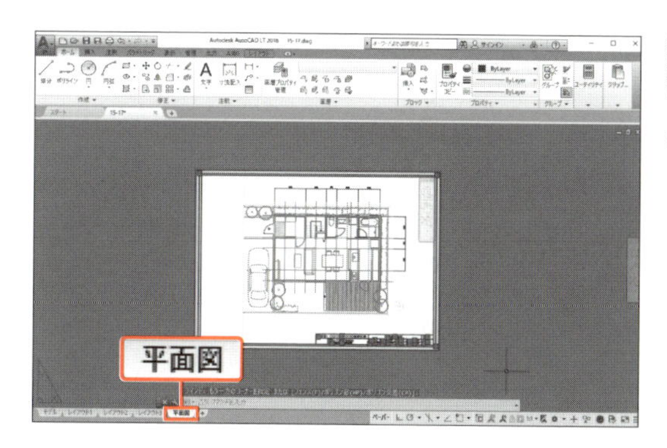

1 [レイアウト]タブでコピーしたいオブジェクト(ここでは、図面枠)を選択状態にする。

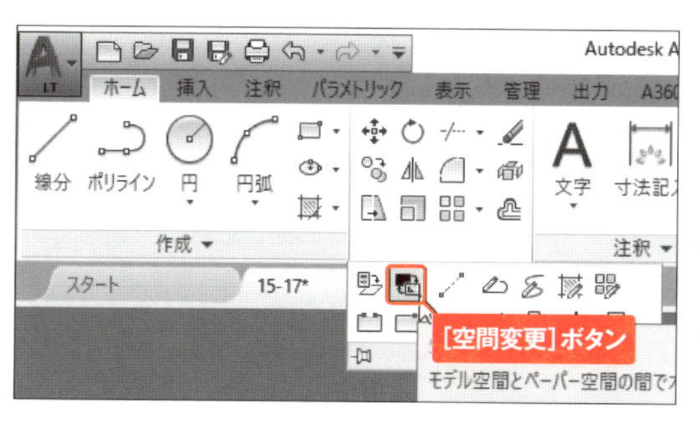

2 [ホーム]タブ—[修正]パネルのパネルタイトルをクリックして展開し、[空間変更]ボタンをクリックする。

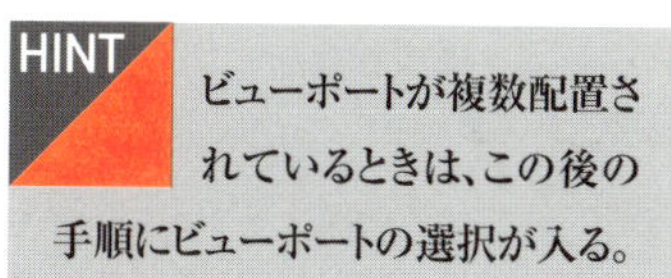

HINT
ビューポートが複数配置されているときは、この後の手順にビューポートの選択が入る。

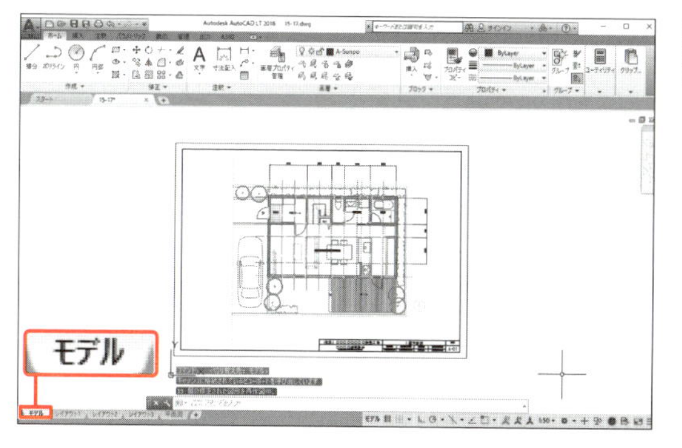

3 選択したオブジェクトがビューポートの尺度に応じた倍率で[モデル]タブにコピーされる。

レイアウト/印刷

印刷スタイルの種類を選択する

関連ワード▶▶ 印刷 印刷スタイルテーブル

印刷時の線の色／太さ／線種は「印刷スタイルテーブル」で管理されている。印刷スタイルテーブルには、線の色／太さ／線種などを画面上の色で制御する「色従属印刷スタイルテーブル (CTB)」と、印刷スタイル名で制御する「名前の付いた印刷スタイルテーブル (STB)」の2種類がある。新規図面の作成時にどちらかの印刷スタイルを選択する。

テンプレートから選択する場合

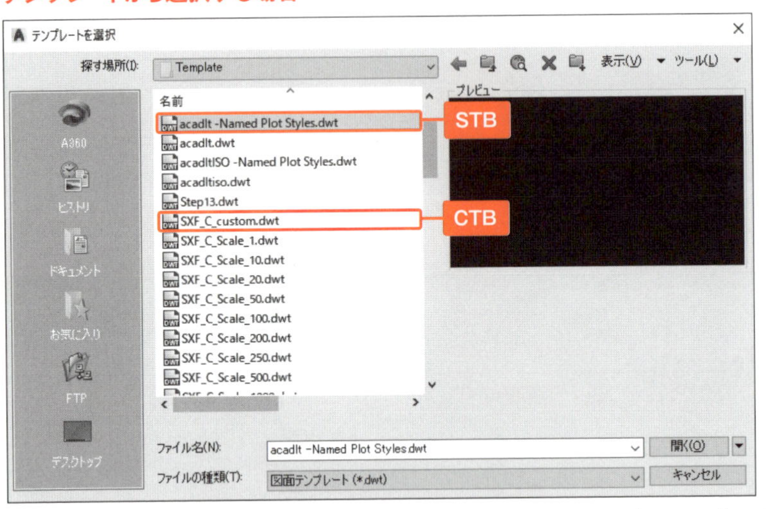

新規図面を作成する際に表示される［テンプレートを選択］ダイアログのテンプレートのリストの中で、ファイル名に「Named Plot Styles」が含まれているテンプレートは「名前の付いた印刷スタイルテーブル（STB）」、それ以外は「色従属印刷スタイルテーブル（CTB）」となる。いずれかのテンプレートを選択して［開く］ボタンをクリックする。選択した印刷スタイルテーブルのテンプレートが開く。

［オプション］ダイアログで選択する場合

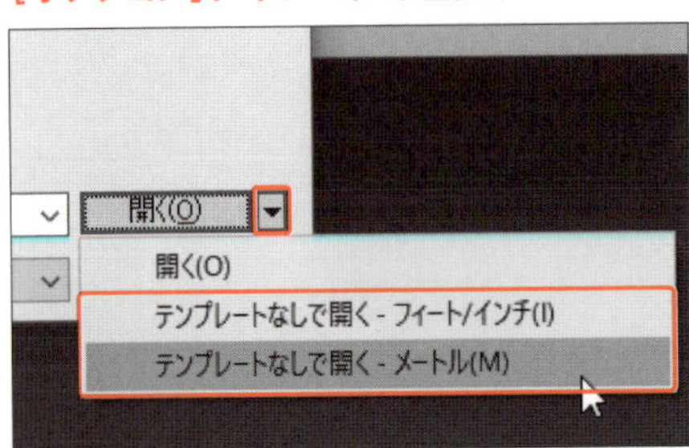

1 ［テンプレートを選択］ダイアログの［開く］ボタンの横にある［▼］をクリックして表示されるメニューから［テンプレートなしで開く］を選択して新規図面を作成した場合は、手順2の［オプション］ダイアログで印刷スタイルの設定を選択できる。

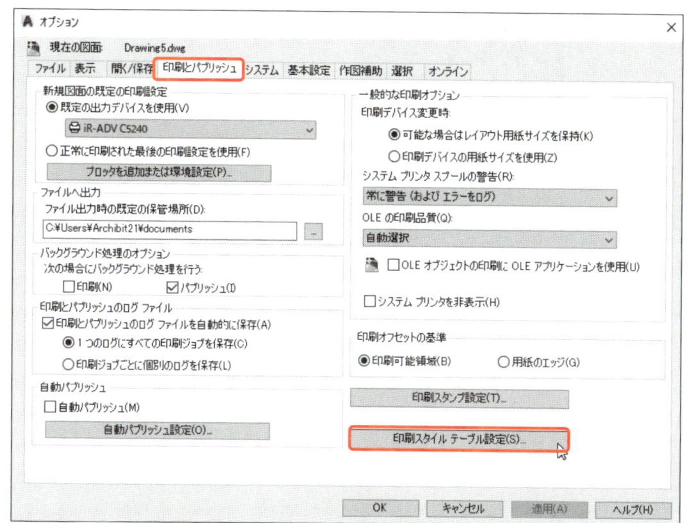

2 アプリケーションメニューの[オプション]ボタンをクリックして表示される[オプション]ダイアログの[印刷とパブリッシュ]タブで、[印刷スタイルテーブル設定]ボタンをクリックする。

印刷スタイル テーブル設定

新規図面の既定の印刷スタイル
色従属印刷スタイルを使用(D)
名前の付いた印刷スタイルを使用(N)

現在の印刷スタイル テーブル設定
既定の印刷スタイル テーブル(T):
なし
画層 0 の既定の印刷スタイル(L):
ByColor
オブジェクトの既定の印刷スタイル(O):
ByColor

印刷スタイル テーブルを追加または編集(S)...

OK キャンセル ヘルプ(H)

3 表示される[印刷スタイルテーブル設定]ダイアログの[新規図面の既定の印刷スタイル]項目で、[色従属印刷スタイルを使用]と[名前の付いた印刷スタイルを使用]のいずれかを選択して[OK]ボタンをクリックする。

印刷スタイルテーブルを変更する

関連ワード▶▶ 印刷 印刷スタイルテーブル

ファイルを新規作成した後から印刷スタイルテーブルを変更する場合は、[印刷スタイル変換(CONVERTPSTYLES)]コマンドを使う。「色従属印刷スタイルテーブル(CTB)」から「名前の付いた印刷スタイルテーブル(STB)」に変更する際は、印刷スタイルテーブルファイルも変更しなければならない。ここでは、CTBからSTBに変更する手順を解説する。

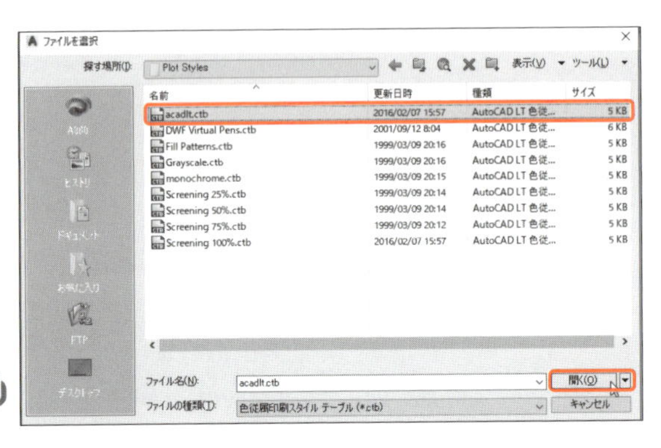

1 コマンドラインに[CTB変換]コマンドの「convertctb」を入力して Enter キーを押す。[ファイルを選択]ダイアログが表示されるので、現在の印刷スタイルテーブル(ここでは、「acadlt.ctb」)を選択して[開く]ボタンをクリックする。

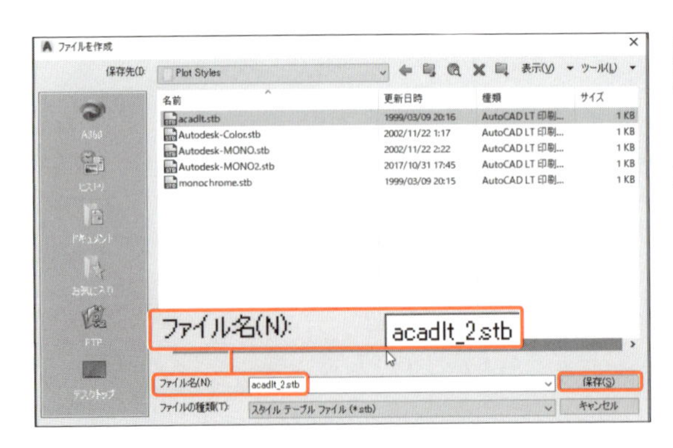

2 [ファイルを作成]ダイアログが表示されるので、[ファイル名]に変更後の印刷スタイルテーブル名(ここでは、「acadlt_2.stb」)を入力して[保存]ボタンをクリックする。

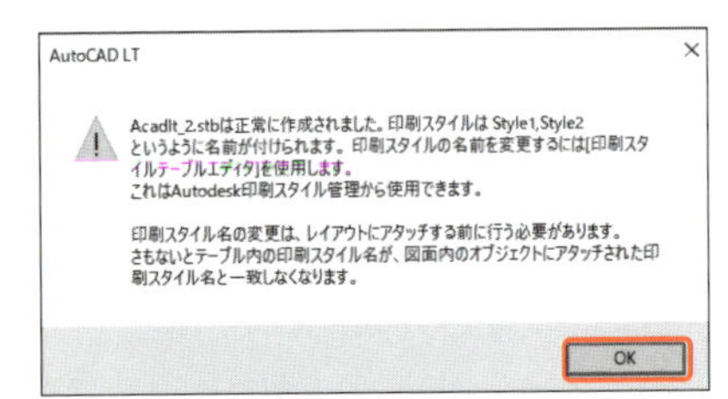

3 印刷スタイルテーブルが新しく作成された旨のメッセージが表示されるので[OK]ボタンをクリックする。

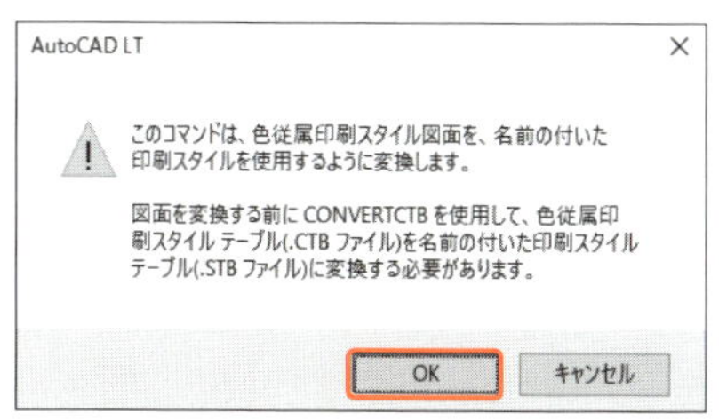

4 印刷スタイルを変更する。コマンドラインに［印刷スタイル変換］コマンドの「convertpstyles」を入力して Enter キーを押す。印刷スタイルテーブルを変更する必要がある旨のメッセージが表示されるので［OK］ボタンをクリックする。

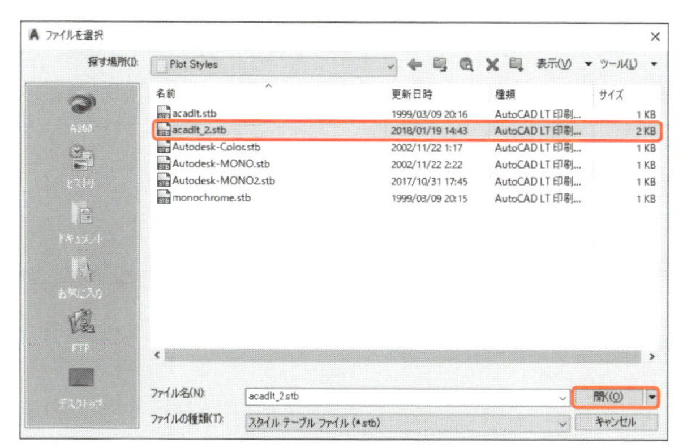

5 ［ファイルを選択］ダイアログが表示されるので、手順 2 で作成した印刷スタイルテーブル（ここでは、「acadlt_2.stb」）を選択して［開く］ボタンをクリックする。

変換先のファイル: C:\Users\Archibit21\AppData\Roaming\Autodesk\AutoCAD LT
Styles\acadlt_2.stb
コマンド: CONVERTPSTYLES
図面は、色従属モードから名前の付いた印刷スタイル モードに変換されました。
ここにコマンドを入力
モデル

6 図のような、CTBからSTBに変更された旨のメッセージがコマンドラインに表示される。

STBからCTBに変更する場合は、印刷スタイルテーブルファイルの変更は必要ないので、手順 4 と同様にして［印刷スタイル変換］コマンドを実行すればよい。

印刷スタイルテーブルを編集する

関連ワード▶▶ 印刷 印刷スタイルテーブル

印刷スタイルテーブルの内容の編集は、[印刷スタイルテーブルエディタ]ダイアログで行う。編集後に保存すると、現在の印刷スタイルテーブルに上書き保存される。

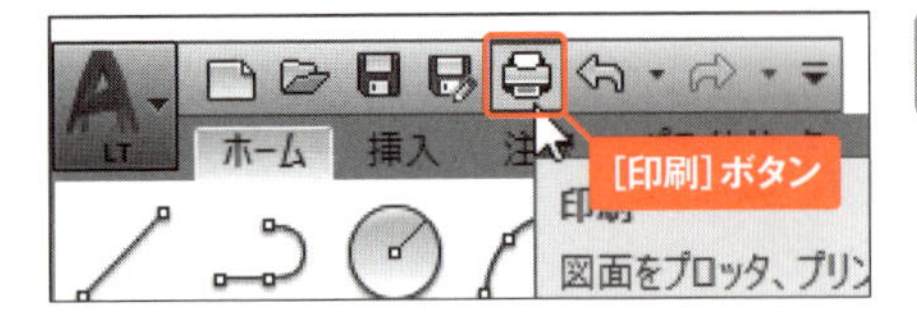

1 クイックアクセスツールバーの[印刷]ボタンをクリックする。

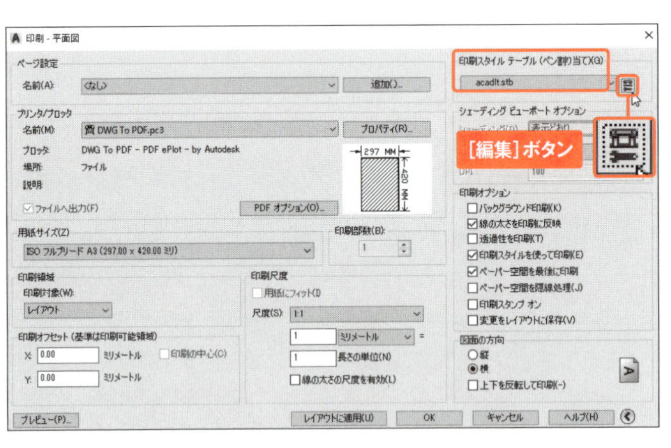

2 [印刷]ダイアログが表示される。[印刷スタイルテーブル(ペン割り当て)]項目に、現在の印刷スタイルテーブルファイル(ここでは、「acadlt.stb」)が表示されている。[編集]ボタンをクリックする。

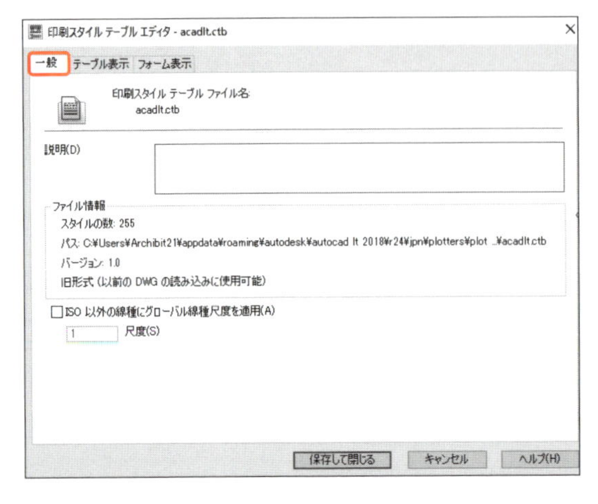

3 [印刷スタイルテーブルエディタ]ダイアログが表示される。[一般]タブには、印刷スタイルテーブルファイル名やファイルの情報が表示される。この後、[テーブル表示]タブと[フォーム表示]タブのどちらかで編集を行うが、表示が違うだけで設定内容は同じなので、好きなほうで編集すればよい。ここでは、[フォーム表示]タブを使う。

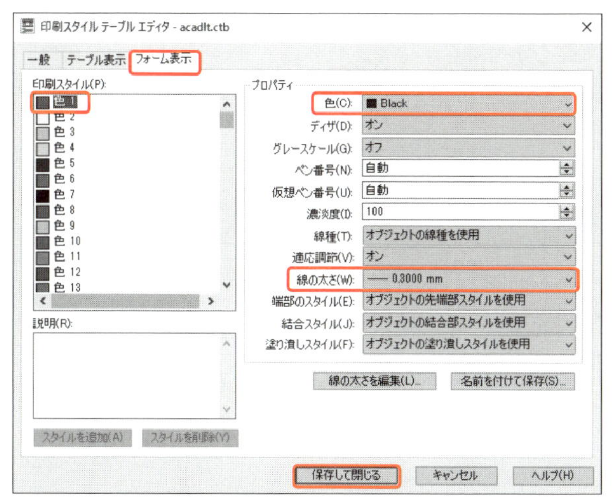

4 ［フォーム表示］タブをクリックする。「色従属印刷スタイルテーブル（CTB）」のときは、［印刷スタイル］リストで選択したスタイルのペンの色や太さを［プロパティ］で編集する。たとえば、ここでは［色1］は画面上では赤色で表示されるが、印刷の際は「Black（黒色）」で0.3mmの太さになるように設定されている。編集が終了したら［保存して閉じる］ボタンをクリックする。

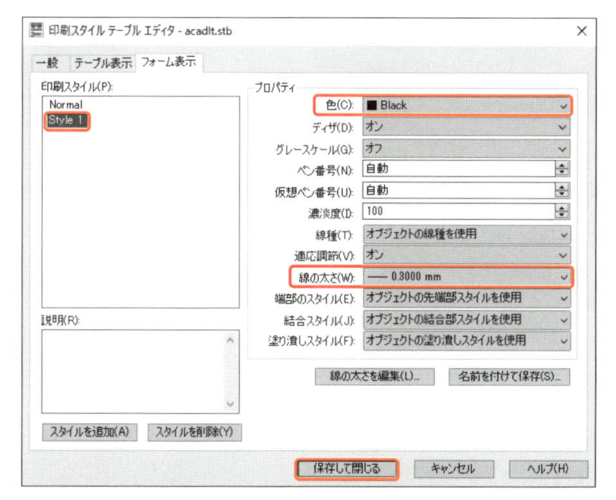

5 「名前の付いた印刷スタイルテーブル（STB）」のときは、［印刷スタイル］リストで選択したスタイルのペンの色や太さを［プロパティ］で編集する。例えば、ここでは［Style1］に設定されているオブジェクトは、印刷の際は「Black（黒色）」で0.3mmの太さになるように設定されている。編集が終了したら［保存して閉じる］ボタンをクリックする。

HINT

現在の印刷スタイルテーブルに加えた変更内容を上書き保存したくないときは、手順 4 5 で変更した後に［名前を付けて保存］ボタンをクリックする。表示される［名前を付けて保存］ダイアログでファイル名（ここでは、「acadlt_2.stb」）を入力して［保存］ボタンをクリックすると、新しいファイルとして保存される。

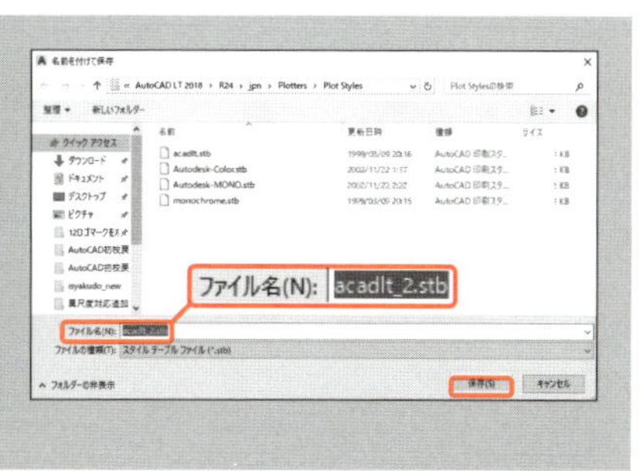

印刷する([印刷]ダイアログ)

関連ワード▶▶ 印刷

[印刷]ダイアログで設定を行ってから、印刷を実行する。

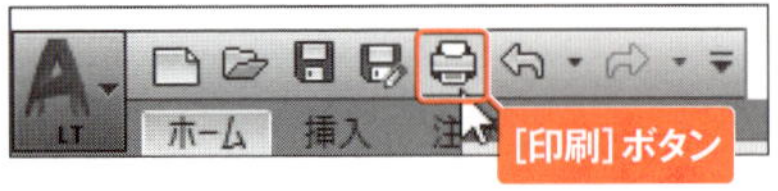

1 クイックアクセスツールバーの[印刷]ボタンをクリックする。

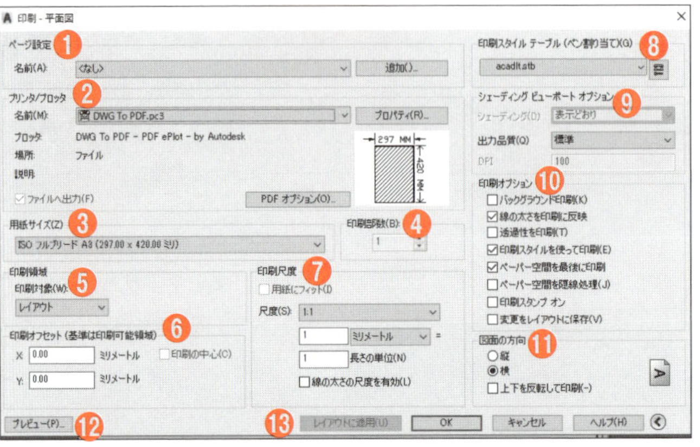

2 [印刷]ダイアログが表示される。各設定が終了したら[OK]ボタンをクリックする。

①	ページ設定	保存されているページ設定を選択して読み込む。[追加]ボタンをクリックすると、現在の設定が保存される。
②	プリンタ/プロッタ	印刷先のプリンタを選択する。[プロパティ]ボタンをクリックすると、選択されているプリンタのプロパティを変更できる。
③	用紙サイズ	プリンタに設定されている用紙サイズを選択する。
④	印刷部数	印刷部数を設定する。
⑤	印刷領域	印刷領域(オブジェクト範囲、窓など)を選択する。
⑥	印刷オフセット	印刷対象を印刷可能領域上でオフセットする値を設定する。[印刷の中心]にチェックを入れると、用紙の中心が印刷領域の中心になる。
⑦	印刷尺度	印刷するときの尺度を設定する。[用紙にフィット]にチェックを入れると、全印刷領域が選択した用紙に収まるように尺度が自動で設定される。
⑧	印刷スタイルテーブル(ペン割り当て)	印刷に使用する印刷スタイルテーブルを選択する。[編集]ボタンで印刷スタイルテーブルの編集ができる(No.288参照)。
⑨	シェーディングビューポートオプション	出力品質を設定する。[シェーディング]で隠線処理やワイヤーフレームなどを指定する。[出力品質]で印刷解像度を指定する。[DPI]は値が大きいほど高解像度になる。
⑩	印刷オプション	線の太さや透過性などを設定する。
⑪	図面の方向	図面を印刷する方向を設定する。
⑫	プレビュー	クリックすると、印刷プレビューが表示される。
⑬	レイアウトに適用	クリックすると、このダイアログの設定がレイアウトのページ設定に適用される。

線の太さを変更して印刷する

関連ワード▶▶ 印刷 印刷スタイルテーブル 太さ

線の太さを変えて印刷するには、印刷スタイルテーブルの[線の太さ]の設定を変更する。

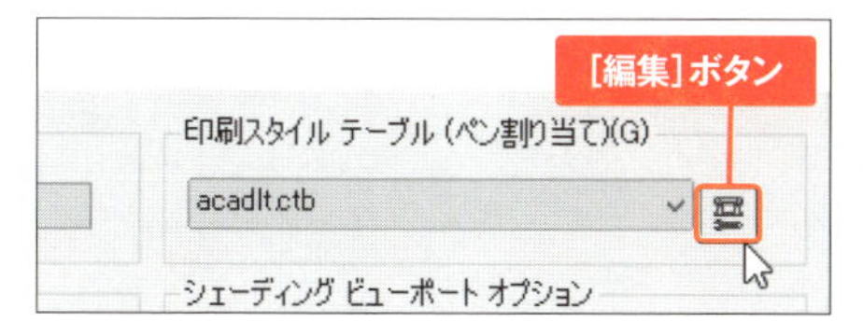

1 [印刷]ダイアログの[印刷スタイルテーブル(ペン割り当て)]項目にある[編集]ボタン(No.288「印刷スタイルテーブルを編集する」参照))をクリックする。

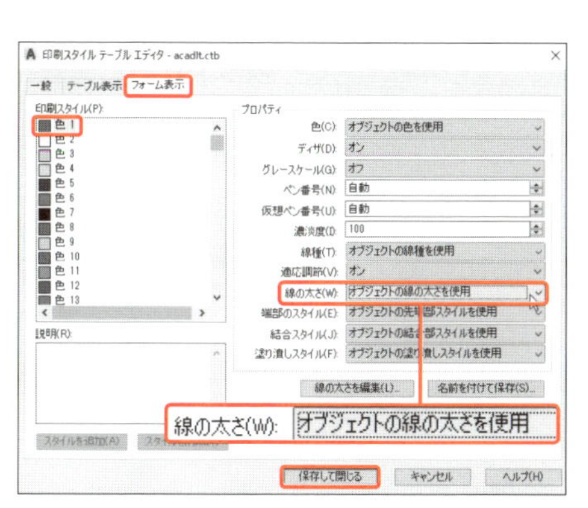

2 [印刷テーブルエディタ]ダイアログが表示されるので、[フォーム表示]タブをクリックする。「色従属印刷スタイルテーブル(CTB)」のときは、[印刷スタイル]リストで変更する色を選択し、[線の太さ]で線の太さ(ここでは、[オブジェクトの線の太さを使用])を選択して[保存して閉じる]ボタンをクリックする。

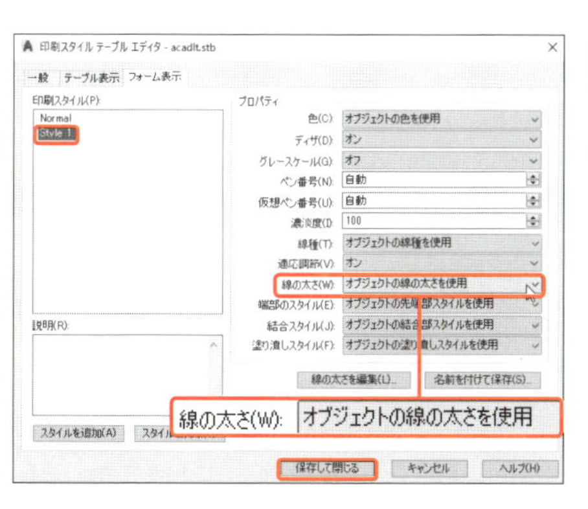

3 「名前の付いた印刷スタイルテーブル(STB)」のときは、[印刷スタイル]リストで変更する印刷スタイルを選択し、[線の太さ]で線の太さ(ここでは、[オブジェクトの線の太さを使用])を選択して[保存して閉じる]ボタンをクリックする。

HINT

[線の太さ]に[オブジェクトの線の太さを使用]を選択すると、オブジェクト自体に設定されている線の太さで印刷される。オブジェクトの線の太さが[Bylayer]に設定されているときは、オブジェクトの画層に設定された線の太さで印刷される。

No.291 印刷範囲を指定して印刷する

関連ワード▶▶ 印刷　印刷範囲　印刷領域

印刷範囲を指定するときは、[印刷] ダイアログの [印刷対象] を [窓] に設定する。

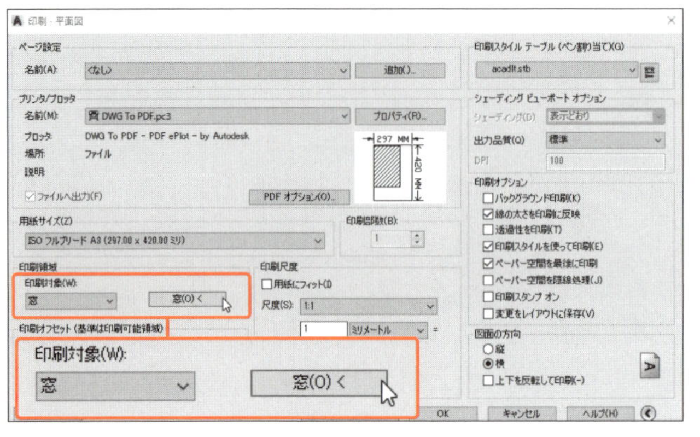

[印刷] ダイアログ(No.289「印刷する([印刷] ダイアログ)」参照)の[印刷領域]項目の[印刷対象]に[窓]を選択して[窓]ボタンをクリックする。作図画面に戻るので、2点を指示して矩形で囲み、印刷領域を指定する。

No.292 すべてのオブジェクトを印刷する

関連ワード▶▶ 印刷　印刷範囲　印刷領域

すべてのオブジェクトが印刷されるように [印刷対象] と [印刷尺度] を変更する。

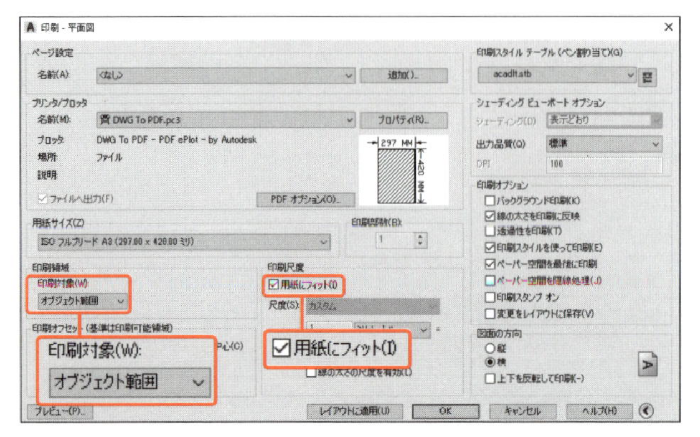

[印刷] ダイアログ(No.289「印刷する([印刷] ダイアログ)」参照)の[印刷領域]項目の[印刷対象]に[オブジェクト範囲]を選択する。[印刷尺度]項目の[用紙をフィット]にチェックを入れる。作図領域にあるすべてのオブジェクトが印刷される。

日付や図面名などを自動入力して印刷する

関連ワード▶▶ 印刷 日付 図面名 印刷スタンプ

日付や図面名などを自動入力して印刷するときは、「印刷スタンプ」を使う。

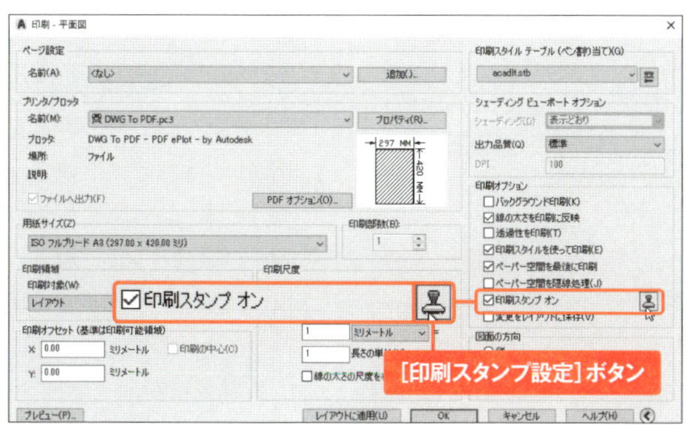

1 [印刷]ダイアログ(No.289「印刷する([印刷]ダイアログ)」参照)の[印刷オプション]項目の[印刷スタンプ オン]にチェックを入れる。[印刷スタンプ設定]ボタンをクリックする。

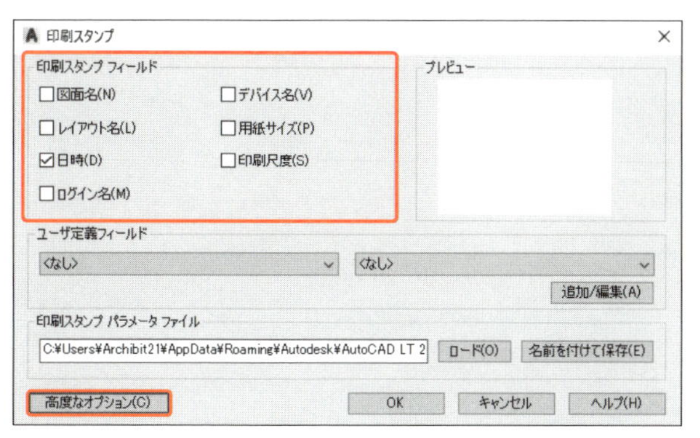

2 表示される[印刷スタンプ]ダイアログの[印刷スタンプフィールド]で印刷する項目(ここでは、[日時])にチェックを入れる。[高度なオプション]ボタンをクリックすると、印刷時の位置や文字の大きさなどが設定できる。

3 選択した項目が印刷される。

レイアウト/印刷

モノクロ(白黒)で印刷する

関連ワード▶▶ 印刷　モノクロ(白黒)印刷　印刷スタイルテーブル

モノクロ(白黒)で印刷したいときは、白黒に設定された印刷スタイルテーブルを適用するか、印刷スタイルテーブルエディタで色を黒に変更する。

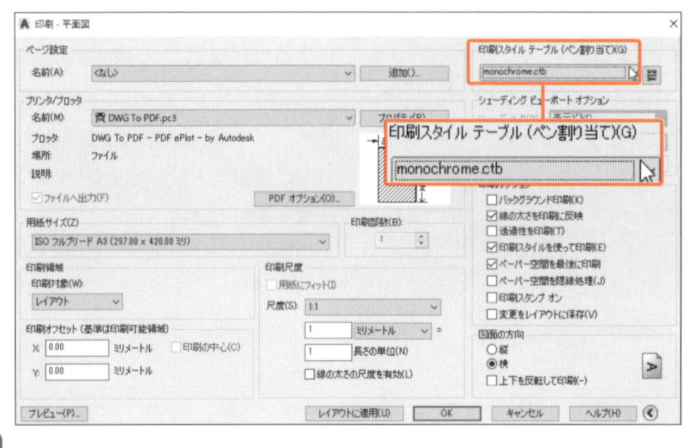

1 [印刷]ダイアログ(No.289「印刷する([印刷]ダイアログ)」参照)の[印刷スタイルテーブル(ペン割り当て)]に、「色従属印刷スタイルテーブル(CTB)」のときは[monochrome.ctb]を、「名前の付いた印刷スタイルテーブル(STB)」のときは[monochrome.stb]を選択する。

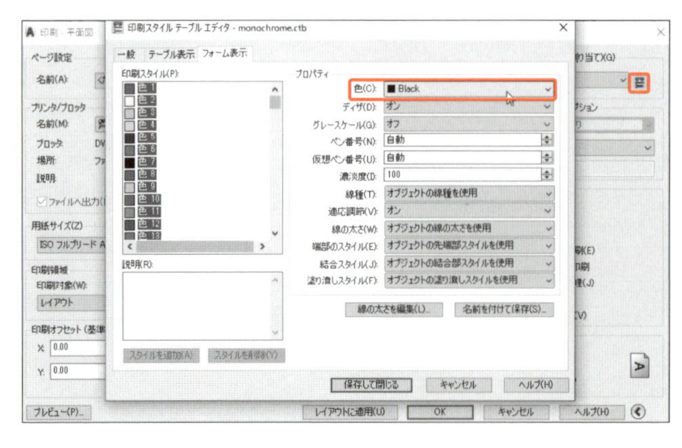

2 または、[印刷スタイルテーブル(ペン割り当て)]項目の[編集]ボタンをクリックして、表示される[印刷スタイルテーブルエディタ]ダイアログで、すべての印刷スタイルの色を[Black]に設定する。このとき、[保存して閉じる]を選択すると上書きされるので注意が必要だ(No.288「印刷スタイルテーブルを編集する」HINT参照)。

PDFファイルに出力する

関連ワード▶▶ 印刷 PDF

PDFファイルとして出力するときは、[プリンタ/プロッタ]に[DWG ToPDF.pc3]を選択して印刷(出力)する。

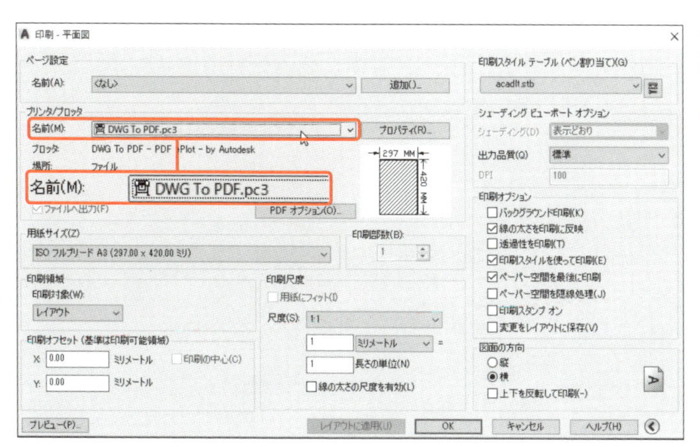

1 [印刷]ダイアログ(No.289「印刷する([印刷]ダイアログ)」参照)の[プリンタ/プロッタ]項目の[名前]に[DWG To PDF.pc3]を選択する。

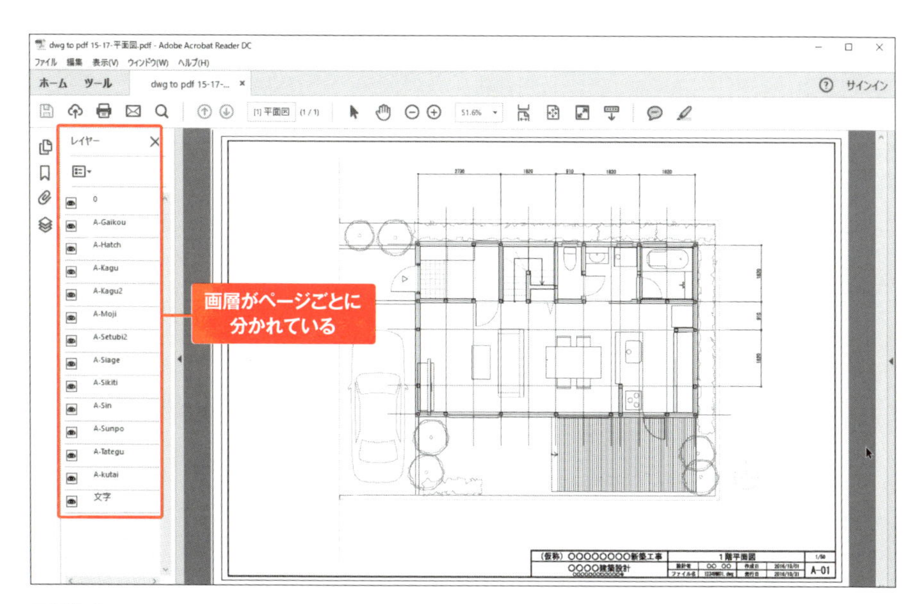

2 [DWG To PDF.pc3]を選択して印刷(出力)すると、PDFファイルに書き出しされる。PDFファイルを開いて確認すると、画層ごとにページが分けられていることがわかる。

複数のレイアウトを一括で印刷する（バッチ印刷）

関連ワード▶▶ 印刷 バッチ印刷

バッチ印刷を利用すると、現在のファイルにある複数のレイアウトを一括で印刷できる。

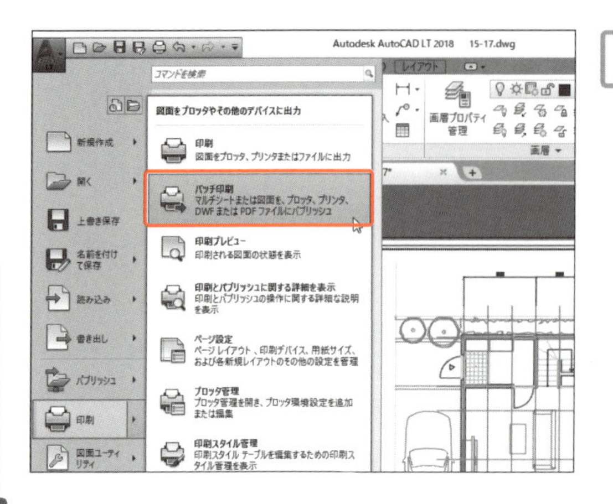

1 アプリケーションメニューの［印刷］―［バッチ印刷］を選択する。

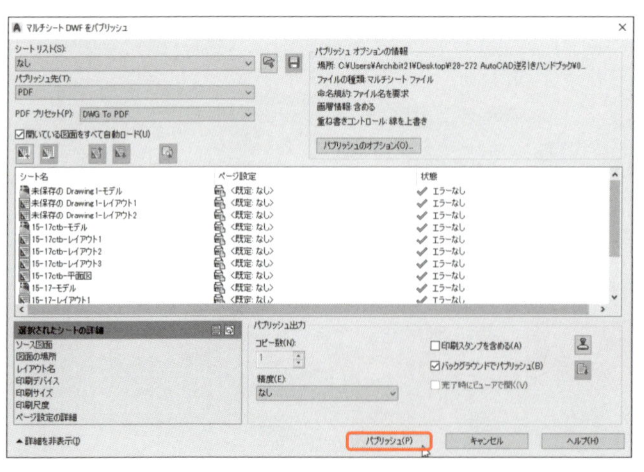

2 ［マルチシートDWFをパブリッシュ］ダイアログが表示され、現在開いているファイルのシートが表示されるので、印刷したいシートを選択する。［パブリッシュ先］に印刷先（ここでは「PDF」）を選択し、［パブリッシュ］ボタンをクリックする。印刷が開始され、ステータスバーに進行状況が表示される。

HINT 印刷ミスを防ぐために、一度PDFファイルとして出力してから、そのPDFを印刷するという方法をおすすめする。

シートセット

作成したレイアウトをひとまとめにして管理し、
印刷やバックアップが一括で行える
「シートセット」の操作について解説する。

No.297

シートセットを作成する

関連ワード▶▶ シートセット レイアウト

「シートセット」は、ファイルを保存しているフォルダーの場所やファイル名に関係なく、複数のレイアウトをひとまとめにして管理できる機能。シートセットを利用すると、印刷やバックアップを一括で行うことができる。

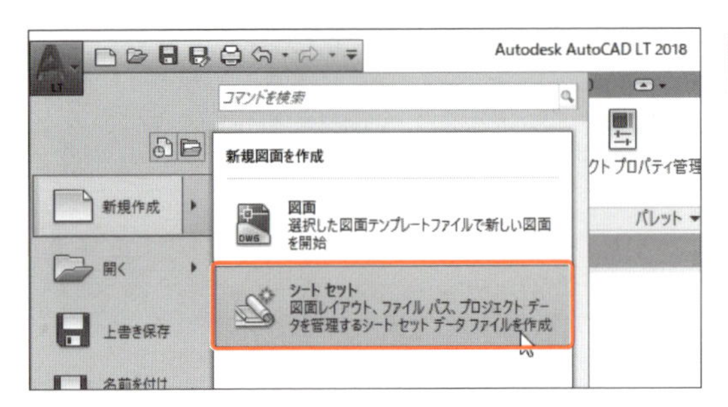

1 アプリケーションメニューの[新規作成]—[シートセット]を選択する。

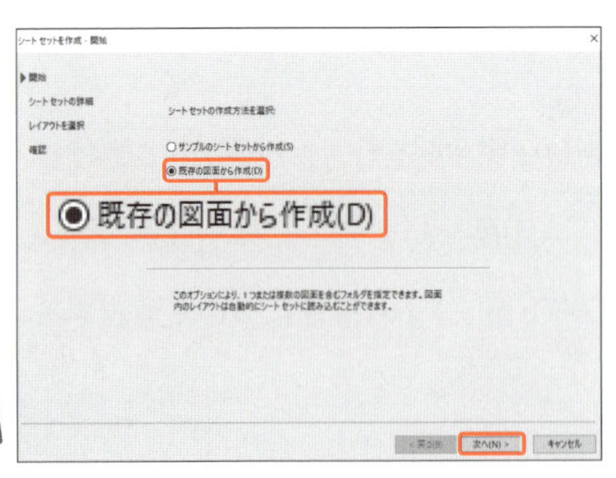

2 [シートセットを作成—開始]ダイアログが表示される。[シートセットの作成方法を選択]に[既存の図面から作成]を選択して[次へ]ボタンをクリックする。

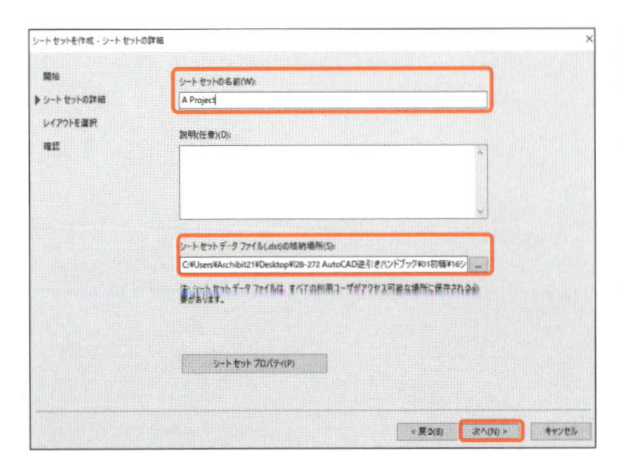

3 [シートセットを作成—シートセットの詳細]ダイアログが表示される。[シートセットの名前](ここでは、「A Project」)を入力し、[シートセットデータファイル(.dst)の格納場所]を指定して[次へ]ボタンをクリックする。

シートセット

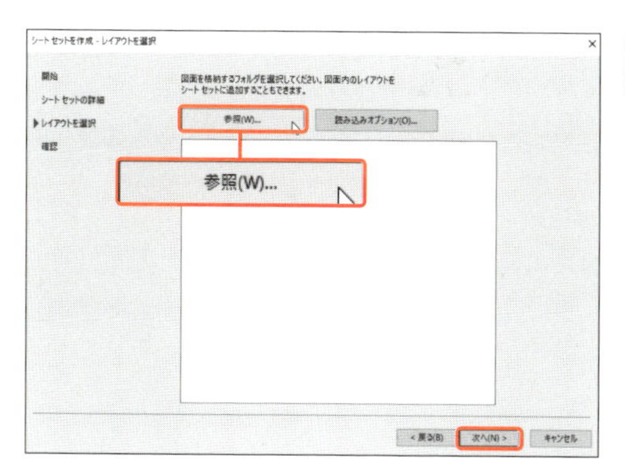

4 ［シートセットを作成―レイアウトを選択］ダイアログが表示される。［参照］ボタンをクリックする。

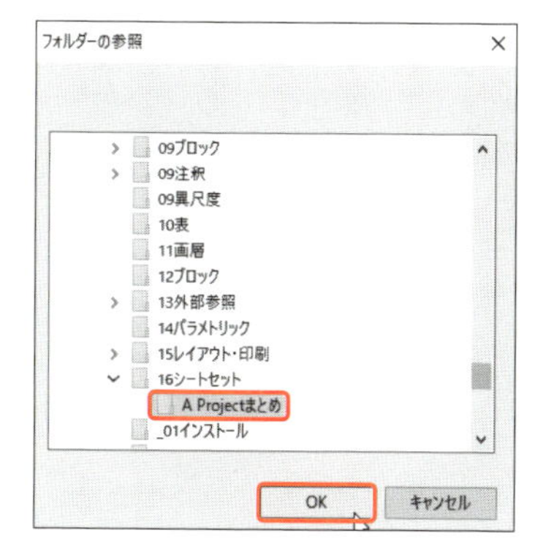

5 ［フォルダーの参照］ダイアログが表示される。追加するレイアウトが格納されているフォルダー（ここでは、「A Projectまとめ」フォルダー）を選択して［OK］ボタンをクリックする。

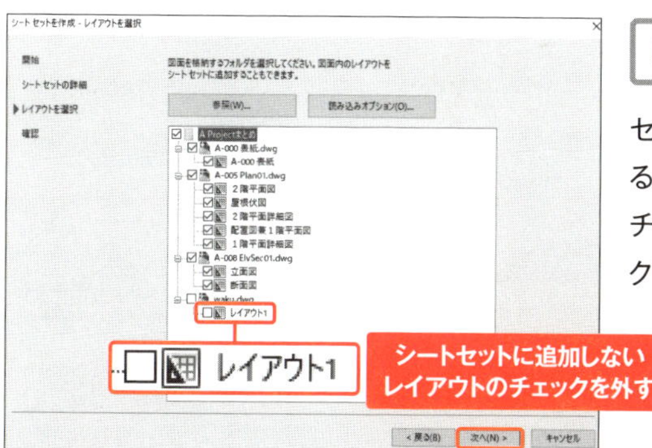

6 ［シートセットを作成―レイアウトを選択］ダイアログに戻ると、シートセットに追加できるレイアウトが表示される。シートセットに追加しないレイアウトのチェックを外して除外し、［次へ］ボタンをクリックする。

HINT

ほかのシートセットに関連付けられているレイアウトは表示されない。それらを追加したい場合は、シートセット作成後に、No.300「シートセットにレイアウトを追加する」の方法で追加登録を行う。

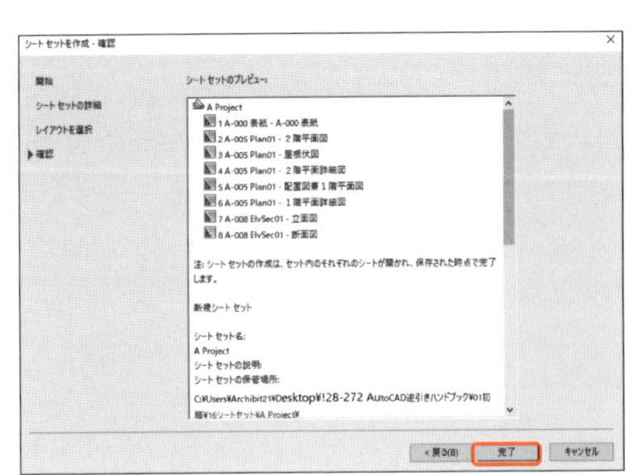

7 [シートセットを作成—確認]ダイアログが表示されるので、[シートセットのプレビュー]の内容を確認して[完了]ボタンをクリックする。

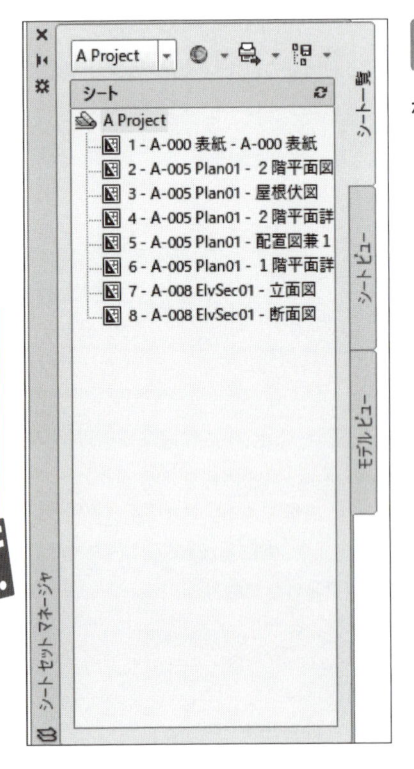

8 [シートセットマネージャ]パレットが表示され、作成したシートセットの[シート]リストが表示される。

No.298

シートセットからファイルを開く

関連ワード▶▶ シートセット レイアウト

ファイルの保存場所がわからなくても、[シートセットマネージャ] パレットでシートを選択して、そのシートが含まれるファイルを開くことができる。

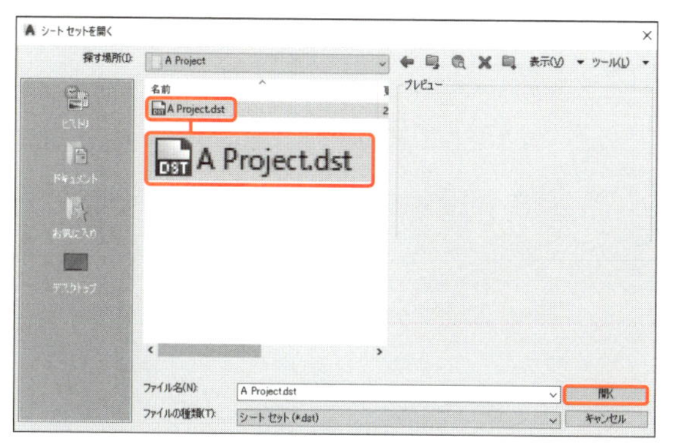

1 アプリケーションメニューの[開く]―[シートセット]を選択する。[シートセットを開く]ダイアログが表示されるので、シートセット(DST)ファイル(ここでは、「A Project.dst」)を選択して[開く]ボタンをクリックする。

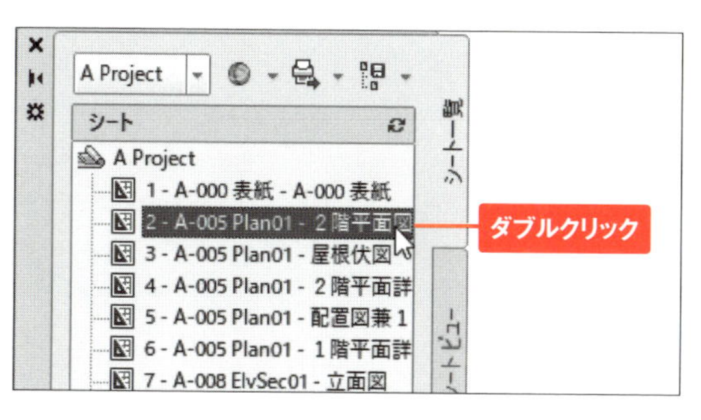

2 [シートセットマネージャ] パレットが表示され、関連付けられているレイアウトがシートとしてリストに表示される。開きたいシートをダブルクリックする。

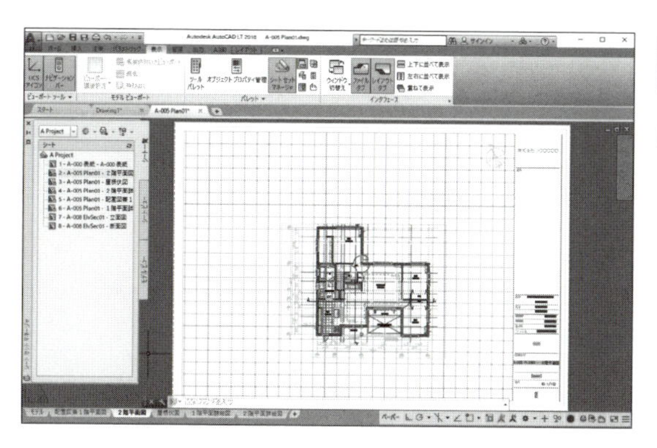

3 ダブルクリックしたシートが含まれるファイルが開き、目的のレイアウトが表示される。

シートセット

シートセットのシートの順番を変更する

関連ワード▶▶ シートセット　レイアウト

シートセットのシートの順番は、ドラック&ドロップで入れ替えることができる。

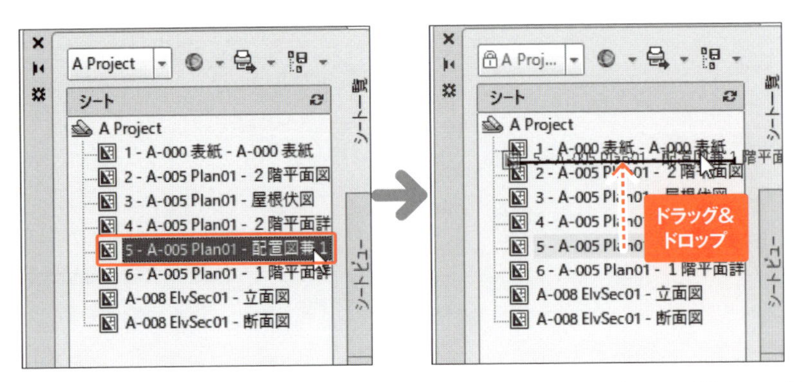

1 [シートセットマネージャ] パレットで順番を変更したいシートをドラッグ&ドロップする。

2 順番が入れ替わる。

シートセットでは、変更は常に更新保存される。

シートセット

シートセットにレイアウトを追加する

関連ワード▶▶ シートセット レイアウト

シートセットにレイアウトを追加登録する場合は、[レイアウトをシートとして読み込み]を使う。

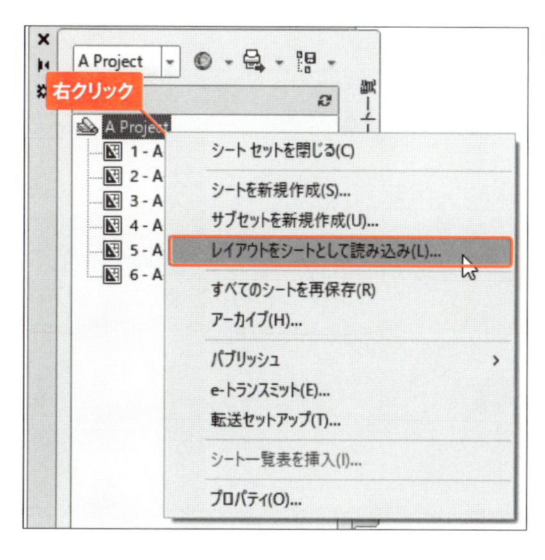

1 [シートセットマネージャ]パレットでシートセットまたはシートを右クリックして、表示されるコンテキストメニューから[レイアウトをシートとして読み込み]を選択する。

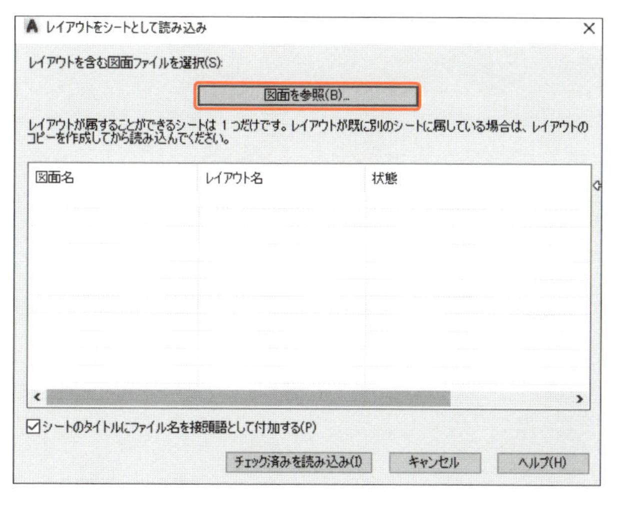

2 表示される[レイアウトをシートとして読み込み]ダイアログの[図面を参照]ボタンをクリックする。

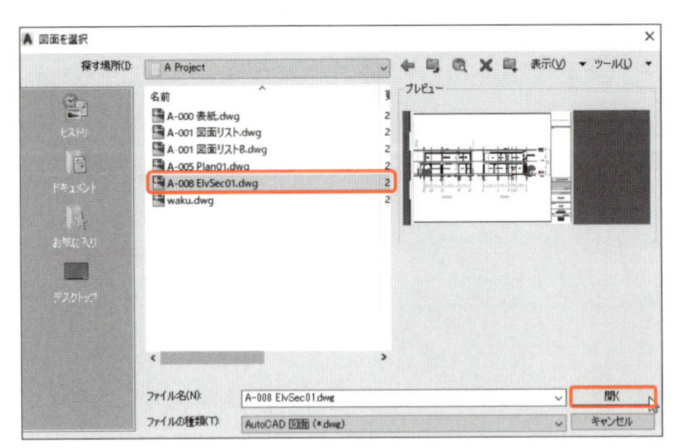

3 表示される[図面を選択]ダイアログで、追加したいレイアウトが含まれるファイル(ここでは、「A-008 ElvSec01.dwg」)を選択して[開く]ボタンをクリックする。

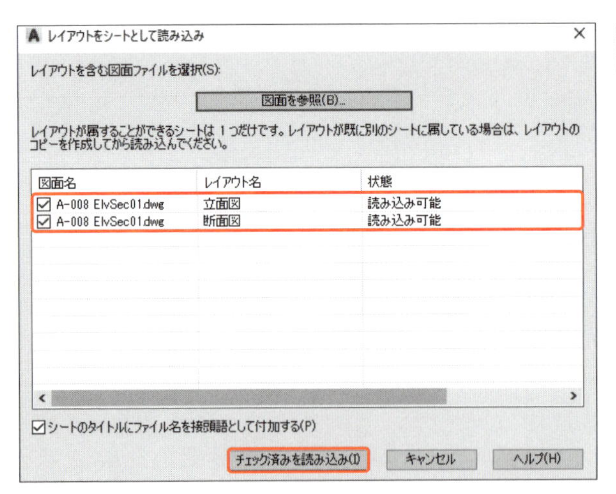

4 [レイアウトをシートとして読み込み]ダイアログに戻ると、選択したファイルに含まれるレイアウトがリストに表示される。不要なレイアウトのチェックを外して、[チェック済みを読み込み]ボタンをクリックする。

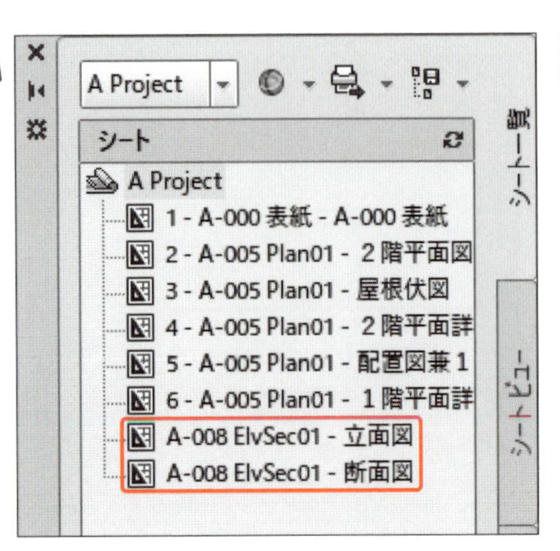

5 [シートセットマネージャ]パレットを確認すると、レイアウトがシートとしてリストに追加されていることがわかる。

No.301

シートの番号と名前を変更する

関連ワード▶▶ シートセット

シートセットのシート番号とシート名は、[名前変更と番号変更]で変更できる。

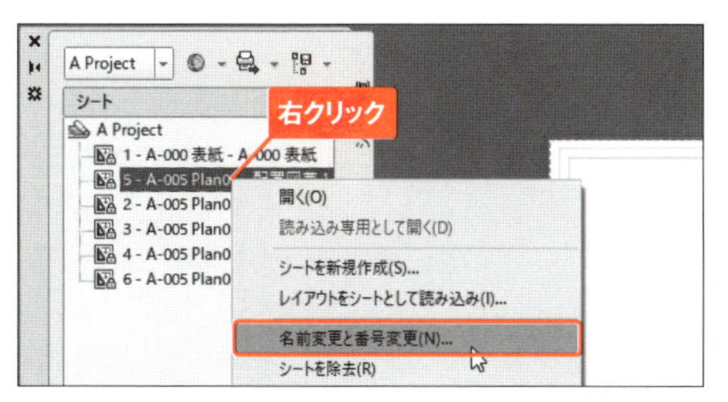

1 [シートセットマネージャ]パレットで変更したいシートを右クリックして、表示されるコンテキストメニューから[名前変更と番号変更]を選択する。

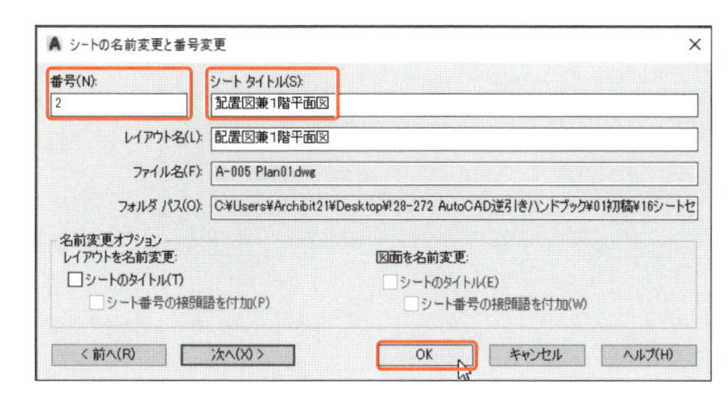

2 表示される[シートの名前変更と番号変更]ダイアログの[番号]や[シートタイトル]などを変更して[OK]ボタンをクリックする。

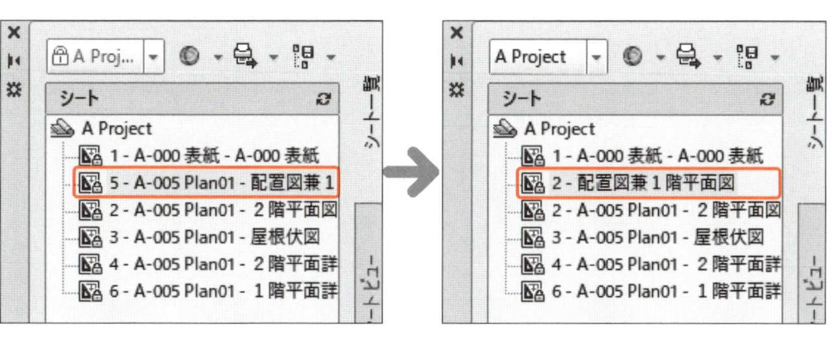

3 シート番号とシート名が変更される。

シートセットからシートを削除する

関連ワード▶▶ シートセット

シートセットに登録されたシートを削除しても、ファイルやそれに含まれるレイアウト自体は削除されない。

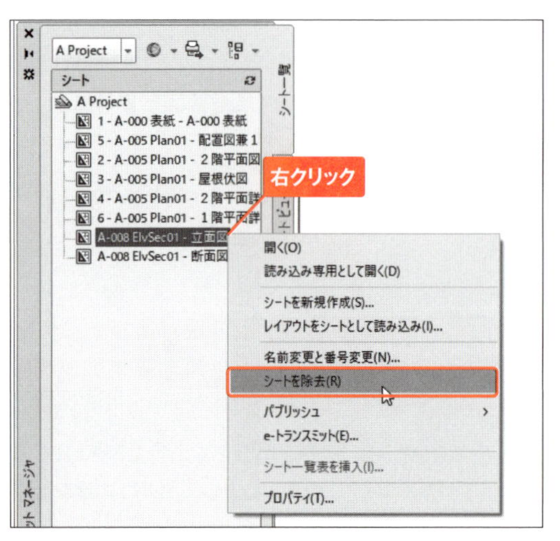

1 [シートセットマネージャ]パレットで削除したいシートを右クリックして、表示されるコンテキストメニューから[シートを除去]を選択する。

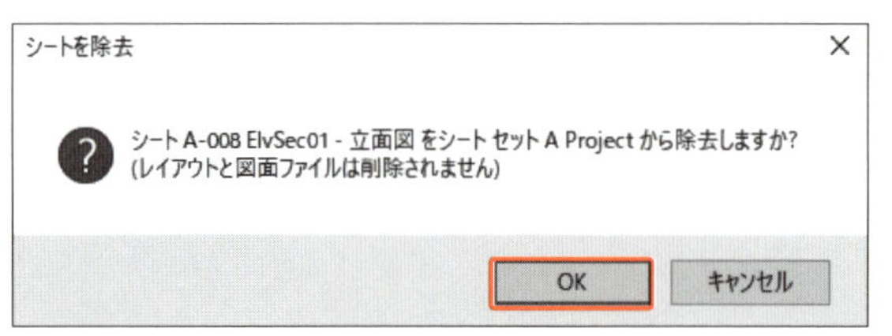

2 シートセットからシートが削除されるが、レイアウトやファイル自体は削除されない旨のメッセージが表示されるので、[OK]ボタンをクリックする。

シートセット

シートをサブセットで分別する

関連ワード▶▶ シートセット サブセット

サブセットは、Windowsエクスプローラーの「フォルダー」のようにシートを分別できる。シートセットと同じ要領でサブセットごとに一括印刷（No.306「シートセットに登録されているシートを一括印刷する」参照）や圧縮（No.308「ほかの人に渡すためのデータをまとめて圧縮する」参照）などが行える。

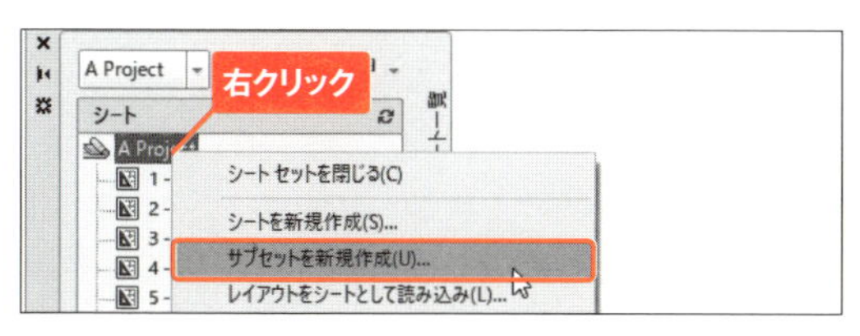

1 ［シートセットマネージャ］パレットでシートセットを右クリックして、表示されるコンテキストメニューから［サブセットを新規作成］を選択する。

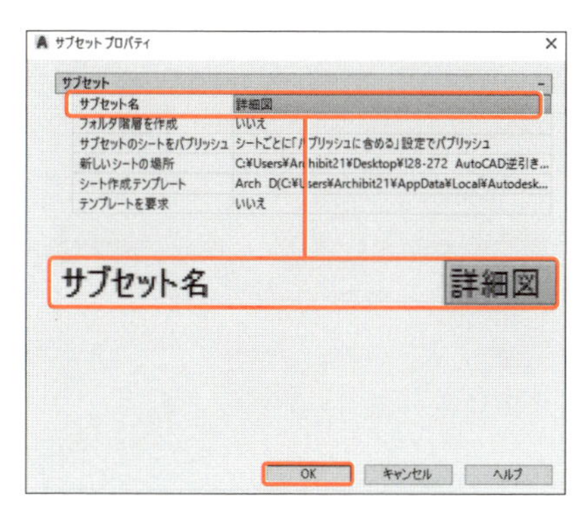

2 表示される［サブセットプロパティ］ダイアログの［サブセット名］にサブセットの名前（ここでは、「詳細図」）を入力して［OK］ボタンをクリックする。

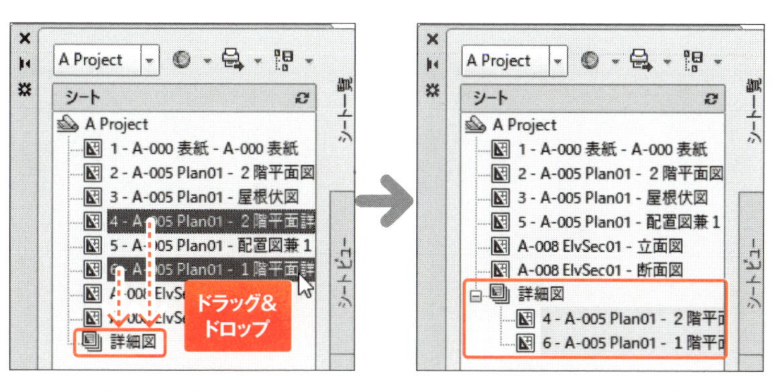

3 サブセットが作成される。シートをサブセットにドラッグ&ドロップすると、サブセット内に移動し、分別される。

シートセット

No.304

シートセットの名前や改定日付を図面に挿入する

関連ワード▶▶ シートセット　プロパティ

シートセットにプロパティとして登録している名前や改定日付などの値を、[フィールド(FIELD)] コマンドを利用して図面に挿入できる。

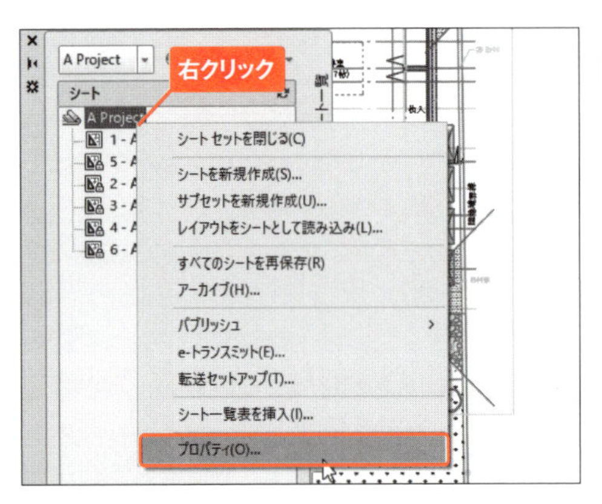

1 [シートセットマネージャ] パレットでシートセットを右クリックして、表示されるコンテキストメニューから [プロパティ] を選択する。

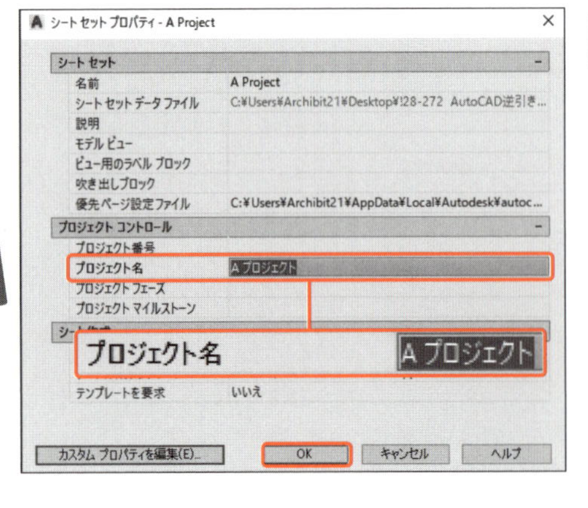

2 表示される [シートセットプロパティ] ダイアログの [プロジェクト名] に値（ここでは、「Aプロジェクト」）を入力して [OK] ボタンをクリックする。

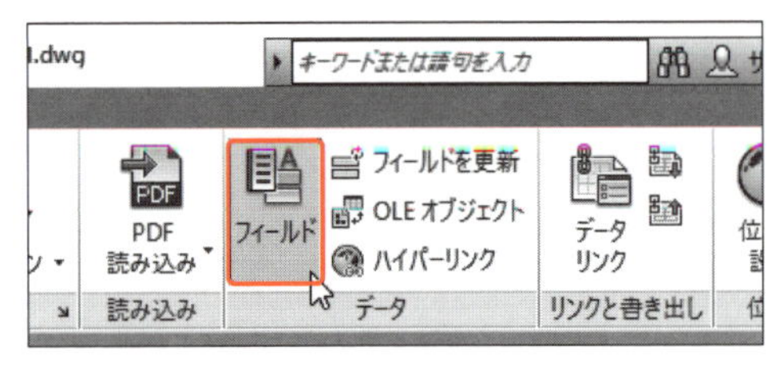

3 [挿入] タブ―[データ] パネル―[フィールド] ボタンをクリックする。

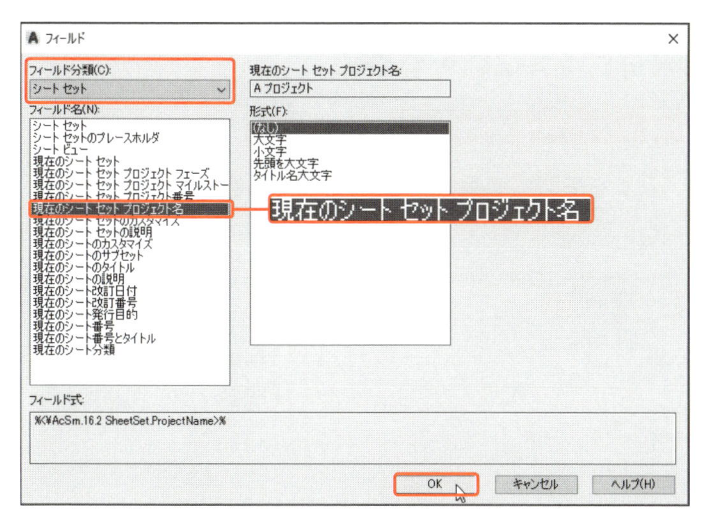

4 表示される[フィールド]ダイアログの[フィールド分類]に[シートセット]を選択する。[フィールド名]に[現在のシートセット プロジェクト名]を選択して[OK]ボタンをクリックする。

5 「始点を指定」と表示されるので、図面上のプロパティの値を挿入する位置でクリックする。

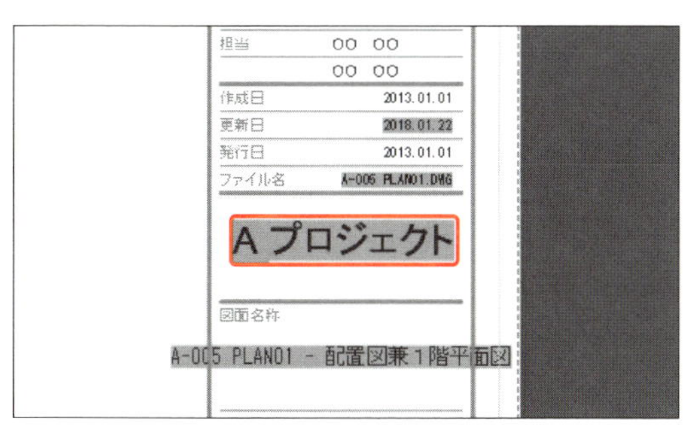

6 選択したプロパティの値が挿入される。

プロパティの値を変更したときは、[挿入]タブ—[データ]パネル—[フィールドを更新]ボタンをクリックすると、図画に挿入された値も更新される。

No.305

シートの一覧表を図面に挿入する

関連ワード▶▶ シートセット　シート一覧表　図面リスト

[シート一覧表を挿入]機能を使うと、図面リストを簡単に作成できる。

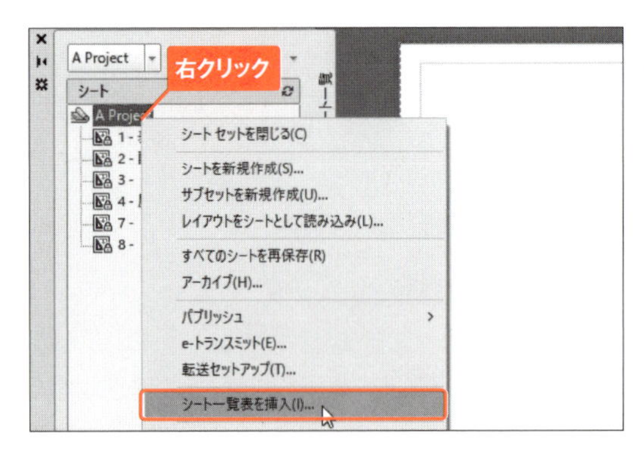

1 [シートセットマネージャ]パレットでシートセットを右クリックして、表示されるコンテキストメニューから[シート一覧表を挿入]を選択する。

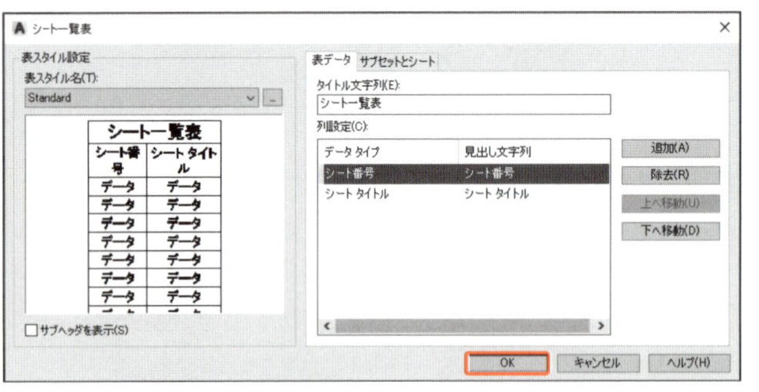

2 表示される[シート一覧表]ダイアログで表のスタイル形式などを設定して[OK]ボタンをクリックする。

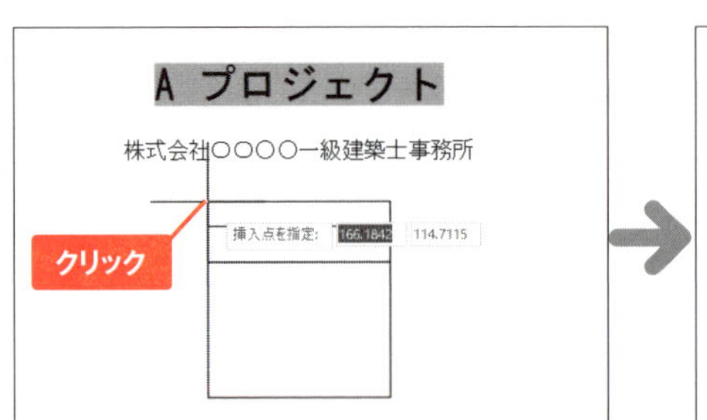

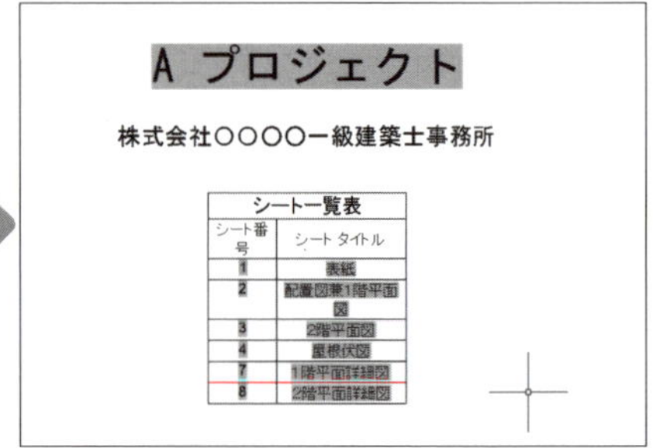

3 「挿入点を指定」と表示されるので、表を挿入する位置でクリックする。一覧表が表オブジェクトとして挿入される。

シートセット

シートセットに登録されているシートを一括印刷する

関連ワード▶▶ シートセット 印刷 一括印刷

シートセットに登録されているシートを一括印刷できる。

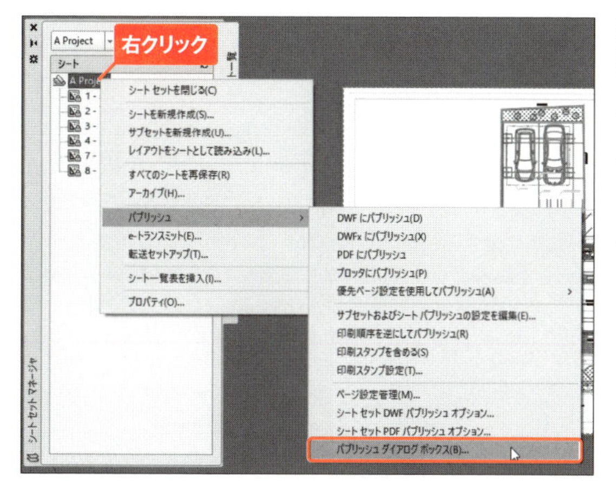

1 ［シートセットマネージャ］パレットのシートセット名を右クリックして、表示されるコンテキストメニューから［パブリッシュ］―［パブリッシュダイアログボックス］を選択する。

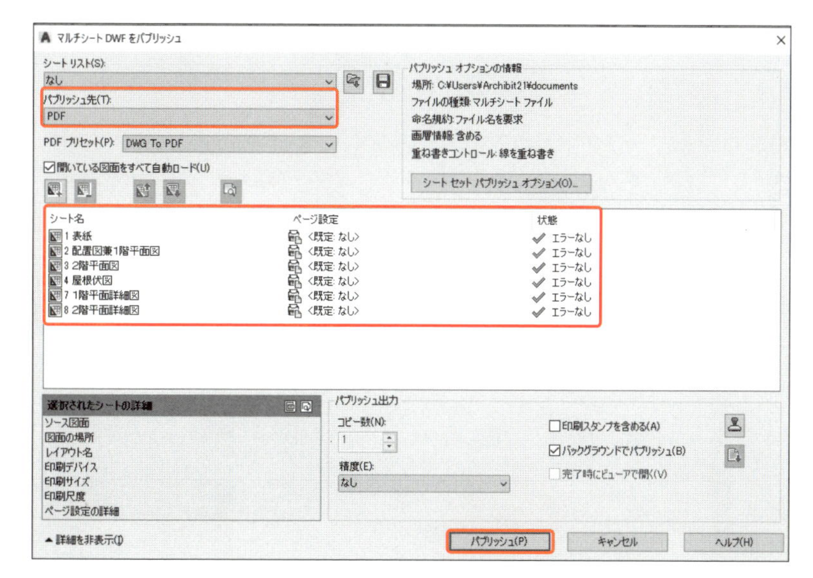

2 表示される［マルチシートDWFをパブリッシュ］ダイアログの［パブリッシュ先］に印刷先（ここでは、「PDF」）を選択する。シート名のリストなどを確認して［パブリッシュ］ボタンをクリックする。

シートセット

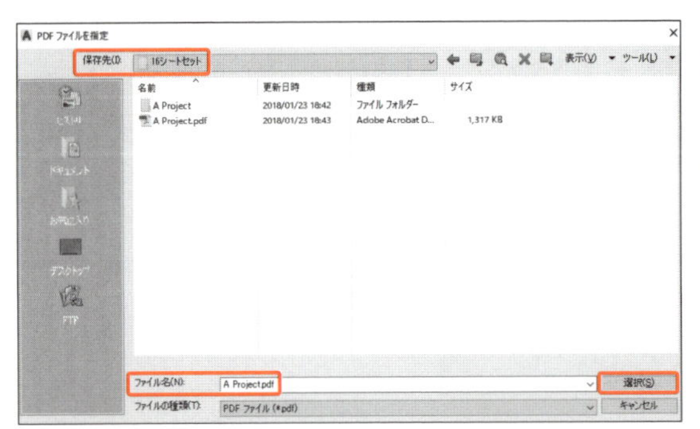

3 ここでは手順2で[パブリッシュ先]に「PDF」を選択したので、[PDFファイルを指定]ダイアログが表示される。[保存先]や[ファイル名]を指定して[選択]ボタンをクリックする。

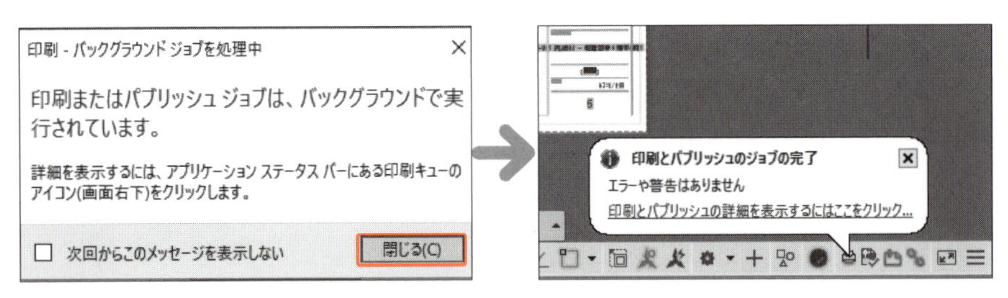
HINT
手順2で[パブリッシュ先]に「DWF (DWFx)」を選択すると、[DXF (DWFx)ファイルを指定]ダイアログが表示されるので、PDFの場合と同様にして設定を行う。[パブリッシュ先]に「ページ設定で指定のプロッタ」を選択すると手順4に進み、各レイアウトの印刷設定で指定されている形式で印刷される。

印刷 - バックグラウンド ジョブを処理中
印刷またはパブリッシュ ジョブは、バックグラウンドで実行されています。
詳細を表示するには、アプリケーション ステータス バーにある印刷キューのアイコン(画面右下)をクリックします。
次回からこのメッセージを表示しない
閉じる(C)

印刷とパブリッシュのジョブの完了
エラーや警告はありません
印刷とパブリッシュの詳細を表示するにはここをクリック...

4 パブリッシュがバックグラウンドで実行される旨のメッセージが表示されるので、[閉じる]ボタンをクリックする。一括印刷が実行され、進行状況や完了がステータスバーに表示される。

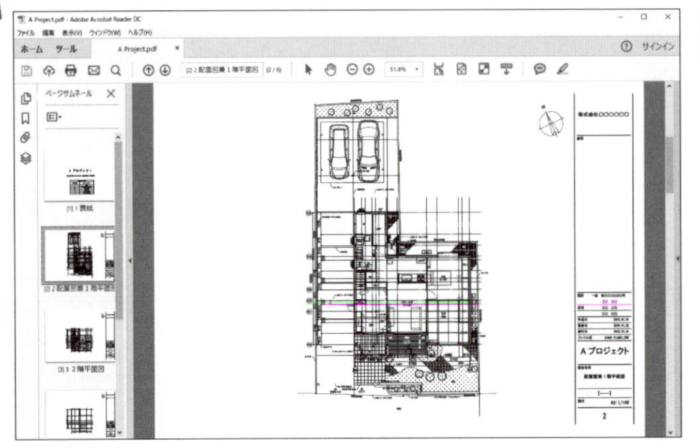

5 ここでは、PDFが保存先に出力される。

No.307

シートセットのファイルをまとめて圧縮する

関連ワード▶▶ シートセット　アーカイブ　圧縮

［アーカイブ］は、シートセットのシートを含むファイルを1つの圧縮ファイルにまとめる機能。No.308の［e-トランスミット］が人にデータを渡す際に適しているのに対し、［アーカイブ］は、バックアップ手段として活用できる。

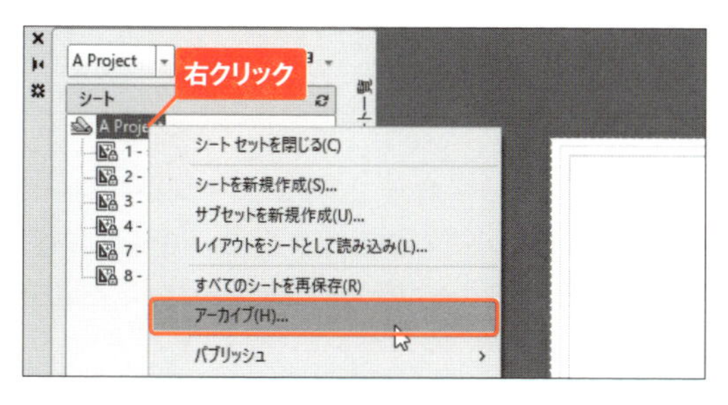

1 ［シートセットマネージャ］パレットでシートセットを右クリックして、表示されるコンテキストメニューから［アーカイブ］を選択する。

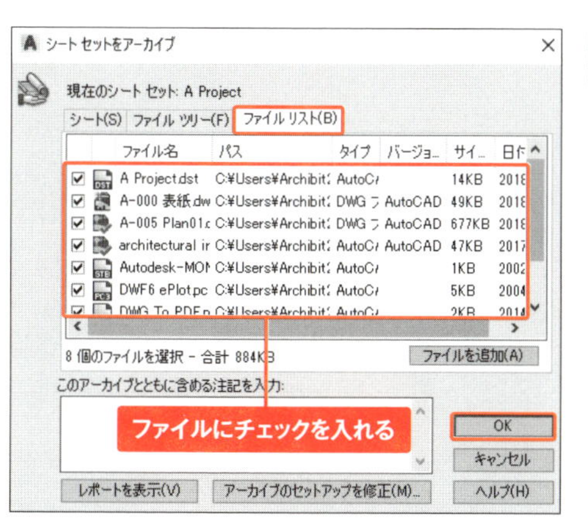

2 ［シートセットをアーカイブ］ダイアログが表示される。［ファイルリスト］タブで該当ファイルにチェックを入れてファイルを指定し、［OK］ボタンをクリックする。

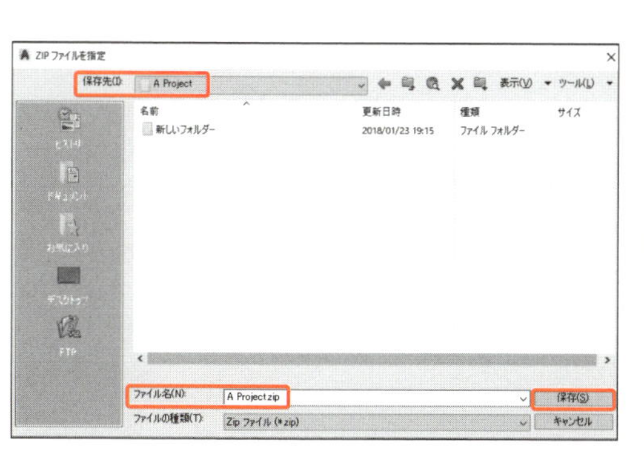

3 表示される［ZIPファイルを指定］ダイアログで［保存先］や［ファイル名］を指定して［保存］ボタンをクリックすると、指定したファイルがまとめて圧縮されたZIPファイルが作成される。

No.308

ほかの人に渡すためのデータをまとめて圧縮する

関連ワード▶▶ シートセット　e-トランスミット　圧縮

[e-トランスミット]は、No.307の[アーカイブ]と同様、ファイルをひとまとめにして圧縮できる機能だが、ほかのパソコンで開いてもファイルの内容を再現できるよう、フォントなどの図面に関連するデータを含めたり、さらに外部参照はバインド(No.256「外部参照をブロックとして埋め込む(バインド)」参照)したりするといった設定が行える。ほかの人にデータを渡す際に便利だ。

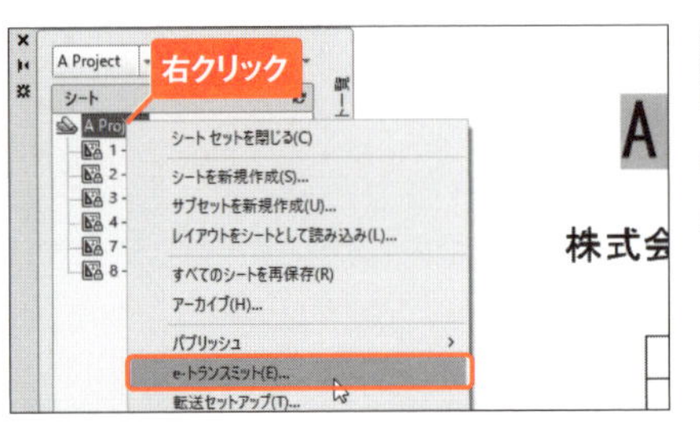

1 [シートセットマネージャ]パレットでシートセットを右クリックして、表示されるコンテキストメニューから[e-トランスミット]を選択する。

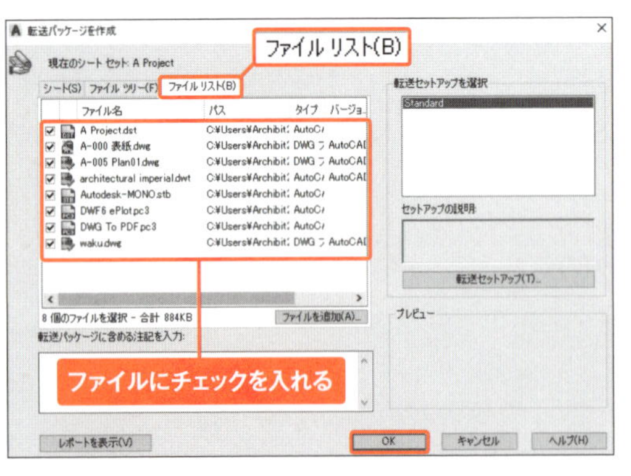

2 [転送パッケージを作成]ダイアログが表示される。[ファイルリスト]タブで該当ファイルにチェックを入れて指定し、[OK]ボタンをクリックする。

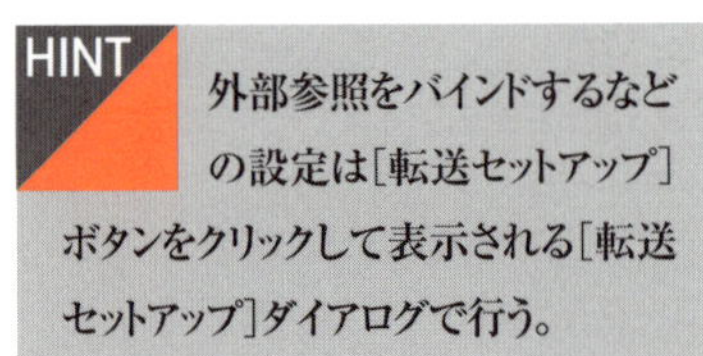

HINT 外部参照をバインドするなどの設定は[転送セットアップ]ボタンをクリックして表示される[転送セットアップ]ダイアログで行う。

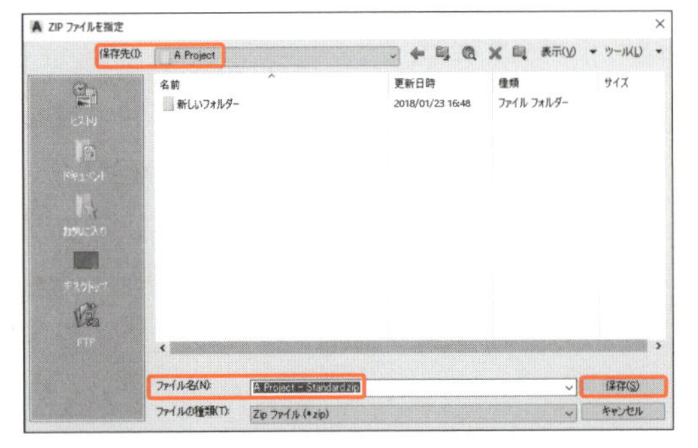

3 表示される[ZIPファイルを指定]ダイアログで[保存先]や[ファイル名]を指定して[保存]ボタンをクリックすると、指定したシートがまとめて圧縮されたZIPファイルが作成される。

シートセット

トラブル解決

作図作業中に起こるさまざまなトラブルの
解決方法について解説する。

リボンやツールバーが消えてしまった

関連ワード▶▶ インタフェース　リボン　ツールバー

リボンやツールバーをマウス操作で移動させてしまったり、間違って消してしまったりして、表示できなくなってしまった場合は、カスタマイズファイルをリセットする。ただし、リセット前の状態に戻す必要がある場合に備え、バックアップを取ってからリセットすること。また、会社やプロジェクトで共通のカスタマイズを行っている場合には、システム管理者などに確認してからリセットする。

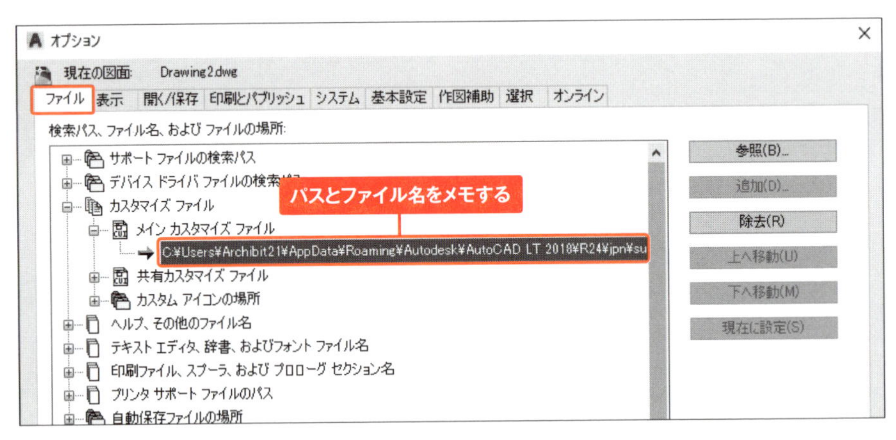

1 リセットする前に、まず現在のインタフェースの状態（メインカスタマイズファイル）をバックアップする。アプリケーションメニューの［オプション］ボタンをクリックする。表示される［オプション］ダイアログの［ファイル］タブを選択し、［カスタマイズファイル］―［メインカスタマイズファイル］を展開して、表示されるメインカスタマイズファイルのパスとファイル名をメモする。

2 手順1でメモをしたパスのフォルダを開き、カスタマイズファイルである「acadlt（またはacad）.cuix」を任意の場所にコピーする。これでバックアップは完了だ。

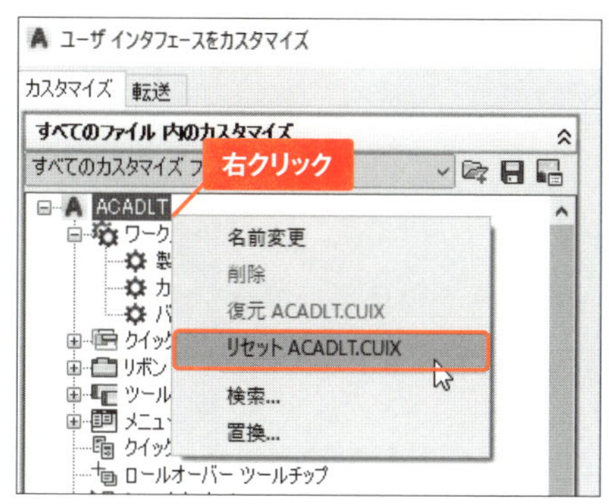

3 次にユーザインタフェースをリセットする。[管理]タブ―[カスタマイズ]パネル―[ユーザインタフェース]ボタンをクリックする。表示される[ユーザインタフェースをカスタマイズ]ダイアログで、[すべてのカスタマイズファイル]の一番上にある「ACADLT(またはACAD)」を右クリックして表示されるメニューから[リセットACADLT(またはACAD).CUIX]を選択する。

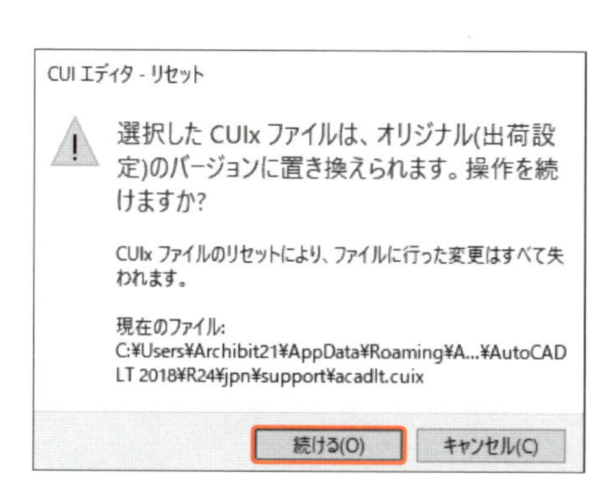

4 [CUIエディタ―リセット]ダイアログが表示されるので、[続ける]ボタンをクリックする。[ユーザインタフェースをカスタマイズ]ダイアログに戻るので、[OK]ボタンをクリックしてダイアログを閉じると、インタフェースがリセットされ、初期状態に戻る。

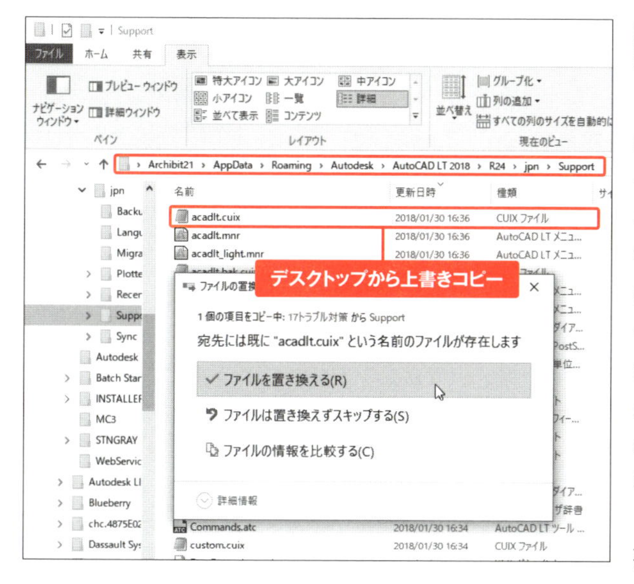

5 手順1～2でバックアップした「acadlt(またはacad).cuix」の状態に戻したいときは、いったんAutoCADを終了する。メモしておいたパスに存在する「acadlt(またはacad).cuix」を、バックアップした「acadlt(またはacad).cuix」に上書きしてAutoCADを起動すると、元のインタフェースの状態に戻る。バックアップした「acadlt(またはacad).cuix」が不要な場合は、削除してもよい。

インストール直後の状態に戻したい

関連ワード▶▶ インタフェース

インタフェースの表示設定や、[オプション] ダイアログで行うカーソルや尺度、印刷などに関する各種設定を変更して元に戻せなくなってしまった場合は、[設定を既定にリセット] を実行すると、AutoCADをインストール直後の状態に戻すことができる。

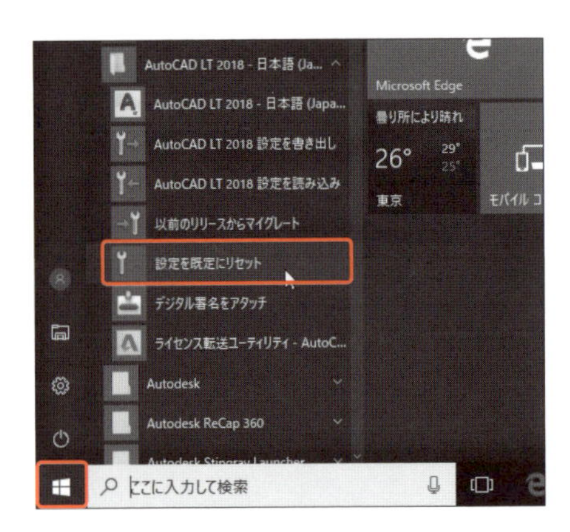

1 Windowsのスタートボタンをクリックし、[AutoCAD LT (またはAutoCAD) 2018 - 日本語 (Japanese)]―[設定を既定にリセット]を選択する。

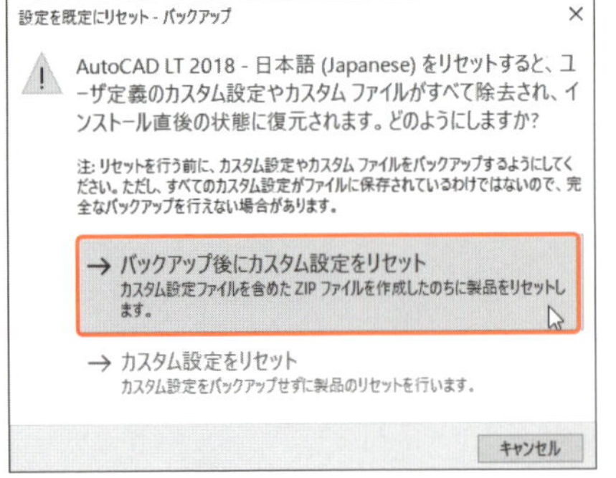

2 [設定を既定にリセット―バックアップ] ダイアログが表示されるので、[バックアップ後にカスタム設定をリセット] を選択する。[カスタム設定をバックアップ] ダイアログが表示されるので、バックアップを作成するフォルダーとファイル名を指定して [保存] ボタンをクリックする。ZIP形式のバックアップファイルが作成される。

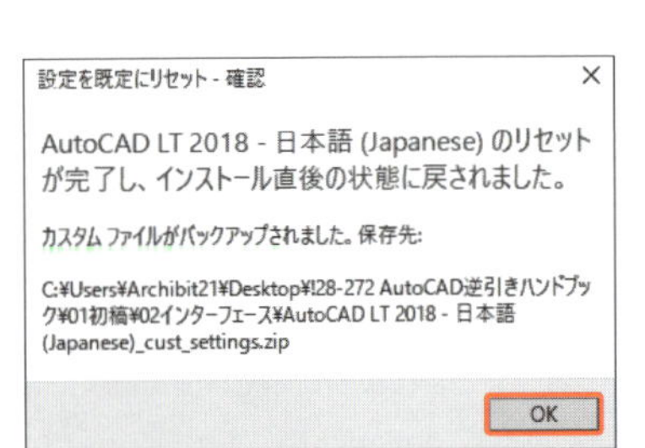

3 [設定を既定にリセット―確認] ダイアログが表示されるので [OK] ボタンをクリックすると、AutoCADが起動し、インタフェースがインストール直後の初期状態に戻る。手順 2 で作成したバックアップファイルの状態に戻したいときは、Windowsのスタートボタンをクリックし、[AutoCAD LT (またはAutoCAD) 2018 設定を読み込み] を選択する。

トラブル解決

No.311 オブジェクトが正しく表示されない

関連ワード▶▶ 画面操作 全再作図

寸法の黒丸が角ばって表示されているときや、システム変数［PSLTSCALE］を変更したとき（No.320「破線の間隔をレイアウトとビューポートで揃えたい」参照）など、オブジェクトが正しく表示されないときは、［全再作図(REGENALL)］コマンドを実行する。

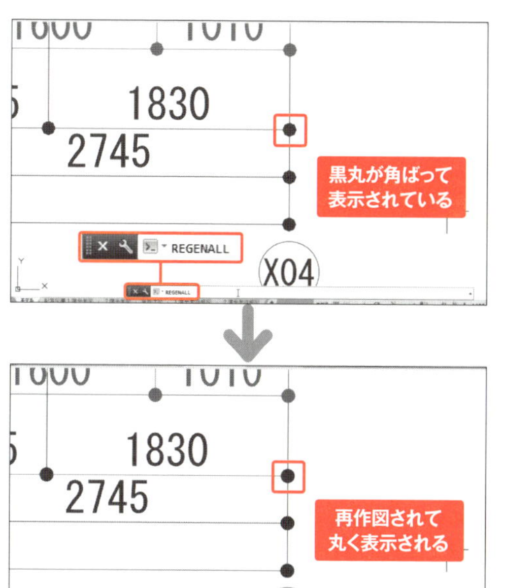

コマンドラインに「regenall」と入力して Enter キーを押すと、再作図される。こうすることでオブジェクトが正しく表示される場合がある。

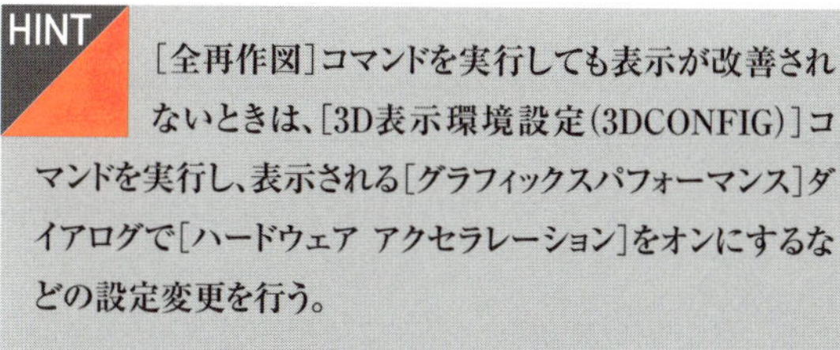

HINT

［全再作図］コマンドを実行しても表示が改善されないときは、［3D表示環境設定(3DCONFIG)］コマンドを実行し、表示される［グラフィックスパフォーマンス］ダイアログで［ハードウェア アクセラレーション］をオンにするなどの設定変更を行う。

トラブル解決

No.312

AutoCADが強制終了してしまった

関連ワード▶▶ フェイタルエラー 図面修復管理 自動保存

AutoCADがフェイタルエラーで強制終了してしまい、それまでの作業内容を失ってしまった場合、[図面修復管理]パレットでファイルを修復するか、自動保存(No.006「自動保存を設定する」参照)されたバックアップファイルを開く。

ファイルを修復する

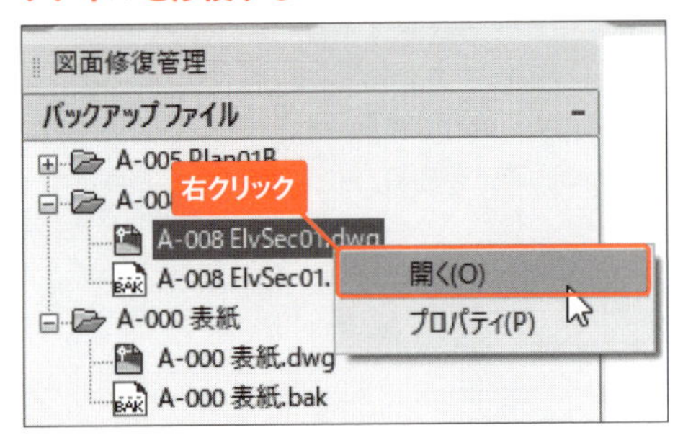

ファイルを修復するには、コマンドラインに[図面修復管理(DRAWINGRECOVERY)]コマンドの「drawingrecovery」を入力して Enter キーを押す。表示される[図面修復管理]パレットの[バックアップファイル]のリストで修復するファイルを右クリックして、表示されるメニューから[開く]を選択する。

自動保存ファイルを開く

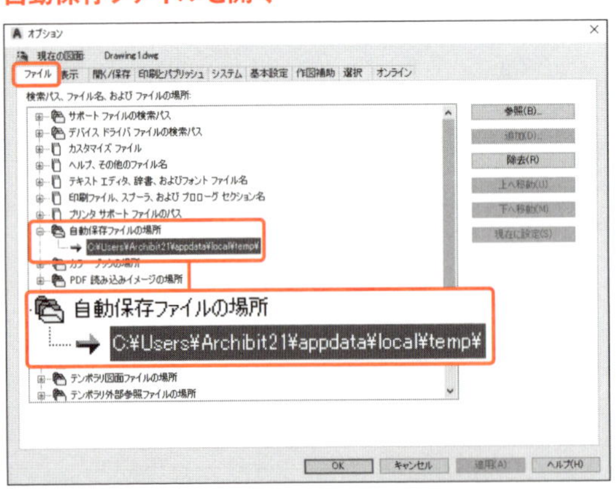

1 自動保存ファイルから修復するには、アプリケーションメニューの[オプション]ボタンをクリックする。表示される[オプション]ダイアログの[ファイル]タブを選択し、[自動保存ファイルの場所]ツリーを展開して自動保存先のフォルダーを確認する。

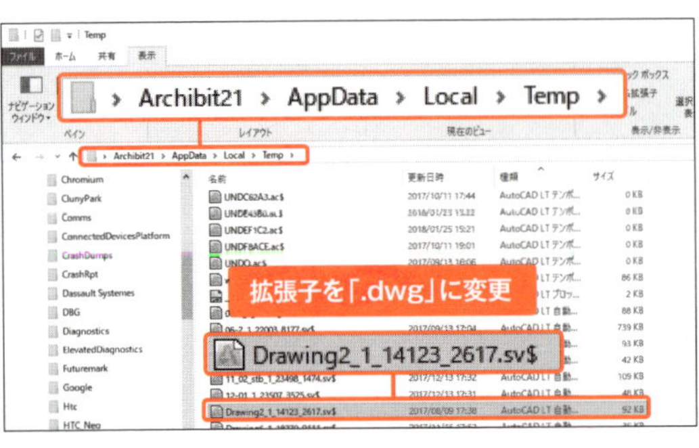

2 手順1で確認した自動保存先のフォルダーをWindowsエクスプローラーで開く。該当するファイルの拡張子「*.bak」または「*.sv$」を「*.dwg」に変更すると、バックアップファイルを開くことができる。

トラブル解決

図面に使用されているフォントが見つからない

関連ワード▶▶ SHXファイル　フォント　文字

標準にはないフォントを使用しているファイルを、そのフォントがインストールされていないパソコンで開くときは、既存のフォントに置き換えるか、フォントをパソコンにインストールするかを選択する。

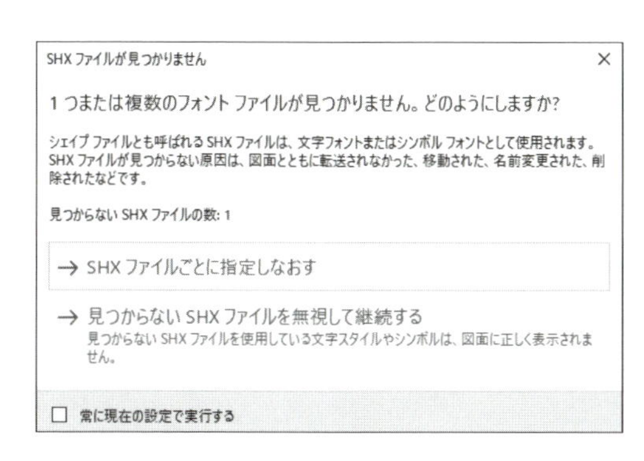

ファイルを開く際に、ファイルに使用しているフォントがパソコンにインストールされていない場合に表示されるメッセージ。[SHXファイルごとに指定しなおす]を選択するとダイアログが表示されるので、代替フォントを指定する。

[見つからないSHXファイルを無視して継続する]を選択すると、インストールされていないフォントの文字は表示されないでファイルが開く。

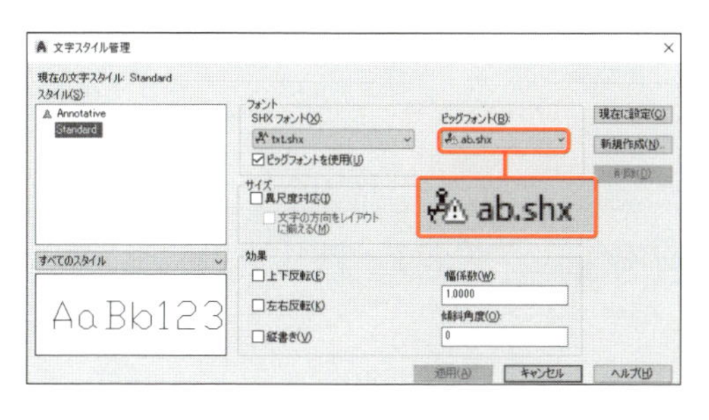

インストールされていないフォントを調べるには、コマンドラインに[文字スタイル管理(STYLE)]コマンドの「style」を入力して Enter キーを押す。表示される[文字スタイル管理]ダイアログの[フォント]項目で、小さな警告マークが付いているものが、パソコンにインストールされていないフォントだ。

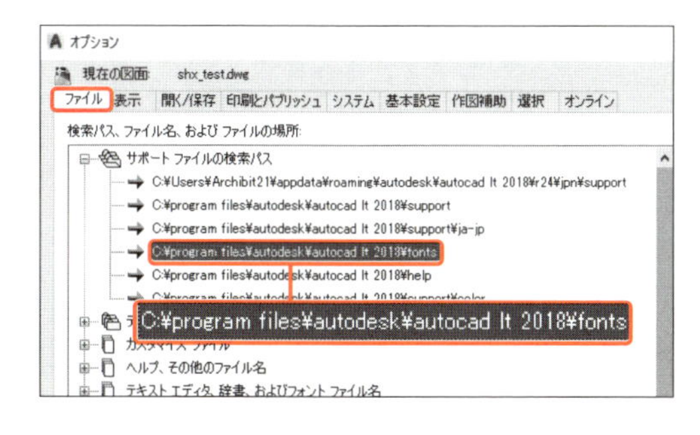

インストールされていないフォントを入手した場合、[オプション]ダイアログの[ファイル]タブ―[サポートファイルの検索パス]に表示されているフォルダーにコピーしてAutoCADを再起動すると、フォントファイルが読み込まれる。

No.314

ファイルの容量を少しでも減らしたい

関連ワード▶▶ ファイル容量 名前削除

ファイルの容量を少しでも減らしたいときは、未使用のブロックのデータや画層などを削除する。

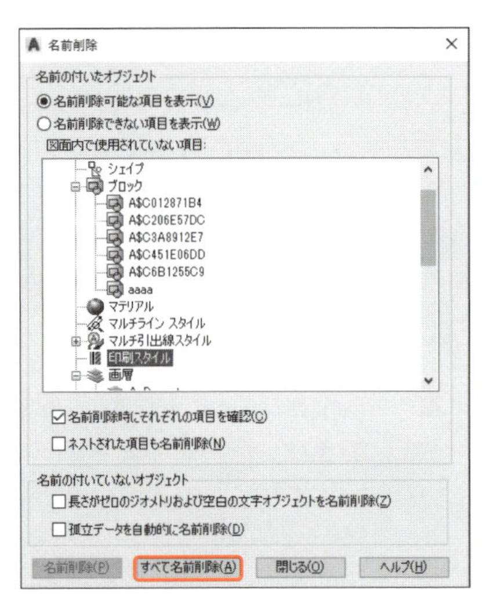

コマンドラインに[名前削除(PURGE)]コマンドの「purge」を入力して Enter キーを押す。[名前削除]ダイアログが表示され、図面内で使用されていない項目が表示される。[すべて名前削除]ボタンをクリックすると、使用していないブロックのデータや画層などの余分なデータが削除され、容量が減る。

No.315

ロックしていないのに画層を削除できない

関連ワード▶▶ 画層

特殊な画層や、現在作業している画層は削除できない。

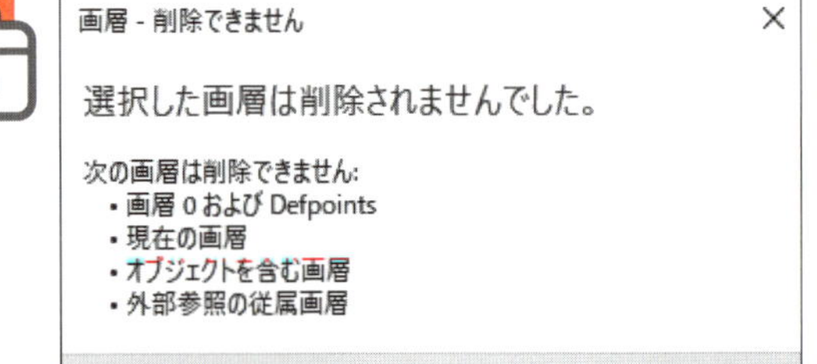

画層「0」や「Defpoints」などの特殊な画層、および現在作業している画層、ブロック内のオブジェクトで使用されている画層や外部参照されている画層は削除できない。

オブジェクトを思うようにストレッチできない

関連ワード▶▶ ストレッチ ブロック パラメトリック

オブジェクトがブロックだったり、幾何拘束などの拘束機能が付加されていると、思うようにストレッチできないことがある。

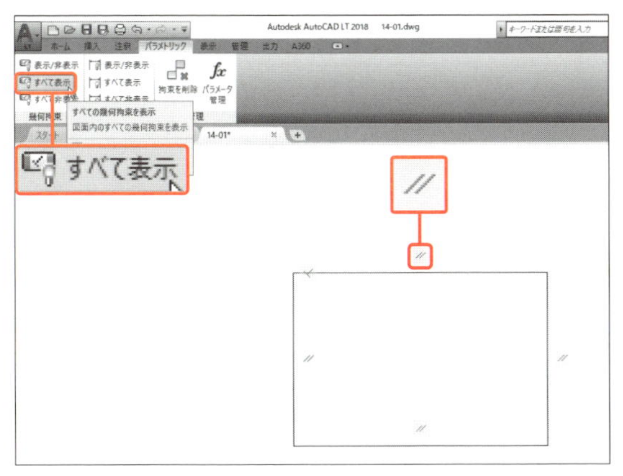

1 オブジェクトが拘束されているかを確認するには、[パラメトリック]タブ—[幾何拘束]パネル—[すべて表示]をクリックすると、幾何拘束アイコンが表示される。

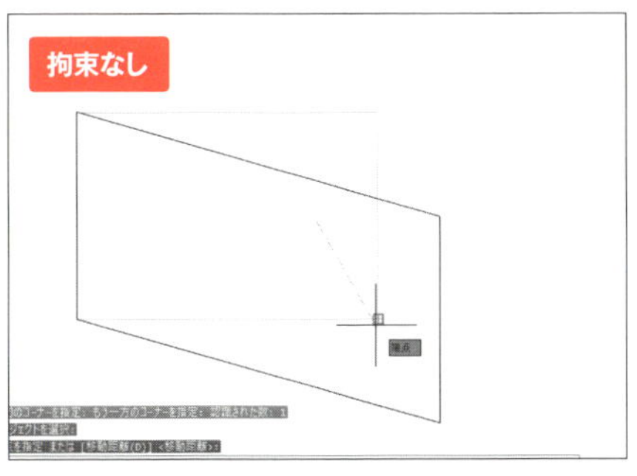

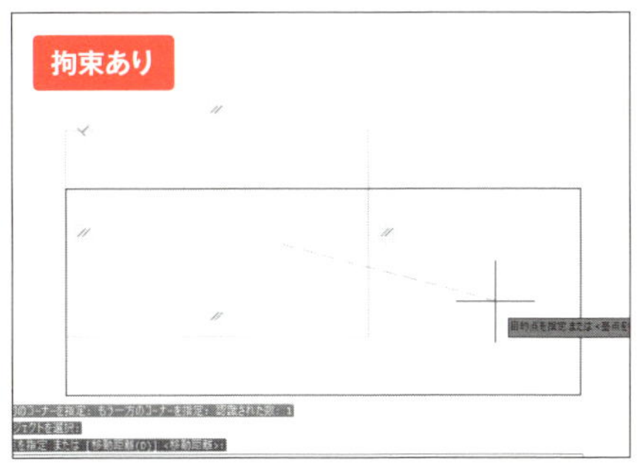

2 左図は拘束されていない長方形を、右図は拘束された長方形をストレッチしたところ。左図のようにストレッチさせるには、パラメトリックを解除し、拘束がない状態にする必要がある（No.268「パラメトリック（拘束）を解除する」参照）。

トラブル解決

ブロックが分解できない

関連ワード▶▶ ブロック 分解

ブロックが分解できないときは、[ブロック定義] ダイアログの [分解を許可] にチェックが入っているかを確認する。

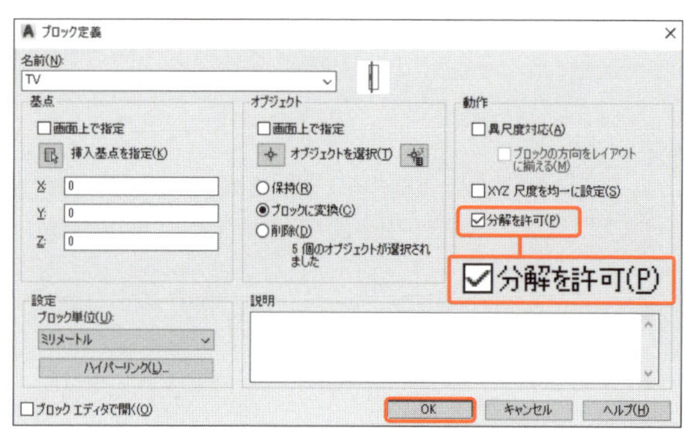

1 コマンドラインに[ブロック作成(BLOCK)]コマンドの「block」を入力して Enter キーを押す。[ブロック定義]ダイアログが表示されるので、[名前]に分解できないブロックを選択する。[動作]項目の[分解を許可]にチェックを入れて[OK]ボタンをクリックする。

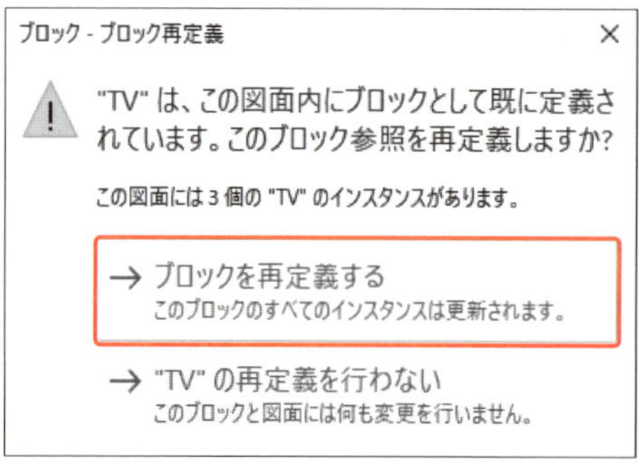

2 「ブロックを再定義しますか?」というメッセージが表示されるので、[ブロックを再定義する]をクリックすると、ブロックが分解できるようになる。

分解できないグループオブジェクトは、[グループを解除(UNGROUP)]コマンドを実行して、グループ解除してから分解する。

No.318

外部参照がアタッチ解除できない

関連ワード▶▶ 外部参照 アタッチ解除

外部参照がアタッチ解除できないときや、パスの変更ができないときは、ネストされた(入れ子) 状態なのかを確認する。

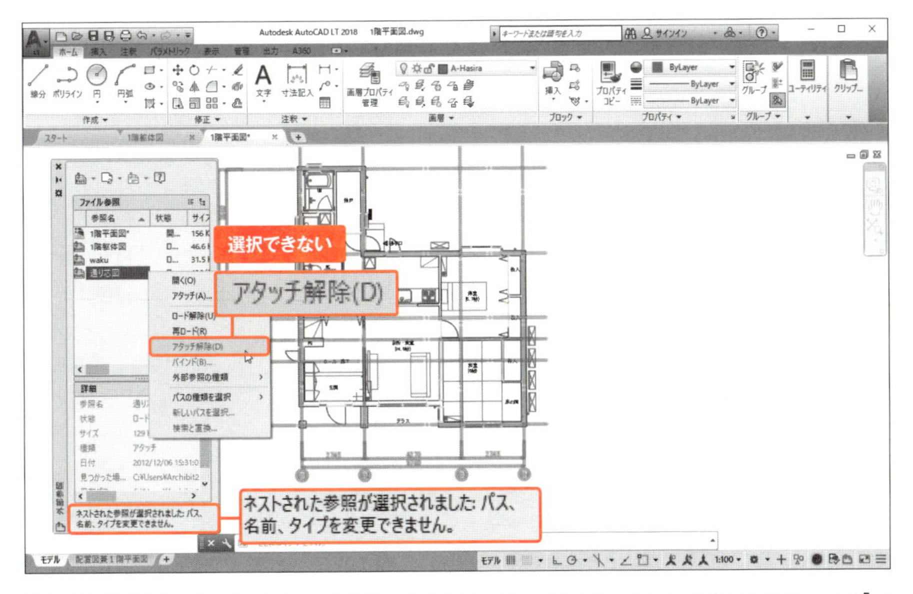

図は[外部参照]パレットのファイルリストを右クリックし、表示されるコンテキストメニューで[アタッチ解除]を選択しようとしても、グレーで表示されて選択できない状態。パレットの下方を確認すると、「ネストされた参照が選択されました：パス、名前、タイプを変更できません」と表示されている。これは、参照元の図面(ここでは、「通り芯図.dwg」)がさらに別の図面を参照して入れ子状態になっているため、現在開いている図面(ここでは、「1階平面図.dwg」)では編集できないことを意味している。そのため、参照元の図面(ここでは、「通り芯図.dwg」)を開き、そこで参照元の図面を編集したうえで、現在開いている図面(ここでは、「1階平面図.dwg」)で[再ロード](No.250 「外部参照を解除／再ロードする」参照)を行う。

文字や寸法が消えてしまった

関連ワード▶▶ 異尺度対応 注釈尺度

文字や寸法が消えてしまったときは、ステータスバーの［注釈オブジェクトを表示］ボタンがオフになっている可能性がある。

1:50

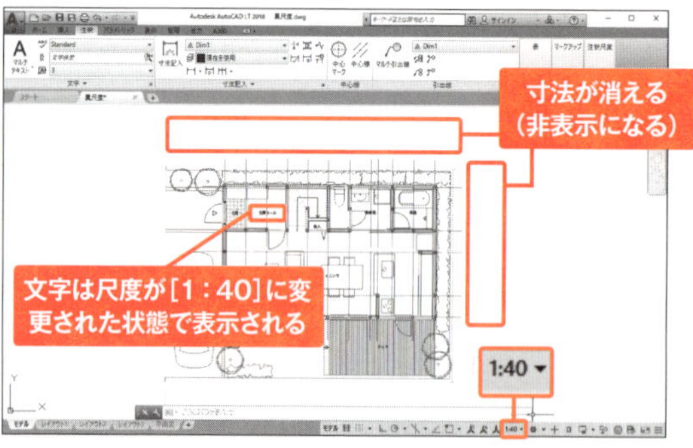

寸法が消える（非表示になる）
文字は尺度が[1：40]に変更された状態で表示される
1:40

1 ステータスバーの［現在のビューの注釈尺度］を［1：50］から［1：40］に変更したところ、寸法が消えてしまった。これは、異尺度対応に設定した寸法の注釈尺度に［1：40］がないためだ（No.259「オブジェクトに注釈尺度を設定する」）。一方、文字にも異尺度対応が設定されているが、［1：40］が注釈尺度に追加されているため、大きさが変更されて表示されている。

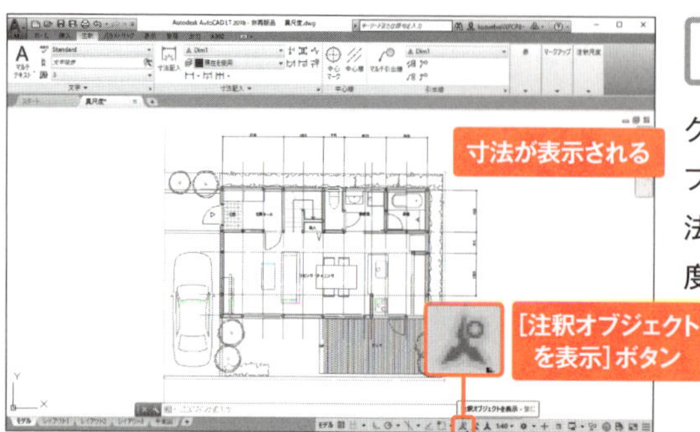

寸法が表示される
［注釈オブジェクトを表示］ボタン

2 ステータスバーの［注釈オブジェクトを表示］ボタンをクリックしてオン（「常に」）にすると、注釈オブジェクト（異尺度対応を設定した寸法や文字）が［現在のビューの注釈尺度］に関係なく表示されるようになる。

破線の間隔をレイアウトとビューポートで揃えたい

関連ワード▶▶ レイアウト ビューポート 異尺度対応 注釈尺度 線種尺度 破線

破線の間隔を変更するときは、[線種尺度(LTSCALE)]コマンドを使う。[レイアウト]タブに作図した破線と、ビューポートに表示される破線の間隔を揃えるときは、システム変数[PSLTSCALE]の値を変更する。

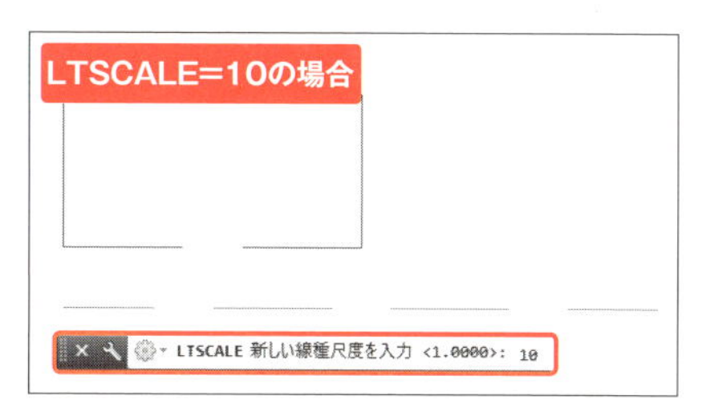

[モデル]タブと[レイアウト]タブの両方に適用されるグローバル線種尺度は、[線種尺度]コマンドで設定する。コマンドラインに「ltscale」と入力して Enter キーを押す。左図は「LTSCALE=1」に設定し、右図は「LTSCALE=10」に設定した場合で、10倍の間隔になる。

[モデル]タブに表示される線種を注釈尺度に合わせた表示にする場合は、システム変数[MSLTSCALE]の値を「1」に設定する。

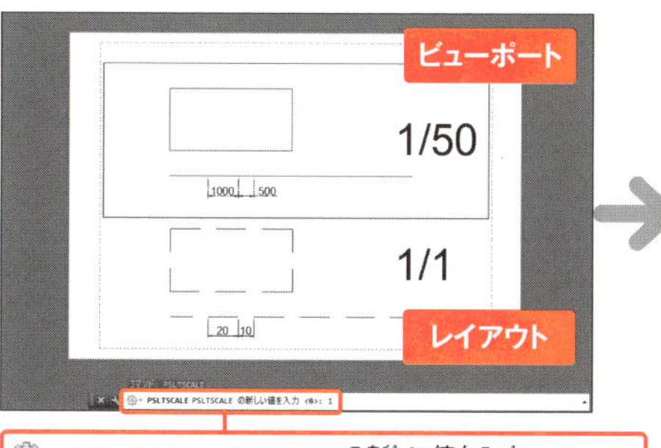

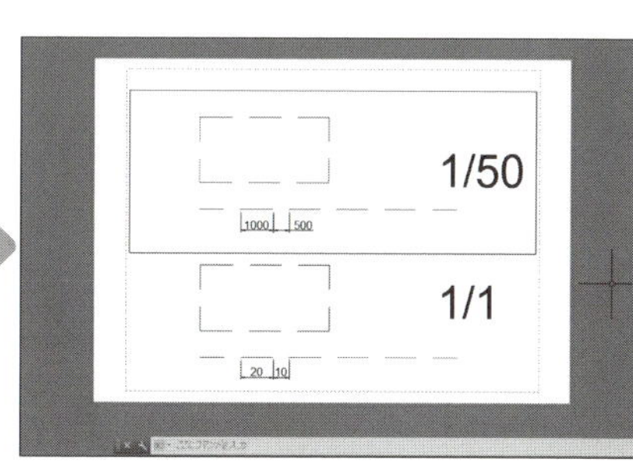

PSLTSCALE PSLTSCALE の新しい値を入力 <0>: 1

レイアウトに作図した破線と、ビューポートに表示される破線の間隔を揃えるには、コマンドラインに「psltscale」と入力して Enter キーを押す。値を「1」と入力して Enter キーを押すと、破線が[現在のビューの注釈尺度]に乗じた間隔に変更され、破線の間隔が揃う。

値を変更したときは、[全再作図(REGENALL)]コマンドで再作図すると、変更が反映される。

No.321

オブジェクトが印刷されない

関連ワード▶▶ 印刷

オブジェクトが印刷されないときは、印刷設定のほかに画層設定などを確認する。

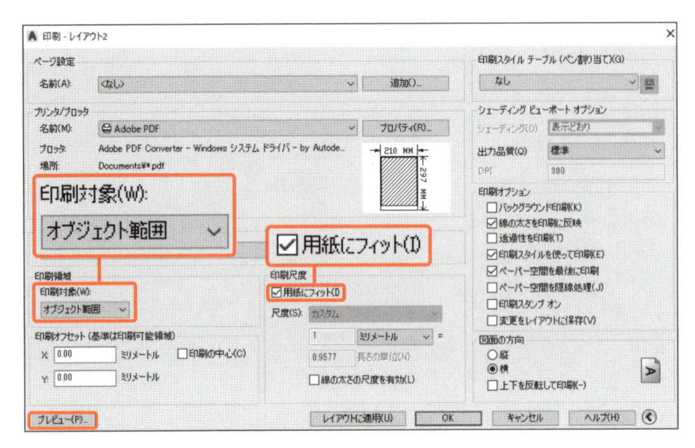

1 オブジェクトが印刷範囲からはみ出していないかを確認する。クイックアクセスツールバーの［印刷］ボタンをクリックする。表示される［印刷］ダイアログで［印刷対象］に［オブジェクト範囲］を選択し、［用紙にフィット］にチェックを入れて［プレビュー］ボタンをクリックして確認する。

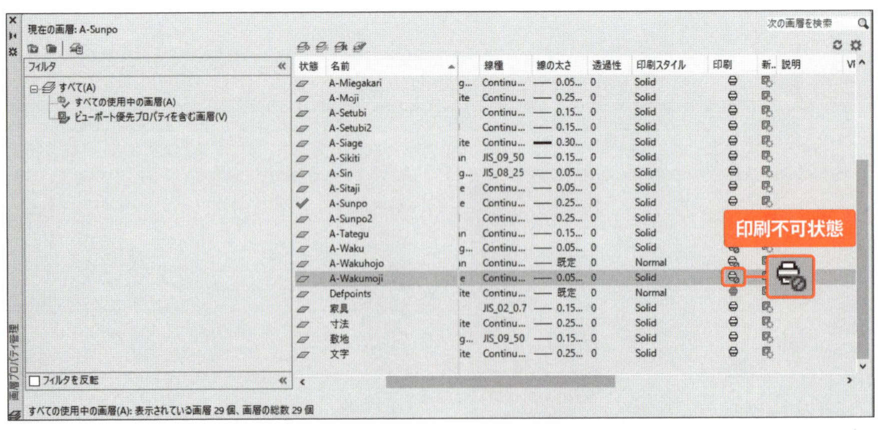

2 手順1を確認してもまだ印刷されないオブジェクトがある場合は、該当オブジェクトが作図されている画層が、印刷不可状態になっていないかを確認する。［ホーム］タブ―［画層］パネル―［画層プロパティ管理］ボタンをクリックして、表示される［画層プロパティ］パネルで［印刷］項目のプリンタのマークに禁止マークが付いている画層は印刷されない。印刷する場合は、プリンタのマークをクリックして印刷可能な状態に切り替える。また、画層名「Defpoints」は特殊な画層のため印刷されない。

送付先FAX番号▶03-3403-0582　メールアドレス▶info@xknowledge.co.jp
インターネットからのお問合せ▶http://xknowledge-books.jp/support/toiawase

FAX質問シート

AutoCAD 逆引き大事典

以下を必ずお読みになり、ご了承いただいた場合のみご質問をお送りください。

●「本書の手順通り操作したが記載されているような結果にならない」といった本書記事に直接関係のある質問のみご回答いたします。「このようなことがしたい」「このようなときはどうすればよいか」など特定のユーザー向けの操作方法や問題解決方法については受け付けておりません。
●本質問シートで、FAXまたはメールにてお送りいただいた質問のみ受け付けております。お電話による質問はお受けできません。
●本質問シートはコピーしてお使いください。また、必要事項に記入漏れがある場合はご回答できない場合がございます。
●メールの場合は、書名と当質問シートの項目を必ずご入力のうえ、送信してください。
●ご質問の内容によってはご回答できない場合や日数を要する場合がございます。
●パソコンやOSそのもの、ご使用の機器や環境についての操作方法・トラブルなどの質問は受け付けておりません。

ふりがな

氏名　　**年齢**　　**歳**　　**性別**　**男・女**

回答送付先（FAXまたはメールのいずれかに○印を付け、FAX番号またはメールアドレスをご記入ください）

FAX　・　メール

※送付先ははっきりとわかりやすくご記入ください。判読できない場合はご回答いたしかねます。　※電話による回答はいたしておりません。

ご質問の内容（本書記事のページおよび具体的なご質問の内容）

※ 例）No.249の手順4までは操作できるが、手順5の結果が別紙画面のようになって解決しない。

【 本書　　　ページ　～　　　ページ 】

ご使用のWindowsのバージョンとビット数　※ 該当するものに○印を付けてください

10　8.1　8　7　その他（　　　　）　32bit ／ 64bit

ご使用のAutoCADのバージョン　※ レギュラー版かLT版かの別も記載してください。 例）AutoCAD LT 2019

（　　　　　　　　　　）

阿部 秀之（あべ ひでゆき）

有限会社アーキビット代表。一級建築士、一級建築施工管理技士。建築設計のほかWebアプリケーション開発なども手がける。著書に『7日でおぼえるDraftSight』『AutoCADを200%使いこなす本』『SketchUpパーフェクト 基本操作編』『SketchUpパーフェクト 作図実践編』『徹底解説SketchUp』（いずれもエクスナレッジ刊）がなどがある。

AutoCAD逆引き大事典

AutoCAD/AutoCAD LT 2019
2018/2017/2016/2015対応

2018年7月11日　初版第1刷発行

著　者 ……………… 阿部秀之

発行者 ……………… 澤井聖一
発行所 ……………… 株式会社エクスナレッジ
〒106-0032　東京都港区六本木7-2-26
http://www.xknowledge.co.jp/

●問合せ先
編集 ……………… 前ページのFAX質問シートを参照してください
販売 ……………… TEL 03-3403-1321／FAX 03-3403-1829／info@xknowledge.co.jp